一部究天人之际、通古今之变的传世绝学

品读中国国学　汲取无穷智慧

·彩图全解·

鬼谷子

（战国）鬼谷子　著
任思源　主编

北京联合出版公司
Beijing United Publishing Co., Ltd.

图书在版编目（CIP）数据

彩图全解鬼谷子 /（战国）鬼谷子著；任思源主编
. -- 北京：北京联合出版公司，2017.2（2020.4 重印）
ISBN 978-7-5502-9023-5

Ⅰ. ①彩… Ⅱ. ①鬼… ②任… Ⅲ. ①纵横家②《鬼谷子》—图解 Ⅳ. ① B228-64

中国版本图书馆 CIP 数据核字（2016）第 262495 号

彩图全解鬼谷子

著　　者：（战国）鬼谷子
主　　编：任思源
责任编辑：李　征
封面设计：韩立强
责任校对：贾　娟
美术编辑：潘　松

北京联合出版公司出版
（北京市西城区德外大街83号楼9层　100088）
三河市南阳印刷有限公司印刷　新华书店经销
字数630千字　720毫米×1020毫米　1/16　24印张
2017年2月第1版　2020年4月第2次印刷
ISBN 978-7-5502-9023-5
定价：59.00元

前言

中国人向来有追溯历史的传统，五千年博大精深的文化底蕴流淌在民族的血液里，根植在国人的心灵中。我们追记历史，其实就是关怀当下，就是想从遗风遗俗中窥见前人的智慧，寻求当下问题的解决之道。正因如此，那些名噪一时、开宗立派的代表人物才总是凝聚着后人探索的目光。也因此，《鬼谷子》受到世人追捧，逐渐浮出水面。

鬼谷子，姓王名诩，战国时期著名的思想家、谋略家、兵家，是纵横家的鼻祖。常入云梦山采药修道，因隐居清溪之鬼谷，故自称鬼谷先生。他长于修身养性，精于心理揣摩，深明刚柔之势，通晓捭阖之术，独具通天之智，是先秦最神秘的历史人物。由于他的出现，历史上才有了纵横家的深谋，兵家的锐利，法家的霸道，儒家的刚柔并济，道家的待机而动。他的弟子有兵家孙膑、庞涓，纵横家苏秦、张仪等。

鬼谷子灵活运用古老的阴阳学说，解释并驾驭战国时代激烈的社会矛盾，制定出一整套了解社会并干预社会的计谋权术，构建了纵横游说之术的系统理论。这个理论培养了众多杰出的军事将领和游说之士，他们在历史舞台上演出了“合纵”“连横”的一幕幕风云变幻的戏剧场面，操纵战国政治、军事斗争形势约百年之久。鬼谷子的纵横理论影响深远，不仅在中国古代哲学政治思想领域独树一帜，还被宗教家、军事家等从不同的角度解读和运用。

《鬼谷子》着重于实践的方法，具有极完整的领导统御、智谋策略体系，堪称“中国第一奇书”，它以谋略为主，兼通军事，也是我国历史上第一部在充分探索人的心理特征和心理活动规律的基础上，论述劝谏、建议、协商、谈判和一般交际技巧的书。“智用于众人之所不能知，而能用于众人之所不能”，潜谋于无形，常胜于不争不费，此为《鬼谷子》之精髓所在。

对于这本书，古往今来，人们从不同的角度解读，著作车载斗量、浩如烟海。其中观点驳杂、引经据典、卷帙浩繁，今人阅读，十分不便。为了增强可读性和实用性，我们编辑了这本《彩图全解鬼谷子》。全书分为《捭阖第一》《反应第二》《内揵第三》《抵巇第四》《飞箝第五》《忤合第六》《揣篇第七》《摩篇第八》《权篇第九》《谋篇第十》《决篇第十一》《符言第十二》《本经阴符七术》《持枢》及《中经》十五篇。前面四篇以权谋策略为主，中间八篇以言辩游说为重点，后面三篇则以修身养性、内心修炼为核心。

本书对原作做了精当而晓畅的注释与翻译，每篇皆附有提要以解析、导读，并精选了古今中外颇具代表性的案例，涵盖管理、商场、职场、处世等各个领域，逐篇阐释、解读，用精彩纷呈的故事呈现出鬼谷子的智慧谋略。为了帮助读者全面深入地理解《鬼谷子》这部文字简明而内容博大精深的著作，本书请专家精心配制了八百多幅工笔手绘彩图，这些图又分为“案例示意图”和“策略解析图”。“案例示意图”随文绘制，无论是人物的面貌和穿着打扮，还是器物的形貌、建筑的样式，以及当时的历史背景和社会生活背景，从各个方面都进行了悉心考据，力求还原历史，多层次、多角度地展现出最真实的人物精神风貌和故事情节，让读者身临其境地品读每个案例中所蕴含的深刻道理和宝贵的人生经验，发人深思，引人入胜。“策略解析图”以图解的方式开解每个案例中当事人成功与失败的过程和经验，剖析成熟智慧和成功策略的关键所在，切肤入理地揭示出纵横谋略中所蕴含的普遍哲理，让人轻松掌握成功之道。本书融趣味性、哲理性、故事性、实用性于一体，是各类读者参悟运用鬼谷子大智慧的首选读本。

在竞争日益激烈的当今社会，无论是竞争双方还是合作对象，无时无刻不在进行着较量，都在寻求制胜自强之道。一国的外交战术得当与否，关系到国家之生死存亡；一个人的生意谈判与竞争策略是否得当，关系到企业经营之成败得失；一个人在职场上的言谈举止，关系到他的升迁去留；即便是在人们的日常生活中，一个人的言谈技巧运用如何，也关系到此人处世为人之得体与否，甚至是此人的生死安危。在这样的时代背景下，《鬼谷子》融古通今，古为今用的现实意义显露无遗。

通读全书，古代政治、外交、军事中的诡秘术你都将一览无余。本书教你以纵横家的恢弘气势，百战群雄激辩的商海；给你以无上的信心，从容应对不利局势，消解尴尬局面；教你以缜密的逻辑，合理分析现实，积极应对人生；教你以广博的心胸，跳出世俗羁绊，喜迎拨云见日的光景。

目录

捭阖第一

反应第二

内揵第三

抵巇第四

飞箝第五

忤合第六

揣篇第七

摩篇第八

权篇第九

谋篇第十

决篇第十一

符言第十二

本经阴符七术

持枢

中经

捭阖第一

经典再现

【提要】

捭阖是《鬼谷子》的开篇之作。捭为开启，阖为闭藏。捭阖之术，也就是开合有道、张弛有度。在本篇中，鬼谷子认为："捭""阖"是一对极其重要的哲学概念。捭阖之术是世间万物运转的根本，也是纵横家游说的重要说术言略。作为《鬼谷子》的第一篇，捭阖有着举足轻重的作用，因此也成为战国的谋士们游说诸侯、安身立命的重要法则。

《鬼谷子》说："捭之者，开也、言也、阳也；阖之者，闭也、谋也、阴也。阴阳其和，终始其义。"捭阖包含阴阳，进退，开闭，柔刚，大小，高低，贱贵等多方面的含义，本篇关于捭阖之道的论述，有着辩证法的色彩，同时也讲究效果的艺术性。这种效果，主要靠捭阖来达到。

《鬼谷子》认为：捭阖之术是游说诸侯、操纵政治、为人处世的一个重要策略。捭阖之术是万物运行的关键。他还告诉人们：如何合理地驾驭语言，怎样掌握好说话的分寸和尺度，如何让人左右逢源、处惊不乱。想同意对方，先反驳对方，使对方激动后暴露实情，从而使我方能抓住其有理的地方而赞同他，抓住他无理的地方而反对他；欲取先予，欲同先异，欲捭先阖；捭阖主要由口来完成，话说得好，捭阖艺术运用得好，就能兵不血刃。

【原文】

粤若稽古[①]，圣人之在天地间也[②]，为众生之先[③]，观阴阳之开阖以名命物[④]，知存亡之门户[⑤]。筹策万类之终始，达人心之理，见变化之朕焉[⑥]，而守司其门户。故圣人之在天下也，自古及今，其道一也[⑦]。变化无穷，各有所归[⑧]。或阴或阳，或柔或刚，或开或闭，或弛或张。是故圣人一守司其门户，审察其先后[⑨]，度权量能[⑩]，校其伎巧短长[⑪]。

【注释】

①粤：句首语气助词，表庄重。若：顺，沿着。此指上溯。稽：考也，考察。意为按着一定的规律考察历史。②圣人：《鬼谷子》中出现的"圣人"有两种含义，一种指古代的有所贡献、有所创见的大智大勇之人，一种指当代精于纵横权术的游说辩士，与儒家所说的"圣人"有别。此句中的"圣人"是指前一种含义。③众生：万物生灵。此特指民众。先：先知先觉，能够预测事物发展动向，掌握事物发展规律的人。④命物：所谓"阳开以生物，阴阖以成物。生成既著，须立名以命之也"，即抓住事物本质，表述事物的名称和性质。⑤存亡之门户：指世上万事万物生成、发展灭亡的关键所在。⑥朕：征兆，迹象。即可以观测到的事物发展的征兆。⑦其道一也：即言自古至今，圣人的做法、目的都是一样的。⑧各有所归："变化无穷，然有条而不紊，故曰各有所归。"即言事物的发展变化都有一定规律可以遵循。⑨先后：此指事物的发展过程。⑩权：权变。此指事物可以变化、可让人施术变动其发展方向的成分。能：能力。此指事物保持自己的不变性、从而按自己的固定轨迹运行的能力。⑪伎巧：即技巧。伎，古通技，技巧，此指事物应变能力。

【译文】

我们看看上古时代的历史，可以知道古代那些大智大勇的圣者生活在人世间，之所以成为芸芸众生先知先觉的导师，是因为他们能观测世界上万事万物阴阳两类现象的变化，并能进一步了解事物存亡的关键因素，给它们立一个确定的名号，还能够洞晓万事万物的生成、发展、灭亡的关键所在。他们追溯世界上万事万物的历史过程，预测它们未来的结局，洞察世人的心理特征，观察世上事物、人事变化的征兆，从而把握事物发展变化的关键。所以，从古至今，处在天地间的圣智之人在社会上立身处世，遵循的规律都是一样的。由此可见，世间的事物虽然变化无穷、纷纭万端，但它们都有各自的变化规律：或以阴为主导，或以阳为主导；或以柔为特征，或以刚为特征；或以开放为特点，或以闭抑为特点；或松弛不固，或紧张难入。所以，圣智之人在处理世间事物时，总会发现事物的发展规律，把握住事物的关键，并考察事物的发展过程，研究事物的可变性和不变性，还要把握住事物应变能力的强弱，再比较技巧方面的长处和短处，有的放矢地处理问题。

故圣人之在天下也，自古及今，其道一也。变化无穷，各有所归。或阴或阳，或柔或刚，或开或闭，或弛或张。

柔刚

阴阳

弛张

开闭

【原文】

夫贤不肖、智愚、勇怯、仁义有差①，乃可捭，乃可阖，乃可进，乃可退，乃可贱，乃可贵，无为以牧之②。审定有无与其实虚③，随其嗜欲以见其志意④。微排其所言而捭反之⑤，以求其实，贵得其指⑥。阖而捭之，以求其利。或开而示之⑦，或阖而闭之⑧。开而示之者，同其情也；阖而闭之者，异其诚也⑨。可与不可，审明其计谋，以原其同异⑩。离合有守⑪，先从其志⑫。即欲捭之贵周⑬，即欲阖之贵密⑭。周密之贵微⑮，而与道相追⑯。捭之者，料其情也⑰；阖之者，结其诚也⑱。皆见其权衡轻重⑲，乃为之度数⑳，圣人因而为之虑。其不中权衡度数，圣人因而自为之虑㉑。故捭者，或捭而出之，或捭而内之㉒。阖者，或阖而取之，或阖而去之。

【注释】

①有差：有差别，各有不同。②无为：指无为之道。《鬼谷子》所说的“无为之道”与老庄的清静无为之道不同，它是指顺应自然之性而拨动之、因势而利导之的一种处世之道。牧：治理，处理。以牧：用来掌握。③有无：有无之数。此指世人的品质底细。④以：因，依据，凭着。见：“见”通“现”，发现。⑤微：暗中。排：排察。⑥指：同“旨”，意指旨意，主旨。⑦示：启示，启发。此指启发对方让他敞开思想。⑧闭：闭藏。此指使对方控制感情。⑨异：与“同其情”之“同”为互词。同其情，即考察对方感情上与我们的同异点。异其诚，即考察对方诚意如何。⑩原：追源，考察。⑪离合有守：认识有差距。离合，原指二人相离或相逢，此指认识差距。守，原指各据一方，此指有距离。⑫从：同“纵”，纵容，放纵。从，纵古今字。⑬贵：以……为贵，此处意为“首先要”“关键是”。⑭密：与上句之“周”为互词，皆周密之意。⑮微：微暗，不露声色。⑯道：此指阴阳之道，即变动阴阳，因势利导而处理事物的方法。追：相随，相合。⑰料：考察，估量。⑱结：“谓系束。”系束，即控制、掌握之意。⑲权衡轻重：此指处理事情的谋略与措施。权，秤锤。衡，秤。权衡可以称物，引申为处理事情的方法和措施。⑳度数：度量，准则。㉑自为之虑：此指自己另外谋划决策。㉒内：接纳，

吸收。内，纳古今字。

【译文】

世人中有贤良的人，有不肖的人；有聪明的人，有愚蠢的人；有的人勇敢，有的人怯懦；有仁人君子，有苟且小人……总之，每个人之间是有差别的，人们的品行千差万别，素质千模百样。所以，要针对不同的人品素质，采取不同的应对措施。对某些人可以开导，对某些人可以压抑使其保持冷静；对某些人可以擢用，对某些人可以黜退；可以让某些人富贵，可以使某些人贫贱。总之一句话，要顺应人们的不同天性去分别对待他们，加以控制掌握。要起用一个人，首先要摸清他的品质如何，摸清他的真假虚实，考察他是否有真才实学。要投其所好，通过他的嗜欲愿望，去分析他的志向意图，并且要暗中观察他的言语，适当地贬抑他说的话，再加以发言责难，从而探查到他内心的真实世界和真实意图，以明了他的性格主流。即对他使用捭阖之术，来达到我们的目的；当切实把握住对方言行的实质后，可以稍作沉默让对方畅所欲言，从而探求他的利益所在，有时可以表示赞同，有时应该缄默表示异议。敞开言论是为了博取对方的信任，从而让对方对我们一吐衷肠。缄默表示异议是为了考察对方的诚意。考察什么可用，什么不可用，要查明他的谋略计划的优劣以及同我们的谋略计划的差距大小。若同我们的谋略计划距离较大，先纵容他，让他照自己的意志去办，而我们要守住自己的意图。就是说，使用捭阖之术，离不开暗中谋划。当然，这种谋划要周密，考虑要周详。如果要综合归纳问题，最重要的是处世缜密，要合乎规律和道理，行事要微暗，要不露声色。这样做，就与阴阳之道暗合无隙了。对人使用捭阖之术，或开启引导他，估量出他的情怀；或压抑控制他，摸准他的诚心，还要知道他的谋略措施。掌握了这三件事，我们就可以区别对待了。如果他的品行可用，对我们真诚，并且没有二心，他的谋略措施得当，与我们距离较小，合乎我们的准则，我们就可以擢用他，帮他完善谋略措施；如果对方品行低劣，对我们不忠，而且谋略措施失当，与我们距离较大，不合我们的准则，我们便抛开他，自己另作谋划，重新决策。总之，对人使用捭阖之术时，或者开导他帮他完善决策，或启发他让他吐露决策以便被我们吸取；或启发他以便于我们顺利起用他，或抑制他抛弃他不用。这就是捭阖之道。

贤良之人

不肖之人

勇敢之人

聪明之人

愚蠢之人

怯懦之人

苟且小人

仁人君子

要针对不同的人品素质，采取不同的应对措施，对人使用捭阖之术时，或者开导他帮他完善决策，或启发他让他吐露决策以便被我们吸取；或启发他以便于我们顺利起用他，或抑制他抛弃他不用。这就是捭阖之道

【原文】

捭阖者，天地之道[①]。捭阖者，以变动阴阳，四时[②]开闭[③]，以化万物。纵横反出[④]，反覆反忤[⑤]，必由此矣。捭阖者，道之大化[⑥]，说之变也[⑦]，必豫审其变化[⑧]。吉凶大命系焉[⑨]。口者，心之门户也[⑩]。心者，神之主也[⑪]。志意、喜欲、思虑、智谋，皆由门户出入[⑫]。故关之以捭阖[⑬]，制之以出入[⑭]。捭之者，开也，言也，阳也。阖之者，闭也，默也，阴也。阴阳其和，终始其义[⑮]。

懂得了捭阖之术，就可以游说天下。

故言长生、安乐、富贵、尊荣、显名、爱好、财利、得意、喜欲，为阳，曰始[⑯]。故言死亡、忧患、贫贱、苦辱、弃损、亡利、失意、有害、刑戮、诛罚，为阴，曰终[⑰]。诸言法阳之类者，皆曰始，言善以始其事[⑱]。诸言法阴之类者，皆曰终，言恶以终其谋[⑲]。捭阖之道，以阴阳试之[⑳]。故与阳言者依崇高[㉑]，与阴言者依卑小[㉒]。以下求小[㉓]，以高求大[㉔]。由此言之，无所不出[㉕]，无所不入[㉖]，无所不可。可以说人，可以说家[㉗]，可以说国[㉘]，可以说天下。

【注释】

①天地之道：即阴阳之道。天为阳，地为阴。②四时：春夏秋冬四季。此指自然秩序。③开闭：即捭阖。④纵横反出：即阴阳的具体表现。纵与横，反（返）与出，都是对立的事物，可用阴阳来区分。⑤反覆反忤：亦为阴阳的具体表现。⑥道之大化：阴阳之道的关键所在。⑦说之变：指游说中的某些变化。⑧豫：预先。豫、预古通。⑨吉凶：此指游说成功或失败。大命：此指游说目的。⑩心：指内心思想。⑪主：主使，主持。⑫出入：此指表现、表述。⑬关：此指控制。⑭制：制约。⑮阴阳其和，终始其义：终事始事的要义所在，是明了阴阳调和之理。⑯故言长生……曰始：始为乾，乾为阳。始即初始，出发点，引申为人生行动的目的所在。即言上述长生、安乐、富贵等事物都是人生所追求的东西。⑰故言死亡……曰终：终，穷也。穷急困窘，是人所不欲，是人生的忌讳。⑱善：此指善言。善言为阳。⑲恶：此指恶言。恶言为阴。⑳阴阳：此指阴言和阳言。㉑崇高：崇高之言，即上述阳言。㉒卑小：卑下之言，即上述阴言。㉓下：卑下的阴言。小：此指小人。㉔高：崇高的阳言。大：此指君子。㉕出：此指被策士、说客们启发。㉖入：此指听从游说策士的话。㉗家：原指大夫采邑。此指封有采邑的大夫。㉘国：此指据有一国的诸侯。

【译文】

捭阖之术，是万物运行的一条普遍法则，是各种事物运动、发展、变化的规律。“捭阖”就是变动阴阳，干扰自然顺序，就是用开闭之法去促使万事万物变化转化；事物的离返和复归，都是由于开合的变化而引起的。纵和横，返和出，反和覆，反与忤，都是事物阴阳的具体表现，都可以用阴阳来区别、说明它们。反过来讲，使用捭阖之术使事物转化，正是阴阳之道的关键所在，是大道的外化。游说过程中的一变一化，都出自捭阖之术，所以要预先审知捭阖之术的阴阳法则，这是游说能否成功，游说目的能否达到的关键。人嘴，是表达内心思想的机关。内心思想，又是由人的神气来主使的。志向与意愿，喜好与欲求，思念和焦虑，智慧和谋略，都是由嘴这个机关表露出来的。所以、应该用捭阖之术来调控人嘴，应该用开闭之法来调整人嘴。使用捭术，就是让对方开口，让对方说话，开启、言谈，属于阳刚，这就是阳道。使用阖术，就是让对方闭口，让对方沉默，闭合、缄默，属于阴柔，这就是阴道。懂得了阴道和阳道的交替使用，就能够懂得“终”和“始”的意义了。我们把长生、安乐、富贵、尊荣、显名、爱好、财利、得意、喜欲等归为阳类事物，把它们称作人生向往。我们把死亡、忧患、贫贱、苦辱、弃损、亡利、失意、有害、刑戮、诛罚等归为阴类事物，把它们称作人生忌讳。言说的内容凡事属于“阳道”的一派，可以叫作“人生向往型语言”，是说可以用这类美好的语言去说动对方进行某事，以谈论积极的因素、振奋人心的方面来开始游说鼓动的主题。那些效仿、涉及上述阴类事物的说辞，可以叫作“人生忌讳型语言”，是说可以用这类令人厌恶的语言和消极不利的因素去威胁对方中止他的阴谋。游说中运用捭阖之术时，关于开放和封闭的规律都要从阴阳两方面来试验，把握住对方的内心，以确定对方是喜欢阴言还是喜欢阳言。与处于阳势、内心积极的人论谈时以使用涉及上述阳类事物的崇高语言为主，从大处入手选择大道理来引导对方；与喜欢阴言的人论谈时以使用涉及上述阴类事物的卑下语言为主，从小处入手，用琐细卑微的内容，用具体细小的事例来引导对方。这样，我们用卑下的阴言去打动小人，用崇高的阳言去说服君子。因此可以说，用捭阖之术去游说，就没有探测不到的真情，就没有不听从我们决策的人，就没有不能说服的人。用捭阖之术去游说，可以说动每个人，可以说动每个有封地的大夫，可以说动每个诸侯国的君主，可以说动天下的霸主。

捭阖者，天地之道。捭阖者，以变动阴阳，四时开闭，以化万物。纵横反出，反覆反忤，必由此矣。

捭阖之术，是万物运行的一条普遍法则，是各种事物运动、发展、变化的规律

使用捭阖之术使事物转化，正是阴阳之道的关键所在

应该用捭阖之术来调控人嘴

要懂得游说中的阴阳之道

阳

长生、安乐、富贵、尊荣、显名、爱好、财利、得意、喜欲等归为阳类事物，把它们称作人生向往

阴

死亡、忧患、贫贱、苦辱、弃损、亡利、失意、有害、刑戮、诛罚等归为阴类事物，把它们称作人生忌讳

运用捭阖之道

捭

使用捭术，就是让对方开口，让对方说话

阖

使用阖术，就是让对方闭口，让对方沉默

最终用捭阖之术说动天下

【原文】

为小无内①，为大无外②。益损、去就、倍反，皆以阴阳御其事③。阳动而行，阴止而藏。阳动而出，阴隐而入。阳还终阴④，阴极反阳。以阳动者，德相生也⑤。以阴静者，形相成也⑥。以阳求阴⑦，包以德也⑧。以阴结阳⑨，施以力也⑩。阴阳相求⑪，由捭阖也。此天地阴阳之道，而说人之法也。为万事之先⑫，是谓圆方之门户⑬。

【注释】

①无：通“毋”，不要。②为小……无外：这两句表现了《鬼谷子》处理事情时的辩证思想。③益损……御其事：所谓“以道相成曰益，以事相贼曰损，义乖曰去，志同曰就，去而遂绝曰倍，去而复来曰反。凡此不出阴阳之情，故曰皆以阴阳御其事。”④还：还返，再生。⑤德：内在本质，自身规律。⑥形：外在形态。⑦求：寻求，达到。⑧包：包容，规范。⑨结：连接，引申为辅加、辅助。⑩施以力：施以外力，由外去影响内。⑪相求：互相需求，相互辅助。⑫先：此指既定法则。⑬圆方：此指世上的有形事物和无形事件。圆，以喻无形。方，以喻有形。

【译文】

任何事情无论小至极点，还是大至无穷，捭阖之术都可以应用。从小处入手处理问题时，不要光盯着事情的内部，要进入无限微妙的境界；从大处着眼处理问题时，不要仅仅注意事情的外部，还要有辩证观点和全局眼光，进入无限广大的境界。事情的损害和补益，人的离去和接近，道的背离和归属等等行为，都是在阴阳的变化中运行的。阳道以动为特征，故以进取为主要表现形式；阴道以静止为特征，故以闭藏为主要表现形式。阳动必然显现，阴止必然潜藏。阳道超过了极限就成为阴道，阴道超过了极限就变为阳道。用阳道去拨动事物，是为了让它按自身规律发展；用阴道去安定事物，是为了让它巩固自己的形态。用阳道去统括阴道，就要用内部规律去规范外在形态；用阴道去辅佐阳道，就要用外在形态去影响内在本质。阴阳相辅相成，互为其用，集中体现在捭阖之术上。这就是天地自然界以及人世社会中的阴阳之道，这就是游说人主的根本原则。捭阖阴阳之道，是万事万物的既定法则，是一切有形之物和无形之事的关键，是天地间解决万事万物的钥匙。

为小无内，为大无外。益损、去就、倍反，皆以阴阳御其事。

为人处世

◎三思而行——别让愤怒之火毁了自己◎

一个不会愤怒的人是庸人，一个只会愤怒的人是蠢人，一个能够控制自己情绪，做到尽量不发怒的人是聪明人。这样的聪明人懂得“捭阖”之道，是在关键时刻能够不断改变自己，调整自我状态的人。而蠢人则会在关键时刻暴露自己的弱点，给别人留下进攻的机会。

1809 年 1 月，拿破仑从西班牙战事中抽出身来匆忙赶回巴黎。他的下属告诉他外交大臣塔里兰密谋造反。一抵达巴黎，他就立刻召集所有大臣开会。他坐立不安，含沙射影地点明塔里兰的密谋，但塔里兰没有丝毫反应，这时候，他无法控制自己的情绪，忽然逼近塔里兰说：“有些大臣希望我死掉！”但塔里兰依然不动声色，只是满脸疑惑地看着他。拿破仑终于忍无可忍了，他对着塔里兰粗鲁地喊道：“我赏赐你无数的财富，给你最高的荣誉，而你竟然如此伤害我，你这个忘恩负义的东西，你什么都不是，只不过是穿着丝袜的一只狗。”说完他转身离去了。其他大臣面面相觑，他们从来没有见过拿破仑如此失态。塔里兰依然一副泰然自若的样子，他慢慢地站起来，转过身对其他大臣说：“真遗憾，各位绅士，如此伟大的人物竟然这样没礼貌。”

拿破仑的失态和塔里兰的镇静自若迅速在人们中间传播开来，拿破仑的威望降低了。伟大的皇帝在压力下失去理智，人们甚至感到他已经走下坡路了，如同塔里兰事后预言：“这是结束的开端。”塔里兰激起了拿破仑的怒气，让他的情绪失控，这正是他的目的。人人都知道拿破仑是一个容易发怒的人，他已经失去了作为领导的权威，这影响了人民对他的支持。

拿破仑当然不是蠢人，但在这件事上他实在不够聪明。他没能控制好自己的情绪，让塔里兰抓住了自己的弱点。而塔里兰则是很好地运用了“捭阖”之道，面对拿破仑的指责，他假装糊涂，是“阖”。在拿破仑气急败坏而离去时，则把拿破仑的弱点公之于众，是“捭”。

然而，在这种情况下，拿破仑如果采用不同的做法，结果会大不一样。要是他首先能够思考一下，他们为什么会反对自己？再私下探听，从手下那里了解自己的缺陷，就可以试着争取他们回心转意支持自己，甚至干脆除掉他们，将他们下狱或处死，杀一儆百。所有这些策略中，最不应该的就是激烈的攻击和孩子气的愤怒。愤怒起不到威吓效果，只会暴露出自己的弱点，这种狂风暴雨式的爆发，往往是崩溃的前奏。

一个人的弱点总是在发脾气的过程中暴露出来，这是不懂得“阖”，不懂得隐藏，它往往成为崩溃的前兆。谋略和战斗力也会在愤怒的情绪中消散，因为你暴露了自己的弱点，自己的优势自然降低。所以，保持冷静至关重要。

拿破仑愤怒失态，塔里兰镇静自若。

保持冷静就是要懂得“捭阖”，该捭则捭，该阖则阖。愤怒容易让人失去理智，他们把一点小事看得像天一样大，过于认真让他们夸大了自身受到的伤害。他们以为愤怒可以让自己在别人眼中更具有权力，其实不是这样的。他们不仅不会被认为拥有权力，反而会暴露更多的缺点，会被认为缺乏理智，难成大气候。怒气还会让你失去别人对你的敬意，他们会认为你缺乏自制力而更加轻视你。抑制自己的愤怒并不能从根本上解决问题，你的能量会在这一过程中消耗殆尽，你的心理也会严重受挫。要想解决这一问题，最好的办法就是时刻保持冷静和宽容，适时闭藏。面对别人的愤怒不要多想，更不要被他们的愤怒感染，学会隐忍，降低姿态，就能让自己的心情轻松一些。

职场中，面对别人的情绪圈套，你应该保持头脑冷静，适时“捭阖”，这样才能够在权力的争夺战中取得主动权。如果愤怒的情绪已经产生，就应该学会控制和压抑，“守司其门户”，运用“捭阖术”，分析形势，找到恰当的时机解决问题。

手下告密 → 塔里兰密谋造反 → 拿破仑公然愤怒 → 塔里兰镇静自若 → 拿破仑威信降低 → 塔里兰的“捭阖”之道 → 学会隐忍，降低姿态

◎闭在及时——识时务者为俊杰◎

《鬼谷子》曰:“口者，心之门户也。心者，神之主也。志意、喜欲、思虑、智谋，皆由门户出入。故关之以捭阖，制之以出入。”鬼谷子认为，口是心的门户，祸从口出病从口入。人在说话时应该掌握分寸，懂得“捭阖”之道。生活中，漂亮的说话艺术能及时化解矛盾，帮助自己摆脱尴尬的局面。

俗话说：“识时务者为俊杰。”当你给对方提建议而陷入困境时，切记不要死撑，应该分析其中的利害关系，及时转变思路跟方法。运用“捭阖”之道，充分发挥言语的作用，见机行事，巧妙的回环，用只言片语化解纷争，可谓是最好的策略。

1909 年德皇威廉二世执政，他目空一切，发表了一篇荒诞绝伦的演说，他说德国是世界和平的主宰，只有使德国建立强大的陆海军才能稳定欧洲，并且维护英国的利益。他还声称自己是英国友人，他曾使英国不受俄法两国的压力在非洲获得胜利。

这篇演说在《每日新闻》上刊登，举世震惊，并把整个局势搅得越发混乱。世人都对这篇骄横狂妄的演说加以攻击评论，尤其是在英国最为激烈，连德国的政客亦不胜惊惶，德皇至此也后悔不该说那么露骨的话。为了保持自己的尊严，德皇就把责任推到总理大臣布洛克亲王身上，叫他来声明那篇演说是出自亲王的建议。

布洛克与德皇对话懂得及时闭口。

布洛克得知此事后就对德皇说：“陛下，恐怕世人不会相信它是事实。”德皇闻之大怒，便说：“你以为我是笨蛋，能犯你永不犯的错误？”布洛克立即发现自己的错误，于是连忙改正说：“陛下，我说的话绝无这个意思，实际上陛下各方面的学识

都远胜过我，我所懂的只是军事和外交上的一些粗浅知识，而陛下在这方面懂得比我多得多，并且精通一切自然科学。陛下每次谈及各种科学原理时，我都深感佩服，因为我完全是个外行，一点儿都不懂。”

德皇经过他这样一补充，心中的不快顿时全消，因为他相信布洛克没有鄙视之意，并且敬佩自己的才能，于是很高兴地握着布洛克的手说：“我们继续互相合作，团结一致，如果有人说布洛克不好，我将对他的鼻子猛击一拳！”

在与德皇产生冲突的时候，布洛克及时住口，是“阖”，继而改变策略，投其所好，大发言论，不仅化险为夷，还为德皇铺好了退路，让他风风光光地退场。德皇也心知肚明自己的不足，故重新考虑了布洛克所说的话，顺水推舟了。

古人云：“敌势全胜，我不能战，则必降、必和、必走。降则全败，和则半败，走则未败。未败者，胜之转机也。”意思是说，在我方处于不利地位时，有降、和、走三种可供选择的方式，只有主动地、有计划地撤出，才是最上策。谈话的时候，无论我们多么小心，也有失策的时候，何况在许多时候大家又都是有口无心。如果不懂“捭阖”，口无遮拦，该闭嘴时不闭嘴，就会造成更大的失误。这种情况下，如果一味地纠缠不休，就会越陷越深，无法挽回。适时“捭阖”，闭在及时，言于关键，或许会柳暗花明又一村。

◎权衡形势——曾国藩如此变通◎

善于捭阖的人，当自己的主张与别人产生分歧时，能够避免与他人发生正面冲突，更懂得灵活变通。这样，既能办好自己的事，又能处理好与别人的关系，可谓两全其美。

文学家萧伯纳说：“明智的人使自己适应世界，而不明智的人坚持要世界适应自己。”从某种意义上讲，变通，就是寻求一种解决问题的方法。晚清大臣曾国藩就是一位善于变通又不失自己原则的人。

曾国藩是晚清最有实力的大臣。他一方面靠自己的忠心，消除了朝廷的顾忌，使其敢于向自己放权。另一方面，他尽可能地扩大自己的权势，即使朝廷对他有所顾忌，也不敢轻举妄动。但是清朝毕竟是满族贵族的天下，为了防止曾国藩离心离德，朝廷在重用曾国藩、胡林翼等汉人的同时，也安插了钦差大臣僧格林沁等贵族钳制他们。对此，曾国藩心知肚明。为了消除朝廷的疑忌，太平天国刚刚被镇压下去，他就下令将湘军大部分裁撤。

同治三年（1864 年），正当曾国藩分期分批裁撤湘军之际，僧格林沁及其马队被太平军在湖北牵着鼻子走，接连损兵折将。清廷万般无奈，命令曾国藩率军增援湖北。朝廷的这次调遣，对湘军非常不利，所以曾国藩的态度也十分消极。其一，攻陷天京（南京）以后，清廷咄咄逼人，大有卸磨杀驴之势，曾国藩不得不避其锋芒，自剪羽翼，以释清廷之忌，为此曾国藩也满腹愁怨。其二，僧格林沁骄横刚愎、不谙韬略，向来轻视湘军。此时，曾国藩正处在十分无奈的两难之中，他只好采取拖延之法。

曾国藩十分清楚，僧格林沁大军对起义军穷追不舍，失败是注定的，只是早晚的事。因此，曾国藩按兵不动，静坐江宁，观其成败。

果然，高楼寨（东高庄集）一战，僧格林沁全军覆没，这位皇亲国戚竟然被一个无名小辈杀死。起义军声势更加浩大，咄咄逼人。朝廷不得不再次请出曾国藩，命他督办直隶、河南、山东三省军务，三省八旗、绿营、地方文武官员均归其节制。两江总督由江苏巡抚李鸿章署理，为曾国藩指挥的湘军、淮军筹办粮饷。这本是曾国藩预料中的事，当接到再次让他披挂出征，以解清廷于倒悬的命令时，他却十分惆怅。在这瞬息万变的官场中，他很难预料此行的吉凶祸福。因此，他还是采用拖延之法。

曾国藩善于权衡形势、适时变通。

湘军北上围剿太平军。

当曾国藩接到“赴山东剿捻”的旨令时，他明白清廷的着眼点是在于解燃眉之急，确保京津安全。这是清廷的一厢情愿，此时曾国藩所面临的出征困难却很大。湘军经过裁减后，曾国藩北上围剿起义军就不得不仰仗淮军。曾国藩心里也清楚，淮军出自李鸿章门下，要像湘军一样，做到指挥上随心所欲，是很难的。另外，在匆忙之间难以将大队人马集结起来，而且军饷供应也不能迅速筹集。

曾国藩做事向来能未雨绸缪，对于清廷只顾解燃眉之急的做法，实在难以从命。况且，朝廷处处防范，自己若继续带兵出征，不知还将惹出多少麻烦。因此，他向朝廷推辞缓行。尽管他向清廷一一陈述了不能迅速启程的原因，但又无法忽视起义军步步北进而不顾。正在其左右为难之际，李鸿章派潘鼎新率鼎军十营包括开花炮一营从海上开赴天津，然后转道赴景州、德州，堵住起义军北上之路，以护卫京师，给曾国藩的准备和出征创造了条件。这样，经过二十几天的拖延后，曾国藩才于六月十八日登舟启行，北上围剿起义军。

通过拖延的办法，曾国藩赢得了应付事态的时机，也避免了与朝廷上司的直接冲突，能够在骑虎难下、进退维谷之际，促使或者等待事态朝有利于自己的方向发展，于万难之间做到了游刃有余。在人生路上，当自己的主张与别人产生分歧时，就应该及时捭阖，适时变通，更应该兼顾灵活性和原则性。把自己的事情放在第一位，在办好自己的事情的同时，更兼顾处理好别人的关系。关系融洽了，就会事事顺心，一举两得。

◎开合自如——刘秀的“苦口婆心”◎

古人云：“文武之道，一张一弛。”在用人方面，皇帝身上肩负的使命就不言而喻了。对于那些良臣名将，帮助自己打江山的功臣，不仅要重视，更要把握分寸，在放权的时候要懂得掌握火候，该放则放，该收还得收。

《鬼谷子》曰：“粤若稽古，圣人之在天地间也，为众生之先，观阴阳之开阖以命物，知存亡之门户，筹策万类之终始，达人心之理，见变化之朕焉，而守司其门户。”意思是说：“古代那些大智大勇的圣者生活在人世间，之所以能成为芸芸众生先知先觉的导师，是因为他们能够通过对世界上万事万物阴阳、分合变化的观测，揭示它们的本质属性而给它们立一个确定的名号，并洞晓其生成、发展、灭亡的关键，追溯事物发展的历史进程，预测其结局，还能洞察世人的心理变化规律，及时发现世上事物、人事的发展征兆，从而把握其关键所在。"

说到驭人方面，就是要懂得收放的分寸，要把握事态的关键。采用"捭阖阴阳术"，阴阳结合，才能将主动权稳固地把握于己身，达到事不躬亲也能运筹帷幄的效果。

刘秀当上东汉开国皇帝后，有一段时间很忧心。群臣见皇帝不开心，一时议论纷纷，不明所以。一日，刘秀的宠妃见他有忧，怯生生地进言说："陛下愁眉不展，妾深为焦虑，妾能为陛下分忧吗？"刘秀苦笑一声，惆怅道："朕忧心国事，你何能分忧？俗话说，治天下当用治天下匠，朕是忧心朝中功臣武将虽多，但治天下的文士太少了，这种状况不改变，怎么行呢？"

宠妃于是建议说："天下不乏文人大儒，陛下只要下诏察问、寻访，终有所获的。"刘秀深以为然，于是派人多方访求，重礼征聘。不久，卓茂、伏湛等名儒就相继入朝，刘秀这才高兴起来。刘秀任命卓茂做太傅，封他为褒德侯，食二千户的租税。后来，又让卓茂的长子卓戎做了太中大夫，次子卓崇做了中郎，给事黄门。

伏湛是著名的儒生和西汉的旧臣，刘秀任命他为尚书，让他掌管制定朝廷的制度。卓茂和伏湛深感刘秀的大恩，他们曾对刘秀推辞说："我们不过是一介书生，对汉室的建立未立寸功，陛下这般重用我们，只怕功臣勋将不服，于陛下不利。为了朝廷的大计，陛下还是降低我们的官位为好，我们无论身任何职，都会为陛下誓死效命的。"刘秀让他们放心任事，但一些功臣对刘秀任用儒士不满，并上书给刘秀，开宗明义地表达了自己的反对之意。

刘秀宠妃向刘秀建议征聘文士之事。

针对武将多、文儒少的状况，刘秀重礼征聘文儒，卓茂、伏湛等名儒相继入朝。

刘秀于是把功臣召集到一处，耐心对他们说："事关国家大事，朕自有明断，非他人可以改变。在此，朕是不会人云亦云的。你们劳苦功高，但也要明白'功成身退'的道理，如一味地恃功自傲，不知满足，不仅于国不利，对你们也全无好处。何况人生在世，若能富贵无忧，当是大乐了，为什么总要贪恋权势呢？望你们三思。"

刘秀当皇帝的第二年，就开始逐渐对功臣封侯。侯爵地位尊崇，但刘秀很少授予他们实权。有实权的，刘秀也渐渐压制他们，进而夺去他们的权力。大将军邓禹被封为梁侯，他又担任了掌握朝政的大司徒一职。刘秀有一次对邓禹说："自古功臣多无善终的，朕不想这样。你智勇双全，当最知朕的苦心啊。"

邓禹深受触动，却一时未做任何表示。他私下对家人说："皇上对功臣是不放心啊，难得皇上能敞开心扉，皇上还是真心爱护我们的。"邓禹的家人让邓禹交出权力，邓禹却摇头说："皇上对我直言，当还有深意，皇上或是让我说服别人，免得让皇上为难。"

刘秀驭人非常注重把握分寸，阴阳结合，重大的人事调整做得滴水不漏，不着痕迹。

邓禹于是对不满的功臣一一劝解，让他们理解刘秀的苦衷。当功臣们情绪平复下来之后，邓禹再次觐见刘秀说："臣为众将之首，官位最显，臣自请陛下免去臣的大司徒之职，这样，他人就不会坐等观望了。"

刘秀嘉勉了邓禹，立刻让伏湛代替邓禹做了大司徒。其他功臣于是再无怨言，纷纷辞去官位。他们告退后，刘秀让他们养尊处优，极尽优待，避免了功臣干预朝政的事发生。

作为一个明智的皇帝，刘秀"一张一弛，开合有道"，不仅统领全局，更达到了治国安邦的目的。面临权利施放的问题，他懂得"阴阳结合"，用文官来约束武官，刚柔相济，把本来棘手的问题解决得完美绝伦。

刘秀是一个高明的统治者，他懂得将权力下放，懂得将具体工作交给下属去办，懂得自己应站在一个高度上统筹全局，但是又懂得收放结合，不事事躬亲。事不躬亲是使用人才，任人而治，而事必躬亲却是使用力气，任力而治。前者是使用人才，可逸四肢，全耳目，平心气，而百官以治；而后者则不然，敝生事端，劳手足，烦教诏，必然辛苦。

◎心思玲珑——叔孙通是个好员工◎

叔孙通一生先事秦而后辅汉，两代为官，都曾红极一时。最初，叔孙通因有文才而被秦朝朝廷征召；后来，秦朝灭亡，叔孙通又曾协助汉高祖制定汉朝的宫廷礼仪，成为西汉开国之初一位引人注目的角色。但人们对其评价历来褒贬不一，司马迁誉之因时而变，为大义而不拘小节，称其为"汉家儒宗"；司马光则责之制定礼乐只为逞一时之功，结果使古礼失传。是是非非，真相如何呢？这只能从真实的历史背景中去体察、去感悟。

叔孙通是秦二世时的儒士，被任命为待诏博士。

叔孙通是秦二世时的儒士，被任命为待诏博士。陈胜、吴广揭竿而起，天下纷纷响应，秦二世听说后，也很是忧虑，便召集待诏博士和儒生询问方略。

秦二世问："由楚地来的戍卒攻占了城池，先生们认为该当如何？"三十多名博士和儒生异口同声地说："百姓造反，这是不能

叔孙通向刘邦建议制定朝廷礼仪。

赦免的死罪，希望陛下赶快发兵讨伐。”二世听后，勃然大怒，脸上的神色都变了。

叔孙通上前说：“如今天下合为一家，先帝毁掉郡、县的城墙，销天下的兵器，向天下表示不再用兵打仗了。况且上有圣明天子，下有完善的法律，人人尽职守法，四海安宁，哪里有人想造反呢？这不过是些偷鸡摸狗的小贼罢了，何足挂齿。”

二世转怒为喜，笑道：“先生说得很对。”博士儒生们见此情状，脑筋灵活的很快来个急转弯，附和叔孙通，说起义者不过是盗贼。脑筋僵硬的便依然坚持说是百姓造反。于是秦二世便把说是造反的都关进监狱，赐给叔孙通二十四帛，一件衣服。

当时那些人都骂叔孙通是“阿二世”，就是阿谀奉承秦二世的意思。叔孙通面对责问，只是说“不如此，几不脱虎口矣”。叔孙通讲完这些话就匆匆走了，因为他是个聪明人，知道秦二世这个政权已经没有希望了，没必要严肃对待。

后来，秦朝败亡，叔孙通便带着儒生们逃出咸阳。他先是投奔项梁，项梁死后又侍奉楚怀王，后来又投奔刘邦。刘邦最讨厌儒生，所以见到儒生，便把他们的帽子摘下来，往里面便溺，以羞辱儒生。

叔孙通知道刘邦的脾性，便脱掉儒装，改穿短小贴身的衣服，刘邦很是高兴。叔孙通既不向刘邦宣讲儒家学说，更不向人推荐自己的学生，而是向刘邦推荐那些盗贼出身的壮士，刘邦更是高兴，拜叔孙通为博士，号稷嗣君。

叔孙通的学生们饱受冷落，都暗地里骂叔孙通：“我们跟随先生多年了，如今不推荐我们做官，反倒天天推荐那些狡猾的盗贼，这是什么道理？”叔孙通听到后，便对学生们说：“汉王正冒着枪林箭雨争夺天下，你们这些儒生能上阵杀敌吗？你们跟着我，我并没忘记你们。”

刘邦平定天下，跟随他一起打天下的都是没有知识的武夫，更不懂什么规矩，在朝堂上喝酒争功，醉了就大喊大叫，甚至拔剑砍殿上的柱子。刘邦看着乱糟糟的景象，也很头痛。

叔孙通猜到了刘邦的心思，知道时机已到，便对刘邦说：“儒家虽不能争夺天下，却善于守成。臣愿召集鲁国的儒生，和臣的弟子们一起制定朝廷礼仪。”刘邦同意后，叔孙通便与鲁国的儒生和自己的学生一起，斟酌古代和秦朝的礼仪制度，因时制宜，制定了一套切实可行的礼仪制度。

从此，大臣们上朝，都严格遵循礼仪，稍有越轨便被一旁监视的御史拉下惩治，人人心中畏惧，朝中气象大为改观。刘邦看着驯服的臣民，慨叹道：“我直到今日才知道天子的尊贵啊！”

他迁升叔孙通为太常，又赐金五百。叔孙通这时才提出：“臣的学生们跟随臣多年了，又和臣一起制定礼仪，希望陛下给他们封官。”刘邦此时已从心里喜欢儒生了，便把叔孙通的学生们都封为郎官，叔孙通又把刘邦所赐的五百金都分给学生们，学生们这才明白叔孙通的用意，都高兴地说：“叔孙通先生堪称圣人，懂得这个世界的事情和规律。”

《鬼谷子》有云：“捭阖者，道之大化。说之变也，必豫审其变化。”“志意、喜欲、思虑、智谋，皆由门户出入。故关之以捭阖，制之以出入。”适用捭阖之术使事物转化，是阴阳之道的关键。灵活变通，把握那人的内心思想，也把握住事物的关键。人们用“圣人”来形容叔孙通可能有些过，但是叔孙通的确通晓权变之奥秘。叔孙通一人之身，能够适应秦二世之昏、项羽之威、刘邦之薄……在那样一个天下大乱、文人遭劫的年代，不只苟全性命，而且处处得意、荣通富贵，这一切都取决于他很好地把握住了“变与不变”的尺度。

所谓“变”，就是要在摸透君王的脾气、秉性、喜怒、好恶的基础上，不断地改变自己的言行与对策。

◎擒贼擒王——征服鸡群的规则◎

俗语常说“偷鸡摸狗”，最早就是从狐狸开始的。狐狸在偷鸡时，如果遇到了狗在看家门，会主动诱惑狗追他，然后让狗落入自己所铺设的陷阱，而此时同伴就会趁机捉到鸡，逃之夭夭。打击一个群体，首先要把群体中最强者除掉，方予自己可乘之机，这就是所谓的“擒贼先擒王”了。

要征服整个羊群，必须先打击领头羊，而羊群一旦失去核心点，便会茫然不知所措，四处奔逃。狐狸除掉了看门狗，鸡则任它予取予求，正是运用了这个道理。

唐代诗人杜甫《前出塞》中有云：“挽弓当挽强，用箭当用长。射人先射马，擒贼先擒王。”民间有“打蛇要打七寸”的说法，都是一个意思。“打蛇打七寸”，就是说打蛇要命中要害。蛇的三寸，是蛇的脊椎骨上最脆弱、最容易打断的地方，使它的神经中枢和身体其他部分的通道被破坏；而蛇的七寸，是其心脏所在，所以必死无疑。而这种打击事物关键之策略，也是三十六计其中一计。世间无论任何事物，只要失去了核心，都将四分五裂。对准核心人物，将他击垮，这是控制整个局面的一个最重要的法则。

教皇卜尼法斯八世便是利用这种方法来维护统治的，他手段强硬，为人机敏。上任后不久欧洲强权纷纷妥协，德意志和奥地利甚至割让领土以求生存。在这种大势所归的情景下，意大利最富饶的地区多斯加尼却拒不臣服，这让他感到恼火。

多斯加尼最强大的城市是佛罗伦萨。如果卜尼法斯八世能够征服佛罗伦萨，就能够让多斯加尼臣服。佛罗伦萨的一部分富裕市民希望城市独立，不愿意受制于教皇，成立了“白党”；另一部分没落户，希望借助教皇的势力翻身，成立了“黑党”。两派长期争斗，但丁热烈主张独立自由，因此成为白党的中坚。

1300年，但丁成为城市6名执政官中的一员，掌控了实际权力。他用感人肺腑的语言揭露教皇的阴谋，号召人民组织起来抵抗教皇，在教皇的强权下竭力维持着佛罗伦萨的独立。第二年，教皇亲自请法国国王的弟弟亲王查理·德·瓦卢斯协助他维持欧洲的秩序。查理的军队让佛罗伦萨人紧张不安，佛罗伦萨的妥协派推选但丁作为代表前去罗马求和。万般无奈之下，但丁去了罗马。

教皇温和地对城市代表团说：“在我面前跪下来，我告诉你们，说真的，我没有别的意思，只是想要促进和平。”最后教皇指名要但丁留下，其他人都回去了。查理用钱贿赂某些官员瓦解了白党，黑党巩固了权力。这个时候教皇才放势单力薄的但丁离开。黑党宣布：只要但丁踏入佛罗伦萨一步，就要将他处以极刑。但丁被放逐了。他所热爱的国家，被教皇控制了。最后但丁于1321年客死他乡，在意大利东北部腊万纳去世。

教皇将矛盾重点缩小在反对派但丁一人身上，从而控制了局面。

蛇无头不走，鸟无头不飞。没有但丁的白党，就等于失去了核心支柱。所以教皇将矛头指向了但丁，打击了白党之中的“王者”，其他人自然不足为虑，多斯加尼被迫臣服。试想如果教皇以强取豪夺的方式硬侵占多斯加尼，必然会引起它的国民反弹，人们奋起抗击。这样即使教皇得到了多斯加尼，这个国家也必定变成一片废墟，再也不是他心中理想的梦幻国度。所以教皇选择以软禁但丁的方式，叫多斯加尼不战而亡，的确是一个高明的计策。因此我们在做事情的时候，要学会看事物的关键之处，认清控制整个事件的核心处，然后对其发动全面而迅捷的攻击，便能令其整体迅速折服。

鬼谷子在《捭阖第一》篇讲：“是故圣人一守司其门户，审察其先后，度权量能，校其伎巧短长。”圣智之人在处理世间事物时，都会根据事物的规律来考察其发展变化的关键，进行各方面的比较参考。有了全面而深刻的认识，才会扬长避短，就虚避实，正确而恰当地处理好问题。可见，看事物的关键之处，就是要认清控制整个事件的核心点。这样才能在整体上进行把控，才能做出迅速而有效的决策。

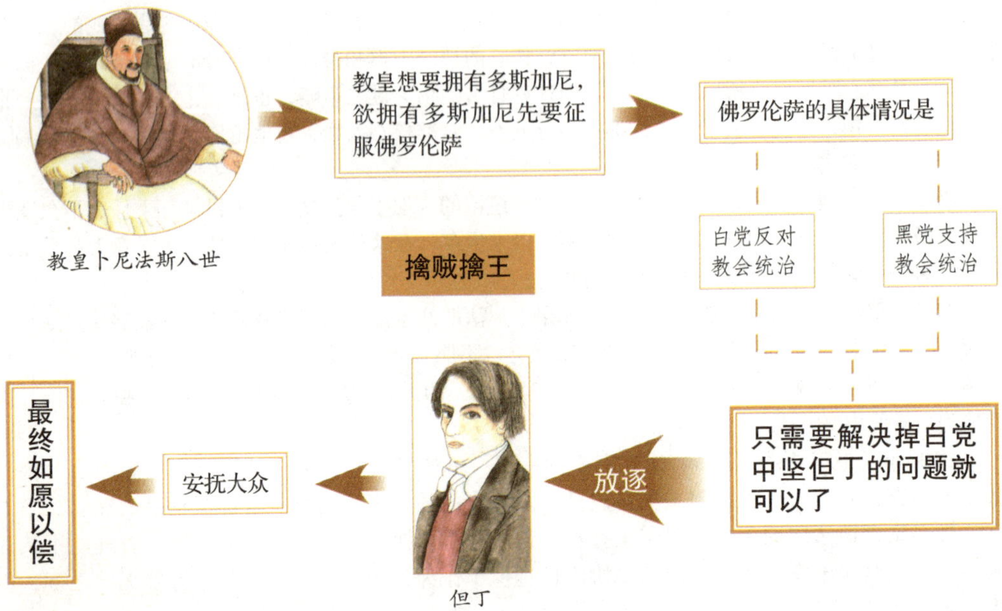

管理谋略

◎抓住要害——朱博打蛇打七寸◎

俗话说“打蛇打七寸”，这是因为“七寸”是蛇心脏所在的部位，找准这个位置，可以将蛇一招毙命。

汉代的朱博，出身于贫困家庭，青年时代，曾在县里当过亭长，交友广泛，刚直正义，后升迁为功曹、冀州刺史、琅玡太守，因其行事果断干练、才能过人而得到了属下与百姓的爱戴。同时，他也是个善于运用“捭阖”之道的人，虽然他是武将出身，但懂得巧妙地利用别人身上的把柄来实现自己的目的。

朱博在调任左冯翊地方官期间，长陵一带，有个大户人家出身的人，叫尚方禁。他年轻时曾强奸别人的妻子，被人用刀砍伤了面颊。如此恶棍，本应重重惩治，只因他大大地贿赂了官府的功曹，不但没有被革职查办，反倒被调升为守尉。

朱博上任后，有人向他告发了此事。朱博觉得真是岂有此理，就找了个借口，召见尚方禁。尚方禁见新任官员突然召见自己，不禁心中七上八下，但又不能躲避，只得硬着头皮来见朱博。朱博仔细看尚方禁的脸，果然发现有疤痕，于是让侍从退开，假装十分关心地询问尚方禁："你这脸上的伤痕是怎么搞的呀？"

尚方禁做贼心虚，知道朱博已经了解了他的情况，心想这下肯定完蛋了，就像小鸡啄米似的接连给朱博叩头，嘴里不停地说道："小人有罪，小人有罪。"

朱博见他也不隐瞒，便说："既然知道自己有罪，那就原原本本地给我讲来！"

尚方禁如实地讲了事情的经过，他头也不敢抬，只是一个劲地哀求道："请大人恕罪，小人今后再也不干那种伤天害理的事了。"

"哈哈哈……"朱博突然大笑道，"男子汉大丈夫，本是难免会发生这种事情的。本官想为你雪耻，给你个立功的机会，你会效力吗？"

尚方禁开始被朱博的笑声吓得身上直起鸡皮疙瘩，心想这下要倒大霉了。但听着听着，终于缓过气来，朱博刚说完，他便说道："小人万死不辞，一定为大人效劳。"

朱傅召见尚方禁。

于是，朱博命令尚方禁不得向任何人泄露这次的谈话内容，要他有机会就记录其他官员的一些言论，及时向朱博报告。尚方禁俨然成了朱博的亲信、耳目。

自从被朱博宽释并重用之后，尚方禁对朱博的大恩大德铭记在心，干起事来特别卖命，工作成效也十分明显。不久，就破获了许多起盗窃、强奸等犯罪案，使地方治安情况大为改观。朱博于是提升他为连守县县令。

朱博掌握了这个曾经的恶棍的把柄，但没有落井下石，而是以此为契机，让他从一个恶棍，变成了一个为民办事的官员。

又过了相当长一段时间，朱博突然召见那个当年收受尚方禁贿赂的功曹，对他进行了严厉的训斥，并拿出纸和笔，要那位功曹把自己受贿的事全部写下来，不能有丝毫隐瞒。那功曹早已吓得像筛糠一般，只好提起笔，写下自己的斑斑劣迹。

"记住！如果有半句欺骗的话，当心你的脑袋搬家！"朱博又大吼了一声。

这一声可吓坏了那位功曹，他早已知道朱博办事，说到做到，是一位不好惹的上司，连忙说："小人一定依照大人指示，如实坦白。"

朱博以捭阖之道慑服功曹。

由于朱博早已从尚方禁那里知道了这位功曹贪污受贿的事，看了功曹写的交代材料，觉得大致不差，就对他说："你先回去好好反省反省，听候裁决。从今往后，一定要改过自新，不许再胡作非为！"说完就拔出刀来。

那功曹一见朱博拔刀，吓得两腿一软，又是打躬又是作揖，嘴里不住地喊："大人饶命！大人饶命！"只见朱博将刀晃了一下，一把抓起那位功曹写下的罪状材料，三两下将其削成纸屑，扔到纸篓里去了。

自此后，那位功曹终日如履薄冰、战战兢兢，工作起来尽心尽责，不敢有丝毫懈怠。

武将出身的朱博，身为一个文官，他没有舞刀弄枪，而是以"捭阖"之道去处理问题。对于曾经犯错的人不是"一棍子打死"，而是抓其要害，再施以宽恩，一张一弛，一捭一阖。我们在处理某些问题，特别是遇到小人时，如果一味地采用强硬措施而不懂得变通，可能会遭遇其拼死挣扎，强烈反抗。本来占据主动，却因为不懂变通而致两败俱伤就太得不偿失了。要学朱博收归恶徒为己所用，为自己的发展道路奠定根基。

现实中，击中对方"要害"便可让其"毙命"，这个道理非常简单。但某些情况下，我们并不需要将对方置之死地，运用"捭阖"之道，捭阖有度，一方面给对方留了条后路，更获得了自己的所需。所谓得己之利却不伤和气，为人所难却游刃有余。

◎刚柔并济——曾国藩刚柔相济成大事◎

所谓："变化无穷，各有所归，或阴或阳，或柔或刚，或开或闭，或弛或张。"世间万物的变化，无穷无尽，纷纭万端。但是都有他们的规律，有的以阳为主，有得以阴为主，有的以柔为主，有的以刚为主。一张一弛，一刚一柔，刚柔相间，开闭相合，人生自会进退自如。

《曾国藩家书》中写道："立者，发奋自强，站得住也；达者，办事圆润，行得通也。"兵无常势，文无定法。而这种性格属于善变型，能因人、因势、因时而变，极尽中庸性格之精髓。

据说当年曾国藩平定太平军之后，声名远扬，进京面圣。北京人头攒动，所有人都想一睹这位盖世功臣的风采，许多精通相术之人也来凑热闹，趁机给这位湘军统帅相个面，看看究竟为何他能建此功勋。可是，令人失望的是曾国藩竟是一个其貌不扬的糟老头，更令相士们费解的是，曾国藩本应是奸臣短命之相，他们怎么也猜不透曾国藩为何会有这等位极人臣的际遇。

不管这个传说是真是假，有一点是可以肯定的，曾国藩在功高震主的关口选择了另一种策略，用一种方圆性格来成就自己的人生，从而保住了身家性命以及自己的地位。

其实曾国藩在与太平军作战的12年时间中，并非都是一帆风顺的，他也曾数次战败，两次欲投水自杀，还有一次因为害怕李秀成的大军袭击而数日悬刀在手，准备一旦兵败，即行自杀。他虽然忠心耿耿，还是屡遭疑忌。在第一次攻陷武汉之后，捷报传到北京，咸丰帝非常高兴，赞扬了曾国藩几句，但咸丰身边的近臣说："如此一个白面书生，竟能一呼百应，并不一定是国家之福。"咸丰听了，默然不语。

曾国藩清楚锋芒太露定会遭人疑忌，辞去一切军事职务，赋闲家中一年。

幸好曾国藩很清楚锋芒太露，定会遭人疑忌，便借回家守父丧之机，带着两个弟弟（也是湘军重要将领）回家，辞去一切军事职务。就这样赋闲家中一年，结果太平军进攻盛产稻米和布帛

曾国藩被授以两江总督节制四省军政的权力，巡抚提督以下均须听命。

的浙江，清廷恐慌，不得不又请他出山，并委他兵部尚书头衔，从此有了军政实权。不久，慈禧太后掌握朝政大权，开始重用汉人，这为曾国藩掌握大权提供了一个重要的历史契机。

1862 年，曾国藩被授以两江总督节制四省军政的权力，巡抚提督以下均须听命，不久又赐予太子太保头衔，兼协办大学士。自此以后，曾国藩在清廷中有了举足轻重的地位。

曾国藩正是采取以退为进的策略，从而取得了清廷的信任，掌握大权。在进攻太平军胜利以后，他仍然小心翼翼。由于曾国藩的湘军抢劫吞没了很多太平军的财物，使得“金银如海、百货充盈”的太平天国之都天京人财一空，朝野官员议论纷纷，左宗棠等人还上书弹劾。曾国藩既不想也不能退出财物。因此在进京之后，怕功高震主而退出了一部分权力，怕湘军太多引起疑忌而裁减了 4 万湘军；怕清廷怀疑南京防务而建造旗兵营房，请旗兵驻防南京，并发全饷；并且盖贡院，提拔江南士人。

这几策一出，朝廷上下果然交口称誉，再加上他有大功，清廷也不再追究，这反而显示了他的恭谨态度，更加取得了清廷的信任。清廷又赏予太子太保头衔，赏双眼花翎，赐为一等侯爵，子孙相袭，代代不绝。至此，曾国藩荣宠一时。

作为一名汉人，曾国藩在清朝廷打拼出一片广阔天地，而朝廷自然会对他有所忌惮、防范，但是曾国藩正是运用自己的方圆智慧与朝廷周旋，最终得以保全自己。

刚是一种威仪，一种原则，一种自信；柔是一种收敛，一种融通，一种风度。刚是一个人的骨头，是精神的内核；柔，是一种处世方法。刚，是曾国藩性格的本色，但他懂得适时放低姿态，因此才能在清末的官场游刃有余。曾国藩性格中的“柔”是锤炼出来的，“柔”的性格使他改变了自己的命运。

◎审时度势——楚霸王把握良机◎

善于把握事态发展变化的局势，抓住有利的时机，是成事的必要条件。在鬼谷子看来，圣人之所以为圣人，最根本的原因就是能够顺应时代发展的大趋势，顺势而为。

公元前 208 年，秦将章邯率军攻打赵国巨鹿。赵王歇向楚国求救。楚怀王任命宋义为上将军，项羽为次将军，率军去营救赵国。楚军到达安阳后，宋义畏缩不前，驻留此地长达 46 天之久。项羽劝说宋义立即攻秦救赵，被宋义拒绝了。当时天寒多雨，将士挨冻受饿，痛苦不堪。而宋义却大摆宴席，为自己的儿子到齐国做相送行。

乘宋义离开之际，项羽鼓动将士们说：“我们奉命攻打秦军，救援赵国，现在却留在这里不能前进。这里遇到灾荒，将士只能吃个半饱，军中存粮也不多。上将军对此却丝毫不放在心上，只顾饮酒作乐，根本没想到要率军去赵国征粮，并与赵军合力抗秦，反而美其名曰‘等待秦军疲惫之机再打’。如果强大的秦国攻击刚刚复国不久的赵国，必然能把赵国灭掉。赵国被灭掉之后，秦军只会更加强大，根本无机可乘。况且我军刚刚在定陶吃了大败仗，大王正坐卧不安，将全军交给上将

楚怀王命宋义、项羽等人率军营救赵国。

项羽把握时机诛杀宋义。

军指挥。国家安危，就在此一举了。不料上将军却如此不爱惜将士，只顾徇私，这样的人怎么能做社稷之臣！”

项羽的话立刻在全军中引起共鸣。当宋义返回安阳时，项羽乘机将其杀死，然后号令全军，说道：“宋义与齐国密谋反楚，楚王命令我将其杀死！”将士上下无不服从。消息传回国内，楚怀王只好正式任命项羽为上将军去营救赵国。此后，项羽破釜沉舟，九战九捷，歼灭了秦军主力，解除了巨鹿之围。

楚怀王是秦末农民起义军首领项梁听从谋士范增之计拥立的。楚怀王名为君王，实为傀儡。但他趁项梁战死后，在彭城（今江苏徐州）夺取项羽、吕臣的兵权，改用宋义为上将军，项羽当然心怀不满，伺机夺回兵权。而这时的形势，正是动手发动兵变的好时机：一方面宋义在紧急关头，徇私误国，违背军令，贻误战机，罪该问斩；另一方面，士兵在寒风冷雨中煎熬，而宋义却饮酒作乐，大摆宴席，士兵的反叛心理经项羽一鼓动就旺盛起来。于是，杀宋义、取兵权的主客观条件一应俱全，项羽审时度势，把握住了时机。项羽既杀了宋义，夺取了兵权，又歼灭了秦军，解除了巨鹿之围，可谓一箭双雕，两全其美。

《鬼谷子》认为：“圣人之在天地间也，为众生之先，观阴阳之开阖以名命物，知存亡之门户。筹策万类之终始，达人心之理，见变化之朕焉，而守司其门户。”古代那些大智大勇的圣者生活在人世间，之所以成为芸芸众生先知先觉的导师，是因为他们能观测世界上万事万物阴阳两类现象的变化，并能进一步了解事物存亡的关键因素，给它们立一个确定的名号，还能够洞晓万事万物的生存、发展、灭亡的关键所在。顺应历史大势、民心向背，再加上领导的贤德，这就决定了战争的胜利。由此可见，分析并且顺应时代发展的大趋势，跟随时势发展的浪潮前进，是成功的基石。

商战博弈

◎周密贵微——许荣茂的成功哲学◎

20世纪70年代，在中国香港车水马龙的街头，一个来自福建的青年有时会驻足良久。他看着来来往往的人群和不时擦身而过的老爷车，有时也会对自己的未来陷入短暂的迷茫，只是这迷茫并没激起他内心多大波澜，他的表情依旧平和，看不出丁点痛苦的模样。

当时，像他一样在香港寻觅机会的青年千千万万，但绝大多数都消失了踪影，唯有他在若干年后绝地而起。这个原本平凡的年轻人没有什么秘诀，只是因为平和，这大概和他自小受从医父母的影响有关。

“中医讲究平和，不会为一些小事急躁。我觉得有一些人很聪明，但暴躁起来不考虑后果，这是做事业的大忌。”

说这句话的人是许荣茂，就是许多年前站在香港街头驻足观望，却表情如初的年轻人。或许正是这种心态，让他挺过了最初的难关。即使当时满大街都是电影大王邵逸夫的海报，他也没有觉得落差有多大。

什么事都是一个过程，就是在那时，许荣茂渐渐培养自己绵里藏针、不温不火的秉性。而真正让他在后来的房地产业翻云覆雨，神龙见首不见尾的，还是他敏锐的商业眼光和诡异的思维。

1989年，当几乎无人看好内地房地产业时，许荣茂却出巨资在家乡进行了一系列项目开发，专心做房地产。对此次商业行为，他做出的解释是自己并非贪图这一行业的暴利，而是出于对事业成就感的渴望。回家乡投资房地产之前，许荣茂做的是服装生意，但他直言做服装太累：员工多，业务量大，利润微薄，更关键的是，他只能给外国厂商做代工，没有自己的品牌，缺乏成就感。但房地产不同，“我们建设一幢幢雄伟壮丽的大厦，既能美化城市改善人们的生活，又能给自己带来事业成功的欣慰”。

认准了房地产，许荣茂就坚定地改行，这一改，就是20年。

在房地产这个井喷式行业，速度就是一切。几乎所有的开发商都争先恐后地拿地，风风火火地建设施工。许荣茂则有些不同，他擅长的是悄然布局，有神龙见首不见尾的意味。通常是，在人们普遍不看好的时候，许荣茂不知不觉间出现，一出手，又是令所有人惊呼赞叹的大交易。

他一向深居简出，几乎从来不接受媒体采访。无论身在何处，头发都梳得纹丝不乱，说话慢条斯理。而知道他故事的人都明白，眼前这个地产大佬沉稳内敛的形象背后，是掩藏多年的江湖沉浮史，是无数生死搏杀的积淀。而他从来不夸耀、不表露。

许多人说，在房地产界，许荣茂跟潘石屹、冯仑等人不同，许荣茂的崛起，更多的则是凭借自己严谨的思维和独特的眼光。

就在众人觉得许荣茂会大干一场的时候，他又出人意料地转战上海滩。此前，没有人知道他的真正意图是什么，他就像机警的猎豹一样，不断寻觅着潜在的目标。

当时，A股市场传来消息，上海万象集团亏损，股票一落千丈。许荣茂一反常态地进行资本运作，购入万象26.43%的股份，在A股借壳上市。他的这一举动令很多人咋舌。更令人想不到的是，刚刚入股万象的许荣茂竟将恒源祥等几个优势资源抽离。难道他收购万象股票的目的不在于此？

没过多久，许荣茂终于亮出了自己的答案。入股万象，实际上是看重了万象广场所在南京路的一块14万平方米的地段，这是上海最繁华的地区之一，许荣茂的手段可谓老谋深算。

几番动作过后，低调的福建商人已经在上海地产界搞得风生水起。在他眼中，只要是他看中的，就会努力把握。“言行一致”是他的作风，只是许荣茂的“行”显得过于神秘和难以揣测，这可能就是他不断成功的原因。

《鬼谷子》说："即欲捭之贵周，即欲阖之贵密。周密之贵微，而与道相追。"使用捭阖之术，离不开谋划。当然，这种谋划要周密，考虑要周详。如果要综合归纳问题，最重要的是处世缜密，要合乎规律和道理，行事要不露声色。一个人想成大事，必须全方位地注意每一个角落，低调内敛，这是成大事的根本。

◎见好就收——经商的灵丹妙药◎

《鬼谷子》曰："变化无穷，各有所归。或阴或阳，或柔或刚。"意思是："世间万物虽然变化无穷，纷纭万端，但皆有其自身的本质特征与发展规律。或归于阴，或归于阳；或以柔为特征，或以刚为特征。"因此，在商业运作中，面对变化无常的商海，就得阴阳结合，刚柔相济，才能应对自如。该投入的时候就要果断地投入，该撤出的时候就应义无反顾地撤出，懂得"捭阖"，懂得进退，敢于放弃的商人才能前进。

如果与对手相比，自己在资金、技术、知名度、人际关系等方面都处于劣势，该如何决断？硬拼还是暂时"撤退"？硬拼虽勇气可嘉，但很可能"以卵击石"，自取其辱。而暂时"撤退"虽有些"不光彩"，却是一种智慧，是一种避其锋芒，适时而"阖"的明智之举。俗话说，留得青山在，不怕没柴烧。以退为进，"阖"而"捭"之，以求其利。

同样，市场饱和又没有发展前景，坚守并不能显示你的明智，只能说明你的愚昧和缺乏明晰判断力。另起炉灶才会有新的发展。

善用"捭阖"之道，在利益面前还要懂得"权衡轻重""见好就收"。

广东人李素在2000年3月发现了一个赚钱的商机：生产IP拨号器。这是个新生事物，整个机器成本50多块钱，但在当时的市场价却高达1000多元。而且IP（Internet protocol）拨号器技术原理很简单，类似于电话机原理，只不过多了块控制芯片。看准了机会的李素马上行动，买来了数万元的

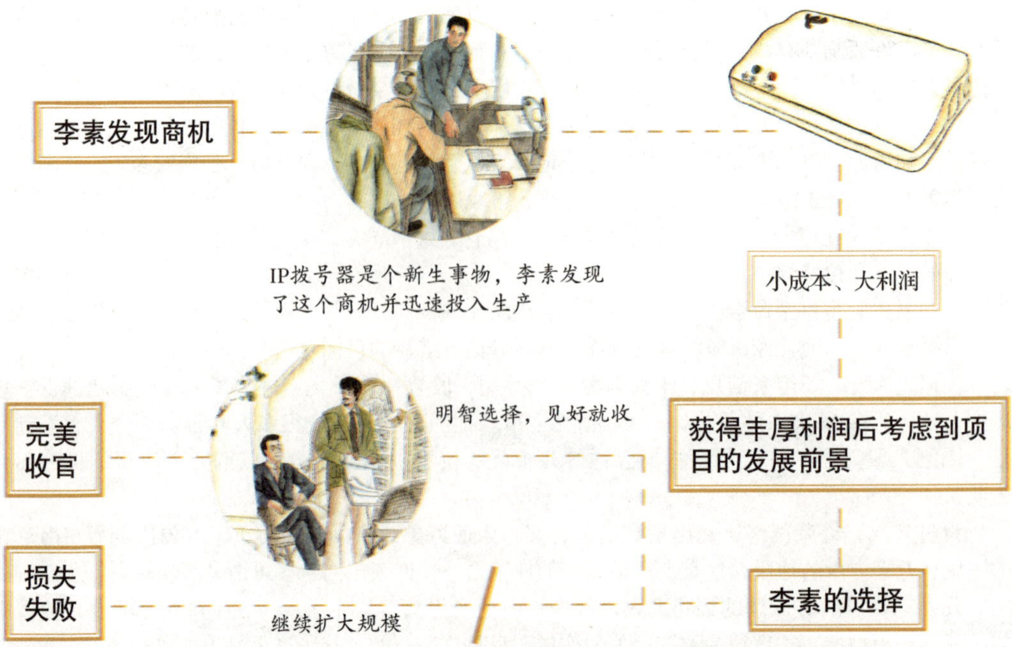

生产调试设备，招聘了一批技术人员，日夜兼程地设计、生产、调试，并在最短的时间内推向市场，大赚了一笔。就在别人以为他会立即扩大生产规模时，他却戛然而止。卖掉了设备，辞退了技术人员，转租了厂房。

李素为什么这样？原因很简单，他清醒地认识到IP拨号器是利润超高的产品，竞争对手肯定会纷纷跟进，而且其中很多都是实力雄厚的电话生产厂商和大通信公司。他们一旦介入，自己的产品就毫无优势可言。与其到时被别人打败，不如自己先撤退，所以他明智地选择了“见好就收”。

李素的见好就收虽然让他失去了继续赚钱的大好良机，却也使他避免了潜在的损失，不失为一种明智之举。小商人有小智慧，大商人亦有大能力。在这方面，做得更出色的是李嘉诚。

李嘉诚有句座右铭：“好的时候不要看得太好，坏的时候不要看得太坏。”这是他多年以来“见好就收”策略的最佳注解，也是李嘉诚做生意的最高境界，即“拿得起，放得下”。李嘉诚正是善于把握“见好就收”，才使他在商场上立于不败之地。

李嘉诚靠生产塑胶花掘得第一桶金，成为“塑胶花大王”。然而物极必反，阴阳也会互变。早在他开发塑胶花之前，就预见到塑胶花终究会跟不上社会发展的快节奏，只能风行于一时。人类崇尚自然，而塑胶花无论如何不能取代有生命的鲜花。作为塑胶业的“大哥大”，长江公司虽然拥有稳固的大客户，但是当时整个行业都在走下坡路，最后的萎靡已是改变不了的事实，这给李嘉诚敲响了警钟。

1972 年，塑胶企业达 3359 家。李嘉诚从海外杂志了解到，欧洲北美的塑胶花已被扫地出门。国际塑胶花市场正转移向南美等中等发达国家。香港也出现过几次塑胶花积压。对此，李嘉诚早有心理准备，他深知长江在塑胶业的地位和信誉是无价之宝，所以采取一种无为而治的态度，让其自由发展，而将主要精力和心血投注于缔造以地产为龙头的商业帝国。

该投入的时候就要果断地投入，该撤出的时候就应义无反顾地撤出，敢于放弃的商人才能前进。商人应该对自己从事的行业前景有清醒的认识。做生意往往会受到客观因素的影响，这就要求商人能够明察善断。

该“捭”的时候就要主动进攻，趁势前行，该“阖”的时候则要闭藏自己，见好就收。像李嘉诚这样，他最早进入塑胶花领域，赚了一大笔钱后，审时度势、急流勇退、占尽先机。

职场之道

◎各有所长——但不被长处蒙蔽双眼◎

《捭阖第一》说：“审定有无与其实虚，随其嗜欲以见其志意。”指出：审定对方才干的有无和思想的虚实，可以先观察他的嗜好和欲望，从中便可看出他的志向和意志。每个人都有别人不能及的优势和长处，只有清楚地知道能提升自己的长处和优势，才能让你的能力成倍地增加，才能把这种优势发挥到极致。

发掘自己的长处，利用自己所有的优势，追求真正属于自己的道路。这是捭阖术的关键，这是获取事业成功的捷径。运用“捭阖术”，挖掘自己的优点，放大它，你的生活和工作就会大为不同。许多人本来可以做大事、立大业，但实际上却做着小事，过着平庸的生活，原因就在于他们没有去挖掘自己的长处或者没有将自己的优势放大。

在一个风光秀丽的小镇上，来了三个旅行者。他们同时住进一家旅店，都打算第二天一早出去游玩。次日清晨，三人一同出门。一个旅客带了一把伞，一个拿了一根拐杖，第三个则两手空空，什么也没拿。一天很快就过去了，傍晚的时候下了一场大雨，当天色已经黑透的时候，三人陆续回来了。

旅店的其他旅客感觉很奇怪：带着雨伞的人淋湿了衣服；拿拐杖的人身上沾了不少泥，看起来摔倒过；而空手者却什么事都没有，浑身上下干干净净。前两人也很奇怪，问第三个人这是为什么。

第三个旅行者没有回答，而是问拿伞的人："你为什么只是淋湿而没有摔跤呢？"

"下雨的时候，我依仗着手中有伞，就大胆地在雨中走，可风雨太大，衣服还是湿了不少。泥泞难行的地方，因为没有拐杖，走起来小心翼翼，就没有摔跤。"

再问拿拐杖者，他说："下雨时，因为没有伞，我就拣能躲开有雨的地方走或停下来休息。泥泞难行的地方我便用拐杖拄着行走，反而跌了跤。"

空手的旅行者哈哈大笑，说："下雨时我拣能躲雨的地方走，路不好时我细心走，所以我没有淋着也没有摔跤。你们有凭借的优势，就不够仔细小心，以为有优势就没问题，所以反而有伞的淋湿了，有拐杖的摔了跤。"

懂得"捭阖术"的人，不仅要看到自己的优势，还应该把优势发挥到位，避免在熟路上栽跟头。三个旅行者都有各自的优势，只是他们用的地方不同，以致产生了不一样的结果。只有时刻保持着清醒和理智，你的雨伞才会为你遮风挡雨，你的拐杖才能让你走得更稳。善于"捭阖"的人，能够清晰地知晓自己的优势，并把这种优势应用在关键的地方，才能时时提高长处的效率。

在人生的坐标系里，一个人如果站错了位置——用他的短处而不是长处来谋生的话，他可能会在永远的卑微和失意中沉沦。同时，在职场的风雨中，人们有时也会犯那两个旅行者一样的毛病。长处是我们身上宝贵的资源，它能让我们在某一领域或某一方面超越别人。可是如果以为有了优势就可以高枕无忧，甚至被自己的长处蒙住了双眼，结果只会是被别人赶上，长处反而变成了约束自身的短处。只有合理地应用自己的优势，你的职场路才有可能一帆风顺。

◎察言观色——见机行事◎

在充满竞争的人生旅途中，如果遇到比较强硬的对手，就要敢于采取"捭"的战略，主动进攻，以势压人；如果遇到比较弱小的对手，也要善于采取"阖"的战略，隐藏自己，以德服人。总而言之，对付比自己实力弱小的人应采取和平手段；对付比自己实力强硬的人则应采取高压手段。如果能做到这一点，在处世过程中必然能始终处于主动地位，该进则进，该退则退，从而纵横驰骋，立于不败之地。

一个善于察言观色的人，一定善解人意，机灵乖巧，能了解对方在想什么，需要什么。什么事情都逃不过他的眼睛。这是一种天赋，有些人天生就比较敏感，能很轻易地看出别人的情绪反应。拥有这种知己知彼的能力，做起事情来就容易百战百胜。所以这是一种沟通上的优势，有了这种优势，沟通时就轻松多了。

通过观察，可以洞察先机，知道对方的想法，就算觉察对方有不同的意见，心里也有数，可以在心里有所准备，事先化解；也可以别人的反应，妥善安排自己的进退应对，依照对方的反应，适时给予鼓励赞美，把话说在适当的时机，刚好说进对方的心坎里；发现对方不悦，临时停车，避免沟通恶化，见风转舵随机应变，事情就不会搞砸了；随时留心对方的脸色，适可而止地指责，让对方有个台阶下。这样的沟通，还能不顺畅吗?

虽说察言观色是一种天赋，但也是可以学习的，怎么学呢?

第一，和别人说话的时候，要慢半拍，仔细看看对方的表情，判断一下自己的这句话会引起什么反应。

第二，看电影或电视剧的时候，不要只关心“后来的结局怎样啦？”观察一下每个不同角色演员的表情，由这些表情上去捉摸代表什么情绪反应。

第三，观察周边人的面部和肢体反应。例如我最喜欢去菜市场了，在小贩和客人之间，可以观察出不同的心理状况。

虽然工作能力是职场上不容忽视的工具，但适当的说话技巧却能让你更有可能在职场里出类拔萃，以下的办公室常用句型，不但能帮你化危机为转机，更可以让你成为上司眼中的得力助手。

1．传递坏消息时

句型："我们似乎碰到一些状况……"你刚刚才得知，一件非常重要的工作出了问题，此时，你应该以不带情绪起伏的声调，从容不迫地说出本句型，千万别慌慌张张，也别使用“问题”或“麻烦”等字眼，要让上司觉得事情并非无法解决。

2．上司传唤时

句型："我马上处理。"冷静、迅速地做出这样的回答，会令上司直觉地认为你是有效率听话的好部属。

3．表现出团队精神时

句型："莎拉的主意真不错！"莎拉想出了一个连上司都赞赏的绝妙点子，趁着上司听到的时刻说出本句型，做一个不忌妒同事的部属，会让上司觉得你本性善良、富有团队精神，因而另眼看待。

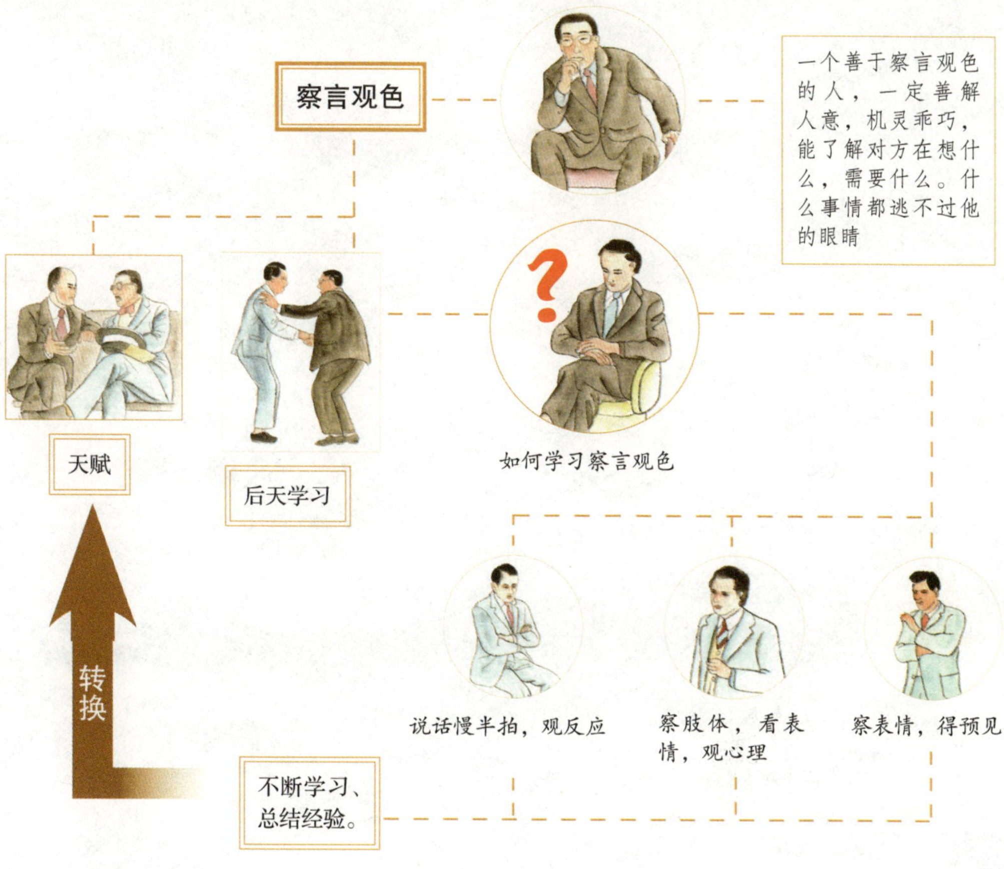

4．说服同事帮忙时

句型："这个工作没有你不行啦！"有件棘手的工作，你无法独立完成，适时使用本句型，让对这方面工作最拿手的同事助你一臂之力。

5．闪避你不知道的事时

句型："让我再认真地想一想，三点以前给你答复好吗？"当上司问了你某个与业务有关的问题，而你不知该如何作答时，千万不可以说"不知道"，可利用本句型暂渡危机，不过事后可要做足功课，按时交出你的答复。

把这些句型掌握得炉火纯青，并能随时变通，必定能弥补先天的缺失。

反应第二

经典再现

【提要】

《反应第二》是《鬼谷子》的第二篇。“反应”是一种回环反复的思考方式。反是反复试探，应是回应。反应是指投石问路以观回应，然后再行对策之术。因此，反应之术则更具有针对性，内容阐述也更加具体。

反应是有意识地刺探对方情况的谋略。“听其言，观其行”是反应术的基本技巧，说话、办事要听话外之音，察不言之言。鬼谷子认为：反应可以静听，可以反诘，也可以以己推人。若想知道别人的真实想法，通过某种言辞或行动，使对方开口讲话，先用语言试探，投石问路。然后从其言行中判断出他的真意；如有不清楚之处，再回过头来探求，反复求证，将对方引向自己的言说目的。

同时，鬼谷子还要求：运用反应术者，应全面、辩证、历史地看问题，并要善于把握讲话的技巧。在论辩、游说时，要“反之、复之”从而把握对方的真实意图，以致更好地掌控局势，从而达到自己的目的。

【原文】

古之大化者①，乃与无形俱生②。反以观往③，覆以验来④；反以知古，覆以知今；反以知彼，覆以知己。动静虚实之理⑤，不合于今，反古而求之。事有反而得覆者⑥，圣人之意也，不可不察。

【注释】

①大化：天地万物的造化。②无形：“道也。”此指自然界和人世社会的基本规律。③往：历史。④来：未来之事。⑤动静：代指世间的一切事件。虚实：代指世界上一切物质。⑥事有反而得覆者：意指世上一切事理都可以反复推求。

【译文】

古代以大道教化众生的圣人，之所以能与无形共生共存，是自然界物化的规律。大道无处不在，一以贯之。我们可用大道去了解历史，从而获得历史的经验教训，以面对、解决当前所遇到的情况。用大道也可以去推求未来。我们可以用大道去了解世界上这类、那类等一切事物，观察旁人，不仅可以洞察了解对方，而且可以知道自己为人处世的得失，观人而观己，认识自我。如果人的言行举止、思想常常出现不合常理的反常现象，就能根据周围的情况以及以往的经验进行推究，才能把握它。世间万事万物的道理，在今天找不到比证的，都可以从历史中获取。大道一体，古今一致，任何事物都可以反复地比证考察，这就是圣人的本意，我们不可以不去仔细研究。

古代圣人能以大道教化众生，能与无形共生共存是因为掌握了自然界物化的规律。

【原文】

人言者，动也；己默者，静也。因

人言者，动也；己默者，静也。以无形求有声。若钓语合事，得人实也。

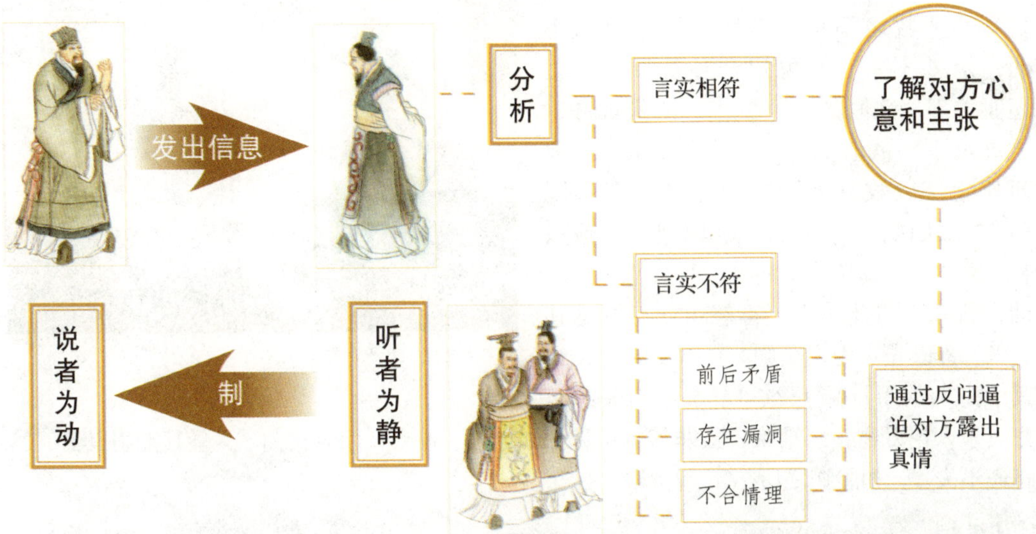

其言①，听其辞。言有不合者②，反而求之③，其应必出④。言有象⑤，事有比⑥，其有象比，以观其次⑦。象者象其事⑧，比者比其辞也。以无形求有声⑨。若钓语合事⑩，得人实也。其犹张罝网而取兽也⑪。多张其会而司之⑫，道合其事⑬，彼自出之，此钓人之网也。常持其网驱之。

【注释】

①因：循，顺着。②不合：前后矛盾。③反：反问，反诘。④应：应声。出：露出（真情）。⑤象：形象。此指言辞中涉及的事物形象。⑥比：并列，类比。此指同类事物。⑦次：后，后边。此指言辞背后隐藏的意图。⑧此句与下句，疑后人注文误入正文者。⑨无形：即上边所说的静，“……己默”。⑩钓语：在交谈时引诱出对方的话头。⑪罝：即捕兔子的网。⑫多张其会而司之：会，指兽常出没的地方。司，即伺。⑬道：此指我们发出的反诘辞。

【译文】

就动静原理而论，别人在侃侃而谈，是处于动态的；我们静默听辞，是处于静态的。别人动我们静，别人说我们听，正是以静制动。根据别人说的话就可以了解他言辞中所包含的主张和心意。若发现了他言辞中前后矛盾或不合情理的地方，马上反问他，使对方的矛盾谬误出现，从而逼使他在应声回答中再度思量，露出真情。只要我们静观静听，就可以体味出他言辞中包容的事物形象，就可以了解他谈的事物中涉及的其他同类事物，我们就可以通过这些事物形象和同类事物去考察它们背后所隐藏的谈话者的意图。象，这里是指言辞中事物的外在形貌。比，这里是指言语可以用打比喻作修辞，从而可以借助逻辑修辞等“无形”的技巧方法来阐明具体的事理。我们就这样用静默去探求别人言辞中的隐含意图，就好像用饵钓鱼一样，用静默和反诘去钓别人的言辞，通过钓得的言辞去判断他的决策，以掌握对方真情。又像多张网等待猎兽那样，多设一些网在他们经常出没的地方来让它们自投罗网。多用反诘语言去多方试探，一旦试探对了路，钓语与对方的心事相符，对方心底的真实感受和思想就会自然流露出来，这就是网人真情的网啊！应常用这样的钓人方法去掌握别人。

【原文】

其不言无比，乃为之变①。以象动之②，以报其心③，见其情，随而牧之④。己反往，彼覆来⑤，言有象比，因而定基⑥。重之袭之⑦，反之覆之，万事不失其辞。圣人所诱愚智，事皆不疑[⑧]。故善反听者[⑨]，乃变鬼神以得其情[⑩]。其变当也[⑪]，而牧之审也。牧之不审，得情不明，得情不明，定基不审。变象比，必有反辞，以还听之[⑫]。欲闻其声反默[⑬]，欲张反敛，欲高反下，欲取反与[⑭]。欲开情者[⑮]，象而比之，以牧其辞。同声相呼，实理同归[⑯]。或因此，或因彼，或以事上[⑰]，或以牧下[⑱]。此听真伪、知同异、得其情诈也。动作言默，与此出入。喜怒由此，以见其式[⑲]。皆以先定为之法则[⑳]。以反求覆，观其所托[㉑]，故用此者。己欲平静[㉒]，以听其辞，察其事，论万物，别雄雌。虽非其事，见微知类[㉓]。若探人而居其内[㉔]，量其能射其意[㉕]，符应不失[㉖]，如螣蛇之所指[㉗]，若羿之引矢[㉘]。

其不言无比，乃为之变。

【注释】

①其不言……为之变：如果对方不接我们的话茬，不回答我们的反问时，就要改换办法。②象：设象，我们做出某种表象。③报：即应和。④牧：即考察、察知。⑤己反往，彼覆来：指我们设象，对方应和，这样反复多次。⑥定基：此指掌握对方意向的主流。⑦袭：重复。⑧圣人……不疑：尹知章曰："圣人诱愚则闭藏，以知其诚；诱智则拨动，以尽其情，咸得其实，故事皆不疑也。"（尹知章《鬼谷子注》）⑨反听：指发出信息去引诱对方，从反馈回的信息中测得对方真情。⑩变鬼神：鬼神善变。变鬼神，言多般变化。⑪当：即上所言"道合其事"，手法的变换碰准了对方心意。⑫反辞：反诘语。还听：即反听。按：这里讲的是一种揣情中的"反引法"。⑬默：沉默。⑭与：给予。按：这里讲的方法，表现了作者的辩证观点。⑮开情：让对方吐露情怀。⑯同声……同归：与对方心里产生共鸣，使他引我们为知己，从而吐露真实情况。⑰事上：此指从谈话开始处考察对方意图。⑱牧下：此指从谈话结尾处入手审察对方意图。⑲式：样式。⑳先定：既定准则。㉑托：此指寄托在言辞中的真情。㉒欲：要。㉓虽非……知类：尹知章曰："谓所言之事，虽非时要，然观此可以知微，故曰见微知类。"（尹知章《鬼谷子注》）㉔内：内心。㉕射：猜测。㉖符应：某种事物产生和某种现象发生，必然引起另一种事物产生和另一种现象发生，古代称作符应。㉗螣蛇之所指：螣蛇，传说中一种能兴云作雾的神蛇，六朝术士用青龙、白虎、朱雀、玄武、螣蛇、勾陈六神以占算，谓螣蛇所指，祸福不差。㉘羿：是古代传说中的善射者。

【译文】

如果对方不接我们的话茬，不回答我们的反问时，就要改换办法。我们做出某些表象用形象的手段去打动他，迎合他的心意，使他透露真情，我们随之掌握他的意图。通过设象、使对方应和这样多次反复，我们终于掌握住对方言辞中的事物表象和同类事物，就可以因此而抓住对方意向的主流。这样多次重复，双方你来我往不断地交谈下去，在说话中就有了比较和譬喻，因此就能确定说服对方的基本策略和基本观点了。继而反复地推敲琢磨、反复地试探、诘问、观察、重复验证以使表达的语言准确无误，任何事情都可以从对方言辞里侦知。圣智之士用这种方法去对付智者、愚者，任何真情都可以测得而无疑惑。所以，自古那些发挥主观能动性去主动探查对方的人，以及那些从反面听取别人的言论，变换着手法去侦探对方的情怀，从而刺探到对方的实情。他们随机应变得当，对对手的控制也很周密。如果控制不周密，得到的情况不明了，心里的底数就不实。就不能明知对方的主导意图。这种情况下，我们就必须变换手法使对方言辞中的象、比信息改变，要会说反话，以便观察对方的反应。变换着言辞去反诘他，让他回答，然后收集反馈回的信息。另外，还可使用"反引法"，就是说，我们想要听到对方讲话，自己反而用沉默来逗引他；想让对方张口讲，自己反而闭口不语；想让对方情绪高涨以夸夸其谈，自己反而低沉；想从对方那儿得到点什么，自己就先给予他点什么。

其不言无比，乃为之变。

对方提供语言信息有限时，要随机应变

以象动之

用形象方式打动对方，试探、诘问、验证对方言辞

注意对方反应搜集反馈信息

反引法

用沉思逗引对方说话

挑动对方谈话情绪，令对方夸夸其谈

正引法

引动对方，顺对方话测探

让对方将自己引为知己，开情吐意

注意非语言的信息

声音、语气的变化

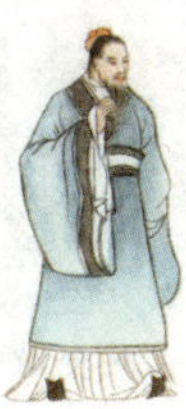

神态、情绪的变化

肢体动作

考察，发掘，辨别，最终探知对方的真情实意，最终说服对方

又可用“正引法”：想要让对方吐露情怀，就自己先设表象去引动他，设法让他讲话，让他对我们随声应和，引为知己而开情吐意。我们或者顺着他的这番话去探测他，或者顺着他的那番话去探测他；或者从他的话端顺势考察，或者从他的话尾逆推考察。所有这些，都是辨别真话假话，分析性质同异，分辨真相假相的方法。对方的动作、言语、口气，都可以用这个方法去考察；对方的一喜一怒，都可以用这些方法去发掘原因。这些方法，都是探测别人的既定准则，是考察别人的依据。要在反复探求中，去观察对方言辞中寄托着的真情，就要用这些准则和依据。总之，我们要平心静气地去听别人的言辞，去细心地考察其言辞中涉及的事件，去考辨其他一切事物，去辨别事物性质，分析事理，议论万物，辨别真伪。运用此法，即使从对方言辞中的次要事件里，也可通过其中的细微征兆，探索出其中隐

含的真情实意。运用这些方法去探测别人就好像钻到他心中探测一样，可以准确地估计出他的能力，可以准确地猜测出他的本意。这种估计和猜测必然像“符应现象”那样不失其意，就好比是螣蛇所指祸福不差、后羿张弓射箭一样准确无误，必定能从对方言辞中探出真情实意。

【原文】

故知之始己，自知而后知人也。其相知也[①]，若比目之鱼[②]；其见形也[③]，若光之与影[④]。其察言也不失，若磁石之取针[⑤]，如舌之取燔骨[⑥]。其与人也微[⑦]，其见情也疾[⑧]，如阴与阳[⑨]，如圆与方[⑩]。未见形，圆以道之[⑪]；既见形，方以事之[⑫]。进退左右[⑬]，以是司之。己不先定，牧人不正[⑭]。事用不巧[⑮]，是谓忘情失道[⑯]；己先审定以牧人[⑰]，策而无形容[⑱]，莫见其门[⑲]，是谓天神[⑳]。

【注释】

①相知：此指了解别人。②比目之鱼：古人谓比目鱼相并而行。③见：出现。见、现古今字。④光之与影：光一亮，影便出现。⑤磁石之取针：即磁与铁相吸。起源于先秦。⑥燔骨：烤烂的骨头肉。燔，烧，烤。⑦微：微少。⑧疾：迅速。⑨阴与阳：阴与阳无处不在。⑩圆与方：无规矩不能成圆方。⑪圆：此指圆活的方法。⑫方：此指一定的规矩。⑬进退左右：代指我们的一切行动，所做的一切事情。⑭牧：考察。⑮事用不巧：指忘记了上边说的“圆以道之”。⑯忘情：不合实际情况。失道：抓不住本质。⑰审：此指审察别人的准则。⑱策：决策，计划。⑲门：门径，要害。⑳天神：天神无形无容，难测难知。

故知之始己，自知而后知人也。

了解别人的最好的方法是从了解自己开始，人是有共性的，了解了自己，就可以了解别人

从了解自己开始来了解别人就能做到

对方心意未显时，我们要用圆通灵活的手法去引导他显露内心

当对方形迹已显时，我们用直率陈言、坦承对待、开诚布公、方正处之

不失厘毫地掌握到对方的真意

发出很少的信息量，对方马上就会敞开心扉

把握好何时方正，何时圆通，让对方摸不透，抓不着，而觉得我们像天神那般难测难知

【译文】

所以，了解别人的最好的方法是从了解自己开始，人是有共性的，了解了自己，就可以了解别人了。若能这样做，我们了解别人，就像比目鱼相并而行那样一丝不差；我们掌握别人的言辞，就像声音与回响那样随声而得；他自己现出形意，就像光和影子那样，光一亮影子就出现。用这种方法去探查别人的言辞，就会不失厘毫地掌握到他的真意，就像磁石吸铁针那样，又像舌头舔取烤熟的骨肉那样，轻易地一察即得。与人交谈时，自己首先掌握好分寸，察言观色又不显山露水，迅速敏捷地扑捉到对方的内心起伏，情感变化。若我们用此法去探查人，那么我们发出很少的信息量，对方马上就会很快地向我们敞开情怀。这种探查人的方法，就像阴与阳无处不在那样，无事、无人不可用，又像画圆画方要有规和矩那样有一定的规则。即当对方形迹未显时，我们要用圆通灵活的手法去引导他；当对方形迹已显时，我们又用直率陈言、坦承对待、开诚布公、方正处之。无论是向前，还是退后，无论是向左还是向右，达成何种目的，任何行动都可以用这种规则去掌握。这样，我们必须预先制定一些考察人的准则，审定自己是否有成见，我们就不能正确地去衡量他人。但是，我们在使用此法时又不可忘记了它那圆活的一面，否则就会不合实情，丧失真谛。总之，我们运用这种方法，按照预先制定的考察别人的准则去考察他的决策、计划，就会无形无容，让对方摸不透，抓不着，而觉得我们像天神那般难测难知。

为人处世

◎行事机巧——苏秦智激张仪◎

苏秦和张仪都是鬼谷子的学生，他们从鬼谷子那里学成后，便各自去游说诸侯，希望实现自己的远大抱负。

张仪先到楚国去，结果不仅没有游说成功，反而被楚相手下的人诬陷，说他偷了楚相的玉璧。他们把他捆起来痛打了一顿，然后驱逐出国。

张仪回到魏国后，妻子责怪他不该去游说，以致遭此侮辱。

他却伸出舌头问妻子自己的舌头是否还在，把妻子惹得笑了起来，告诉他舌头还在。张仪说：“只要我的舌头还在，这就够了！”

张仪这段坎坷的经历，最为人称道的也就是他的这句话“舌在也，足矣”。其实，人生在世，很少一帆风顺的，关键是遇到困难和挫折之后，你是否还能保持最初的信心和勇气，张仪的表现就是一个很好的榜样。也正因为他的这种信心不失，才为将来的东山再起留下了希望的种子。

那时，苏秦经历一番磨难后已在赵国站稳了脚跟，正致力于联合纵向的六个诸侯国共同抗秦。为了实现这个目标，苏秦希望有一个合适的人到秦国去掌握大权。想来想去，他想到了自己的同学张仪。于是便派人到魏国去找到张仪，并叫这人怂恿张仪到赵国去求见苏秦，以便得到高升。

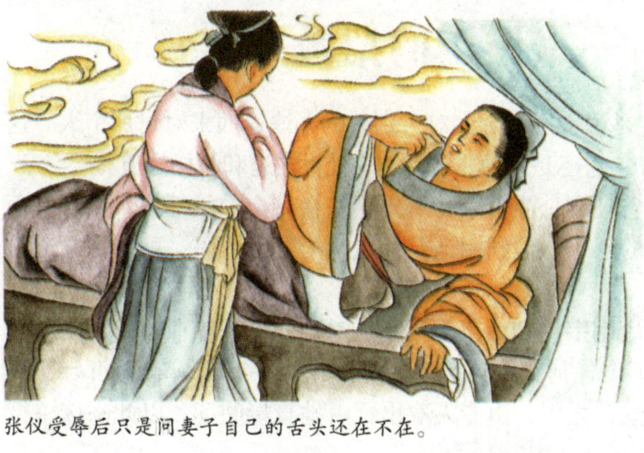
张仪受辱后只是问妻子自己的舌头还在不在。

张仪正在家里闷闷不乐，听了来人的鼓吹后，心想也是：既然同窗好友已在赵国执掌大权，自己何不去拜访拜访？说不定可以有所作为呢？

于是张仪便到赵国去拜见苏秦。殊不知苏秦命令手下人既不引见，又不许放他走了，就这样拖了好些天才接见他。接见时，苏秦只让他坐在堂下，到吃饭时竟然赏给他仆人们吃的东西。张仪又羞又怒，正想发作，苏秦却先斥责他说："以你的才能，却让自己落得这样困辱。我难道不可以推荐你而使你富贵吗？只是你不值得让我推荐罢了！"说完便叫人赶张仪出去。

苏秦派自己的心腹跟随张仪并全力支持他游说秦国。

张仪完全没想到过去的同窗好友竟然如此翻脸不认人，恨得咬牙切齿，发誓要找一个强大的能够战胜赵国的国家去立住脚，然后来报这奇耻大辱。

这个最强大的国家当然就是秦国了。

张仪一离开苏秦，苏秦马上就找来一个心腹，对他说："张仪是当今天下难得的人才，就连我恐怕也不如他。我之所以羞辱他，是以此来激发他的心志，使他一怒之下到秦国去争取掌握大权，而不是沉溺于一些小的利益上。现在你赶快去设法接近他，与他一起到秦国去，尽全力支持他接近秦王，掌握秦国的大权。事成之后再告诉他我的用意，这样，他就会设法让秦国不做对我们赵国不利的事。"

苏秦又向赵王报告了自己的计谋，请赵王拨出许多金银财宝供暗中支持张仪使用。

苏秦派去的人与张仪同住在一个旅馆里，慢慢接近他，尽全力支持他，二人结拜为生死之交。张仪得到帮助，又竭尽自己的全力，终于得到秦惠王的信任，被拜为客卿，大权在握。这时，苏秦派去的人向他告辞回国，他坚决不许，说是正要报恩，岂可离去。苏秦派去的人这才向他说明原委，尤其说明了苏秦羞辱他的用意。张仪听后恍然大悟，不禁感叹说："唉！我已在苏君的计中却还一点也没察觉，我不如苏君是很明显的了啊！请你为我谢谢苏君。有苏君在，我怎么敢奢谈攻赵呢？有苏君在，我又凭什么去攻赵呢？"

人常说，"树怕剥皮，人怕激气"。激将法就是用言语或者行为等刺激手段，让人心生怒气，从而按照挑逗人的意愿行事。"激将"的对象最好是性情暴躁、自尊心极强之人，对于那些老于世故之人则不易奏效。

俗话说：一石激起千层浪。苏秦激将请张仪的成功，首先是清楚张仪是自尊心极强、一心要建功立业之人。加之当时张仪之落魄的处境，与苏秦之得意相比较，苏秦的傲慢和羞辱最容易刺激到张仪敏感而强烈的自尊心，从而使他奋而离去，奋发图强，终于成就了一番伟业。作为鬼谷子的优秀的学生，苏秦把鬼谷子的"投石激浪"之术发挥得恰到好处。因为他的投石激浪，张仪怒火中烧，一气之下弃赵国而去。也正因此，张仪才有了后来的成就，成了战国首屈一指的辩士和说客。

◎请君入瓮——来俊臣的招数◎

"以其人之道，还治其人之身"。意思就是说，用那个人对付别人的办法返回来对付那个人。这种慕容家的传世武功，不单是一种简单的招式，它还是一种非常有用的处世之道和解局之道。

来俊臣是唐朝武则天时期著名的酷吏，曾任司仆少卿、侍御史、左台御史中丞等职，因告密而得到武则天的信任，成为武则天权力斗争中的爪牙。他利用请君入瓮之局还治周兴，可谓是局道中的一大经典。

武则天登基后，决心除掉那些反对她的唐朝宗室和大臣。可是反对她的人都躲在暗处，要如何知晓呢？于是，她在都门设立了"铜匭"，下令任何人都可以告密，不论大小官吏，普通百姓，只要发现有人谋反，都可以将告密信扔进"铜匭"之中，由专人取出，由她直接阅读，以此来诛杀行

武则天登基后任用酷吏，狱讼黑暗。

为不轨或对她不服的大臣。地方官吏遇到有人告密，不许自己查问，一定要替告密的人备好车马，供给上等伙食，派人护送到宫中，由她亲自召见。如果密奏确凿，告密之人马上即可封官；如经调查，与事实不符，也不追究责任。这样一来，告密的人越来越多，逐渐形成了诬告之风。

一个将军索元礼，因告密而得了个官职，他是一个极其残忍的家伙，不管有没有证据，先用刑罚逼犯人供出同谋。犯人受不住酷刑，便会胡乱编一些假口供，从而，株连越来越广，案情越办越大，升官至推事一职。有些官吏看到索元礼得到赏识和重用，便纷纷效仿，其中最残酷的是周兴和来俊臣这两个酷吏。他们每人手下养了几百个流氓，专门负责告密之事。每次只要想陷害一个人，就会派人同时在几个地方告密，并且捏造证据，混淆视听。两人因此而平步青云。其中，又以周兴最为机敏狡诈，故而很快便升任了刑部侍郎一职。他在审问犯人时，手段非常凶残，还专门制造出了一系列别出心裁的刑具，当时的人便以“牛头阿婆”作为他的别号。

周兴因为害人太多，而激起了民愤。一天，武则天接到一封告密信，说他与人串通谋反。武则天听后，大吃一惊，即刻下密旨，命来俊臣逮捕和审讯此案。来俊臣深知周兴是办案的老手，要让他招供绝不是一件容易的事情。于是他布下了一个局，请周兴到自己家里来饮酒，好让他自己招供。

席间，来俊臣不断地恭维周兴，称他是唐朝第一办案高手。之后，便十分诚恳地向他请教：“最近抓了一批犯人，种种刑具都已用过，可他们还是不肯招供，您看该怎么办呢？”正被来俊臣夸得飘飘然的周兴，不假思索地说：“这还不好办。我最近就想出一个好办法：取一口大瓮，用炭火在它的四周烘烤，然后把不肯招认的囚犯放进瓮中，慢慢地烧烤，看他招不招！”

来俊臣请周兴“入瓮”。

来俊臣听了，乐得拍手称妙，当即便命人搬来一只大瓮，并在四周架起了炭火。炭火熊熊地烧着，烤得整个厅堂的人禁不住流汗。周兴不明所以地问：“难道你要在这里审讯罪犯？”来俊臣站起身，拉长了脸说：“现有皇上密旨，有人告发周兄谋反，请您入瓮吧！”

这样一来，效果比预料的还要好，周兴跪在地上，不住地磕头求饶，很快便把来俊臣所需要的口供详详细细地交代清楚了。来俊臣根据他的口供，定了死罪，随后便上报了武则天。

武则天念及周兴为她立下的汗马功劳，而且也不相信周兴是真的谋反，便赦免了他的死罪，下令将他流放到岭南。但因周兴干的坏事多，结下了许多的仇家，在半路上，就被人暗杀了。

来俊臣本来也是一个酷吏，他非常了解周兴的办案风格和特点，知道用自己的方法未必可以解决武则天交给自己的任务，所以设了一个非常巧妙的局，让周兴自己布个局，然后再将他置于这个局之中。这可谓是“以其人之道，还治其人之身”的经典代表。

《鬼谷子》说过：“其言无比，乃为之变。以象动之，以报其心，见其情，随而牧之。”说的就是运用不同的方法去探究对方的意图，再采取措施。来俊臣则是把这种方法进行了反向延伸和应用，以周兴自己的伎俩来拷问他的罪状，以其之道还治其身，上演了一场精彩的“请君入瓮”好戏。

卑鄙的人最害怕的就是遇见比他还卑鄙的人，无赖的人最害怕的就是遇见比他还无赖的人，就像乌龟怕铁锤，因为铁锤比龟壳硬。面对对手，我们首先要看清楚他是一个什么样的角色，了解对手的特点和习性，然后，以比他更高一个级别的方式来面对他，这便是胜过对手的好方法之一。

◎欲张反敛——孟昶智斗朝中权臣◎

为了捉住敌人，首先要放纵敌人，有时，“退一步是为了进十步”，处理问题既需要果断，也要善于忍耐，以等待最适宜的时机。说的就是“将欲取之，必先与之”的道理，就是说遇到强大的对手，如果不能一招制胜，就要假装屈服，暗中积蓄力量，然后趁其不备，一举成功。

五代时期，有一个小国，史称后蜀，乃十国之一，其开创者为高祖孟知祥。高祖死后，其子孟昶继位，便是蜀后主。后来，蜀国被赵匡胤所建立的宋朝所灭，孟昶也成为亡国之君。但是蜀地富庶，境内很少发生战争，社会经济有所发展，却与孟氏父子的治理有着莫大的关系。

孟昶 17 岁继位，他在接受群臣朝拜之后，正准备退朝，突然有人高叫：“陛下，我是托孤之臣，为保国泰民安，臣提出要掌管六军，请陛下恩准！”

孟昶定睛一看，原来是李仁罕。他稍一思索，便答道：“朕准你掌管六军。还望你不负朕望，多为朝廷出力！”

退朝后，孟昶想：这老臣李仁罕多年来在朝中目无法纪，横行霸道，贪赃枉法，霸占民田，私建屋宇……今天，又要掌管六军，看来他是欺我年幼刚刚即位，在朝中立足未稳，想趁机揽权。有朝一日，他必有夺权之举，看来此人不可留！可他在朝多年，亲信多、势力大，弄不好后果不堪设想！怎么办呢？对，欲擒故纵，然后再突然袭击！

不久，孟昶又加拜李仁罕为中书令。李仁罕更加骄横无比，逢人便夸耀：“我是托孤之臣。圣上不仅让我掌管了六军，还加拜我为中书令，还打算过些天封我为公呢！”

李仁罕的私欲更重，言行也更加放肆，孟昶感到他对自己的威胁越来越大。

两个月过去了，李仁罕焦急地等待孟昶封他为公。一天，孟昶传旨召他入宫。李仁罕高兴坏了：“准是要封我为公了！”他趾高气扬地入了宫。

“李仁罕听旨——”

“臣在。”

“朕今日赐你死！”

孟昶智斗朝中权臣李仁罕。

李仁罕一愣，马上大叫："臣有何罪？"

"你图谋不轨，在禁军将领中宣称禁军只能听从你的指挥，其他无论何人的命令都不能听，你把朕置于何地位？你动用府库之银建私宅，你还……"

李仁罕当时就傻了，连声高叫："陛下饶命，陛下饶命啊！"

"拉出去，斩！"

就这样，孟昶欲擒故纵，终于将李仁罕除掉，巩固了自己的帝位。后来，他勤于政事，拓展疆土，发展生产，境内日渐富饶，百姓生活安宁。

孟昶曾经得意地对群臣说："自古以蜀地为锦城，今日观之，真锦城也。"

孟昶以暂时的屈服，后给敌人以致命的一击，正是一种"欲取反与"的谋略。《鬼谷子》写道："欲闻其声反默；欲张反敛，欲高反下，欲取反与。欲开情者，象而比之，以牧其辞。"这就是所谓的"反引法"。鬼谷子这句话体现出卓越的变通思想，也是以屈求伸的策略，即为了捉住敌人，首先要放纵敌人。"退一步是计策，进一步才是目的"。处理问题既需要果断，也要善于忍耐，这样才能等待最适宜的时机。

◎以退为进——武则天温顺退让◎

对于武则天，世人只知其为争权心性残忍之一面。殊不知在男权当道的封建社会，一个弱女子要想拥有至高的权位，那真是比登天还难。在这一历程中，要历尽多少艰难和挫折，要经受多少痛苦与失败，似乎只有武则天本人才能真正地体会。

武则天 14 岁时，已是艳名远播，她被唐太宗李世民召入宫中，封为才人，唐太宗十分宠爱她，称她为"媚娘"。

不久，人们盛传唐朝将遭受"女祸"之乱，且公开言及这个女人姓武。宫中观测天象的大臣面谏唐太宗说："帝星晦暗，女主环伺。这个女人看来已在宫中，陛下为了确保江山永固，应当查出此人，以绝后患。"

唐太宗心有震动，但并未深信，他对言事的大臣说："此事非同小可，不能随便乱说。若有偏差，朕岂不遭人指责？"这个说法越来越盛，许多大臣纷纷上奏，有的竟出语尖刻道："天象已显，此是上天示警，陛下怎能视而不见呢？此事关系大唐江山存亡，纵使牵扯无辜，也是无可奈何之事，陛下绝不可掉以轻心，遗下大患。"

武则天温顺退让，为唐太宗所喜爱。

见群臣如此郑重其事，唐太宗也重视起来，不敢怠慢了。他命人暗中把姓武之人逐一检点，不惜找借口或逐或废，一时搞得人心惶惶，武姓之人更是人人自危。武则天陪伴唐太宗左右，很会讨唐太宗的欢心。有人上奏唐太宗说："武媚娘虽是年少性纯，但她终究是大嫌，陛下应当立即下决心，把她废除，宫中才可得保平安。"

唐太宗对他人的劝谏只是一笑，对武则天说道："你娇媚单纯，若说你为女祸之主，谁会相信呢？"

武则天撒娇道："陛下英明，自然会保全妾身了。妾永远忠于陛下，天日可表。"话虽这样说，但武则天暗感凶险，她处处讨好唐太宗，又私下和太子李治偷情，作为以后的依靠。

唐太宗病重，武则天请求在太宗死后出家为尼，保全了自己的性命。

唐太宗将死之时，有的大臣重提旧事，进谏说："女祸之事，不可不防。如今武媚娘年纪渐长，陛下百年之后，她贵为陛下的旧人，他人就难以治御了。"唐太宗为了子孙后代着想，也慎重起来，他开始打算除去这块心病了。

一日，唐太宗对武则天说："朕之病甚重，料不久于人世了。你在朕身边多时，朕实不忍心弃你而去。朕死之后，你将如何自处呢？"武则天听出了唐太宗的话外之音，她为了保全性命，这时机智答道："妾深受大恩，本该一死报答。不过圣上虽染疾患，但终有望痊愈，请让妾削发为尼，长斋拜佛，到尼姑庵去日日拜祝圣上长寿，求取上天赐福。"

唐太宗本想处死武则天，这时听她出家为尼，遂动了不忍之心。他自忖武则天当了尼姑，也就不能为患了。唐太宗答应了武则天的请求，和武则天相好的太子李治却痛惜不已，他私下对武则天埋怨说："你我海誓山盟，难道你都忘了吗？父皇时日无多，我们不久就可长相厮守，你为何把这一切都轻轻放弃了呢？"

武则天垂泪道："皇上对我疑心没有去除，我若不抛弃一切，自请归入佛门，那就必死无疑了。我虽然舍不得眼前的荣华，可不这样做，命都不保，又拿什么来谈将来呢？只要太子对我仍有情意，我总会有出头之日啊！"李治敬佩武则天的才智，他含泪点头，发誓说："我若辜负了你，天地不容。"

武则天此番深情与机智打动了太子李治，因而李治在即位之后不久，就不顾朝中有违伦常等指责将武则天从感业寺迎回宫，并且宠爱无比，最后将其立为皇后。武则天从此开始干预朝政，走上了一代女皇之路。

武则天深谙以退为进之道，最终坐上了皇帝的宝座。

人生中无端的陷害无处不在，没有人能够永远躲避。在陷害面前，如果无法解脱，就应该舍弃既得的利益而保住自己的根本了。这是明智者的聪明抉择，也是以退求进的处世之法。精明的武则天深谙此道，她是在察觉危机的同时，就率先想好了退路，同时又借助与太子李治的感情，为自己将来的卷土重来奠定了基础。最终，她坐上了皇帝的宝座，更开了中国历史上女性当皇帝的先河。

◎钓人之语——触龙巧说赵太后◎

秦国发兵攻赵，赵国求救于齐国。

触龙，也叫触詟。战国时赵国大臣。官左师。赵孝成王新立，太后掌权，秦急攻赵。赵求救于齐。齐欲以太后所爱少子长安君为质，太后不肯。在这种危机情形下，触龙进谏。最后太后为其所动，即遣长安君到齐为质。到底触龙是如何劝解盛怒中的太后，送子入齐的呢？这其中不仅仅有说话的技巧，也有丰富的做人哲学。

公元前265年，赵国的赵孝成王继位不久，秦国便发兵前来进攻。赵国求救于齐国。齐国提出必须以赵太后的小儿子长安君做人质，才肯发兵相救。但是赵太后舍不得小儿子，坚决不允。赵国危急，群臣纷纷进谏。赵太后依旧坚决地说：“从今日起，有谁再提用长安君做人质，我就往他脸上吐唾沫！”大臣们便不敢再多说什么。

有一天，左师触龙要面见赵太后，赵太后知道触龙一定是为了劝谏此事而来，于是她便摆开了吐唾沫的架势。不想触龙慢条斯理地走上前，见了太后，关心地说：“老臣的脚有毛病，行走不便，因此好久未能来见您，我担心太后的玉体，今天特地来看望。最近您过得如何？饭量没有减少吧？”

太后答道：“我每天都吃粥。”

触龙又说：“我近来食欲不振，但我每天坚持散步，饭量才有所增加，身体才渐渐好转。”赵太后听触龙不提人质的事，怒气渐渐消了。两人于是亲切、融洽地聊了起来。

赵国危急，群臣纷纷请求赵太后以长安君为质换齐国救兵，太后始终不允。

聊着聊着，触龙向赵太后请求道：“我的小儿子叫舒祺，最不成才，可是我偏偏最疼爱这个小儿子，恳求太后允许他到宫中当一名卫士。”

“你的小儿子多大了？”赵太后问。

“十五岁了。虽然年纪轻些，但我希望趁我没死的时候把他托付给您……”

赵太后惊讶地问：“你们男人也疼爱自己的小儿子？”

触龙说：“恐怕比你们女人还更甚呢！”他接着把话题引申一步：“臣听说太后疼爱女儿燕后比

触龙动之以情，晓之以理，最终说服赵太后。

疼爱小儿子长安君还要厉害呢！您送别燕后的时候，握住她的脚后跟哭泣，实在叫人感到哀痛。她走了以后，您常为她祷告，希望她子孙世代做燕国的王侯……”

“正是这样呢！”赵太后心里欢喜，脸上露出了笑容，“疼爱孩子就要为他们作长远打算嘛！”

这时候，触龙态度庄重地提醒赵太后说：“太后对长安君可没有作长远打算呀！您想一想，赵国建立以来，君主的子孙封侯的，他们的继承人还有存在的吗？是国君的子孙都不成材吗？不是！只是因为他们地位高贵而没有功劳，俸禄丰厚而没有政绩。所以是站不稳脚跟的。现在太后使长安君的地位很尊贵，分给他肥沃的土地，用不完的财宝……然而这些都不如早点叫他为赵国建立功劳，不然的话，有朝一日您百年之后，长安君凭什么在赵国稳固自己的地位呢？为此老臣才说太后没有替长安君作长远打算，对他的疼爱也不如燕后……”

“我真是一时糊涂呀……”赵太后老泪横流，泣不成声，“你说的才是真正疼爱孩子呀，我委托你去准备吧，早一点把长安君送到齐国去，请求援军要紧啊……”。

“感人心者，莫先乎情”，触龙之所以能够说动赵太后，主要是能够“以情动人”。就像《鬼谷子》所说的“其钓语合事，得人实也。其犹张罝网而取兽也，多张其会而司之”。最初见面，闭口不谈人质一事，而是问候太后饮食起居，这番嘘寒问暖让太后的心里稍微舒坦了些。联想那时赵太后的心情可以说是灰暗之极、沮丧之极，而一些大臣却于情不顾，进行强谏，更令人失望。作为一名忠心的老大臣，此刻触龙的问候，是关心君主，这实属常情，但此刻也能给赵太后些许的安慰。

其次，触龙现身说法，以自己疼爱少子的例子来说明，父子人伦，关怀有加，实是常理。“贫家有子贫亦娇，骨肉恩重哪能抛”，借此表示对太后母子情深的理解和体谅。这让赵太后面露喜色。这便为下面的“位尊而无功，奉厚而无劳”，“近者祸及身，远者及其子孙”的说理奠定了良好的基础。

正是在这一番动之以情，晓之以理的谈话中，赵太后接受了触龙的建议，终于答应送长安君到齐国去做人质一事。触龙“冒天下之大不韪”的做法最终显赫一时，不仅表明了他的胆气，更显示出了他的智慧。

管理谋略

◎待机行事——康熙帝放长线钓大鱼◎

有时，“退一步是为了进两步”，处理问题既需要果断，也要善于忍耐，等待最适宜的时机。一代明君康熙除去鳌拜的故事，再次说明了进退潜规则的好处。

根据祖宗的惯例，康熙满 14 岁那年举行了亲政大典。可是亲政后的康熙帝，仍然没有实权，

康熙帝亲政后，鳌拜依旧大权独揽。

康熙听到苏克萨哈被处死的消息后十分恼火，决心除掉鳌拜。

鳌拜继续大权独揽。皇帝与权臣之间的矛盾，终于在如何对待苏克萨哈的问题上公开化了。

苏克萨哈是顺治皇帝临终时指定的四位顾命大臣之一，一向为鳌拜所妒忌。在一次朝会上，鳌拜对康熙帝说："苏克萨哈心怀不轨，蓄意篡权，我已下令将他抓了起来。请皇上同意将苏克萨哈立即正法。"

此时康熙尽管对鳌拜的做法不满，可自知实力太差，远不是鳌拜的对手，所以只好忍痛。虽然表面上一个要杀，一个不准杀，谁也不肯让步，但是实际上还是鳌拜势力更大。鳌拜一气之下，袖子一扬，扬长而去。满朝文武，人人惶恐，没人敢吱声。鳌拜一回到家，马上传令绞杀苏克萨哈，同时诛杀了他的一家人。康熙听到苏克萨哈被处死的消息后，气得两眼冒火，决心除掉这个欺君擅权的鳌拜。但是，康熙心里清楚：鳌拜羽翼丰满，并且掌握着朝廷的军政大权，亲信党羽遍及朝廷内外；鳌拜本人也身高力大，武艺高强，平时行动总是戒备森严。康熙帝深知要除掉鳌拜绝非易事，弄不好，激起兵变，那么，他这皇帝的位子也就别想再坐了。

经过一夜的冥思苦想，康熙帝最后定下了除去鳌拜的计策。

第二天鳌拜上朝时，康熙帝不露声色，也不再提苏克萨哈的事情，仿佛根本就没有发生过昨天那场争执。

鳌拜心里却暗自得意：皇上到底是个小孩，你一厉害，他就软了下来了。他哪里知道，这是康熙帝高明的地方，先忍一步为的是最终的胜利。

没过几天，康熙帝给鳌拜晋爵位，又加封号，又给鳌拜的儿子加官晋爵，鳌拜心里美滋滋的。

康熙一面故作软弱无能，稳住鳌拜，一面挑选了十几个机灵的小太监，在宫内舞刀弄棒，练习角力摔跤。康熙帝自己也加入摔跤队伍与小太监们对阵取乐。消息传到宫外，大家认为只不过是小皇帝变着法子闹着玩罢了。鳌拜进宫奏事，见一伙小太监们练习摔跤，康熙在一旁忘情地呐喊、助威，也认为是小皇帝瞎折腾，闹着好玩。

小小年纪就能如此机智，沉默忍耐，康熙确实有过人之处。康熙这样才使得自己掌握了主动权，所以从表面上看，朝中大事一切照旧，鳌拜还是那样为所欲为，康熙对鳌拜还是那样信赖，鳌拜渐渐放松了戒备。练习拳棒和摔跤的小太监们，技艺逐渐纯熟。康熙见时机已到，决定向鳌拜下手。

一天，康熙派人通知鳌拜，说是有要事商量，请他立即进宫。鳌拜直奔宫中，康熙此时正和小太监们摔跤玩哩。鳌拜上前，正要与康熙打招呼，十几个小太监打打闹闹地挨近了鳌拜身边。说时迟，那时快，大家一拥而上，拉胳膊扯腿地将毫无防备的鳌拜翻倒在地。等鳌拜反应过来，感到大事不妙想要挣扎反抗时，十几个小太监已牢牢地将他制伏在地，哪里肯让他脱身。他们拿来准备好的绳索，将鳌拜捆了个结结实实。

康熙正言厉色地对躺在地上动弹不得的鳌拜说："你欺凌幼主，图谋不轨，飞扬跋扈，滥杀无辜。

今日下场是你罪有应得。你鳌拜罪行累累，罄竹难书，待我查清你的罪行，一定严惩，绝不宽待。”

鳌拜自知难逃一死，紧紧闭着双眼，一句话也不说，只能像待宰的羔羊那样。

《鬼谷子》说：“欲闻其声反默，欲张反敛，欲高反下，欲取反与。欲开情者，象而比之，以牧其辞。”我们想听别人讲话，就用沉默来逗引他，想让对方张口讲话，自己反而闭口不谈，想让对方情绪高涨而夸夸其谈，自己反而低沉。想从别人那得到什么，就先给予他点什么。这正像老子的“将欲歙之，必固张之；将欲弱之，必固强之；将欲废之，必固兴之；将欲夺之，必固与之。”老子这句话体现出卓越的辩证思想。为了捉住敌人，事先要放纵敌人。这是一种放长线钓大鱼的计谋。

这个历史故事给我们展示了进退规则中暗含的玄机。故事中的康熙皇帝少年时期便明白了进退潜规则，给我们的启示就更大了。退有时是为了更好地进，特别是当我们的力量还处在弱势的地位时，更应该多一些隐忍，等待机会成熟之时才大显身手，达到极佳的效果。

康熙智擒鳌拜。

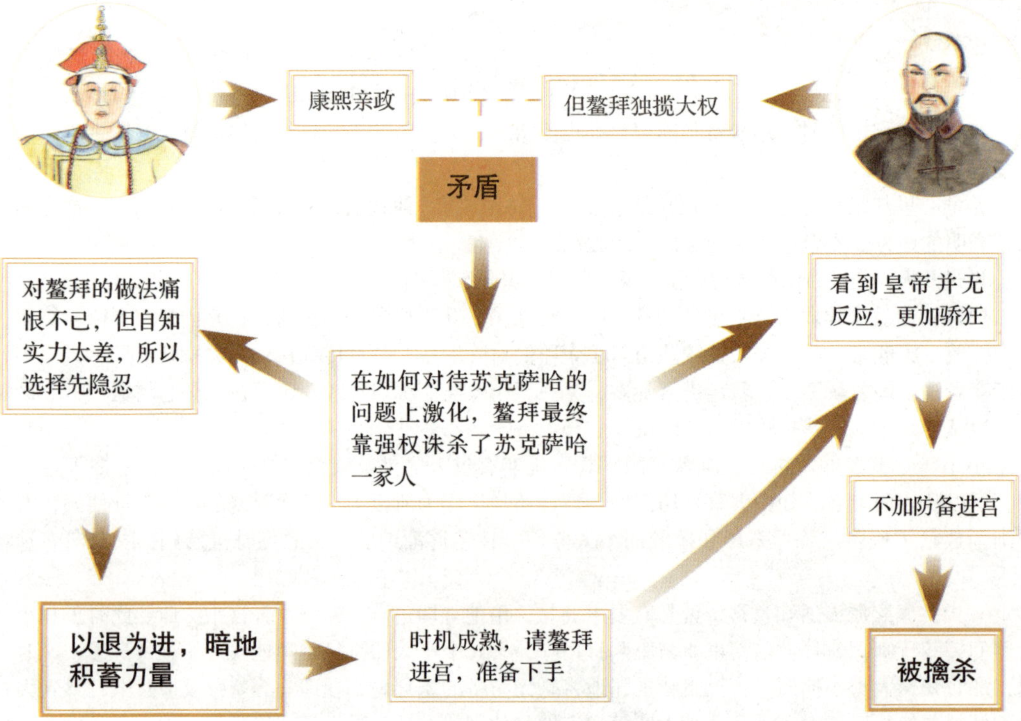

◎养精蓄锐——陈平“后发制人”◎

善于反应的人，不仅要审时度势，更应该懂得适可而止，及时退步。后退一步是屈服，不是怯懦，更不是认输。后退是一种暂时的妥协，是一种自我调整，更是一种智慧。选择后退，是要为下次的进攻赢得缓冲的时间。

汉惠帝死后，少帝刘恭年幼，吕太后名正言顺地替他临朝，主持朝政。

汉惠帝六年（公元前185年），相国曹参去世。陈平升任左丞相，安国侯王陵做了右丞相，位在陈平之上。王陵、陈平并相的第二年，汉惠帝死，太子刘恭即位。少帝刘恭还是个婴儿，不能处理政事，吕太后名正言顺地替他临朝，主持朝政。

吕太后为了巩固自己的统治，打算封自己娘家侄儿为诸侯王，首先征询右丞相王陵的意见。王陵性情耿直，直截了当地说：“高帝（刘邦的庙号）在世时，杀白马和大臣们立下盟约，非刘氏而王，天下共击之。现在立姓吕的人为王，违背高帝的盟约。”

吕后听了很不高兴，转而询问左丞相陈平的看法。陈平说：“高帝平定天下，分封刘姓子弟为王，现在太后临朝，分封吕姓子弟为王也没什么不可以。”吕后点了点头，十分高兴。

散朝以后，王陵责备陈平为奉承太后愧对高帝。听了王陵的责备，陈平一点儿也没生气，而是真诚地劝了王陵一番。陈平看得很清楚，在当时的情况下，根本不可能阻止吕后封诸吕为王，只有保住自己的官职，才能和诸吕进行长期的斗争。因此，眼前不宜触怒吕后，暂且迎合她，以后再伺机而动，方为上策。事实证明，陈平采取的斗争策略是高明的。吕后恨直言进谏的王陵不顺从她的旨意，假意提拔王陵做少帝的老师，实际上夺去了他的相权。

王陵被罢相之后，吕后提升陈平为右丞相，同时任命自己的亲信辟阳侯审食其为左丞相。陈平知道，吕后狡诈阴毒，生性多疑，栋梁干臣如果锋芒毕露，就会因为震主之威而遭到疑忌，导致不测之祸，必须韬光养晦，使吕后放松对自己的警觉，才能保住自己的地位。吕后的妹妹吕媭恨陈平当初替刘邦谋划擒拿她的丈夫樊哙，多次在吕后面前进谗言：“陈平做丞相不理政事，每天老是喝酒，和妇女游乐。”吕后听人报告陈平的行为，喜在心头，认为陈平贪图享受，不过是个酒色之徒。一次，她竟然当着吕媭的面，和陈平套交情说：“俗话说，妇女和小孩子的话，万万不可听信。您和我是什么关系，用不着怕吕媭的谗言。”陈平将计就计，假意顺从吕后。吕后封诸吕为王，陈平无不从命。他费尽心机固守相位，暗中保护刘氏

吕后一死，陈平与太尉周勃合谋，诛灭吕氏家族，恢复了刘氏天下。

子弟，等待时机恢复刘氏政权。

公元前 180 年，吕后一死，陈平就和太尉周勃合谋，诛灭吕氏家族，拥立代王为孝文皇帝，恢复了刘氏天下。

太史公司马迁在《史记》中称赞陈平为贤相，在吕后乱政时，得善始善终保其官禄者，全仗陈平的善于肆应，智谋多端。汉家王朝也在风雨飘摇中稳固，最后成长为一棵参天大树。

《鬼谷子》讲："欲闻其声反默，欲张反敛，欲高反下，欲取反与。"实质上就是强调"后发制人"。"后发制人"并不等于到最后才爆发，它强调的是审时度势，待时而出，伺机而动。在自己不具备与对手冲突的能力的时候，应充分、客观地分析自己和竞争对手的优势和劣势，根据事物的发展变化规律，积极地想办法改变自己的不利局势，使自己的力量不断壮大，并想办法削弱对方的实力，最后，选择一个最佳时机，制定合理的策略，战胜对手。

◎先声夺人——诸葛亮说吴侯◎

千百年来，诸葛亮在人们的心中已经成为智慧的化身，其传奇性故事一直为世人所传诵。诸葛亮娴熟韬略、多谋善断、长于巧思、善于论辩。联吴抗曹的成功很大程度上就是得力于诸葛亮那精妙绝伦的口才。

曹操统一北方后，开始率领大军南征，刘备势单力薄，无力反击，大有坐以待毙之势。以刘备的力量，绝对无法与曹操的势力相抗衡，解决的办法只有一个，就是与江东的孙权联手。此时，诸葛亮自愿出使到江东做说客，他并不是像一般人那样低声下气地求孙权，却采用"反客为主"的方法，表现出一副强硬的态度，硬是激发了孙权的自尊心。

当时，东吴孙权自恃拥有江东全土和十万精兵，又有长江天堑作为天然屏障，大有坐观江北各路诸侯恶斗的态势。他断定诸葛亮此来是做说客，采取了一种居高临下的姿态等待着诸葛亮的哀求。

不想诸葛亮见到孙权，开门见山地说道："现在正值天下大乱之际，将军你举兵江东，我主刘备募兵汉南，同时和曹操争夺天下。但是，曹操几乎将天下完全平定了，现在正进军荆州，名震天下，各路英雄尽被其所网罗，因而造成我主刘备今日之败退，将军你是否也要权衡自己的力量，以处置目前的情势？如果贵国的军势足以与曹军相抗衡，则应尽快与曹军断交才好。"诸葛亮只字不提联吴抗曹的请求，他知道孙权绝不会轻易投降，屈居曹操之下。孙权听完诸葛亮一席话，虽然不高兴，但不露声色，反问道："照你的说法，刘备为何不向曹操投降呢？"

曹操统一北方后，开始率领大军南征。

诸葛亮针对孙权的质问，答道："你知道齐王田横的故事吗？他忠义可嘉，为了不服侍二主，在汉高帝招降时不愿称臣而自我了断，更何况我主刘

诸葛亮说服孙权抗曹。

皇叔乃堂堂汉室之后。钦慕刘皇叔之英迈资质，而投到他旗下的优秀人才不计其数，不论事成或不成，都只能说是天意，怎可向曹贼投降？”

虽然孙权决定和刘备联手，但面对着曹操八十万大军的势力，心里还存在不少疑惑——诸葛亮看出这一点，进一步采用分析事实的方法说服孙权。

“曹操大军长途远征，这是兵家大忌。他为追赶我军，轻骑兵一整夜急行三百余里，已是‘强弩之末’。且曹军多系北方人，不习水性，不惯水战。再则荆州新失，城中百姓为曹操所胁，绝不会心悦诚服。现在假如将军的精兵能和我们并肩作战，定能打败曹军。曹军北退，自然形成三分天下的局面，这是难得的机会。”

于是，孙权遂同意诸葛亮提出的孙刘联手抗曹的主张，这才有后来举世闻名的赤壁之战。诸葛亮真不愧为求人高手。

“诸葛亮说吴侯”一直是《三国演义》中让读者津津乐道的一个话题，面对东吴君主的刁难，诸葛亮的机智和敏锐让人敬佩，更让人为之折服。身在东吴，他毫不畏惧，把自己的才智在孙权面前发挥得淋漓尽致。

正所谓：“未见形，圆以道之；既见形，方以事之。”当对方的形迹未显时，就用圆通灵活的手法去引导他，当对方的形迹已经显露，就用一定的法则去衡量他。先声夺人，彰显出威力，别人亦会叹服。诸葛亮博古通今，自然知道鬼谷子的这一智慧结晶。

如果你居于弱势地位，可以效仿诸葛亮的做法，可以摆出一种居高临下的姿态，先在气势上压倒对方，进而说明形势、言明厉害，就有可能让对方屈从和改变主意，从而可以反客为主，占据主动权。这就是诸葛亮先声夺人、反客为主的高明之处。

◎欲擒故纵——郑庄公反攻共叔段◎

《左传》中讲述了春秋时期郑庄公和他的弟弟共叔段的故事。郑庄公的母亲姜氏生有两个儿子，长子就是庄公，次子叫共叔段。姜氏对共叔段特别偏爱，几次请求郑武公立共叔段为世子，武公都以共叔段是次子为由没有同意。武公死后，长子寤生继位，是为郑庄公。姜氏见扶植共叔段的计划失败，转而请求庄公将京邑封给共叔段，庄公不好推辞，只好答应了。

郑国大夫知道后，立即面见庄公说：“分封的都城，它的周围超过三百丈的，就会对国家有害。按照先王的制度规定，国内大城不能超过国都的三分之一，中城不能超过国都的五分之一，小城不能超过国都的九分之一。现在将京邑封给共叔段，不合法度。这样下去恐怕您将控制不住他。”

庄公答道：“母亲喜欢这样，我怎么能让她不高兴呢？”大夫又说：“姜氏哪里有满足的时候！不如早想办法处置，不要使她滋长蔓延，蔓延了就很难解决，就像蔓草不能除得干净一样。”庄公沉吟了一会儿，说：“多行不义必自毙。你姑且等着吧！”

其实，郑庄公心里早已有了对付共叔段的方略。但是，他知道自己现在力量还不够强大，加上共叔段又有母后的支持，要除掉共叔段还比较困难，最好的办法就是先让他尽力表演，等到其罪恶昭著后，再进行讨伐，到时候就能一举除掉他。

郑庄公的弟弟共叔段不断扩充地盘蓄谋叛乱，大臣们纷纷建议郑庄公及早消除隐患。

如庄公所料，共叔段到了京邑后，将城进一步扩大，还逐渐把郑国的西部和北部的一些地方据为己有。公子吕见此情形，十分着急，对庄公说："国家不能使人民有两个君主统治的情况出现，您要怎么办？请早下决心。要把国家传给共叔段，那么就让我奉他为君，如果不传给他，就请除掉他。不要使人民产生二心。"庄公回答说："你不用担心，也不用除他，他将要遭受祸端的。"

此后，共叔段又将他的地盘向东北扩展到与卫国接壤。此时，子封又来见庄公，说："应该除掉共叔段了，让他再扩大土地，就要得到民心了。"庄公都说："他多行不义，人民不会拥护他。土地虽然扩大了，但一定会崩溃的。"

共叔段见庄公屡屡退让，以为庄公怕他，更加有恃无恐。他集合民众，修缮城墙，收集粮草，修整装备武器，编组战车，并与母亲姜氏约定日期作为内应，企图偷袭郑国都城，篡位夺权。庄公对共叔段的一举一动早已看在眼里，并暗地防备。当他得知共叔段与姜氏约定的行动日期后，就命大将子封率领二百乘兵车提前进攻京邑，历数共叔段的叛君罪行，京邑的人民也起来响应，反攻共叔段，共叔段弃城而逃，后畏罪自杀。他的母亲姜氏也因无颜见庄公而离开宫廷。

郑庄公一开始对共叔段的举动假装视而不见，其实是考虑到共叔段毕竟是自己的弟弟，如果一开始就对共叔段大加讨伐，别人会说他不讲亲情，在道义上他会失分。所以他先让共叔段坏下去，让大家都看清楚了是非曲直，才顺理成章地出兵。

庄公运用了避其锋芒，诱其深入的策略。等到共叔段阴谋尽显的时候，集合军队给以致命一击，既赢得了民心，又轻松地除掉了王位竞争对手。既巩固了自己的权位，又不失道义，实乃高明之举。

这就是"欲擒故纵"。打击敌人的时候应当诱敌深入，避其锋芒，甚至假装糊涂。假装糊涂，骄纵对手，让对手放松警惕，自己再暗自布局，在关键时候给予对手致命一击，就能达到事半功倍的效果。也就是我们现在所说的"将欲擒之，先予纵之"的

郑庄公不听群臣建议立即攻伐弟弟共叔段，老谋深算，欲擒故纵。

谋略，即“欲擒故纵”。“擒”，是目的，“纵”，是方法。欲擒故纵，就是开始的时候故意先放开对手，使对手放松戒备，丧失警惕，斗志松懈，待其弱点充分暴露，再伺机而动，歼灭敌人，就能赢得光明的战争结局。郑庄公放任弟弟共叔段扩势充军，等到时机成熟再一网打尽，正是对“欲擒故纵”的充分运用。

商战博弈

◎乃静听声——中国人与美国人的较量◎

反应术的一种重要方法叫作“乃静听法”，说的就是自己先要保持沉默，静下心来认真听取别人的言语，从中仔细体察对方的真正意图，就像张网捕鱼一样静心捕捉别人的言辞与意志。了解了别人的意图，就可以运用自己的主观能动性针锋相向了。

中国某公司与美国某公司进行一次重大技术协作谈判。谈判伊始，美方首席代表便拿着各种技术数据、谈判项目、开销费用等一大堆材料，滔滔不绝地发表本公司的意见，完全没有顾及中国公司代表的反应。实际上，中国公司代表一言不发，只是在仔细地听、认真地记。

美方讲了几个小时之后，终于开始想起要征询一下中国公司代表的意见。不料，中国公司的代表似乎已被美方咄咄逼人的气势所慑服，显得迷迷糊糊，混沌无知，中方代表只会反反复复地说“我们不明白”，“我们没做好准备”，“我们事先也未搞技术数据”，“请给我们一些时间回去准备一下”。第一轮谈判就在这不明不白中结束了。

几个月以后，第二轮谈判开始。中国公司似乎因为上次谈判团不称职，所以予以全部更换。新的谈判团来到美国，美方只得重述第一轮谈判的内容。不料结果竟与第一轮谈判一模一样，由于中

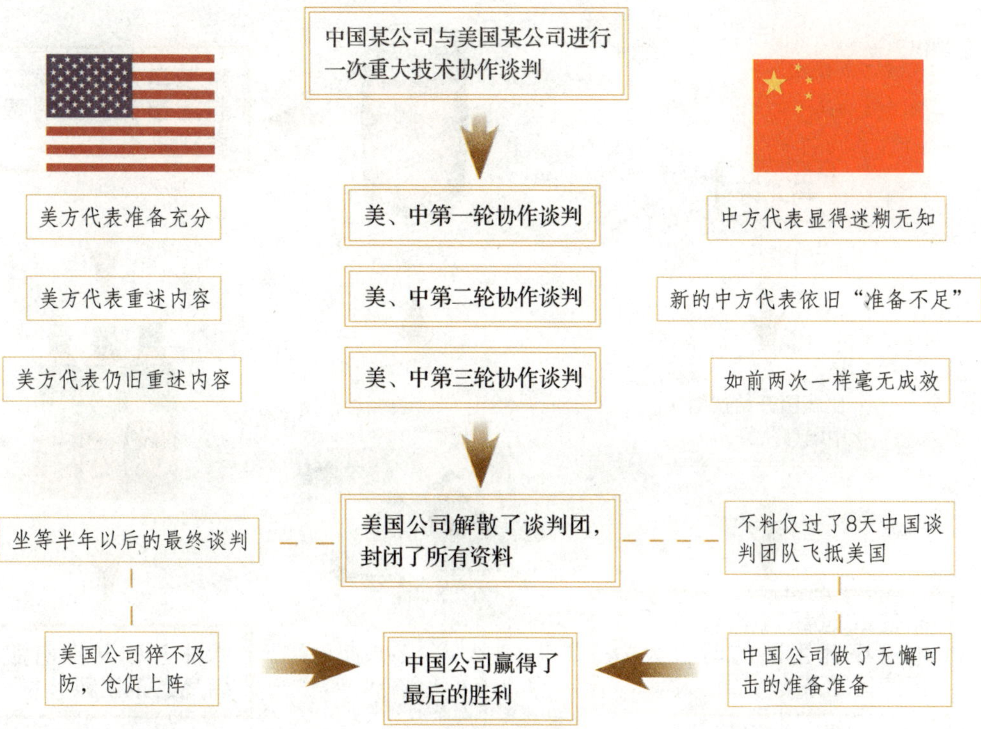

方对谈判项目“准备不足”，中国公司又以再研究为名，毫无成效地结束了谈判。

经过两轮谈判后，中国公司又如法炮制了第三轮谈判。在第三轮谈判不明不白地结束时，美国公司的上司不禁大为恼火，认为中国人在这个项目上没有诚意，轻视本公司的技术和基础，于是下了最后通牒：如果半年后中国公司依然如此，两公司间的协定将被迫取消。随后，美国公司解散了谈判团，封闭了所有资料，坐等半年以后的最终谈判。

万万没有料到的是，仅仅过了8天，中国公司即派出由前几批谈判团的首要人物组成的谈判团队飞抵美国。美国公司在惊愕之中只好仓促上阵，匆忙将原来的谈判成员从各地找回来，再一次坐到谈判桌前。这次谈判，中国人一反常态，他们带来了大量可靠的资料、数据，对技术、合作分配、人员、物品等一切有关事项甚至所有细节，都做了相当精细的策划，并将精美的协议书拟定稿交给美方代表签字。

美国人马上傻了眼，一时又找不出任何漏洞，最后只得勉强签字。不用说，由中国人拟定的协议对中方公司极为有利。在美中的谈判较量中，中国人巧装糊涂，以韬光养晦的谋略获得了最终的胜利。其实作为一种谋略，“糊涂”不仅能在商场上取得出奇制胜的效果，也能在关键时刻让人逢凶化吉，转危为安。

◎出奇制胜——小创意成就大梦想◎

一个优秀的公司经营者必须有“超越常规”的思考方法，要懂得“见形而谋”，“见微知类”。从客观环境中寻找发财的契机，才能产生不同凡响的创意，把公司办得有声有色。

千百年来，人们用开水在茶壶中泡茶，用茶杯等茶具饮茶，或是品尝，或是礼仪，或是寓情于茶。而易拉罐茶饮料则是提供凉茶水，作用是解渴、促进消化，满足人体的种种需求。将凉茶水装罐出售是违反常识的，它抛开了茶文化的重要内涵，取其“解渴、促进消化”的功能。将乌龙茶开

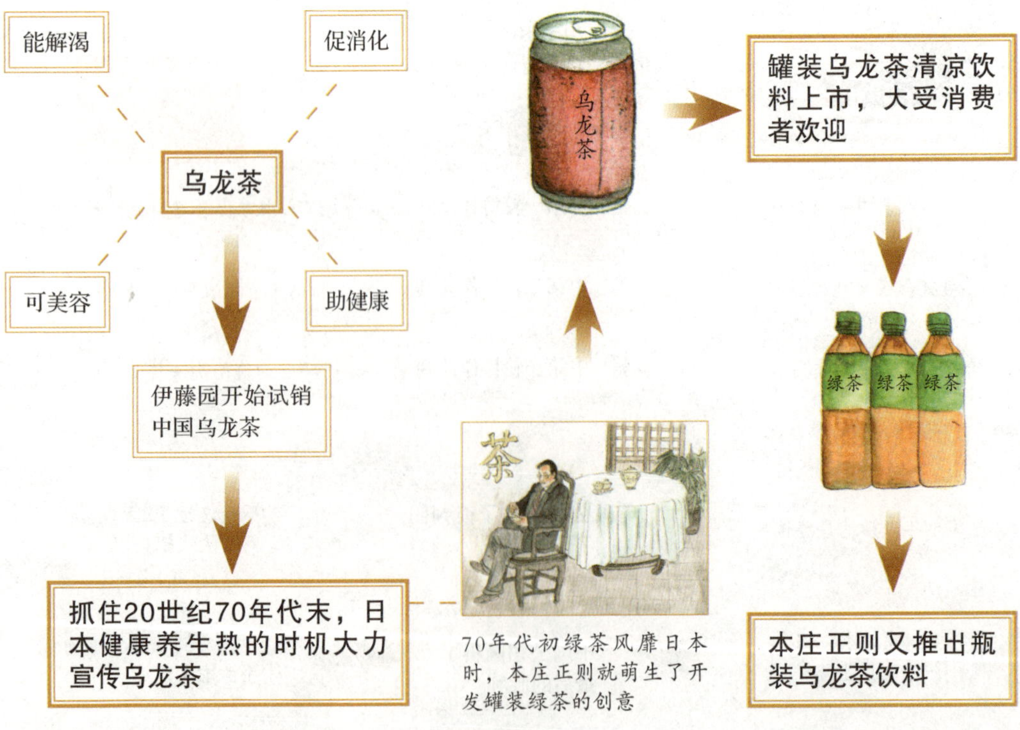

70年代初绿茶风靡日本时，本庄正则就萌生了开发罐装绿茶的创意

发成罐装饮料的成功创意，却产生了经营上“出奇制胜”的效果，这实在是一个不错的创意。在公司经营上，这种看似违反常规的行为，实则是一种不错的经营之道。

伊藤园发展成茶叶流通业第一大公司后，本庄正则投资建设了茶叶加工厂，把公司的业务从销售扩大到加工。1977年，伊藤园开始试销中国乌龙茶。1978年9月，走俏日本歌坛的某歌星在答电视记者问“用什么方法美容”时说：“什么美容都没有用，只是每天喝五六杯乌龙茶。”由此，乌龙茶开始畅销起来，伊藤园与中国的乌龙茶贸易因此而迅速扩大。这也是本庄正则与乌龙茶结下财缘的开端。

乌龙茶的畅销，更主要的是借助了日本当时的社会经济背景。经过20世纪六七十年代的高速发展到70年代末，多数日本人已过上了“丰衣足食”的生活，一些媒体还说日本进入了“饱和时代”，而味道清淡的乌龙茶，最适合于过着酒足饭饱生活的日本人饮用。本庄正则更是大力宣传乌龙茶益于健康的效用，火上浇油。第一次乌龙茶热持续了两三年，乌龙茶的销售达到了巅峰，但从1981年起出现了降温倾向。

在20世纪70年代初绿茶风靡日本时，本庄正则就萌生了开发罐装绿茶的创意，但当时的技术人员遭遇到了“不喝隔夜茶”这一拦路虎，因为茶水长时期放置会发生氧化、变色现象，不再适宜饮用。因此，罐装乌龙茶的创意暂时不可能实现。要使罐装乌龙茶具有商机，必须攻克茶水氧化的难关，从创意的角度上讲，这也是主攻方向。

于是，本庄正则投资聘请科研人员研究防止茶水氧化的课题。时隔一年，防止氧化的难题已经解决了，本庄正则当机立断修改原来开发罐装绿茶的计划，改为开发罐装乌龙茶。在讨论这项计划时，12名公司董事中10名表示反对，因为把凉茶水装罐出售是违反常识的。然而长期销售茶叶的经验告诉本庄正则，每到盛夏季节，茶叶销量就要剧减，而各种清凉饮料的销量则猛增。他坚信，如果在夏季推出易拉罐乌龙茶清凉饮料，一定会大有市场。在本庄正则的坚持下，伊藤园开发的易拉罐乌龙茶清凉饮料于1982年夏季首次上市，大受消费者欢迎。乌龙茶此时再现高潮，而且经久不衰直到今天。

此后不久，本庄正则又推出罐装绿茶、罐装红茶和大大小小各种规格的袋装、玻璃瓶装和塑料瓶装的乌龙茶饮料。1991年，乌龙茶清凉饮料的销售额达2000亿日元，绿茶和红茶饮料的销售额也达1700多亿日元。

一旦“探入其内”，一个小小的创意就会带来奇迹，产生巨大的变化。本庄正则正是用变化的眼光看问题，根据具体的情势做出相应的变化。不断挑战自我，不断更新名目，推陈出新，用各种方法改进乌龙茶。甚至违反常规，制定出“罐装凉茶”的“荒唐点子”，虽遭到董事会一致反对，却得到了意想不到的效果，不仅开拓出新市场，更开辟了一片自己的天地。让大家瞠目结舌，无话可说。

◎以逸待劳——生意的“试金石”◎

商战中，如能有效地运用“以近待远、以逸待劳、以饱待饥”等军事策略，即使后发，也可以克敌制胜。

所谓“以近代远，以逸待劳，以饱待饥，此治力者也”。也就是说，双方交战时，不一定要用进攻的方法才能将对方置于困难的局面，只要做好充分的准备工作，养精蓄锐，等疲劳的敌人来犯时，给予敌人迎头痛击，同样能达到制胜的目的。待机而动，以不变应万变，以静制动往往能在竞争中占据优势。

“以逸待劳”是现代商场中经常遇到的一计。你不需要直接采取进攻的行动，只要积极防御，以盈养亏，以亏促盈，待竞争对手出现漏洞时，再出其不意，攻其不备，就很容易在竞争中取胜。

市场变幻莫测，行业间摩擦此起彼伏，机会稍纵即逝，在这个时刻充满着竞争、风险的环境中，任何一个公司哪怕是稳坐“庄家”的“老大哥”都不可能一直独占鳌头。可能今天你还是一只“绩优股”，明天或许将会变成一支不折不扣的“垃圾股”。

既然我们不可能在竞争中永远胜利，就要学会攻守兼备，适时转移或者让步。当时不利己时，退回来休养生息，不和对手硬碰硬，等待时机，瞅准机会再推翻对手。在和对手进行斗智斗勇的过程中，要等待时机，耐得住各种各样的诱惑和小恩小惠，保持良好的自我状态，才能取得自己真正的需求。

英国友尼利福公司的经营之道就是以退为进，以静制动。他们有一个基本的信条，即“不拘束于体面，而以相互利益为前提”。只要最终能赢得利益，即使暂时妥协、退让或不够体面也没有关系。因为，在一些特殊情况下，只有甘愿妥协、退步，才能赢得时机，发展自己。退一步，有可能会获得进两步的空间和机会，结果还是自身获益。所以，在这一信条的引领下，英国友尼利福公司在企业经营和生意谈判中常常采用退让策略。

非洲东海岸是一块非常适合栽培食用油原料落花生的地方，那里不仅土壤肥沃，温度和气候也恰到好处，落花生每年的产量都很高。友尼利福公司看好这一点，所以在那里设有大规模的友那蒂特非洲子公司。这里是友尼利福公司的一块宝地，也是其主要财源之一。然而，第二次世界大战结束后，随着非洲民族独立运动的兴起和发展。友尼利福这些肥沃的落花生栽培地一块块地被非洲国家没收，这使得该公司面临极大的危机。

怎么办呢？跟非洲政府和人民抗争到底，还是妥协退让？面对这种形势，公司内部经过长时间的激烈讨论之后，经理柯尔对非洲子公司发出了指令：

第一，非洲各地所有友那蒂特公司系统的首席经理人员迅速起用非洲人；

第二，取消黑人与白人的工资差异，实行同工同酬；

第三，在尼日利亚设立经营干部养成所，培养非洲人干部；

第四，采取互相受益的政策，以逐步寻求生存之道；

第五，不可拘束体面问题，应以创造最大利益为要务。

不仅如此，柯尔在与加纳政府的交涉中，为了进一步获得对方的信任，还主动将自己的栽培地提供给加纳政府，从而获得了加纳政府的好感。“舍不得孩子，套不住狼。”果然，不久，加纳政府为了报答他，指定友尼利福公司为加纳政府食用油原料买卖的代理人，使得柯尔在加纳独占专利权。同样，在同几内亚政府的交涉中，柯尔使用了同样的“伎俩”，表示愿意自行撤走公司。他的这种坦诚的态度又赢得了几内亚政府的信任，因而允许柯尔的公司留在几内亚。于是，柯尔在同其他几个国家的交涉中，也都坚持采用退让政策。结果，柯尔的公司不仅没有退下来，反而站稳了脚跟，公司就这样平安地渡过了难关。

做生意要像做人那样有进有退，有所为，有所不为。必要的退让可以换来更大的利益，一味咄咄逼人只会使你陷入死胡同。学会“以逸待劳”、“以静制动”，才能更好地后发制人，克敌制胜。但是，退让策略的运用，既要适时，又要得体，一定要充分掌握对方的心理活动，再“对症下药”地安排策略，这样才能取得成功。

以逸待劳，此计强调使敌方处于困难局面，不一定只用进攻之法。关键在于掌握主动权，待机而动，以不变应万变，以静对动，积极调动敌人，创造战机，不让敌人调动自己。所以，不可把以逸待劳的“待”字理解为消极被动的等待。

职场之道

◎见机行事——职场生存的保护伞◎

相同的事情，别人做得很顺利，到你做的时候一定不要照搬，因为可能事情已经发生变化了。

事物都是处在不断地变化和发展之中，如果凡事都照搬教条，而不知随机应变，具体情况具体分析，那就难免失策。形势瞬息万变，波谲云诡，所以必须从实际出发，相机行事，照搬教条只能使人自食恶果。在付诸实践时也应灵活机动，切忌僵化不变，形而上学。

有这样一个历史故事：战国时代，有施氏和孟氏两家邻居。施家有两个儿子，一个儿子学文，一个儿子学武。学文的儿子去游说鲁国的国君，阐明了以仁道治国的道理，鲁国国君重用了他。那个学武的儿子去了楚国，那时楚国正好与邻邦作战，楚王见他武艺高强，有勇有谋，就提升他为军官。施家因两个儿子显贵，满门荣耀。

施氏的邻居孟氏也有两个儿子长大成人了。这两个儿子也是一个学文，一个学武。孟氏看见施氏的两个儿子都成才，就向施氏讨教，施氏向他说明了两个儿子的经历。孟氏记在心里。孟氏回家以后，也向两个儿子传授机宜。于是，他那个学文的儿子就去了秦国，秦王当时正准备吞并各诸侯，对文道一点也听不进去，认为这是阻碍他的大业，就将这人砍掉了一只脚，逐出秦国。他学武的儿子到了赵国，赵国早已因为连年征战，民困国乏，厌烦了战争，这个儿子的尚武精神引起了赵王的厌烦，砍掉了他的一只胳膊，也逐出了赵国。

孟氏之子与邻居的儿子条件一样，却形成两种结果，这是为什么呢？

施氏后来听说了之后，说道："大凡能把握时机的就能昌盛，而断送时机的就会灭亡。你的儿子们跟我的儿子们学问一样，但建立的功业大不相同。原因是他们错过了时机，并非他们在方法上有何错误。况且天下的道理并非永远是对的，天下的事情也非永远是错的。以前所用，今天或许就会被抛弃；今天被抛弃的，也许以后还会派上用场，这种用与不用，并无绝对的客观标准。一个人必须能够见机行事，懂得权衡变化，因为处世并无固定法则，这些都取决于智慧。假如智慧不足，即使拥有孔丘那么渊博的学问，拥有姜尚那么精湛的战术，也难免会遭遇挫折。"而孟家两子正是不懂变化之道而遭此惨事的。

现实生活中，见机行事是一种自我选择和把握，但是缺乏正确的认识而盲目行动，也会得不偿失。

有一位刚毕业的大学生，刚开始的工作很不错，许多人都羡慕不已。但是这个年轻人总是不满现状，觉得自己应该在更好的位置发展，因此他常常跳槽。一开始，凭借自己的高文凭，受到了很

施家有两个儿子，一个学文，一个学武，都学有所成，都受到重用。

孟氏两子不能根据实际情况选择发展方向，都遭遇了恶果。

多公司的青睐。哪里有招聘他就去哪里，只要看得上眼。他从来不曾审视自己的现状，对于跳槽乐此不疲，还以此骄傲不已。

可是到后来，他发现一个严重的问题。虽然自己在公司的待遇什么的都不错，但是晋升机会从来轮不到自己。而且很多公司连面试的机会都不给他，最后居然被辞退了。

这位年轻人怎么都想不通。后来他的经理把原因告诉了他。原来，用人单位一方面很在意学历，那是对寒窗苦读学子的肯定和鼓励。但是，一个四处跳槽的人，吃的全是自己的老本，而且没有工作责任感，企业对这样的人根本不会重用。

用变化的眼光看问题本没有错，但是还得分场合。如果缺少了正确的认识，就算很好的机会也会被自己弄丢。所以，一定要面对现实，求变化的同时更要审视自我，以发展为前提。只有发展变化的选择，才是制胜的关键。

◎积蓄实力——职场里适时认输◎

《鬼谷子》曰:“其与人也微，其见情也疾，如阴与阳，如圆与方。未见形，圆以道之:既见形，方以事之。进退左右，以是司之。”意思是：“通过言语等方式刺激对方时，要做得微妙隐蔽，不被人察觉；捕捉对手的信息则要十分迅速，以防止延迟误事。这就如同阴阳、方圆之间的转化，应用随心，变化自如。在未弄清情况的时候，应该用防御性的策略来引导，以化解对方的进攻；弄清对方的情况以后，就应用进攻性的准则去应对对方，以求战胜对方。无论是进是退，是左是右，都可以用方圆之道来控制。”

反观鬼谷子的这段话，我们就清楚地知道圆方之道的重要性。而身处职场，仅仅懂得自知还不够，面对不利的局面，还应该学会“见形而事”，适时而忍，灵活反应。用方圆之道，进退有度，就能积蓄实力，争取到更好的机会。更能避害求利，自我保全。

美国有一位拳王说过，任何拳手都不可能打败所有的对手，好的拳手知道在恰当的回合认输。因为，及早认输，下次还有赢的机会，如果逞能，让对手把你打死了，或把你拖垮了，你不是连输的机会也没有了吗?

拳击还是光明磊落的竞技，在人生的长河中，竞争却是纷繁复杂的，其中不乏乱箭和暗器。面对不讲竞争规则的阴损小人，你斗得越勇，只会陷得越深。与其让生命的价值在乱斗中无端地折损，不如以退为进，适时认输，离开是非圈，用自己保存下来的实力，去寻找真正的竞技场。

没有人能获得永恒的胜利，妄图做“常胜将军”的人不可避免地要重重碰壁，因为他们不会保存实力，不肯低下头。但是他们没有悟到，低头也是一种高贵的姿态，是明智者对情势的正确估计和对自身的理智反省。先学会低头，才有可能昂首迎接胜利的时刻。只有身体先低下头，灵魂才能最终昂起胜利的头。

当我们明白自己不是对手时，就应该认输。这是一种策略，更是一种反应的技巧。生活中常

职场中的进退左右可以用方圆之道来控制 → 面对不利的局面 →

要学会适时而忍

→ 要懂得随机应变，进退有度，自我保全 → **对于一盘下不赢的棋，要懂得适时放弃认输** →

向对手虚心求教

→ 东山再起，卷土重来

有竞争和角逐，但深知自己“斗”不过对手，还一味地跟人家“斗”，这又有何益呢？“斗”得愈起劲，只会使自己输得更惨。把握分寸，懂得方圆之道，急流勇退，避开锋芒，就能赢得发展的主动权。我们还可以赢得时间，冷静下来去认识差距，虚心向对手学习，从而有可能真正打败对手。

某公司两个职员常常较劲，他们的业绩都数一数二，但是他们都不服气，都想做第一。后来，一个职员突然转变了方向，他不跟对手争这争那了。他反而甘拜下风，虚心向对方请教，学习多方的技巧和方法。对方得了第一也就没那么好斗了，可是没过多久，这位甘拜下风的职员却遥遥领先，跟自己的对手拉开了距离。成了名副其实的第一名。

当我们知道自己不可能做到时，就应该作出正确明智的反应，学会认输。要知道，并不是所有的困难和挫折都可以逾越，并不是所有的机遇和好运我们都可以把握。在明知无力回天，败局已定时，我们应该认输。选择认输，不去坚持下完一盘根本下不赢的棋，将使我们及早从“死胡同”里走出来，避免付出更惨重的代价。

◎诱导之道——语言的“妙方”◎

语言交流是一种微妙的艺术，恰当地用柔和的方式进行诱导，对方很容易乖乖地跟着你的话题走。

在日常会话中，我们总是会碰到这样的交谈者，他们喜欢把自己要说的意思反反复复地说明，详尽得让人几乎厌烦。遇到这种情况，你是任凭对方继续无休止地发挥，还是粗暴无礼地打断他的话？这两种方法都不是很好，你应当以柔和的方式诱导他进入你的话题，如：“简洁一点说，你应该这样表述……”

我们来看一位推销员是如何诱导顾客跟着他的意思走的。

推销员：请问你需要多大吨位的？

顾客：很难说，大概两吨吧！

推销员：有时候多，有时候少，对吗？

顾客：是这样。

推销员：究竟要哪种型号的卡车，一方面要看你运什么货，一方面要看在什么路上行驶，你说对吗？

顾客：对，不过……

推销员：假如你在丘陵地区行驶，而且你们那里冬季较长，这时汽车的机器和车身所承受压力是不是比正常情况下要大些?

顾客：是这样的。

推销员：你们冬天出车的次数比夏天多吧?

顾客：可不是，多多了，夏天生意不行。

推销员：有时候货物太多，又在冬天的丘陵地区行驶，汽车是否经常处于超负荷状态呢?

顾客：对，那是事实。

推销员：从长远的眼光看，是什么因素决定买车型号时，是否留有余地?

顾客：你的意思是……

推销员：从长远的眼光看，是什么因素决定买一辆车值不值呢?

顾客：当然要看车的使用寿命。

推销员：一辆车总是满负荷，另一辆车从不超载，你觉得哪一辆寿命更长些呢?

顾客：当然是马力大、载重多的一辆。

推销员：所以，我建议你买一辆载重4吨的卡车可能更划得来。

顾客表示赞同。

这位推销员就是在平淡无奇的谈话中，设法让顾客跟着他的思想走，达到成功推销的目的。

诱导别人的一个绝妙方法就是从一开始你就要对方回答“是”,而千万不要让他说出“不”来，因为假如一开始双方就彼此不合，那他会产生成见，这样你就算再说上千言万语，而且是句句属实，但是别人早已留下了不好的印象，再要使他改变过来，是不大容易的。所以，与人交往先得迎合对方的心理，使对方觉得这次交谈是商讨，而不是争辩。

从心理学的角度来说，当一个人对某件事说出了“不”字，无论在心理上还是生理上，比他往常说其他字要来得紧张，他全身组织会形成一种抗拒的状态，整个神经组织都准备拒绝接受。反过来看，一个人说“是”的时候，没有收缩作用的产生，反而放开，准备接受，所以在开头我们获得“是”的反应越多，才能越容易得到对方对我们最终提议的认同。

所谓“诱导之道”，其实就是要把别人往自己要表达的方向引导。《鬼谷子》讲：“反以知彼，覆以知己。”我们了解世界上这类、那类等一切事物，观察旁人，不仅可以洞察了解对方，而且可以知道自己为人处世的得失，观人而观己，认识自我，如果人的言行举止、思想常常出现不合常理的反常现象，就能根据周围的情况以及以往的经验进行推究，才能把握它。所以，抓住别人的选择意向，有策略地进行沟通，从他口中得知他的意向，这样才能成功地达到自己的目的。调查显示，有些诱导性的问题，人们对它们的回答99.9%是肯定的。所以，在职场中，不管是为人还是办事，你让某人越多地对你说“是”，这个人就越可能习惯性地顺从你的要求。

内揵第三

◎经典再现◎

【提要】

君臣素有“远而亲，近而疏”的奇妙关系，策士臣子们想要表达自己的思想谋略，就必须与君主拉拢关系。鬼谷子的“内揵术”，不仅是取宠之法，更是制君之术。“内揵术”是策士臣子们取宠见用，驾驭君主的不二法门。

《鬼谷子》说：“内者，进说辞也；揵者，揵所谋也。”“内”，即入内，又通“纳”，就是进谏游说之辞。“揵”，即纳谏，就是坚持谋略。“内”侧重于言辞技巧，“揵”则侧重于游说的效果。“内”与“揵”相辅相成，不可分离。

“内揵术”应遵循“得其情，乃制其事”的原则，策士游说君主，首先，要得到君主的欢心，策士游说君主的目的，是为了让君主听从自己的建议，从而解决君主的难题，以此实现自己的抱负。取信君主，鬼谷子认为，揣度君主的心意，出谋划策时应该顺应君主心意，投其所好，迎合君心，是游说成功的先决。其次，策士们达到自己的目的后，进一步运用权术谋略去驾驭君主，代君主决策。鬼谷子还告诉我们，遇见可以凭依的君主，可以帮他整顿朝政，治理民众，谋划那些合乎君主心意的决策；若遇到不可凭依的君主，就用权谋之术应付他，再设法离去。这样就可以避免被政治情况影响，进退自如。

【原文】

君臣上下之事，有远而亲，近而疏，就之不用[①]，去之反求。日进前而不御[②]，遥闻声而相思。事皆有内揵[③]，素结本始[④]。或结以道德，或结以党友[⑤]，或结以财货，或结以采色[⑥]。用其意[⑦]，欲入则入[⑧]，欲出则出[⑨]；欲亲则亲，欲疏则疏；欲就则就，欲去则去，欲求则求[⑩]，欲思则思[⑪]。若蚨母之从其子也[⑫]，出无间[⑬]，入无朕[⑭]，独往独来，莫之能止。内者[⑮]，进说辞；揵者，揵所谋也。

欲说者，务隐度[⑯]；计事者，务循顺[⑰]。阴虑可否[⑱]，明言得失[⑲]，以御其志[⑳]。方来应时[㉑]，以合其谋[㉒]。详思来揵[㉓]，往应时当也[㉔]。夫内有不合者[㉕]，不可施行也。乃揣切时宜[㉖]，从便所为[㉗]，以变求其变[㉘]。以求内者[㉙]，若管取揵[㉚]。言往者[㉛]，先顺辞也[㉜]；说来者[㉝]，以变言也[㉞]。善变者，审知地势[㉟]，乃通于天[㊱]；以化四时[㊲]，使鬼神[㊳]；合于阴阳，而牧人民[㊴]。见其谋事[㊵]，知其志意。事有不合者[㊶]，有所未知也[㊷]。合而不结者[㊸]，阳亲而阴疏[㊹]。事有不合者，圣人不为谋也[㊺]。

巧妙处理君臣上下关系要懂得运用内揵之术。

故远而亲者，有阴德也[㊻]；近而疏者，志不合也。就而不用者，策不得也[㊼]；去而反求者，事中来也[㊽]。日进前而不御者，施不合也[㊾]；遥闻声而

何为内揵？内揵何用？

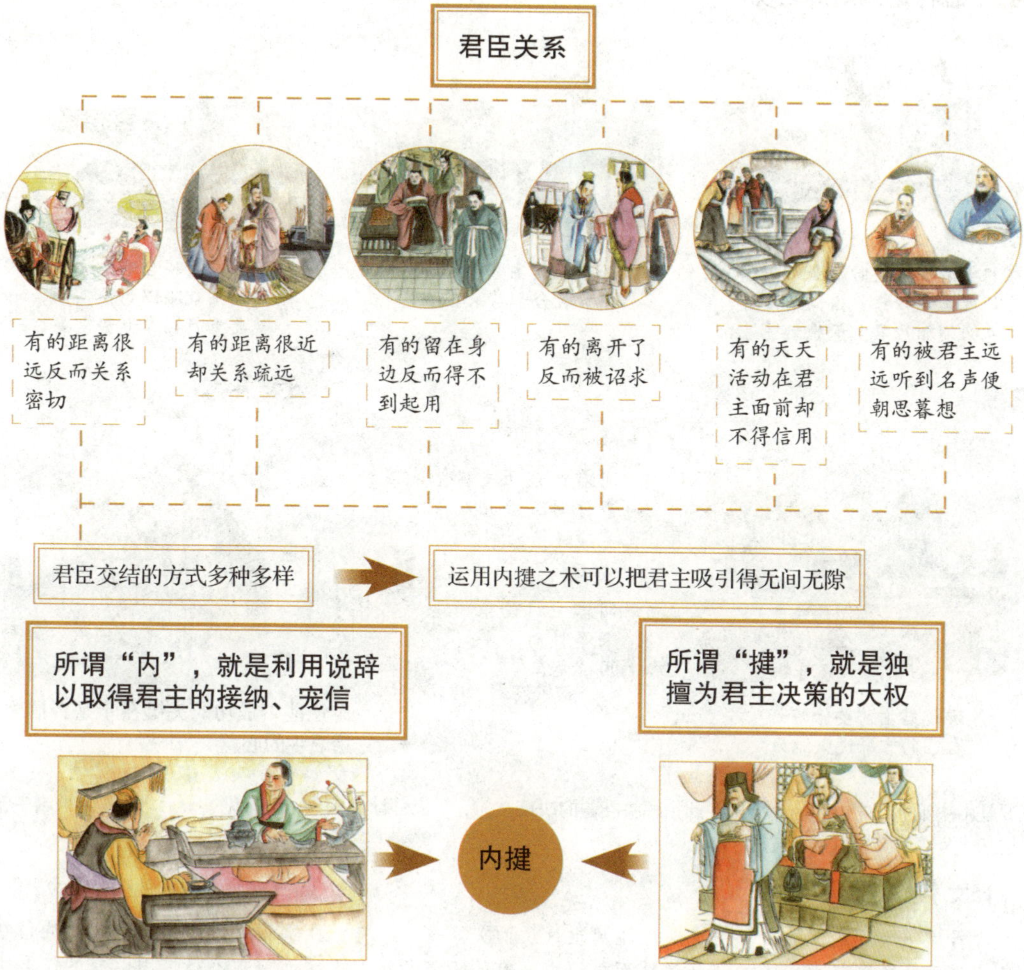

相思者，合于谋以待决事也[50]。故曰：“不见其类而为之者[51]，见逆[52]；不得其情而说之者，见非。”

【注释】

①就：靠近，凑上去。②御：指君主信用。③内揵：此指内心联结。④素结本始：即本始于素结，本源于平时的交结。⑤党友：结党联友。⑥采色：指容色，阿谀奉迎之态。⑦用其意：指迎合君主心意。⑧入：入政，参与政事。⑨出：指出世，不参与政事。⑩求：使动用法，使求，让君主诏求。⑪思：使动用法，使思，让君主思念。⑫蚨母：即青蚨。古代巫术以为青蚨之母与子的血可以相互吸引，用母血和子血涂在铜钱上，两铜钱也可以互相吸引。⑬间：间隙。⑭朕：形迹。⑮内：即被君主接纳。⑯隐度：暗中揣度。⑰循顺：沿着，顺从。⑱阴虑：暗中考虑。⑲明言：公开讲。⑳御其志：指迎合君主心意。㉑方来应时：谓以道术来进，必应时宜，以合会君谋也。㉒其：君主。㉓来揵：前来进举的计谋。揵，举也。此指进献谋略。㉔往应时当：既迎合君意又合形势。㉕内：此指决策内的某部分。㉖切：切摩，切磋。㉗从便所为：指便利实施。㉘其：指我们的决策。㉙内：此处同“纳”。㉚管：钥匙。揵：通键，锁。㉛言往者：讲历史。㉜顺辞：顺从君主心意的言辞。㉝说来者：讨论未来。㉞变言：有变通余地的话。㉟地势：指地理形势。㊱通于天：指明于天道。㊲化四时：指改变自然顺序。㊳使鬼神：掌握变化。神鬼善变。㊴人民：疑当作“人心”，指君主心意。㊵谋事：指处理事务。㊶事有不合：决策不合君心。㊷知：了解、掌握。㊸结：两心相结。此指认可、执行我们的决策。㊹阳：此指表面。阴：此指内心。㊺谋：此指谋划、计划。㊻德：通得，得君心。㊼得：此指得君心。㊽事中来：这种情

怎样达到内揵之境?

想去游说君主时就必须暗中揣度君主心意，出谋划策时也必须顺应君主意愿

必须让君主觉得进献的决策既合形势又合他意

若其中有不合君意之处，这决策就难以付诸实践，就要重新揣摩形势需要

游说君主前要修炼好自己的言辞说服能力

同君主谈历史事件时，要用“烦辞”

同君主讨论未来事件时，要用“变言”

游说能否成功的关键在于是否揣摩透君主的心意

况是由决策引起的。㊾施：措施，此指解决问题的决策。㊿合于谋：计谋相合。(51)不见……为之：指不被君主宠信却代为决策。(52)见逆：被排斥。

【译文】

君臣上下间之间的关系中，有的距离很远反而关系密切，有的距离很近却关系疏远；有的留在身边反而得不到起用，有的离开了反而被诏求；有的天天活动在君主面前却不得信用，有的被君主远远听到名声便朝思暮想。这些都表明了人与人之间的关系以及上下相交的事情是与内心相知的因素有关，本源于平素中的交结。凡是事物的内部都有交结，君臣交结，有的以道德交结，有的以党友交结，有的以财物交结，有的以容色交结。只要摸准了君主心意，善于迎合其意，想入政就能入政，想出世就能出世；想亲近君主就能亲近，想疏远就能疏远；想靠近君主就能靠近，想离开就离开；想让君主诏求就能得到诏求，想让君主思念就能让君主思念。就像青蚨母子之血涂钱可以相互招引一样，可以把君主吸引得无间无隙，就可以在宫廷中独往独来，没有谁能够阻止我们。这就是内揵。所谓“内”,就是利用说辞以取得君主的接纳、宠信；所谓“揵”,就是独擅为君主决策的大权。

为达此目的，想去游说君主时就必须暗中揣度君主心意，事之可否，心之合否，时之便否；出谋划策时也必须顺应君主意愿。暗中考虑我们的决策是否符合时宜，公开讲清此决策的得失优劣，以迎合君心。就是说，我们的决策必须选择适当的时机，使计谋与对方的心意易于契合。必须让君主觉得我们进献的决策既合形势又合他意。否则，若其中有不合君意之处，这决策就难以付诸实践。若出现这种情况，就要重新揣摩形势需要，以便利君主实施为出发点，去改变决策。让君主接受经过这样变更后的决策，就像用钥匙开锁那样，极易打开对方的心锁。另外，要注意，同君主谈历史事件时，要用“烦辞”，即充分肯定君主所作所为；但讨论未来事件时，却要用“变言”，即讲些有变通余地的话。运用自如地改变决策的人，必须审知地理形势，明于天道，又有改变固有顺序、善

得其情，乃制其术。

于应变的能力，并能合于阴阳变化规律，从而再去考察君主心意，观察他需要处理的事务，掌握他的意愿志向。就是说，若我们的决策不合君意，那是因为君主的某种心意、某些情况我们还没有掌握起来；若表面上同意我们的决策但实际上并不施行，是因为君主表面上同我们亲近了但实际上却疏远得很；若决策不合君意，圣智之人也难以将决策付诸实践。

由此而论，身远反而关系亲密，是因为能暗中迎合君主心意；身近反而关系疏远，是因为与君主意气不合；凑近前去得不到进用，是因为决策不得君心；离去的反被诏求，是因为智谋合乎君意；天天活动在君前却不被信用，是因为计谋、规划不合君心；被君主远远听到名声而朝思暮想，是因为计谋与君主暗合，君主等待他前来磋商大事。所以说，没有得到君主宠信就进献计策，必被斥退；不了解君主心意就去游说，必定不能实现目的。

【原文】

得其情，乃制其术①。此用可出可入②，可揵可开③。故圣人立事④，以此先知而揵万物⑤。由夫道德、仁义、礼乐、忠信、计谋⑥，先取《诗》《书》⑦，混说损益⑧，议论去就⑨。欲合者用内⑩，欲去者用外⑪，外内者必明道数⑫，揣策来事⑬，见疑决之⑭。策而无失计⑮，立功建德⑯。治名入产业⑰，曰：揵而内合⑱。上暗不治，下乱不寤⑲，揵而反之⑳。内自得而外不留㉑，说而飞之㉒。若命自来，己迎而御之㉓。若欲去之，因危与之㉔。环转因化㉕，莫知所为，退为大仪㉖。

【注释】

①术：此指君主决策。②此用："此用"即"用此"。③开：此指与君主脱离关系，与"揵"相对而言。④立事：谋事，决策。⑤先知：先了解情况，先掌握信息。⑥由：循顺。⑦《诗》：《诗经》，当时称《诗三百》。《书》：《尚书》。⑧混说：此指笼统地说。⑨议论：此指内心盘算。⑩内：指上边论述的向君主取宠的方法。⑪外：指不向君主苟合取宠。⑫道数：道理。⑬策：通测。⑭决：决策。⑮策：此指对付君主的计策。⑯建德：此指立基业。⑰治名入产业：治名，代指整顿朝纲。入产业，代指治理民众。⑱内合：与君意相合。⑲上暗……不寤：君主在位不理朝政、奸臣当道不治民众。⑳揵而反之：指我们举荐的计谋必不合君心。㉑内自得而外不留：自视甚高、听不进外人意见。㉒飞：飞扬，赞扬。㉓御之：指控制君主。㉔危：读为诡。诡即诡计，权变之术。㉕环转因化：指依据不同类型的君主、根据不同的政治情况变换我们的方法去应付。㉖仪：法。秘诀。

【译文】

要掌握好君主的心意、决策等情况，从而推知对方的心意和主张，然后才能控制他的行动措施。只要了解情况，依据实际确定方法，去推行自己的主张，我们就可以入政、出世自由，就可以事君或离去随意了。所以，圣智之士谋事决策，都是凭着先掌握信息而控制万物，进而顺合道德、仁义、礼乐、忠信、计谋的种种规范。对于君主的决策，我们可以先取《诗经》、《尚书》中的教诲为之论证，笼统地说些添添减减的修改意见，再综合利弊得失，同时在内心里衡量一下此决策与我方决策的差距大小，以决定离去还是留下。要想留下，就必须争取君主宠信，想要离去就不用管这个。无论取宠还是不取宠，都必须明晓取宠术和制君术，必须具备预测能力和决疑能力。只有我们在这些方面没有失误，我们才能成功地站住脚，从而建立功业和积累德政。若遇到可以凭依的明主，我们就帮他整顿朝政，治理民众，然后谋划些合君主心意的有成效的决策。这种叫做内部安宁，团结一致。若碰上君主在位不理朝政、奸臣当道不治民众的情况，我们谋划的决策就不可能适合当权者的口味。若遇到自视甚高、听不进外人意见的刚愎自用的暴君，那我们要先奉迎他，为他歌功颂德，博取他的欢心后再逐步说动他。在这种情况下，我们若被君主诏用，就先迎合他的心意而后设法逐步掌握他；若觉得某位君主不堪凭依而想离他而去时，就用权谋之术应付他再设法离去。要依据我们面临的政治情况来决定我们的策略，变换我们的手法，让外人摸不透，难知情，这就是保全自我、进退自如的大法则了。

得其情，乃制其术。此用可出可入，可揵可开。故圣人立事，以此先知而揵万物。

欲探知君主的真实想法和秉性我们可以

试探

先取《诗经》、《尚书》中的教诲为之论证，笼统地说些添添减减的修改意见

衡量自己的决策和去留

要想留下，就必须争取君主宠信

若遇明君 → 君主可以依凭 → 辅佐他，帮他整顿朝政，治理民众

若遇昏君 → 君主在位却不理朝政、奸臣当道不治民众 → 先做好谋划决策不为所用的准备

若遇暴君 → 君主自视甚高，刚愎自用 → 首先迎合他，再逐步劝说他

觉得某位君主不堪凭依而想离他而去

用权谋之术应付他再设法离去

总之，依据具体情况制定不同策略，让外人难以捉摸，这就是保全自我、进退自如的大法则

为人处世

◎全身而退——毕再遇金蝉脱壳◎

在面对危机时，要谋取全身而退之道，而金蝉脱壳的计谋就是退而自保的最佳选择。在这个计谋中，设局一定要巧妙，一定要把假象造出逼真的效果，使敌人被假象迷惑，从而作出错误的判断，为自己顺利转移赢得充足的时间。

金蝉脱壳其本意是，寒蝉在蜕变时，本体脱离皮壳而走，只留下蝉蜕还挂在枝头。此计用于军事，是指通过伪装摆脱敌人，从而撤退或转移，以实现我方的战略目标的谋略。宋朝大将毕再遇就是用这一方法保存了自己的实力。

1206 年五月，两淮大地阴雨连绵，在一片泥泞中，十万宋朝正规军在金军铁骑的追击中，如潮水般狼狈而逃。在这漫山遍野的大溃散中，唯有一支军队，军容严整，气势如虎，于惊涛骇浪中溯游而上，一杆大旗在血雨腥风中猎猎作响。旗上书“毕将军”三个大字，旗下将领短小精悍，披头散发，戴铁兜鍪、鬼面具，胯下黑色宝马神骏异常，麾下勇士无不以一当百，在战场上挥洒“虽千万人吾往矣”的英雄气概。这位勇冠三军的将领就是南宋名将毕再遇。

毕再遇的父亲毕进为岳飞部将。他以父荫入侍卫马军司，“以拳力闻”，曾经受到宋孝宗召见，被赐战袍。虎父无犬子，他也是南宋抗金名将，在战场上足智多谋，经常布奇局，使奇计击退敌人。

宋朝开禧年间，金兵屡犯中原。毕再遇率兵与金军对垒，虽打了几次胜仗，但久战不决。金兵又调集数万精锐骑兵，要与宋军决战。而此时的宋军只有几千人马，如果与金军决战，必败无疑。毕再遇为了保存实力，准备暂时撤退。

那时金军已经兵临城下，如果知道宋军撤退，肯定会追击，那样，宋军损失一定惨重。毕再遇苦苦思索如何巧妙地转移部队。这时，只听帐外马蹄声响，毕再遇受到启发，计上心来，于是秘密安排起来。首先他传令军中，备下三天干粮，士兵们自带身上。营帐、旗帜一律不动。又传令手下找来几只活羊，将它们后腿吊起，前腿放在更鼓上，缚好。

夜深之后，毕再遇命令兵士们悄悄撤退，不许发出半点响动，不准点火。就这样，一队队宋军在夜幕的掩护下，向南悄然撤退。

此时，金兵主帅想要一举消灭毕再遇的军队，于是传令附近兵马速来增援。大军一到，准备稍事休整，便发起攻击。但他知道毕再遇很有智谋，必定会在形势不利的情况下寻路撤退。于是，派出多路哨兵，盯住宋营，一旦有宋军撤退的迹象，马上回报。

哨兵们接到命令，一个个都找好位置，向宋营窥探。只见那夜的宋军和以前一样，入夜后即灭灯入睡，旗帜依旧，并不时传来“咚咚”的更鼓声。原来，毕再遇退兵前，已让手下人放开羊前腿。羊被吊疼了，便四蹄挣扎，前腿蹬得更鼓“冬冬”直响。蹬一阵子，羊累了，便停下来。过一会儿，羊又开始挣扎，更鼓就又响起来。远远听了，就像有人在打更。

毕再遇所率部队军容严整，气势如虎。

就这样，更鼓响了一夜，天明时金人远望宋营旗帜仍在，故而哨兵们也没人去报告。等到天色大亮时，金兵主帅传令手下，吃饱饭后全线攻击，务必一举歼灭宋军，活捉毕再遇。而后，他上了高坡，向宋营瞭望，以作具体部署。这时他才发现宋营了无声息，情况十分反常，金兵主帅忙令哨兵们贴近观察，才知道宋军已悄然撤走，只留下了一座空营。

毕再遇巧设计谋金蝉脱壳。

毕再遇用“金蝉脱壳”之计，“悬羊击鼓”迷惑了敌军，在夜幕的掩护下安全转移了自己的部队。用兵之法常常是虚虚实实，兵无常势，变化无穷，因此在面对危机时，要谋取全身而退之道，而金蝉脱壳的计谋就是退而自保的最佳选择。在这个计谋中，设局一定要巧妙，一定要把假象造出逼真的效果，使敌人被假象迷惑，从而作出错误的判断，为自己顺利转移赢得充足的时间。

正如《鬼谷子》所说：“若欲去之，因危与之。环转因化，莫知所为，退为大仪。”做什么事情都应该像圆环一样旋转自如。根据客观情况见机而行，使别人不易觉察到自己的行为。这就是保全自我，进退自如的大法则了。当然，使用这一计谋意在稳住对方，绝不是惊慌失措、消极逃跑，而是保留形式，抽走内容，稳住对方，使自己脱离险境，达到己方战略目标。己方常常可用巧妙分兵转移的机会出击另一部分敌人。

◎以屈求伸——石勒计除“拦路虎”◎

都说要做铁骨铮铮男儿汉，不可轻易向他人低头。但是在人生路上，如果我们做事缺少柔韧性，不会适当地弯曲，就很容易中途受阻，甚至与成功无缘。其实弯曲只是一种手段，适当屈服是为了有朝一日更好地伸展。

石勒听从部下建议，决定以屈求伸，铲除“拦路虎”王浚。

“以屈求伸”是《内揵第三》篇的一种谋略，这也是一种以退为进的策略。运用这一计谋，一般是在施计方暂时力量薄弱、时机不成熟的情况下，不得不采取的即先忍受屈辱，委于对方，以这种暂时的屈辱，使对方放弃原先的打算，而使己方避凶化吉，蒙混过关，赢得时间。然后再依计行事，逐渐壮大自己的势力，等待时机，进而制伏对方，消除祸患。石勒就灵活地运用了这一计谋。

石勒是十六国时期后赵的开国君主。他是从奴隶到皇帝的第一人，上党武乡（今山西榆社北）人，羯族。西晋羯族的来源，一说是附属于匈奴随之入塞的羌渠部后裔；一说来自中亚的石国（今乌兹别克塔什干一带）。羯人高鼻深目多，信奉祆教。石勒父祖都是羯人部落的

石勒派人携带重礼向王浚俯首称臣。

在确认王浚对自己深信不疑后，石勒派轻骑兵日夜兼程，奔袭幽州。

小帅。

石勒年轻时被卖为奴，后来聚众为盗，最后投奔刘渊。刘渊称汉帝后，石勒便成为他手下一名得力的战将。石勒有胆略，善骑射。他在与晋军争战的过程中，不断壮大了自己的实力。刘渊对他十分重视，任他为安东大将军，给他很多特权。晋永嘉六年（312 年），他身边的谋臣张宾见他东征西战，流寇一般，劝他在襄国和邯郸间择一根据地，消灭群雄，称王称霸。石勒听取了张宾的建议，率兵占据了襄国。

当时，晋大司马、尚书令王浚是石勒开创王业最大的拦路虎。永嘉七年（313 年），石勒决定铲除王浚这个障碍，于是与部下商议策略，张宾又进计道："王浚表面上是晋臣，其实有篡位之心。此时，他肯定想招揽各路勇士，以图谋天下。将军如要成就大业，就得先卑身事人，向他俯首称臣。取得他的信任后，再设法除掉他。"石勒认为此法甚是，于是派门客王子春等携带奇珍异宝，献给王浚，并进表劝其称天子。

王浚也非酒囊饭袋之辈，开始时他并不相信，因为石勒独据赵国旧都，与自己成鼎峙之势，岂肯甘心臣服于自己。王子春则装作很坦诚的样子解释道，自古以来确实有成为名臣的胡人，却没有成为帝王的胡人；石勒不是不想称帝，只是担心他一称帝会招致天怒人怨。所以他才想拥戴"州乡贵望，四海所宗"的王浚称帝，而他愿效犬马之劳。王浚听他说得合情合理，就相信了石勒，封王子春为列侯，并派使者带着特产回报石勒。

在王浚的使者没到襄国时，恰好镇守范阳的王浚的司马游统背叛王浚去投降石勒。他暗中派人和石勒联络，石勒立即杀掉来人，把首级送给王浚，以表自己的诚心。所以王浚更加不疑有他了。王浚使者到达襄国时，石勒已经事先叫人收起了锐兵精甲，"虚府羸师以示之"。石勒恭恭敬敬地跪拜，接下了王浚的信函；对王浚赏赐的东西也虔诚地供着。

接着石勒又派董肇去幽州，上书给王浚，请求亲自去幽州面谒，劝其称帝。王浚的使者返回幽州后，也报告说石勒兵微将弱但忠贞不贰。王浚听后大喜，以为在自己称帝的路上又得了一员忠诚的猛将。

且说石勒见王浚上了圈套，心中暗自高兴，准备动手除掉他。为了稳妥，石勒又向王子春询问幽州的形势，王子春说道："幽州自去年闹水灾以来，出现了饥馑。王浚库存粮食极多，却不拿出来赈灾救荒。他实行严刑苛赋，卒税徭役繁多，而且残杀忠良，排斥谏臣。百姓难以忍受，纷纷外出避难。他的盟友鲜卑、乌丸均怀异心，身边的奸佞田矫等又贪婪横暴，群臣心情压抑，士卒疲弱不堪。他本人却还在大兴土木，修建台阁。幽州城内又屡生谣言，闻者莫不寒心，而他仍旧扬扬自得，毫不戒惧。这些情况正说明王浚的死期到了。”石勒听了，拍着几案笑道：“王浚被擒，指日可待！”

建兴二年（314 年），一支精锐的轻骑兵日夜兼程，奔袭幽州，这就是石勒的军队。石军行至易水时，王浚诸将闻讯，请求出兵阻截，王浚却发怒道：“石勒来幽州，是想拥立我为天子，谁敢声言攻击他，就格杀勿论。”说完，命人准备筵席，以款待石勒。天亮时，石勒兵临蓟城门下，叫开城门后，石勒唯恐城中有伏兵，便先把数千头牛羊赶在前面开道，说是送给王浚的见面礼，实际上是用这些牛羊堵塞各条街巷，使王浚纵有伏兵也无法出击。王浚这才感到大事不妙，可惜为时已晚，王浚最后被斩首。

就这样，石勒以巧计扫除了通往帝位道路上的一大障碍。

做人要懂得屈伸之道。人在遇到不测风云时，能站则站，站不起来就得见机振作。要能屈能伸，不可撞到头破血流，再难有东山再起之日。只有能屈能伸，人生之路才会越走越宽。

遇事当学石勒，屈伸有时，刚柔并济，以屈求伸。

◎大智若愚——石琚的处世良方◎

苏轼在《贺欧阳少师致仕启》中说：“力辞于未及之年，退托以不能而止，大勇若怯，大智若愚。”有大勇，却装出怯懦的样子，聪敏，却装出很愚拙的样子，如此可以保全自己的人格，同时也可不做随波逐流之事，这就是大智若愚。守得“大愚”，急流勇退，方为明智之举。

中国古代的道家和儒家都主张“大智若愚”，而且要“守愚”。因为要守，就不是真愚，而是真智慧。大智若愚的人给人的印象是：虚怀若谷，宽厚敦和，不露锋芒，甚至有点木讷。

孔子年轻气盛之时，曾受教于老子。老子对孔子说：“良贾深藏若虚，君子盛德容貌若愚。”即善于做生意的商人，总是隐藏其宝货，不叫人轻易看见；真正的君子，品德高尚，容貌却显得愚笨拙劣。因此，老子警告世人：“不自见，故明；不自是，故彰；不自伐，故有功；不自矜，故长。”“企者不立，跨者不行。自见者不明，自是者不彰，自伐者无功，自矜者不长。”老子第一个推崇“愚”的含义——宽容、简朴、知足的最高理想。这种处世态度包括了愚者的智慧、隐者的利益、柔弱者的力量和真正熟识世故者的简朴。事实证明，这也是人们优游于各种场合的法宝，石琚的事迹就是一例。

孔子年轻气盛之时，曾受教于老子。

金熙宗时期，石琚任邢台县令时，官场腐败，贪污成风，独石琚洁身自好，他还常告诫别人不要见利忘义。

石琚曾经规劝邢台守吏说：“一个人到了见利不见害的地步，他就要大祸临头了。你敛财无度，不计利害，你自以为计，在我看来却是愚蠢至极。回头是岸，我实不忍见到你东窗

石琚大智若愚，谦谨处事。

石琚急流勇退，辞官归乡。

事发的那一天。”邢台守吏拒不认错，私下竟反咬一口，向朝廷上书诬陷他贪赃枉法。结果，邢台守吏终因贪污受到严惩，其他违法官吏也一一治罪。石琚因清廉无私，虽多受诬陷却平安无事。

石琚官职屡屡升迁，有人便私下向他讨教升官的秘诀，他说：“我不想升迁，凡事凭良心无私，这个人人都能做到，只是他们不屑做罢了。人们过分相信智慧之说，却轻视不用智慧的功效，这就是所谓的偏见吧。”

金世宗时，世宗任命石琚为参知政事，不料石琚却百般推辞。金世宗十分惊异，私下对他说：“如此高位，人人朝思暮想，你却不思谢恩，这是何故？”

石琚以才德不堪作答，金世宗仍不改初衷。其亲朋好友力劝石琚道：“这是天大的喜事，只有傻子才会避之再三。你一生聪明过人，怎会这样愚钝呢？万一惹恼了皇上，我们家族都要受到牵连，天下人更会笑你不识好歹。”石琚长叹说：“俗话说，身不由己，看来我是不能坚持己见了。”

石琚无奈接受了朝廷的任命，私下却对妻子忧虑地说：“树大招风，位高多难，我是担心无妄之灾啊。”他的妻子不以为然，说道：“你不贪不占，正义无私，皇上又宠信于你，你还怕什么呢？”石琚苦笑道：“身处高位，便是众矢之的，无端被害者比比皆是，岂是有罪与无罪那么简单？再说皇上的宠信也是多变的，看不透这一点，就是不智啊。”

任太子少师之时，石琚曾奏请皇上让太子熟习政事，嫉恨他的人便就此事攻击他别有用心，想借此赢取太子的恩宠。金世宗听后十分生气，后细心观察，才认定石琚不是这样的人。后来，金世宗把别人诬陷他的话对石琚说了，石琚所受的震撼十分强烈，他趁此坚辞太子少师之位，再不敢轻易进言。

大定十八年（1178 年），石琚升任右丞相，前来贺喜的人络绎不绝。石琚表面上接受祝贺，私下却决心辞官归居。他开导不解的家人故旧说：“我一生勤勉，所幸得此高位，这都是皇上的恩典，心愿已足。人生在世，祸在当止不止，贪心恋权。”

他一次又一次地上书辞官，金世宗见挽留不住，只好答应了他的请求。世人对此事议论纷纷，金世宗感叹说：“石琚大智若愚，这样的大才天下再无第二个人了，凡夫俗子怎知他的心意呢？”

《鬼谷子》说：“得其情，乃制其术。此用可出可入，可揵可开。故圣人立事，以此先知而揵万物。”

这就告诫我们，一定要掌握好君主的心意、决策等情况。运用这些方法，就可以掌握和控制君王的行动措施。我们就可以入政、出世自由，就可以事君或随意离去了。

◎留有余地——管仲的“狡兔”人生◎

凡事不可做绝，“留有余地”实际上是给自己留条后路。看问题不能只看到眼前顺利的局面，看不到可能造成的不利后果而一厢情愿地去处理问题，要做到“有备无患”、“防患于未然”。

为人处事时，千万不要把事情做绝，要时时给自己留有余地，这个道理不言自明。但是要做到进可攻、退可守，就要接受另一个理念：脚踏两只船。这似乎有违道德，但关键还是看你怎么踏，如管仲的这一脚，就成就了他的千古名声。

管仲与鲍叔牙以及召忽三人关系很好，决心在事业上互相合作。他们曾经合作做过生意，但他们更想合作治理齐国。

当时齐王有两个儿子，一个叫纠，一个叫小白。召忽认为公子纠是长子，一定能继承王位，因此对管仲和鲍叔牙说：“对齐国来说，我们三人就像大鼎的三条腿，缺一不可。既然公子小白不能继承王位，那干脆我们三人一同辅佐公子纠吧。”

管仲说：“这样等于吊死在一棵树上。万一公子纠没继位，我们三人不是都完了。国中的百姓都不喜欢公子纠的母亲和公子纠本人，公子小白自幼丧母，人们必定可怜他，究竟谁继承王位还很难说。不如由一个人侍奉公子小白，将来统治齐国的肯定是这两个人中的一个，这样，不管哪一个当了齐王，我们当中都有功臣，可以相互照顾，进退有路，左右逢源。”于是他们决定由鲍叔牙去辅佐公子小白，由管仲和召忽辅佐公子纠。

齐襄公在位时（公元前697年～公元前686年），荒淫无道，随意杀人，朝中大臣人人自危，纷逃国外。公子纠由管仲、召忽二人辅佐逃往鲁国，公子小白则由鲍叔牙辅佐逃往莒国（今山东莒县）。就在公元前686年，齐国内乱，襄公被杀，国内无君，于是逃往国外的公子纠和小白都率兵回国争夺王位。

结果两方在路上偶遇，管仲一箭射中小白身上的铜制衣带钩，小白则趁势诈死，骗过了管仲，麻痹了鲁军，兼程直入临淄，赖高傒等重臣的拥戴，得立为国君，是为齐桓公。这时，鲁庄公方率鲁军护送公子纠行至乾时（今临淄区西境）地方，齐桓公亲自率军迎战，大败鲁军，并尽夺鲁国汶阳之地。

鲍叔牙这时还惦记着自己的朋友，生怕鲁国因向齐国谢罪而杀害管仲，便暗地送信给鲁国说：“管仲是齐国国君的死仇，齐国国君必要亲手杀死他。”鲁国新败，只得囚送管仲回齐国。小白做了国君，便是后来的齐桓公，他对那一箭之仇念念不忘，日夜想杀管仲。

鲍叔牙辅佐公子小白，管仲和召忽辅佐公子纠。

鲍叔牙拜见桓公便贺喜。桓公很是不解，问他喜从何来，鲍叔牙说：“管仲乃天下奇才，齐国得到他，岂不可贺！”桓公切齿道：“我恨不得食其肉，寝其皮，焉能用他！”

鲍叔牙正色劝说道：“难得的是臣下忠于其主啊，如果你重用了

齐桓公拜管仲为相国，且尊称为“仲父”。

管仲，以他的加倍忠心和才能，可以替你射得天下，岂射钩可比呢？”

桓公听后点头称是，说：“好吧，我暂且听你的话，先不杀他。”

一日，齐桓公欲拜鲍叔牙为相，鲍叔牙诚恳地辞谢说：“主公如果只想管理好齐国，有高傒和我就够了。如想建树王霸天下的不世功业，那非用管仲不可！”

桓公沉吟说：“那我得先试探一下他的学问再说。”

鲍叔牙摇摇头，进言说：“非常的人，必须以非常的礼节相待才行，如果天下的人知道主公尊贤礼士，不计私怨，会有更多的人来齐国效忠尽职的！”

齐桓公恍然大喜，即命人择定吉日良辰，用“郊迎”的大礼，亲自迎接管仲并同车进城。结果桓公与管仲一连谈论三日三夜，句句投机，当即拜管仲为相国，且尊称为“仲父”，对其言听计从，专任不疑。后来在管仲的辅佐下，齐桓公成为春秋一代霸主。

正像鬼谷子讲的“环转因化，莫知所为，退为大仪。”正因为管仲事先想到了退路，所以鲍叔牙可以在齐桓公面前说情，使齐桓公不但没杀管仲，反而让管仲当了宰相。因此，凡事不可做绝，凡事都应该留条后路。看问题也不能重一时之利，不可一叶障目而不见森林。只有全面把握了局势，分清利害关系以及有可能造成的不利局面，才能及早防范，避免危害。

◎因势利导——诸葛亮用关羽，智放曹操◎

卓越的领导者们能从全局态势的变化出发，选择适于担当重任的人才，从而使自己取得决定全局胜利的主动权。

古人常说“兵无常势，水无常形”，这就要求领导者能够审时度势，即审察时机，忖度形势。

诸葛亮料定曹操大败之后必定会从华容道逃走，有意派关羽前往堵截。

对于领导者来说，在用人上应该不拘一格，最重要的是能够依势择人，根据不同的形势，选用不同的将才，这样往往能达到事半功倍的效果。《三国演义》中诸葛亮权衡利弊用关羽就是其中的一个典型。

孙刘联合于赤壁破曹之后，曹操从华容道逃走，走不多远，忽然在马上扬鞭大笑。众将领问道：“丞相为何大笑？”曹操回答说：“人家都说周瑜、诸葛亮足智多谋，以我看之，到底还是无能之辈。若在此处设下伏兵，我们就得束手就擒。”

曹操的话还没说完，只听见一声炮响，两边有五百名校刀手已经一字排开，为首的大将正是关云长，跨着赤兔马，提着青龙刀，正好截住了去路。曹军一见顿时魂飞魄散，面面相觑。曹操眉头一皱，说道：“既然如此，只好决一死战了！”众将领们却说：“即使我们不胆怯，可是马力已乏，又怎么能再战呢？”程昱想了想，说道：“我素来知道云长傲上而不辱下，欺强却不凌弱；恩怨分明，信义素著。丞相曾经对他有恩，现在只要您亲自说出来，就一定可以逃脱此难。”

关羽念及旧日恩义最终放走曹操。

曹操采纳了程昱的计策，骑马向前，向着关羽施了一礼，然后说道：“将军别来无恙！”

关羽也还了个礼，回答道：“关某奉军师的命令，在这里已经等候丞相多时了。”曹操说：“曹操兵败势危，到了这里已经没有别的路了，希望将军能够顾念昔日之情。”关羽答道：“昔日关某虽蒙丞相厚恩，但是已经斩了颜良，杀了文丑，解了白马之围，报答了您的恩情。今日之事，又怎敢以私废公呢？”曹操说：“你还能记得五关斩将之时的情景吗？大丈夫当以信义为重。将军深明《春秋》，难道不知道庾公之斯追子濯孺子之事乎？”

关羽是个义重如山的人，想起往日曹操的许多恩义以及后来五关斩将之事，怎么能不动心？又见曹军惶惶，皆欲垂泪，心中就更是不忍。于是勒回马头，对众军说：“四散摆开。”这分明就是放曹操一马的意思。曹操看见关羽掉转马头，便和众将一齐策马疾驰。等关羽再转回身来的时候，曹操已经和众将领冲过去了。放走曹操后，关羽大喝一声，吓得剩余的曹军都下了马，跪在地上大哭，关羽又不忍了。正在犹豫的时候，张辽骑马到了。关羽见了张辽，又动了念旧之情，最后只得长叹一声，全部放了过去。后人有诗曰：“曹瞒兵败走华容，正与关公狭路逢。只为当初恩义重，放开金锁走蛟龙。”

诸葛亮料定曹操大败之后必定会从华容道逃走，因此派谁去担当此路守将要任就显得很重要。诸葛亮为什么最终选定了关羽而不是张飞，难道他这一次是用人失误了吗？事实并非如此。从大局上考虑，诸葛亮认为此时若把曹操杀掉，局势将会更加混乱，变得难以收拾，不利于“三分天下”战略方针的实现，于是就产生了“捉而放之”的战略意图，但是又不能明言。诸葛亮深知关羽乃是“忠义”之士，于是派他去守关，这样就收到了“一箭双雕”之效——既把曹操堵住了，给予他必要的教训，同时又把他放了，使得关羽不负恩怨分明、忠心仁义之名。若换上张飞，就有可能坏了大事。诸葛亮选择关羽正是依势择人，并借此创造了决定未来全局战略的时势。

《鬼谷子·内揵第三》中讲道：“欲说者，务隐度；计事者，务循顺。”也就是要顺从事物发展的趋势，铺设台阶，加以引导，使之达成目标。卓越的领导者们都将主导思想放在依靠、运用、把握和创造有利于自己取胜的形势上，而不是去苛求手下将吏，因此能从全局态势的变化出发，选择适于担当重任的人才，从而使自己取得决定全局胜利的主动权。因此，作为领导者也应该不仅看中招揽人才，更要善于对人才因势利导，能够依势择人。

◎抓住弱点——陈平反间除范增◎

范增是项羽手下最重要的谋士，被项羽尊称为“亚父”；刘邦曾言“项羽有一范增而不能用，此其所以为我擒也”；但如此一位智士最终“一事无成空背疽”。这其中除了为暗主谟、明珠暗投之外，是否还有什么蹊跷，导致了范增一生事业成空、忧劳而亡呢？

公元前 203 年，楚汉战争到了最激烈的时刻。刘邦被项羽围困在荥阳城内达一年之久，并被断绝了外援和粮草通道。

刘邦向项羽求和，项羽不许，刘邦十分忧虑。这时，陈平献计，让刘邦从仓库中拨出四万斤黄金，买通楚军的一些将领，让这些人散布谣言说：“在项王的部下里，范亚父和钟离昧的功劳最大，但不能裂土称王。他们已经和汉王约定好了。共同消灭项羽，分占项羽的国土。”这些话传到霸王的耳朵里，使他起了疑心，果然对钟离昧产生了怀疑，以后有重大的事情也就不再跟钟离昧商量了。他甚至怀疑范增私通汉王，对他很不客气。

金钱对人总有着难以抗拒的诱惑力，所以这一步陈平抓住了人性的贪婪，采用重金贿赂间谍以散布谣言，果然起到了离间项羽和他的部下钟离昧、范增的目的。

为了彻底孤立项羽，陈平还要把范增除掉，为此不惜设计嫁祸于范增。有一天，项羽派使者到刘邦营中，陈平让侍者准备好十分精致的餐具，端进使者房间。使者刚一进屋，就被请到上座，陈平再三问起范增的起居近况，大赞范增，并附耳低声问：“亚父范增有什么吩咐？”使者不解地问道：“我们是霸王派来的，不是亚父派来的。”陈平一听，故作吃惊地说：“我们以为是亚父派来的人呢！”便叫几名小卒撤去上等酒席，随后把使者领至另一间简陋客房，改用粗茶淡饭招待。陈平则满脸不高兴，拂袖而去。使者没想到会受此羞辱，大为气愤。

回到楚营后，使者把情形一五一十地都告诉了项羽。项羽本是一个猜疑心很重的人，听后便对范增更加怀疑，也更确信范增可能私通汉王了。这时，范增向项羽建议应该加紧攻城，但是项羽却一反常态拒不听从。过了几天，范增也知道了外面说他私通汉王的谣言，并且感到项羽已不再信任自己了，于是他就对项羽说：“天下大事已基本定了，希望大王自己好好地干。我年岁大了，身体又不好，请大王准我回家养老吧！”

陈平设宴款待项羽使者，意在离间项羽、范增君臣。

项羽十分薄情，竟然毫无挽留之意，同意了他的请求，还派人护送他回家乡。范增一路走，一路叹气，吃不下，睡不着，伤心不已。他已经 75 岁了，怎么受得了这么大的委屈？到彭城的时候，气得背上生了一个毒瘤，就此一病不起，呜呼哀哉了。项羽手下唯一的谋臣，竟被陈平略施小计就除掉了。

陈平的小计就是“反间计”。反间计就是“疑中生疑”，也就是说在疑阵中再布疑阵，使对手内部自生矛盾，我方就可万无一失。说得更通俗一些，就是巧妙地利用敌人的间谍反过来为我所用。唐代杜牧解释反间计特别清楚，他说："敌有间来窥我，我必先知之，或厚赂诱之，反为我所用；或佯为不觉，示以伪情而纵之，则敌人之间，反为我用也。"

《内揵第三》篇讲："必得其情，乃制其术。"要掌握好君主的心意、决策等情况，从而推知对方的心意和主张，然后才能控制他的行动措施。陈平就是向项羽之使者"示以伪情"，借助他们的话达到离间项羽和范增的目的。世人总喜欢"眼见为实"，对于眼前真实发生的一切还少有人想到是一场"假戏"，误以为真，也就意味着上当了。

项羽中了陈平的离间计，不再信任范增。

此外，反间计的成功还要借助一点，就是对方的猜忌心。陈平之所以会使用反间计以离间项羽和范增，不能忽略的一个因素就是陈平深知项羽之本性，狂傲自大、猜忌心重，最容易中反间之计。难怪有人在诗中评价项羽道："容心绝少忌心多，背楚疑增自倒戈。"仔细看来，陈平的每一步谋划无不是深谙人性之弱点，所以才能出奇制胜。

范增身受诬陷，被迫向项羽告老还乡。

管理谋略

◎择时而动——王猛慧眼识明主◎

诸葛亮在刘备"三顾茅庐"后才出山。这不仅仅是因为他的才高望众，更是出于对时机的把握。他是看准了时机，认清了形势才踏出门的。良臣在选择投靠对象的时候，不仅仅是一项简单的选择题，更是一种智慧和机敏。只有把握了恰当的时机，找对了主子，才能发挥自己的聪明才智，大展宏图。

晋朝时的奇人王猛年轻时，曾经路过后赵的都城，徐统见了他以后，认为他是一个了不起的人物，于是便召他为功曹，可王猛不仅不答应徐统的征召，反而逃到西岳华山隐居起来。因为他认为凭自己的才能不应该仅仅做个功曹。所以他暂时隐居，看看社会风云的变化，等候时机的到来。

王猛身穿麻短衣到桓温的大营求见。

公元354年，东晋的大将军桓温带兵北伐，击败了苻健的军队，把部队驻扎在灞上，王猛身穿麻短衣，径直到桓温的大营求见。桓温请他谈谈对当时社会局势的看法。王猛在大庭广众之下，一边把手伸到衣襟里去捉虱子，一边纵谈天下大事，滔滔不绝，旁若无人。

桓温见此情景，心中暗暗称奇。他问王猛："我遵照皇帝的命令，率领十万精兵来讨伐逆贼，为百姓除害，可是，关中豪杰却没有人到我这里来效劳，这是什么缘故呢？"王猛回答："您不远千里来讨伐敌寇，长安城近在眼前，而您却不渡过灞水把它拿下来，大家摸不透您的心思所以不来。"王猛的话说中了桓温的心思。

桓温更觉得面前这位穷书生非同凡响，就想请王猛辅佐他。王猛却拒绝了桓温的邀请，继续隐居华山。

王猛这次拜见桓温，本来是想出山显露才华，干一番事业的，但最后还是打消了这个念头。因为他在考察桓温和分析东晋的形势之后，认为桓温不忠于朝廷，怀有篡权野心，未必能够成功，自己在桓温那里很难有所作为。

桓温退走的第二年，前秦苻健去世。继位的是暴君苻生。他昏庸残暴，杀人如麻。苻健的侄儿苻坚想除掉这个暴君，于是广招贤才，以壮大自己的实力。他听说王猛后，就请王猛出山。苻坚与王猛一见面就像知心老朋友一样，他们谈论天下大事，双方意见不谋而合。苻坚觉得自己遇到王猛好像三国时刘备遇到了诸葛亮；王猛觉得眼前的苻坚才是值得自己一生效力的对象，于是他留在苻坚的身边出谋划策。

公元357年，苻坚一举消灭了暴君苻生，自己做了前秦的君主，而王猛成了中书侍郎，掌管国家机密，参与朝廷大事。之后王猛又做了前秦的尚书左仆射辅国将军、司隶校尉，为苻坚治理天下，干出一番轰轰烈烈的大事业，成为中国封建社会杰出的政治家之一。

王猛最终留在苻坚的身边为其出谋划策。

《鬼谷子》讲："欲说者，务隐度；计事者，务循顺。"想去游说君主时就必须暗中揣度君主心意，事之可否，心之合否，时之便否；出谋划策时也必须顺应君主意愿。也就是要顺从事物发展的趋势，铺设台阶，顺着事物的发展方向加以引导。在遇到困难时机，要善于隐藏自己，等待时机，宜退则退，到机会来临时，再伺机而出，必定会有一番作为。

商战博弈

◎得情行事——信任是成功的前提◎

一个成功的商务谈判应当使双方都觉得自己的时间和精力没有白费，因此就这个意义来说，签订一项合同或协议，是标志谈判结束并取得某种成果的必不可少的内容。但是，东方人在做生意时却喜欢随机应变，不愿意签订内容详尽而有束缚力的协议或合同。

在东方商人看来，做生意不存在要什么协议。因为，他们认为，客观条件和外部环境乃至本身的许多具体情况随时都会发生变化，协议或合同也应根据这种变化适时作出修改。另一方面，在东方，很多生意都是靠彼此间的信任和善意来进行的。他们欣赏建立在真诚、亲善基础上的商业交往。在他们看来，如果缺乏这一基础，那么一切都无从谈起。

对东方商人而言，口头的承诺就是一种“合同”。虽然自从和西方接触以后，东方人采纳了西方的许多法律条文，在商业交往中，也越来越多地使用文字合同。但是，就本意来说，东方人并不喜欢合同，他们始终认为，如果没有互相的信任和坦诚，那么仅有一张合同是无济于事的。

由于东方人喜欢相信人而不相信契约，所以对与东方人进行生意往来的人来说，认识到这一点相当重要。

东方商人不喜欢就合同的条文进行讨价还价。他们重视的是弄清对方是否诚实可靠。如果能够获得东方商人的充分信任，那么对方将会感到，摆在他们面前的合同，理应是公平和平等的，所以不必过分拘泥于细节。

东方商人对合同细节很少进行争论，在商业项目的谈判中，他们虽然有时也拖延时间，但他们并不是通过谈判合同的细节来保证双方都不会受任何意外事件的影响，他们是在获得一个相互信任的过程，信任一旦建立后，双方都要重视长期保持这一关系。

在东方商人的眼中，这种信任常常意味着对方会放弃那些可以从其他买主或供应商处获得的近期利润，愿意在对方遇到压力或暂时困难时灵活掌握合同条件，并且相互支持。合同上的字不等于刻在石头上的字那样难以更改，如果就详细的事项同对方达成了协议，那么在他们看来，关键是对协议如何理解，而不是合同上是如何规定的。合同不是“圣经”，只要需要，随时都可以进行修改。因此，在合同的结尾处，他们一般都有可作出修改的类似规定。

一般来说，东方人对待协议、合同的态度与他们对待法律和律师的态度有直接关系。欧美人大多都有严格而较明确的法律观念，在进行商业谈判时，他们经常请律师参加或向他们进行咨询，以避免违反法律或给对方以可乘之机。在他们看来，商业谈判就是使用机敏的策略夺取胜利的过程，有了律师可以促使对方接受对自己有利的条款。但是，在东方商人看来，带律师参加商业谈判是一种不信任对方的不友好行为，所以他们在谈判中不请律师，即使在发生争端时也很少向他们进行咨询。

据统计，东方的律师按人口比例计算，比许多西方国家少得多，原因之一就是东方人在发生争端时不轻易诉诸法律，东方政府也鼓励人们不使用法律程序处理和解决纠纷。

总之，东方商人重视建立在真诚、亲善基础上的信任、理解，并由此形成了默认的松散协议。这种协议可以给他们留有余地，以便根据形势和具体情况的需要，改变双边关系的性质。因此，与东方商人打交道，应该注重“心心相通”，而不是形式为主。

《内揵第三》说：“用其意，欲入则入，欲出则出。”就是说只要把握住了对方的心思，就能都取得主动，进退自如。所以，与东方商人合作，合同不是重点，建立信任关系才是最好的选择。

◎蓄势而发——“店小二”的华丽转身◎

2007 年 12 月 20 日，由国美集团副总裁牟贵先领衔的新大中管理团队高调亮相，就此，北京家电连锁市场“三足鼎立”的时代彻底结束，“(国)美苏(宁)争霸”时代终于来临。

此前，苏宁突然宣布在大中收购战中铩羽而归，持续了数月之久的收购计划就此终结；而国美则半路杀出，短短三天时间取代苏宁拿下了大中。

大多数人认为，在这场“囚徒”式的博弈中，国美完胜苏宁，迅速占领了北京家电市场。但是当苏宁正为错失的时机懊恼时，国美也在因未卜的前途惴惴不安，唯有张大中稳拿36亿元的现金，并一次性纳税5.6亿，成为国内个税状元。

在这场家电行业三巨头的争霸中，张大中才是最后的赢家。

很多人不能理解张大中为何会卖掉自己一手创办的企业，大中电器的某些员工甚至抱怨张大中“已经老了”，但张大中对此十分坦然。他从来都不认为一个人必须穷尽一生心力去守护一个企业，即使它凝聚着自己二十年来的心血，因为在市场面前，出于情感的执着并不能解决问题，市场是残酷的，不会因为个人的不舍而转向。

对于张大中来说，卖掉大中电器他自然也十分不舍，但必须有所舍弃才能有所收获，就如同作一篇文章时，必须先画下一个句号才能开始描写下一段情节。他仔细地分析了大中的现状与市场的发展，他清楚地意识到大中电器非卖不可。

一方面张大中认为家电连锁行业已经进入了整合期，区域性家电连锁的前景令人担忧；另一方面 2002 年到 2004 年大中电器像坐着加速前进的火车一样扩大着企业的规模，人才储备的不足与管理体制的不完善导致各种弊端相继暴露；而独子拒绝接手大中电器的管理成为促使张大中将一手经营起来的企业卖掉的第三个原因。所以，错过了进入资本市场和全国布局的好时机之后，张大中早早地就决定了退出家电连锁行业，但是这个退出必须风风光光才行，他耐心地等待着时机。

直到 2007 年底，在与苏宁、国美的拉锯战中，张大中把拥有 2 亿元固定资产的大中电器卖到了 36 亿元，而与之周旋的家电业大佬们，比他年轻的业内精英没有一个是等闲之辈，但他们谁也没能从张大中身上得到一分好处。

58 岁的张大中再一次为自己的事业画上了圆满的句号。

张大中从来都不是一个满足于现实的人。在他的创业历程中，他多次转身，甚至“知难而退”，但没有人会因此嘲笑过他的“不执着”，因为正是他的善于变通才成就了他今日的事业。

其实，张大中的事业就是从“放弃”起步的。他之所以能够坦然地舍弃为之付出心血的企业，正是得益于他最初“下海”时的经历。

那是 1980 年，改革开放不过是刚刚起步，张大中就成了最早的弄潮儿之一。张大中创业的启动资金只有 500 元，他“下海”之后的第一份工作是为人刷煤气灶，他第一天出工是在北京市甘家口国家经贸委的住宅楼里。

张大中忙了一天，为 10 户居民刷了煤气灶，挣了 8 块钱，不计人力，只减去所用的烧碱、银粉等原料的成本，他只赚得一块多钱的利润。张大中甚至有点想哭，不仅因为疲惫，更重要的是，“你坐在那里一眼就能看到自己 50 岁后的样子，掐指一算就能算出自己一辈子的工资，那简直让人感到绝望”。所以，那成了张大中第一次也是最后一次从事家政服务业。他认为，在某些情况下，人不能过于固执地相信“集腋成裘，聚沙成塔”的古训，因为如果从中看不到任何希望，那么坚持又有什么意义呢？

张大中善于画句号，但这些句号都不是篇末的那一个，他更善于在句号之后续写新的段落，续写新的辉煌。放弃了刷煤气灶的工作，张大中并没有停下脚步。1980 年冬，他在自家厨房里做出了 60 台落地灯并且卖出了好价钱，这成为张大中经商盈利的起点。

就像他自己设想的一样，这之后张大中的事业可谓一帆风顺。他制作过音响放大器，成立了“张记电器加工铺”，销售过电子原配件，成立了玉泉路音响城，后来以此为基础开了第一家大中音响城，也就是大中电器的前身。

短短二十几年，张大中从制造业转到零售业，从小门店实现大连锁。“我觉得，做人做生意一定得比别人都多看半步，别人没有想要去做生意时，我已经开始尝试，当看到刷煤气灶不行时，我又能立即画上句号。”所以，告别刷煤气灶小贩身份 27 年之后，张大中再一次不作留恋地为自己的生意画上了句号，只是这一次，500 元起家的张大中已经拥有了亿万元的身价。他注册了大中投资有限公司，带走大中电器 20 多人的核心团队，进军风险投资业。其他人大概无法理解张大中的想法，但他自己十分清楚：这只不过是他人生的另一个转机而已。

所谓“善变者，审知地势，乃通于天，以化四时”。运用自如地改变决策的人，必须审知地理形势，明于天道，又有改变固有顺序、善于应变的能力，所以，当事业发展到一定阶段的时候，实际上也是朝另一个方向转化的征兆，我们必须懂得如何自处，如何面对。进步时便思考退路，在事业顺利，蒸蒸日上时，应该有抽身的准备。

很多人认为执着是成功人士必备的品质，但是在商场中，执着并非一剂包治百病的良药。与其在某个行业越来越小的圈子里与对手厮杀，甚至被后来居上的年轻人不断赶超，不如做一个二次创业者，看准自己的优势，蓄势而发，以退为进。

张大中是改革开放最早的弄潮儿之一

500元起家，曾经给人刷过煤气灶，张大中经过多年努力，最终创建了大中电器。

但张大中懂得尊重市场，懂得何时应该舍弃

善于随市场而调整战略

在家电市场逐渐进入激烈竞争时代，张大中选择了退出。

张大中卖掉了大中电器，进军风险投资业

不断寻求转机与蜕变

职场之道

◎用晦如明——藏锋入鞘◎

在工作中，往往有许多人掌握不好热忱和刻意表现之间的界线。不少人总把一腔热忱的行为演绎得看上去是故意装出来的，这些人学会的是表现自己，而不是真正的热忱。真正的热忱绝不会让同事以为你是在刻意表现自己，也不会让同事产生反感。

在需要关心的时候关心同事，在工作上该出力的时候全力以赴，才是聪明的表现。而不失时机甚至抓住一切机会刻意表现出自己“关心别人”、“是领导的好下属”、“雄心勃勃”，则会让人觉得虚假而不愿与之接近。

有人说："自我表现是人类天性中最主要的因素。"人类喜欢表现自己就像鸟类喜欢炫耀美丽羽毛一样正常。但过度自我表现就会使热忱变得虚伪，自然变得做作，最终的效果还不如不表现。

很多人在其谈话中不论是否以自己为主题，总有凸显自己的表现。这种人虽说可能被人高估为"具有辩才"，但是也可能被认为是"口无遮拦显得轻浮"，或经常想要"引人注目"等，暴露出其自我显示欲的否定面，常使别人产生排斥感和不快情绪。

据说丘吉尔虽然平日爱用夸张的词汇来自我表现，但是在关键时刻他却会用英语说："我们应该在沙滩上奋战，应该在田野、街巷里奋战，应该在机场、山冈上奋战——我们，绝不感激投降。"请注意，他说的是"我们"，而非"我"。这才是真正正确的表现方式。后者给人以距离感，前者则使人觉得较亲切。"我们"代表着"你也参加的意味"，往往使人产生一种"参与感"，还会在不知不觉中把意见相异的人划为同一立场，并按照自己的意图影响他人。善于自我表现的人从来杜绝说话带"嗯"、"哦"、"啊"等停顿的语气词，这些语气词可能被人感觉对开诚布公还有犹豫，也可能让人觉得是一种敷衍、傲慢的习气，而使人反感。

真正的展示教养与才华的自我表现绝对无可厚非，只有刻意地自我表现才是最愚蠢的。卡耐基曾指出，如果我们只是要在别人面前表现自己，使别人对我们感兴趣的话，我们将永远不会有许多真实而诚挚的朋友。

在办公室里，同事之间本来就处在一种隐性的心照不宣的竞争关系之下，如果一味刻意表现自己，不仅得不到同事的好感，反而会引起大家的排斥和敌意。不恰当表现的另一个误区就是经常在同事面前显示自己的优越性。日常工作中不难发现这样的同事，其人虽然思路敏捷，口若悬河，但一说话就令人感到狂妄，使得别人很难接受他的任何观点和建议。这种人多数都是因为太爱表现自己，总想让别人知道自己很有能力，处处想显示自己的优越感，从而能获得他人的敬佩和认可，结果却是失掉了在同事中的威信。

在同事之间的交往上，相互之间应该是平等和互惠的，正所谓"投之以桃，报之以李"。而那些妄自尊大，高看自己，小看别人，过分自负的人总会引起别人的反感，最终会在交往中使自己走到孤立无援的地步，别人都敬而远之，甚至厌而远之。

职场中，人人都希望出人头地，希望得到别人的肯定性评价。这也合乎鬼谷子说的"英雄一旦找到了用武之地，就应该积极进取，建功立业"的观点。但是表现自我的同时，也不能不顾别人的形象和尊严。如果某位同事的谈话过分地显示出高人一等的优越感，这无形之中是对他人自尊和自信的一种挑战与轻视，排斥心理，乃至敌意也就不自觉地产生了。所以，与同事相处，能做到"揵而内合"才是最高的境界。

◎服从条件——下属的"美德"◎

服从是一种美德，一名称职的员工必须以服从为第一要义，没有服从观念，就不可能把自己的工作做好。每一位员工都必须服从上司的安排，就如同每一个军人都必须服从上司的指挥一样。大到一个国家、军队，小到一个企业、部门，其成败很大程度上就取决于是否完美地贯彻了服从的观念。

"糟了，糟了！"通用公司采购部的经理理查德放下电话，就叫嚷了起来："那家便宜的东西，根本不合规格，还是迈克尔的货好。"他狠狠地捶了一下桌子："可是，我怎么那么糊涂，还发电子邮件把迈克尔臭骂一顿，还骂他是骗子，这下麻烦了！""是啊！"秘书詹妮小姐转身站起来说："我那时候不是说吗，要您先冷静冷静，再写信，您不听啊！"

理查德说："都怪我在气头上，以为迈克尔一定骗了我，要不然别人怎么那么便宜。"

理查德来回踱着步子，突然指了指电话说:“把迈克尔的电话告诉我，我打过去向他道个歉！”

詹妮一笑，走到理查德桌前说：“不用了，经理。告诉您，那封信我根本没发。”

“没发？”理查德惊奇地停下脚步，问道。“对！”詹妮笑吟吟地说。

理查德坐了下来，如释重负，停了半晌，又突然抬头问：“可是，我当时不是叫你立刻发出的吗？”“是啊，但我猜到您会后悔，所以就压了下来！”詹妮转过身，歪着头笑笑。“压了三个礼拜？”“对！您没想到吧？”“我是没想到。”

理查德低下头去，翻记事本：“可是，我叫你发，你怎么能压？那么最近发南美的那几封信，你也压了？”“那倒没压。”詹妮的脸更有光彩了，“我知道什么该发，什么不该发！”“是你做主，还是我做主？”没想到理查德居然霍地站起来，沉声问道。

詹妮呆住了，眼眶一下湿了，颤抖着问道：“我，我做错了吗？”“你做错了！”理查德斩钉截铁地说。

詹妮被记了一个小过，但没有公开，除了理查德，公司里没有任何人知道。真是好心没好报！一肚子委屈的詹妮，再也不愿意伺候这位是非不分的上司了。她跑到总经理的办公室诉苦，希望调到总经理的部门。“不急，不急！”总经理笑笑，“我会处理。”

隔两天，是做了处理，詹妮一大早就接到一份解雇通知。

下级服从上级，是上下级开展工作，保持正常工作关系的首要条件，是融洽相处的一种默契，也是老板观察和评价自己下属的一个尺度。在一些公司里，像詹尼这样纪律观念不强、服从意识差的人，只是自作聪明而已。一个团队，如果下属不能无条件地服从上司的命令，那么在达到共同目标时，就可能产生障碍。巴顿将军在他的战争回忆录《我所知道的战争》中曾写道这样一个细节：

“我要提拔人时常常把所有的候选人排到一起，给他们提一个我想要他们解决的问题。我说：‘伙计们，我要在仓库后面挖一条战壕，8 英尺长，3 英尺宽，6 英寸深。’我就告诉他们那么多。我有一个有窗户或有大节孔的仓库。候选人正在检查工具时，我走进仓库，通过窗户或节孔观察他们。我看到伙计们把锹和镐都放到仓库后面的地上。他们休息几分钟后开始议论我为什么要他们挖这么浅的战壕。他们有的说 6 英寸深还不够当火炮掩体。其他人争论说，这样的战壕太热或太冷。如果伙计们是军官，他们会抱怨他们不该干挖战壕这么普通的体力劳动。最后，有个伙计对别人下使命：‘让我们把战壕挖好后离开这里吧。那个老东西想用战壕干什么都没关系。’”

最后，巴顿写道：“那个伙计得到了提拔。我必须挑选不找任何借口地完成任务的人。”

《鬼谷子》曰：“内者，进说辞；揵者，揵所谋也。”说的就是要想向君主进献谋策就应该先采纳君主的意见。换句话说就是要无条件服从，只有做好了分内之事，才有资本表达自己的见解。

在面对领导的命令时要明确一点，只要是必须做的事情，就要坚决的执行。在很多员工的理念中，服从就是“对的就服从，不对的就不服从”。其实服从是无条件的，凡是老板的指令，作为员工第一时间就应该按指令去行动。你不能以你使用的判断标准作为最终标准，而应以上司的判断为判断标准。

抵巇第四

◎经典再现◎

【提要】

“抵巇术”具体讨论的是游说之士的从政原则与处世态度。抵，本义是击、接触，可引申为处理、利用。“巇”，原为险峻、险恶之意，后引申为缝隙、矛盾、漏洞等意。抵巇，就是针对社会所出现的裂缝（即各种矛盾与问题）而采取不同的手段。

《鬼谷子》曰：“自天地之合离、终始，必有巇隙。”这里体现出一种朴素的唯物主义态度。“巇”是一种必然的存在。万事万物都会有裂缝、矛盾或漏洞，而裂缝的出现是有征兆的，圣智之士，则能知兆联于初萌，塞缝隙于始见，及时“抵巇”。“抵巇术”分两种，一种是消除隐患的“抵”己之“巇”，一种是乘人之隙的“抵”人之“巇”。对己之“巇”，应修补纠正；对人之“巇”，应洞察利用。

抵巇的基础是了解，是观察，是推理。事有自然，物有合离。世界的本质是运动的，变化的，发展的，所以在运动、变化、发展的过程中必然产生巇隙。运用“抵巇术”，应顺应事物的发展变化规律，着眼全局。若世道还可挽救，就采取措施查补漏洞，“抵而塞之”；若世道不可挽救，就循其漏洞，乘隙而击，“抵而得之”。只有根据不同的情况采取不同的办法，才可以掌握住天地间的神妙变化。

【原文】

物有自然，事有合离[①]。有近而不可见[②]，有远而可知。近而不可见者，不察其辞也[③]，远而可知者，反往以验来也[④]。

【注释】

①合离：此指分合规律。②见：察知。③辞：通异，异点，此指事物、事件本身的特点。④反往以验来：社会事件的历史考察法。反往，考察事件的历史成因、历史过程。验来，以历史过程比证今天的发展，以掌握其规律。

能对远在天边的事物了若指掌，是因为对它的历史和现状做了深入研究。

【译文】

世间事物都有自己本身的存在规律，事情都有它们自然聚合分离循环往复的道理。但对这些属性和规律，有的近在身边却难以看透，有的远在天边却了若指掌。近在身边难以看透，那是由于不察对方虚实的缘故；远在天边却了若指掌，是因为对它的历史和现状做了深入研究，用经验来推论将来的缘故。

【原文】

巇者，罅也[①]。罅者，涧也[②]。涧者，成大隙也。巇始有眹[③]，可抵而塞[④]，可抵而却，可抵而息，可抵而匿，可抵而得[⑤]。此谓抵巇之理也。事之危也[⑥]，圣人知之，独保其用[⑦]，因化说事⑧，通达计谋，以识细微⑨。经起秋毫之末⑩，挥之于太山之本⑪。

所谓"巇"就是"隙"，微隙不管，就会发展成小缝。

【注释】

①罅（xià）：缝隙，指小缝。②涧：此指中缝。③眹：通"朕"，兆迹，迹象。④抵：挡，引申为治理。⑤可抵而却……而得：微缝刚刚出现兆迹时，可以治理它，堵塞它，控制住它的发展，甚至可以让它恢复原状。⑥危：危险的征兆。⑦保：恃，凭借。⑧说事：此指议论此事，思量此事。⑨细微：此指产生罅隙的微暗原因。⑩秋毫：秋日羊毫，以喻细微。⑪太山：即泰山，以喻大而坚固的物体。

【译文】

所谓"巇"就是"隙"，微隙不管，就会发展成小缝；小缝不治，就会发展成中缝；中缝不堵，就会发展成大缝，而使器物破毁。微缝刚刚出现兆迹时，可以治理它，堵塞它，控制住它的发展，甚至可以让它恢复原状。这就是抵巇之术堵塞缝隙的一条基本原理。依此可见，事物败坏的兆迹刚刚出现时，圣智之士就能洞察一切，而且能独当一面地发挥应有的功用，他追寻它变化的踪迹并暗中思量琢磨，分析事物之间的联系，通盘筹划，以找到产生微隙的原因，从而加以预防。事物常常如此，由于毫毛般微小的原因，发展下去，也能毁掉泰山般大而坚固的物体。

【原文】

其施外，兆萌牙蘖之谋①，皆由抵巇。抵巇之隙②，为道术用③。天下纷错④，士无明主，公侯无道德，则小人谗贼⑤；贤人不用，圣人窜匿，贪利诈伪者作；君臣相惑，土崩瓦解而相伐射⑥；父子离散，乖乱反目，是谓萌牙巇罅。圣人见萌牙巇罅，则抵之以法⑦。世可以治则抵而塞之⑧，不可治则抵而得之⑨。或抵如此。或抵如彼。或抵反之，或抵覆之。五帝之政⑩，抵而塞之，三王之事⑪，抵而得之。诸侯相抵⑫，不可胜数。当此之时⑬，能抵为右⑭。

【注释】

①施：即扩展。牙：小芽。牙，芽古今字。②抵：此处意为打、击。③道术：此指游说处世权术。④错：乱。⑤谗贼：进谗言加害于人。⑥射：射箭，引申为战斗。⑦法：法则。⑧塞：堵塞缝隙。⑨得：自得天下。⑩五帝之政：指像黄帝、颛顼、帝喾、尧、舜那样的德政。相传五帝时行禅让之法。五帝，一说为伏羲、神农、黄帝、尧、舜，一说为少昊、颛顼、高辛、尧、舜。⑪三王之事：指像禹、汤、文王那样的政事，夏、商、周三代皆以征伐得天下。⑫诸侯相抵：指各国诸侯互相攻伐。抵，击也。⑬当此之时：指战国时期。⑭右：上。古礼尚右，以右为上。

【译文】

那些使缝隙萌生并扩而大之的种种谋略，也都是由抵巇的原理生发出来的。从缝隙入手解决问题，是策士游说处世权术的实用手法。天下纷乱，朝廷没有明君，公侯权臣丧失仁德，于是小人谗害圣贤，贤者得不到进用，圣人逃避浊世，贪婪奸邪之徒兴起作乱，君臣互相欺骗迷惑，天下土崩瓦解，四分五裂，百姓相互攻伐，民不聊生。父子离散不合，反目为仇，骨肉分离，夫妻反目。这也叫"萌芽""裂痕"，即国家大乱，社会政治混乱逐步发展。圣智之士见到这种情况，就会采取相应的手段应付这种局面。圣人若认为世道还可以挽救，就采取措施弥补世道漏洞，对反叛者加以抵制消灭；若感到世道已发展到不可挽救的程度，就循其缝隙，打烂旧世界，重建新世界。或用这种手法治世，或用那种手法治世；或把世道反过来，或让世道恢复本来面目。总之，若遇到像五帝那样的德政，就用抵巇之术帮其弥补漏洞；若遇到像三王那样的征伐之世，就用抵巇手法取代它。当

其施外，兆萌牙蘖之谋，皆由抵巇。

抵 接触、处理、利用

巇 矛盾、漏洞

从缝隙入手解决问题，是策士游说处世权术的实用手法

朝廷没有明君

公侯无德

小人谗害圣贤，君臣互相欺骗迷惑

贪婪奸邪之徒兴起作乱

贤者得不到进用，圣人逃避浊世

天下土崩瓦解，四分五裂

诸侯相互攻击

百姓家破人亡

叛乱纷纷兴起

世可以治则抵而塞之 —— 圣智之人的态度 —— 不可治则抵而得之

充分利用抵巇之术

今之世，诸侯互相攻击，战争事件不可胜数，当天下混乱时，能抵抗对手的人被视为尊者能人。这就要充分利用我们的抵巇之术。

【原文】

自天地之合离①、终始，必有巇隙②，不可不察也。察之以捭阖，能用此道③，圣人也。圣人者，天地之使也④。世无可抵⑤，则深隐而待时⑥；时有可抵，则为之谋。此道可以上合⑦，可以检下⑧。能因能循⑨，为天地守神⑩。

【注释】

①天地之合离：指混沌初开，天地生成之时。②终始：指事物发展变化的全过程。③此道：指抵巇之术。④天地之使：指圣人能发现、掌握自然规律和社会规律而言。⑤无可抵：没有可以抵击的缝隙，指清平盛世。⑥时：时机，指世道出现缝隙之时。⑦上合：谓抵而塞之，助时为治。⑧检下：即言自己得有天下。⑨因：亦循也，遵循。⑩天地守神：为天地守神位，指郊天祀地。唯帝王才有权郊天祭地，故此代指得帝王之位。

【译文】

自从天地生成以来，任何事的发展变化过程中必然会出现缝隙，这是我们不可不留心观察的。用捭阖之术去明察世道，又能运用这种抵巇之术去解决问题的，就是圣人了。所谓圣人，是能够发现并掌握自然规律和社会规律的人。假如生逢盛世，没有缝隙可以利用，就深深隐藏起来等待时机。一旦有缝隙可利用的时机到来，就用抵巇之术进行谋划。抵巇这种道术，可以抵塞缝隙，帮助圣君治理天下；也可以抵击缝隙，重建一个新世界。如果能够遵循这种道术去处世，就能博得帝王之位。

为人处世

◎细处玄机——陈平脱衣消灾◎

陈平，西汉王朝的开国功臣。少时喜读书，有大志。一年，正逢社祭，曾为社庙里的社宰，主持祭社神，为大家分肉。陈平把肉一块块分得十分均匀。为此，地方上的父老乡亲们纷纷赞扬他说：“陈平这孩子分祭肉，分得真好，太称职了！”他感慨地说：“假使我陈平能有机会治理天下，也能像分肉一样恰当、称职。”

后来，秦末战乱，陈平始投魏王，继属楚王项羽，后离楚归汉，佐汉王刘邦，一匡天下，终成汉室名相。汉初三杰，韩信受谤，被擒于云梦泽，死于钟室；萧何遭谗，曾械于牢狱；张良惧祸，托言闲游。陈平却久居相位，且得善终，足见他官场权谋之老道，远在三杰之上。

楚汉相争时，项羽手下陈平偷偷地从军营里溜出来，准备去投奔刘邦。他顺着田间小路，急匆匆地向黄河岸边赶去。

陈平脱衣消灾。

陈平赶到河边，轻声叫来一艘渡船。只见船上一个粗蛮大汉，脸上露出凶相。当时陈平早已觉察到，上这条船有些不妙，但又没别的去路。他担心误了时间，楚兵会很快追赶上来，只好上了船。

船只慢慢离开了岸，陈平总算松了口气，但他敏锐地观察到自己上了贼船，心想："他要谋财害命！我虽然身上没有什么财物和珍宝，但我肯定敌不过他。如何安全地摆脱危险的困境呢？"他心生一计。

他从船内站起来，走出船舱说："舱内好闷热啊！热得我都快要出汗了。"

陈平边说边佯作若无其事地摘下宝剑，脱掉大衣，倚放在船舷上，并伸手帮他摇船。这一举动，出乎大汉的预料。接着陈平又说："天闷热，看来要来一场大雨了。"说着又脱下一件上衣，放在那件外衣之上。过了一会儿，再脱下一件。最后，他索性脱光了上衣，赤着身子，帮他摇船。

大汉看见陈平没有什么财物可图，就此打消了谋害他的念头，很快把船划到对岸了。

陈平脱衣，消除了一场灾祸。他的机智和聪明也让人心生敬佩之情。《鬼谷子》说："事之危也，圣人知之，独保其用；因化说事，通达计谋，以识细微。经起秋毫之末，挥之于太山之本。"有智慧的人，在事物败坏的兆迹刚刚出现时，就会敏锐地发现事物的征兆，并凭着自己的力量，追寻它变化的踪迹，暗中思量琢磨，通盘筹划，找到产生微隙的原因，并想出方法解决。

陈平从细微的事物中感知到隐秘的信息，船上人之貌相神情，都让陈平感觉到自己一定是上了贼船，这已经展示了陈平之非凡的眼力与洞察力；随之，就是应对之策，既然明白这人就是想谋财害命，于是他就借天闷热为由，用脱光上衣来隐秘地传达出自己身无分文的信息，打消了他打劫的企图与邪念，自己顺利脱身。

陈平不愧为汉朝的一大谋士，即使在危急关头，能在间不容发的瞬间想出办法，不露声色地把危机消解于无形，做到防患于未然。自天地生成以来，任何事情的变化发展必然会出现缝隙，小隙不察，就有可能引来大祸。懂得"见微知著"，运用"抵巇之术"去解决问题，就能在祸难来临之前及时防治，减少危害。

◎谦虚谨慎——郭子仪的处世之道◎

任何事物都有看不透和不可料的一面，所以唯有谨慎处世，避嫌疑，远祸端；未思进，先思退，方能自保。特别是功成名就之后，更应该夹起尾巴做人，才能够独善其身。

唐肃宗上元二年（761 年），郭子仪爵封汾阳王，王府建在长安的亲仁里。令人不解的是，汾阳王府自落成后，每天都是府门大开，任凭人们自由进出，郭子仪不准府中人干涉，与别处官宅府第门禁森严的情况截然不同。有一天，郭子仪帐下的一名将官要调到外地任职，特意前来王府辞行。他知道郭子仪府中百无禁忌，就一直走进了内宅。恰巧，他看见郭子仪的夫人和他的爱女两人正在梳洗打扮，而王爷郭子仪正在一旁侍奉她们，她们一会儿要郭子仪递手巾，一会儿要他去端水，使唤郭子仪就好像使

郭子仪身为王侯，但并不居功自傲，王府每天都是府门大开，任凭人们自由进出。

郭子仪向儿子们阐明时刻保持谦卑谨慎态度的重要性。

唤奴仆一样。这位将官当时真是惊讶万分，回去后，不免要把这情景讲给他的家人听。于是一传十，十传百，没几天，整个京城的人们都把这件事当作笑话来谈论。

郭子仪听了倒没有什么，他的几个儿子听了却觉得太丢王爷的面子，堂堂大唐将军竟如此不顾自己体面，以致遗人笑柄，郭家脸面何在！他们决定对父亲提出建议。

他们一齐来找父亲，要他下令像别的王府一样戒备森严，闲杂人等一律不准入内。郭子仪听了哈哈一笑，几个儿子哭着跪下来求他，一个儿子说："父亲您功业显赫，普天下的人都尊敬您，可是您自己却不尊重自己，不管什么人，您都让他们随意进入内宅。孩儿们认为，即使商朝的贤相伊尹、汉朝的大将军霍光也无法做到您这样。"

郭子仪长叹了一声，语重心长地说："我如今爵封汾阳王，作为人臣，已是一人之下万人之上了。往前走，再没有更大的富贵可求。你们现在还太年轻，只看到我们郭家的显赫声势，却不知这显赫背后已是危机四伏。月盈则亏，盛极则衰，按理我应急流勇退才是万全之策，可如今朝廷要用我，皇上怎么会让我解甲归田，退隐山林？再者，我们郭家上上下下有1000余口人，到哪儿去找能容纳这么多人的隐居地？在这进退两难的境况中，如果我再将府门紧闭，与外界隔阂，如果与我有仇怨的人诬告我们对朝廷不忠，则必然会引起皇上的猜忌；若再有妒贤嫉能之辈添油加醋，落井下石，则我们郭家一门九族就性命不保，死无葬身之地了。"

几个儿子听了郭子仪的话，恍然大悟，无不佩服父亲的先见之明。郭子仪就是靠着这种大智若愚的糊涂为官之道，而达到明哲保身，从而避免或减少了皇帝与权臣对他的猜忌，成功地在唐玄宗、肃宗、代宗、德宗四朝中长期任职，安享富贵。

身为四朝重臣的郭子仪可谓是功高盖世，可他却明白"聪明圣知，守之以愚；功被天下，守之以让；勇力抚世，守之以怯"的道理，并身体力行，方能全身而终，荫及子孙，泽被后代。不争一时之荣辱，不争一事之胜负，郭子仪明白产生灾祸的原因，知道该如何消灾免祸，用谦谨的作风，确保全家安乐。人们若能像郭子仪那样时刻保持谦卑谨慎的状态，祸患自然不会产生。

过于坚硬的，容易折断，过于洁白的，则容易被污染。骄兵必败，骄将必失，同样，一个人在自己的事业达到顶峰时，更需要牢记忌盈之理，以警惕自己的失败。"月满则亏，水满则溢"。懂得"抵巇术"，懂得未雨绸缪，才能防患于未然。

◎抓其弱点——王允巧设连环局◎

"歌月徘徊孤楼前，舞影零游群雄间"。自古以来都有"红颜薄命"的说法，也有"心比天高，命比纸薄"的感慨，更有"红颜祸水"的责难，太多太多的声音湮没了女性的价值。

然而，回顾历史，我们却可以从中发现，许多的丰功伟绩都有女性的帮助，许多的争权夺利都有女性的参与。正所谓"英雄难过美人关"，"美人计"，正是抵巇术的运用。在历史的长河中，女性的作用是不容忽视的，貂蝉就是一个很好的证明。

汉献帝期间，董卓掌握实权后，自称太师，在朝中大施淫威，滥杀无辜，甚至还纵容自己的部

董卓十分看重吕布，将他收作干儿子，并让他做自己的贴身保镖。

王允将貂蝉许配给吕布。

下强抢民女，残害百姓，除掉董卓成了天下人共同心愿。

杀董卓不是件容易的事，他手下有员猛将叫吕布，骁勇善战，无人能敌，之前曹操欲除董卓，皆因有吕布，而最后落败。董卓十分看重吕布，将他收作干儿子，并让他做自己的贴身保镖。

大司徒王允也想除掉董卓，但他知道，要除掉董卓，首先就要拉拢吕布。后来，他想到一计，就是利用府中的歌伎貂蝉。他知道董、吕二人皆是好色之徒，所以想用连环计，先将貂蝉许嫁吕布，然后再献给董卓，让貂蝉再从中离间他们两父子，让吕布杀掉董卓，为民除害。貂蝉答应了王允。王允除董卓的“局”马上便开始了。

王允秘密送给吕布一顶嵌饰数颗珍珠的金冠，吕布见了十分欢喜，立即到王允家致谢。王允备好酒宴，盛情款待。席间，王允叫出貂蝉，并让她给吕布斟酒。吕布见此绝世美女，惊为天人，目不转睛地盯着貂蝉看。王允说：“这个是小女貂蝉。承蒙将军错爱，把我当作至亲好友。若是将军不嫌弃，我想将小女许配与将军，不知将军意下如何？”吕布听了大喜过望，忙起身拜谢，说：“果真如此，吕布当效犬马之劳。”王允说：“既然这样，就选个好日子，把貂蝉送去将军府中。”见时间已经不早了，王允便接着说：“本想留将军在此过夜，但又担心太师疑心。”吕布这才依依不舍地起身告辞，只等着王允早日将貂蝉送来。

过了几天，王允在朝堂上，趁吕布不在的时候，邀请董卓到府中饮酒，董卓马上就答应了。董卓到了之后，王允对其又一番吹嘘，酒到半酣，王允跟董卓说府中有自己调教的艺伎，可以出来献艺，以助酒兴。董卓自然欣喜万分。貂蝉出来后，董卓看得两眼发直。王允见此情形，便说：“此女乃是府中的歌伎貂蝉，我想将此女献给太师，不知太师是否肯收留她？”董卓听了，心花怒放，忙说：“这么大的恩惠叫我如何报答啊！”王允接口道：“太师愿意收留她，便已经是她天大的造化了。”董卓又感谢了一番，便将貂蝉带回了府中。

这个消息很快传到吕布的耳朵，他气急败坏地来质问王允，王允说：“将军原来不知道啊！昨天太师在朝堂上，对我说有事要到我家来，来了之后，太师说：‘我听说你有一个女儿，名叫貂蝉，已经许配给我的义子吕布了。我特来见她一见。’我不敢违背太师的意思，便让貂蝉出来拜见太师。太师见貂蝉又说：‘今天乃是吉日，我这就带着此女回去，让她与我儿成亲。’于是便将貂蝉带走了。”吕布信以为真，忙说：“司徒恕罪，小人一时情急，错怪了大人，改天一定登门谢罪。”说完便怒气冲冲地离开了。

王允心里明白，接下来会发生什么样的事情。他已经成功地将自己的“棋子”——貂蝉，加入了这个局中，并且将它放在了最适当的位置——董卓与吕布中间。只要把握局势，让一切按照正常的布局发展，就胜利在望了。

第二天，吕布到相府去打听消息，董卓的侍妾告诉吕布说："昨天晚上太师与新人共寝，现在还没起来呢。"吕布听了勃然大怒，可又不敢造次。

一日，吕布与貂蝉二人又在凤仪亭见面，互诉衷肠后，吕布要走，貂蝉不想计划落空，便说："之前我就仰慕你，觉得你是个英雄，没想到，你也只是浪得虚名，就连一个老贼也怕得要死。既然如此，我活着也没什么指望了，不如一死了之。"说着便要投湖，吕布急忙上前拦住她，两人推推搡搡地争执不下。另一边，董卓在殿上，回头不见了吕布，心里觉得不妙，匆忙处理完朝中的事情就赶回府中，一路找来，在凤仪亭中刚好看到吕布与貂蝉争执的一幕，随手拿起吕布的方天画戟就刺了过来。吕布见状，夺过画戟，落荒而逃。

董卓回房质问貂蝉："你为什么要与吕布私通？"貂蝉泪流满面地说："我一个人闲来无事，便到后园去看花，吕布突然到来，对我动手动脚，我又无力反抗，只能投湖自尽，却又被他抱住。正在纠缠之际，太师您就回来了，才救了我一命。您怎么说我与他私通呢？"董卓见她如此，便也不再怪她，说："我不如把你许配给吕布，如何啊？"貂蝉听了，正色道："我宁死不辱！"边说边从墙上取下宝剑就要自杀，董卓连忙上前劝阻，再也不提此事了，决定带貂蝉回郿坞。

他们走的那天，文武百官全都来送行，王允见吕布望着远去的车子叹息，故意用一些言语进行挑唆，使吕布誓杀董卓这个老贼。

没过多久，汉献帝在宫中会见大臣，董卓从郿坞返回京城，他的车子一进宫门，就有人举枪向他的胸口刺去，但被董卓身上的铁甲挡住了，只是刺伤了手臂，跌下车来。他忍着痛，大叫："吕布，你在哪儿？"吕布站在车后说："奉皇上旨意，讨伐贼子董卓！"话音刚落便将一戟刺进了董卓的咽喉。一个人神共愤的乱臣贼子终于被除掉了。

王允将貂蝉许配给吕布后又将他献与董卓。

王允所布的连环局，最关键的一点在于，他找准了对手的弱点，针对这个弱点，加入一个"子"，便将对手的局搅了个天翻地覆，原本情义颇深的父子也在瞬间反目成仇，一步步地将对手推上了绝境，最后，借别人的手解决对手收局。

在这众多的历史事件中，女性大多是作为一颗棋子出现的。这颗棋子正是用来"抵巇"的工具。使用"美人计"，正是抓住了对方好色的弱点。这便是"巇"，而女性则是一个必不可少的引子，有了这

王允施连环计成功，吕布诛除国贼董卓。

个引子，才能开局。以此为突破口，进而“抵”之，就能乱其心志，夺其斗志，致使对手的内部发生分裂。到了这一步，再见机行事，实施自己的计谋，就能达到自己的目的。

◎见微知著——公仪休见小利，思大害◎

现代社会交际应酬十分频繁，朋友、熟人之间请客送礼也如家常便饭。这中间免不了夹杂个人利害。所以在接受别人厚礼时要三思而行，随意地接受别人的赠礼是种无知之举，会因贪利而使自己陷于被动的处境之中。

从前，鲁国的宰相公仪休非常喜欢鱼，赏鱼、食鱼、钓鱼、爱鱼成癖。一天，府外有一人要求见宰相。从打扮上看，像是一个渔人，手中拎着一个瓦罐，伏身拜见。公仪休抬手命他免礼，看了看，不认识，便问他是谁。那人赶忙回答：“小人子男，家处城外河边，以打鱼为业糊口度日。”

公仪休又问：“噢，那你找我所为何事，莫非有人欺你抢了你的鱼了？”

子男赶紧说：“不不不，大人，小人并不曾受人欺侮，只因小人昨夜出去打鱼，见河水上金光一闪，小人以为定是碰到了金鱼，便撒网下去，却捕到一条黑色的小鱼，这鱼说也奇怪，身体黑如墨染，连鱼鳞也是黑色，几乎难以辨出。而且黑得透亮，仿佛一块黑纱罩住了灯笼，黑得泛光。鱼眼也大得出奇，直出眶外。小人素闻大人喜爱赏鱼，便冒昧前来，将鱼献与大人，还望大人笑纳。”

渔人向公仪休献鱼。

公仪休听完，心中好奇，公仪休的夫人也觉纳闷。那子男将手中拎的瓦罐打开，果然见里面有一条小黑鱼，在罐中来回游动，碰得罐壁乒乓作响。公仪休看着这鱼，忍不住用手轻轻敲击罐底，那鱼便更加欢快地游跳起来。公仪休笑起来，口中连连说：“有意思，有意思，的确很有趣。”

公仪休廉洁自守，成就美名。

公仪休的夫人也觉别有情趣，那子男见状将瓦罐向前一递，道：“大人既然喜欢，就请大人笑纳吧，小人告辞。”公仪休却急声说：“慢着，这鱼你拿回去，本大人虽说喜欢，但这是辛苦得来之物，我岂能平白无故收下。你拿回去。”

子男一愣，赶紧跪下道：“莫非是大人怪罪小人，嫌小人言过其实，这鱼不好吗？”

公仪休笑了，让子男起身，说："哈哈哈，你不必害怕，这鱼也确如你所说非常奇异，我并无怪罪之意，只是这鱼我不能收。"子男惶惑不解，拎着鱼，愣在那里，公仪休夫人在旁边插了一句话："既是大人喜欢，倒不如我们买下，大人以为如何？"

公仪休说好，当即命人取出钱来，付给子男，将鱼买下。子男不肯收钱，公仪休故意将脸一绷，子男只得谢恩离去。又有好多人给公仪休送鱼，却都被公仪休婉言拒绝了。

公仪休身边的人很是纳闷，忍不住问："大人素来喜爱鱼，连做梦都为鱼担心，为何别人送鱼大人却一概不收呢？"

公仪休一笑，道："正因为喜欢鱼，所以更不能接受别人的馈赠，我现在身居宰相之位，拿了人家的东西就要受人牵制，万一因此触犯刑律，必将难逃丢官之厄运，甚至会有性命之忧。我喜欢鱼现在还有钱去买，若因此失去官位，纵是爱鱼如命怕也不会有人送鱼，也更不会有钱去买。所以，虽然我拒绝了，却没有免官丢命之虞，又可以自由购买我喜欢的鱼。这不比那样更好吗？"众人不禁暗暗敬佩。

公仪休身为鲁国宰相，虽然很喜欢鱼，却能保持清醒，头脑冷静，不肯轻易接受别人的馈赠，这实在很难得。换一个角度，我们却发现：表面上看，获取馈赠能获得暂时的利益，但从长远来看，自己却会因这点小利受到束缚，身陷被动。一旦遭别有用心之人控制，就会"因小失大"，损失惨重。公仪休"见小利思大害"，正说明他懂得防患于未然，懂得鬼谷子所说的"抵巇"的道理。

《鬼谷子》认为：万事万物都起于秋毫之末，一发展起来就会像泰山的根基一样大；即便是圣人也难免会遭小人迫害，故需要以小见大，需要"抵巇"；裂痕出现前往往都是有征兆的，我们就应该用抵的方法去堵塞，用抵的方法去退却，用抵的方法使之停止，消失。

◎骄必招损——周亚夫出风头惹祸上身◎

有能力当然是件好事情，但是什么事情也不能做得过了头，古话说"过犹不及"，做员工或者下属，抑或在其他场合，应该给别人台阶下，为人处世也要处处提防，枪打出头鸟，功高盖主最危险。

周亚夫是汉朝开国功臣周勃的儿子，周勃去世后，周亚夫继承了父亲的爵位。周亚夫不愧为将门之后，他治军严明，深得汉文帝信任。

一次，文帝到周亚夫所在的细柳军营慰劳将士，却在周亚夫的营前吃了闭门羹。守门将士说："军中只有将军的命令，不知有天子的诏书！"文帝只好派出使臣至军营中向周亚夫宣诏："天子圣驾亲来劳军。"周亚夫才传令打开营门。入得营内，守门将士又说："将军有令：军营之中，车马不得奔驰。"无奈，文帝的车驾只好缓缓而行。

到了周亚夫的军帐中，周亚夫也没向皇帝行大礼，只是躬身一揖，说："军营之中，甲胄在身，请允许以军礼叩见！"威严的军纪让汉文帝大为赞叹："这才是真正的将军啊！这样的军队，谁能侵犯得了啊！"由于周亚夫治军严明，使得匈奴对汉一直不敢轻举妄动。

周亚夫因治军严明，深得汉文帝信任。

周亚夫自恃功高不知退避最终招来杀身之祸。

说起来，文帝毕竟是个头脑清醒的君王。大敌当前，自己的面子与疆土相比，只是细枝末节的小事，没有必要斤斤计较。与自己的帝王颜面相比，他更看重周亚夫治军严明、保家卫国的良将品质。

因此，刚直不阿的周亚夫在文帝时恩宠不衰。但是一朝天子一朝臣，景帝即位后，周亚夫虽屡立军功，却因坚持己见得罪了景帝的弟弟梁王，进而得罪了窦太后，使景帝对其心怀不满。随后又因直言劝谏景帝废立太子，使景帝很没面子，又因以宰相身份劝阻景帝随意封侯，汉景帝一怒之下除了他的宰相职务。

周亚夫罢官回家，汉景帝仍对他心存芥蒂。一次，景帝又把他召进宫，说要赐食，可是端上来的是一整块肉，既没有刀叉又没有筷子，根本没法吃。周亚夫很生气，知道景帝在戏弄他，但又不便发火，只好向侍从要筷子。景帝嘲笑他说："是我不让他们预备筷子的，你有什么不满吗？"对于汉景帝近乎无赖的行为，谁能奈何得了呢？周亚夫又羞又恨，只好跪下谢罪。景帝命他起来，周亚夫满怀愤愤之情转身离开了。景帝目送他离开朝堂，说道："看他气呼呼的样子，我怎么能驾驭得了呢！"

后来，周亚夫的儿子买了500副仿制的盔甲做陪葬品用，却被人诬陷谋反。景帝趁机把周亚夫交给了大理寺，将其打入大牢。大理寺审讯他为什么要谋反，周亚夫说："我儿子买的都是葬礼用的仿制品，怎么会谋反呢？"大理寺的正堂答道："即使你在地上不谋反，到了地下你也想谋反！"周亚夫至此才明白：全都是自己过于坚持己见，才招致杀身之祸。后来，他在狱中绝食而亡。

现实中，每个人都会有不安全感，尤其是那些身居高位的人。在别人面前展现自己，显示才华时会激起各种各样的人的嫉妒和怨恨。

权力的天平永远都是倾斜的。在险象环生的世界里，千万要谨记低调做人的原则。为人处世一定要时时谨慎，更要学会低调。适度低调，是一种"自我抵巇"的明智之举。一意孤行，不懂低调，就会被有心计的人抓住把柄，受制于人。

管理谋略

◎韬光养晦——王翦"自污"以求安◎

"众人皆浊我独清"是一种非常危险的状态，没有人乐意让一个"异己"长久地立于身侧。以"自污"来做障眼法，能让对方安心，使自己安全。

战国末年秦王政准备吞并楚国，继续他统一中国的大业，他召集大臣和将领们商议此事。

秦王先是问大将李信，攻灭楚国需要多少军队。李信不假思索地说："有大王的英明决策，挟秦军胜利之师的雄威，灭楚20万军队足矣。"

秦王政听了，暗暗称赞李信果然是个少年英雄，他又问老将王翦："王将军，你的意见呢？

王翦说："因为楚国很有实力，至少要派60万兵。"

秦王政听了，不屑一顾，命李信攻打楚国。

王翦料定李信必败。果然，李信带领 20 万秦军攻打楚国，被楚军连破两阵，李信率残部狼狈逃回秦国。秦王政盛怒之下，把李信革职查办。然后亲自去王翦的家乡，请王翦复出，带兵攻楚。

秦王政见到王翦，恭恭敬敬地向王翦赔罪，请王翦带兵出征，王翦自然答应。出兵之日，秦王政亲率文武百官到灞上为王翦摆酒送行。

饮了饯行酒后，王翦装出一副惶恐的样子说："请大王恩赐些良田、美宅与园林给臣下。"

秦王政听了有些好笑，说："王将军是寡人的肱股之臣，日下国家对将军依赖甚重，寡人富有四海，将军还担心贫穷吗？"

王翦却又分辩了几句："大王废除三代的裂土分封制度，臣等身为大王的将领，功劳再大，也不能封侯，所指望的只有大王的赏赐了。臣下已年老，不得不为子孙着想，所以希望大王能恩赐一些，作为子孙日后衣食的保障。"秦王政哈哈大笑，满口答应："好说，好说，这是件很容易的事，王将军就为此出征吧。"

自大军出发至抵秦国东部边境为止，王翦先后派回五批使者，向秦王政要求：多多赏赐些良田给他的儿孙后辈。

秦王亲自去王翦的家乡，请王翦复出。

王翦的部将们都认为他老昏头了，胸无大志，整天只想着替儿孙置办产业。面对众人的不理解，王翦说："你们说得不对，我这样做是为了解除我们的后顾之忧。大王生性多疑，为了灭楚，他不得不把秦国全部的精锐部队都交给我，但他并没有对我深信不疑。一旦他产生了疑念，轻者，剥夺我的兵权，罢免我的官职；重者，不仅灭楚大计成为泡影，恐怕我和诸位的性命也将难保。所以，我不断向他要求赏赐，让他觉得，我绝无政治野心。因为一个贪求财物，一心想为子孙积聚良田美宅的人，是不会想到要去谋反叛乱的。"秦王政果然因此而相信王翦没有异心，放心让他指挥 60 万大军，发动灭楚战争。仅用了一年多时间，王翦就攻下了楚国的最后一个都城寿春（今安徽寿县），俘虏了楚王，兼并了秦国最大的对手楚国。

王翦率军出发后，先后派回五批使者向秦王请求赏赐。

王翦为打消秦王政的疑心，不惜自损其名，伸手向秦王要求赏赐，使部将以为他老昏了头，但使秦王更加深信他不会造反，从而全力支持他对楚作战，从而使王翦无后顾之忧，一举灭楚。

正如《抵巇第四》所说:"天下纷错,士无明主,公侯无道德,则小人谗贼;贤人不用,圣人窜匿,贪利诈伪者作;君臣相惑,土崩瓦解而相伐射;父子离散,乖乱反目,是谓萌芽巇罅。圣人见萌芽巇罅,则抵之以法。"圣智之人面对天下的纷争,会用抵巇法去处理。小人的谗害,奸邪之人的迷惑,天下相互攻伐。人人都需要睁大眼睛,看清时事,对自己的行动做好策略和打算。

有实力者如果太过"高尚""自敛""清正",会让领导或竞争者觉得不安。适度"自污",告诉他们自己也只是个贪一时之财的小人物,对方自然会放松警惕。聪明的人总会为自己撑起一把保护伞,以应对突如其来的变化,伴君如伴虎,王翦深谙秦王的心理,打消秦王的疑心是最好的方法。"自污"也是自保。

◎一鸣惊人——楚庄王的三年韬晦路◎

韬晦者在经过一段时间的掩饰潜伏,麻痹了敌人的警觉之后,一旦时机成熟,就应该行动起来,迅速撕去伪装,毫不迟疑地向着预定的目标挺进。要以这种"三年不鸣,一鸣惊人;三年不飞,一飞冲天"的劲头,打敌人一个措手不及,从而成就自己的"霸业"。

韬晦可存身,亦可积蓄力量,但永远深藏不露、无所作为终究不是成大事者所为。毕竟韬光养晦只是实现目标的手段,而不是目的。

而这"三年不飞,一飞冲天"的典故就与春秋时楚国的一位国君楚庄王有关。他也是行韬晦之道的个中翘楚。

在楚庄王最初即位的三年里,他从不过问朝政,日夜沉浸在田猎与酒色歌舞之中,甚至贴出布告:"哪一个胆敢向我提意见,立即斩首,绝不宽恕。"其时,邻国不断前来侵犯,国内的许多大臣也贪赃枉法,玩忽职守,正是内忧外患之时。一些忠于国事的大臣很是忧虑。可是面对如此昏庸之君,无人敢去进谏。

当然这里并不包括那些正直忠诚的大臣们,当时楚大夫伍举看到朝政日益腐败,心中异常着急,冒死进宫求见庄王。此人个子不高,但语言机智而又风趣。他知道,如果直接向庄王提出看法,必然会碰钉子,便想了个巧妙的办法。

楚庄王一鸣惊人。

伍举来到宫中,只见庄王美人在怀,正在调笑饮酒,殿上乐队鼓乐齐鸣,好不热闹。庄王看见伍举来了,笑着说:"你是来喝酒的,还是来听音乐的?"伍举说:"都不是。我有一件事不明白,特地来请教大王。"

庄王问:"什么事?"

伍举说:"南山上飞来一只大鸟,已经三年不飞也不叫,不知是什么原因,也不知道这是只什么鸟。"

庄王说:"这不是一只平凡之鸟。它三年不飞,一飞必定冲上云霄;它三年不叫,一叫就会惊人。你下去吧,你的意思我已经明白了。"

数月之后,庄王仍不改逸乐故态,不仅不改,且愈加荒淫无度。另一位大夫苏从认为这样继续下去,后果将不堪设想。他决心不用伍举委婉的劝谏方式,进宫直截了当地劝说庄王。

庄王说："你没有见到我颁布的命令吗？"

苏从说："见过。但我身为国家重臣，享受着国家的俸禄。如果贪生怕死而不敢指出君王的过失，那就不是忠臣。如果我的死能促使君王清醒过来，那我愿意一死。"

此语一出，楚庄王猛然起立，撤去歌舞乐队，立即临朝听政。他从此重用伍举及苏从两人，并经过调查核实，把在这三年中趁机营私舞弊的几百名官员尽数清除，把忠于职守的几百人予以提拔。庄王亲政以后，政治清明，百姓安居乐业。就在这一年，庄王兴兵灭庸（今湖北竹山）。不久又起兵攻宋，缴获战车五百辆之多。楚国迅速强大起来。

◎正视缺点——秦穆公敢于担当得民心◎

一个让下属放心追随的领导者既不会独占功劳，也不会诿过于下属，他们在下属的心里就像一棵可以乘凉的大树，是他们真正可以依靠的靠山。秦穆公主动揽孟明视之过，深责自己，三年后，君臣齐心协力雪洗耻辱，就是一个领导者主动为下属揽过的好例子。

公元前628年冬，秦国驻郑国的大夫杞子突然派人回国，秘密向秦穆公报告说："郑国人信任我，把都城北门的钥匙交给我保管，这是我国用兵的大好机会。如果您派一支军队来突袭郑国，我们里应外合，一定可以占领郑国。"秦穆公听了喜出望外，对领土的贪婪一时间充斥着他的头脑，争霸中原的野心使他再也按捺不住。于是秦穆公立即决定调动大军，袭击郑国。

然而作战经验丰富的老臣蹇叔毕竟老谋深算，他权衡利弊后，坚决反对出师郑国。秦郑两国路途遥远，调动大军长途跋涉，必然精疲力竭，元气大伤。而郑国则可按兵不动，精心准备。精力充沛、援应丰足之师待疲惫之师，自然就会占上风。再说，如此大的行动，浩浩荡荡的军队千里行进，郑国怎么会不知道呢？其他诸侯国也不会坐而视之。一旦兵败，不仅国内人民心中不满，其他诸侯国也会小看秦国。因此，蹇叔力劝秦穆公不要发兵。

但求功心切的秦穆公对蹇叔的话不以为然，坚持派孟明视、西乞术、白乙丙三将攻打郑国。蹇叔老泪纵横，对孟明视说："我只能看到大军出发，再也看不到你们回来了。"事实果然被蹇叔言中。

次年二月，秦军到滑国后，郑国人弦高贩牛途经滑国，料定秦军将袭郑，遂一边假托奉郑君之命，犒劳秦军，一边派人回国报信。孟明视等人认为郑国早有防范，遂放弃攻郑，灭滑后撤军。但对秦攻郑之举，晋襄公及其谋臣先轸认为是对晋国霸主地位的挑战。为维护晋之霸业，晋襄公决定待秦军疲惫会师之时，在殽山伏击，并遣使联络附近的姜戎配合晋军作战。四月初，晋襄公整顿人马，亲自出征，在殽山一带大败秦军，俘获孟明视、西乞术、白乙丙三人。幸好秦穆公之女文嬴巧施计策，劝晋襄公放回了孟明视三人，秦国才免于三员将帅之损。

秦穆公不听蹇叔劝告，执意要出师郑国。

秦军大败的消息传到秦国，秦穆公立即认识到自己贪心过重，急于求成，不但劳顿三军，更险些折损三将。此时，若秦穆公为顾忌脸面，死不认罪，而给三军治罪的话，面子自然可以保住，但从此必会民心不服，也没有哪个将士愿为自己卖命了，如此怎可坐稳江山？相反，如果勇于承担责任，揽过于己，不但可获明君之称，更可收买人心，增强士气，重整旗鼓。因此秦穆公亲自来到

秦穆公亲自来到郊外迎接孟明视、西乞术、白乙丙三将。

郊外迎接三人，见面时放声大哭："我不听蹇叔的话，使三位受到如此侮辱，这都是我的罪过啊！"孟明视等人叩头请罪，秦穆公说："这是我决策失误，你们何罪之有？我又怎么能用一次过失掩盖你们平时的功绩呢？"之后他对群臣又说："都是我贪心过重，才使你们遭受此祸啊！"秦穆公承担下全部责任，感动了群臣，三帅更是力图回报，欲雪国耻，从此整顿军队，严明纪律，加紧训练，为再次出征做准备。

《抵巇第四》曰："事之危也，圣人知之，独保其身，因化说事，通达计谋，以识细微。"在事情出现败坏时，圣智之士发现他，并凭着自己的力量，追寻它变化的踪迹，并且对这一事情加以思量和琢磨，找到产生微隙的原因。然后正视自己的错误，承认错误，才能阻止错误进一步向前发展，才能使错误得到改正。

秦穆公爱护下属，勇于揽过，不找替罪羊开脱自己，这对调动部下积极性，团结上下极为重要。敢于承担责任会让下属觉得管理者敢于担当，自然会对管理者心生敬佩。不诿过于下属，是领导者赢得人心的法宝。只有懂得爱护下属、敢于揽过的人才会赢得忠诚和追随。

秦穆公派三将攻郑

虽然有老臣蹇叔的劝谏，但秦穆公仍然坚持己意

郑国弦高贩牛犒师

弦高密报郑国、晋襄公殽山伏击

秦军大败、三将被抓

三将被放，秦穆公素衣迎接

秦穆公当众承认错误

秦穆公承担责任感动了群臣，秦国君臣从此整顿军队，加紧训练，为再次出征做准备

◎不善韬晦——解缙四面树敌◎

“墙上芦苇，头重脚轻根底浅；山间竹笋，嘴尖皮厚腹中空。”这副著名的对联是明代大学士解缙所做。解缙，字大绅，洪武进士，官至翰林学士，人称“解学士”。传说他自幼颖敏绝伦，其母画地为字，一见不忘；父教之书，应口成诵；是当时闻名的神童。虽然解缙学识渊博、才华横溢，有治国安邦之才。但是他为人耿直，刚正不阿，不畏权贵。最终因才生祸、被迫害致死。

解缙是明初著名才子，明太祖朱元璋特别欣赏他的才能，对他恩宠有加。

解缙为人素来刚正不阿，敢言人所不敢言。他给朱元璋上了一封万言书，指出朱元璋“御下严苛”，滥诛大臣，以喜怒为赏罚等诸多毛病，又首次提出分封亲王的权力过大，恐后世会危及朝廷。解缙所言无不深中朱元璋的弊病，然而这些都是朱元璋的大忌，前前后后群臣应对奏章中哪怕有暗示、隐喻这些弊病的意思，都会被严刑处死，甚至灭族，解缙尽言无隐，言辞也犀利无比，朱元璋却体谅他的忠心，也不怪罪，对左右侍臣连声夸赞解缙“高才”。

明初宰相李善长因受胡惟庸谋反一案牵连，被朱元璋借“星变”之名杀死，举朝无人敢言其冤。解缙却想为李善长鸣不平，便和工部侍郎王国缙一道草疏呈上。

朱元璋看罢奏章后大怒，本想重惩王国缙，后来知道奏章出自解缙之手，只好置之不理；却也怕解缙再闹下去，令他无法收拾，便让解缙的父亲把他领回家，再读书十年，然后再回朝做官。这算是以残暴著称的朱元璋最仁慈的时候了。

为人耿直，本是好事，但是身为人臣或下属，如果不分事情之轻重，不分场合一味地奉行耿直的人格，那么势必显得有些偏于固执、无所顾忌，这往往会让自己的一片忠心变成伤心。因为他忽略了自己的耿直可能在某种程度上触犯了对方的忌讳，从而在无形中成为对方的心头隐患。

解缙回家乡读书只有八年，朱元璋病逝，建文帝即位。不过建文帝欣赏重用的是方孝孺、齐泰、黄子澄这些人，并不起用解缙，解缙在建文帝时期只能默默度日。

明成祖朱棣起兵燕京，攻取南京，解缙率先到宫中朝拜朱棣，朱棣早闻解缙的才名，马上重用。让他和杨荣、杨士奇、胡广、黄淮、金幼政、胡俨等人组成内阁，充当自己的顾问，而以解缙为主，这就是明朝内阁制度的由来，解缙便是明朝内阁的第一任首辅。

解缙开始深得朱棣赏识，但是不久之后又犯了在朱元璋手下的老毛病，越发放言无忌，无事不敢为，却为自己种下了杀身的祸根。

一次，朱棣在一张纸上写了几位朝廷大臣的名字，让解缙品评其短长，解缙直言无所隐，把这些人的毛病揭示得淋漓尽致。这些大臣知道后，却恨解缙入骨，一有机会便在朱棣面前指摘解缙的过失。久而久之，朱棣也不能无动于衷。

解缙又在随后朱棣要更换太子的“易储”风波中死保太子，联络群臣，大造声势，维护太子的地位。朱棣虽迫于群臣的压力，最终没有更换太子，但因此迁怒于解缙。朱棣的二儿子朱高煦因没当上太子，更是恨不得吃解缙的肉，天天寻找机会置解缙于死地，先是诬陷解缙

解缙四面树敌。

解缙不善韬晦，受人诬陷下狱。

向外泄露宫廷中的秘密，朱棣也不管是否属实，便把解缙贬官为广西布政司参议。

永乐八年（1410年），解缙从广西回京述职，朱棣正领兵出塞攻打蒙古，解缙没见到朱棣，便向当时监国留守京师的太子禀报事情，然后就回广西了。朱高煦知道后，便诬陷解缙趁皇上不在时，私自朝见太子，图谋不轨。朱棣因此大怒，将他投入监狱拷问，后命锦衣卫将解缙处死在狱中，年仅四十七岁。

可叹一代才子解缙放任文人之耿直、率真之性情，屡次上疏，针砭弊政，弹劾奸佞小人，上至皇帝下至官吏，他都得罪了不少人，由此导致他一生坎坷，时而得宠，时而失宠，时而升迁，时而贬谪，直至被人迫害致死。

《鬼谷子·抵巇第四》有言："自天地之合离、终始，必有戏隙，不可不察也。"历史上很多人才华横溢，却不懂政治之险恶。有人评价说，解缙的一生对于"皇帝心理学"都是一窍不通的，这才是最大最可怕的"腹中空"；对"官场关系学"也不曾入门，这更是遭人嫉恨动摇官基的薄弱环节——"根底浅"。这虽然有些调侃，但是也说明了解缙悲剧的根源。

"世无可抵，则深隐而待时；时有可抵，则为之谋。此道可以上合，可以检下。能因能循，为天地守神。"抵巇可以抵塞缝隙，也可以用抵巇之术进行谋划。作为一个在封建社会侍奉朝廷的文人，如果不知晓政治与权谋，只知进不知退，不善韬晦，很容易招致祸端。这是封建社会文人纠缠于政治的一种悲剧性宿命，只有极少精明之人才能幸免这种命运。

◎防患未然——孟尝君狡兔三窟◎

孟尝君是战国时期齐国的贵族，战国著名的四公子之一，家中养了好几千食客，声名远扬，异常富有。孟尝君是他的封号。冯谖是一个穷得叮当响的光棍汉，除了一把随身宝剑之外，几乎一无所有。到了不能维持生计的时候，他请人托孟尝君，想在其门下寄食。孟尝君问他："你有什么爱好？"他回答说没什么爱好。又问他有什么能耐，回答说没什么能耐。孟尝君笑了笑，还是收留了他。

因为他无一技之长，左右都看不起他，被列入最低等的门客，给他粗劣的饮食。冯谖不服气，就靠在柱子上，弹着他的剑，歌唱道："长剑啊！咱们还是回去吧，吃饭没有鱼！"左右管事的人把这情况告诉孟尝君。孟尝君说："给他吃鱼，给他有鱼吃的客人的待遇。"过了不久，冯缓又弹着他的剑，歌唱道："长剑啊！咱们还是回去吧，出门没有车！"左右的人都讥笑他，把这一情况告诉孟尝君，孟尝君说："给他准备车马，给他有车的客人的待遇。"于是，冯谖乘上车子，举起宝剑，去见他的朋友，说："孟尝君尊我为上客。"过了不久，冯谖又弹着他的剑，歌唱道："长剑啊！咱们还是回去吧，没有东西养家！"左右人都很厌恶他，认为他是一个贪得无厌的人。孟尝君问："冯先生有亲属吗？"左右人回答说："家有老母。"孟尝君便派人供应他家的吃用，不使他缺少什么，于是冯谖不再唱歌了。孟尝君把他从下等客升到中等客，又从中等客升为上等客。冯谖受到器重，准备报效孟尝君。

有一次，冯谖自告奋勇到孟尝君的封地薛城为其收债。他临行时问孟尝君："收完债买些什么回来呢？"孟尝君很随便地说："你看我家缺少什么就买什么吧！"到了薛城，冯谖不但没有催逼百姓还债，还以孟尝君的名义把带来的债券全烧了。老百姓非常感激。冯谖空手回来，一大早求见孟尝君。孟尝君见他这么快就回来了很奇怪，问他买些什么回来。他回答说："你说让买你家缺少的，我考虑你家其他什么都不缺，唯一缺的是'义'，我就为你买了'义'。"孟尝君心里不高兴，但碍于面子，又不好说什么。一年后，齐湣王听信谗言，免去了孟尝君的相国职务，孟尝君只好回到自己的封地薛城。没想到，薛城百姓扶老携幼，到半道来欢迎他。孟尝君这才恍然大悟，对冯谖说："先生为我买的'义'，今天才真正看到了。"

冯谖弹长剑而歌。

冯谖这时候才说："狡兔有三窟，你才有这一窟，还不能高枕无忧。我得再为你准备两个窟。"当时的孟尝君在列国中有很高的威望，各国为了争雄天下，都渴望人才归附。冯谖就带车五十乘，五百金，去魏都大梁游说魏惠王，说齐国放逐大臣孟尝君到各诸侯国去，谁先得到他，谁就能国富兵强称霸天下。惠王立即把原来的宰相调去任大将军，遣使者带千金，车百乘，前往聘请孟尝君任宰相之职。冯谖又赶在惠王使者之前回来告诉孟尝君，惠王的礼物足够贵重的了，使臣也够显贵的了，齐湣王肯定要知道。惠王的使者来回跑了三趟，孟尝君依冯谖之谋坚决推辞。齐湣王果然听说了这件事，害怕孟尝君为他人所用对自己不利，又急忙以重金任用孟尝君。

冯谖又给他出主意说，得让齐湣王以先王传下来的祭器，在薛城建立宗庙，这样可以使孟尝君的政治地位更加巩固。宗庙修成，冯谖才对孟尝君说三个窟都建好了，你可以高枕而乐了。本来落魄不遇的孟尝君因冯谖之谋在政治上处于更稳固的地位。

这个典故虽是两千多年前的事，其揭示的道理在今天依然有重大意义，简单说来就是多备几条后路，不在一棵树上吊死。即使是很细微的缺漏，都要引起注意，加以重视。孟尝君任人唯贤，广得民心，很自然成了齐湣王的眼中钉。冯谖审时查漏，不仅看到了潜在危机，更在危险来临之前做好了充分准备。为孟尝君填补漏洞，把小"巇"消灭在萌芽中。同时广施恩惠，得到人民的拥戴，最终使齐湣王改变初衷，对孟尝君委以重任。而出谋划策的冯谖，也得到了孟尝君的信任和重用，一时声名显赫。

孟尝君被免去相国职务，在回到自己封地薛城途中，薛城百姓扶老携幼，到半道来欢迎他，孟尝君恍然大悟"市义"之义。

冯谖为孟尝君做“三窟”

焚券市义

以孟尝君的名义把带来的债券全烧掉，获得民心。使薛地成为根据地

退路一

游说魏王

游说魏惠王聘请孟尝君任宰相之职。使齐王听后恐慌，又急忙以重金任用孟尝君

退路二

薛地建庙

让孟尝君向齐王请求先王的祭器，在薛地建立宗庙。以此来保证薛地长久的稳固

退路三

狡兔三窟，可以高枕无忧

商战博弈

◎重视细节——苦心修炼，细节定成败◎

《金领》出版的时候，卫哲对自己的这本书第一句感言便是“写这本书不是少年得志后自信心极度膨胀的产物”。写这本书，仅仅是他对十几年职场生涯的一种总结。

虽然说卫哲仅仅混迹职场十几年，但是没有人敢否认他的职场经验是片面之谈。大凡了解卫哲的人都知道，他的成功是实实在在的辛苦经营得来，没有半分投机取巧，也没有一点幸运成分。没有那股认真的劲儿、察言观色的能力和利落高干的经营风格，就不会有今日人们所看到“卫哲风光”。

1993 年，卫哲刚刚获得上海外国语学院国际商务管理学士学位。因为学的是外事管理，所以他曾有过做外交家的梦想。可人算不如天算，他所从事的却是与外交家大相径庭且地位相差悬殊的秘书。不过，由于在被誉为“中国证券之父”的管金生手下工作，老板的出色令卫哲并没有感到不平衡，反而是抓紧时间学习。

然而，当秘书并没有想象中的那样容易，它也是一门“技术活”，老板所有工作上的细节，都需要秘书来打点。用卫哲的话来说，就算是给老板端茶送水，也有一定的技巧。要估摸老板一杯水喝了多少时间，然后再倒下一杯；如果老板讲话多就得倒得勤一点；如果在会场外边，什么时候去倒水，又不能打断老板讲话的激情，什么时候光倒水不加茶叶，什么时候该带着茶叶进去，这都是技术。倘若老板还抽烟，什么时候打火机里的油没了该换个打火机，这也必须把握。

刚当上秘书时，老板怕卫哲不熟悉，让他先翻译年报，然后负责剪报工作。剪报看似容易，但那么多报纸，老板要看哪方面的，哪一条比较重要，都需要卫哲费心思摆弄。后来因为他剪报纸有一手，弄得管金生不看他的剪报就吃不下中午饭，有时管金生吃着午饭时就要“小卫剪报”。

做个小小的秘书，卫哲的细心和贴心表现令管金生感受到了他的重要性。现代人都讲“细节决定成败”。卫哲将所有的细节都做到了位，令管金生深感如果再让他做复印、倒水、剪报等工作就是屈才，于是一年多以后，小人物终于成了大人物，年仅 24 岁的卫哲就被擢升为上海万国证券公司资产管理总部的副总经理。

人生有平静也会有风暴。此后的几年内，先是万国证券被并购，卫哲受不了公司易名而意气用事，决然辞职。不久他到了永道会计事务所，未曾想普华又与永道合并，组成普华永道。那时卫哲 26 岁，因为正在英国总部工作，所以看清了普华永道在中国不会有太大发展动作的现实，自己继续待下去，回国也不可能成为一把手，于是再次辞职。在这之后，卫哲又去了东方证券投资银行总部，担任董事总经理。

年纪轻轻的卫哲虽然步步高升，却并没有找到事业的归属，直到 2000 年，卫哲进入百安居（中国区）担任执行副总裁兼财务总监,才开始大展拳脚。从 2002 年到 2007 年,也就是卫哲任百安居（中国区）总裁期间，他率领管理团队快速地实现了百安居在中国的本土化，将公司在中国原有的 5 家分店、1300 名员工，发展到在 23 个城市拥有 55 家分店和超过 1 万名员工的大型建材零售超市，击败并最终戏剧性地收购了竞争对手欧倍德，在业内一炮打响，而百安居也一跃成为中国第三大外资零售企业。除此之外,他的经营和管理模式一度被人称道,被纳入百安居全球资源运作销售模式当中。

卫哲的出色太过显而易见，以至于让人们无法忽视他的实力。于是，一向眼界极高的阿里巴巴集团主席兼首席执行官马云在 2007 年底向卫哲伸出了橄榄枝。

“和卫哲的相识，改变了我对职业经理人的看法。尽管卫哲非常的年轻，但是我发现他敢于作出重大决定并承担责任。他能够在短短的三年时间里，使百安居公司在中国的业务获得如此巨大的拓展，充分显示了他的独到的战略眼光和对企业的高度领导力。”

从前的卫哲，用细心和责任心赢得了管金生的信任，用高干的实力征服了他所工作的各企业，如今的卫哲，不禁依靠从前的优势，还用他的独到的战略眼光和高效管理模式彻底征服了一向胃口苛刻的马云。

当时的全球著名财经杂志《福布斯》对卫哲接受马云的邀请加入阿里巴巴，出任阿里巴巴网络公司的总经理给予了高度评价。《福布斯》甚至这样比喻，卫哲加入阿里巴巴真是恰逢其时，他甚至有点像谷歌的埃瑞克，将把一个处于火热发展中的企业带入更加快速的成长中。《福布斯》还替卫哲说出了他的使命：要将阿里巴巴从目前交流商业信息的平台转变为一个全方位的电子商务运作平台；把中国这家最热的上市公司变成世界领先的企业。

《福布斯》的一番话，令卫哲承担了前所未有的压力，不过卫哲历来稳重的行事作风和强悍商业运作能力，让他游刃有余地驾驭了阿里巴巴网络公司总经理这个职位。事实证明，马云的眼光是正确的，而卫哲的能力更是毋庸置疑。

2009 年，全球经济迎来了冬天，中国的企业纷纷遭受重创，中国的中小型制造零售业更是严重受挫。对于阿里巴巴这个专为中小企业提供发展平台、依靠其赢利而赚钱的电子商务平台来说，等于瘸了一条腿。但作为国内最大电子商务平台的“掌舵人”，卫哲对 2010 年的中国制造仍然满怀信心。在他看来，一次经济危机就会令整个行业进行洗牌，机遇的发展总会伴随着阵痛，幸存下来的生产商和制造商将会再掀“中国制造”的浪潮。

卫哲对中国制造业的大胆预测，其实也是建立在他素来细心观察的基础上。他甚至可以预测哪一种制造业在那一个月的时段海外销售最不理想。一个无论是实干还是推理这两种外功内功皆如此精到的人，阿里巴巴想在他的手上落后恐怕都难。

这些年来，卫哲的风光一直被世人所接纳，30 岁出头就成为全球所瞩目的企业家，人们对他一生的稳步上青云羡慕至极。可是，卫哲的事业，完全是他辛辛苦苦经营而来。在做秘书的时候，他对工作中的任何细节从不放过；在做事业的时候，每天工作 14 到 16 个小时，是别人工作时间的 2 倍。如果把卫哲称为年轻一辈的武林顶尖高手，那么他的高绝不是像别人那样得到奇遇，又或者得到什么秘籍，卫哲就是凭借着比别人多吃一倍的苦，得到了今日的成就。他能够得到马云的青睐，恰恰也在于此。

《鬼谷子》说："因化说事，通达计谋，以识细微。"有积累才有收获，细节决定了卫哲的成功。"圣人见萌牙巇罅，则抵之以法。世可以治则抵而塞之"，注重细节，是人生的一种修养。注重细节，就能对自己有充分的认识。重视细节，不仅在立身做人方面影响巨大，更是一个人成就事业必须具备的品质。

苦心修炼，注重细节，卫哲的成功之路

卫哲学的是外事管理，做的是秘书工作，老板虽然出色，但究竟专业不对口

由于细心和贴心，年仅 24 岁就被擢升为上海万国证券公司资产管理总部的副总经理

万国证券被并购后的几年里，卫哲辗转几家公司，始终没有找到事业的归属

始终坚持细节决定成败

进入百安居（中国区）担任执行副总裁兼财务总监，开始大展拳脚

在百安居表现出色

被阿里巴巴聘为掌舵人，成绩斐然

超出常人的勤奋，使年轻的卫哲成为全球所瞩目的企业家

◎未雨绸缪——五粮液决胜商海◎

1984 年底，王国春当厂长的时候，五粮液总资产 3000 万，负债竟高达 2500 万，而账面的流动资金仅仅 8 万元。那时的他就知道，面前的这个差事并不是个肥差。现在的人们可能无法真切的了解王国春当时的压力，一个资历颇深的国企，负债率竟达到令人难以想象的程度。最初的一个阶段，王国春确实有骑虎难下的感觉，他在夜以继日的寻求翻身良策。

20 年后的今天，五粮液办公大楼门前有座雕塑，上面雕刻的，是大鱼吃小鱼的景象，王国春想借此提醒人们：危机一直都在，只有防微杜渐，才能少翻跟头。但危机有时就是不期而至。当年，就在王国春准备带领尚有亏损的企业大力发展的时候，1989 年国家出台了名酒不能上宴席和限制贷款等政策，白酒行业面临着灭顶之灾。

遭遇突变的王国春并没有慌张，这个已经习惯预判危机的人，心中早已有应对之策：他决定转型，走多品牌战略，趁人们的消费习惯还未成型，就迅速占据市场。

那时，五粮液只有两个品牌，一个是高端市场的五粮液，一个是低端市场的尖庄。品牌少，竞争力就不足。这就像一个江湖中人，如果只会简单的一招半式，怎能抵挡其他高人的招数？

王国春始终保持未雨绸缪、居安思危的经营态度

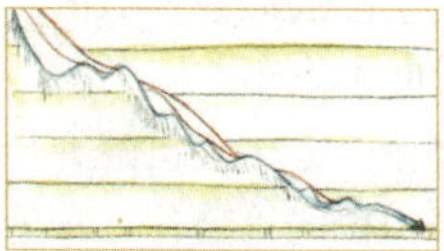

1984年底，王国春当厂长的时候，五粮液总资产3000万，负债竟高达2500万，而账面的流动资金仅仅8万元

1989年国家出台了名酒不能上宴席和限制贷款等政策，白酒行业面临着灭顶之灾

雪上加霜

王国春化危机为商机，决定转型，走多品牌战略，趁人们的消费习惯还未成型，就迅速占据市场

多种名酒品牌齐上阵，一举打开了沉闷已久的销售市场

积极进取，未雨绸缪，居安思危

五粮液办公大楼门前雕刻着大鱼吃小鱼的景象，时刻提醒着五粮人的竞争意识，危机意识

“1+9+8”战略

力图将五粮液打造成具有世界影响力的品牌

五粮液集团在中国白酒业独步天下

兼顾投资造车领域引争议

在全国拥有18家子公司、涉及14个产业，非酒业收入已达几十亿

为了改变当时的窘相，王国春针对不同地区和不同消费者的口味，并结合当地的文化和特色，推出了五粮春、五粮醇、金六福、浏阳河等70多个新品牌，一举打开了沉闷已久的销售市场，带活了整个企业。但不久之后，其他酒厂看到五粮液的做法后纷纷效仿，原本不大的市场受到挤压。此时，王国春又适时推出“1+9+8”战略：力图将五粮液打造成具有世界影响力的品牌，在附带发展9个国家级品牌和8个地区级品牌，让精品带动集团发展。

此后，他又加大投入壮大生产规模，从首期的300吨到后来的1.6万吨，再到现在的远远领先其他竞争对手的40万吨，五粮液集团已经在王国春的带领下，成了名副其实的资产雄厚的大企业。到2003年，五粮液销售收入已经达到121亿，利税攀升至34亿元。在中国白酒业这个竞争惨烈的江湖里，五粮液已经独步天下。

在王国春的潜意识里，他总想争一些东西，而不是保一些东西。在五粮液厂区，有许多“永争第一”的标语，有些人不解？已经是行业老大了，为什么还要争呢？王国春对此有独到的见解：“虽然只是一字之差，代表的却是不同的战略。‘争’代表的是攻势，‘保’代表的是守势。尽管我们是第一，但仍然应该保持积极的进攻姿态。”

这就是王国春，最开始执掌大局的时候就未雨绸缪，居安思危，做到了行业领军者，还时时以危机自勉。只不过，完成了最初的多品牌发展后，王国春的视野更加开阔，他的产业梦想已经涉及酒业之外的领域。这次，他想做的是造车。

王国春的这个想法刚一宣布，就招来了诸多质疑：人们想不通，一个在白酒行业占据霸主地位的国企为什么要涉足汽车业？有的甚至讥讽这是“酒后造车”。但是，王国春这个想法的提出并不是心血来潮，他已经想了很久了。

在王国春接手五粮液的这二十多年里，虽然自己的产品在市场上的占有率不断扩大，但整个市场是有限的。王国春分析，在白酒业，五粮液的发展空间已经无法再有太大扩充，而如果只靠这一条腿走路，很有可能无法走得更远，会摔跟头，他就一直想再培养几个能和酒业并肩的产业，以使五粮液不至于在酒业市场饱和的时候无路可走。所以，他才将目光投向了汽车。

不管怎样，王国春已坚定的迈出壮大自己产业帝国的步子。现如今，五粮液已经在全国拥有18家子公司、涉及14个产业，非酒业收入已达几十亿。他的广撒网，多积粮的策略让五粮液集团受益匪浅，而王国春也越来越显出其王者之气。

很少有人能坐到王国春那样的位子：国家大型企业总经理，手下是十多个分公司，他原本应该高枕无忧，实际却如履薄冰。他说的最多的一个词之一就是危机。而预判危机，就是王国春带领五粮液集团不断前进的法宝。

鬼谷子在《抵巇第四》中说："巇者，罅也。罅者，涧也。涧者，成大隙也。巇始有朕，可抵而塞，可抵而却，可抵而息，可抵而匿，可抵而得。此谓巇戏之理也。"事端初起，隐冥难知。在缝隙刚出现征兆时，治理它、堵塞它，控制它的发展，甚至可以恢复它的原状。这是抵巇的一条基本原理。

商道的路上，扩充自己实力的方法千千万万，而预判危机，提前做出准备就是其中一种。预判是一个深谋远虑的商人对未来的"未卜先知"。只有先使自己强大，掌握更多的经营之道和生存方式，才不会被无可计数的商业大军淹没，不会被残酷的市场淘汰。王国春带领下的五粮液集团，正是凭借独到的眼光和长远的思虑，才有了辉煌的成绩，才能在激烈的竞争中稳若泰山。

◎居安思危——英特尔以危机意识取胜◎

未雨绸缪、防微杜渐是人生智慧。职场之中，常常强调"冬天"的人，日子未必艰难，一直浸润在"春天"里的人，"冬天"或许会提前到来。

微软公司创始人比尔·盖茨常说："微软离破产只有18个月。"居安思危是审时度势的理性思考，是在超前意识前提下的反思，是不敢懈怠、兢兢业业、勇于进取的积极心志。

一位成功的管理者说过，五十多年来，他每天都是在连续的不安中度过的，虽然时时都处在不安与动摇中，但他能抑制那不安与动摇的一面，克服它们，完成今天的工作，产生明天的新希望，找到生活的意义。一个具有忧患意识的职场中人会像他一样，能够时刻将公司的兴亡发展同自己联系起来，在公司一片歌舞升平，其他员工都安于现状的时候，他们能够保持清醒的头脑，能在工作中做到"先他人之忧而忧"。

世界著名的信息产业巨子，英特尔公司的前总裁安迪·格鲁夫，在功成身退之时回顾自己创业的历史，曾深有感触地说："只有那些危机感强烈，恐惧感强烈的人，才能够生存下去。"

英特尔成立时格鲁夫在研发部门工作。1979年，格鲁夫出任公司总裁，刚一上任他立即发动攻势，声称在一年内从摩托罗拉公司手中抢夺2000个客户，结果英特尔最后共计赢得2500个客户，超额完成任务。此项攻势源于其强烈的危机意识，他总担心英特尔的市场会被其他企业占领。1982年，由于美国经济形势恶化，公司发展趋缓，他推出了"125%的解决方案"，要求雇员必须发挥更高的效率，以战胜咄咄逼人的日本企业。他时刻担心，日本已经超过了美国。在销售会议上，身材矮小、其貌不扬的格鲁夫，用拖长的声调说："英特尔是美国电子业迎战日本电子业的最后希望所在。"

危机意识渗透到安迪·格鲁夫经营管理的每一个细节中。1985年的一天，格鲁夫与公司董事长兼总经理的摩尔讨论公司目前的困境。他问："假如我们下台了，另选一位新总裁，你认为他会采取什么行动？"摩尔犹豫了一下，答道："他会放弃存储器业务。"格鲁夫说："那我们为什么不自己动手？"1986年，格鲁夫为公司提出了新的口号——"英特尔，微处理器公司"。英特尔顺利

格鲁夫出任英特尔总裁

刚一上任立即发动攻势，计划一年内从摩托罗拉公司手中抢夺2000个客户

推出“125%解决方案”要求雇员发挥更高的效率，以战胜日本企业

坚持研发开展高难度的却前景广阔的微处理器

危机意识渗透到格鲁夫经营管理的每一个细节当中

不惜成本、坚持不懈的产品研发方针

让英特尔始终保持生气勃勃，站在产业的最前

地走出了这一困境。其实，这皆赖于他的危机意识。

1992年，英特尔成为世界上最大的半导体企业。此时英特尔已不仅仅是微处理器厂商，而是整个计算机产业的领导者。1994年，一个小小的芯片缺陷，将格鲁夫再次置于生死关头。12月12日，IBM宣布停止发售所有奔腾芯片的计算机。预期的成功变成泡影，一切变得不可捉摸，雇员心神不宁。12月19日，格鲁夫决定改变方针，更换所有芯片，并改进芯片设计。最终，公司耗费相当于奔腾5年广告费用的巨资完成了这一工作。英特尔活了下来，而且更加生气勃勃，是格鲁夫的性格和他的危机意识挽救了公司。

在他的带领下，英特尔把利润中的很大一部分花在研发上。格鲁夫那句“只有恐惧、危机感强烈的人，才能生存下去”的名言已成为英特尔企业文化的象征。

《鬼谷子》认为，凡事都会有巇，小巇有可能变化发展成大巇。孔小不补，孔大受苦。这就提醒我们要未雨绸缪，居安思危。正是由于格鲁夫时刻充满危机意识，才能在激烈的市场竞争中保持不败的境地。

居安思危方可安身，贪图享乐则会亡身。如果每一个职场中人都能把格鲁夫的例子装在心中，将“永远让自己处于危机与恐惧中”的话记在心中，并时时提醒自己不断进步，毕将会在竞争激烈的环境中生存下来，开创出属于自己的艳阳天。

◎打破瓶颈——皮尔·卡丹的创意之火◎

为了应付变化多端的社会而不断改变自己，时刻跟随时代的脚步前行，且具备创新的精神和能力，这种人总能走在时代的浪尖上，并且经常能发挥所长，做出辉煌的事业。

许多著名人士之所以能受到社会的普遍关注，正在于他们从不放任自己变得懒惰，而是善于以小见大，寻找事物发展的突破口，继而做出能够引领时尚、潮流的辉煌业绩。闻名全世界的法国时装设计大师皮尔·卡丹，堪称当今世界的风云人物。

皮尔·卡丹出生于贫困家庭，从小就培养出毫不气馁、顽强拼搏的坚强意志。为了逃避贫穷和战乱，他2岁时就随家人踏上了背井离乡的征途；14岁时就放弃了学业，到当地的一家小裁缝店去当学徒工；16岁时就独自离家闯荡，为了生计，当过店铺的伙计、红十字会的会计，甚至当过家庭男佣。但苦难的经历并没有磨灭他固有的天性，他在童年时代就显示出服装设计的天才，7岁时就完成了他的第一件时装作品。

理想的焰火在酝酿了多年以后，终于找到了突破口。“二战”后，皮尔·卡丹来到了梦寐以求的花都巴黎，成了一名出色的高级时装设计师。但是，他并没有因此满足，他要接受新的挑战，那就是迈出独立经营的第一步，在巴黎经营剧院。现实是残酷的，丝毫不懂经营的皮尔·卡丹虽然有几位好友的支持和帮助，可还是没能避开失败的重创，等他开始对商业、理财稍有感悟的时候，已是“重债之身”了，那时皮尔·卡丹才28岁。遭遇失败的皮尔·卡丹并未一蹶不振、意志消沉，反而迸发出更加旺盛的斗志。不久，皮尔·卡丹便做起了成衣商。他加倍努力，凭着丰富的想象力，在成衣行业里设计出许多款式新颖、独特的时装，很快便又恢复了元气。1950年，皮尔·卡丹倾其所有积蓄，开设了第一家戏剧服装公司，这是皮尔·卡丹大显身手的地方，也是皮尔·卡丹帝国崛起的起点。

创业之路布满荆棘，只有百折不挠、顽强拼搏的人才能到达成功的巅峰，皮尔·卡丹的非凡经历向人们展示了他就是这样一个无惧孤独、勇于冒险、敢于争先的成功者。一个人如果连挑战自我、挑战他人的勇气都没有，他就只能保持沉默而变得懦弱；一个人如果丝毫不打算动脑筋去尝试、创新，那平庸必然与他如影随形。

著名的玩具大亨罗伯特在大学3年级时便退学了。他年仅23岁就开始在佐治亚州克林夫兰家乡一带销售自己创作的各种款式的“软雕”玩具娃娃，同时在附近的多巨利伊国家公园礼品店上班。

然而曾经连房租都缴不起、穷困潦倒的罗伯特如今已成为全世界最有钱的年轻人之一。这一切都要归功于他在一次乡村市集工艺品展销会上突然冒出的一个灵感。在展览会上，罗伯特摆了一个摊位，将他的玩具娃娃排好，向路人介绍“她是个急性子的姑娘”或“她不喜欢吃红豆饼”。就这样，他把娃娃拟人化，不知不觉中就做成了一笔又一笔的生意。

不久之后，便有一些买主写信给罗伯特，诉说他们的“孩子”——那些娃娃被买回去后的问题。就在这一瞬间，一个惊人的构想突然涌进罗伯特的脑海中。罗伯特忽然想到：他要创造的根本不是玩具娃娃，而是有性格、有灵魂的“小孩”。

就这样，他开始给每个娃娃取名字，还写了出生证书，并坚持要求“未来的养父母们”都要进行收养宣誓，誓词是：“我×××郑重宣誓，将做一个最通情达理的父母，供给孩子所需的一切，用心管理，以我绝大部分的感情来爱护和养育他，教育他成长，我将成为这位娃娃的唯一养父母。”

数以万计的顾客被罗伯特异想天开的构想深深吸引，他的“小孩”的总销售额一下子激增到30亿美元。正是那个惊人的构想成就了罗伯特的辉煌。

一个小小的创意往往能带来巨大的财富。“物有自然，事有合离”，再小的针也有针眼，再大的难关也有突破口。一个点子可以开启一扇新领域的大门，可以造就一个成功者，可以创建一家成功的企业。

这是“抵巇”的智慧，更是“用巇”的好处。皮尔·卡丹和罗伯特正是找到了成功的突破口，打破瓶颈，瞄准空隙，才创造了奇迹，成就了自己的梦想。

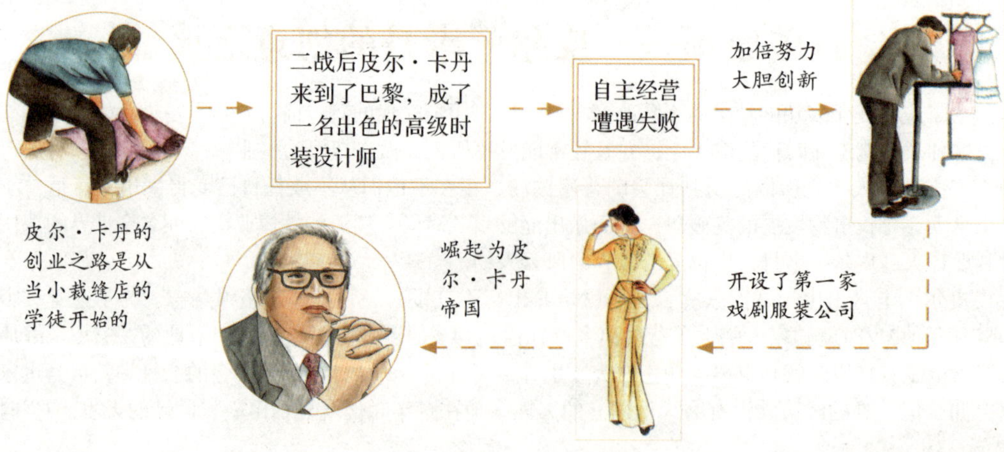

飞箝第五

经典再现

【提要】

"飞箝术"意在运用褒扬之词钩出对方的意图，进而钳制、控制对方，以达到控制和掌握对方的目的。"飞"，即褒扬激励；"箝"，即钳制、控制。

《鬼谷子》的飞箝术是通过言辞以控制人的权术。它不仅是引人之术，还是服人之术，更是用人之术。运用飞箝术应对时，要审度权谋，权衡形势，特别是在谈判桌上可以参考此术。要尽量创造良好的气氛，用和悦的语言让对方能够愉快地充分表达自己的利益诉求，并从言谈中察知对方的真实意图，要了解对方的需求，才能找到谈判的共同点，控制住整个谈判的节奏，达到谈判的目的。

掌握了运用飞箝术的方法，就能准确权衡人的智能、才干和气质，便可以运筹帷幄，掌控全局。不但可以用于个人，还可以用于天下，以此钧知天下，游说诸侯，钳制诸侯，实现纵横策士们的政治目的，这样就可纵可横，可南可北，可东可西，可反可复。

【原文】

凡度权量能，所以征远来近①。立势而制事②，必先察同异，别是非之语③，见内外之辞④，知有无之数⑤，决安危之计，定亲疏之事⑥。然后乃权量之，其有隐括⑦，乃可征，乃可求，乃可用。引钩箝之辞⑧，飞而箝之⑨；钩箝之语⑩，其说辞也，乍同乍异⑪。其不可善者⑫，或先征之而后重累⑬；或先重以累而后毁之。或以重累为毁，或以毁为重累。其用或称财货、琦玮、珠玉、璧帛、采色以事之，或量能立势以钩之，或伺候见涧而箝之，其事用抵巇。

【注释】

①征远来近：征召远近之贤者使他们都来听用。②立势而制事：制造有利形势，干一番大事业。③是非之语：此指与自己观点的同异。④内外之辞：即真假之语。⑤有无之数：指有无权谋韬略。⑥亲疏之事：指人才使用，确定哪些人可亲近重用，哪些人须疏远黜斥。⑦隐括：即檃栝，亦作案括，本指矫直竹木的器具，引申为对我们有所匡正补益。⑧钩箝之辞：引诱对方心中的实情并加以钳制。⑨飞：飞誉。⑩语：即辞也。⑪乍同乍异：或大开大启，或大闭大抑。⑫不可善：用钩钳之辞不能控制的人。⑬重累：累，忧患，危难。重累，即以忧患胁迫。

【译文】

凡是考察全变能力，对人审度权谋，衡量才能，是为了让远近贤士前来为我所用。随后应确定情感的意向，要想创造形势，干一番大事业，必须先察知自己的死党有多少，他们的观点与自己的观点是否完全一致，他们是否说真心话，是否有高超的权谋韬略，还要制定图谋大事的计谋，排比自己的队伍决定可重用的人物，安排好人事之后，再权衡形势而谋图大事。对于那些可以匡正裨补我们决策的人，才可以征求，才可以使用。应对他们使用钩持钳制词句，飞扬赞誉而钳制住他们，使他们为我们所用。和对方交谈时，可以用一些话语引诱对方讲出内心所想。钩持钳制之类的语言，作为游说词句来说，或大开大启，或大闭大抑，也是用捭阖之术来驾驭。对于那些用钩钳之辞不能控制的人，就用"重累术"制服他。或者先把他招来，重用试探，而后用忧患、危难之事胁迫他；或先胁迫他而后再造舆论诋毁他。或主要用胁迫术，或主要用诋毁术。总之，飞箝术的运用，或用财物、宝石、珠玉、璧玉财帛、美女容色来引诱收买；或者依据他的才能的大小，用名禄地位来吸引他；或使用抵巇之术，访察他语言、行动中的漏洞威胁他，让他乖乖跟我们走，是最终目的。

何为飞箝？钩箝人才的方法？

飞

褒扬、激励

箝

钳制、控制

钩箝人才的方法

了解对方所思所想

↓

用好听的话笼络

清楚对方所喜所好

↓

用利益引诱

掌握对方弱点和漏洞

↓

用其弱点威胁

让对方按自己的心意行事

【原文】

将欲用之于天下[①]，必度权量能，见天时之盛衰，制地形之广狭，阻险之难易[②]，人民货财之多少[③]，诸侯之交孰亲孰疏，孰爱孰憎[④]。心意之虑怀[⑤]，审其意[⑥]，知其所好恶，乃就说其所重，以飞箝之辞，钩其所好，乃以箝求之[⑦]。用之于人[⑧]，则量智能，权材力，料气势[⑨]，为之枢机[⑩]。以迎之随之[⑪]，以箝和之[⑫]，以意宣之[⑬]，此飞箝之缀也[⑭]。用之于人，则空往而实来[⑮]，缀而不失[⑯]，以究其辞[⑰]，可箝而从[⑱]，可箝而横[⑲]；可引而东[⑳]，可引而西，可引而南，可引而北；可引而反[㉑]，可引而覆[㉒]。虽覆能复[㉓]，不失其度[㉔]。

【注释】

①用之于天下：意指施展政治抱负，对君主用飞箝之术，以控制他。②阻险（jū xiǎn）：山川险要之处。阻，同岨，带土的石山。③人民货财：此指军事实力和经济实力。先秦时按户数征兵，国内人口多，兵员就多。④诸侯……孰憎：指外交局势，它是战国时期政治形势中的重要方面。⑤心意之虑怀：指君主关心的问题。⑥审其意：审察君主心意。⑦以箝求之：以飞箝之术钳制君主让他执行策士们的决策。⑧人：此指君主以外的其他人。

使用飞箝之术的准备

观察天时地利 → 摸清客观条件利弊

摸清客观条件利弊

了解对方才能喜好 → 参照对方个性行事

参照对方个性行事

探察对方朋友敌人 → 掌握对方社会关系

掌握对方社会关系

审视对方经济情况 → 确定对方的实力

确定对方的实力

使用飞箝之术的方法

赞扬称颂对方　发现利用对方弱点　摸准对方心意

获取对方信任 → 控制住对方 → 让对方任我调遣

⑨气势：指人的气度。它是战国时选用策士的重要标准之一。⑩枢机：关键。即上所言财货、宝石等喜好。⑪迎：迎合。随：附和。⑫和：指双方调和。⑬宣：宣导，开导，启发。⑭缀：连结。⑮空往而实来：用赞扬、称颂手段去赞誉对方，使彼此之间能够相互沟通，对我们敞开心扉，然后利用对方弱点把对方牢牢控制住。⑯缀而不失：与对方连结而不分离，此指牢牢控制对方。⑰究：一查到底。⑱从：纵。从，纵古今字。纵，指合纵，即联合众多弱国以对付一强国。⑲横：指连横，即两个强国联合起来对付其他弱国。⑳引：导引。㉑反：一反旧策略，抛开旧盟友。㉒覆：恢复旧方针，与旧盟友言归于好。㉓复：恢复。㉔度：一定准则。

【译文】

假如要将飞箝之术运用到天下大势政治斗争中，去游说君主时，一定要先审度这位君主的权谋，衡量他的才能，观察天时是否宜于我们行动，审察地形宽窄、险阻难易是否对我们有利，看这个国家军事、经济实力如何，看这个国家盟友有多少以及国际上的联盟是否对这个国家有利，还要知道这位君主最关心的是什么，还有了解这位君主的好恶。摸准了君主的心意，了解了他喜欢什么、讨厌什么，然后前去游说他最关心的事情，并用飞钳之辞钓知他的喜好，再用飞箝之术钳制他让他照我们的决策办。若要对君主以外的人用飞箝术，就要先衡量对方的智力才干，权衡他的才气能力，度量对方的势力，审度一下他的气度仪表，抓住他的喜好弱点，去迎合他、附和他，用飞箝之术调和他与我们的差距，使双方相互适应、协调，再以积极的态度去激励他，用我们的意图去开导、启发他，这就是用飞箝之术去控制人。总之，对人使用飞箝之术时，要先用赞扬、称颂手段去赞誉对方，使彼此之间能够相互沟通，而不至于失去好机会，使他昏昏然引我们为知己，对我们敞开心扉，然后利用对方弱点把对方牢牢控制住。最后，究察他的言辞，摸准他的心意。做到这些，我们就可以钳制对方，使他合纵，使他连横，使他向东，使他向西，使他向南，使他向北，使他一反旧策，使他恢复旧策，恢复了旧策还能再让他执行新策。无论怎样做，也脱离不了我们既定的准则。虽然如此，还是要小心谨慎，不可丧失其节度。

为人处世

◎动之以情——刘秀的“心理战术”◎

“让人心服，而非征服”是历来统治者秘而不宣的治国之道。不到万不得已，统治者一般不会采取武力的办法，因为人心永远不是武力能征服得了的，让人心服才能保证长治久安。

东汉的开国皇帝刘秀精于谋略，智勇兼备。刘秀在争伐天下的过程中，十分注重御心之术，很多棘手的问题他都能轻松化解，最终战胜所有对手，拥有天下。

建武三年（27 年），刘秀亲率大军前往宜阳，截断了赤眉军的退路。赤眉军的小皇帝刘盆子惊惧万分，他对自己的哥哥刘恭说：“我们虽有十万大军，却早已是惊弓之鸟，无力再战了。我苦思无计，万望兄长能够来救我。”刘恭颇有才智，他点头说：“战之无益，眼下保命要紧。刘秀乃是你我刘氏的宗亲，请允许我恳求于他，放我等十万兵众一条生路。”

刘恭就此事和众将商议，有人便忧心地说：“此议虽好，怕只怕刘秀不肯。如今敌强我弱，不比昔日，他为了消除隐患，又怎能真心饶我们不死呢？与其受辱也不能免死，不如拼死一战。”众将犹豫，刘盆子更是放声大哭，刘恭见状开口说：“为了万千将士的性命，我还是主张恳求刘秀开恩。倘若事不如愿，我刘恭自然会和你们誓死抗敌。”

于是刘恭求见刘秀，说明归降之意后，刘恭又说：“陛下能有今日的成就，可知是为什么吗？”刘秀一笑说：“败军之将，有什么资格能评说朕？”刘恭嘴上不停，又道：“赤眉军曾有百万之众，竟有今日之败，陛下也不想知道什么原因吗？”

刘秀凛然正色，平声说：“早就听说你多有见地，朕且容你叙说一二。如果你言语不实，巧言惑人，朕定要严加治罪。”刘恭苦笑一声，后道：“赤眉军残暴待民，百姓怨恨，终成不了大事。陛下仁爱谦和，善收民心，百姓拥戴，方有时下大功。陛下虽取天下，若能再施仁义，赦免我将士，一来可以增加陛下的美名，二来可以保陛下江山不失，变乱不生，不知陛下可曾作此设想？”

刘秀脸上不动声色，心中却为刘恭之语深深打动，他故意反驳说：“你们无力再战，才会主动请降，倘若只是一时权宜之计，朕岂不上了你们的大当？朕实在很难相信。”刘恭却不辩解，只说：“莽贼不仁，方有天下之乱。他屡次使用武力和军队残害百姓，其报也速。在下话已言尽，全在陛下裁断。”

刘秀和群臣议事之时，将刘恭所言复述一遍，他感叹说：“天下还未大定，刘恭的话不可不听啊。我们剿灭赤眉军容易，可要恃此征服民心就大错特错了。百姓不服，天下就不会真正太平，这才是朕最担

刘恭求见刘秀，说明归降之意。

刘秀通过展示自己的仁慈，为自己赢得了民心，为平定天下打下了基础。

心的事。”刘秀于是又召见刘恭，答应了他们的投降请求。刘秀又下令赐给他们食物，让长期饥饿不堪的十万赤眉军将士吃饱了肚子。刘秀还安抚刘盆子说：“你们虽有大罪，却有三善：你们攻城占地，富贵之时，自己的原来妻子却没有舍弃改换，此一善也。立天子能用刘氏的宗室，此二善也。你们诸将不杀你邀功取宠，卖主求荣，此三善也。”

刘秀的手下深恐赤眉军再起叛乱，私下对刘秀说：“陛下仁爱待人，只需安抚住赤眉军将士即可。刘盆子身为敌人头领，难保不生二心，此人不可不除啊。”刘秀对手下人说：“行仁之义，全在心诚无欺，如此方有效力。朕待他不薄，他若再反，那是他自取灭亡；朕若背信枉杀，乃朕之失，自不同也。”刘秀对刘盆子赏赐丰厚，还让他做了赵王的郎中。人们在称颂刘秀的贤德时，天下的混乱局面也平息下来，日渐安定。

《鬼谷子》说：“心意之虑怀，审其意，知其所好恶，乃就说其所重，以飞箝之辞，钩其所好，乃以箝求之。”

在这里，刘秀不愧是有远见的统治者。他在天下未平之时就能安抚败兵并体察百姓的心意，极力展示自己的“仁慈”，为自己赢得了民心，为平定天下打下了基础。

用“仁慈”攻破敌人的心理防线，往往比杀戮更有杀伤力，对本性善良的百姓尤见功效。凶残的统治者使强用狠，他们轻视民众，迷信武力，那只是他们头脑简单、不解人情的反映，必然适得其反。用“飞箝”术捕获民心，最终才会“得民心者得天下”。

◎谦虚待人——朱元璋汇集“百川”◎

“善用人者为之下。”善于用人的，必然谦虚待人，居人之下。儒生不可辱，人才一般都有极强的自尊心，他们的自尊心得不到满足，是难以全心全意为你服务的。诸葛亮说：“士为知己者死。”只要你真心尊重人才，必然换来他们忠诚的追随。

朱元璋夺取天下期间广招人才，求贤若渴。

作为领导者，不一定要有很深的专业知识，但要懂得领导知识，特别是识人用人知识，并且越精通越好。明朝的开国皇帝朱元璋出身社会的最底层，受尽磨难，最终一飞冲天，成为九五之尊。在这漫漫的夺权路上，他是凭什么取得了一次又一次的胜利？其实功劳应该在那些追随他打天下的弟兄们，而为什么他们偏偏选择了跟随朱元璋，这大概就是朱元璋的厉害之处，即他不仅知道人才的重要性，而且善用人才。

朱元璋曾说："子思英贤，有如饥渴。"这句话绝非他的自我标榜，而是他招揽英才、重用英才的真实写照。

朱元璋知道，若要打天下，必须广求天下贤士。因此，他每攻占一地，总要访求当地名士，并把它们请入军中求计问策。

朱元璋三顾茅庐请来朱升为他谋划平定天下的大计。

朱元璋攻占滁州后，儒士范常前来拜谒，朱元璋亲自热情款待，留置幕下，为己重用。朱元璋渡江攻去太平后，陶安率父老出城迎接。朱元璋次日即召见他，与之谈论天下大事。双方谈得无比投机，朱元璋竭力将其留置身边，对他特别地厚待。朱元璋占领应天后，马上宣布："贤人君子有愿意跟随我建功立业的，我都尊礼重用。"消息传开，夏煜、孙炎、杨宪等十几个儒士前来拜见，朱元璋均加以录用。朱元璋打下徽州后，大将邓愈向朱元璋推荐徽州名儒朱升。朱元璋对朱升早有耳闻，现在听了邓愈的介绍，知道朱升果有才华，便效仿刘备三顾茅庐，登门拜访朱升，向他请教平定天下的大计。朱升被朱元璋的诚意打动，遂进言三策："高筑墙，广积粮，缓称王。"即操练兵马，积蓄实力；奖励农耕，广积粮食；避露锋芒，勿早树敌。朱元璋牢记于心，将此作为自己一个时期内奉行的基本方针。

其后，朱元璋亲征婺州。他知道婺州一向以多儒士而闻名，如果能将一些儒士为己所用，则不仅有助于稳固对当地的统治，也可以扩充自己的智囊团。所以，攻克婺州后，朱元璋迅即召见并聘请了十几位当地儒士，向其征询治国之道，请其讲解儒家经典和历史书籍，并把王冕、许瑗等纳入幕府，让他们参议军国大政。

1359 年，攻占处州后，有人向朱元璋推荐刘基、叶琛、章溢。朱元璋当即派人前往礼聘，叶琛和章溢表示愿意出来，但影响最大的刘基却不肯出山。朱元璋命人再三去请，陶安和宋濂也分别劝他出山，刘基在不得已中只好应允。其后，刘基与叶琛、章溢、宋濂四人一起到达应天，朱元璋命人在自己的住宅西边建了一所礼贤馆，让他们安心居住。此后，朱元璋经常向他们征询对天下局势的看法，增长了许多治国谋略。

朱元璋网罗到的人才越来越多，再加上他一向知人善用，所以实力越来越雄厚，最终凭借众人之智，各个击破其他割据政权，最后把元军赶到大漠以北，终于成为中国的主宰者，建立了大明帝国。

所谓："凡度权量能，所以征远来近。"对人审度权谋，衡量才能，让远近的贤士为我所用。老子也说："上善若水。"他认为水的最大长处是"善下之"，善下则百川汇集。一旦天下士如百川汇集，天下自在掌握！

◎礼贤下士——荆轲士为知己者死◎

荆轲刺秦王，乃千古绝唱。陶渊明曾经感叹说:“其人虽已没，千载有余情。”只可惜其“剑术疏”，事未成，荆轲被秦王所杀，“壮士一去兮不复返”。人常说，士为知己者死。但是生命对人只有一次，燕太子丹是如何对待荆轲，才让他心甘情愿去赴死的呢?

战国时期，秦王政一心想统一天下，不断向各国进攻。他拆散了燕国和赵国的联盟，使燕国丢了好几座城。燕国的太子丹原来留在秦国当人质，秦国对其很不友好，他又见秦王政决心兼并列国，又夺去了燕国的土地，就偷偷地逃回燕国。秦国派军队向燕国兴师问罪。太子丹恨透了秦国，一心要替燕国报仇，但是他势单力薄，难于同秦军对阵，只好倾其家产，广寻天下勇士，找寻能刺杀秦王政的人。

荆轲是当时有名的勇士，太子丹把他请到家里，荆轲坐定后，太子离席，给荆轲叩头，说:“诸侯都屈服于秦国，没有谁敢和燕国联合。我私下考虑能得到天下最勇敢的人出使秦国，用重利引诱秦王，秦王贪图这些厚礼，我们就一定能如愿以偿了。如果能劫持秦王，让他归还侵占的全部诸侯土地……那就更好了;如果秦王不答应，那就杀死他。秦国的大将在国外征战，而国内又大乱起来，那么君臣必定会相互猜疑。趁这个机会诸侯就可以联合起来，势必击破秦国。这是我最高的愿望。但不知道把这个使命托付给谁，希望先生您给想个办法。”

太子丹礼贤下士，将荆轲请到自己家中。

沉默了一会，荆轲才说：“这是国家大事，我才能低下，恐怕不能胜任。”太子又上前叩头，坚决请求荆轲不要推辞。荆轲这才答应下来。于是，太子尊荆轲为上卿，让他住在上等的馆舍，太子每天前去问候。供给他丰盛的宴席，备办奇珍异宝，不断地进献车马和美女，像招待贵客一样，对荆轲照顾得无微不至。后来，又对逃到燕国来的秦国叛将樊於期以礼相待，奉为上宾。二人对太子丹的这番知遇都是感激涕零，都发誓要为太子丹报仇雪恨。

不过，荆轲虽力敌万钧，勇猛异常，但秦廷戒备森严，五步一岗，十步一哨，且有精兵护卫，接近秦王难于上青天。于是，荆轲就说服樊於期用人头骗取秦王的信任，樊於期依计而行。荆轲带着樊於期的人头和督亢地方的地图，去见秦王，这两件东西都是秦王想要得到的东西。但可惜，在秦王的大殿之上，荆轲未能将秦王一剑毙命，反被秦王擒杀。但是荆轲至死

荆轲为太子丹的诚意所感动，发誓要为太子丹报仇雪恨。

荆轲刺秦王。

还笑骂秦王道："事情之所以没有成功，无非是想活捉你，得到归还侵占土地的凭证去回报太子。"可见，到死荆轲都念念不忘要报答太子丹的知遇之恩。

其实，樊於期之所以能"献头"，荆轲之所以能舍命刺杀秦王，都完全是为了回报太子丹的礼遇之恩。荆轲"初出茅庐"，屡屡受挫，颇有些落魄不堪。在街市喝酒，高渐离击筑，他和着乐声唱歌，唱着唱着就哭起来了。可以说，这时候的荆轲是英雄无用武之地，穷困而潦倒。

就在此时，太子丹通过谋士田光的推荐结识了荆轲，待之于上宾，委之以重任。这方境遇与此前荆轲的处境相比，可谓天上人间。英雄终有用武之地，为了实现了自己的人生价值，荆轲明知道刺秦一事是凶多吉少，但还是决心赴汤蹈火、铤而走险。这种"不成事、则成仁"的精神在激励着荆轲，使他走向了"一去兮不复返"之路。所以陶渊明才在诗中赞叹说："其人虽已没，千载有余情。"也就是说，这种明知必死，但依然赴死的精神是让人悠然敬佩的。

《鬼谷子》讲："凡度权量能，所以征远来近。"凡是考察应变能力，对人审度权谋，衡量才能，是为了让远近贤士前来为我所用。随后应确定情感的意向，要想创造形势，干一番大事业，必须先察知自己的死党有多少，他们的观点与自己的观点是否完全一致，他们是否说真心话，是否有高超的权谋韬略，还要制定图谋大事的计谋，排比自己的队伍决定可重用的人物，安排好人事之后，再权衡形势而谋图大事。太子丹对荆轲有知遇之恩，荆轲对太子丹自是满怀报答之心，所谓士为知己者死，荆轲抛头颅洒热血，正是对燕丹礼贤下士的回应。

管理谋略

◎招贤纳士——燕昭王千金买骨◎

公元前 314 年，燕国发生了内乱，临近的齐国乘机出兵，侵占了燕国的部分领土。

后来燕昭王当了国君以后，他消除了内乱，决心招纳天下有才能的人，振兴燕国，夺回失去的土地。虽然燕昭王有这样的号召，但并没有多少人投奔他。有人提醒他，老臣郭隗挺有见识，不如去找他商量一下。

于是，燕昭王亲自登门拜访郭隗，对郭隗说："齐国趁我们国家内乱侵略我们，这个耻辱我是忘不了的。但是现在燕国国力弱小，还不能报这个仇。要是有个贤人来帮助我报仇雪耻，我宁愿伺候他。您能不能推荐这样的人才呢？"

郭隗摸了摸自己的胡子，沉思了一下说："要推荐现成的人才，我也说不上，请允许我先说个故事吧。"接着，他就说了个故事："从前有一位国君，愿意用千金买一匹千里马。可是三年过去了，千里马也没有买到。这位国君手下有一位不出名的人，自告奋勇请求去买千里马，国君同意了。这个人用了三个月的时间，打听到某处人家有一匹良马。可是，等他赶到这一家时，马已经死了。于是，他就用五百金买了马的骨头，回去献给国君。国君看了用很贵的价钱买的马骨头，很不高兴。

买马骨的人却说，他这样做，是为了让天下人都知道，大王您是真心实意地想出高价钱买马，并不是欺骗别人。果然，不到一年时间，就有人送来了三匹千里马。”

郭隗向燕昭王建议招纳贤才的方法。

郭隗讲完上面的故事，又对燕昭王说：“大王要是真心想得人才，也要像买千里马的国君那样，让天下人知道你是真心求贤。你可以先从我开始，人们看到像我这样的人都能得到重用，比我更有才能的人就会来投奔你。”燕昭王认为有理，就拜郭隗为师，还给他优厚的俸禄，并让他修筑了“黄金台”，作为招纳天下贤士人才的地方。

就这样，燕昭王爱贤敬贤的名声不胫而走，风传天下。各国才士争先恐后地奔赴燕国。其中不乏名士：如武将剧辛从赵国来，谋士邹衍从齐国来，屈庸从卫国来，乐毅从魏国来。真是人才济济，邹衍是阴阳五行大家，当时已名闻天下。燕昭王迎接邹衍时，他亲自用衣袖裹着扫把，退着身子边走边扫，在前面清洁道路。入座时昭王主动坐在弟子坐上，敬请邹衍以师长身份给自己授业。昭王的这一系列举动引起了很大的反响，投奔燕国的士人更为踊跃。昭王大开国门，不拘一格地广为接纳。不唯欢迎知名学者，而且把那些有志灭亡齐国的，熟悉齐国险阻要塞和君臣关系的善于用兵打仗的士人，尽数收留下来，并给予优厚的待遇，多方积蓄力量，以利兴燕破齐。

千金买马骨。

正是在邹衍、乐毅等贤臣名士等人的辅助下，燕昭王兢兢业业地奋斗了二十多年，不仅国家日渐殷富，积累了相当实力，而且培养了奋发图强的民风。燕国上下同仇敌忾，一举打败了齐国，夺回了被占领的土地。

《鬼谷子》说：“凡度权量能，所以征远来近。”人有时候就是很奇怪，起初燕昭王也曾经打出招募贤才的旗号，但是无人问津；及至千金买马骨、高筑黄金台，贤才竟然蜂拥而至。同是一个燕昭王，同是为了招募贤良，但前后两种境遇截然不同，这期间的微妙就在于人心，试想燕昭王为一郭隗就肯如此一掷千金、兴师动众，那么作为视自己为贤才的人们也就很容易地想到了，如果自己也来投靠燕昭王的话，也会享受到这番礼遇与恩惠。

“引钩箝之辞，飞而箝之；钩箝之语，其说辞也，乍同乍异。其不可善者，或先征之而后重累”，这是《飞箝第四》的一个重要法则，也是鬼谷子给我们的一个生存谋略。其实，“千金买骨”也好，“高筑黄金台”也好，这只是燕昭王为了招贤纳士所进行的一系列的炒作与造势，希望借助这些非常的举动向人们传达一种极具吸引力的信息：只要你是贤才谋士，我都会好好招待你，给你施展才华的机会。这正好迎合了人们内心渴望别人的尊重与认可以及建功立业的心理。所以才会出现“剧辛方赵至，邹衍复齐来”这样的人才济济、国富民强的情形。

◎晓之以理——范文程巧言进谏◎

“晓之以理”是言教诲人的一种方式。游说他人，或者纳谏，单靠正直公正、直言不讳，常常不尽成效。如施之“晓之以理”的教育，方能解其惑，通其心，正其道，善其行。

范文程的曾祖父曾任明朝的兵部尚书，1618 年，努尔哈赤攻下抚顺时，范文程去拜见努尔哈赤，表达了投效之意。努尔哈赤故意考问范文程说：“你为大明名臣之后，本该为大明效忠，为何却叛明投我呢？”

范文程回答道：“明君无道，百姓苦难，我不是腐儒，自不肯愚忠一世了。”

努尔哈赤和他谈话之后，见他见识过人，机智多才，十分爱惜，他对各贝勒说：“夺取天下，范文程这样的才俊当有大用。他不以我等为叛逆，说明他独具慧眼；我等征服中原，也不能视明人都是逆贼了，这样才能争取民心。这个道理，是范文程教我的，你们都要善待他。”

皇太极即位后，对范文程更为器重，让他随侍左右。1631 年，清军招降了守城的明官兵，其中已投降的蒙古兵又起叛心，想要杀害他们的将领，事情未果。皇太极震怒之下，想要把那些蒙古兵一律诛杀，范文程在旁边提醒说：“陛下以武力让他们暂时屈服，他们不真心归降也是意料之中的事。他们再次叛乱，早将死亡置之度外，陛下杀他们泄了私忿，而对收取人心却害处太多，此事不可以做啊。”

范文程巧言进谏。

多尔衮采纳范文程的建议，为清朝最后平定天下奠定了基础。

皇太极气犹未消，说："征战沙场，杀人不可避免,若只施仁义,人不畏惩,岂不叛者逾多,士不奋战？"

范文程争辩说："明人不知我大清仁慈，反抗是当然的。陛下若能广施恩德，少杀多惠，人心渐渐就会归附于我。宽恕他们只能让敌军阵营分化，传陛下之美名，以此征伐天下，有百万大军之功效，陛下不可小视。"

皇太极听了直点头，赦免了那些蒙古兵的死罪。消息传出,坚守西山的明军斗志瓦解,范文程单枪匹马去劝他们投降,结果他们全都放下了武器。

范文程为皇太极谋划大事，常向他进谏征服民心之策。他劝皇太极养德修身，教化百姓，推行德政，皇太极时刻都无法离开他。每有要事，他总是对大臣说："范章京知道此事吗？"

遇到范文程有病在家之时，皇太极便不急于处理一些朝政大事，直等他病好了再作决定。有的大臣嫉妒范文程，对皇太极说："范章京终为明臣之后，身为汉人，他未必和我大清一心呐。他以收取人心为名，处处向着汉人，难道就没有他的私心？陛下对他宠信太过，也该有所保留才是。"

皇太极训斥他们说："先皇和朕诚心对他，不是逼迫使他效命，他的忠心绝无可疑。你们虽为满人，但又有多少皇亲国戚反对过朕呢？朕用心对人，然不识朕心者大有人在，朕能一再不予追究，施恩不止，这都是范章京所教的结果。否则，你们这些嫉贤妒能之辈，还能站在这里和朕说话吗？"

顺治即位之后，睿亲王多尔衮率领大军讨伐明朝。范文程担心多尔衮残忍好杀，于是连忙上书说："中原百姓以我大清为叛逆，势必拼死反抗。大王如果以暴制暴，以杀为能，中原就难以平定。从前，我们放弃遵化城，屠杀永平的百姓，已让中原百姓对我们深有疑虑了。如果今后不加约束，统一天下的大业就难以完成。大王应该严明纪律，秋毫无犯，让明朝官吏担任原职，恢复百姓的家业，录用有才能的人，抚恤那些处境艰难的人。用大公传达我朝的仁念，用行动解除世人的疑惑，这样安定了百姓，叛乱的人才有心归顺，我们遇到的抵抗才会减少。"

明朝都城被清军攻克后，多尔衮采纳了范文程的建议，为崇祯帝办丧事，安抚战乱中的百姓，起用废弃的官吏，搜求隐藏和逃逸的名士，重新制定法令。这些措施和举动在收取民心上起了相当大的作用，为清朝最后平定天下奠定了基础。

所以，《鬼谷子》说，"引钩箝之辞，飞而箝之"与人交谈时，使人敞开心扉，自由言论，我们通过对方的言论，全方位地深入了解对方，然后再晓之以理，让对方赞同我们的意见，征服人心是治乱的根本之道，强权和高压无法消除叛乱的根源。让人从心里畏服是最难的，也是短视者与强硬派不愿施行的，这是他们智慧不足的表现，也是他们德望低下、自信心不强的体现。范文程正是利用这一事实，说服了多尔衮。

"晓之以理"要旨在"说理"、"明道"，做到理透解惑、道彰傅人，从而达到启锁开心、教诲育人的目的。为此，游说者要在政治和人德上不断自我冶炼，既要有良好的政治素质和道德修养，又要有较高的理论水平，才能在施教中高屋建瓴，使受教者信之，服之，明之，悦之，"晓之以理"自然会水到渠成。

◎以暴制吏——唐玄宗的撒手锏◎

唐玄宗靠政变上台，他先后诛灭韦党和太平公主，所以当上皇帝后也很不安心。宰相姚崇一日和玄宗闲谈，说起内患之事，姚崇叹息说："我朝屡有内部变乱，实由人心散乱、不惧皇威所致。陛下若不整治人心，使人不敢心起妄念，朝廷就很难长治久安啊。"玄宗点头说："内乱重生，致使大唐危机重重，朕定要设法根绝。依你之见，朕该有何动作？"姚崇进言说："防患于未然，必须早作预见，惩人于未动之时。即使小题大做，也要造成震慑他人的效果，使人不起异念，自敛谨慎。这就需要陛下割舍情感，痛下重手了。"玄宗示意已知，微微一笑。

不久，玄宗在骊山阅兵式上，以军容不整为由，判功臣兵部尚书郭元振死罪。惊骇万分的大臣中有人进谏说："郭元振是当世名将，有勇有谋，他不仅屡立战功，更在诛灭太平公主的过程中功不可没。如此功臣如今犯小过错，陛下不念旧情就治他死罪，惩罚太重了，也有损陛下贤德之名。"

玄宗厉声痛斥进谏之人说："功臣犯法，难道就可以不问吗？有功必赏，有罪必惩，此乃治国之道，朕大公无私，本无错处，你们竟替罪臣求情责朕，莫非你们要造反不成？"玄宗这般严厉斥责，吓得群臣再也不敢说话。最后，玄宗虽然赦免了郭元振的死罪，还是把他流放新州。宰相刘幽求也是大功臣，除灭韦党和太平公主的过程中，他也参与谋划，功劳不小。玄宗因为一件小事就将他罢相，还告诉他说："百官之首当为百官作则，故朕对你要求甚严，也是正常之举。"

宰相姚崇一日和玄宗闲谈，说起内患之事。

刘幽求十分不满，背后常发牢骚说："皇上现在不念恩义，判若两人，他不该如此待我啊。我为他出生入死，谁知却落得这样的下场！"玄宗听到刘幽求的牢骚，马上又下旨把他贬到睦州当刺史，他还对群臣激愤地说："天下多乱，朕当严治臣子，此朕的职责所在。刘幽求以功劳和朕对抗，口出不逊，这便是大罪。朕若徇私枉法，反让人有了造反的口实，朕怎会做这样的蠢事呢？"不久，刘幽求怨愤而死。群臣见玄宗对功臣都如此心狠无情，一时都惶恐不安，不敢犯一点

玄宗在骊山阅兵式上，以军容不整为由，判功臣兵部尚书郭元振死罪。

朝廷功臣的钟绍京在面见玄宗时被玄宗训斥。

小错。

一次，同为朝廷功臣的钟绍京在面见玄宗时，无故竟被玄宗训斥说："你为朝廷户部尚书，议事之时却不发一言，是不是有些失职？难道你不顾朝廷安危，准备明哲保身吗？"钟绍京脸色惨变，直呼有罪。事后，姚崇有些不忍，他对玄宗说："陛下重治功臣之罪，已让人心震骇了，陛下的目的已然达到。钟绍京无端被责，臣以为过于唐突，其实不必这样。"玄宗调笑说："朕依照你的办法，才有这样的举动，你不该出言反对吧？"

姚崇又准备说什么，玄宗却摆手阻止了他，苦笑说："朕也不想如此啊。不过朕也想过，这些功臣都几经政变，实在是政变的行家里手，如果不把他们慑服，谁保他们日后不变心呢？朕折辱他们，也是让群臣心悸，只思自保。朕纵是背上无情之名，也心甘了。"玄宗把钟绍京降为太子詹事，后来又将他贬为绵州刺史，不久又将他贬为果州尉。后来，功臣王琚、魏知古、崔日用一一被贬，朝中再也无人敢以功臣自居。群臣整日战战兢兢，玄宗这才罢手。

唐玄宗整治朝纲的重点手段不是杀人，而是制造一种违意必究的气氛，进而从思想上控制臣子。这就是从精神上"钳制"众臣子，当他们的精神一倒，其意志和雄心便会随之土崩瓦解。再刚强和难制的人，也抵御不了精神的打击；抓住了这一攻击点，也就掌握了人最薄弱的环节，天下也就"太平"了。

◎避其锋芒——孙膑抓庞涓罩门◎

孙膑、庞涓都师从鬼谷子。

"治兵如治水，锐者避其锋，如导疏；弱者塞其虚，如筑堰。""避其锋芒，抓其要害"不仅是一种作战方法，更是作战技巧。

众所周知，孙膑和庞涓都是战国时期的军事家，他们两个人的争斗从孙膑下山的那一刻便开始了，孙膑为此被剔去了膝盖骨，还差点死于庞涓之手。迫于自保，他极力装疯卖傻，才得以从庞涓的手中逃脱，最后来到了齐国。师出同门的两个人从此势不两立，在战场上奋力拼杀，弄得烽烟四起，却也创造了中国历史上许多战争奇话。"围魏救赵"便是其中的一场经典力战。这场战争中，孙膑避其锋芒，从庞涓的“后方”入手，出其不意，攻其不备，不仅一洗雪恨，更达到了救助同盟国的目的。

齐威王三年（公元前354年），魏惠王想一泄失去中山的仇恨，便派大将庞涓前去攻打赵国。中山本是东周时期魏国北邻的一个小国，后来被魏国收服，赵国乘魏国丧国之机，强占了中山。此时的魏国已经今非昔比了，对此一直耿耿于怀的魏惠王，终于找到了合适的时机可以一雪前耻。

孙膑下山，庞涓假意接纳，暗地设计陷害。

魏将庞涓认为中山不过弹丸之地，距离赵国又很近，不如直接攻打赵国的都城邯郸，既解旧恨又能削弱赵国，可谓一举两得。魏惠王听了十分满意，便决定以此为首，开始他的霸业。于是，魏惠王调拨五百战车，由庞涓率领，直奔赵国。

庞涓治军有方，军队势如破竹，战无不胜，很快便包围了赵国的都城邯郸，赵国形势危急。第二年，赵国逼于无奈只得向齐国求救，并许诺解围后以中山相赠。齐威王打算任用孙膑为主将救援赵国，这无疑是孙膑报仇雪恨的大好时机。他却辞谢说：“受过酷刑的人，不能任主将。”看似言不由衷，实际上孙膑是另有打算。于是齐威王就任命田忌做主将，孙膑做军师，领兵前往救援。

田忌与孙膑率兵进入魏赵交界之地，田忌本来打算领军直接去赵国与魏军作战，孙膑制止说：“想解开缠绕在一起的乱丝，不能紧握双手生拉硬扯；解救纠缠在一起斗殴的人，不能卷进去胡乱搏击。要扼住争斗者的要害，争斗者因形势限制，就不得不自行解开。如今魏赵两国相互攻打，魏国的精锐部队必定在国外精疲力竭，老弱残兵在国内疲惫不堪。你不如率领军队火速向魏国的国都大梁挺进，占据它的交通要道，冲击他军备空虚的地方，魏国国都被围困，魏王肯定会下令让庞涓放弃攻打赵国而回兵自救。我们再在庞涓回师的必经之路，中途伏击他，必定可以大获全胜。这样，我们不但可以一举解救赵国之围，而又可坐收魏国自行挫败的成果。”

围魏救赵。

田忌听取了孙膑的意见，出兵围困魏国的都城大梁。魏国都城情势危急，魏王果然下令庞涓回军自救。庞涓本来以为对赵国的战争马上就要大功告成了，收到魏王的命令后，非常着急，丢掉粮草辎重，星夜从赵国撤军回国。孙膑预先在魏军回国的必经之地桂陵（今河南长垣西北）设下埋伏，当庞涓率领长途跋涉、疲惫不堪的魏军经过时，齐军突然出击，大败魏军。最后，庞涓勉强收拾残部，退回大梁。齐国军队大胜，赵国的危机也相应地解除了。这场战役便是历史上著名的“桂陵之战”。

战争中，孙膑以一个旁观者的眼光去看待全局，他看到了解决问题最有效的方法，他找到了庞涓的“罩门”,并且抓住机会从这个“罩门”入手,一切问题都迎刃而解。这种“曲线救国”的策略，无论是古代战争，还是现代生活中，都可以给我们带来很多收获。

孙膑赢得这场经典的战役，正是因为他抓住了庞涓的弱点，或称“罩门”，也就是鬼谷子所说的“飞箝术”。飞箝术就是一种制人术，重在利用对方的弱点，实施自己的计划，铲除敌人，扫清自己前进的道路。无论是实力雄厚者，还是实力弱小者，巧妙地运用飞箝术，抓住其弱点，消除敌方生存之根本，对方自然不攻而破，便能事半功倍，收到意想不到的效果。在我们的人生中，也是如此，也需要有相应地技巧和策略，运用它们，我们便可以以最小的付出，获得最大的回报。

商战博弈

◎将计就计——精神航空公司危机变商机◎

危机，不仅是“危险”，还有“机会”！“灭顶之灾”可以奇迹般地变成“无限商机”，当然，这需要变通思维进行创意！

对于大多数航空公司来说，2002年的9月11日是痛苦的。但是就在当天，美国精神航空公司不仅上座率是全美最高的，而且美名远扬。这一切，缘于该公司的绝妙创意……

“9・11”对约翰的影响是深远的。作为一家小型航空公司的市场部经理，“9・11”不仅使约翰的薪酬锐减，更使得本来聪明能干的他束手无策。任凭如何努力，航空市场的大萧条，使得约翰所在的美国精神航空公司面临的不再是以往如何尽快增长的问题，而是巨大的生存压力。

眼看2002年的9月11日就要到了。由于担心恐怖分子在周年当天再次发动类似行动，全美普遍预测，“9・11”当天的上座率将非常低，削减航班已成定局。甚至有人半开玩笑地对约翰说：“贵公司这样的中小型航空公司，9月11日当天全公司休假可能会好一些。”

约翰清楚地知道这一切，甚至知道董事会已经准备提出削减航班的计划。可是，难道就没有一点办法吗？不行，得努力想想！

有了，有办法了。行动！

2002年8月6日，美国精神航空公司宣布：“9・11”周年祭乘机免费！

8月7日，精神航空公司机票预订中心的电话就开始响个不停，公司网站也因为访问者过多而发生网络大塞车；公司30架中小型飞机所能提供的1.34万个座位，几个小时内就被预订一空。公司领导层对此表示满意，董事会成员和所有公司高级官员决定在9月11日这一天，亲自到机场为乘坐免费航班的乘客送行。

分析人士认为，这一活动带来的社会效应和广告效应，远远超过了公司的机票损失。公司的核算部门估计，免票活动将带来50万美元的损失。这笔款项对于这个拥有12年历史，主要市场仅包括佛罗里达、底特律和纽约的小航空公司来说，不是一个小数目。但精神航空公司今后得到的回报将远大于50万美元，起码大多数乘客在预订免费航班的同时，订购了几天后的回程票。

除此之外，美国大小媒体都在报道精神航空公司“独树一帜”提供免费机票的事情，一时间“精神航空”成了媒体上出现频率最高的公司。这样的宣传效果，绝非50万美元可以达到的。可以说，精神航空公司已经从一个名不见经传的小公司，一日之间成为全美著名的“爱国航空公司”。

灭顶危机可以变为无限商机吗？

可以，但需要变通思维进行创意

2001年9·11恐怖袭击事件震惊了全世界

导致了美国航空市场的大萧条

约翰所在的精神航空公司更是生存艰难

2002年的9月11日是航空业的灾难日？是充满商机的救赎日？

美国精神航空公司宣布："9·11"周年祭乘机免费！

精神航空公司成为全美9月11日上座率最高的航空公司，成了媒体上出现频率最高的公司

这样的广告效应绝非免票活动所花费的50万美元的所能带来的

大多数乘客在预订免费航班的同时，订购了几天后的回程票

精神航空公司由一个名不见经传的小公司一日之间成为全美著名的"爱国航空公司"

《今日美国》旅游版的专栏记者说："精神航空的做法，绝了！"的确，几个星期前，精神航空和所有其他航空公司面临的问题一样——9月11日前后的订票数量奇低，上座率不足20%。这一招，使精神航空公司成为全美9月11日上座率最高的航空公司。

相比之下，美国多家大型航空公司——美洲、联合、三角等，以及经营美国航线几十年的英航、法航等公司，都计划减少9月11日的航班数量。

需要指出的是，危机并不能简单地理解为创意的催化剂，更不能通过制造危机来获取创意。因为通常情况下，"危机"就是"危机"，没有危机才是我们应该追求的。然而。一旦出现危机，郁闷和发牢骚统统没有用，我们应该做的，就是直面困境，想方设法寻找突破机会，寻求创意。甚至可以巧妙转变，利用危机，让它带来积极效果，这无疑是变通所能带来的奇迹了。

◎正面竞争——尼尔玛出击对手弱穴◎

老实人要立足商场，就不可避免地要与人竞争，如何在竞争中占据优势，方法策略十分关键。能用从侧面打击对手的方法，在对手的"弱穴"之上下功夫，往往最终能让自己取得胜利。尼尔玛公司就是一个很好的例子。

20世纪60年代，尼尔玛公司的老板帕特尔开始了他的创业生涯。创业之初，帕特尔利用自己的专长，在自己的厨房里利用简陋的设备，生产出一种成本极其低廉的洗衣粉，并且把这种洗衣

粉命名为尼尔玛。为了打开销路，帕特尔开始四处奔波，试图为他的洗衣粉在竞争激烈的市场上分得一杯羹。

但是根据印度传统的经营理论，城市富裕家庭主妇的钱袋是大多数产品销售的唯一来源。而在当时这一巨大的财源几乎被印度制造业的跨国公司——印达斯坦・勒维尔公司独占着。勒维尔公司在全世界都设有分公司，实力极其雄厚，它的业务范围也相当广泛，而且它所生产的冲浪牌洗衣粉，在印度洗涤市场一直占据着统治地位。作为刚刚起步的尼尔玛公司，可以说根本没有力量与勒维尔公司正面交锋。帕特尔看清了这一点，他决定寻找另一条出路。帕特尔针对勒维尔公司只注重城市富裕家庭主妇的钱袋，而忽略了广大中下层人民的需要这一弱点，开始做文章。他绕开与勒维尔正面交战的战场，把注意力放在了无力购买高价洗衣粉的广大中下层人民身上，他相信这是一个潜力巨大而又无人涉足的广阔市场，并制定了灵活的销售策略。

1. 坚持薄利多销。

2. 在产品上做文章。他不断推出新产品。20 世纪 80 年代中期，帕特尔公司根据市场的需求，先后推出块状洗衣皂和香皂。当这两种产品投入市场的时候，购买者趋之若鹜。为此，公司迅速增大了产量，显示出其广阔的发展前景。

随着时间的推移，产品牢牢地把握了市场地位，块状洗衣皂成为尼尔玛公司的主要经济来源之一，仅此项销售额就达到了公司营业总额的 1 / 4。另一方面，香皂生产也迅速扩大，并在这一领域对勒维尔公司造成了严重的威胁。

为了争取更多的客户，拓展业务，做大做强，尼尔玛公司打起了广告的策略。对于做广告，他们不像有的商家那样，先用大量广告刺激起消费者的购买欲望，紧接着就把产品送到，而是先将自己的产品运送到各个销售点，然后才登广告进行宣传。尼尔玛公司这样做也有它的优势，因为产品广告与充足的货源能够紧密地结合起来，这样可以进一步提高公司在消费者心目中的地位，给消费者一种信赖感。

在公司正确的战略指导下，到了 1988 年，公司生产的尼尔玛牌洗衣粉，销售量达到 50 万吨。而这时，它的主要竞争对手——勒维尔公司已经被抛在了后面，他们生产的冲浪牌洗衣粉，只售出了 20 万吨。

自此以后，尼尔玛公司以产品的良好信誉、优良质量和低廉价格深入人心，终使尼尔玛公司在洗衣粉市场后来居上，独领风骚。

《鬼谷子》说："以迎之随之，以箝和之，以意宣之，此飞箝之缀也。"使用飞箝之术，利用别人的弱点将对方牢牢控制住。在"弱穴"上下功夫，在对方不轻易察觉的地方进攻，成功会很容易获得。

帕特尔的胜利为老实人提供了处世的经验：当不得不与对方交手的时候，如果在正面无法取得胜利，就要灵活多变，迂回到对手的后方和侧面采取积极的行动。由于对手的侧方和后方是对手不太容易观察到的地方，所以在这些方面发动攻势，容易获得成功。

忤合第六

◎经典再现◎

【提要】

“忤合术”是以反求合的方法。“忤”，是忤逆、反忤、相悖的意思，“合”是趋合、顺应、相向之意。“忤合术”的实质是“以忤求合”，认为要达到某一目的，实现自己的意愿，必须曲折求之，以此求彼。

《鬼谷子》认为：“世无常贵，事无常师。”事物总在变化中，世间万物趋合与背反是普遍存在的，它们时而互逆、时而互补、时而互换，或者合于此而忤于彼，或者合于彼而忤于此，变化多端。由此可知，“忤合”是事物发展变化中的应变常规。

鬼谷子主张“因事为制”，善于“向背”，精于“忤合”。任何事物都有正反逆顺的发展形势，实施忤合之术，必须充分认识万物皆在变化中。无论谋臣说客，首先要对自己有清醒的认识，还应对具体事物多方研究，做到“知己知彼”，从而采取具体的应变方法。圣人应该“无所不作”、“无所不听”。才能进退自如，游刃有余。

【原文】

凡趋合倍反①，计有适合②。化转环属③，各有形势④。反覆相求，因事为制⑤。是以圣人居天地之间，立身御世⑥，施教扬声明名也⑦，必因事物之会⑧，观天时之宜，因之，所多所少⑨，以此先知之，与之转化⑩。世无常贵⑪，事无常师。圣人无常与⑫，无不与；无所听，无不听。成于事而合于计谋⑬，与之为主⑭。合于彼而离于此，计谋不两忠⑮，必有反忤⑯。反于是，忤于彼；忤于此，反于彼，其术也。

凡趋合倍反，计有适合。

【注释】

①趋合：快步凑上去迎合。趋，小跑。倍反：转过身返回来。倍，通背。反，返回。反，返古今字。②适合：适应现实而合于实情。③化转环属：事物发展变化像圆环一样连接循环。属，连。④形势：具体背景和现实状况。⑤制：制事立计。⑥御世：处世，处理政治事务。⑦施教：实施教化，教化百姓。明名：显名。⑧会：时机，机会。此指世间事物凑到一起的时机。⑨所多所少：此指对自己的相应决策进行损益。⑩转化：谓转变以从化也。⑪世无常贵：世上没有能保持永久富贵的人。此句包含了深刻的辩证观点。⑫常与：衡定参与。⑬成于事：对事情有成效、能成功的计谋。合于计谋：指与自己谋划暗合。⑭与之为主：做它的主人。此指吸收别人决策中的合理因素。⑮不两忠：不能两方面都效忠。⑯反忤：合与背。反，同返。

如何找到最佳的发展方向和方式？

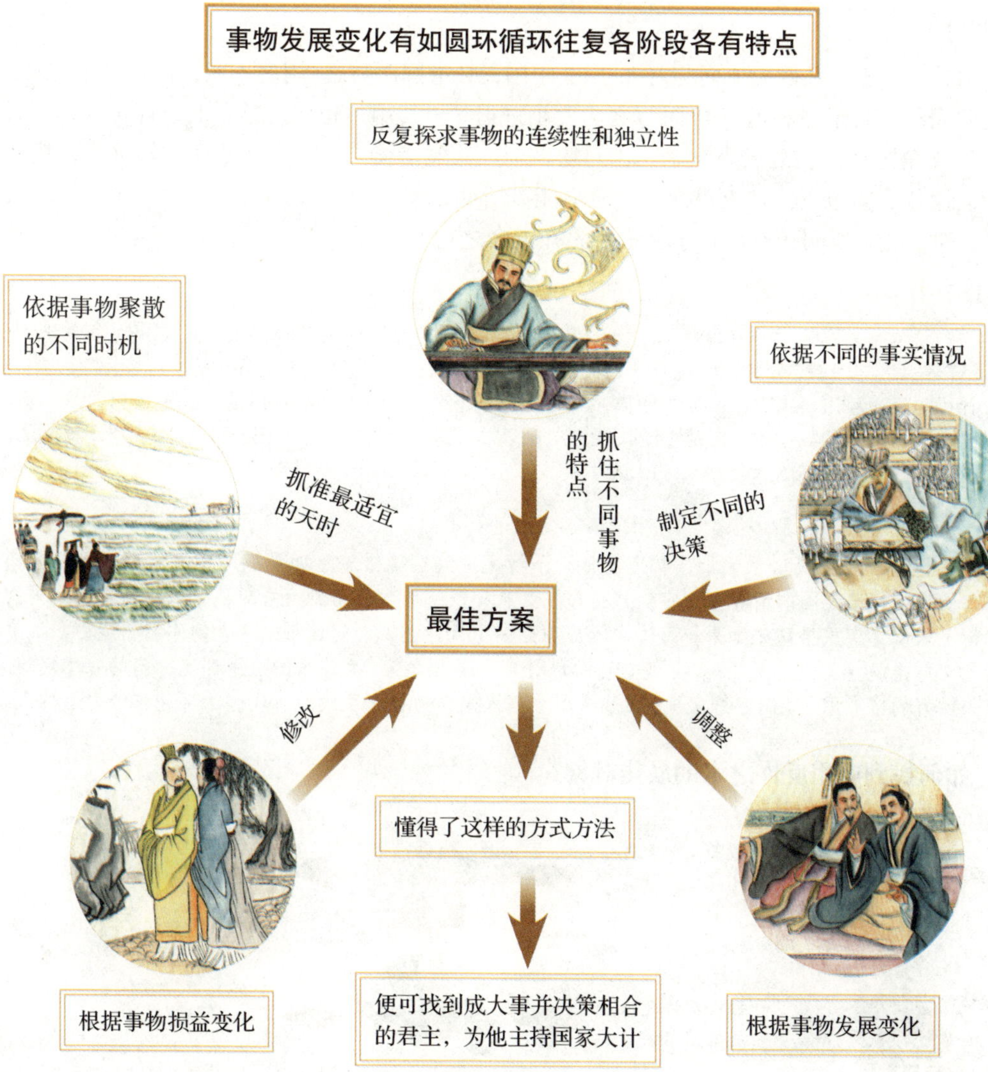

【译文】

大凡凑上前去迎合人，或者转过身来离开他，都必须有适合当时现实情况的妙计。事物的发展变化，既像圆环一样循环连接，又在每一发展阶段上有自己的具体情况和变换方式。作为纵横策士来说，应该反复探求事物的连续性和独立性，抓住不同事物的特点，依据不同的事实情况制定不同的决策，寻求最佳的方案。所以，圣智之人在天地之间立身处世，治理世事，教化百姓，扩大影响，传扬名声，必定依据事物聚散的不同时机，抓准最适宜的天时，并依据它们的损益变化来修改自己的决策，依据它们发展的变化来调整自己的策略方针。世上没有永远显贵的事物，没有永恒的师长和榜样，做事也并非必定要效法某某，世上一切事物都在发展变化着。圣人也不是每件具体事情都参与，但又可以说没有一件事不参与，因为他为人们制定了解决问题的基本模式；圣人看上去对什么事情都不打听，但又什么事情都明了，因为他掌握了世间事物的基本规律。我们明白了世间事物的变化原理和圣人的做法，因而对于那些可成大事而且与我们决策相合的君主，就可以代他主持国家大计。凡是计谋，不可能同时忠于两个对立的君主，合乎这一方的意愿，就要违背另一方的意愿；违背另一方的意愿，才能合乎这一方的意愿。这就是反忤之术。

【原文】

用之于天下，必量天下而与之[①]；用之于国，必量国而与之；用之于家，必量家而与之；用之于身[②]，必量身材能气势而与之。大小进退[③]，其用一也[④]。必先谋虑计定[⑤]，而后行之以飞箝之术。古之善背向者[⑥]，乃协四海[⑦]，包诸侯[⑧]，忤合之地而化转之[⑨]，然后求合。故伊尹五就汤[⑩]，五就桀[⑪]，而不能有所明，然后合于汤；吕尚三就文王[⑫]，三入殷[⑬]，而不能有所明，然后合于文王。此知天命之箝[⑭]，故归之不疑也。

【注释】

①与：施予，实施。②身：个人。③大小：指上述天下、国、家、个人。④一：基本规律一样。⑤谋虑：谋划，思虑。⑥背向：即忤合。背，背离，即忤。向，趋向，即合。⑦协：合同。⑧包：包举。⑨忤合之：对他们使用忤合术。⑩伊尹：商初名相，名挚。汤：商朝开国君主。⑪桀：夏末暴君，名履癸。⑫吕尚：姜齐始祖。钓于渭水，遇文王，相语，文王大悦，拜为军师。是周代开国勋臣。文王：姓姬名昌，周武王父，为武王灭商奠定了基础。⑬入殷：指入于殷纣王。⑭天命之箝：天命所归。古人认为朝代兴衰是天意，天意归谁，谁便兴盛。

【译文】

如果把反忤之术应用于天下，必定衡量天下情况制定实施措施；如果把反忤之术应用到一个诸侯国，必定依据诸侯国的情况来制定实施措施；如果把反忤之术应用到大夫封地，必定衡量封地内的实际情况来制定实施措施；如果把反忤之术应用到一个人身上，必定衡量这个人的才智、能力、气度来制定实施措施。无论范围大小，不论有进攻之计还是退却之策，反忤术的应用都有一定的基本规律。必定先做好周密考虑，先制定好实施措施，再用飞箝术来作为补充手段。古代善于实施忤合之术的人，

如何找到应用反忤之术的最佳对象?

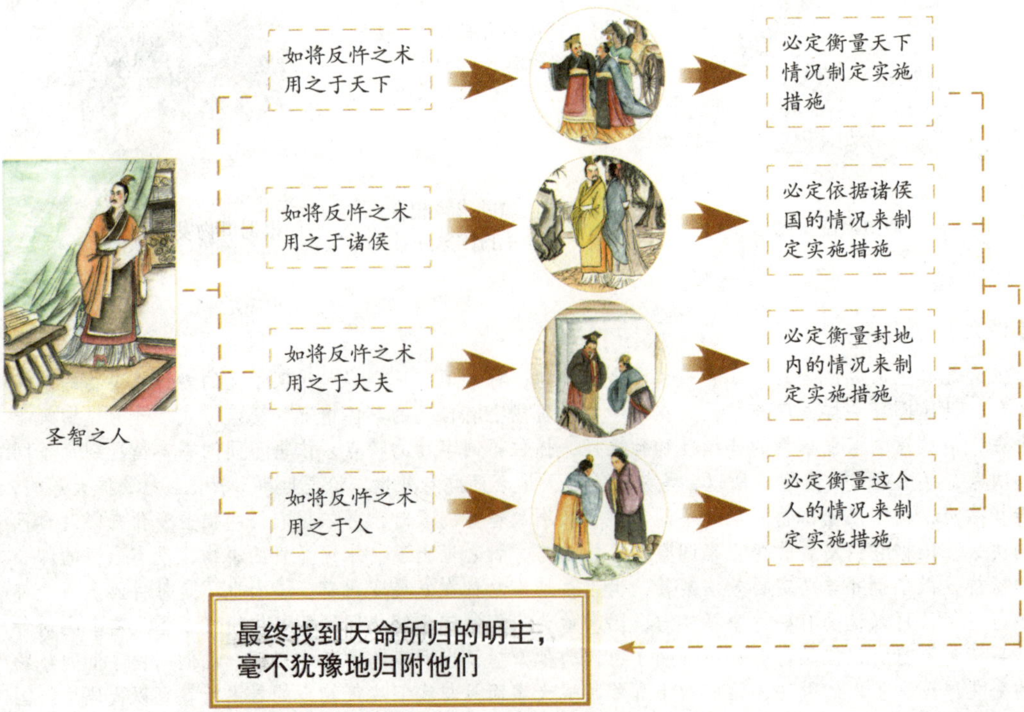

能够驾驭着四海之内的各家势力，控制包容各家诸侯，对他们实施忤合之术，并且依据实际情况的变化来改换实施措施，然后用此术来求得合于明主。所以，伊尹曾经五次归附商汤、五次归附夏桀以探天命所归，最终才决心臣服商汤王；吕尚曾三次依附周文王、三次依附殷纣王探天命所归，最终臣服于周文王而拜为军师。他们最终都能认识到天命所归的明主，所以毫不犹豫地归附他们。

【原文】

非至圣达奥①，不能御世；非劳心苦思，不能原事②；不悉心见情③，不能成名；材质不惠④，不能用兵；忠实无真⑤，不能知人。故忤合之道，已必自度材能知睿，量长短远近孰不如⑥。乃可以进，乃可以退，乃可以纵，乃可以横。

【注释】

①达奥：穷达隐曲事理。奥，隐奥。②原：追溯，考镜渊源。③悉心：用上全部精力。④惠：读为慧，古字通。慧，聪颖。⑤无：通务。务，务必。⑥孰：谁。

故忤合之道，已必自度材能知睿，量长短远近孰不如。

【译文】

作为一个纵横家，如果不具备圣人那样高尚的品德，以及超人的智慧，不能通晓事物深层的奥妙，就不能立身处世、治理天下。如果不能费尽心神地去思索，就不能究察事物本原。不能用尽心力去考察事物真情，就不能成就名业。如果个人才能气质不佳，颖悟聪慧不够，就不能筹划军事谋略。如果一味忠诚真心对人，就不能真正了解别人。所以，实施忤合之术，自己一定要估计一下自己的才能智慧，衡量一下自己的长处和短处，看哪些方面别人不如自己，然后度量他人的优劣长短，分析在远近范围内有哪些有志之士，自己还有哪些地方不如别人。只有做到知己知彼，才能达到随心所欲，既可以进攻，也可以退守，既可以合纵，又可以连横，这样，才可以从事纵横捭阖的政治角逐。

为人处世

◎择主而事——章邯择明主成大事◎

莲花有生长的本能，污泥也有继续作为污泥的惰性。如果莲花不能在原来的环境中继续生存，如果塘水太龌龊，致使莲花受到戕害，那么，就要考虑保全高贵的东西，将那莲花及时移栽。有道是：良禽择木而栖，贤臣择主而侍。判断形势对于每个人来说，都很重要。

章邯是秦朝的大将，对朝廷忠心耿耿，屡建大功。

陈胜、吴广起义后，章邯受命讨伐。由于军力不足，章邯便把刑徒和官奴也组织起来，在他的调教下，这支拼凑起来的队伍也颇有战斗力。

章邯性情直率，不喜谄媚，他对当时掌控了朝政的权臣赵高也不逢迎，惹得赵高十分恼怒。赵高为了报复章邯，竟对章邯的大功视而不见，更无封赏之意。

项羽崛起后，章邯和他交手多有败绩，他为此向朝廷频频告急，不想赵高为置其于死地，不仅不派兵援助，还把他的告急文书一律扣压，从不向秦二世禀报。

章邯连连失败的消息，终于让秦二世知道了。秦二世身边的太监对秦二世说："章将军勇冠三军，若他有失，秦国就危险了，陛下将怎样对待他呢？"

秦二世怒不可遏："章邯深负皇恩，罪该万死，他还想活命吗？"

太监摇头说："章将军如今已是败军之将，必心多惶恐，斗志有失。陛下既依靠他杀敌保国，就不能任性责罚他了，否则他惧祸投敌，陛下岂不更加危险？陛下若能忍下气来，略作抚恤，章邯不见陛下怪罪，他定能定下心神，再为秦国建功。"

赵高在秦二世前谗害章邯。

秦二世于是再找赵高议论此事，赵高故作惊讶地说："章邯此人自高自大，向来不把朝廷放在眼里，这样的人不加责罚，哪能显出陛下的天威呢？"

秦二世又要下诏指责章邯，有的大臣上奏说："时下乃国家多事之秋，章邯实在是不可多得之良将，这个时候不求全责备，对谁都有好处。一旦诏书降下，万一章邯投敌，陛下岂不是得不偿失？"

赵高在旁阴声道："皇上赏功罚罪，理所应该，章邯若心怀异志，正好可将他除去。他若为忠，又怎会因皇上责罚而叛敌呢？”

秦二世于是下诏，对章邯大加指责，言辞甚厉。章邯接诏，又气又怕，一时六神无主。长史司马欣前去咸阳替他探听消息。他从别人口中知晓这其中的缘故，于是赶紧返回对章邯说：“赵高对将军有心排斥，看来无论你有功无功，都不免遭他陷害了。”

章邯大吃一惊，情绪更加低落。

章邯向项羽投降。

值此时刻，赵将陈余派人送书前来，劝他反叛秦国，信中说：“白起、蒙恬都是秦国的大功臣，可他们的下场却是被赐死。将军为秦卖命奋战，到头来却为赵高陷害、昏君猜忌，其命运也就可想而知了。天意亡秦，如将军认清形势，反戈一击，不但免除灾祸，还有除暴济世之大名，何乐而不为呢？”

章邯见信落泪，久不作声，司马欣长叹一声，出语说：“皇上不识奸佞，反责忠臣，这不是将军欲反，而是不得不反啊。”

于是，章邯向项羽投降，随项羽攻城略地，最后攻下咸阳，灭秦。后来，章邯被项羽封为雍王。识时务者为俊杰，章邯的反叛加速了秦朝的灭亡和一个新朝代的建立。择主依时而变，不但顺应天意，而且对己有利，这种两全其美的事，对于聪明的人来说是不难选择的。

“良禽择木而栖，贤臣择主而事。”如果遇到了昏庸的君主，纵使有经天纬地之才，也只能只是空怀盖世之志，有时会因盖世才情而丧命。做人要辨别是非曲直，做忠臣可以，但不要做愚忠之臣。遇到小人暗算而又无路可走时，最佳的办法便是弃暗投明，另择明主。俗话说水往低处流，人往高处走。弃暗投明，适当的时候炒掉你的主人，才能开启新的人生。禽择良木而栖，本身并没有错。

◎谋而后动——杜文看清“猎物”再出动◎

不管是行军打仗、政治权术，还是商业战争，“知己知彼”是必然的战术，只有知道自己和对方的具体情况，才能对双方情况作出正确的分析和判断，测知对方下一步的动向。如此，在下一次的交战当中，才能针对敌人的行动而作出周全的应对，以最少的损失赢得最大的胜利。

所谓：“知己知彼，百战不殆。”狼在竞争中尊重每个对手，而不会轻视敌对方。在每次攻击之前，狼都会去了解猎物，观察并记住猎物许多细微的个性特征和习惯，所以狼的攻击很少失误。

美国艺术收藏市场的领头人杜文是一位杰出的艺术经纪人，但是实业家梅隆从来不和杜文打交道。杜文下定决心，一定要找机会让梅隆成为自己的客户。许多人都认为这是不可能的，因为梅隆是一个性格内向、沉默寡言的人，更重要的是他对随和、爱说爱笑的杜文并没有什么好感。杜文告诉那些人说：“你们就等着看吧，梅隆不仅会买我的东西，而且只会向我买，我要让他成为我一个人的客户。”

于是，杜文积极追踪梅隆的信息，花大力气了解他的习性、品位和爱好，甚至收买梅隆的手下，从他们那里获知信息。准备采取行动时，杜文对梅隆的了解程度连梅隆的妻子都无法相比。1921 年，梅隆访问伦敦的时候，在电梯门口遇见了杜文，而梅隆要乘电梯去国家画廊的消息是几秒钟前由梅隆的随从提供给杜文的。

杜文通过自己的努力最终赢得实业家梅隆的青睐。

"你好吗，梅隆先生？"杜文打个招呼后介绍自己，"我正要上国家画廊欣赏一些画，你呢？"

"我也是。"梅隆说。

此时的杜文对梅隆的品位已经了如指掌，在去国家画廊的路上，他渊博的知识让这位大亨惊奇不已。更令梅隆觉得不可思议的是，两人的爱好居然也惊人的相似。回到纽约后，梅隆迫不及待地拜访了杜文那神秘的画廊，里面收藏的作品正是他梦寐以求的东西。从此之后，梅隆只和杜文打交道，他成了杜文一个人的客户。

杜文的成功充分证明了博弈智慧中"知己知彼，百战不殆"的重要性。就像《鬼谷子》说："故忤合之道，己必自度材能知睿，量长短远近孰不如。乃可以进，乃可以退，乃可以纵，乃可以横。"只有做到知己知彼，才能达到随心所欲，既可以进攻，也可以退守，既可以合纵，又可以连横，这样，才可以从事纵横捭阖的政治角逐。

在非洲大草原上，分散的狼会突然向一群驯鹿冲去，引起驯鹿群的恐慌，导致驯鹿纷纷逃窜。这时，狼群中的一只"剑手"就会箭一般冲到鹿群中，抓破一头驯鹿的腿。但狼不会将它置于死地，而会将它重新放回鹿群当中。随后，狼群定期更换角色，由不同的狼来扮演"剑手"，使这头可怜的驯鹿旧伤未愈又添新伤。最后，当这头驯鹿体质变得极为虚弱，对狼群再也无法构成严重威胁时，狼群开始全体出击并最终捕获受伤的驯鹿。

实际上，狼在戏斗驯鹿时已经饥肠辘辘了，但它考虑到像驯鹿这类体型较大的动物，如果踢得准，一蹄子就能把比它小得多的狼踢翻在地，非死即伤，因此它们采用这种车轮战术，消耗驯鹿的体力，由此便成功地获得了食物。正是对猎物的了解，保证了胜利属于狼群。依靠这种方法作战，狼群几乎每战必胜，失误的概率极小。狼的这种作战方式，非常值得人类学习。

《鬼谷子》说：只有做到知己知彼，才能达到随心所欲。在如今这激烈的社会竞争当中，"知己知彼，百战不殆"的策略更加不能丢掉，只有做到正确了解对方和自己，有效地利用自身和环境的优势，最终踏上成功之船！

管理谋略

◎功成身退——张良远离是非地◎

汉代开国谋臣张良，并非体魁雄伟、英气非凡的人物，而是貌若妇人的文弱书生。他身居乱世，胸怀国破家亡的悲愤，投身于倥偬的兵戎生涯，为汉王朝的建立立下了不可磨灭的功劳。因此，历来史家无不倾墨书写他过人的才智，极口称赞他高超的权谋。北宋政治家王安石就用诗称颂张良一生亡秦立汉的卓越功勋。

俗话说，鸟尽弓藏，兔死狗烹。功高盖世之张良也曾面临着同样的悲剧命运，但是他却以超然世外的人生态度避免了这种悲剧的发生。其中的做人与处世之道，值得人用心揣摩。

张良是汉高祖刘邦的谋士，他智慧过人，屡出奇计。

西汉的张良是汉高祖刘邦的谋士，他智慧过人，屡出奇计，为西汉的建立立下了不朽的功劳。公元前201年，刘邦大封功臣。刘邦说："运筹帷幄，决胜千里之外，这是子房的功劳。"请他自选齐地三万户，作为封邑。张良推辞不受，最后被封为留侯。

张良的谦逊，很多人颇为不解。刘邦的另一位谋士陈平就曾问张良："先生功高盖世，荣宠受之无愧，又何必拒绝呢？我们追随皇上，出生入死，今有幸得偿所愿，先生不该轻言舍弃。"

陈平见张良一笑不答，又说："先生足智多谋，非常人所能揣度，莫非先生别有筹划？"张良敛笑正容道："我家几世辅佐韩国，秦灭韩时，我幸存其身，得报大仇，我愿足矣。我凭三寸不烂之舌，做了帝王的辅佐，贵为列侯，我还有什么悔憾呢？我只求追随仙人遨游四方了。"

张良从此闭门不出，在家潜心修炼神仙之术。跟随张良多年的心腹一次忍不住问张良："富贵荣华，这是人人都不愿放弃的，大人何以功成之时，一概不求呢？大人也曾是义气中人，这样销声匿迹，岂不太可惜了吗？请大人三思。"

张良叹息一声说："正因如此，我才有如此抉择啊。"

张良的心腹闻言一怔，茫然不语，张良低声说："我年轻时，散尽家财，行刺秦王，追随沛公，唯恐义不倾尽，智有所穷，方有今日的虚名。时下大局已定，天下太平，谋略当是无用之物了，我还能彰显其能吗？谋有其时，智有其废，进退应时，方为智者啊。"

张良和外人从不袒露心声，好友探望他，他从不议论时事。一次，群臣因刘邦要废掉太子刘盈之事找他相商，他枯坐良久，最后只轻声说："皇上有此意愿，定有其道理，做臣子的怎能妄加评议呢？我对太子素来敬重，只恨我人微言轻，不能帮太子进言了。"

张良远离是非地。

群臣苦劝，张良只是婉拒。群臣悻悻而去，张良的心腹对张良说："大人一口回绝，群臣皆有怨色，再说废立太子乃天下大事，大人怎忍置身事外，不闻不问呢？"

张良道："皇上性情，我是深知的啊。此事千头万绪，关系甚大，纵使我有心插手，只怕也会惹来一身的麻烦。群臣怪我事小，皇上怪我事大，我又能怎么样呢？”

吕后派吕泽去强求张良，软硬兼施之下，张良无奈给他出了主意，让吕后请出商山四皓辅佐太子。刘邦一直崇敬这四个人，待见他们出山相助太子，大惊失色，自知太子羽翼已成，不得不放弃了废太子的念头。

吕后派人向张良致谢，张良却回绝说：“这都是皇后的高见，与我何干呢？请转奏皇后，此事千万不要再提起了。”

吕后听了使者回报，感叹良久，她对自己的妹妹说：“张良不居功是小，弃智绝俗才是大啊。我先前只知道他智谋超群，今日才知他是深不可测，非我等可以窥伺得了的。”

刘邦死后，吕后专权。张良对世事的变故一概不问，求见他的大臣他也一律不见。吕后见他潜心研学道家养生之术，便不以他为患，反而对他愈生钦敬，她派人对张良说：“人的一生，十分短暂，应该及时享乐。听闻你为炼仙术，竟致绝食，何须如此？切不要自寻烦恼了。”

在吕后的一再催促下，张良这才勉强用饭。吕后对其他的大臣或杀或贬，却独对张良关爱有加。

《忤合第六》说：“世无常贵，事无常师。圣人无常与，无不与；无所听，无不听。成于事而合于计谋，与之为主。”依据不同的事实状况作出不同的决定。这是聪明人的做法。其实，张良之所以选择功成身退、超然世外，是有根源的。他是一个知足常乐之人。开国之初他之所以辞封是因为他觉得自己在韩灭家败后沦为布衣，布衣得封万户、位列侯，他自己已经很是满足了。又看到汉朝政权日益巩固，国家大事有人筹划，自己“为韩报仇强秦”的政治目的和“封万户、位列侯”的个人目标亦已达到，一生的夙愿基本满足。知足常乐，不居功自傲，是张良能够安然隐退的心理基础。

又目睹彭越、韩信等有功之臣的悲惨结局，联想范蠡、文种兴越后的或逃或死，深悟“狡兔死，走狗烹；飞鸟尽，良弓藏；敌国破，谋臣亡”的历史游戏规则，惧怕既得利益的复失，更害怕韩信等人的命运落到自己身上，于是自请告退，摒弃人间万事，专心修道养精，崇信黄老之学，静居行气，欲轻身成仙。这样就彻底远离世事与是非，也就远离了猜忌与祸端。

总之，张良的弃智绝俗，是一种明哲保身的智慧，是一种为人处世的艺术，更是一种做人的境界，值得现实中那些执着于追名逐利的人们好好地思索与回味，欲望无尽头，我何时才能够享受清闲快乐的人生呢？

◎良臣择主——郭嘉弃暗投明展宏图◎

“君不贤，则臣投别国”，这与封建的“愚忠”思想很不相符。其实，在今天看来，这无可厚非。怀揣大智慧者，想要成就一番大业，必须寻找最适合自己的平台，这也是一种弃暗投明。

郭嘉，字奉孝，颍川阴翟（今河南禹县）人。在东汉群雄逐鹿中原的时候，身怀奇才的郭嘉想为当世所用，以建立自己的功业。因此在27岁时，他投靠了袁绍，住了十几日后，对袁绍谋士辛评、郭图说：“聪明人想成就大事，必须选择自己的主人啊，袁公模仿周公的礼贤下士，而不懂用人的玄机，头绪多要领少，喜欢谋划而不作决断，想与他成就大事业难啊。我将另外选择自己的主人了，你们和我一起去吗？”二人说：“袁氏对天下有恩德，人多归之，况且现在袁公势力最强，为什么离去啊？”郭嘉知二人还没发现袁绍的短处，于是不再多说，毅然离开袁绍。

当时，颍川的一位名士戏志才是曹操身边的谋士，曹操对他非常器重。无奈戏志才早逝，曹操便写信给谋士荀彧，希望他能举荐胸怀韬略的人才。荀彧见信后，向曹操推荐了郭嘉。曹操于是召见郭嘉，与其共论天下大事，听过郭嘉的一番言论之后，曹操高兴地说：“帮我成就大事的人必定是你啊！”郭嘉也觉得自己遇到了值得追随的主子，宾主尽欢。曹操遂任郭嘉为司空祭酒。

后来，吕布率兵攻打刘备，刘备无奈归降曹操，寻求保护。有人对曹操说：“备有英雄之志，今不早图，后必为患。”曹操问郭嘉该当如何，郭嘉说：“大家所言不虚，然而您起兵为百姓除暴，是靠诚信来招纳天下俊杰的，今刘备有英雄名气，因没办法才归降您，害死他，就是害贤能的人，会带来不敬贤的名声啊。如此下去，贤能之士会怀疑您，他们就会投奔他人，如此一来，还有谁会帮您平定天下呢？在现在这种情况下，要多加考虑啊。”曹操笑着说：“你真明白我的心意！”

郭嘉弃暗投明展宏图。

后来，在著名的官渡之战中，郭嘉随曹操大败袁绍。建安七年（202 年）五月，袁绍因兵败呕血而亡，少子袁尚继大将军，长子袁谭率少数兵力防守黎阳。九月，曹军渡黄河攻黎阳，袁谭请弟弟增兵，袁尚恐袁谭兵多后夺其权，遂自率军来援，与曹军相持于黎阳。曹操本拟重新组织攻城，郭嘉则认为袁绍的两个儿子内部争斗，又有郭图、逢纪做他们的谋臣，必起内乱。急攻他们就使他们凝聚起来了，应该缓攻他们，离间他们，待起内乱后再进攻也不迟。曹操听取了郭嘉的意见。后来，果如郭嘉所说，建安九年（204 年），袁尚、袁谭起内讧，袁谭为袁尚所败，派辛毗向曹操乞降。曹操遂以支援袁谭为名，攻打邺城，袁尚势力最后为曹操所消灭。

在郭嘉辅佐曹操的政治生涯中，郭嘉帮助曹操逐袁术、败张绣、灭吕布、破袁绍、击刘备，又北征乌桓。曹操能在北方稳固自己的地位，其在关键时刻的重要谋略都与郭嘉有关。因此，曹操后来封郭嘉为洧阳亭侯。

只可惜天妒英才，在北征途中，郭嘉染病，回师不久逝世，年仅 38 岁。后曹操在赤壁之战中大败，慨叹道：“郭奉孝在，不会使我到这地步啊。”确实，后人曾说，如果郭嘉活得时间长一些，也许三国鼎立的局面就不一定会出现，当然这只是一说，只作为说明郭嘉之才的佐证。

智者郭嘉，善识时务，择主而侍。

郭嘉深谙鬼谷子的“忤合”之术，择主而伺，不失为智者。在人才竞争激烈的时代，不仅仅是君主选择人才，同时人才也选择君主。郭嘉看出袁绍好谋无决，难成大事，毅然弃袁投曹而获成功，可谓慧眼识明主。确实，在选择自己的人生平台以成就事业时，要具备智慧的眼光以及灵活变通的处世态度。

◎识人辨才——汉武帝破格用人◎

人才就是权力，即便没有武力、没有财力，但是只要身边人才汇集，什么都能逐渐得到，包括权力。

汉武帝初即位时还很年轻，当时的朝政大权控制在窦太后手中，汉武帝想办法笼络人才。他曾经颁布命令，让各地举荐人才，于是，公孙弘、庄助以及许多有名的儒生都进入京城，其中就有董仲舒。

董仲舒是当时的奇才，少时读《春秋》，颇有心得，汉景帝时已为博士，为学子们讲书，出口成章，滔滔不绝，远近学子都奉他为老师。他的一篇详论天人感应道理的文章被汉武帝看到，击节称赏，叹为奇文。后来汉武帝询问儒生们治国良策，董仲舒施展平生所学，压倒群儒，独得汉武帝宠幸。

就这样，汉武帝不断发现和破格使用人才，先后起用了一批人才。其中，被司马迁誉为“为人多大略，智足以当世取舍”的韩安国，汉武帝委任他为北地都尉，后又任为大司农，窦太后死后，升为副丞相。汉朝有著名的汉赋，提到汉赋就不能不提司马相如，但司马相如也不是只能写汉赋。汉武帝用其所长，在建元年（公元前140~公元前135年）间从四川把他请到京城做郎官，从事审核和润色政府重要文告的工作。建元六年又让他以天子使节的名义出使西南夷，抚慰那里的少数民族。唐蒙、庄助很有谋略，且外交能力过人，汉武帝就让他们出使夜郎和东瓯，他们两人不负王命，终于在建元时期降服了夜郎和东瓯。

建元六年（公元前 135 年），窦太后病死，汉武帝摆脱了束缚，终于可以完全按照自己的想法来治理国家。于是他立刻罢免了窦太后安插在朝廷里的所有党羽亲信，重新任命曾经协助他革新的舅父田玢为丞相，把韩安国提拔为御史大夫。后来汉武帝又连续几次要求各地推举孝廉、贤良、方正、茂材。他下诏书表示要将这些有“非常之功”的“非常之人”破格任为“将相”或出使他国。

当时有个吴人名叫朱买臣，好读书，没有多余的家财，40 多岁还是一个落魄儒生，连妻子都养不起，只得入山砍柴换钱度日。后来妻子不堪忍受贫穷，弃他而去。朱买臣仍操旧业，边读书，边卖柴。直到他将近 50 岁时，始有机会入京。到长安后，朱买臣就上书自荐，又经同乡庄助引见，武帝予以召见，面询学术。朱买臣的才学很合武帝的心意，遂拜他为中大夫，与庄助同侍禁中。朱买臣就这样由一介平民一跃成为官员。

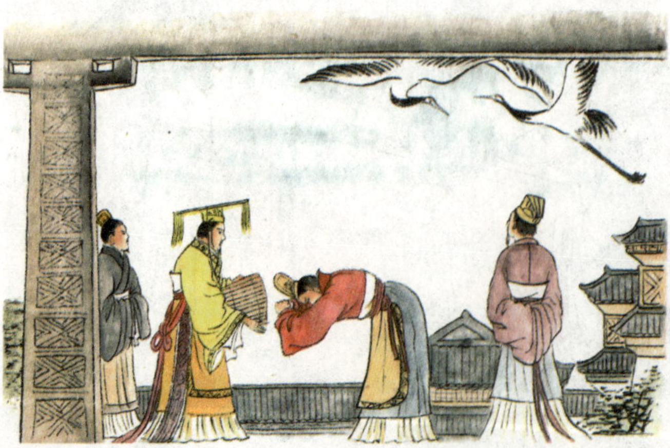

汉武帝识人善用，朱买臣平步青云。

后来，朱买臣又献策说：“东越王余善，向居泉山，负隅自固，一夫守险，千人俱不能上。今闻他南迁大津，去泉山约五百里，无险可恃，今若发兵浮海，直指泉山，陈舟列兵，席卷南趋，破东越不难。”武帝听后很高兴，便令他为会稽太守，还对他说：“富贵不归故乡，如衣锦夜行，今你可衣锦荣归了。”朱买臣果然击破东越，武帝就升他为主爵都尉，列为九卿之首。

汉武帝网罗贤人，治国有道。

《汉书》中说：“汉之得人，于兹为盛。”确实，刘彻为帝时，任用了韩安国、主父偃、朱买臣、卫青、霍去病、霍光、李广、程不识、金日、卜式、桑弘羊、公孙弘、董仲舒、郑当时、张骞、苏武、司马迁、司马相如等，这些人都成为一代辅相、名臣、将领。

《忤合第六》讲：“用之于天下，必量天下而与之；用之于国，必量国而与之；用之于家，必量家而与之；用之于身，必量身材能气势而与之。”如果把反忤之术应用于天下，必定衡量天下情况制定实施措施；如果把反忤之术应用到一个诸侯国，必定依据诸侯国的情况来制定实施措施；如果把反忤之术应用到大夫封地，必定衡量封地内的实际情况来制定实施措施；如果把反忤之术应用到一个人身上，必定衡量这个人的才智、能力、气度来制定实施措施。

明了天下政治形势，察知天命所归，善于收罗人才，并且能知人善任，才能够做到“协四海，包诸侯”，为天下帝王师。识人用人是成就事业的关键。作为一个领导者，汉武帝有发现人才，识别人才的眼光和能力。只有这样，才会有更多的人忠实的效力于朝廷，更多的人维护他，为他卖命。由此，汉武帝也成了中国古代几百个皇帝中最出类拔萃的一个。这些与他善于统御人才有莫大关系，正是善用人者，可争天下而天下莫能与之争的道理。

◎以诚待人——孙策攻心太史慈◎

领导者若想得到人才，一定要采取主动，示之以诚，用诚心去感化下属。“攻城为下，攻心为上”，以赤诚之心待人，才能得到下属忠心的回报。

所谓：“唯天下至诚为能化。”只要有至诚之德，万物都可以被感化，何况是人。“至诚如神”，只要以至诚行天下，就会如有神助，以之育物，则万物兴盛；以之取人，则人人尽其精诚，倾其智力来辅佐。所谓“精诚所至，金石为开”，只要有至诚之心，即便是顽石也会点头。

孙策解缚求贤，太史慈受感归顺。

孙策是称雄一世的豪杰，他用人时，讲究“赤诚待人”，从而换来很多人的耿耿忠心，太史慈就是一例。

汉献帝建安三年（198 年），孙策发兵袭击太史慈，太史慈兵败，被孙策俘虏。孙策知道太史慈是贤能之人，因此并未计较三年前双方

太史慈不负君心如期而返。

在神亭一仗自己被他打败的耻辱，而是亲自为太史慈解去绳缚，执手慰问，并坦诚地表达自己求贤的心情："今日幸得君，愿与足下共图大事。久闻卿有烈义，为解孔融之危，冒死求救于刘备，深为敬佩。卿诚为天下志士也。但投靠未得其人，我愿做足下知己，请不要担心在我处不如意。"

孙策以诚相待太史慈，倾吐肺腑之言，然后任命他为帐下都督，在收兵班师时，又让太史慈充当先导。这样一番感情攻势之后，太史慈终于被孙策的诚心打动，答应在孙策帐下效力。

当时，刺史刘繇病死豫章，所部处于群龙无首的状态。这对孙策来说是一个绝好时机，若能争取到这些人马，那自己的实力将会迅速增强。那么究竟该让谁去完成这项任务呢？由于刘繇生前与太史慈是好友，因此孙策决定派太史慈前去。太史慈见孙策如此信任自己，决心不辜负其所托，前去豫章招安，并说："慈有不赦之罪，将军量同桓、文（指齐桓公、晋文公），当尽死心报德。今并息兵，兵不宜多，将数十人足矣。"同时约定两月之内一定回来，之后整理行装，打点人马而去。

孙策在任用人才上可谓相当有远见卓识，常人都料定太史慈此去肯定不会回来，结果只能是自己又多了一个敌人。而孙策力排众议，他首先明白太史慈的为人，认定他是"义虽气勇有胆烈，然非纵横之人"，是内心"秉道义，重言诺"之人；其次，他知道以自己的情感攻势作用于这样的人，必能以诚换诚，得到太史慈的忠心。

果然不出孙策所料，太史慈按期返回，不辱使命，安抚了刘繇的部下，充实了孙策的实力。孙策也因此更加重用太史慈，视其为自己的左膀右臂，与之共谋大业。

鬼谷子强调以诚待人，以德服人。用崇高的道德来感化人，替人排忧解难，就会扩大自己的影响力。提高自己的声望。这样会有更多的人依附到周围。中国人最讲究以诚待人，讲究知恩图报。"受人滴水之恩，当思涌泉相报"，领导者若能以真诚待我，我又怎能对他耍手腕呢？因此领导者若想得到人才，一定要采取主动，示之以诚，用诚心去感化下属。"攻城为下，攻心为上"，得人莫大于得心，以赤诚之心待人，才能得到下属忠心的回报。

只要与下属肝胆相照、推心置腹，把自己的心交给下属，与下属荣辱与共、生死相依，急其之难、救其之危，设身处地为他们着想，就一定能感动部下的肺腑，拨动部下的心弦，使他们愿意真心地为你的事业效力，心甘情愿地向你敞开心扉。

商战博弈

◎商海拾珠——合作就是找对人◎

现代社会，合作是成功的重要基石。找对人，什么都会变得简单，因为这样合作就不会有障碍。企业规范首先是人的规范，融捷能保持着良好的发展势头，也得益于这一点。

在当今的商业界，将吕向阳和王传福完全脱离开来并不是件容易的事，除了这两人是表兄弟外，更为重要的是，吕向阳是王传福的比亚迪公司第二大股东。正因如此，人们更习惯于将这两个人相提并论，或者是以一个整体来看待。

但吕向阳似乎并不喜欢这样的“拉郎配”。这个出身于农民家庭的企业家自从 1993 年组建融捷公司，直至现在成为横跨多个领域的融捷控股集团，吕向阳始终以鲜明的处世个性和投资理念影响着周围人的看法以及市场的一举一动。当然，不可否认，1995 年吕向阳出资 250 万元和他从中国有色金属研究总院副主任任上下海的表弟王传福一起创立了比亚迪公司，是他商业投资当中浓墨重彩一笔。正是因为这次投资，吕向阳以经营传统产业为主的融捷公司逐渐过渡到以专业投资为主，以充电电池等高科技产业和房地产业为辅的新高度。

当人们津津乐道于“打仗亲兄弟”时，吕向阳给出了不同的答案：

“虽然是表兄弟，我也投资了比亚迪，但我看中的还是传福的秉性脾气，我相信由他统领比亚迪，肯定没有问题，如果换作别人，资金上我肯定会支持一下，但不会盘得这么大。”

事实上也是如此，比亚迪从做锂电池起家，发展到汽车行业的新贵，王传福的个人魅力与影响不可谓不深刻，而这也正是吕向阳投资产业极为看重的一点：选项目就是找对人。深受徽商传统影响的吕向阳认为，人的因素在企业的发展中起着决定性的作用。小企业会因为有杰出的人物而发展壮大，而大企业也因为领导者的堕落而销声匿迹。在他 16 岁进入中国人民银行安徽分行工作开始，他始终以这种“看人观”来结交朋友，这也为他日后的成功积淀了丰厚的人脉基础。

2002 年，中国的金融证券市场正酝酿着新一轮的发展高潮，使证券投资蕴藏着十分诱人的获利机会。这一时期，中国投资者，包括海外的金融大鳄纷纷抢滩金融市场，希望能在这一波的行情中获得高额回报。吕向阳也捕捉到了这一机会。与别的投资人选大公司，大项目的方式不同，吕向阳这一次依旧循着找项目就是找对人的理念，与新疆的一家证券公司频繁接触，最终敲定了合作事宜，融捷集团也由此全面进入了证券投资领域。

人们当然会很好奇：北京、上海有那么多经验丰富，闻名遐迩的国际化的证券公司，为什么吕向阳非要到那么远的地方去找合作伙伴？

“不要怕合作伙伴小，实力差，只要做起来了，就会带来意想不到的收获。找一个可以信任的人比找一家大公司更实际，人选对了，即使项目出了问题，也可以及时解决。然后坚持下去，就一定会成功。”

对于合作伙伴的要求实际上也体现出对于自身的定位，在吕向阳初涉房地产业时，他就对外宣

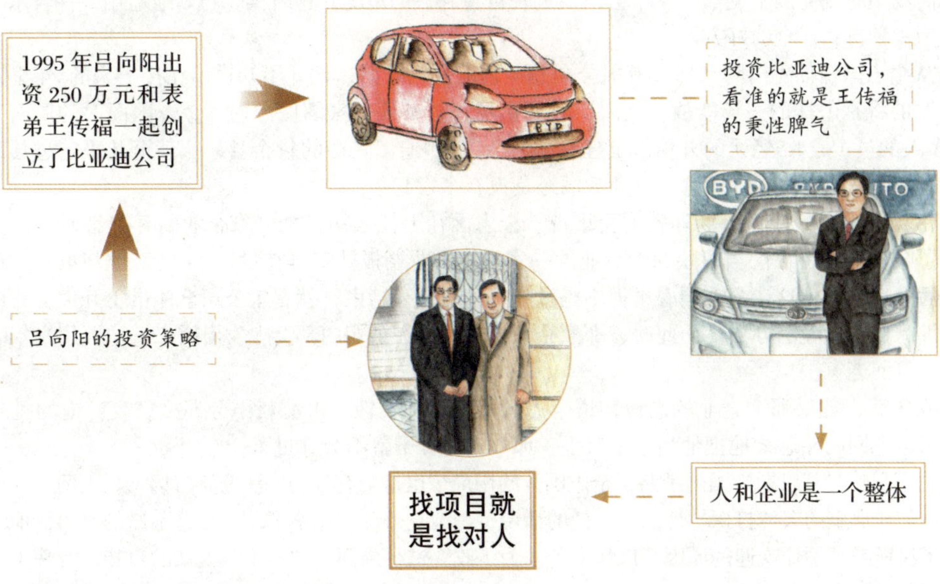

布了自己的“三不”政策：不拖货款，不做烂楼，不吃独食。“我需要找值得信赖的人，而我也必须成为一个值得别人信赖的人，只有这样，别人才可以放下顾虑，全心全意和你合作。”

融捷集团与深圳国际机场联合开发的深圳美万嘉国际装饰材料城无疑是吕向阳这一商业投资信条的完美体现。这座装饰材料城是深圳西部物流中心的重要组成部分，当时与吕向阳一起争夺合作机会的还有广东、福建众多的行家里手，但是深圳国际机场经过前期考察发现，这些企业的资金大多是短期融资而得，存在着较大的风险，而吕向阳却专门为此次合作准备了充裕的资金。这表明吕向阳是真心希望与深圳国际机场合作，来拓展自己的投资领域。

“深圳国际机场看到了我们的实力，这实力主要来自人的意识，我们也正是靠着这样的意识，创造了自己的品牌。国内很多企业把做人和做企业截然分开了，这样的企业是做不长久的。”

这句话在2003年，让越来越多的人在这个新时代的徽商身上发现了一种难能可贵的商业气质。按照吕向阳自己的话说，这倒也算不上什么气质，人和企业是一个整体，很多人做企业，在明白了1＋1=2之后就放手了，他们不会去思考1＋1为什么等于2。

以前的吕向阳事必躬亲，现在的吕向阳变得轻松了许多，这并不是他故意偷懒，也绝非外界传说的“英年早退”。吕向阳的轻松更多的来自整个企业对于自己理念的认同，事实上，在融捷集团最初的发展中，吕向阳放弃了能迅速盈利的项目，重要的原因是合作伙伴无法达到他的要求，这也让底下的员工有不少怨言，毕竟，从某种角度来说，这的确让企业的发展速度降低了许多。

“但是这么多年发展下来，融捷上下的认识基本上统一了，这让我轻松了不少，其实，在做与不做之间，很难抉择，那是一个很耗人的过程。能源、金融和房产都有这样的问题，但不管怎样，基本方向和原则是不会变的，要是变了，我就断送了融捷的前程。”

忤合之术“用之于身，必量身材气势而与之。”衡量这个人的才智、能力、气度制订实施方案。人是最宝贵的资源。选对人，是完美合作的基础。要有发现人才、识别人才的潜力和能力，才能让更多的人推着自己走向成功。

◎机智应变——青啤留着对手防打盹儿◎

“忤合术”包含了“趋合”与“背反”两层意思，具体运用到商业中，就得视具体情况而定了。商场中时刻充满了变数，常常会出现危及自身利益的情况，这时候，巧妙地运用“忤合术”，不失为一种自我保全的好方法。

从金志国担任青岛啤酒西安有限公司总经理的那天开始，他并不知道，在接下来的5年里，他要面对的将是怎样的一场鏖战。当时，陕西市场正被其他两家酒厂占据。金志国面对的局面是：700多人的员工，1.5亿元的外债。上任后的3年，他跑遍了陕西的每个县，“甚至几乎走过县以下的每个乡镇。”但最初，青啤的汉斯啤酒还是没有多大起色。

市场上没有分量，市场外就不受重视。金志国在上任之初参加一家企业的客户答谢会时，就受到了“不公”待遇。当时陕西啤酒业的一家领军企业老板被安排在1号贵宾席，他却被安排在非常靠后的桌子上，这让金志国心里很不是滋味。答谢会一结束，就召集公司全体员工开大会，商讨对付那家乡镇企业的办法。而此时，那家企业老板竟也在公司内部会上发出话来：“要用半年时间把老金打回老家去！”

几年后，如果那个企业的老板知道金志国的实力和秉性，可能就不会那么狂妄。他的挑衅，勾起了金志国的斗志，他把他当一个对手，那个人的日子就不会好过了。

为了尽快打开汉斯啤酒的销路，金志国开始用最笨也是最有效的方法调研市场：三天两头到夜市烧烤摊前和那里的人“打探“情况，用他的话说，烤肉吃得都“吃伤了”。经过不懈的努力，他终于知道了汉斯啤酒不受欢迎的原因：口味太苦。为了改变这种局面，“合乎”大众的口味，青啤生产出了不苦不酸的新产品，运往市场之前，都要先在冰窖里冰镇一下。没想到，新汉斯真的大获成功。

“我清清楚楚地记得，接手时的青啤西安公司年产2万吨酒，亏了2400万元，而在我接手一年后，产量翻了一番还多，还赚了214万元。214万元，这个数字我是永远也忘不了的。仅仅一年，我们就打了个翻身仗。”

如果人们回身看金志国在西安的那5年，完全可以把它看作一场以“弱”胜“强”的战役。虽然青岛啤酒是国企，而且名声在外，但在当时的西安却没有任何优势可言，有的只是亏损和毫无销路的窘境。金志国当时的赴任，实质上背负了沉重的压力：只能赢不能输。处在低处，才更能锻炼一个人的能力。金志国在困境中独当一面的能力就是在那一时期磨炼出来的，这也为他以后迎战更强大的对手奠定了基础。

2008年7月，全球第一大啤酒集团英博宣布收购AB公司（Anhersev—Busch安海斯—布希公司），这让刚刚就任青岛啤酒董事长的金志国如坐针毡。AB公司是青啤的第二大股东，拥有其27%的股份，这次收购如此迅捷，让金志国始料未及：一个全球性的啤酒生产商竟在一夜之间被对手吞并，他非常震撼。金志国隐约地感到，一场大战即将打响，而青啤的局势极其不利。

他知道，英博收购AB的原因之一，是看中了青啤的控股权。2001年的时候，他就和英博“掰”过手腕。当时，英博提出可以和青岛啤酒合作，但必须控股。青啤怎么能答应让外资把控自己的命运呢？当即予以回绝。但此时已今非昔比，英博收购了自己曾经的第二大股东AB，只要再增持很少的份额，就会超过青岛国资委成为第一股东，这种局面是所有人都不想看到的。

英博一边的表现也极其彪悍。在完成此次收购不久。英博全球总裁就专程来青岛与金志国见面，这个外国人的作风确实让金志国不敢掉以轻心：他没带一个秘书，只身一人坐商务舱往返美国和青岛。他的干练和强势给金志国留下深刻印象。这个对手太强大，金志国的心里出了一身冷汗。

他最担心的就是它不遵守青啤就AB签署的“AB不得增持青啤股份”的协议。因为这个原因，

金志国的不眠之夜就开始了，戒了3个月的烟也重新抽了起来，有时半夜三点起来也还是抽烟。金志国一方面要“趋合”英博，另一方面又要保全自我。他知道，到了布局的时候了。

金志国巧妙地运用了“忤合术”和“飞箝术”，打出了4张牌。

“情感牌是‘大王’，我要找各级领导，形成联盟。丢了青啤，是我的责任，但青岛市领导、省领导乃至中央领导对民族品牌情感上都过不去。第二张法律牌是重点。英博得履行我们与AB之间的协议，如果不履行就打官司，起码打三五年。第三张牌是行政牌。《反垄断法》刚出台，如果政府认为英博的行为是垄断，不予批准，也是一种控制。第四张牌是管理牌。假如英博最后控制了青啤，我们的管理团队就撂挑子，给它压力。”

四张牌已经出齐，就等着英博出招。最终盘活大局是金志国的第四张牌。2008年11月，商务部给英博收购AB做了四条限制条款，其中之一就是：不得增持AB现有27%的青啤股份。金志国的心总算落了地，但局势还没稳定，麻烦又来了。

受“金融危机”的影响，英博背后的投行遇到资金困难，英博本身的资金问题也得不到解决，AB的市值在危机中大大缩水，无奈之下，英博决定卖掉手里27%的青啤股份，最可能的买家是朝日啤酒。如果此次交易达成，朝日啤酒只要再买入4%的青啤股票就可成为其第一股东，形势仍然险峻。好在最后是虚惊一场，此次交易被香港证监会制止。

但是英博持有27%的股份，英博资金困难，青岛啤酒一定会受影响。在这关键时刻，金志国打出了最后一张牌。他告诉自己在中欧商学院的同学福建“首富”陈发树，英博转让青啤股份的事，陈树发就和英博接上了头，交易就这样达成。“忤”了英博，“合”了自己。

在连续阻止了几家大公司妄图控股青啤的行为后，金志国说了这样一句话：“我就是守门员，需要做的就是，不让外资的球射进青啤的球门。”毫无疑问，他做到了。

无论是面对西安啤酒市场原本就有的对手，还是后来的国际资本大鳄，金志国领导的青岛啤酒几乎都是处在被动的处境之中。面对强大的对手，金志国“忤合”有道，他通过自己的运筹帷幄和关键时刻的冷静沉着，终于保住了青啤的一方水土，青啤也在这一过程中不断强大。

◎身先力行——张亚勤的“行动规则”◎

《忤合第六》曰：“非至圣达奥，不能御世；非劳心苦思，不能原事；不悉心见情，不能成名。”这段话的大意为：“作为纵横策士，不能像圣人那样穷尽世理、穷尽隐曲事物之理，就不能立身处世、治理天下。不能费尽心神地去思索，就不能究察事物本原。不能用尽心力去考察事物真情，就不能成就名业。”由此可以看出，要成就一番事业，自己首先就应该身体力行，“身先”才能“率人”。

张亚勤正是靠着行动，才一步步坐上微软（中国）研发集团总裁的位置。

12岁那年的夏天，张亚勤因为肝炎突然病倒在床，那时，离高考还有两个月。心疼儿子的母亲让他放弃这次考试，安心在家养病，张亚勤却说：“让我去试试吧，不考，等于考了0分。”面色还有些发黄的张亚勤就这样考入了中国科技大学少年班。

从那时起，一种潜在的思维就在默默地影响着他：行动，或者因为自己的行动而影响周围的人和事。而强调行动的张亚勤却不是喜欢和外界发生冲突的人，他温厚乐观、笑容可掬，这点，也是吸引微软总裁比尔·盖茨的原因之一。所以，2003年10月，盖茨赶赴北京与中国国家领导人会面外，另一件重要事情就是邀请张亚勤到雷蒙德，负责移动和嵌入式设备的全球开发。而此前的三年，张亚勤每年都会飞到美国的雷蒙德展示自己在移动方面的技术，只是微软相关部门的进展不能令人满意，盖茨就注意到了这个每年都会来到自己身边的人：为什么不让他试试呢？

有的人不用做什么，他本身就代表了某种吸引力和改变的可能。“和大多数选择回国的研究员一样，我不是被亚勤说服来北京的，而是主动来的。”说这话的是微软亚洲研究院某位高管，在他眼中，张亚勤的成绩已经不须他过多地鼓动别人，他就是最好的广告。但是达到这样的程度，张亚勤也经历了一番历练。

少年张亚勤带病求学。

刚到雷蒙德的时候，张亚勤在微软的工龄只有5年，而他现在手底下的四位高管的工龄加起来超过70年，固守的思维、刁钻的难题。更让他头疼是移动与嵌入式部门庞大的人员数量以及与这个部门有众多关联的其他部门。

“当时在全球我们大概有1000人在工作，而Window Mobile（移动）几乎和所有产品部门都必须有紧密的联系。”但他决定，即使有再难的问题摆在他面前他也要试试。

入住雷蒙德后几个月，张亚勤给身在美国的4万名微软员工每人发了一封电子邮件，内容是，邀请他们使用“微软手机”。微软手机是第一款在微软内部测试使用的手机。它功能齐全，已经具备了当时商务手机所应具备的所有功能。其中，多媒体、3G等功能是张亚勤加入这个部门后坚持补全的，这也是他来到雷蒙德后做的第一件事。

张亚勤的这个邀请在微软内部引起了很多反响，员工回馈众多，“我第一天收到的邮件就有700多封。”这或许令当时的张亚勤有些始料未及。而更令他想不到的是，对“微软手机”最关心的还是自己的老板比尔·盖茨，“他几乎每天都给我发一份邮件，问我手机项目的最新进展，有几次，他甚至和我讨论具体的技术细节。”

2005年，在美国的一次Window Mobile的新品发布会结束后，张亚勤遇到了松下在美公司的首席执行官，他看到对方的手机上有Window Mobile软件，就径直走过去询问是否好用。当时，那人并不知道张亚勤的身份，就先说了一番好话，当他知道张亚勤就是这款产品的创办者后，他的表情就严肃起来：“那我得好好给你提点意见了。”

一个全新的产品思路就被启发出来，而张亚勤的这个新想法促使移动和嵌入式产品部门抛弃原有的落户的商业模式，进行了新的探索。他们当时组建了微软著名的团队，这也是微软历史上第一次专门成立一个团队与手机商、运营商等进行合作。

“这个部门当时只有20人，现在发展到200人，它的存在很大程度上改变了Window Mobile的产品研发、合作和经营模式。”现在，微软的移动业务已经与47个设备制造商和115个移动运营商有合作关系，但是，巨大成绩的背后，张亚勤看到的却是另一些东西。

“我看到的是两个层次的融合，多年来改变整个人类交互方式的两个最重要方面，一个是数字化，把你的信息表示方式的改变，另一个是网络化，即信息链接的方式。”

张亚勤没有说成绩，他坚信行动改变一切。当一切发展顺利后，有人问他到底是怎么做到这些的，他笑着说：“就靠这一双手。”

在张亚勤的故事中，他略去了惊心动魄的商战，转而用自己的行动阐述了一个理念：不管是“卸事”、“园事”，都应该行动，行动力能够改变现状，能为自己带来价值上的提升。

职场之道

◎借故拖延——拒绝也有方法◎

所谓“忤合术”，讲的就是关于分合与向背的问题，是一种辩证处世的技术。在职场中，难免会出现“不合”，这就需要我们“反忤”，“背离”，学会拒绝。拒绝便是一种常见的“反忤”，一般人都不太好意思拒绝别人，但在很多情况下，我们为了避免多余的困扰，对一些不合理或不合自己心意的事有必要拒绝。但是，拒绝别人又容易伤害对方自尊心，这样就会造成不必要的麻烦。因此，实行“忤合术”，拒绝别人的请求时，应该三思而言。

当对方提出请求后，不必当场拒绝，你可以说：“让我再考虑一下，明天答复你。”这样，你不仅赢得了考虑如何答复的时间，也会使对方认为你是很认真对待这个请求的。可见，拒绝也是一门学问。

某位作家接到老朋友打来的电话，邀请他到某大学演讲，作家如此答复：“我非常高兴你能想到我，我将查看一下我的日程安排，我会回电话给你的。”这样，即使作家表示不能到场的话，他也就有了充裕时间去化解某些可能的内疚感，并使对方轻松、自在地接受。

陈涛夫妻俩下岗后，自谋职业，利用政府的优惠贷款开了一家日用品商店，两人起早摸黑把这个商店办得红红火火，收入颇丰，生活自然有了起色。陈涛的舅舅是个游手好闲的赌棍，经常把钱输在了麻将台子上，这段时间，手气不好又输了，他不服气，还想扳回本钱，又苦于没钱了，就把眼睛瞄准了外甥的店铺，打定了主意。一日，这位舅舅来到了店里对陈涛说：“我最近想买辆摩托车，手头尚缺5000块钱，想在你这借点周转，过段时间就还。”陈涛了解舅舅的嗜好，借给他钱，无疑是肉包子打狗。何况店里用钱也紧，就敷衍着说：“好！再过一段时间，等我有钱把银行到期的贷款支付了，就给你，银行的钱可是拖不起的。”这位舅舅听外甥这么说，没有办法，知趣地走了。

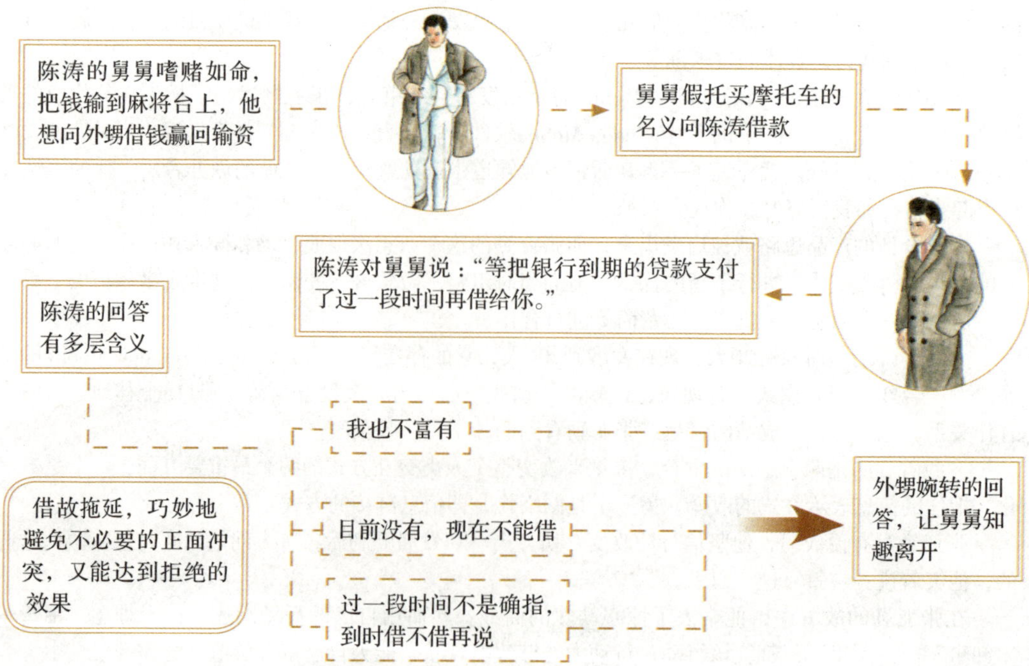

陈涛不说不借，也不说马上就借，而是说过一段时间，等支付银行贷款后再借。这话含多层意思：一是目前没有，现在不能借；二是我也不富有；三是过一段时间不是确指，到时借不借再说。舅舅听后已经很明白了，但他并不心生怨恨，因为陈涛并没有说不借给他，只是过一段时间再说而已，给了他希望。

可见，“忤合术”在职场和生活中随时都有用武之地。但是在“忤”的时候，应该学会点“花言巧语”，“忤之有理”，“拒之有理”。这样，处理事情时，就能巧妙地避免不必要的正面冲突，又能达到拒绝的效果，且不伤和气。

◎合群共事——不做职场独行侠◎

“忤合术”里面提到，要想“成于事”，就必须“或离于此，合于彼；或合于此，离于彼”。是合是离，都需要自己的审视判断。身处职场的年轻人，如果想在事业上取得成功，首先在公司内一定要跟同事相“合”，建立起良好的人脉。不“合”反“离”，你就会被排斥在同事圈外，成为独行侠。这样，大家就会疏远你，一切好的升迁机会都不会轮到你，因为你没有支持者。

费文是个时尚的年轻人，喜欢重金属音乐，又有点小资情调。毕业后，他进入一家日化公司从事销售工作，凭着机智和良好的口才，他的销售成绩相当不错。可是费文却觉得有点孤独，他觉得同事不是老古板就是没内涵，因此，他在公司里几乎没有什么朋友，下班了就约上自己的死党去泡吧。公司有集体活动费文也很少参加。同事拉他去唱歌，他说他对口水歌不感兴趣，公司举办舞会，他说那是群魔乱舞，自己可不想被体重超标的女同事踩来踩去……总之，公司的活动他是能躲就躲，去了也只是意兴阑珊地待一会儿赶快走。同事们都生气地说：“看来是我们格调太低，不配和人家来往。”领导对他也颇有微词。

一年后，同他一起进公司的人，除了他和几个业绩太差的，普遍都获得了提升，他愤愤不平地去找领导，质问为什么对他另眼相看。领导淡淡地看了他一看：“这要问你自己吧！你真的把自己当成公司中的一员了吗？在公司里你有关系不错的同事吗？人缘这么差，即使我提升了你，谁又肯听你的呢？”费文根本无法回答领导的问题，灰溜溜地走了。

公司就是一个大圈子，费文不懂得搞好公司内部的人际关系，缺乏团队精神，结果成了公司的特殊分子，只能做最基础的工作，无法获得提升的机会。这也是生活中很多人都存在的问题。他们

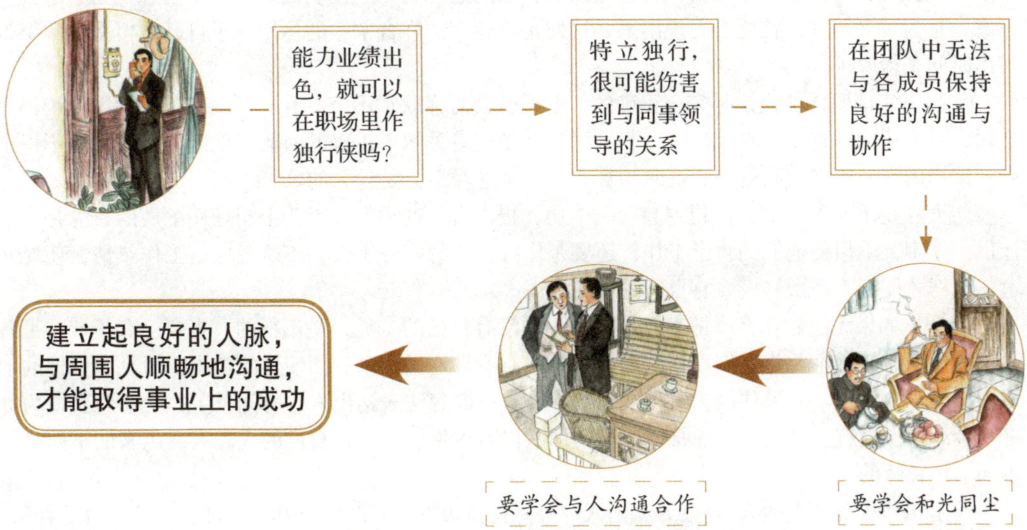

不屑于加入公司内部的交往圈子，结果他们在公司内的人缘越来越差，自己逐步被孤立，提升也就无从谈起了。

陈述的舅舅是某公司的总经理，舅舅觉得陈述是个人才，好好磨炼一下，将来可以在事业上给自己帮助，于是陈述就参加了公司的招聘，并以优异的成绩进入了公司。为了让陈述接受锻炼，舅舅特意嘱咐他隐瞒两人的亲属关系，好好工作。上班之后，陈述觉得舅舅的公司存在很多问题，在他眼里，相当一部分员工，包括他的顶头上司都是不称职的，再加上认为自己身份特殊，因此他当起了“独行侠”，很少与同事来往。上班近三个月，在公司里，他竟然没有一个比较说得来的同事。不仅如此，他那骄傲狂妄的态度还着实惹恼了不少人。陈述的舅舅对陈述的工作成绩还算满意，但还想知道陈述在其他方面的表现如何。一次路过员工休息室时，无意中听到了员工对陈述的评价：“唉，你们说陈述那小子像什么？像不像开屏的孔雀？”“什么？孔雀？太抬举他了吧！我看倒像茅坑里的石头——又臭又硬！”“看他一副狂妄的样子！他有什么了不起的啊！幸亏他只是个小职员，他要是经理，尾巴还不翘上天去啊！”“他要是经理啊，我看一半员工都要辞职……”总经理大吃一惊，他没想到陈述的人缘竟然这么差，他又找来了陈述的部门主管，故作不经意之态地提起陈述。结果部门主管说：“他的能力是有的，但在处理人际关系方面有很大问题。老实说，我是领导，不希望手下有这种员工，他已经给我们部门的团结带来了危害。我正想跟人事部门打招呼呢！”第二天，陈述离开了公司，临走前舅舅送给他一句话：进入了一个圈子，你就得适应这个圈子。

一个无圈可依、人缘极差的人是无法在公司里的交际圈中生存的。不“合群”，喜欢特立独行的人，仅凭自己的能力，是办不好事情的。试想人人都排斥你、讨厌你，你怎么能把工作做好呢？为了成为有杰出表现的人才，我们就必须在公司内培养好人缘，懂得“合群共事”，与同事建立起了感情，才能得到大家的信任，才能融入一个圈子中去。

◎意见相反——不可直谏◎

“趋合”与“背反”是鬼谷子“忤合术”的核心。要运用好“忤合术”，就得相时而动，伺机而言。

人贵有自己的独立见解。当今社会，毫无主见的人是没有立足之地的。但是，自己的主见往往“合于彼而离于此”，以至于“计谋不两忠”。作为下属，如果不赞同上司的意见和见解，要勇于说“不”，这便是“忤”。一般而言，只要你认为自己的意见是完全正确的，你的不同意见是为了公司考虑，是为了上司好，就要努力说出来，这便是“合”。“忤合术”的运用在于自己，但是其效果就得由时间来检验了。

如果事实证明你的提议是完全正确的，上司就会对你欣赏不已。有的下属在工作中因为怕得罪上司，对上司的一言一行唯唯诺诺；当上司的意见或者见解不正确的时候，他即便知道，也不提出来。这样的下属或许会赢得上司一时的喜欢，但是绝对不会是长久的。

想要赢得上司的青睐，就得“趋合”上司，提出自己的主见。因为上司任用下属的目的是为了让他们做事，不但要他们为自己工作，还要工作好。要想好好工作，不能只凭借工作热情，还要知道怎么样才能把工作做好，要有自己的主见。

一个人如果无论做什么事情都要依赖别人、没有自己的主见，是不行的。当自己有了什么见解或者想法的时候，不要将它们埋在脑海里，要敢于主动地说出来。即使你的意见或者见解和你的上司相反也不要害怕。如果你因为害怕上司，不将自己的想法表达出来，时间长了，上司就会以为你是不会思考、没有主见的人。通常情况下，那些没有主见或者不将自己的主见表露出来的下属是得不到上司青睐的。

与上司持相反观点的人，往往容易陷入“是坚持真理，还是照顾上司面子”的怪圈。“合不拢”，

向上司提议时，谈话技巧至关重要。

又“不敢忤”，这样往往禁锢了自己的思想。上司不是万能的神，不可能解决所有的问题，他们需要下属的帮助，需要下属经常向他提出好的意见。

对于那些强力相谏的人，上司头疼的不是他提的意见，而是意见的提出方式。例如：“主任，您刚才说的观点完全错了，我觉得事情应该这样处理……”或者“主任，您的办法我不敢苟同，我以为……”这些方式首先否定了上级意见的全部，后面的观点让上司觉得脸上挂不住，故一开始领导心中就产生了对下属意见的抑制思想。

所以，运用“忤合术”的时候就必须结合“揣术”、“飞箝术”。如果能琢磨透上司的心思，抓住上司意见中的某一处被你所认同的地方，加以大力肯定，然后再提出“反忤”的意见，不仅表达了见解，还容易被接纳。因为你一开始肯定上司的某一处价值，就已打开了进入上司大脑意见库的大门。

例如:“主任说得对，在某某方面，我们的确应当给予充分的重视，这是解决问题的前提之一，我认为，除此之外，我们还应当……”后面提了观点，然后重点在于论证过程，说理、举例，指出不这样做的后果，让上司意识到你的观点从实践上更加可行。最后结束发言之时，千万别忘了强调你提出相反意见的出发点。

“因此我想，如果能这么做，排除这个问题是不费吹灰之力的，公司也能以更高的速度发展。”听了这话，上司会意识到你的一切意见的最终目的，都是为了公司的前途，你的意见被采纳的可能就不言而喻了。

向上司表示反对意见时，不仅要有充分的理由，而且要说得使他完全信服。同时，说话技巧的运用也不能不讲究。首先，你可对上司的建议表示一番赞扬，如你可说：“太好了！”“我恐怕它太好了！”然后对这个建议的优点大概做个分析，阐明你能认同的原因。

紧接着点出这个建议的局限性，让上司意识到这个建议存在的不足，从而让其动摇对这个建议的坚持。这时，你就可趁机推出你的建议，并详细分析这个建议的优点，从而让上司认识到你的建议要优于他的建议。采用这种方法既满足了上司的自尊心，同时也不会使他产生不悦。待他作一番详细的斟酌后，他就极有可能推翻自己的建议，采纳你的了。

在向上司提建议，特别是要表达相反的意见时，一定要仔细研究对方的特点，不能粗心大意，不考虑对象，不分析形势，只知冒冒失失去据理力争。聪明的人实施“忤合术”时都会根据具体情况而言，在某些场合，则采取迂回战略，进行迂回说理。

据说秦始皇一度异想天开，打算把打猎游乐的园林东延至函谷关，西扩至雍、陈仓一带。这样一来，几千万亩农田将成为牧场。优旃听到这个消息，想反对秦始皇这一决定。于是，他找了一个秦始皇兴致较高的时候探听虚实：“听说皇上要扩大园林。”

“是有这么回事！”秦始皇得意地说。

“那真是太好了！不过我还有个小小的建议，希望您在园中最好再尽量多育养各种飞禽走兽，特别是要多养些麋鹿，一旦有敌人从东方来进攻，咱们让这些麋鹿去顶他们就行了。”

秦始皇听了，哈哈大笑。再一想，明白了优旃的话，觉得自己的做法确实不妥，于是把扩大园林的事搁下了。

要反对秦始皇的决定，优旃当然不可以直言进谏，那样容易触怒皇帝，招来杀身之祸。因此，他采用迂回曲折的方式进行说理，让秦始皇在一笑之间明白真理，并改变了原来的主意。

揣篇第七

◎经典再现◎

【提要】

“揣术”讲的是“量权”和“揣情”，是游说的开始，本篇特指揣测人主之情，主要讲揣测人主之情的方法和意义。量权，强调要善于权量天下权势。即对一国的经济实力、兵员情况、地理位置、人才有无、国际联盟、民心背向等进调查研究。揣情，强调要揣摩诸侯的实情。即选择有利时机，通过观察、询问、试探等手段，掌握君主的打算、意向等。

《鬼谷子》认为：要掌握天下大事，必须善于“量天下之权而揣诸侯之情”，也就是要权量权势以计划国家大事，揣摩实情以游说列国君王。从而作出准确的判断，制定自己的计谋策略，最终达到自己的目的。

运用“揣术”，一定要善于观察，掌握对方的具体情况。“揣情”准确与否，直接关系到游说的成败。“故计国事者，则当审权量；说人主，则当审揣情”。可见，量权、揣情是谋略的根本，游说的法则。

【原文】

古之善用天下者①，必量天下之权而揣诸侯之情②。量权不审③，不知强弱轻重之称④；揣情不审，不知隐匿变化之动静⑤。

【注释】

①善用：善于使用。此指善于处理天下政治事件。②量：衡量。权：此指政治情势变化。③审：缜密谨慎。④称：相当，相符。引申为与实际情况相符的信息。⑤动静：此指动态信息。

【译文】

古时候，那些善于处理天下纠纷进而操纵天下局势的人，必定能准确地把握天下政治形势的变化，必定善于揣测诸侯国君主的心性意向。如果不能缜密细致地把握天下政治形势的变化，权衡利害，就不知道哪个诸侯国真正强大、哪个诸侯国确实弱小；就不能真正了解哪个诸侯国在国际外交中举足轻重，哪个诸侯国处在无所谓的位置。如果不能准确地把握诸侯国君的心性意向，就不能真正掌握那些隐秘微暗的信息和瞬息万变的世情。

【原文】

何谓量权？曰：度于大小①，谋于众寡②，称货财有无之数③，料人民多少④，饶乏有余不足几何⑤；辨地形之险易，孰利孰害；谋虑孰长孰短；揆君臣之亲疏⑥，孰贤孰不肖；与宾客之智慧⑦，孰少

善于揣测君王之心，才能不处于危惧之地。

孰多；观天时之祸福，孰吉孰凶；诸侯之交[8]，孰用孰不用[9]；百姓之心，去就变化，孰安孰危，孰好孰憎，反侧孰辩[10]。能知此者，是谓量权。

【注释】

①大小：指国土。②众寡：指国民。③称：此指衡量。④料：估算。人民多少：古时征兵按户出兵，人民多即兵员多，反之则少。⑤饶乏……几何：指民众财力情况。⑥揆（kuí）：推测揣度。⑦宾客：此指门客。战国时期的政治家，争相养门客以备用。⑧交：交际，引为联盟。⑨用：可用，危难相济。⑩反侧：反过来覆过去。此指民心背向。辩：通便。便，此指对哪方有利。

【译文】

怎样才叫权衡得失呢？就是说，要衡量国土的大小，要考虑国民的多少；要衡量国家经济实力强弱；要估算国民户数有多少，他们的财力、贫富情况怎样；要考察一国的山川地貌的险要与平易，利于自己固守还是利于敌方进攻；考察某个国家是否有真正的善谋之士；要推断某个国家中君臣关系怎样，君主是否英明，臣子是否贤能；要推断某个国家中客卿、门客中有多少智识之士；要观测天象运行的变化对哪方有利，对哪方有害；要考察诸侯间的结盟关系，是否真能危难相济；要考察民心向背，是否能笼络住民心，什么是百姓喜好的，什么是百姓厌恶的；民心的变化对谁有利，反叛是否会发生。在准确把握上述事态的发展变化之后，才能把握天下政治形势的变化。

【原文】

揣情者，必以其甚喜之时[1]，往而极其欲也[2]，其有欲也，不能隐其情；必以其甚惧之时，往而极其恶也[3]，其有恶也，不能隐其情，情欲必出其变[4]。感动而不知其变者[5]，乃且错其人[6]，勿与语而更问其所亲[7]，知其所安[8]。夫情变于内者，形见于外[9]。故常必以其见者，而知其隐者。此所以谓测深揣情[10]。

如何测深揣情?

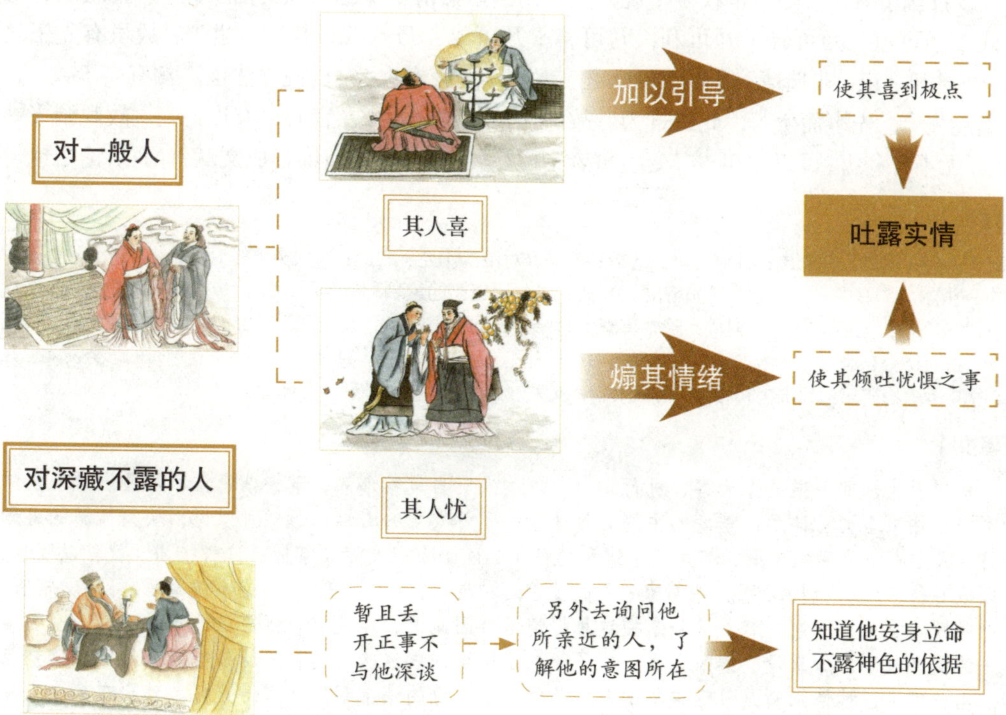

【注释】

①其：此指人主。②极：尽，尽力使其欲望全部倾吐出。③恶：厌恶、害怕之事。④变：此指变态。⑤感动：感情变动，即上述“甚喜”、“甚惧”。⑥错：放开。⑦其所亲：他亲近的人。⑧安：此指心意所在。⑨见：现。见，现古今字。⑩测深：探测内心深处。

察言以明君王之意，观色能知君王之心。

【译文】

所谓揣度情理，必定要选择人主极端高兴、喜悦的时候，这时前去游说，要想办法施加影响使他的情感达到极点，极力引导他尽情吐露自己的欲望。在他吐露欲望的时候，情绪极高，我们就能探测到他的真情。或者选择在人主十分怀疑、戒惧的时候，前去游说，极力引导他倾吐出厌恶、害怕之事。在他倾吐这些真心话的时候，我们就能探测到他的真实情怀。真心情意必定是在他的情感发生极端变化的时候不自觉地表现出来。若碰到那种在情感发生极端变化时也不表露真情的人，就暂且丢开正事不与他深谈，而另外去询问他所亲近的人，了解他的意图所在，可以知道他安身立命不露神色的依据。一般说来，内心感情发生剧烈变化，一般是会通过人的外在形貌表现出来的。所以，通常情况下，我们都是依据对方外在举止行貌的变化去揣测他内在隐藏的真情实意，这就叫作探测人的内心深处而揣度人的情意。

【原文】

故计国事者①，则当审权量；说人主，则当审揣情；谋虑情欲必出于此②。乃可贵，乃可贱；乃可重，乃可轻；乃可利，乃可害；乃可成，乃可败。其数一也③。故虽有先王之道④，圣智之谋，非揣情，隐匿无可索之⑤。此谋之大本也⑥，而说之法也。常有事于人⑦，人莫能先⑧，先事而生⑨，此最难为。故曰揣情最难守司⑩，言必时有谋虑⑪。故观蜎飞蠕动⑫，无不有利害，可以生事⑬。变生事者，几之势也⑭。此揣情饰言成文章⑮，而后论之也。

【注释】

①计：合计，筹划。②谋虑：计谋打算。③数：方法，对策。④先王之道：古代贤王的治理经验。⑤索：寻求。⑥本：根本。⑦有事：指策划、实施行动。⑧先：指先于自己的策划和行动而察觉。⑨生：指预测揣情，获得信息。⑩守司：把握。⑪时：窥伺，暗中审察。⑫蜎（yuān）飞蠕动：蚊子飞行，虫子爬动。蜎，孑孓，此指蚊子。蠕，绦虫、蛔虫等动物。⑬生事：发生事端。此指有目的的行动。⑭几之势：事端刚起时的形势。几，几微，引申为事物初起。⑮饰言：修饰言辞。文章：文采。此指言辞富于条理，有煽动性。

【译文】

所以说，那些筹措国家大事、进行政治斗争的人应当审察形势，掌握信息，而那些游说人主的人则应当注重全面、详尽的揣度人主的心意欲望，了解人主的心性品行。可以说，决策措施的筹划也好，人主真情的探测也好，都是出于这种揣情术，以此为出发点。掌握了这种技术，就可以富贵，可以取高位，可以获利益，可以得成功；不能掌握这种技术，就可能贫贱，可能不被重用，可能受祸害，可能失败。其关键所在，就看能否掌握这种揣情术。因此说，即使有古代贤王的治世经验，有圣智之士的周密策划，如果没有揣情之术，便不能真正懂得这些经验的奥秘，就不能有效地实施这些策划。由此可见，揣情术真是策划事物的基本条件，是游说的法宝啊！常常是这样，就要在某个人身上发生重大变故了，但这个人并不能预先测知。在事情发生前便能测知将要发生的事件进程，这是最难做到的。所以说，揣情术的精髓是最难把握的，我们必须学会从对方的言辞中窥探他的决策和策略。你看那蚊子的飞动和虫子的蠕动，无一不是为利害所驱使，无一不是趋利避害的有目的的行为。能在变化中掌主动权的人，都善于掌握事物初起时的形势而拨动之。这就要求我们掌握揣情术，善于修饰言辞，使说辞有条理、有煽动性，而后再采取有目的的行动，达到我们的政治目的。

为人处世

◎不看表面——知人知面要知心◎

俗话说，“人心隔肚皮”，知人知面未必就能知心，而知心才是最重要的。一个人被陌生人捅了一刀那叫皮肉伤，而要是被最亲密的朋友捅了一刀，就犹如万箭穿心，那才叫伤心。

人是形形色色的，有刚直的人，有卑鄙的人，有勇悍的人，有懦弱的人，有豪侠的人，有小心眼的人，有木讷的人，有果断的人，有清逸的人，有庸俗的人，有持重的人，有诚实的人，有狡诈的人……面对形形色色的人，你只有用“心”审视他，详察他，明辨他，而后慎用他，才能在人际交往中始终立于不败之地。

假如，和我们交往的是位品德高尚、见义勇为、助人为乐的人，那么，即使其外表并不英俊潇洒，我们也会与之和谐相处。但假如我们所见到的是一个虚伪而自私的人，尽管此人仪表堂堂，举止文雅，我们只会觉得他道貌岸然、虚伪狡猾。

唐玄宗时，由李适之和李林甫两位宰相共同辅政，李适之为左相，李林甫为右相。李林甫一直在寻求机会扳倒李适之，以便独揽大权。

当时，唐玄宗沉湎酒色，穷奢极欲，弄得国库日渐空虚。满朝文武都很着急，日夜思谋开源节流之计。最后，皇上也感觉到了财政危机，下诏让两位宰相想办法。形势所迫，二人都很着急。但李林甫最关心的却是如何斗倒政敌，看着李适之像热锅上的蚂蚁，李林甫生出一条毒计来。

散朝之后，李林甫趁机跟李适之闲扯，说着说着，他装作无意中说出华山藏金的消息。他看到李适之眼睛一亮，知道目的已经达到了，便岔开话题说别的。

唐玄宗晚年沉湎享乐。

李适之性情疏率，一心想着国事，没有看出李林甫的诡计。忙不迭回家，洗手磨墨写起奏章来，陈述了一番开采华山金矿，以应国库急用的主张。

唐玄宗一见奏章大喜，忙召李林甫来商议定夺。李林甫看了奏章，装出欲言又止的样子。

玄宗见他吞吞吐吐，就催道：“有话快讲！”

李林甫压低了声音装作神秘地说：“华山有金，众所周知。只是这华山是皇家龙脉所在，一旦开矿破了风水，国祚难测，后果可想而知。”“噢，”玄宗听罢一激灵，“是这样。”继而点头沉思。

那时，风水之说正盛行，认为风水龙

李林甫对李适之妄称可自华山采金，充盈国库。

脉可泽及子孙，保佑国运。今听得李适之出了这样的馊主意，玄宗刚才的高兴顿时烟消云散。李林甫见有机可乘，忙说："听人讲，李适之常在背后议论皇上的生活末节，颇有微词，说不定，这个开矿破风水的主意是他有意……""别说了！"玄宗心烦意乱，拂袖到后宫去了。李林甫见目的达到,心中暗喜,点着头走了。

自此，玄宗见了李适之就觉得不顺眼，总是找机会给他难堪，最后干脆找了个过错，把他革职了。朝廷实权，便落在了李林甫手中。

李林甫是典型的"口蜜腹剑"之人，对这种人一定要多长心眼，提防着点。李适之显然知道他与李林甫之间的利害冲突，但他就是性情疏率，才会轻信了李林甫的话，结果被革职了还不知道是为什么。

由此可见，人的本质平时一般都隐藏着，看不见又摸不着。只有眼观六路，多一个心眼，善于揣度人心。才能既看到别人的正面，又看到别人的反面，才能真正了解别人的心，吃透别人的本意。

希腊有句古话，"很多显得像朋友的人其实不是朋友，而很多是朋友的倒并不显得像朋友。"一句话道出了人心叵测的关键。很多人在危难的时候才发现，背叛自己、出卖自己的往往是十分信赖的朋友，而曾被怀疑的人却成了自己的救星，真是可笑又可悲。世上有很多人心口不一、表里不同，要看出来真的很难，学会揣摩人心，用"心眼"去看，才能看得清清楚楚，免受祸害。

李林甫向玄宗进谗言诬蔑李适之欲断龙脉。

◎见机行事——冯道锐眼寻"伯乐"◎

"不管你承认不承认，我们每个人在一生中都会有足够的机遇，关键是我们有没有准备，能不能把握。准备，就是知识和能力的储备，把握，就是敏锐的眼光和拥有迎接机遇的有效方法。这里所谓"有效方法"，其中最重要的就是迎合"伯乐"的眼光。这在求职时尤其需要注意。

冯道原在幽州做小吏，后因得罪上司投靠了晋王李存勖。李存勖后来即位建立后唐，冯道继续在新朝做官，官至宰相。后唐明宗去世以后，他的儿子李从厚即位。李从厚即位不到四个月，同宗李从珂即兴兵来伐，要夺取帝位，李从厚得到消息后，连臣下也来不及告诉，就慌忙跑到姑夫石敬瑭的军中。第二天早上，冯道及诸大臣来到朝堂，找不到皇帝，才知道李从珂兵变，并率兵往京城赶来。冯道这时一反常态，极出人意料。他本是明宗一手提拔，从寒微之族被任命为宰相的，按理说，此时正是他报答明宗大恩的时候。但冯道所想的是李从珂拥有大军，且性格刚愎，而李从厚不过是个孩子，即位以来尚未掌握实权，为人又过于宽和优柔，权衡了利弊之后，他决定率领百官迎接李从珂。就这样，冯道由前朝的元老重臣摇身一变，又成了新皇帝的元勋。只是李从珂对他实在不放心，不敢委以重任，把他放到外地任官，后来又觉得过意不去，把他调回京中，给了他一个没有多大实权的司空之职。

李存勖后来即位建立后唐，冯道继续在新朝做官，官至宰相。

不久，石敬瑭同李从珂发生冲突，在契丹人的支持下，石敬瑭打败了李从珂，做了中国历史上臭名昭著的“儿皇帝”。他以恢复明宗为号召，把原来明宗的官吏大多复了职，冯道也复职了。石敬瑭对他既往不咎，冯道也乐得当宰相。

冯道辅佐耶律德光。

石敬瑭当皇帝的第一件大事，就是实现对耶律德光许下的诺言，交出燕云十六州，自己称“儿皇帝”，尊耶律德光为“父皇帝”。否则，王朝就有倾覆的危险。思来想去，还是派冯道去了。

冯道极其圆满地完成了这次外交任务。他在契丹被阻留了两个多月，经过多次考验，耶律德光觉得这个冯老头确实忠实可靠，就决定放他回去。谁知冯道还不愿回去，他多次上表表示对耶律德光的忠诚，想留在契丹。经过多次反复，耶律德光一定要他回去，冯道这才显出一副依依不舍的样子，准备启程。这趟出差回来，冯道可真的风光了，甚至连石敬瑭都得巴结他。石敬瑭让冯道手掌兵权，“事无巨细，悉以纳之”。不久又加封为“鲁国公”。

石敬瑭的后晋政权只维持了十年多一点儿就完蛋了。后晋开运三年（946 年），耶律德光率三十万军队南下，冯道大概觉得契丹人可以稳坐中原江山了吧，就主动来投靠耶律德光。但耶律德光开始并未重用他。

不久，耶律德光见中原百姓生灵涂炭，便问冯道说：“怎样才能救天下百姓呢？”冯道见机会来了，就装出一副真诚的样子说：“这时候就是如来转世，也救不了此地的灾难，只有陛下才能救得！”耶律德光听了很高兴，慢慢喜欢上了冯道，让冯道当了辽王朝的“太傅”。后来有人检举冯道曾参与过抵抗契丹的活动，耶律德光反为冯道辩护道：“这人我信得过，他不爱多事，不会有逆谋行为，不要妄加攀引。”

在中原百姓的反抗之下，契丹人被迫撤回。冯道随契丹撤到恒州，趁契丹败退之际，逃了回来。这时石敬瑭的大将刘知远趁机夺取了政权，建立了后汉。刘知远一方面想安定人心，笼络势力，一方面冯道也因保护别人而得赞誉，刘知远就拜冯道为太师。

然而，五代时期的政权更迭，真如走马灯一般，令人眼花缭乱。刘知远的后汉政权刚刚建立四年他便死去，郭威就扯旗造反，带兵攻入京城。这时候的冯道，又故伎重施，率百官迎接郭威。他做了后唐明宗的七年宰相，尚且不念旧恩，何况后汉太师只做了不到四年，更是不足挂齿。冯道率百官迎郭威进汴京，当上了郭威所建的后周政权的宰相，并主动请缨，去收服刘知远的宗族刘崇、刘赞等手握重兵的将领。刘赞相信了冯道，认为这位三十年的故旧世交，总不会欺骗他，没想到一到宗州，刘赞就被郭威的军队解除了武装。冯道又为后汉的稳固立了大功。

没过几年，郭威病死，郭威的义子柴荣继位为周世宗。割据一方的后汉宗族刘崇勾结契丹，企图一举推翻后周政权。冯道根据半个世纪的经验，认为此次后周是保不住了，肯定又得改朝换代，自己虽已近苟延残喘之年，还是想要保住官位爵禄。

柴荣当时只有三十四岁，年纪不大，却很有胆识气魄。刘崇、契丹联军袭来时，一般大臣都认为皇帝新丧，人心易摇，不可轻动，但柴荣却一定要亲征，别人见柴荣意志坚定，便愿随出征，不再多说，只有冯道在一边冷嘲热讽。惹得柴荣大怒，他私下里对人说："冯道太看不起我了！"

其实，冯道倒不是看不起柴荣，而是冯道深谙处世之道，想为自己在下一个什么朝代做官留下一条后路，弄一点儿投靠新主子的资本。不久后冯道就死了，他没等到再次改朝换代的时候。

人们常用"墙头一棵草，风吹两边倒"来形容一个人反复无常，一会儿投靠这个，一会儿投靠那个。但如冯道一般，风还没有吹过来，自己就赶忙倒向一边，而且还每每得益。这就不仅仅是见风使舵那般简单了，更蕴含了一种瞻前顾后的眼光和智慧。毕竟"常有事于人，人莫能先。先事而至，此为最难。"

◎用人不疑——孙权坚用诸葛瑾◎

领导者授权后，就要予以信任，不能授而生疑，大事小事都干预，事无巨细勤过问。只要下属有能力完成某项任务，授权后，就应允许他具有一定的自主权，下属职权范围内的事让他自己说了算。只要不违背大原则，大可不必过问，不要随意进行牵制和干预。

孙权拒听谣言，深信不疑诸葛瑾。

自古以来，历代帝王之所以成就大业，有诸多因素，而用人不疑则是一个非常重要的因素。孙权信任诸葛瑾就是一个明证。

《三国演义》为我们奉献了一位"运筹帷幄之中，决胜千里之外"的神仙般的人物——诸葛亮，殊不知他还有一位哥哥诸葛瑾，却在孙权帐下听命。诸葛瑾（公元 174 ~ 241 年），字子瑜，琅玡阳都人。东汉末年，天下大乱，诸葛亮于隆中躬耕陇亩，后经刘备“三顾茅庐”出山为其所用；其兄诸葛瑾，避乱江东，经孙权妹婿弘咨荐于孙权，受到礼遇。初为长史，后为南郡太守，再后为大将军，领豫州牧。

诸葛瑾受到重用，引起了一些人的嫉妒，背后中伤他明保孙吴，暗通刘备，实际上是被他弟弟诸葛亮所用的。一时间，谣言四起，满城风雨。孙吴名将陆逊善明是非，他听说后非常震惊，当即上表保奏，声明诸葛瑾心胸坦荡，忠心事吴，根本没有不忠之事，恳请孙权不要听信谗言，应该消除对他的疑虑。

孙权说道：“子瑜与我共事多年，恩如骨肉，彼此了解得很透彻。对于他的为人，我十分清楚，他向来是不合道义的事不做，不合道义的话不说。刘备从前派诸葛亮来东吴的时候，我曾对子瑜说过：‘你与孔明是亲兄弟，而且弟弟应随兄长，在道理上也是顺理成章的，你为什么不把他留下来呢？如果你要孔明留下来，他不敢违其兄意，我也会写信劝说刘备，刘备也不会不答应。’当时子瑜回答我说：‘我的弟弟诸葛亮已投靠刘备，应该效忠刘备；我在你手下做事，应该效忠于你。这种归属决定了君臣之分，从道义上说，都不能三心二意。我兄弟不会留在东吴，如同我不会到蜀汉去是一个道理。’这些话，足以显示出他的高贵品格，哪能出现流传的那种事呢？子瑜是不会负我的，我也决不会负子瑜。前不久，我曾看到那些文辞虚妄的奏章，当场便封起来派人交给子瑜，并写了一封亲笔信给子瑜，很快就得到了他的回信。他在信中论述了天下君臣大节自有一定名分的道理，使我很受感动。可以说，我和子瑜已经是情投意合，而又是相知多年的朋友，绝不是外面那些流言蜚语所能挑拨得了的。我知道你和他是好朋友，你对我也是一片真情实意。这样，我就把你的奏表封好，像过去一样，也交给子瑜去看，也好让他知道你的良苦用心。”

孙权这一番话，体现了他“用人不疑”的良好品质。后来诸葛瑾一生追随孙权，孙权称帝后，封诸葛瑾为大将军、左都护，领豫州牧。

领导好比树根，下属好比树干，树根就应该把吸收到的养分毫无保留地输给树干。“疑人不用，用人不疑”是我国古代用人的一项重要原则，历代明主对此都非常重视。

◎测深揣情——把话说得恰到好处◎

所谓“揣情”，就是揣度、琢磨人的心理。要做到“测深揣情”，一定要先学会倾听。学会倾听，不仅是对他人的尊重，还可以更好地注意到他人的言谈神色，判断出他人的心理活动，说话的时候就可以有的放矢。做到了这一点，就能揣摩并尽可能地迎合君王之心愿以便得到赏识和宠用。

刘邦殿上论功行赏，鄂君明君意力赞萧何。

汉高祖刘邦建国的第五年，消灭了项羽，平定了天下，应该论功行赏。在这个时候群臣彼此争功，吵了一年都无法确定。刘邦认为萧何功劳最大，就封萧何为侯，封地也最多。但是群臣心中不服，议论纷纷。在封赏勉强确定之后，对席位的高低先后又起了争议，大家都说平阳侯曹参身受创伤七十余处，而且攻城略地，功劳最大，应当排他第一。刘邦因为在封赏的时候已经委屈了一些功臣，多封了许多给萧何，所以在席位上难以再坚持，但心中还是想将萧何排在首位。

这时候关内侯鄂君已经揣摩出刘邦的意图，就挺身上前说道："群臣的决议都错了！曹参虽然有攻城略地的功劳，但这只是一时之功。皇上与楚霸王对抗五年，常常丢掉部队四处逃跑。而萧何却源源不断地从关中派兵员填补战线上的漏洞。楚、汉在荥阳对抗了好几年，军中缺粮，都靠萧何转运粮食补给关中，粮饷才不至于匮乏。再说皇上有好几次逃到山东，都是靠萧何保全关中，才能接济皇上，这才是万世之功。如今即使少了一百个曹参，对汉朝有什么影响？我们汉朝也不必靠他来保全！为什么你们认为一时之功高过万世之功呢？我主张萧何第一，曹参其次。"刘邦听了，当然说好。于是下令萧何排在第一，可以带剑入殿，上朝时也不必急行。

后来刘邦说过："吾听说推荐贤人，应当给予最高的奖赏。萧何虽然功劳最高，但因听了鄂君的话，才得以更加明确。"刘邦没什么文化，在分封诸侯的时候，将一些从前跟着他出生入死、身经百战的功臣比喻为"功狗"，而将发号施令、出谋划策的萧何比喻为"功人"，所以萧何的封赏最多。

明眼人一看就知道刘邦宠幸萧何，所以安排入朝的席位上，刘邦虽然表面上不再坚持萧何应排在第一，但鄂君早已揣摩出他的心意。于是顺水推舟，刘邦自然高兴。鄂君也因此多了一些封地，被改封为"安平侯"。

鄂君揣摩上意，并能找准时机投其所好，这是一种说话的策略。在双方力量悬殊的情况下，不妨运用一下这种策略，以屈求伸。这与两面三刀是不同的，两面三刀是小人的卑劣行径，而投其所好是智者的智慧。再者，两面三刀是阴险诡秘，为人所不齿，而投其所好是为了保全自己而采取的策略。

《红楼梦》第三十四回写道，宝玉挨打以后，丫鬟袭人向王夫人提出了一条建议："如今二爷也大了，里头姑娘们也大了，以后叫二爷搬出园外来住，就好了。"袭人没有想到，这条建议竟然重重地拨动了王夫人的心弦。王夫人不仅对此建议大加赞赏，而且当场暗示，要"提升"袭人。这是为什么呢？王夫人一番感叹透露出个中底细："我的儿！你竟有这个心胸，想得这样周全，我何曾又不想到这里？只是这几次有事就混忘了。你今日这话提醒了我，难为你这样细心。真是好孩子！"

袭人能揣度主人心思，终得另眼相看。

原来袭人的话正与王夫人的积虑暗合，说到了王夫人平日潜在的意念上，引发出王夫人内心强烈的共鸣。王夫人于是做出了非同寻常的反应，说："你如今既说了这样的话，我索性就把他交给你了……自然不辜负你。"

善于观察，做到"测深揣情"，说出的话就会更动听，更容易被他人接受。

◎借力而行——刘盈请贤士◎

秦朝末年，隐居在陕西商洛山中的四位老人，年龄均在80岁以上，且须发皆白，故称“商山四皓”。他们分别是东园公、夏黄公、绮里季、角里先生。此四人修道洁己，非义不动。秦始皇时，见秦暴政，故隐退于商洛山中。但是，这四位归隐之高士，最终走出了深山，到底是源于何事才招来士人之责？这其中又有着怎样复杂的历史背景呢？

汉高祖刘邦和正室吕后只生了一个儿子，名字叫作刘盈。可是刘邦不喜欢这个儿子，一直想废掉刘盈的太子之位，改立自己和宠姬戚夫人所生的儿子。

吕后知道刘邦的心意，于是私下询问留侯张良，希望他能设法保住太子之位。张良推辞说：“这是皇帝家的私事，臣子是无权过问的。”

但是吕后执意要张良想一个好法子。张良推辞不过，便说：“当今天下有四位年高德劭的贤者，人称‘商山四皓’，皇上很敬仰他们，一直想请他们到朝中为官。但四人因为皇上的个性轻慢无礼，动不动就侮骂人，所以隐居在深山之中，不愿出仕。如果太子能准备贵重的礼物，以谦卑恭逊的态度去聘得他们为府中上宾，并让他们时常随太子上朝，以使皇上知道太子有贤人辅佐，这样对太子巩固地位一定有帮助。”

张良献计借力，太子礼聘四贤。

吕后听后，立即派人带着太子的书信，卑辞厚礼地去迎请四位贤人。商山四皓见太子宽仁爱士，与乃父大不相同，便接受了太子的礼聘。

一次刘邦设宴，太子刘盈相陪，商山四皓也跟在太子身边。刘邦见这四个人银发白须，仪表伟岸，便问这四人的来历。四人一一自报姓名后，刘邦大吃一惊，说：“我访求诸位好几年了，诸位一直躲着我，为何如今却愿意与太子往来呢？”

商山四皓赞太子，刘邦意外改初衷。

四人齐说：“陛下轻士善骂，臣等义不受辱，所以才会躲避。然太子为人仁爱恭敬，尊重士人，天下人都愿意为他效力，我们四个老骨头自然也不例外了。”

刘邦一怔，接着说：“如此就有劳各位多多调教太子了。”

从此以后，刘盈的太子之位就再也没有动摇，后来顺利地继承父亲刘邦的皇位，成为汉朝的第二个皇帝，即汉惠帝。

在巩固太子之位这件事上，张良是头等功臣。他深知刘邦之心思，所以才让吕后去请商山四皓，借助这四人之贤名，为太子增光添彩，实在是一招妙棋。不过，只要你翻看历史，就会发现张良的诡计比比皆是。

“借力”是成功的一种方略。人自身的能力是有限的，而可以凭借的外部力量是有限的，要想成功必须借助外部力量。善借力者，也很容易成事，要想成就事业，就要善于预先谋划，然后借助他人之力实现自己的目标。这正像鬼谷子说的：“常有事于人，人莫能先。先事而生，此最难为”。

古往今来的成功者，许多人也不是一生下来就大名鼎鼎、一呼百应，他们大多是先隐蔽在某些大人物的后面，借大人物的面子来笼络各路豪杰，借大人物的声望来壮大自己的声势，一旦时机成熟，或者另起炉灶，或者踩着别人的肩膀往高处爬，或者反客为主，把别人吃掉。在做到这一步之前，先把自己的狐狸尾巴藏起来，拉一面大旗作虎皮，逐渐壮大自己的声威。

管理谋略

◎刚愎自用——汉高祖陷白登山之围◎

公元前 202 年，刘邦战胜了项羽，统一了全国，随即称帝。与此同时，活跃在北方蒙古高原一带的匈奴，在经受了秦王朝的打击后，利用中原的战乱，实力得以恢复，成为这个新兴王朝的最大威胁。

刘邦为了抵御北方匈奴的侵袭，特意将韩王信由河南禹州一带转封到今天太原一带，都城就在晋阳（今太原南）。但是出乎刘邦和韩王信的预料，当时的匈奴以汉朝举国之力也未必能战而胜之，何况一个诸侯国。韩王信与匈奴交战，败多胜少，到这年秋天，王都马邑也被围困，只得多次派使者与匈奴求和。对异姓诸侯王本就猜疑的刘邦得知后，认为韩王信有“二心”，随即“使人责让信”。韩王信非常惊恐，他担心刘邦会治罪于他，索性就投降了匈奴。

韩王信的背弃是基于自保的深层动机，他知道刘邦多疑，担心长此以往可能要掉脑袋。与其战战兢兢地冒着生命危险给刘邦卖命，还不如反戈一击，攻打自己潜在的对手，如果一旦胜利，自己就可以除掉心腹大患，高枕无忧了。况且，当时的情形下，新的雇主匈奴那边的军事实力明显地强于汉朝这边，所以韩王信的打算也是一种很现实、很精明的考虑。

在这种情形下，公元前 200 年，刘邦御驾亲征前去平叛韩王信的叛乱。大军从长安出发，不久大败韩王信主力，斩杀了其大将王喜，韩王信远逃到匈奴，与匈奴兵联合，准备会战。冒顿单于

冒顿单于派一万多骑兵逼近晋阳与汉兵交战，被汉军击败。

派一万多骑兵逼近晋阳与汉兵交战，被汉军击败，逃至离石，又被击败。匈奴且败且走，收拢败军在楼烦（今宁武），而汉兵又鼓余威败之。

刘邦刚愎自用，不听劝诫，终遭围困。

当时，刘邦正驻扎在晋阳，汉军连连得胜，他不免对匈奴起了轻视之心，又听说冒顿单于正驻扎在代谷（今桑干河谷），就要亲自带人去追击，想就算不能“毕其功于一役”，彻底消弭边患，至少也可以像秦将蒙恬击败匈奴一样，使胡人“不敢南下牧马”。

刘邦贪功冒进，抢上白登山。

为了万无一失，刘邦派了十数人前去打探，使者回来报告说，一路上见到的匈奴人，都是老弱病残，连马牛等畜生，也瘦弱得像好多天没吃过草或者刚刚经历了一场瘟疫。据此看来，这仗打得。虽然这样，刘邦还是不敢轻进，又派了娄敬去打探。娄敬回来说看到的情况与前面一样，但其中恐怕有诈，因为两国交战，都要把最强的一面展示给敌人看，以使敌人有畏惧之心，现在我们所见到的匈奴的情况，好像不堪一击，这很有可能是敌人意欲诱敌深入，然后埋伏奇兵、以逸待劳，打我们个措手不及，这仗打不得。

然而，汉军大部人马已经开拔，越过了句注山，箭在弦上不得不发。况且骄傲的刘邦已经听不进去这番话，骂娄敬不过是个以口舌之利得官的“齐虏”，在大军即将战斗时说这样灭自家威风，长别人志气的话，分明是要扰乱军心。他立即将娄敬捆了押到广武等打败了匈奴回来再收拾他。

刘邦一路追击，匈奴不住撤退。为了加快追击速度，刘邦亲自率领的两三万骑兵突进，而约三十万的大部队步兵，渐渐被甩在身后。一路上倒也顺利，但等过了平城（今大同），抢占了高地白登山后，却发现匈奴的精骑四十万已经将白登山团团包围，让他大惊失色，想赶紧退却，却为时已晚。时值冬季，天降大雪，久在中原作战的刘邦部队根本没有在这种气候条件下作战的经验，加之军需补给供应不上，非战斗减员也十分严重，军卒“堕指者十之二三”。无奈之下，刘邦只得在白登山上，据险而守，等待援兵。

《鬼谷子》有言：“量权不审，不知强弱轻重之称；揣情不审，不知隐匿变化之动静。”慎重细致的掌握天下政治形势的变化，真正的了解外交形势的举足轻重，时局的把控才能更加精准。刘邦一生精明过人，“白登山之围”却暴露出其性格的缺陷和人性的弱点，他骄傲自大，不纳贤言。最初的接连胜利，使刘邦滋生了轻敌之心，这种心理使他很难听取别人的规劝，这就为他后来的中计奠定了心理基础；在刘邦骄傲自大的心态下，又亲眼看到了匈奴的老弱病残之兵，所以宁可相信自己的眼睛，也不想听娄敬之忠言，结果真的是兵不厌诈，被围困于白登山。

◎借情取利——奕订糖衣炮弹的攻击◎

道光皇帝老迈之后，欲立皇太子，奕订年龄最长，但各方面都不如弟弟奕䜣，于是一直拿不定主意。

这天风和日丽，道光要带领六个皇子去南苑打猎，意在考验皇子们的文才武略和应变能力，以便确立皇储。

奕订和奕䜣都摩拳擦掌欲一较高下。

四皇子奕订的老师杜受田足智多谋，他在四皇子身上下的工夫很大，希望他能登上皇位，自己也跟着沾光。可他也掂量过，奕订与其他皇子比较起来，除了排行第四占了个有利的条件之外，其他方面都平常，甚至略逊一筹，如若稍一让步，这皇位定然被六皇子夺去，为此急得他直打转。

南苑狩猎，四皇子故意空手而归。

奴才安德海看出了门道，上前问道："你老人家满脸愁容，定有为难之事，莫不是为明日南苑采猎之事？"

杜受田心想，这孩子能看出我的心事，看来是个有心计的人，随口道："说下去！"安德海道："我曾听人讲过，曹操的儿子曹丕和曹植也有相似之处，不过奴才记不太清了。"

杜受田顿时眼前一亮，知道该怎么做了。

杜受田吩咐奕订：你到时候就如此这般、这般如此，这么、这么办！

安德海连献攻心计，奕订因此得圣意。

次日，道光带领六个皇子来到南苑，传旨开始围猎。诸位皇子各显身手，六皇子奕䜣几乎箭无虚发，满载而归，而四皇子奕订却是两手空空，一无所获。道光帝不由得龙颜大怒，大声呵斥。奕订不慌不忙地奏道："儿臣以为，目前春回大地，万物萌生，禽兽正是繁衍之期，儿臣不忍杀生害命，恐违上天好生之德，是以空手而回，望父皇恕罪。"

道光听罢，心想这倒是

我没有想到的，倘若让他继位，必能以仁慈治天下，不禁转怒为喜，当下夸奖了四皇子的仁慈之心。

又过了几年，道光帝忧虑成疾，自知不久于人世，急唤诸皇子到御榻前答辩。消息传开，四皇子和他的老师杜受田都知道这是最关键的一次较量了，能否登基就在此一举。

安德海又献上一计说："万岁爷病重，到御榻前之后什么也不用说，只说愿父皇早日康复就行，剩下的就是流泪，却不要哭出声来。"

次日，六位皇子被召至龙床前。果然，道光提出一些安邦治国的题目让诸皇子回答，六皇子答得头头是道，道光甚为满意，却发现四皇子一言不发。道光一问，他头一扭，泪如雨下说："父皇病重，龙体欠安，儿臣日夜祈祷，唯愿父皇早日康复。此乃国家之幸、万民之福。此时儿臣方寸已乱，无法思及这些。倘父皇不测，儿臣情愿伴驾而行，以永侍身旁。"说完泪水涟涟，越擦越多。

道光听了心中深受感动，心想此真孝子仁君，于是决定立四子奕詝为太子，这就是二十岁登基的咸丰皇帝。

《鬼谷子》说："变生事者，几之势也。此揣情饰言，成文章，而后论之也。"这就要求我们掌握揣情术，善于修饰言辞，使说辞有条理，有煽动性，而后再采取有目的的行动，从而达到政治目的。沟通对于人际关系的协调具有至关重要的作用。在沟通的时候，要注重感情的作用，用感情打动别人的心，有时可取得非常好的效果。

◎量权揣势——龚遂"悠闲"平盗◎

龚遂，字少卿，以明经为昌邑王郎中令。昌邑王刘贺多有不正，而龚遂为人忠厚，刚正不阿，屡屡劝谏，刘贺不但不听，反而"掩耳起走"，并对人说："郎中令最善于羞辱人了。"后来在宣帝时，龚遂任渤海太守，境内大治。官遂至水衡都尉。

他素来以勇于谏诤，为政清廉而闻名，后世把他与黄霸作为封建"循吏"（奉公守法的官吏）的代表，合称为"龚黄"。在封建社会中，这样一位刚正不阿、勤政爱民而又政绩显赫的官吏，能够仕途顺利、安享天年，这其中一定有不少做官为人之诀窍。

西汉宣帝刘询当政时，渤海（今河北沧州一带）及邻近各郡发生饥荒，盗贼蜂起，郡太守们不能够制止。宣帝要选拔一个能够治理的人，丞相和御史都推荐龚遂，宣帝就任命他为渤海郡太守。

当时龚遂已经七十岁了。皇上召见时，见他身材矮小，其貌不扬，不像所听说的那么有本事的样子，心里颇看不起他，便问道："你能用什么法子平息盗寇呀？"

龚遂回答道："辽远海滨之地，没有沐浴皇上的教化，那里的百姓处于饥寒交迫之中而官吏们又不关心他们，因而那里的百姓就像是陛下的一群顽童，偷拿陛下的兵器在小水池边舞枪弄棒一样打斗了起来。现在陛下是想让臣把他们镇压下去，还是去安抚他们呢？"

宣帝一听他讲这番道理，便神色严肃起来，说："我选用贤良的臣子任太守，自然是想要安抚百姓的。"

龚遂说："臣下听说，治理作乱的百姓就像整理一团乱绳一样，

龚遂出任渤海郡太守，盗贼瓦解散伙，丢掉武器，拿起镰刀、锄头种田。

龚遂接受“醉先生”建议。

龚遂见到皇帝推功不自傲。

不能操之过急。臣希望丞相、御史不要以现有的法令一味束缚我，允许臣到任后诸事均根据实际情况由臣灵活处理。”宣帝答应了他的请求，并派驿传将龚遂送往渤海郡去。

郡中官员听说新太守要来上任，便派军队迎接、护卫。龚遂把他们都打发回去了，并向渤海所属各县发布文告：将郡中追捕盗贼的官吏全部撤免，凡是手中拿的是锄、镰等农具的人都是良民，官吏不得拿问，手中拿着兵器的才是盗贼。龚遂单独乘驿车来到郡府。闹事的盗贼们知道龚遂的教化训令后，立即瓦解散伙，丢掉武器，拿起镰刀、锄头种田了。

经过几年的治理，渤海一带社会安定，百姓安居乐业，温饱有余，龚遂名声大振。

于是，汉宣帝召他还朝，他有一个属吏王先生，请求随他一同去长安，说：“我对你会有好处的！”其他属吏却不同意，说：“这个人，一天到晚喝得醉醺醺的，又好说大话，还是别带他去为好！”龚遂说：“他想去就让他去吧！”

到了长安后，这位王先生终日还是沉溺在醉乡之中，也不见龚遂。可有一天，当他听说皇帝要召见龚遂时，便对看门人说：“去将我的主人叫到我的住处来，我有话要对他说！”一副醉汉狂徒的嘴脸，龚遂也不计较，还真来了。王先生问：“天子如果问大人如何治理渤海，大人当如何回答？”

龚遂说：“我就说任用贤才，使人各尽其能，严格执法，赏罚分明。”

王先生连连摆头道：“不好！不好！这么说岂不是自夸其功吗？请大人这么回答：‘这不是小臣的功劳，而是天子的神灵威武所感化！’”

龚遂接受了他的建议，按他的话回答了汉宣帝，宣帝果然十分高兴，便将龚遂留在身边，任以显要而又轻闲的官职。

《揣篇第七》曰：“揣情者，必以其甚喜之时，往而极其欲也，其有欲也，不能隐其情；必以其甚惧之时，往而极其恶也，其有恶者，不能隐其情。”在别人高兴、喜悦的时候，极力引导他尽情吐露自己的欲望，在他人十分恐惧的时候，要引导他倾吐厌恶、害怕的事情，这样我们就能探测出他的真实情怀。

喜好虚荣，好大喜功这是人类天性的弱点。即使是你自己立下的功劳，也不能轻易地表白，功劳越大越是如此。这是因为人皆有虚荣和嫉妒之心，如果你的上司恰巧是一位心胸狭窄之人，就会认为你是在“居功自傲”、“邀功请赏”，就会心生不满；如果达到“功高盖主”的分上就会更加危险了，试想在封建社会，只有皇帝一人才能有至高无上的权力和荣耀，如果有人因为功劳之大遮住了皇帝的光芒，那么他的命运可想而知。

龚遂的属下王先生深谙此道，告诫他要把功劳让给上司，这是明智的捧场和奉承，但也是稳妥的自保之道。

◎善用人心——陈胜吴广的“鸿鹄之志”◎

老百姓都向往的事，代表着人心的指向，善于利用和顺应民心所向的人可以成就霸王之业。

陈胜、吴广戍边渔阳，大泽乡受阻。

秦二世元年（公元前 209 年）七月，由阳城去渔阳戍边的 900 名农民，在大泽乡时因暴雨被困，无法前行。按照秦朝法律，无论何故，如果过了朝廷的期限，这些人都要被斩首。一时，900 人虽心急如焚，却又无可奈何，人人都感到了厄运的临近。

雇农出身的阳城人陈胜不甘这样等死，他私下对同行的吴广说：“大丈夫生而为人，如此丧命岂不可惜？与其白白送死，倒不如聚众一搏，或许有一线生机，你以为怎样？”吴广深表赞成，说：“朝廷无道，老百姓全无生路，早该反了。只是你我无权无势，如果不能召集大家一同起事，毫无胜算啊。”

陈胜长叹一声，忧心说：“你我有心，奈何别人心怀侥幸，是一定不会听我们号令的。这个问题不解决，我俩只能等死，该想个妙法才行啊。”二人顿感气馁，相对无言。

突然，吴广哀叹一声，苦笑说：“你我都是草民一个，天生的贱命，如果咱们是落魄的王孙贵族，说话的分量自是不同了。可笑人们都相信他们，相信天命，这有什么办法呢？”一句话提醒了陈胜，他眼中一亮，思忖片刻，这才出语道：“人穷命薄，难以服众，可我们可以巧借天意啊。如果我们耍些手段，让他们相信天命在我，自无人敢不服从了。到时我们再陈述利害，这事一定能行。”

二人兴奋起来，又商议打着兴楚的旗号，借以聚众。一切筹划好后，两人便分头行事。第二天，做饭的部卒在买回来的一条鱼腹中，竟取出了一张帛书。更奇怪的是，帛书上清楚地写着“陈胜王”三个字。

此消息不胫而走，戍卒们人人惊骇，议论纷纷。陈胜见计策已见奇效，于是和吴广会心一笑，陈胜偷偷对吴广说：“人们既信天命，我们就该再动动脑筋了。我见众人仍有狐疑，似乎没有完全相信，不如我们再进行一个计策。”

陈胜不甘这样等死，私下与吴广商议。

夜里，戍卒围着篝火取暖，忽听远处传来狐狸的叫声，叫声中竟夹杂着人言，喊着：“大楚兴，陈胜王！”

900 名戍卒都是原先楚国的人，楚人又都特别迷信鬼神，接连两件怪事发生，他们转而认定陈胜不是平凡的人了。他们对陈胜一下多了敬畏，确信他是上天

做饭的部卒从买回的鱼腹发现写着“陈胜王”的帛书。

派来的神人。

陈胜见巧计成功，于是趁势杀了两个押送戍卒的将尉，他把大家召集在一处，振臂高声言道：“我陈胜不想枉死，更不忍心眼看着大家受苦受难。俗话说‘楚虽三户，亡秦必楚。’这是天命，我陈胜就要带领大家做此大事。天命不可违，只要顺从天意，不但强秦可灭，大家更可称王称侯，这是千载难遇的良机，大家可愿听我号令？”

众戍卒已经把陈胜视为天人，今又见他带头造反，更加相信他是应命而生的贵人了。想想自己的凶险处境，别无他路，于是又增加了对陈胜拯救自己的感激之情。众戍卒不再犹豫，于是群情汹涌，齐声响应。

陈胜首举义旗，附近的百姓也闻讯加入，队伍一下发展了数万人。陈胜称王，攻城略地，秦王朝从此走向灭亡。

“揣情”既是揣测人情。“计国事者，则当审权量；说人主，则当审揣情；谋虑情欲必出于此。乃可贵，乃可贱；乃可重，乃可轻；乃可利，乃可害；乃可成，乃可败。”要想筹措国家大事，进行政治斗争的人应当审查形势，掌握信息。掌握一国国情和国际形势，了解他人的心性品性，这些都是揣情术。揣情可以富贵、可以取高位、可以获得利益、可以贫贱、可以受到祸害、也可能失败。不能真正懂得这些经验的奥秘，就不能有效实施这些策划。

水能载舟也能覆舟。老百姓像水，君王像舟船。如果老百姓一致认定的事，不是靠行政手段和武力镇压所能阻止、改变得了的。而善于利用这一点的人，就可以成就霸王之业。

商战博弈

◎揣情借势——宝德的“登天之道”◎

在商场上，依靠别人不是一件丢人的事情，我们就应该懂得“大树底下好乘凉”，借助他人的力量，为自己创造更多的价值。人生路上充满了艰辛坎坷，光靠一个人的努力有时难以面对，显得势单力薄。因此，善于找到一棵可以遮风避雨的“大树”，退可以守，有了坚实的靠山取得成功也就易如反掌。

要想找到自己的“大树”，就得有察言观色，揣度人心的本领。《揣篇第七》曰：“揣情者，必以其甚喜之时，往而极其欲也，其有欲也，不能隐其情。”意思是说；“揣情的人应该在对方高兴、喜悦的时候前去见他，极力引导、刺激对方的欲望，对方就会吐露出自己的真情实感。”这样，我们知道了对方的喜好，就能够投其所好，与对方建立良好的关系，进而提出自己的问题，寻求对方的帮助。老江正是运用“揣情术”为自己找到了一棵“大树”。

老江创业多年，命运似乎总是在跟他开玩笑，辛苦奔波却收获甚微。一次，他所在的城市要进行基础设施建设改造，他感到这是个机会，可是同一个城市里符合要求的公司多达十几家，怎样才能获得这个机会呢？他绞尽脑汁，针对专门管理此工程的负责人，想出了一个好点子。

投其所好借机倾诉，看似无心实则有意。

该负责人有个习惯，每逢周末都要到郊区的鱼塘钓鱼。于是老江探明地点，也带上渔具，跑到该鱼塘。他先在旁边看着负责人垂钓，每当负责人钓上鱼的时候，老江都表现得很羡慕。负责人自然就觉得很得意，看见老江带着渔具却没钓鱼，便好奇地询问。老江装作不会钓鱼，借机请教。负责人一下觉得遇到知音，便告诉老江一些钓鱼的窍门。两人越聊越投机，不知不觉就谈到了各自的职业，老江一副很委屈的样子，说着自己的行业竞争的激烈，向负责人大吐苦水。等到负责人表露身份的时候，老江也就顺理成章地提出了要求。

最终，老江的公司拿到了工程招标，从此以后老江的事业上了一个新台阶，人生也进入了一个新的平台！由此可见，在一些关键的问题上，揣摩人心是多么重要。

揣情度意，对现代社会而言，这是十分重要且必要的。通常情况下，年轻人追求个性，习惯什么问题都靠自己，这是好事。可是，很多事情并不是只靠自己的能力就能完成的，能够借助他人的力量才能将事情做好的时候，我们就应该懂得借助他人的力量，为自己创造更多的价值。

实力不够，躲在别人的“房檐”下，才能更好地储存实力，获得发展，在这一点上公司做得很好。以生产电子器件闻名的宝德早在1993年便开始做起了服务器的分销服务业务，在华南地区拥有很多技术服务人员和网络。6年的辛勤耕耘，尽管也有成功的喜悦，但始终未能获得质的飞跃，直到李瑞杰看到了和英特尔合作的大好前程。

由于用户类型不同，用户的需求也不完全相同。有些用户对于价格非常敏感，有些用户迷恋最新技术，而有些用户需要稳定成熟的解决方案。这就要求厂商能够针对不同的用户提供不同的服务，这并不是一件容易的事情。宝德正是看到了英特尔在短时间不能满足众多客户的需求，便同英特尔协商合作之事。英特尔正好需要宝德的支持，两家便联起手来。宝德在业界发展方向上与英特尔保持高度一致，英特尔推出真正的IA（Inter Architec-ture英特尔处理器）架构服务器，宝德就在市场上向“伪服务器”宣战；英特尔推出功能服务器，宝德就提供了各种商品化功能服务器产品；英特尔发布至强处理器，宝德就力争缩短步入主流服务器行列的时间。

李瑞杰坦言，宝德之所以有今天，离不开英特尔的支持。李瑞杰的聪明之处就在于，他在自己处于困境的时候，看懂了英特尔的心意，进而与英特尔合作，依靠英特尔这个巨人站了起来。

因此，一个没有足够实力的人，要想找一个强大的靠山，就应该自己揣摩对方的心思，寻求最佳的入口。与他达成了统一，便能借对方之力，获得更好的发展。

◎揣摩心思——妙言入耳暖人心◎

一个经商高手，不会用骗术来实现自己的销售目的，而会从顾客的心理入手，抓住顾客的心，让顾客自己做决定。能做到"探其隐情而知其意"，并能一门心思为顾客着想的人，从来就不愁生意。

有一家服装店，有个女老板叫莎拉，她是学心理学专业的。

有一次，莎拉接待了一位年轻的男顾客。那位先生说："我想买一件最有刺激性的礼服，我要穿上它去肯尼迪中心，让每个见了我的人连眼珠子都要掉出来。"

莎拉说："我这儿有件很有刺激性的礼服，不过是为那些缺乏自信心的人准备的。"

"缺乏自信心的人？"

"是啊，您不知道有些人常常想穿这样的服装来掩盖他们的自信心不足吗？"

这个年轻人生气了："我可不是缺乏自信的人！"

"那您为什么要穿上它去肯尼迪中心，让所有人都羡慕得连眼珠子都要掉出来呢？难道您不能不靠衣服而靠自身去吸引人吗？您很有风度，也很有魅力，可您却要掩盖起来。我当然可以卖给您这件最时髦的礼服，使您出出风头，可您就不想想，当人们停住脚步看您时，是因为衣服，还是因为您自身的吸引力？"

听到这里，那个年轻人想了想说："是啊，我干吗要花钱买大家几句恭维话呢？真的，这些年我一直缺乏自信心，可我竟然还没意识到这点，我应该对您表示感谢！"

尽管莎拉小姐这样"不愿赚钱"，但她的服装店还是顾客盈门，来的大多是曾经被"拒之门外"的客人。这些"回头客"和慕名而来的顾客，使服装店的生意越来越红火。

莎拉的经商之道就在于她能很好地了解顾客的心理，并为顾客做参谋，以顾客为主，从而让顾客对自己产生一种信赖感。自己就占有了主动权，顾客便会跟着自己的步子走，因此也做成了一桩又一桩生意。

人是很容易被"打动"的，只要你善于揣摩他人的心理，并能设身处地地为他人着想，他们便会把你当成"知己"，对你信赖有加。这是高明的"揣情术"，是将心比心的结果。但是，想要把话说到人心窝里，首先就得揣摩别人的心思，这就需要一定的技巧。比如，你可以通过他们在无意中表现出来的态度了解其心理，从而进行有针对性的谈话。这需要细心观察和长期总结。

例如，对方抱着胳膊，表示在思考问题；抱着头，表明一筹莫展；低头走路、步履沉重，说明他灰心气馁；昂首挺胸、高声交谈，是自信的流露；抖动双腿常常是内心不安、苦思对策的举动；若是轻微颤动，就可能是心情悠闲的表现等。了解了对方在当下的这些心理，你就能很容易抓住其要害，让其乖乖听话。

当然，要揣度对方的心思，还应主动侦察，采用一定的侦察对策。调动起对方的情绪，才能够迅速准确地把握对方的思想脉络和动态，从而顺其思路进行引导，使会谈更成功。

要想从别人的言谈中揣摩其心理，还应考虑以下几个方面：

年龄差异。对年轻人应采用煽动的语言；对中年人应讲明利害，供他们斟酌；对老年人应以商量的口吻，尽量表示尊重。

地域差异。生活在不同地域的人，所采用的劝说方式也应有所差别。如对我国北方人，可采用粗犷的态度；对南方人，则应细腻一些。

职业差异。要运用与对方所掌握的专业知识关联较紧密的语言与之交谈，对方对你的信任感就会大大增强。

性格差异。若对方性格豪爽，便可单刀直入；若对方性格迟缓，则要"慢工出细活"；若对方生性多疑，切忌处处表白，应不动声色，使其疑惑自消等。

文化程度差异。一般来说，对文化程度低的人所采用的方法应简单明确，多使用一些具体数字和例子；对于文化程度高的人，则可采用抽象说理方法。

兴趣爱好差异。与人交谈时，若谈起有关对方爱好这方面的事情，对方便会兴致盎然，同时无形中也会对你产生好感。

总之，“揣情术”蕴含了许多的智慧，必须要审时量权，随机应变。揣摩人心就向谈恋爱一样，要经过由陌生到相识，由相识到相知，一步一步才能达到彼此情投意合。因此，揣摩心思，就得察言观色，有了全面正确的把握，才能对症下药，扣其心扉。

◎以情取利——温商大打亲情牌◎

“揣情术”是关于如何揣摩他人心思，推测对方心理的方法。重点就在于人情感方面的揣测，即所谓“攻心为上”。运用“揣情术”，应该通过对方的言语、表情、行为等一系列动作进行揣摩，不断挖掘对方的内心情感，以求得真情实感。

温州人是世人公认的人情攻略高手，堪称口中吐“火”。温州人做生意，先是热热乎乎拉关系，关系有了，人心动了，事情就好办了，这可是温州人的一大生意经。但是，要想请出享誉海内外的一代国学大师南怀瑾，温州人还真得动一番心思，下一番功夫。让人叫绝的是，温州人还真就打赢了这场人情战。就这样，建设铁路的一大笔资金顺利筹措，终于圆了温州人近百年来的铁路梦。

事情的原委还得从南怀瑾先生的籍贯说起。

南怀瑾先生 1917 年生于浙江温州乐清。自幼饱读诗书，尤其精于儒释道等传统文化，一生致力于弘扬华夏人文精神，堪称一代国学大师。自从 1949 年离开大陆到台湾之后，南怀瑾在台湾一住就是 40 年，直到 1988 年春，迁居香港。但是因为各种复杂的原因始终迟迟不得回归故乡，家中尚有老母和结发妻子多年不曾联系，思念之心时时流露在其诗文之中。

为了探探老先生的意思，当时温州市的领导们先是在 1988 年借到香港公干的时机，顺便拜访了南怀瑾先生，其实那也是温州领导们很重要的一个使命。在闲聊家乡变化的话题中，温州的领导很快就切入到主题，提出了关于建造金温铁路一事，当然也提到了面临的资金短缺的问题。没想到，老先生对家乡建设事业相当关切，尤其是修建铁路正是一件报效家乡、造福子孙后代的好事，老先生有些动心了，而且老先生在言谈之中无意间流露出对老母和发妻多年来的思念之情。说者无意，听者有心，这正好给了温州人一个施展人情策略的机会。

于是，从香港返回之后，温州市的领导们就开始积极地为老先生的心愿忙碌、奔走。当时温州市副市长刘锡荣亲自办理这件事，在 1988 年的除夕，刘锡荣亲自跑到市邮电局坐镇，一定要开通南宅老家到香港的直拨电话。终于在岁末时分，让南怀瑾先生第一次听到了分别 40 多年的发妻的声音，先生感动地说：“我随口说了一句话，可家乡的人民却专程为我架通了一条热线，了却了我 40 年来的夙愿。”

亲情攻势，撼动商人利益心。

这件事情已经让南怀瑾先生难以忘怀，但是刘副市长得知先生不仅对发妻情深意长，而且是一个有名的孝子，于是为了彻底征服先生的心，刘副市长亮出了温州人的“绝活”，即“发绣”，专程打电话找到著名的发绣大师魏敬先，由他亲自为南怀瑾的母亲绣像。可惜的是当时南老夫人已经过世，刘锡荣等人经过一番努力，终于从南怀瑾的发妻那里找到了老夫人的灰白头发，原来这是她为婆婆梳头时有心留下的，因此才有《南太夫人》遗像。

据魏先生说，当时刘锡荣市长事先不曾告诉南怀瑾先生要绣制其母之像，而是在见面之后，找准时机、出其不意地献出了这份“厚礼”。先生开启红绸一看，精美的镜框之中镶嵌的竟是母亲的肖像，更没有想到那居然是由老母的头发绣制而成，一时之间激动得双膝跪地，泪流满面，当即表示一定要为家乡人民做些好事。这之后，在南怀瑾先生的几经努力，多方筹措下，温州铁路得以顺利筹资，而且在他的亲自牵头组织下，金温铁路在 1992 年获批示开工建设，历时 6 年，终于在 1998 年的 6 月 11 日，实现全线运营，从此，中国有了第一条股份制铁路，也结束了温州多年来没有铁路的历史。

回首金温铁路的建设历程，首先想到的是南怀瑾先生，要请出这样的重量级人物，真不是一件简单的事。而刘锡荣副市长的“揣情术”就更加让人另眼相看了。他请大师出山的那种人情战术，一方面表明了温州人的重情重义，另一方面也显出了温州人在处事上特有的智慧和谋略。

职场之道

◎揣情度意——职场的“心理学”◎

许多资深职场人士的经验让我们知道了一条定律，那就是谦恭地敬重领导，不如顺从领导的意志和命令。对高明的赞美者而言，服从是金，语言是银。这是由领导与下属的特殊关系决定的。

不服从领导就是不尊重领导。中国人比较讲究实际，一个人说得天花乱坠，干起来什么都不行的人很受人歧视。领导是工作上的权威，很重视自身威信，下属的赞扬无疑是对领导的威信的维护和尊重，但言行不一，不服从领导实际上就是无视领导的权威，损害领导的尊严。

善于称赞领导的人却未必有多么甜蜜的语言，而是以自己的行动来贯彻领导的意志、领导的权威和威信得到认可、维护和巩固，无疑，聪明的领导也最喜欢这样的赞美。这样的下属也最受领导的青睐。

当然，服从领导并不是要求盲目服从，不是言听计从，凡是领导说的都要听从，凡是领导决定的都要遵从，盲目服从可能是对领导一时的恭维，但从长远和结果看，如果服从的是错误的决策或命令，可能会害人害己。

秦皇贪听谬赞宠佞臣，李斯巧言令色误国君。

李斯就是个死心塌地跟秦始皇走的人，对秦始皇逆来顺受、言听计从。秦始皇是个独断专行的君主，大兴土木，工程很多，为行建功立业之实，他决定东填大海、西建阿房宫、南修五岭、北筑长城，群臣听说后喧哗不止，劝谏者颇众，秦始皇很不高兴。此时，李斯却称赞了秦始皇的计划道：“陛下深谋远虑，此数举措置得宜，导万民于千百世之鸿利。目下诸多困境，可致后世无穷之基业，奈何着眼于近途，而遗千古之功。”秦始皇听完很高兴，自觉没有看错了人，是个人才。李斯见秦始皇龙颜大悦，更是明目张胆地大肆吹嘘："今陛下动众兴工，圣王之举也，奈何言之涌涌，尽阻基业之创就，臣不知何由至此？"秦始皇高兴地说："丞相所言极是，朕意已定，众卿无需多言。"自此把李斯视为知己。李斯在大兴土木方面盲目信从秦始皇，并为之歌功颂德，仅仅为一人着想，却害苦了天下百姓，助长了秦朝的苛政，不仅激怒了民众，而且加速了秦王朝的崩溃。

由此看来，服从也是需要技巧的，这也是一种人生策略。许多在职场中打拼多年的人都有这样一种深刻体会:服从一次容易,事事依从老板却很难。那些职场中的老江湖几乎都曾有过刁难老板，违背老板命令的经历，虽然在平时他们大多数都能很好地与老板相处。但是面对实际情况，忍耐也许更有效。你可以巧妙地向老板表示自己的不满，但绝不可抗拒。这样做，老板心里明白，你理智地执行了他的决定，使他得以维护了自己的尊严。对你，他也会刮目相看的。

同样，你暂时的忍耐，也铸就了来日更灿烂的辉煌。如果顶撞老板，你与他的关系就会陷入紧张状态。所以，服从第一应该大力提倡，善于服从，巧于服从更不应忽视。

老板会更多地关注才华出众的"专家"型下属，因为他们服从与否，直接决定老板的决策的执行水平和质量。所以，如果你真有能力，正确的方法不是无视老板，而应认真去执行老板交办的任务，在执行中妥善地弥补老板的失误，在服从中显示出你不凡的才智，这样，你就获得了优于他人的优势。才干加巧干，会使你成为老板心理天平上一枚沉甸甸的砝码。

但是，很多老板并不客观通过单纯的发号施令来推动下属开展工作，这时我们就应该主动争取老板的领导。一位资深老板曾说过：请求老板的领导比顺从老板的领导更高一层次，是一种变被动为主动的技巧，它不仅仅体现了下属的工作积极性、主动性，还增加了让老板认识自己的机会。想要在激烈的竞争中脱颖而出，就应该审时度势，揣情度意，跟紧老板的步伐。

◎洞察人心——弦外之音有人听◎

《揣篇第七》说："古之善用天下者，必量天下之权而揣诸侯之情。量权不审，不知强弱轻重之称；揣情不审，不知隐匿变化之动静。"就是说古代善于处理天下纠纷的人，必然能够准确把握天下形势的变化，揣测诸侯国君的心志。如果不能缜密细致地把握天下形势，就无法了解各诸侯国的强弱虚实；如果揣摩诸侯的实情不够全面，就不能掌握事物暗中变化的征兆。可见，"揣情术"是多么的重要，尤其是在言谈中，揣情尤不可少。

说话交流有一种情况非常令人尴尬，那就是说者有心，听者却无意。任你费尽心机、磨破口舌，对方总是不明白你真正的意思，结果是听的着急，说的更着急，尴尬至极。当然，我们这里所说的"意"，指的是"言外之意"。

毫无疑问，我们需要揣情量权，探听"言外之意"。毕竟在很多时候，说话不能太直接、太明了。比如，批评人，你不能伤了人的自尊；给领导提建议，你不能让人觉得你比领导还能；面对别人的提问，你有难言之隐，你不能说，但也得让人有个台阶下；事情紧急，但涉及商业机密，只有你的亲信才能明白的"暗语"是最好的选择。

有一次，齐威王决定派能言善辩的淳于髡去赵国搬兵。他让淳于髡驾上马车十辆，装上黄金一百两。淳于髡听了放声大笑,连系帽子的带子都笑断了。齐威王就问:"先生是嫌这些东西少吗？"淳于髡说："我怎么敢嫌少呢？"齐威王又问："那你刚才笑什么呀？"淳于髡说："大王息怒，今天我从东面来时，看见有个农民在田里求田神赐给他一个丰收年，他拿着一只猪蹄和一坛子酒，祈祷说：'田神啊田神，请你保佑我五谷成熟，米粮满仓吧！'他的祭品那么少，而想得到的却是那么多。我刚才想到了他，所以禁不住想笑。"齐威王领悟了他的隐语，马上给他黄金一千两，车马一百辆，白璧十对。淳于髡于是出使赵国，搬来了十万精兵。

齐威王领悟淳于髡隐语，加金借兵。

纪伯伦曾经说过："如果你想了解一个人，不是去听他说出的话，而要去听他没有说出的话。"一般说来，一个人不会轻易把自己真实的意见、想法直接地表达出来，但他的感情或意见，总会在他的语言表达里体现得清清楚楚。

如果你想真正地了解一个人，就不要去刨根问底，试图让对方表白自己，而是要做一个聪明的听者，从他的弦外之音中揣摩出他真正的心思。

那么，如何在工作和生活中做到听懂弦外之音呢？相信下面两种方法会对你有很大帮助：

1.由说话方式猜透对方所想

说话方式便是一个透露对方内心所想的"窗口"。一个人的说话方式不同，所反映出的真实想法也不同，注意对方的说话方式，你便能猜透对方的真实心理，听出对方在想什么，如果对于某人心怀不满，或者持有敌意时，许多人的说话速度都变得迟缓，而且稍有木讷的感觉。如果有愧于心或者说谎时，说话的速度自然就会快起来。当两个人意见相左时，一个人提高说话的音调，即表示他想压倒对方。对于那种怀有企图的人，他说话时就一定会有意地抑扬顿挫，制造一种与众不同的感觉。这样的人有一种吸引别人注意力的欲望，自我显示欲在言谈之中隐隐约约的就透露出来了。

说话暧昧的人大多数喜欢迎合他人，他们说同一句话既可这样解释，又可那样解释，含糊其辞。这种人处世圆滑，从不肯吃亏，懂得如何保护自己和利用别人。

经常对他人品头论足，说长道短，这样的人嫉妒心重，心胸狭窄，人缘不好，心中孤独。如果他对诸如别人不跟他打招呼之类的小问题耿耿于怀，说明他在自尊心上受挫，渴望得到别人的尊重。有些人常以领导的过失和无能为话题，则表明他自己有出人头地、取而代之的愿望。

有人在说话时极力避开某个话题，这说明他在这方面有苦衷，或者在这方面有强烈的欲望。交谈时，对方先是与你谈一些家常话，这表示他想试探你的态度，了解你的实力，探明你的本意，然后好转入正题。

总之，说话方式在一定程度上也能透露对方的内心真意。在与人交谈时，注意观察对方的说话方式，是了解对方说话本意的一个有效的方法，会给你了解对方带来意外惊喜的收获。

2.从话题探索他的心理

要透过表面的东西去了解一个人的性格特征和情趣，可以从他们的话题入手，注意他们谈论的自身感兴趣的事情，这样就会发现他们所表现出来的某些性格特征。也就是说，人们的一些平日不为人所知的情绪会从某个话题中呈现出来。

通过一个话题探索到对方的深层心理，其方式有两种：一是根据话题内容来推测对方的心理秘密；二是根据谈话的展开方式洞察对方的深层心理，以了解对方的个性特征。如果要想了解对方的性格和内心动态，最容易的办法，就是观察话题和说话者本身的相关情况。

所以说，从言谈话语中洞察人心，是了解人的重要途径。

摩篇第八

经典再现

【提要】

《鬼谷子》说："摩者，揣之术也。内符者，揣之主也。"可见，"摩"篇是"揣"篇的发展和延伸，"摩"篇可以说是"揣"篇的姊妹篇。"摩"，即琢磨，讲摩触的方法。即在揣的基础上，进一步对对方进行接触、揣测。

《鬼谷子》认为：善于摩意的人就像渔翁一样不动声色，"操钩而临深渊，饵而投之，必得鱼焉"。强调谋划要周密，沟通的方法要得当，将游说法则与时机紧密结合。"摩"的目的就是"成事"，还要在隐秘中进行。即"谋之于阴"而"成之于阳"。

"摩"的行为方式是有规律的。高明的"摩"者，善于独立思考，能够从外在信息辩察对象的内心欲求，把握对象的内心，从而游说他，设谋使之对我方言听计从。物以类聚，人以群分，按照一定的规律，不断延伸与变化，将心比心，将事比事。摩在于自己，符在于对方，任凭而用之，一切事情便明了于心。

【原文】

摩者，揣之术也。内符者①，揣之主也②。用之有道③，其道必隐④。微摩之⑤，以其所欲，测而探之，内符必应。其所应也，必有为之⑥。故微而去之，是谓塞窌匿端⑦，隐貌逃情，而人不知，故能成其事而无患⑧。摩之在此，符应在彼⑨，从而用之，事无不可。古之善摩者⑩，如操钩而临深渊，饵而投之⑪，必得鱼焉。故曰主事日成而人不知⑫，主兵日胜而人不畏也。圣人谋之于阴⑬，故曰神⑭；成之于阳⑮，故曰明⑯。所谓主事日成者，积德也⑰；而民安之不知其所以利；积善也⑱，民道之⑲，不知其所以然，而天下比之神明也。主兵日胜者，常战于不争不费⑳，而民不知所以服，不知所以畏，而天下比之神明。

【注释】

①内符：符于内，即某些外在事物现象必有决策者的内在心理原因。②主：主旨。③道：此指基本规律，一定的准则。④隐：隐暗，暗中行事。⑤微：微暗，暗地里。⑥为之：此指表面行为。⑦塞窌（jiào）匿端：堵起洞口，藏起事头。此指把自己摩意的手法和目的隐藏起来，琢磨透了别人还不让别人察觉。窌，方形地窖。⑧患：祸害。⑨符应：符合响应。此指由于我们的摩意而发觉的对方相应的外在表现。⑩古之善摩者：古代那些擅长使用摩意术的人。⑪饵：把鱼饵别在鱼钩上。⑫主事：此指主持国家经济、政治大事。⑬阴：暗中，背地里。⑭神：神妙。⑮阳：公开。⑯明：事情办成。⑰积德：积累德行。此指对民众有好处的德政措施一个接一个。⑱积善：积累善事。此指"战于不争"，消弭战祸。⑲道之：顺着这条路走。⑳战于不争：即用计谋权术消弭战祸。不费：指不用战争开支。

揣测之术成功用于战争中，可起到不战而屈人之兵的作用。

何为摩术？如何运用摩术？

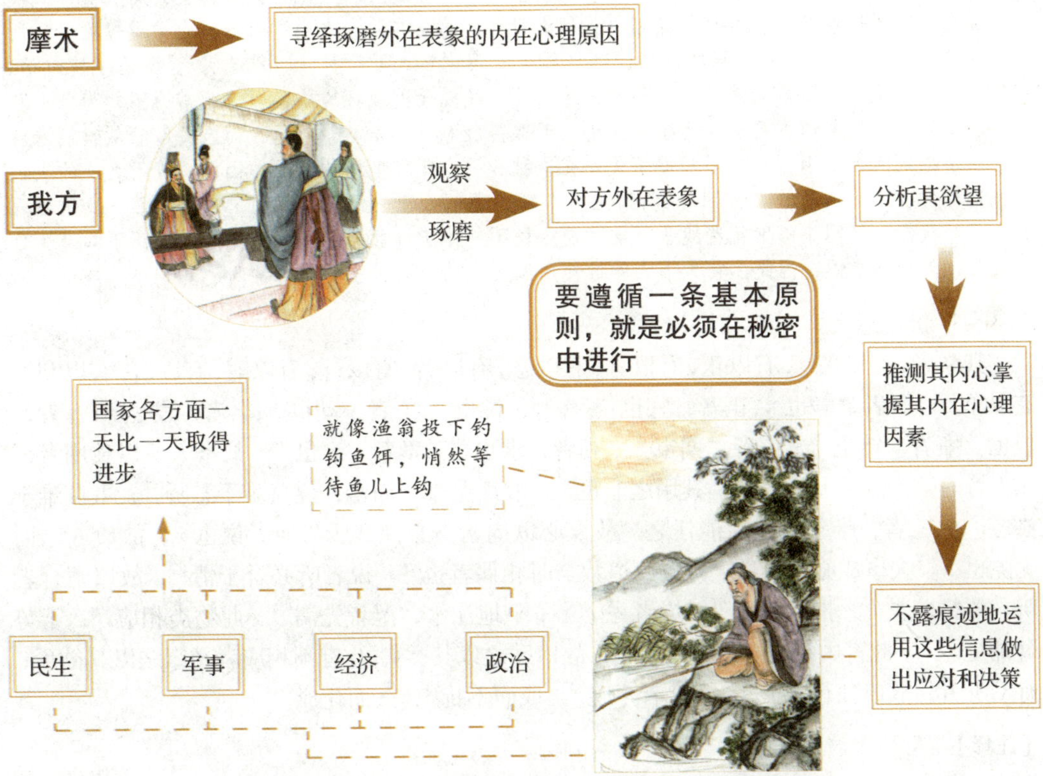

【译文】

所谓“摩”，是与揣情紧密相连的一种预测术。寻绎、琢磨那些外在表象的内在心理原因，是揣情的主要目的。摩意术在使用时要遵循一条基本原则，就是必须在秘密中进行，不被人察觉。暗地里对人实施摩意术，顺从着对方的欲望去探测他的内心世界，适当的揣测、体会，导致某些表象的内在心理因素必会表露出来，为我们所掌握。他的这种表露，必然有外在的表象行为。这就是“摩意”的作用了。我们掌握了外在信息和内在心理之后，就要藏起这种摩意术，把自己隐藏起来，消除痕迹，伪装外表，回避实情，以免被对方察觉，这就是所谓的堵起洞口，藏起事头。人们不知道我们对他实施摩意术并且已经从外到内都掌握了他，故对我们无所戒备，我们就可以在毫无阻力的情况下达到目的而且不留后遗症。这样，办成了事情，却不会留下祸患。我们在这里对他实施摩意术，他在那里必然有所反应而被我们掌握心意欲望等内在心理因素。我们把察得的这些信息运用到决策中，使用到行动中，所以就没有办不成的事情。古代那些擅长使用摩意术的人，就像渔翁拿着钓竿到深渊边去，钓上鱼饵投下钓钩，无需声张，悄然等待，

智者谋算世事，皆不动声色暗中揣度，静待时机，出其不意，功效卓著。

必然钓上鱼来一样，定能把握对方。所以说，掌握了摩意术而主持国家政治、经济大事，就会一天比一天取得更大的成效而不被人察觉；主持国家军事大事，就会一天比一天取得更大的胜利而不被人发觉故而不畏惧我们。圣智之人谋划决策什么行动，总是在隐秘之中进行的，像神道般玄妙，所以称作“神”；成事在明处，昭然若揭，都显现在光天化日之下，所以叫作“明”。所谓主持政治、经济大事一天比一天取得成效，就是积累德政，让人民安于德政环境中，习以为常而不知为什么获取了利益和好处；所谓主持军事大事一天比一天取得胜利，就是积累善行，而人民便顺从我们造就的这条道路天天走下去，却并不知道长久处在这种和平安定环境中的原因。因此，普天之下的人们都把这样的圣智之士称作“神明”。所谓主持军事大事一天比一天取得胜利，是说经常把战争消灭在未萌芽状态，使国家不用花费战争开支，使人民不知不觉地倾服、不知不觉地畏惧还不知道为什么顺服、为什么畏惧，因此，普天下人就把使用摩意术的圣智之士称作“神明”。

【原文】

其摩者，有以平①，有以正，有以喜，有以怒，有以名，有以行，有以廉，有以信，有以利，有以卑②。平者，静也③；正者，宜也④；喜者，悦也⑤；怒者，动也⑥；名者，发也⑦；行者，成也。廉者，洁也⑧；信者，期也⑨；利者，求也⑩；卑者，谄也⑪。故圣人所以独用者，众人皆有之⑫。然无成功者，其用之非也⑬。故谋莫难于周密，说莫难于悉听⑭，事莫难于必成。此三者，唯圣人然后能任之。故谋必欲周密，必择其所与通者说也⑮，故曰或结而无隙也⑯。夫事成必合于数⑰，故曰道数与时相偶者也⑱。说者听必合于情⑲，故曰情合者听。故物归类⑳，抱薪趋火㉑，燥者先燃㉒；平地注水，湿者先濡㉓。此物类相应㉔，于势譬犹是也㉕。此言内符之应外摩也如是。故曰摩之以其类焉㉖，有不相应者乃摩之以其欲焉；有不听者，故曰独行之道㉗。夫几者不晚㉘，成而不拘㉙，久而化成。

【注释】

①平：平和。此指用平和态度对待摩意者。②卑：卑下。此指用卑下谄媚的态度对待摩意者。③静：此指以静为特征。④宜：适宜，相宜。此指中正平和。⑤悦：喜悦。此指沾沾自喜。⑥动：动怒。⑦发：扬，张扬。⑧洁：洁身自好。⑨期：与人相约。此指承诺必行。⑩求：贪求。⑪谄：谄谀。⑫故圣人……有之：意谓圣智之士使用的手法，都是取之于众人，从众人身上总结出来的。⑬用之非：用之非其道，没用到关键处。⑭悉听：全听。此指全被接受。⑮通者：相通的人。此指感情相通、智谋层次相近的人。⑯结而无隙：此指二人合计的决策没有间隙。⑰数：通术。术，此指权术。⑱时：天时，时机。⑲说听：让人听从你的游说。⑳归类：以类相从。㉑趋：小跑。此指扔向（火中）。㉒燃：燃烧。㉓濡：沾湿，浸湿。㉔物类相应：同类事、物互相应和。㉕势：形势，势态。此指摩意的局势。㉖摩之以其类焉：此指用相同的感情，设身处地地去琢磨别人。㉗独行之道：策士们独自掌握的秘术。即上所言“圣人所独用”者。㉘几：时机。几，机古今字。此指善于掌握时机。㉙拘：拘持：此指居功为已有。

【译文】

在实施“摩意”时，有的用平和的态度对待我们，有的用正直的态度对待我们，有的表现出喜悦之色，有的勃然大怒，有的让我们觉得他很重名声，有的让我们觉得他重视实行，有的让我们觉得他很廉正，有的让我们觉得他守信用，有的让我们察觉到他贪图利益，有的表现得卑下谦恭。应该明白，平和就是指宁静，平和的人做事外静而内深思。正直的人做事往往中正平和。喜悦的人，悦功易足，往往满足于现状。容易愤怒的人，性情火暴易动怒，做事多草率。重视名利的人，喜欢搞形式，以光大自己的名声。重视行为的人，埋头苦干，期于必成，往往忽视借用别人力量。廉正之人，洁身自好，做事时注重开脱自己。重信之人，一诺千金，做事多无诡诈。贪利之人，追求小利，易被收买。卑下小人，谄谀奸诈，做事反复无常。上述手法，都是圣智之士十分明了并暗中使用的手段，都是从众人身上吸取总结而来的，但众人运用这些手段却难以奏效，是因为他们不像圣人那样能用到点子上，该用什么手段就用什么手段。所以说，谋划策略，最难做到的是周密无隙，游说别人，最难做到的是让别人完全听从自己的意见，主持事情，最难做到的是一定要成功，不允许失

摩术的对象和摩术的最高境界

愤怒

正直

谦恭

重视实行

重视名声

喜悦

平和

廉正

贪图利益

守信

面对各种摩意对象，要具体情况具体分析

只有掌握了摩意等权术的圣人才能达到的境界

周密无隙地谋划策略

要使计谋周密就要选对可以共同谋划之人，使双方互补做出没有漏洞的决策

游说别人使其完全听从自己的意见

游说要成功、就要揣摩别人的情意，两情相合而别人必定听从

主持事情就一定能够成功

做事要成功，要使客观规律、行动方法与时机三者相结合而成事

掌握了万事万物各自的规律和属性，顺势而为，就能实现自己的抱负和追求

成功后不可自持自喜

败。这三种境界，只有那些掌握了摩意等权术的圣人们才能够达到。所以说，要使计谋周密，一定要选择那些智谋水准与自己相近的人一起谋划，这就叫作双方互补而做出了没有漏洞的决策，从而无懈可击；做事要想成功，必须有适当的方法，所以说只有客观规律、行动方法与时机三者相合而成事，相互依附，功业才能到达成功；游说时想要让别人完全听从你的意见，就要揣摩准别人的情意，这就叫作两情相合，而别人必定听从、采纳。世间万事万物都有各自的属性，故而人们常说，抱起柴草扔进火中，干的先被点燃；平地浇上水，湿的地方先把水吸引过去，这些现象就是各类相同的事物必有相同的性质相适应。对于情势，以此类推，其他事物也是一样的。我们运用摩意术时也是这样，想让别人的内心情意应和你的摩意而表现出来，你也要保持与他同样的感情和表情。所以说，用以类相从的态度去摩意，哪有对方不应和的情况？顺从他的心意去琢磨他、游说他，哪有不听从的呢？这就是我们策士们的秘术。掌握了这种秘术，善抓时机，成事无所谓早晚。功成事就而不自持自喜，天长日久我们定能化育天下，实现自己的政治追求。

为人处世

◎欲速不达——苏无名稳坐钓大鱼◎

孔子曾说："欲速则不达。"就是告诉我们做事切不可急躁冒进，不要幻想立竿见影。急于求成、恨不能一日千里，这样往往事与愿违。耐心放线，稳坐等待，大鱼自会上钩。一个人只有摆脱了速成心理，"放长线，钓大鱼"一步步地积极努力，步步为营，才能达成自己的目的。

有一次，武则天赏赐给太平公主一件宝物，可是没几天，宝物就不翼而飞。这件事惊动了武则天，她认为有损自己的颜面，立即招来洛阳长史，诏令他九日内破案。洛阳长史束手无策，无计可施，只好派人找来神探苏无名，希望他能帮忙。苏无名听完后，要求面见圣上，称他自会破案，但他提了个要求，就是不能做时间上的限制。

武则天以为他是托辞，又不想过于为难他，就应允了他的要求。苏无名奉旨接办御案之后，一点都不着急，没有一丝动静，一晃就是一个多月。洛阳长史不知道他葫芦里卖的什么药，不免担心起来。

一晃就到了一年一度的寒食节。这天，苏无名终于有了动静，他吩咐下去：所有破案人员全部改装为寻常百姓，分头前往洛阳的东、北二门附近查案。无论哪一组，凡是遇见外族人身穿孝服，出门往北邙山哭丧的队伍，必须立即派人跟踪盯上，不得打草惊蛇，只须派人回衙报告即可。

苏无名胸有成竹，欲擒故纵窃宝贼。

这边苏无名刚刚坐定，就见一个游徼赶了回来。他告诉苏无名，已经侦得一伙人，此刻已在北邙山。苏无名听后，立即与来人赶往北邙山坟场。到达之后，苏无名询问盯梢的吏卒："他们进了坟场之后表现如何？"

吏卒回报说："一切如大人所料，这伙人身着孝服，来到一座新坟前奠祭，但他们的哭声没有哀恸之情，烧些纸钱之后，即环绕着新坟察看，看后似乎又相互对视而笑。”

苏无名听到这里，说道：“窃贼已破！”立即下令拘捕那批致哀的人，同时打开新坟，揭棺验看。检点对勘之后，证实这些正是太平公主一个月前所失的宝物。

苏无名一举侦破太平公主的失窃大案，震动了洛阳。武则天下旨再次召见苏无名，问他是如何断出此案的。苏无名应召进殿，答道：“臣下并没有什么特殊的神谋妙计，臣在来汇报工作的途中，曾在城郊邂逅了这批人。凭借臣下多年办案的经验，即断定他们是窃贼，只是一时还不知他们下葬埋藏的地点，只得放长线钓大鱼，耐心等待。寒食节一到，依民俗，人们是要到墓地祭扫的。我料定这批借下葬之名而掩埋赃物的盗贼，必定会趁这个机会出城取赃，然后借机席卷宝物逃走，因此臣下遣人便装跟踪，摸清他们埋下宝物的地点。他们奠祭时不见悲切之情，说明地下所葬不是死人；他们巡视新坟相视而笑，说明他们看到新坟未被人发觉，为宝物仍在坟中而高兴。”

苏无名继续说道：“假如此案依陛下九天之限，因风声太紧，窃贼们狗急跳墙，轻则取宝逃亡，重则毁宝藏身。官府不急于缉盗，欲擒故纵，盗贼认为事态平缓，就会暂时将棺中宝物放在那里。只要宝物依然还在神都近郊，我破案捕盗就易如囊中取物！”

苏无名让时间来验证自己的猜测，最后博得众人喝彩。主要就在于他看透了盗贼的心理，故而采取“放长线钓大鱼”的策略。面对狡猾的盗贼，急于求成，反而难以把事情办成。要想引“鱼”上钩，把鱼群一网打尽，就得有耐心，有节奏地反复松线、紧线，把工夫做足，“鱼”自然会上钩。这就是《鬼谷子》说的：“古之善摩者，如操钩而临深渊，饵而投之，必得鱼焉。”意思就是说：古代那些擅长使用摩意术的人，就像渔翁拿着钓钩坐在深渊边上，装上钓饵，投入水中，必定能钓上大鱼来。这就告诉我们，善于运用“摩术”的人，只要运用得当，抛竿待鱼，鱼儿自会上钩。此法妙处在于：网已做好，绝不打草惊蛇，只是静等“鱼”上钩，安心做个收网的渔夫就好了。

◎借力成事——王导借名人做宣传◎

名人本来就有一定的社会影响力和号召力，利用名人做宣传更是一种双赢的选择，让名人出尽风头的同时也让自己出尽风头，这其中的效益相当明显。所以在遇到合适的机会时，借他人之名成自己之事，也不失为一种成事的智慧。

在中国古代智慧语言里，有很多“借”字，“借鸡生蛋”、“借船出海”、“借网捕鱼”、“借刀杀人”、“借东风”，卓越的管理者要善借外力，所以从努力到借力就成为角色转换的关键内容。当然借力中，可借的东西很多，比如借势、借物、借财、借才、借人等等，其实，还有一种借，那就是借名，即借用他人的名气让自己出风头。东晋的丞相王导就曾经如此“借力”。

王导，生于晋武帝咸宁二年（276 年），字茂弘，晋朝琅玡临沂（今山东临沂）人。琅玡王氏，从太保王祥以来，一直是名门望族，王祥族孙王衍累任至司空、司徒、太尉，是朝中数一数二的人物。王导是王衍的族弟，王导的祖父王览，官至光禄大夫；父亲王裁，任镇军司马。王导在少年时代就很聪明，陈留高士张公曾对他的从兄王敦说：此儿容貌志气不凡，定是将相的才气。长大后为司空刘寔所知，被任为东阁祭酒，迁秘书郎、太子舍人，后参东海王司马越军事。

他一生最大的政绩就是拥立晋元帝建立东晋，而在这一过程中他的聪明才智也得到了淋漓尽致的展示。

王导素和司马懿的曾孙、琅玡王司马睿友善。永嘉元年（307 年），晋怀帝任命司马睿为安东将军，出镇建邺（后改建康，今南京）。王导相随南渡。当初渡江来到南京时，国库空虚，缺乏银钱，只有几千匹不值钱的白绢。为了渡过暂时的难关，王导自己先做了一件白绢的单衣穿在身上，又动员大臣们出门上朝也都穿上这样的衣服。上行下效，人们都争相效仿穿起了这种白绢衣服。白绢一时供不应求，价格很快上涨到每匹一金。这时王导下令将国库中的白绢全部卖掉，因此多得了几倍的银钱。

王导利用人们的崇拜名人、追求时尚的心理，解决了财政困难。如果他想凭借强硬手段强行推销卖不出去的绢布，就会引起人们的反感，根本不可能让人满意。

其实，王导利用名人威望的谋略早在他的政治活动中就曾施展过。那时，晋元帝司马睿还只是琅琊王。王导觉察到天下已乱，便有意拥戴司马睿，复兴晋室。司马睿出镇建康后，吴地人并不依附，时过一个多月，仍没有人去拜望他。王导十分忧虑，便想到要借助当地的名人来提高司马睿的威望。

于是他对已有很大势力的堂兄王敦说："琅玡王虽然仁德，但名声不大。而你在此地早已是有影响力的人，应该帮帮他。"他们约好在三月上巳节伴随司马睿去观看修禊仪式。

到了那一天，他们让司马睿乘坐轿子，威仪齐备，他们自己则和众多名臣骁将骑马扈从。江南一带的大名士纪瞻、顾荣等人，见到这种场面，非常吃惊，就相继在路上迎拜。

事后，王导又对司马睿说："自古以来，凡能称王天下的，都虚心招揽俊杰。现在天下大乱，要成大业，当务之急便是取得民心。顾荣、贺循二人是当地名门之首，把他们吸引过来，就不愁其他人不来了。"

司马睿听了王导的话，就派王导亲自登门拜请顾荣、贺循。受他们的影响，吴地士人、百姓，从此便归附司马睿。东晋王朝终于得以建立。

站在巨人的肩膀上你会看得更远，而利用名人效应则是最简单、最有效的宣传方式。名人本来就有一定的社会影响力和号召力，利用名人做宣传更是一种双赢的选择，让名人出尽风头的同时也让自己出尽风头。这其中的效益相当明显，所以在遇到合适的机会时，何不学学王导，借他人之名成自己之事，也不失为一种成事的智慧。

◎待时而动——唐宣宗终归大海作波涛◎

"韬光养晦"一词出自《旧唐书·宣宗记》，原文是"历太和会昌朝，愈事韬晦，群居游处，未尝有言"。其意是指隐藏才能，不使之外露。而这位宣宗皇帝就是唐朝的李忱。他从一个身份、地位都很低下的皇子，历经劫难最后登上大宝，成为一国之君，其法宝就是韬光养晦。

李忱是唐宪宗李纯的第13子，于长庆中期被封为光王。在他即位之前，贵为王公的李忱却不得不离京出走，这得从他当时的处境说起。李忱的母亲并不是一个有身份、有地位的妃子，她作为当时叛臣的罪孥进宫，结果邂逅了当朝皇帝，生下了李忱。可惜在李忱的幼年，宪宗皇帝就被宦官暗杀了，

唐宣宗大智若愚藏锋芒，时机成熟夺权位。

李忱为避祸，便“寻请为僧，行游江表间”。

留下这一对母子，既不能母凭子贵，也不能子凭母贵。

820年二月，李恒（李忱之兄）被宦官扶上皇位，是为唐穆宗；4年后穆宗服长生药病逝，其子敬宗李湛接任，但他只活到18岁，驾崩后由其弟文宗李昂、武宗李炎相继接任。

在这长达20年的时间里，三朝皇叔李忱的地位既微妙又尴尬，他只能以黄老之道，韬光养晦，装傻弄痴。尽管他为人低调，不事张扬，但先王的特殊身份，还是让他逃避不了侄儿们猜忌、排斥、挤压的命运。文宗、武宗两位皇帝更是对他心存芥蒂，非但不以礼相待，还想方设法地迫害他。公元841年，唐武宗登基时，李忱为避祸，便“寻请为僧，行游江表间”，远离了是非之地。应该说，李忱当时作出的这一抉择，当属大智若愚、达人知命的明智之举。而流放底层，阅尽人世沧桑，也为他将来成大业提供了一个难得的机会。

法号“琼俊”的李忱虽然隐居于与世隔绝的深山之中，但他并没有一心向佛，忘却心中之志。握瑾怀瑜的他，效法孔明抱膝于隆中、太公闲钓于渭水，准备待时而动。在唐武宗统治的6年间，他不停地通过秘密渠道打探宫内情况，积极从事夺权的活动，以实现“归去宿龙宫”的夙愿。

李忱出家为僧法号“琼俊”，身在深山，心系朝堂。

虽然他一直隐藏自己的这一志向，在福建境内天竺山真寂寺的三年间，他大智若愚、言行谨慎，不露端倪。但在一次与名僧黄蘖和尚观瀑吟联时，他那深藏于心的雄才大略却通过一副对联表露无遗。

一日，李忱与黄蘖和尚在山中闲话，面对悬崖峭壁上的一条飞瀑，黄蘖来了雅兴，对李忱说道：“我得一上联，看你能否接出下联。”李忱也兴致盎然，说道：“你道来我听，我必对得上。”黄蘖于是吟道：“千岩万壑不辞劳，远看方知出处高。”李忱几乎是脱口而出：“溪涧岂能留得住，终归大海作波涛。”黄蘖听了，赞赏有加。

李忱就像那瀑布，经历“千岩万壑不辞劳”的艰险后，终将飞珠溅玉、石破天惊。公元846年，深谙权谋、忍辱负重的李忱果然在太监们的拥戴下，从侄儿手中夺过大位，是为唐宣宗，时年37岁。由于他长期在民间阅世读人，深知黎民疾苦，故躬行节俭，虚怀纳谏，颇有作为。

《孟子》中有名言："天将降大任于斯人也，必先苦其心志，劳其筋骨，饿其体肤，空乏其身，行拂乱其所为，所以动心忍性，增益其所不能。"李忱在宫中装痴，在宫外为僧，都是他动心忍性的时候，他或者落魄寂寥，或者佯狂装痴，凡夫俗子、势利人物，或以此为怪，或以此为笑。

但是真正的智慧并不显现出智慧，真正的谋略并不显现出谋略。鸷鸟将要发动攻击时，一定先收翼低飞；猛兽将要搏斗时，一定先贴耳伏地；圣君贤人将要行动时，一定会先向他人表露自己的愚蠢和迟钝，以麻痹他人的神经，这正是"道在不可见，事在不可闻，胜在不可知"的韬晦之术。处逆境，当作潜龙，一朝时机成熟，便是飞龙在天。

◎装疯卖傻——朱棣于伏藏中图大业◎

成大事者要懂伏藏之术，善忍，甚至不惜装疯卖傻，自毁形象，以养精蓄锐，等待时机。也许这有伤个人的尊严，但相比于后来成就的大业，这点被伤害的尊严似乎就微不足道了。毕竟，在权力斗争中，一切手段都无所谓是，无所谓非，最终的结局是评判一切的唯一标准。

《摩篇第八》说："隐貌逃情，而人不知，故能成其事而无患。"堵起洞口，藏起事头，人们不知道我们对他实施的摩意术，并且我们已经掌握了他，所以对我们无所戒备，然后把考察的信息应用到决策中，就没有办不成的事情。这就是伏藏制胜的道理。

历史上那些善于隐藏自己的人，表面看起来"和光同尘"，毫无棱角，言语如此，行动亦然，个个深藏不露，好像他们都是庸才，其实他们的才能，绝非普通人可比；好像他们都是讷言，其实他们都是善辩者；好像都是胸无大志，其实颇有雄才大略，不愿久居人下。他们在行动上隐藏自己，在言语上扑朔迷离，为何？因为有所顾忌，因为知道自己所处的境地，也知道对手的意图，因时机还不成熟，就不得不以伏藏来扰乱对手的视听，掩盖自己的真实意图，以求由险境步入胜境。将隐藏之功发挥得当的人也包括明成祖朱棣。

朱棣是明太祖朱元璋的第四个儿子。在朱元璋打天下的斗争中，他立功最多，颇受朱元璋器重，封他为燕王，令他镇守当时的燕京。皇太子朱标死后，朱元璋曾有意立他为太子，但因他之上还有两位兄长，为避免兄弟相争，朱元璋只好立嫡长孙朱允炆为帝位继承人。对此，燕王朱棣一直耿耿于怀。

明惠帝朱允炆即位时，各地藩王都是叔父辈，割据要地，虎视眈眈。户部侍郎卓敬上书密奏："燕王智谋过人，又镇守北平这样的要害之地，兵强马壮，不可

永乐帝静待时机，为自保闹市装疯。

明成祖朱棣像

不防。不如将他迁往南昌，万一有变，也容易控制。”朱允炆本就对他这位智力超人的皇叔很是疑惧，见此密奏后，深以为是，便着手做了一系列部署，对朱棣严加防范和监督。

朱棣是何等人，他久征沙场，老谋深算，既懂军事，又善于玩政治，根本就没把这个毫无经验、软弱无能的皇侄看在眼里。他有野心，但没当上皇帝，因此心中有怨，早有取而代之之意。于是，他在王府内私制兵器，招兵买马，暗中操练，做起事准备。不久，燕王朱棣的阴谋被人告发，朱允炆对其严加训责。燕王朱棣颇感恐慌，马上起兵反抗朝廷吧，时机还未成熟，但又不能束手待毙，于是他心生一计，决定以装疯来迷惑朝廷。

他经常狂呼乱叫，奔走于燕京的长街闹市；或闯入酒楼饭铺之中，夺人酒食；或颠三倒四，胡言乱语；或昏睡于泥土污秽之上，终日不醒。

正是好事不出门，坏事传千里。“燕王疯了！”这个消息瞬间便传遍朝野。体格一向健壮的燕王如今突然会变成这副样子，也令许多人感到疑惑。为了一探虚实，朱允炆派北平布政使张炆和都指挥使谢贵亲自去燕王府探个究竟。

当时已是夏历六月，正值盛夏，酷热难忍，却见朱棣围坐在火炉边，浑身发抖，连呼：“太冷了，太冷了！”见有人来，甚至都站不起来，不得不拄着拐杖起身迎接。此情此景，使得张、谢二人不由得消除了疑心。他们立即回报给朱允炆，朱允炆便信以为真。

虽然纸里最终包不住火，但燕王的装疯却为他发动“靖难之役”赢得了时间。等一切准备就绪之后，朱棣便以“靖难”为名，公然与朝廷对抗。经过四年血肉相争，朱棣攻陷京城，登位称帝，史称明成祖。

朱棣夺权成功了，成了大名鼎鼎的永乐皇帝，而他装疯卖傻这一幕居然还能在正史中保存下来，看来他对此并不忌讳。也许在他看来，这并没有玷污他的光辉形象，反而显示了他的机智。确实，在权力斗争中，一切手段都无所谓是，无所谓非，最终的结局是评判一切的唯一标准。

管理谋略

◎谋阴为阳——刘备以哭保荆州◎

赤壁大战后，刘备按诸葛亮的安排，用计夺取了军事重镇荆州。周瑜气得金疮迸裂，决心起兵与刘备决一雌雄，经鲁肃劝说才罢兵言和。但周瑜认为刘备占据荆州是东吴称霸的心腹大患，便命鲁肃去向刘备讨回荆州。

最初，刘备以辅助侄儿刘琦为理由赖着不还。刘琦死后，鲁肃又去讨荆州，诸葛亮以“天下者天下人之天下，非一人之天下”来辩护，并立下文书，取了西川后再归还荆州。鲁肃无奈，只好空手而回。后来，刘备娶了孙权的妹子，做了东吴的乘龙快婿，孙权又要鲁肃讨还荆州，刘备已经黔驴技穷，问计于军师诸葛亮。

诸葛亮说道："主公只管放声大哭，待哭到悲切处，我自出来劝解，荆州无大碍也。"

鲁肃来到堂上，双方互相谦让。

刘备说："子敬不必谦虚，有话直说。"

鲁肃说："小人奉吴侯军命，专为荆州一事而来，就算是一家人了，希望皇叔今日交还荆州为好。"

孙权命鲁肃去讨要荆州。

鲁肃说完后，专候刘备答复。哪知刘备无话可说，却用双手蒙脸大哭不已，哭得天昏地暗。鲁肃见刘备哀声嘶哭，泪如雨下，不禁惊慌失措，急忙问道："皇叔何至如此？难道小人有得罪之处。"

那刘备哭声不绝于耳，哭得泪湿满襟，成了个泪人儿。鲁肃被刘备哭得胆战心寒。这时，诸葛亮摇着鹅毛扇从屏风后走出来说道："我听了很久了,子敬可知我的主公为什么哭吗？"

鲁肃说："只见皇叔悲伤不已，不知其原因，还望诸葛先生见教！"

刘备一哭退鲁肃，皇叔落泪保荆州。

诸葛亮说："这不难理解。当初我家主公借荆州时，曾经立下取得西川时便还给东吴的文书。可是仔细想想，主持西川军政大事的刘璋是我家主公的兄弟，大家都是汉朝的骨肉。若是兴兵去攻打西川，又怕被万人唾骂，若是不取西川，还了荆州无处安身；若是不还，那东吴主公孙权又是舅舅。我主处于这两难困境，子敬又三两次的来讨，因此泪出痛肠，不由得放声恸哭。"

孔明说罢，又用眼色暗示刘备，刘备耸肩摇膀，捶胸顿足，大放悲声。

鲁肃原是厚道之人，见刘备泪下，放声痛哭，心中动了恻隐之心，以为刘备真的是因无立足之地而哭，便起身劝道："皇叔且休烦恼，待我与孔明从长计议。"

《三国演义》中最让人难忘的就是刘备的"哭"了，作为一个乱世英雄，整天哭哭啼啼或许会让人觉得失去了英雄风范。可是,"哭"也是一种智慧。刘备就是用"哭"保住了荆州,并以此为跳板，最后发迹。

《鬼谷子》说"摩者，揣之术也。内符者，揣之主也。用之有道，其道必隐。微摩之，以其所欲，测而探之，内符必应。"琢磨那些外在表象的内在心理因素。揣摩之间，信息自然会被人察觉。刘备心思细密，在多次磨合中了解鲁肃的性情，掌握心理欲望的内在因素。这也是他保住荆州，赢得胜利的关键。人非草木，孰能无情。眼泪就是一种能够征服人心的绝妙武器。所以不可轻视眼中滚落的泪水，它能够流到人的心灵深处，打中人的恻隐之心，冲垮人的心理防线，从而达成自己的目的。

◎妙语连珠——智罃临危不惧◎

为人处世最难做到的事情之一就是临危不惧、威武不屈。这不仅需要胆量，更需要智慧。

荀首射伤楚公子，将之俘虏，意欲阵前易子。

战国时期，晋楚展开大战，晋军大败，智罃被俘。智罃的父亲荀首为晋军大夫，率兵作战，射死楚大夫连尹襄老，射伤楚公子縠臣，一并带回去，预备以后用他们换取回智罃。于是，荀首成了中军统帅。当时晋军虽败，但势力并不虚弱，楚军惧怕荀首的声威，便答应了晋军换回智罃的要求。

楚王见智罃要回晋国，知道他将来一定能立下大业，便由原来把他当作罪犯的脸孔改作朋友的脸孔。在把智罃送出时，他满面和气地问智罃："你会怨恨我吧？"

智罃回答道："两国之间作战，是因我没有才能，才沦为俘虏。大王不把我杀死用血涂在鼓上激励将士，使我回晋受罪，这是大王的恩惠，我哪里还敢怨恨你呢？"

楚王听了这话很为得意，进而问道："既然如此，那么你将会感激我的恩德喽？"

智罃正色答道："两国都是为国家利益打算，以使百姓安心度日。现在晋楚二国既已和好，各自后悔当初的怨恨，不应互相为战，那么就应互相宽恕为是。现在我们两国都在力求这样做，双方互释战囚以成其好。两国之间的政事，与我私人无关，我来感激谁呢？"

楚王又问："你这番话我听得有点不对了，明明是要换你回去，可你却说与你无关，但这也毕竟是两国之间的大事啊！那么，你回去之后如何来报答我的恩情呢？"

智罃说："臣无从受怨，也无从受德，无怨无德，不知所报。"

楚王笑着说："这是哪里的话呢？"

智罃说道："若是我的国君把我杀掉，我就是死，这个大恩也是不会腐朽的。假使听从你的好意而免我一死，并赐还我的父亲荀首，若他把我戮于宗庙，我虽死掉，你的恩德也会不朽的。假使轮到我担任国家大任的

智罃不卑不亢言语有度应对楚王，终能全身而退。

时候，带领部分军队保卫边疆，如果碰上楚国的将帅，我也是不会逃避而不打的，我会不惜牺牲地去拼杀，没有二心，以此来尽我的为臣之礼，这就是我对大王的回报。”

楚王从智罃口中得不到什么千金许诺，但智罃的话句句入情入理，不好反驳，只好送智罃回去，叹口气说：“晋未可与之争。”

智罃在楚王进行盘问索要报答时，还在他人手中，然而并未故作媚态，强作欢颜，而是以礼相待楚王。这个礼，便是他应尽的臣子之礼，他的言语很有分寸，没有丝毫过度，也没有丝毫不周。就这样，他巧妙地保护了自己的利益。

“语言是思想的光辉。”语言的效力不在于说多少话，而在于说话恰如其分，善于把握分寸。经过深思熟虑的片言只语，远远胜过冗长的无稽之谈。语言作为交流的重要的工具，最大的功用就是能够掷地有声，能够导致行动上的效果。所以，尽一切能力，发挥语言的作用，可以使人在行为上发生重大的变化。《鬼谷子》讲：“饰言而成文章，而后可论之。”一代谋略大师十分重视语言的功用。并且鬼谷子已经认识到，语言是人思想的外衣。语言是人类智慧发展的产物。一个人的才华和风度也会通过语言展现出来。所以发挥语言的重大功用，是我们的一笔重要的财富。

◎香饵钓鱼——铁铉诈降骗朱棣◎

“事贵应机，兵不厌诈。”无论是在棋局中，还是在人生中，总是有很多真假难辨的情形，让人眼花缭乱，让人不知所措。俗话说：“耳听为虚，眼见为实。”可是眼睛真的有那么可靠吗？在如今的社会中，我们获得信息的渠道是多种多样的，而且绝大多数都是通过自己的眼睛看到的，但是又有多少是真实的呢？

铁铉，字鼎石，邓州（今河南邓州市）城关人，明朝将领。铁铉性格刚毅，机智敏捷，善决疑狱。他在太学读书时，熟通经史，成绩卓著，由国子生被选授礼部给事中，后任都督府断事、山东布政司使和兵部尚书等职，深得明太祖朱元璋赏识，“鼎石”即为其所特赐。他是一个懂得利用信息的将领，也正是因为这一点，他成为一个差点令明成祖朱棣丧命的历史人物。

建文二年（1400 年），“靖难之役”进入了第二年。与朱棣对抗的大将军李景隆本是个纨绔子弟，对于带兵打仗可以说是一窍不通。无奈，建文帝为大臣所蒙蔽，而重用此人。李景隆哪里是朱棣的对手，他所率的军队节节败退。这一年，再次退走德州，燕王朱棣的军队尾随而至。不久，李景隆又从德州逃到了济南。朱棣率军紧随其后，将他率领的十余万军队，打了个落花流水，还要乘势攻打济南。

幸亏坚守济南的是忠臣铁铉，这才遏制了朱棣的进攻，使得战事出现了暂时的转折。铁铉本是山东参政，负责催督军饷，为李景隆军队筹集粮草。听说李景隆大败，他从临邑匆忙赶往济南，聚集溃败的明兵，协助盛庸、宋参军等人一起死守济南。任凭燕兵轮番冲锋，始终岿然不动。建文帝听到这个消息，马上罢免了败军之将李景隆，升铁铉为山东布政司使，又下诏命盛庸为大将军。

朱棣本想乘胜追击，一举攻下济南，没想到三个月过去了，还是久攻不下。不仅如此，济南的明军还时不时地出城来偷袭，这让朱棣大为恼火。再这样拖延下去，自己的后勤补给就会出现问题了。此时，有个谋臣对他说：“两军对峙已经有三个月之久了，我军损耗严重，如果还是没有办法攻克济南，那我们只有班师回去了。臣有一计，不知殿下是否愿意一听？”

朱棣一听有人献计，忙问：“有何妙计，快快讲来。”

谋臣说：“我们可以堵住济南城外各条溪涧，同时掘开黄河大堤，将溪涧和黄河之水引来，准备积水灌城。这样，济南城内的百姓和守军必定心生恐惧，混乱不已。铁铉投降最好，如若不然，就来个水淹济南。这样我们不费一兵一卒便可攻下济南了。”

朱棣听了，眼睛一亮，但转念一想，说：“真要放水灌城，未免太残忍。不如我们先放出去消息，给他们一个期限，或许可以避免生灵涂炭。”

第二天，济南城中的百姓都收到了城外传来的消息，知道燕王朱棣要他们投降，否则过了时间，便会放水灌城。城中一时间人心惶惶，就连守军也乱作一团。既为了安抚军心和民心，也为了拯救济南的百姓，铁铉决定将计就计，诱杀朱棣。

朱棣做势淹城，铁铉施计诈降。

计议已定，铁铉命人暗中在城门上置千斤闸，又让守城的士兵昼夜啼哭：“济南城快被淹了，我们就要死了！”不久，他又下令撤掉了城楼上防守的武器，选了一个百姓作为使者，到燕王朱棣的大营去请降：“因为朝中奸臣当道，大王您才冒死奋战。我们都是太祖皇帝的子民，而您是太祖皇帝的亲生儿子，我们早就想要向您称臣了。但是，我们济南的百姓向来不习惯兵戎相见，看到您的大军压境，非常害怕。希望您先让军队撤退到十里之外，然后您单骑入城，我们一定俯首称臣，恭迎您的大驾！”

铁铉计退敌兵，收复失地。

燕王朱棣不知是计，济南城久攻不下，将士们都已经疲惫不堪了，现在他们却主动要投降。这让朱棣大喜过望，竟然信以为真了。于是，他即刻下令军士将营地后移十里，自己骑着骏马，只带了几名护卫，便跨过护城河，径直准备进城接受投降。

见他前来，守城的明军打开城门，都聚集在城墙上向下张望。燕王朱棣刚进城门，士兵们便高喊：“千岁到！”

预先置于门拱上的千斤闸应声落下。幸亏朱棣命大，千斤闸只砸中了他的马头，若再稍微晚落几秒钟，恐怕他的脑袋就没了。燕王朱棣此刻才知中计了，大惊失色，连忙换了一匹马，掉头就往城外跑。济南的守城士兵见朱棣要逃，忙牵挽护城河的浮桥，但因为浮桥年久失修，士兵费了九牛二虎之力才拉起了一米多高，朱棣和他的护卫纵马逃出了城外。朱棣死里逃生，铁铉的“诈降计”功败垂成。

朱棣回到营地后，大发雷霆，立即调来重炮，挥兵攻城。铁铉站在城头，大骂朱棣是反贼。朱棣听了气不打一处来，搬来数门大炮对着城墙一阵狂轰滥炸。济南城墙上很快就被打开了一个缺口，危急关头，城墙缺口处挂出了一块木牌，木牌上只写着七个大字——“太祖高皇帝之位”，这是铁铉亲书的太祖皇帝朱元璋的神牌。朱棣见此，虽然气恼至极，却也不敢再开炮轰击了，济南城这才得以保存，两军又回到了最初的对峙阶段。此后，铁铉常常派人不分昼夜地骚扰、偷袭燕军。朱棣

铁铉妙计退朱棣。

见自己的军队死伤无数，又担心明军会绕到背后收复德州，切断自己的粮草供应，只好撤兵，先回北平，再作打算。铁铉等立即乘胜追击，收复了德州等失地。

李景隆率十余万大军被燕王朱棣打败，铁铉却凭着济南这一座孤城取得了胜利，这不得不归功于他的“诈降计”。铁铉的“诈降计”和诸葛孔明的“空城计”有异曲同工之妙。“空城计”是制造一种假象，让司马懿误以为城中有埋伏，而避不入城；“诈降计”也是制造一种假象，不过目的却是将朱棣引入城中。老奸巨猾的朱棣也差点栽在了铁铉的手中，看来铁铉的这个“绝处逢生”局还真是高明。

商战博弈

◎借力使力——希尔顿借鸡生蛋◎

古人说：君子生非异也，善假于物也。我们应该做个“善假于物”的“君子”。一个人不能单凭自己的力量完成所有的任务，战胜所有的困难，解决所有的问题。善于借助别人的力量，取之所长，补己之短，这是智慧的体现。

著名的希尔顿从被迫离开家庭到成为身价5.7亿美元的富翁只用了17年的时间，他发财的秘诀就是借用资源经营。他借到资源后不断地让资源变成了新的资源，最后成为全部资源的主人——一名亿万富翁。

希尔顿年轻时就特别想发财，只是一直没找到合适的机会。一天，他终于在繁华的达拉斯商业区大街处找到一块适合做旅店的用地。他找到这块土地的所有者——一个叫老德米克的房地产商。经过协商，老德米克开价 30 万美元出售这块地皮。希尔顿不置可否，却请来了建筑设计师和房地产评估师给“他”的旅馆进行测算。建筑师告诉他，如果按他设想的那样去建一个旅馆起码需要 100 万美元。

而当时，希尔顿只有 10 万美元，经过东拼西凑也只有 10 万美元。按一般人的思维，要实现希尔顿的想法简直是不可能的事。那么，希尔顿又是如何去做的呢？

希尔顿再次找到老德米克签订了买卖土地的协议，土地出让费为 30 万美元。然而就在老德米克等着希尔顿如期付款的时候，希尔顿却对土地所有者老德米克说：“我想买你的土地，是想建造一座大型旅店，而我的钱只够建造一般的旅馆，所以我现在不想买你的地，只想租借你的地。”老德米克有点发火，不愿意和希尔顿合作了。希尔顿非常认真地说：“如果我可以只租借你的土地的话，我的租期为 90 年，分期付款，每年的租金为 3 万美元，你可以保留土地所有权，如果我不能按期付款，那么就请你收回你的土地和在这块土地上我建造的饭店。”老德米克一听，转怒为喜，“世界上还有这样的好事，30 万美元的土地出让费没有了，却换来 270 万美元的未来收益和自己土地的所有权，还有可能包括土地上的饭店。”于是，这笔交易就谈成了，希尔顿第一年只须支付给老德米克 3 万美元就可以，而不用一次性支付昂贵的 30 万美元。就是说，希尔顿只用了 3 万美元就拿到了应该用 30 万美元才能拿到的土地使用权。这样希尔顿省下了 27 万美元，但是这与建造旅店需要的 100 万美元相比，差距还是很大。

于是，希尔顿又找到老德米克，“我想以土地作为抵押去贷款，希望你能同意。”老德米克非常生气，可是又没有办法。

就这样，希尔顿拥有了土地使用权，于是从银行顺利地获得了 30 万美元，加上他已经支付给老德米克的 3 万美元后剩下的 7 万美元，他就有了 37 万美元。可是这笔资金离 100 万美元还是差得很远，于是他又找到一个土地开发商，请求他一起开发这个旅馆，这个开发商给了他 20 万美元，这样他的资金就达到了 57 万美元。

1924 年 5 月，希尔顿旅店在资金缺口已不太大的情况下开工了。但是当旅店建设了一半的时候，他的 57 万美元已经全部用光了，希尔顿又陷入了困境。这时，他还是来找老德米克，如实介绍了资金上的困难，希望老德米克能出资，把建了一半的建筑物继续完成。

他说：“如果旅店一完工，你就可以拥有这个旅店，不过您应该租赁给我经营，我每年付给您的租金最低不少于 10 万美元。”这个时候，老德米克已经被套牢了，如果他不答应，不但希尔顿的钱收不回来，自己的钱也一分回不来了，他只好同意。而且最重要的是自己并不吃亏——建希尔顿饭店，不但饭店是自己的，连土地也是自己的，每年还可以拿到丰厚的租金收入，于是他同意出资继续完成剩下的工程。1925 年 8 月 4 日，以希尔顿名字命名的“希尔顿旅店”建成开业，他的人

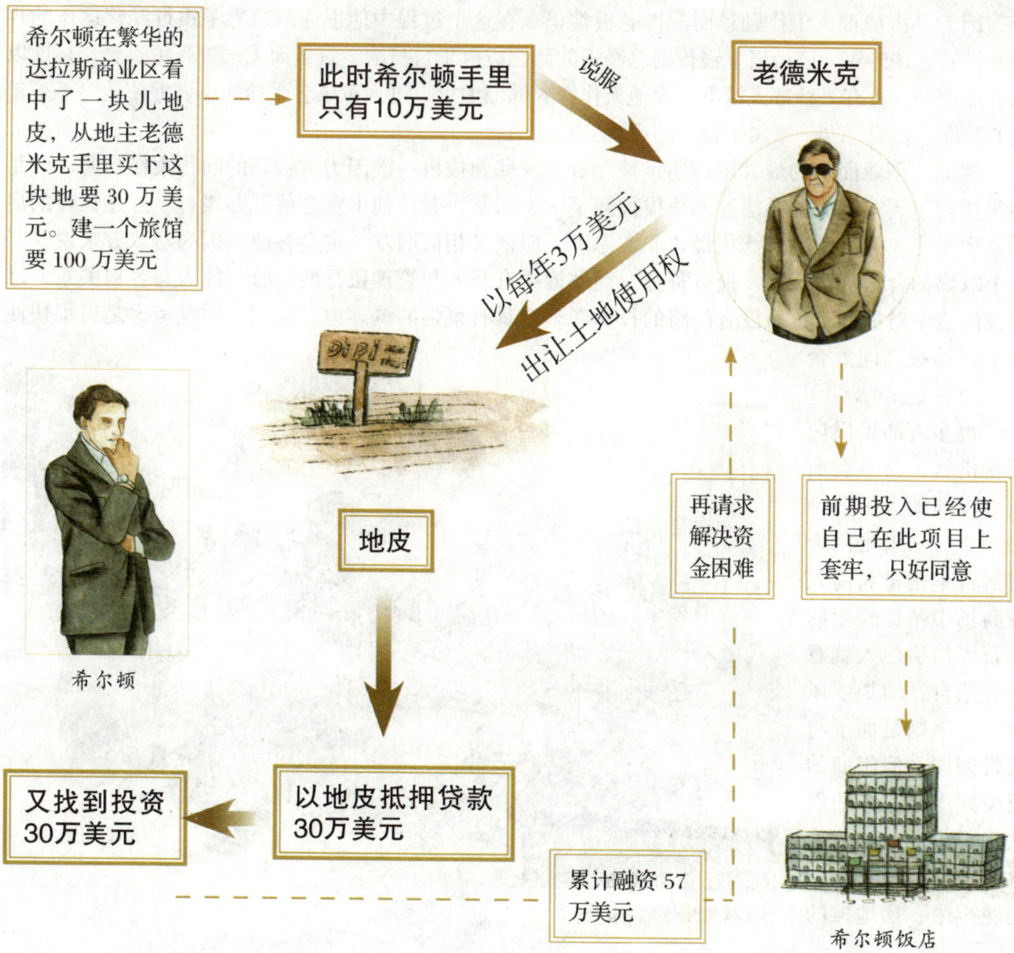

生开始步入辉煌时期。

用别人的钱财来发展自己的事业，是希尔顿的高明之处。因为他懂得“借鸡生蛋”，亦即鬼谷子所说的“摩术”。他撒钩钓鱼，以利做鱼饵，钓上来一只又一只大母鸡，最后得了满满一篮子鸡蛋。他知道一个人的能量毕竟太小，但是借助外界的力量，能量则不可估量。

在生活中，我们也应该学会点“摩术”，学会借助别人的力量来发展自己。借助别人的力量、金钱、智慧、名望甚至社会关系，用以扩充自己的大脑，延伸自己的手脚，提高赚钱能力，正所谓借他人之光照亮自己的“钱”程。

◎好风扬帆——邱德拔善搭“顺风车”◎

英国著名作家约翰·德莱顿说：“世界上没有什么事物是不可以利用的。”荀子也说：“君子生非异也，善假于物也。”聪明人都知道“借势”的妙处，如果认准了大势，但是自身力量太单薄，那就会毫不犹豫地借势。

已故的新加坡首富，闽裔华商邱德拔正是依靠借来的资本白手起家的。邱德拔祖籍福建厦门，他的父亲是一位传统的闽商，敢打敢拼，精明能干，当时还是多家福建银行的股东。1917年邱德拔出生于新加坡，受到父亲经商思想的影响，他从小便立志成为一名成功的商人。

16年后，少年老成的邱德拔便进入了父亲参与创办的华侨银行。他在华侨银行工作了十几年，因为办事稳重，工作勤恳而深得老板赏识，在这个过程中他也逐渐熟悉了银行经营运作的规律和模式。1959年，已经当上银行副总经理的邱德拔由于自身缺少资金而无法进入董事会。长期以来，邱德拔一直有一种寄人篱下，为他人作嫁衣的漂泊感，进入董事会受挫的事件促使他终于下定决心辞职，他要开办一家属于自己的银行。

然而，创业面临的最大困难还是缺乏资金，邱德拔再一次因为“钱”的问题大伤脑筋，但是他很快便想到了解决的办法。邱德拔找到了一位朋友，邀请他出资合伙开办银行。开办银行的启动资金是庞大的，所以邱德拔最初非常忐忑，但他又相信朋友一定会答应，因为对双方来说这是一个双赢的合作提案。朋友拥有资金，而邱德拔有开办与管理银行的经验、能力与客户关系，邱德拔的资本对那些有钱而没有门路的投资者来说具有很强的诱惑力。果然，朋友考虑之后很快便给了邱德拔“同意合作”的答复。

邱德拔借势起家。

很多人都畏惧向朋友借钱，对一名商人来说向他人借钱更加困难，一来是因为财富资本是每名商人在商场中站稳脚跟的基石，借给他人就意味着给自己增加了风险，二来则是面子与荣誉问题。但闽商却很少顾虑这些，他们从来都不会忌讳谈论自己曾经拉板儿车、卖花生米、摆地摊的草根身世，并且他们总是有十足的信心能够让对方相信为自己投资是一种双赢合作，而不会形成竞争。所以，1960年，邱德拔与朋友合资1000万林吉特（100林吉特约合26.31美元）在吉隆坡开设了马来西亚银行。假如当初他不肯向朋友借钱，那么就很难有之后的辉煌成就。至1966年，马来西亚银行旗下拥有108家分行，成为当地著名的大银行。

闽商大多是白手起家，创业初期，很多人都经历了资金匮乏、消息闭塞的困难。而他们解决这些难题最常用的方法就是“借”。做生意要懂得利用，才能发展进步。利用他人之钱，学会借力使力，顺水推舟。小到柴米油盐，大到国家政策，里面都有黄金，就看你怎样发掘。

◎深藏不露——倪建成的出其不意◎

商人即使家财万贯，也应该藏财不露，不张扬、不显富，为人低调。这种处世哲学的最好代表是温商。

在温商中，愈是成功，就愈会尽力保持低调，行事为人的动作不会太大，待人处世沉静得体，有锋芒却收敛锋芒，不喜欢炫耀自己。温商喜欢脚踏实地地做事，花巧的事情可免则免，除非花巧和高调具有战略性的用途，否则他们宁可低调行事。

《鬼谷子》讲：“主事日成而人不知，主兵日胜而人不畏也。”有大智慧的人，善于隐藏自己的实力和意图，筹划于无形之中。善于“幕后操作”。温商也有这种情况，经常要显露自己的才华，要在社交场合中扮演明星的角色。一些人在没有生意战略意义的场合中，却不甘低调寂寞，要做一点事情，要吸引其他人的注意。这类人在社交圈子中，真是语不惊人死不休，或是做一些大动作引人注目，女人则穿得花枝招展，性感非常。

另一类过露锋芒的情况，是在竞争手腕方面，争取生意时，他们高调处理，无所不用其极，运用各种各样的手段以取得生意，赢得订单，而且气势逼人、不可一世，把电视台收视率之间的竞争，引进自己的事业中去。

崭露锋芒只能在具有争取生意的策略性意义时进行。温商平时应该保持低调，这是避免当箭靶的不二法门。另外，过露锋芒，每每影响人际关系，大家都喜欢和一些谦虚的人结交，太骄傲，必然破坏关系。商业发展要依赖很多人、事帮助，天时地利人和三者都很重要，人和就是要注重人际关系，谦虚可以让人际关系更和谐，太露锋芒的结果，却恰好相反。

搏击商海，温商一向喜欢深藏不露，运筹帷幄，尤其是抛头露面的事情，一般不会亲自出马。2005 年 4 月的一天，一位温商创造了温州人投资商铺的新纪录——用整整 10 个亿，买下位于西子湖畔的太平洋商业中心。它的营业面积，用这位温商的说法是“有两个银泰那么大”。而这个商业中心，可以说是杭州首个大型购物中心。

另外，这位温商还有一个宏伟的理想，他计划在德国的法兰克福成立一个中国商贸城。这个商贸城投资 2000 万人民币，6 个在德中国商人入股。其中，这位打头的温商占了所有股份中的 30%。现在，这个商贸城正在策划招商，主要面向华东、江浙的商人。如今，这个在德国的商贸城还在紧锣密鼓地建设。而这位温商和他的温州伙伴们先在杭州实施起了这个更宏大的计划。而这个出手如此大的温商到底是怎样一个人，却很少为世人所知。但是全盘接下太平洋商业中心这一商业大盘使得一直低调的他必然成了众人关注的焦点人物。他就是浙江环球控股集团有限公司董事长倪建成。

1962 年 5 月，倪建成出生在温州乐清的一个农村。当时家庭条件很不好。为生存所迫，高中毕业的他追随着大哥，来到一个工程队打工。

由于工作勤奋卖力，1981 年，他奉命随工程队来到上海，为上海灯泡三厂修建职工宿舍。就是在这里倪建成对灯泡产生了浓厚的兴趣。敢想敢做的他不久之后，选择留在了上海灯泡三厂做临时工。从此，他开始了学做灯泡的生涯。

在计划经济年代，灯泡是紧俏商品，供不应求。于是，倪建成萌生了回乡办灯泡厂的念头。

1985 年 7 月，已经学到了灯泡制作技术的倪建成在乐清正式办起了灯具厂。这家灯具厂经营了 3 年时间，创下了 300 多万元的销售产值。掘到了"第一桶金"后，倪建成又开始动脑筋："如何赚更多的钱？"

恰巧在这个时候，倪建成在一次交流会上接触到了一种叫"圣诞灯"的灯饰。这种灯饰当时只有台湾在生产，生产后销售到海外。于是，他动了做外贸灯饰生意的念头。

可在当时的中国还没有可以生产此类灯饰的生产设备，只能从国外引进设备。但是，一个民办的工厂从外国引进设备，在当时是不可能的事情。于是，大智大勇的倪建成选择将灯具厂改制。在 1988 年，乐清灯具厂改制为地方国有集体企业。倪建成则摇身变成了这家国营厂的厂长、法人代表。

6 年的时间，乐清灯具厂生产的各种节电灯，出口海外十多个国家，成为全县及温州地区的出口创汇大户，成为全县的重点企业。而倪建成个人已成为远近闻名的青年企业家。

但是倪建成骨子里就有一种干大事的冲动。1994 年 6 月，他毅然辞掉了原来的工作，带着全部财产 55 万元，义无反顾地闯进了杭州。

到杭州以后，倪建成为办厂四处奔波。等到"杭州一洲工贸公司"挂牌时，倪建成已欠下高额贷款 400 万元。但是经过倪建成的苦心经营，第二年，倪建成的公司在成立第一年创下了 1500 万元的销售值，第二年升至 2600 万元，成为全省出口创汇的重点现代化企业。

很快，他的公司不断发展壮大：2003 年年底，倪建成将浙江五洲圣诞礼品有限公司改组为浙江环球集团公司。集团除了原有的 3 个公司外，又成立了两个公司，但是集团的主体产品仍为圣诞礼品不变。

如今，倪建成尽管在事业上已有如此辉煌的成就，但是在他的脸上你却看不到一丝的自满与骄傲。与 20 年前一样，倪建成还是对事业充满了无限的斗志与憧憬；不同的是，他的眼中已经没有冲动与鲁莽，有的只是一个成熟中年男人的沉稳和深邃。

权篇第九

经典再现

【提要】

《权篇第九》讲的是如何判断情势，从而运用合适的语言技巧说服对方。“权”，即权宜、权变，意指度量权衡。所谓“量权”，就是指根据所称物体轻重而变换砝码。谋臣说客在游说时就必须审时度势，随机应变，不断改变说话技巧和方法。

《鬼谷子》认为，要游说人主，就要量天下之权，要比较各诸侯国的地形、谋略、财货、宾客、天时、安危，然后才能去游说。他还指出，游说对方时应注意口、耳、目三者的协调。正所谓：“口可以食，不可以言”，“无目者，不可示以五色；无耳者，不可告以五音。”

游说之士想要获得成功，就应该掌握不同的情势。在了解对方的基础上，权衡利弊，不断改变说辞，以达到纵横驰骋，雄辩天下之目的。

【原文】

说者，说之也；说之者，资之也①。饰言者②，假之也③，假之者，益损也④；应对者⑤，利辞也⑥，利辞者，轻论也⑦；成义者⑧，明之也⑨，明之者，符验也⑩。言或反覆，欲相却也⑪。难言者⑫，却论也⑬，却论者，钓几也⑭。佞言者，谄而干忠⑮；谀言者，博而干智⑯；平言者，决而干勇，戚言者⑰，权而干信；静言者⑱，反而干胜。先意承欲者⑲，谄也;繁称文辞者⑳，博也；纵舍不疑者㉑，决也；策选进谋者㉒，权也；他分不足以窒非者㉓，反也。

说客必能审时度势，言辞机巧，利动人心。

【注释】

①资：此指借助。②饰言：修饰言辞。③假：借。④益损：增减。⑤应对：回答别人的提问和诘难。⑥利辞：便利之辞。⑦轻论：简洁明快的论说。⑧成义：申抒一种主张。⑨明之：使对方明了。⑩符验：用事例验证说明。⑪却：使对方疑虑打消。却，退。⑫难言：诘难之言。⑬却论：反驳对方言论。⑭钓几：善于把住时机。几，机古今字。⑮佞言：谄佞之言。干：求，博取。⑯谀言：阿谀奉迎之言。⑰戚言：亲近之言。⑱静言：诤谏之言。静，诤古通。⑲意：胸臆，此指别人心愿。⑳繁：繁富。㉑纵舍：前进和止息。纵，深入。㉒策选进谋：帮人主分析进献计谋的优劣。㉓他分不足：对方的缺陷。窒非：扼住对方的缺点、弱点不放。

【译文】

所谓游说，就是劝说、说服别人。说服别人，就是要资助人，而资助人则先要为他人所接受。文饰说辞、辩辞，必须假借修饰和逻辑的手段来旁敲侧击，晓谕对方，使对方领悟而达到说服人的目的。

假借，就是为了强化语言的感染力量，弱化避开对方的心理障碍。回答对方疑问和诘难，必须让便利的词句脱口而出。便利的词句，就是简洁明快的言辞。使自己接应对方的话题能对答如流，从而说服对方。申说主张的言辞，是为了使对方明了我们的本意。要让对方明了我们的本意，必须用事例来验证说明。言辞或有反复使用的情况，都是为了让对方打消疑虑。诘难的言辞，是为了驳倒对方的言论。想要驳倒对方，必须善于掌握反诘的时机。反驳的言论是为了诱使对方暴露深层隐藏的思想。这是说辩的一般常识。下边我们再来谈说辞。设置谄佞的说辞，要预先知道对方的难题，出谋划策解决这些难题，是为了博取忠心耿耿的名声。设置阿谀奉迎的说辞，要博采事例来论证对方决策的可行性，因而博取智慧的美名。成就事业即论证自己的主张可行的说辞，必须果敢气壮，让对方觉得我们大勇善断而信服。套近乎的说辞，要善于替对方权衡各种决策的优劣，以取信于对方。诤谏的说辞，要敢于、善于反驳对方，博取胜利，摸准了对方的心愿顺着对方的欲望去游说，就是谄佞。博采事例来做充分论证，就是博证。筹划运用谋略的，就是权谋；进退果断，该说则说，该止则止，就是决断。替对方分析各方进献的策略，就是权衡。抓住对方的说辩缺陷而攻击对方言辞中的不足，就是善于反击。

【原文】

故口者，机关也，所以关闭情意也①；耳目者，心之佐助也②，所以窥瞷奸邪③。故曰参调而应④，利道而动⑤。故繁言而不乱⑥，翱翔而不迷⑦，变易而不危者⑧，睹要得理⑨。故无目者，不可以示以五色⑩；无耳者，不可告以五音⑪。故不可以往者⑫，无所开之也⑬；不可以来者⑭，无所受之也⑮。物有不通者⑯，圣人故不事也。古人有言曰："口可以食，

口、耳、目的配合

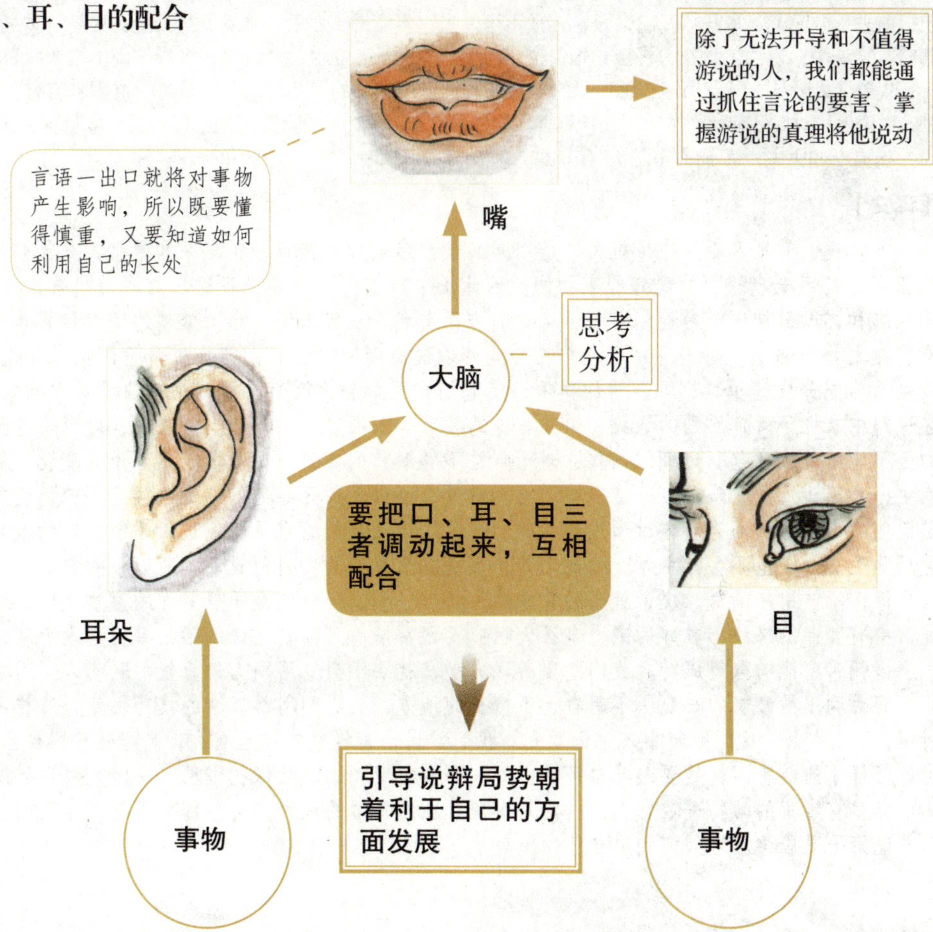

不可以言。”言者，有讳忌也[17]；众口铄金[18]，言有曲故也[19]。人之情，出言则欲听[20]，举事则欲成。是故智者不用其所短[21]，而用愚人之所长；不用其所拙[22]，而用愚人之所工[23]，故不困也[24]。言其有利者[25]，从其所长也；言其有害者[26]，避其所短也。故介虫之捍也[27]，必以坚厚[28]；螫虫之动也[29]，必以毒螫。故禽兽知用其长，而谈者亦知其用而用也[30]。

利用对手的短处，抓住问题的要害，双管齐下，令其接受自己的观点。

【注释】

①关闭情意：控制心情和真意。②心：古人以心代指大脑。③瞷（jiàn）：窥视。④参调而应：此指口、耳、目三种器官互相配合，协同工作。参，叁古通。⑤利道：向有利于自己的方面引导。道，导（尊）古通。⑥繁言：繁称言辞，用各种言辞从各方面论说。⑦翱翔：飞鸟盘旋。此指说辩中忽东忽西，各方论说。⑧变易：多次改换说辞。危：读为诡。⑨睹要得理：观测中抓住了要点，说辩中掌握了法则。⑩五色：青、赤、白、黑、黄五种颜色。此泛指外界事物。⑪五音：宫、商、角、徵、羽五种音阶。此泛指各种声音。⑫不可以往：不值得前去（游说）。⑬开：开启，开导。⑭不可以来：不值得到那里（游说）。⑮受：接受。⑯通：通达，通窍。⑰讳忌：避讳。⑱众口铄金：指舆论威力大。⑲曲故：私曲之故。曲，此指传说中改变原内容。⑳欲听：想要让人听从。㉑其所短：他自己的短处。㉒拙：不擅长的一面。㉓工：精巧。㉔困：穷窘。㉕言其有利：讨论怎样对自己有利。㉖害：此指避害。㉗介虫：有甲壳的动物。介，甲。捍：卫。㉘坚厚：此指厚甲坚壳。㉙螫（shì）虫：有毒蜇的动物。螫，蜇。㉚知其用：知道自己可以发挥的长处。

【译文】

所以说，嘴是人心的一个机关，是用来倾吐和遮蔽内心情意的。耳朵和眼睛，是大脑思维的辅助器官，是用来窥探、发现奸邪事物的。因此说：应该把口、耳、目这三者调动起来，互相配合，相互应和，以引导说辩局势朝着利于自己的方面发展。一般来说，虽有繁琐的语言但思路不乱，虽有翱翔之物但并不迷惑人，一会儿东一会儿西地说辩而不失主旨，变换说辩手段但并非诡谲难知，都是因为充分发挥了口、耳、眼的作用，使它们相互配合，因而在揣测中抓住了对方问题的要害、在说辩中掌握了既定原则的缘故，抓住言论的要害、掌握游说的真理。所以说，对色彩感觉不敏锐的人不能给他欣赏色彩斑斓的画作，对于听觉不够敏感的人，不要和他谈论音乐的变化。像这样的人主，只因为他蒙昧暗滞，不值得我们前去游说，所以无法开导他们；像这样的不值得我们到那里游说他的人主，只因为对方过于浅薄，他们也无法接受我们的意见。像这般不能通窍的人和事，就是那些圣智之士也不去打主意。除此之外，都可以用我们的嘴将他说动。所以古人常说：嘴可以用来吃饭，不能用来乱说，说话就会触犯忌讳。众口一词，可以把金子般坚固的事物说破，这是因为说话中有邪曲的缘故。言辞的威力多么大啊！人之常情，只要自己说的话，希望别人听从，只要筹办事情就希望能够取得成功。我们想要游说成功，就要学会借用别人的力量。聪明人不用自己的短处，而去利用愚蠢者的长处；不用自己不擅长的地方，而去利用愚蠢者的技巧之处，这样做到逼己所短，用人之长，这样做起事来永远顺利。我们常讨论怎样做对自己有利，就是要发挥自己的长处；讨论怎样才能避害，就是要避开自己的短处。那些有甲壳的动物保护自己，一定是用自己坚厚的甲壳；那些有毒蜇的动物进攻别人，一定是发挥自己的毒蜇的威力。禽兽都知道利用自己的长处，我们游说策士更应该懂得如何利用自己的优势了。

【原文】

故曰辞言有五[1]：曰病、曰恐、曰忧、曰怒、曰喜。病者，感衰气而不神也[2]；恐者，肠绝而无主也[3]；忧者，闭塞而不泄也[4]；怒者，妄动而不治也[5]；喜者，宣散而无要也[6]。此五者，精则用之[7]，利则行之[8]。故与智者言，依于博[9]；与博者言，依于辨[10]；与辨者言，依于要[11]，与贵者言，依于势[12]；与富者言，依于高[13]；与贫者言，依于利；与贱者言，依于谦；与勇者言，依于敢[14]；与愚者言，依于锐[15]。此其术也，而人常反之。是故与智者言，将以此明之[16]；与不智者言，将以此教之，而甚难为也。故言多类[17]，事多变。故终日言不失其类而事不乱[18]。终日不变而不失其主[19]。故智贵不忘[20]。听贵聪，智贵明，辞贵奇。

【注释】

①辞言：不被接受之言。②病者……神也：尹知章曰："病者恍惚，故气衰而言不神也。"③肠绝：形容极端害怕。④闭塞：此指情思不通。泄：此指畅达。⑤治：此指有条理。⑥要：要点。⑦精：精通。⑧利：有利。⑨博：渊博，博闻多识。⑩辨：辨同异而使之条理化。⑪要：要领。⑫势：气势，势态。⑬高：通豪，豪气。

游说之术旨在语言能够变通却又万变不离其宗。

富者骄人，故以豪气待之。⑭敢：果敢。⑮锐：锐利。此指一竿子插到底，明言利害。⑯明之：使他明白，启发他。⑰类：类别。⑱不失其类：不偏离某类言辞的原则。事不乱：论事有条不紊。⑲主：主旨，主题。⑳忘：遗忘。

【译文】

所以说，在言辞中有五种失常的情态，均需在言谈中避免，力求情绪稳定。这五种状态即病态之言，惊恐之言，忧怨之言，愤怒之言，喜悦之言。一般来说，病态之言，就像病人气力不足那样没有神气，神态恍惚，精神不足，有衰竭之气，是气势不足的言辞。惊恐之言，是指心存恐惧，断肠而致失去理智，思维紊乱，失去主意的言辞。忧郁之言，就像人愁思不通那样不畅达，关闭阻塞，心情沉重压抑，思路不畅，不能宣泄，是寡言少语的言辞。愤怒之言，就像人怒火攻心胡撞乱动那样没有条理，情绪激烈，言多狂悖，语失条理的言辞。喜悦之言，就像人得意忘形不知所为那样没有要点，轻浮不庄，话语松散而无重点，是抓不住要领的语言。这五种处于失去控制状态的言辞，只有精通它的妙用的人在特定场合才可以使用它，才可以发挥它的特殊作用而利于己方。为了便于达意，增强说服力，以换取对方的情感反应，就必须以巧妙的情感表态去强化说服的效果。一般说来，游说有智谋的人要靠博识多见的言辞，以显示自身的博学，游说博闻多见的人要靠条理明辨的言辞，游说明辨事理的人要依靠言辞中要点明确，游说高贵的人要依靠言辞中有气势，要以高雅潇洒为原则，游说富人要靠我们谈话时豪气冲天，游说贫穷的人要靠言辞中以利引诱，游说低贱的人要靠我们谈话时态度谦恭，游说勇士要靠我们谈话时表情果敢，游说愚蠢的人要靠我们把利害讲得明明白白。这就是游说之术。但是，不少人却常常背道而驰。他们跟聪明人交谈时，就用这些方法去阐述道理；跟愚蠢者谈话时却用这些方法去教导他，这就很难达到游说目的了。由上论可见，言谈因为说服对象的不同而有多种方法，事物也有多种的变化。整日说辩但偏离不了各种言辞的原则，言谈的宗旨也不作变化，所以智慧的可贵之处在于不会思维紊乱。终日这样说辩又偏离不了主题，这就是掌握了说辩术的智识之士。耳朵听事在于聪明，头脑思考在于明辨，说辞、辩辞在于新奇。这样才能雄辩天下，说服人主。

为人处世

◎措辞恰当——虚虚实实应对流言◎

面对流言，采用虚虚实实的方法自己就可以从容应对。

我们生活的环境不是一块净土，身为其中的一员，你得处处小心，用平和的心态去面对周边的人。

可“人上一百，形形色色”，不是所有人都像你想象中那样好应付的。有时会遇到别人有意无意抢白你，奚落、挖苦、讥讽你，你该怎么办？大多数时候都可以用语言作“护心符”，筑起防卫的堤坝。有随机应变能力的人，就能调动自己的智慧，化被动为主动，使尴尬境遇烟消云散。“兵来将挡，水来土掩”，见招拆招，你可视不同的来者选择不同的应付办法。

若判明来者不善，是怀有恶意，故意挑衅，你可以“以眼还眼，以牙还牙”，有理、有利、有节，即有礼貌而巧妙地回敬对手，针锋相对，让对手知道你的厉害。

英国前首相威尔森在竞选时，演说刚讲到一半，突然有个故意捣乱者高声打断他："狗屎！垃圾！"显然，他的意思是叫威尔森"别再胡说八道"。威尔森却不理会其本意，只是报以容忍的一笑，安抚地说："这位先生，我马上就要谈到您提出的脏乱问题了。"捣蛋者一下子哑口无言。

像故事中的英国首相威尔森在遇到对自己不利的言语时，其机智地回敬对方，可以称得上应对流言的经典。假如有人冲着你横眉竖眼，恶语中伤地骂道："你这个人两面三刀，专门告我的阴状，想踩着别人的肩膀爬上去，没门！"如果你心中无愧，完全不必大发雷霆，倒不妨解嘲地反诘："哦！是真的吗？我倒要洗耳恭听。"然后诱使谩骂者继续说下去，直到对方无话可说，你再"鸣金收兵"。在这种情况下，你以温文尔雅、彬彬有礼的方式笑迎攻击者，显然比暴跳如雷、大动肝火为好，而且也不失自己的风度。如果对方来势汹汹，盛气凌人，前来指责辱骂你，而你确信真理在手，你则应报以藐视的目光、冷峻的笑颜，让他尽情地发泄个够，而不予理会。有时沉默无言的蔑视，力胜千钧，抵得上万语千言。

须知，运用针锋相对的手法，旨在给对手一个"闷宫将"，使之哑然。在人数众多的场合，还有个争取群众的理解和支持的问题。若你回应得过于刻薄，引起一顿争斗，那就会失去意义。比如，在一次演讲中，台下有人喊道："你讲的笑话我不懂。"演讲者知其来者不善，就马上尖酸地当众顶了回去："你莫非是长颈鹿！只有长颈鹿才可能星期一浸湿了脚，到星期六才能感觉到呢！"这样当面反唇相讥，讲者虽然痛快，但有可能失去群众。所以，一个人应该要有自我控制能力，要善于约束自己。因烦躁而失礼，愤慨而变态，兴奋而忘形，这就有失修养了。

如果有人用过于唐突的言辞使你受到伤害，或叫你难堪，你则应该含蓄以对，或采取装聋作哑、拐弯抹角、闪烁其词，或采取顺水推舟、转移"视线"、答非所问，谈一些完全与其问话"风马牛不相及"的事，用这种委婉曲折的方法反驳对手，相信一定会取得奇特的功效。

比如，有个人刚被提拔到某领导岗位，有人对此揶揄道："这下子你可平步青云，扶摇直上了吧！"你听了不必放在心上，可一笑了之："是这样吗？你算得这样准？"用这种不卑不亢的应对方法，立即使对方语塞。相反，你过于计较，说出一大堆道理，倒显得太小气，反而适得其反。假如有人以半真半假的口吻问："你得了一大笔奖金，该'发财'了吧？"如你避实就虚地回答："你也想吗？咱们一块来干。"语中带点阳刚锐气，别人再问，也不好意思了，也没有可问的话了。

有时可能会遇到棘手犯难的问题，对此，若以幽默诙趣的方式回答，往往会"化险为夷"，改变窘态。在"山重水复疑无路"时，转为"柳暗花明又一村"，从而使尴尬局面消失在谈笑之中。

回答对方的疑问和诘难，必须让便利的词句脱口而出。用简洁明快的言辞申说自己的主张。这就是《鬼谷子》说的："应对者，利辞也；利辞者，轻论也；成义者，明之也；明之者，符验也。"

俗话说："害人之心不可有，防人之心不可无。"练就随机应变的语言表达功能，如同"少林拳"一样，只可用它筑防卫之堤，切不可主动进攻、出口伤人。而且防卫要注意有礼貌，不管是用"软"办法含蓄反驳，还是用"硬"办法原话顶回，都要有理、有节。有一次，一位长者在买菜时，说："你这菜太老了！"卖菜者立即反唇相讥："还有你老啊！"这种嘴不饶人的做法是不足效仿的。如果自以为有一副伶牙俐齿，以尖刻之语到处挑起"战火"，那就必定招人嫌了。所以在职场中，学会一套虚虚实实的手法去面对流言，不失为保护自己的好办法，也会让你在职场中游刃有余。

◎灵活变通——装糊涂也是一门艺术◎

装糊涂没有固定的模式，应根据具体的情况灵活变通，使自己的行为能够合乎时宜，不至于弄巧成拙，适得其反。这个道理就跟江中行船一样，逆水行舟，不如顺风扬帆，又轻便，又快捷。

明朝张山居任县令时，有两名江洋大盗任敬、高章冒充锦衣卫的使者拜见张公。于是，他们三人一同进入内室。任敬摸着鬓角胡须，笑着说："张公不认识我吧！我是灞上来的朋友，要向张公借用公库里面的金子。"于是二人取出匕首，架在张公的脖子上。张公强抑心头的慌乱，装出替他们着想的样子说："你们不是为了报仇，我也不会因为财物牺牲性命。你们这样暴露自己的真实身份，如果被别人发现，对你们可相当不利！"

两个强盗觉得有道理。张公又进一步说："公库的金子有人看管，容易被发觉，对你们不利。有一个办法是，我向县里的有钱人借贷，这样你们可以安然无事，也不至于连累了我的官职，岂不两全其美。"两个强盗听了更加赞同张公的办法。就这样，张县令不露声色地稳住了强盗，并取得了他们的信任与合作。于是张公就叫高章传令，要属下刘相前来。刘相是张公的心腹，两人向来十分默契。刘相到后，张公依计行事，说："我不幸发生意外，如果被抓去，会很快被处死。现在锦衣卫的两位先生，很有手腕，愿意放我一马。我非常感激他们，想拿出五千两黄金当他们的谢礼，以表示我的心意。"

刘相听了，目瞪口呆，说："五千两实在不是小数目，到哪里去弄这么多钱？"张公用手轻轻敲了桌子一下，说："我常看到县里的人，很有钱而且急公好义，我请你替我去向他们借。"说完，张公煞有介事地拿出笔来，写某人最有钱，可以借多少；某人中等，可以借多少；一共写了九个人，正好数量符合。所写的这九个人，实际上都是大力士。

刘相看了以后，恍然大悟，出了屋子。当时天寒地冻，张公就借口说暖暖身子，拿出酒菜与他们应酬，自己先吃先喝，好让两位强盗放心。两位强盗果然吃喝起来。酒刚喝完，名单上列出的九个人，一个个穿着像富贵人家的子弟，手里捧着用纸包着的铁器，先后来到门口，假装说："张公要借的金子拿来了，但是因为时间太紧迫，没有办法凑足所要的数目，实在过意不去。"

一边说，一边装出哀求的样子。两位强盗听说金子到了，又看到这些人果然都像有钱的样子，就很高兴地说："张公真的不骗我们。"

张公装着要给他们金子的样子，叫人拿来秤、小桌子。这时任敬坐在客位，张公坐在主位，中间隔着长桌子，如此一来，张公和任敬隔着一些距离，可是高章却一直拥着张公的背，彼此贴得很近。张公必须稍微离开高章，但又不能让他疑心。他就站起来拿秤的砝码，对高章说："你的长官正和我饮酒行主客之礼，哪有空看砝码。所以看砝码轻重，就只好偏劳你了。"高章于是稍微靠近桌子，去看砝码。此时九个人则捧着包裹的铁器，一起拥向前去，故意做出打开包裹取出金子的样子。张公趁此脱身，离开高章几步，就大喊九人抓贼。张公忙向前堂奔跑，任敬起身扑向张公，却赶不及，于是举刀自杀。高章也准备自杀，被捕快

张山居遇盗。

抓了，拷问之后处死，在刑场上被分尸。

张山居与强盗虚与委蛇，转危为安。

明朝都御史韩永熙在江西为官时，江西地面太平无事，百姓都称赞韩永熙的德政比皇上还要高。而韩永熙却不敢居功自傲，反倒做几件有辱声名的事情，任人议论。有人问他："你何必败坏自己的名声呢？这对你有什么好处吗？"

韩永熙答道："天子是天下第一，谁超过他，谁还能活吗？"一次，手下来报说宁王朱宸濠的弟弟来了。韩永熙大吃一惊，朱宸濠手握重兵，朝廷对他的态度一向是压制与拉拢并施。韩永熙知道，宁王的弟弟无故前来，绝非好事。果然，朱宸濠的弟弟一见到他，便屏退左右人，单独对韩永熙说道："宁王要谋反，你要小心啊！他的军队离你这里非常近，他若起兵，最先遭殃的是你！"

韩永熙愣愣地听着，一副百思不得其解的模样，用手指着自己的耳朵，大声问："什么？啊？大声点！"宁王的弟弟又高声重复了一遍。韩永熙还是皱着眉，大声说："我的耳朵前些日子被雷击中了，听不太清你说的话。"宁王的弟弟愕然道："怎么会被雷击中呢？"

"你说什么呢？"

"我说你这个老乌龟！"宁王的弟弟不太相信韩永熙是聋子，故意用话激他。韩永熙摇摇头道："不行，不行，你说的话我一句也听不见，这样吧！"韩永熙搬一张白木小桌说："你把要说的话写在这上面，我看了就知道了。"宁王的弟弟只好将宁王想谋反的事全写在那白木小桌上面。韩永熙边看边故意显出惊讶的神情，大喊可恶。宁王的弟弟写完便走了。韩永熙立即把宁王欲谋反之事上奏朝廷，朝廷派人来调查了很久，一点证据也没有找到。当时宁王与弟弟关系又非常密切，推说根本就没有此事，并说韩永熙有意诬陷王爷，当处斩刑。朝廷立即逮捕了韩永熙，欲定其罪。韩永熙将白木小桌拿出来作证，这才免于一死。

韩永熙装聋取证，逃过一劫。

装糊涂，如若能灵活应变，不但会给各种繁杂的事情涂上润滑油，使得其顺利运转，也能在生活中充满笑声，显得轻松明快。当然，装糊涂不是真糊涂，这是一种外在的处世态度。我们在装糊涂的同时，也应把握好糊涂与认真的界限，以防弄巧成拙。

◎众口铄金——田单的“火牛”陷阵◎

谣言，害人不浅，“三人成虎”便是证明，一个匪夷所思的谣言，说的人多了，也会被人们当作事实来看待。要制止谣言并非易事，俗话说：“好事不出门，坏事传千里。”因为人们的嫉妒心理，所以对好事避而不谈，坏事情却可以满足人们幸灾乐祸的情结，而且人们会不自觉地将坏事进一步歪曲，让它听起来越来越糟糕。这便是“以讹传讹”的功效。人们总是用一句“流言止于智者”来安慰自己，却心知肚明，能看透世情、明辨是非的“智者”是少之又少的。谣言在人们的观念中，是一无是处的，但在某些人看来，它也可以成为一种“利器”，成为获取胜利的一种手段。

田单是齐王田氏宗室的远房亲戚。齐湣王时，他曾是齐国首都临淄管理市场的一个默默无闻的小官。正巧此时燕昭王派乐毅为大将攻打齐国，半年期间，连续攻下了齐国七十余座城，只剩下莒城和即墨两座城池还未被攻破。田单一家也被迫逃往其他地方，在逃亡的过程中，田单让家族的人把车轴两头的尖端部分锯掉，然后用铁箍包住。其余的齐人在逃跑时，由于车轴头被撞断，而被燕军俘虏，唯有田单及家人逃脱了。田单带着家人逃到了即墨，即墨的守城将领在与燕军作战时，战败牺牲了。于是，城中的百姓就推举田单为即墨城的守城将军，抵抗燕军的进攻。田单跟士兵们同甘共苦，还让自己的家人加入到队伍中，共同作战。即墨城的百姓对他钦佩有加，守城的士气也慢慢高昂起来。

不久之后，燕昭王过世了，燕惠王即位。田单听说他与乐毅之间有些隔阂，便派人到燕国去散布消息说：“乐毅围困莒城和即墨已经有三年的时间了，可是还没有攻下来。他能在半年之内攻下七十余城，可这两座城却花了三年的时间还毫无所获，他一定是别有用心。他以讨伐齐国为名，实际上是想收服齐国人的心，好在齐国自立为王。因为齐国的人还没有完全归顺他，所以才拖了这么长的时间。现在齐国的人最害怕的就是燕国更换将领，因为一旦换将领，即墨城肯定很快就被攻克了。”

燕惠王本来就对乐毅心存芥蒂，听了这样的谣言，自然信以为真了，立即命大将骑劫到齐国去代替乐毅。乐毅一气之下，便回到家乡赵国去了，燕国的士兵知道了此事后都替乐毅鸣不平，严重影响了士气。

田单的“谣言”之局，第一步大获全胜，乐毅是一个非常棘手的对手，想要解除即墨城的危机，首先就必须解决掉乐毅这个障碍。田单巧妙地利用了燕惠王对于乐毅的不信任，散布谣言，使乐毅被撤下战争的前线。

在逃亡的过程中，田单让家族的人把车轴两头用铁箍包住。

田单要求即墨城中的百姓吃饭的时候，都在庭院中祭祀祖先。这样即墨城的上空布满了盘旋的飞鸟，燕军看到这种场面非常惊讶。田单这时又扬言说：“这些飞鸟是天神的代表，现在的即墨城获得了天神的帮助。”燕军将士们听了这样的话，都感到想要攻克即墨城并非

墨城绕飞鸟，燕军士气低。

田单放谣言，燕将以为真，城外坟掘尽，城内誓死心。

易事，士气渐渐低落了。

战争还没有正式开始，燕军的士气便受到了严重的干扰，这对于即墨城来说无疑是个好消息。不仅如此，田单这个完整的退兵之局，才刚刚开始。

过了几天，燕军士兵又听到附近的老百姓说："以前的乐将军太好了，对俘虏还以礼相待，即墨城中的人当然不害怕。其实齐国的士兵非常害怕俘虏的鼻子被削去。如果燕军把齐国的俘虏都削去鼻子，然后带到战场的最前线，齐国人还敢打仗吗？即墨城肯定很快就守不住了。"

燕军的新任将领骑劫听了这样的传言，居然相信了。他真的下令把俘虏的鼻子全都削去，还推到前线去吓唬齐军。守城的齐军见被俘的士兵落得如此下场，个个义愤填膺，决定坚守城池，生怕自己会落入燕军手中。

接着，燕军又听到了新的传言："即墨城中百姓的祖坟全都在城外，如果燕军把城外的祖坟挖掉，城中的军民必定人人寒心，失去斗志。"骑劫听了，即刻下令士兵挖掉了城外的坟墓，不仅如此，他还命人烧掉了坟中骸骨，以此来胁迫即墨城中的人投降。即墨城中的人从城墙上看到自己的祖坟被燕军破坏至此，个个悲痛涕零，决心与燕军决一死战。

田单见鼓舞士气的目的已达到，便接着进行下一步计划。

他一面派使者到燕军大营去投降，一面派即墨的富豪悄悄给骑劫送去金银财宝，说："城里的粮食已经快吃完了，不出几天就要投降了。还请贵国大军进城的时候不要杀害我们的家人。"

骑劫大喜，高高兴兴地接受了财宝，还答应了富豪的请求。于是，燕军都认为不用再打仗了，只要等着即墨人出城来投降就好了，完全松懈了下来。

田单看时机已经成熟，便挑选了一千多头牛，给它们披上画着大红大绿、稀奇古怪的花样的彩布，牛角上捆上锋利的尖刀，尾巴上系着浸透了油的芦苇。乘着午夜的时候，下令凿开十几处城墙，把牛队赶到城外，在牛尾巴上点着了火，后面跟随着五千精兵。一千多头牛被烧得野性发作起来，朝着燕军兵营方向猛冲过去。城中的老百姓都一起来到城头，拿着铜壶、铜盆，狠命地敲打起来。

一时间，震天动地的呐喊声夹杂着鼓声、铜器声，惊醒了睡梦中的燕国将士。他们睡眼蒙眬地爬起来，只见火光冲天，成百上千头脑袋上长着刀的怪兽，直冲自己的军营而来，顿时吓得惊慌失措，四处逃散。

且不说那一千多头牛的牛角上捆的刀扎死了多少人，那五千名精兵砍死了多少人，单是燕国军队自己乱窜狂奔，被踩死的就不计其数。

燕将骑劫坐着战车，想杀出一条活路，但很快便被齐兵团团围住，丢了性命。

齐军乘胜反攻的消息，使整个齐国轰动起来。田单带领士兵们一路乘胜追击，那些被燕国占领地方的将士百姓，都纷纷起兵配合，杀了燕国的守将，迎接田单。田单的军队所到之处，全部叛燕归齐。不到几个月的工夫，被燕国占领的七十余城就全部收复了。田单把齐襄王从莒城迎回临淄，齐国这才从几乎亡国的境地中恢复过来。田单也因此被封为安平君。

《权篇第九》中讲："众口烁金，言有曲故也。"众口一词，可以把金子这样坚固的事物说破，是因为说话中有邪曲的缘故。田单最后的胜利靠的是著名的"火牛阵"，但如果仅仅靠此阵，是绝对不可能使即墨城乃至整个齐国反败为胜的。最重要的还在于"火牛阵"之前的一系列准备活动。田单妙用谣言的功效，使乐毅退出了这场战斗，涣散了敌人的斗志，鼓舞了自己军队的士气，为战争的最后胜利奠定了精神基础。

◎讳而不言——朱元璋杀友◎

"为尊者讳，为亲者讳，为贤者讳。"这段话是孔子编纂删定《春秋》时的原则和态度。鉴于当时那些事件重大的，不好定论的史实，孔子往往是欲言又止，采取讳而不言的态度。即不明记其事，只以三言两语作蜻蜓点水的手法以褒贬，这就是所谓的"春秋笔法"即微言大义。对于读者来说，只需要自我体味，毋庸点破。

而孔子所"讳"者是有原则的："为尊者讳耻，为贤者讳过，为亲者讳疾。""讳莫如深，深则隐。"这便是中国传统文化中"为长者隐，为尊者讳"的由来，在今天看来，这不仅仅是一种修史的原则与态度，更是一种说话、做人与处世的经验与智慧。

明太祖朱元璋出身寒微，好不容易做了皇帝后，有些昔日一起吃过苦的乡下朋友都跑来投奔他。

旧友求见朱元璋。

一天，朱元璋从前的一个穷朋友从乡下跑到南京求见朱元璋。见面时穷朋友说："我主万岁，当年微臣随驾扫荡芦州府，打破罐州城，汤元帅在逃，拿住豆将军，红孩儿当关，多亏菜将军。"朱元璋听后满心欢喜，隐约记起他话里提及的一些往事，便立刻下旨封他做了御林总管。

不久，这一消息让另一个穷朋友知道了，他也效仿前者，请求和当今皇帝见面。一见到朱元璋他就兴奋地说道："朱重八，你当了皇帝真威风啊！你还认得我吗？

当年我俩光着屁股一起玩耍，你干了坏事总让我替你挨打。记得从前我俩替人看牛，一次在芦荡里把偷来的豆子煮着吃，还没等煮熟，你就抢着先吃，把瓦罐打破了，撒了一地豆子。你只顾在地上抓豆子吃，不小心连荭草叶子也送进嘴里，叶子哽在喉咙口，苦得你哭笑不得，还是我出主意帮你弄出来的……”可没等他说完，朱元璋大怒：“你竟敢拿朕‘咂味儿’，太不顾体面了，拉出去斩了！”这位天真率直的穷朋友官也没做成，先把命丢了。

口无遮拦生祸患，朱元璋怒斩旧时友。

朱元璋不仅怕提豆子的事，也羞于提自己当过和尚的经历。杭州教授徐一夔，上贺表拍朱元璋的马屁，文中有“光天之下，天生圣人，为世作则”等语。朱元璋看了大怒说：“生者僧也，讥我尝为僧也，光者剃发也，则字音近贼也。”于是，这个倒霉的书生被杀了。

外戚郭德成是太祖宁妃的哥哥。有一天他与朱元璋同饮，酒醉后揭去帽子给太祖叩头。因为郭德成的头顶已没头发，朱元璋便取笑他说：“醉汉头发秃到这样，莫不是酒喝多了？”郭德成正在酒兴上，便也开玩笑地回答：“就这样还嫌多呢！剃光了才痛快。”朱元璋听了，脸上不悦，不再说话。第二天郭德成酒醒，知道不妙，可是无法挽回，只好索性真的剃光了头，去庙里当了和尚。朱元璋听说后，笑道：“我还以为他说说算了呢，这小子来真的了。”郭德成有苦难言，不过保了条性命已经万幸了。

《鬼谷子》讲：“古人有言曰：‘口可以食，不可以言。’言者，有讳忌也。”所以古人常说：“嘴可以用来吃饭，不能用来乱说。”说话就会触犯忌讳。中国传统文化中素来有“为长者隐，为尊者讳”的讲究。所谓“为长者隐，为尊者讳”，简言之就是对那些长者、有身份地位的人，他们的丰功伟绩可以大讲特讲，而他们干过的不太体面的事或者坏事则不要轻易提。

之所以要“隐与讳”，就说明这些所隐所讳之事，都是不太光彩或者有悖于当时公认的道德伦理的，一旦公开这些东西，就会使当事人陷入尴尬或者罪孽的深渊，从而引发当事人的不满或报复心理，给自己带来极大的麻烦与危险。所以为了避免这种事情发生，要牢记“为长者隐，为尊者讳”处世原则，有些事情，大家只要做到心照不宣，心知肚明即可；千万不要图一时的口舌之快，把别人的缺陷和短处都说出来，弄得路人皆知，必然会引起“尊者”的不满，严重时还会带来杀身之祸。

◎远离固执——袁崇焕之死◎

“一生事业总成空，半世功名在梦中。死后不愁无勇将，忠魂依旧保辽东！”这是有明朝第一保护神之称的袁崇焕刑前绝笔。袁崇焕，曾是一个温文儒雅的文臣，在强敌压境、国难当头的危急之时，他以铮铮铁骨的武将身份出场，并一举赢得了明朝自对抗后金以来的第一次军事胜利——宁远大捷，清太祖努尔哈赤在此次战役中因炮伤而死。

他一生曾多次以无比的英勇和超人的谋略击退后金对明的进攻；他像一团火焰燃烧着熊熊的斗志，也激励着疆场上的千万士卒；他是明朝的第一保护神，却也是皇太极不共戴天的杀父仇人。

就是这样一位赤胆忠心的汉子，一名令敌军闻风丧胆的将军，最终却因“谋叛”的罪名被处以凌迟之刑，千古奇冤在百年之后得以昭雪。那么，袁崇焕是否真的谋叛？是谁设计陷害他？皇太极和崇祯帝谁更想杀死袁崇焕？这些历史的谜团值得我们去追问和思索。

1626年正月的一天，努尔哈赤亲率倾国之师直奔辽东宁远城而来，大有气吞山河之势。

此时，宁远的城墙上，守将袁崇焕镇定自若。等到后金大军兵临城下，袁崇焕一声令下，城楼上火炮齐鸣，弓箭齐发，后金军死伤惨重，只好退兵。第二天，后金军又来犯，他们把裹着生牛皮的战车推到城墙根，准备凿城穿穴。袁崇焕立即亲率士兵挑石堵洞，又令城上大炮加强火力猛攻敌阵。努尔哈赤生平第一次遇到强悍难缠的对手。他在营前指挥作战，忽被飞来的炮石击中，受伤坠马，血流不止。后金军见主帅受伤，匆匆收兵。在归途中，努尔哈赤死去。

宁远一战是军事天才努尔哈赤自25岁征战以来打的唯一的一次败仗，他败了，上天也没有给他机会报仇。袁崇焕时年43岁，初历战阵；努尔哈赤已68岁，久经沙场。努尔哈赤在宁远遭到用兵多年来最严重的惨败，遗憾归天；袁崇焕则一战成名，后来清军也不得不承认“议战守，自崇焕始”。

在这场声势浩大的宁远之战中，皇太极亲临战场，目睹了八旗战史上这场最惨痛的失败。努尔哈赤死后，皇太极发誓要为父亲报仇。于是，发动了宁锦之战。但不幸战败。

1629年十月，励精图治的皇太极亲率大军，避开山海关，绕道内蒙古，进攻北京城。这时的袁崇焕被崇祯帝重新起用为兵部尚书、蓟辽督师。他曾奏报，辽东防守坚固，敌军不会通过；但蓟镇一带防务空虚，应当加以重视。朝廷对他的奏报未予理睬。当袁崇焕在山海关巡视的时候，得到皇太极进攻京师的军报，他急点九千骑兵，日夜兼程，前来救援，同敌决战，保卫北京。

袁崇焕炮轰后金军。

但此时袁崇焕的境况十分不利，魏忠贤的阉党余孽想尽办法诬陷他“议和通敌”，“纵乱拥兵”，“引敌协敌，将为城下之盟”，并用重金贿赂一些不明真相的文人墨客编写小说，绘声绘色地在京城内外散布袁崇焕是汉奸的谣言，这加剧了本来就对袁崇焕心存疑虑的崇祯帝的怀疑。

袁崇焕驻兵在北京广渠门外，兵无粮，马无草，白天作战，夜间露宿。袁崇焕身先士卒，中箭的衣甲，如刺猬皮一般，袁崇焕要求进城休整人马，竟被拒绝。在军备极其缺乏的情况下，袁崇焕奋勇杀敌、身先士卒，连获广渠门和左安门两捷，京师转危为安。

皇太极又一次受挫，正在苦思冥想如何对付袁崇焕这个棘手的劲敌时，一个名叫范文程的谋臣向皇太极献上了反间计。

翌日，皇太极没有进攻，他给投降的副将高鸿中授以秘计，高鸿中故意对看管两个被俘太监的看守说：“今日撤兵，乃上计也。顷见上单骑向敌，有二人自敌中来，见上，语良久乃去。意袁经略有密约，此事可立就矣。”太监杨某假装睡着了，第二天，看守故意放走了太监，逃回城的太监马上把“探听”到的消息告诉了崇祯。

袁崇焕被冤杀。

本来就对袁崇焕疑心重重的崇祯皇帝一听到太监的告发，对袁崇焕谋反之事更加深信不疑，马上以议军饷为名，命袁崇焕到紫禁城。当时，北京城戒严，九门紧闭，袁崇焕坐在筐里，被人拉到城上，崇祯并不议饷，而是把他逮捕下狱。

袁崇焕的部将祖大寿等人，为抗议朝廷逮捕主帅，自率部离京退回宁远。而此时的袁崇焕仍在崇祯皇帝的恳请下，亲笔手书劝祖大寿等全体官兵，要他们听从朝廷命令，坚持抗金，绝不能因为他个人生死而轻举妄动以致危害抗金大业。祖大寿等全体官兵被袁崇焕的信感动得失声痛哭，当即回师，期望能用奋勇杀敌之举来保全主帅的性命。

但是，昏庸的崇祯皇帝在后金军撤离北京后，不顾广大明军将士们的强烈呼声，竟在1630年八月，以“谋叛”的罪名，对袁崇焕施以凌迟之刑。

一代名将袁崇焕就这样凄惨地死去了，明朝的边疆已无可御敌的将领，明朝军队一溃再溃。在李自成农民军的疯狂进攻下，明王朝已无回天之力。吴三桂又与清军私通，自毁长城的崇祯帝悲切地吊死在景山上。可叹，他至死也不明白，被他冤杀的袁崇焕本可以让他多续几年香火的。

袁崇焕背负“汉奸”之名直到乾隆年间，清朝重修《明史》时，乾隆帝下诏为袁崇焕平反。《清高宗实录》载：“袁崇焕督师蓟辽，虽与我朝为难，但尚能忠于所事，彼时主暗政昏，不能罄其忱悃，以致身罹重辟，深可悯恻。”案情始末终于真相大白。

历史的戏剧性也在这一刻显现，袁崇焕一生忠心侍奉的主子却把他视为眼中钉、肉中刺，最后将其凌迟处死；而他的死对头清朝的皇帝却能赞他忠心耿耿、为他平冤昭雪！这的确让后人深思。

袁崇焕之死，表面上看来是崇祯帝轻信传言，中了皇太极的反间计。但从人性的角度讲，却有着相当复杂的原因。首先来说，是崇祯帝的多疑杀死了袁崇焕。俗话说，苍蝇不叮无缝的蛋。皇太极的反间计之所以得逞，就是抓住了崇祯的要害——多疑。

其次，袁崇焕个人的性格缺陷也是导致其悲剧的重要原因。袁崇焕是一名有智有谋的卓越将领，但是他性格中最大的问题是固执，在处事中只知进不知退。他看不到崇祯帝和整个朝廷并不太支持他固执己见的忠勇之为。为大局考虑，他奏请崇祯帝接受皇太极的“议和”建议，但是崇祯帝死要面子，拒绝了皇太极的议和，此事还给崇祯帝最终罗织袁崇焕“谋叛”的罪名留下了口实。此外，他一味地催要军饷，直至索要“内帑”——皇帝的私房钱，虽然出发点是为了体恤将士，安慰军心，但是却让崇祯很不舒坦，这又是他很固执的表现；还有他擅自斩杀毛文龙，虽然想杀一儆百，但他这次鲁莽的行为破坏了皇帝维护尊严的权利规则，崇祯帝当然不会放过他了。最终，崇祯帝也来了个“杀一儆百”，将袁崇焕凌迟处死。所以袁崇焕性格中的固执也为自己种下了祸根。

管理谋略

◎舌灿莲花——郦食其巧说齐王◎

郦食其，秦朝陈留县高阳乡（今河南开封市杞县西南）人。少年时就嗜好饮酒，常混迹于酒肆中，自称为高阳酒徒。他非常喜欢读书，但家境贫寒，穷困潦倒，连能供得起自己穿衣吃饭的产业都没有，只得当了一名看管里门的下等小吏。尽管如此，县中的贤士和豪强却不敢随便役使他，县里的人们都称他为“狂生”。

秦二世元年（公元前209年），陈胜、吴广打起“伐无道，除暴秦”的旗帜，于是天下群雄起而响应。项梁、项羽起兵于会稽，刘邦发难于沛县。当陈胜、项梁等起义军路过高阳时，郦食其非常轻视他们，认为他们都是些鼠目寸光之辈，不足以举大事，只有对刘邦十分敬仰，说他有雄才大略，可以和他一起共事。于是郦食其前往投靠刘邦，凭借自己的聪慧得到刘邦的赏识，并获得了“广野君”的称号。

郦食其常常担任说客，以刘邦使臣的身份奔走于天下诸侯之间。当时天下格局初定，楚汉相持的局面渐渐形成，只有齐国具有相当的实力，和楚汉不即不离，因此，齐国的立场就显得格外重要。

楚汉相争，正面战场一时间难分胜负，在韩信破赵、收燕准备南下攻齐的关键时刻，郦食其自告奋勇，向刘邦请命说：“田齐地广势众，齐将田间统帅二十万大兵驻守历城（今山东济南一带），汉军即使派出数万大军，也难以在短期内攻破。我请求受命出使，劝说齐国向汉称臣。”刘邦采纳了他的建议，便派他出使齐国，去说服齐王田广，争取其成为刘邦的同盟。

郦食其只身来到齐国，不仅证明了他的勇气与魄力，实际上，他是将自己的性命当作游说的筹码。他相信只凭自己一人，便可让齐国归顺，正如他相信刘邦会让他全权处理一样。

郦食其来到齐国后，即刻请求拜见齐王田广。他从中门缓缓地进入，并未向齐王行跪拜之礼。齐王见他这样，不禁大怒道：“你来我国游说，竟敢违背礼仪，是不是欺负我们没有军队啊？”

郦食其慧眼识刘邦，甘为门下客。

郦食其说：“汉王率领百万雄师，威震内外，韩信现在屯兵赵国，随时都有可能席卷而来。可惜齐国的人民已经危在旦夕，大王的君位也很难保全了。我今天来此，一是想要救齐国人民的性命，一是为保大王安然无忧，我担负这样的使命，并不是有求于大王，为何要行跪拜之礼呢？如果大王不想保住齐国的话，就尽管立即杀掉我，以正君臣之礼；如果是为齐国的百姓考虑，为什么不听听我的建议呢？”

齐王说：“我堂堂齐国地域广阔，国富兵强，内有文臣治世，外有武将安边，哪里来的危在旦夕？”

郦食其说：“大王又何必自欺欺人呢！论勇武，大王与霸王相比，怎么样啊？霸王得关中而不能守，走彭城而不能敌，五国皆叛，关中尽失。如今大王想要以齐国的千里之地，对抗全胜的汉王，难道不是一种错误吗？”齐王听了沉吟许久，无言以对。

郦食其接着说：“大王无须再想，要想知道齐国是否可以保全，关键在于天下人心的归向，不知大王知道吗？”

齐王说：“我不知道。”

郦食其冒险游说齐王。

郦食其说：“当今天下，楚表面强大实际势弱，汉看似势弱实则强大。汉王和项王一起攻打秦朝，早就约好了，先攻入咸阳的人便可以称王。汉王首先攻入咸阳，但项王却不让他在关中称王，而让他到汉中为王。汉王攻下城池，立刻就给有功的将领封侯；缴获了财宝，立刻就分赠给士兵，和天下同得其利，所以那些英雄豪杰都愿意为他效劳。而项王对别人的功劳从来不记得，对别人的罪过却又从来不忘记；将士们打了胜仗，却得不到奖赏；攻下城池，也得不到封爵；不是他们项氏家族的，便得不到重用；对有功人员，不愿意授给侯印；攻城得到财物，不肯赏赐给大家；天下人都背弃和怨恨他，没有人愿意为他效力。我知道天下之所归在于汉，而不在楚，大王最好及早归附汉王，这才是明智之举。我此次前来是为了齐王您，而不是为了汉王，还请大王三思。”

齐王听了郦食其的话，觉得很有道理，便起身向郦食其拜谢说：“先生此来的确是为了寡人，刚才言语上有所冒犯，还请恕罪。不知先生所说的归附之事，应该如何去做啊？”

郦食其见时机已到，便说：“现在汉王已经据有敖仓的粮食，阻塞成皋的险要，守住了白马渡口，堵塞了大行要道，扼守住蜚狐关口，天下诸侯若是想最后投降那就先被灭掉。您若是赶快投降汉王，那么齐国的社稷还能够保全下来；倘若不投降汉王，那么危亡的时刻立刻就会到来。大王最好先派人到荥阳递上降表，我在此等候，和大王一起迎接汉王的到来。”

郦食其以其三寸不烂之舌，说服了齐王，而且还使齐王对他感激不已，真可谓是帮了刘邦一个大忙。

所谓：“谀言者，博而干智。”套近乎的说辞，要善于替对方权衡各种决策的优劣，摸准了对方的心愿顺着对方的欲望去游说，以取得对方的信任。鬼谷子十分重视语言的效应。他认为游说君主并不在于说多少话，重要的是把话说得恰如其分，抓住问题的关键，这样才能取得良好的效果。

身为刘邦的谋士，郦食其从一开始，便看到了刘邦的前途与未来，所以他才会只身前往齐国，实际上是以自己的性命为自己的承诺做担保，虽然他只是一个手无缚鸡之力的儒生，但他的三寸不烂之舌打动了齐王。这正是语言的魅力所在。

◎看不清局势——韦昌辉终为他人作嫁衣◎

“苦恨年年压金线，为他人作嫁衣裳。”人生在世总是为很多事情所扰，为很多事情而努力。俗话说“天下没有免费的午餐”，无论你想获得些什么，都需要付出代价，这个代价可能是你的时间，可能是你的精力，可能是你的情感，甚至可能是你的生命。但是，千万要记住一点，要明白自己究竟是为了什么在付出，要看清楚局势，不要成为别人获取利益的工具，更不能让自己成为别人斗争的牺牲品。

韦昌辉，又名韦正，壮族，广西桂平县金田村人，中国太平天国前期主要领导者之一。韦昌辉是个“阴柔奸险”之人，他一向对杨秀清不满，表面却表现得十分殷勤，并极尽阿谀奉承之能事。即便如此，他仍然不是一个好的弈者，在他成为统治集团的核心力量之后，他的阴险就显得单薄无力了，因此，他才会沦为权力争夺战中的“炮灰”。

太平天国定都江宁（今南京）后，天王洪秀全志得意满，醉心于天父、天兄的神话当中，整日于内宫之中过着奢华糜烂的生活。即便是在处理政事的时候，也只有东王杨秀清、北王韦昌辉和翼王石达开可以直接觐见，其他的文武官员则只能在门外按照仪式跪拜，口呼“万岁”。

咸丰六年（1856年），太平军先后击溃清军的江南、江北大营。不久，钦差大臣向荣病死于丹阳。太平军听说这个消息，纷纷举杯相贺。这时总理朝政的东王杨秀清，被胜利冲昏了头脑，居功自傲，上欺天王洪秀全，下压有功诸将，甚至自认有代天父立言的权力，总揽了太平天国的军政大权。此后，凡事太平天国的大小诸事，都须先到他的东王府中禀报，一切的处理决断、人事任免都是他一个人说了算。就连与他一同起事、功勋卓著的北王韦昌辉和翼王石达开也都被他视为下属。随着权力欲望的不断膨胀，杨秀清开始用武力胁迫天王洪秀全将皇权交到他的手中，更用“天父下凡”的神话为自己歌功颂德。

洪秀全对于杨秀清的行为忍无可忍，一面在天王府设防自卫，一面暗中派人通知正在江西督战的韦昌辉速回江宁共商对策。韦昌辉接到洪秀全的命令，立即率亲信三千余人赶回江宁。不料，到了江宁城下，杨秀清以韦昌辉在江西督战不力为由，不许他入城。韦昌辉经过再三恳求，才说服杨秀清放他入城。

入城之后，韦昌辉直奔天王府。洪秀全见韦昌辉回来了，心中暗自开心，但并未表现出来，还假装指责韦昌辉擅离职守，回到江宁应该赶快到东王府去请罪。韦昌辉对杨秀清的不满，早已存在，而且他身在江西也十分关注江宁的动态，知道杨秀清居功自傲，妄图夺权的行为。所以，当洪秀全吩咐他到东王府请罪的时候，他便完全领会了洪秀全的意思。于是，他辞别洪秀全，即刻来到东王府，拜见杨秀清。

杨秀清以为韦昌辉真心前来请罪，十分开心，一时口快便把洪秀全称他为“万岁”，而且将大权全部交付于他的事情都跟韦昌辉说了。韦昌辉听了，心中愤恨不已，表面上却装作很高兴的样子，连连恭喜杨秀清，而且还跪在地上，称杨秀清为“万岁”。杨秀清见状更加得意忘形，立即命人准备酒席，留韦昌辉在东王府中饮酒作乐。

洪秀全密会韦昌辉面授机宜。

酒席开始后，韦昌辉极尽所能地吹捧杨秀清，杨秀清听得万分高兴，不知不觉便多喝了几杯。韦昌辉见杨秀清已有醉意，便突然发难，一跃而起，拔出宝剑，一下子就杀了杨秀清。喝得迷迷糊糊的杨秀清还没反应过来就已经命丧黄泉了。

紧接着，韦昌辉命令他带回来的亲信部队，将东王府围了个水泄不通，并封锁了所有通往东王府的街道。韦昌辉率人血洗了东王府，杨秀清的家人没一个生还，甚至连仆人也无一幸免。第二天，韦昌辉请示洪秀全后，将杨秀清的首级悬挂示众，同时又乘机扩大事态，派兵在江宁城中大肆屠杀杨秀清的部下及其同党，牵连范围甚广，共有三万多人遇害。一时间，江宁城内血流成河，百姓个个胆战心惊。

韦昌辉出其不意刺杀杨秀清。

江宁城中的情况引起了洪秀全的警觉，于是他下诏宣布“韦氏罪状”，谴责韦昌辉杀人过多，责令受鞭刑四百。韦昌辉阳奉阴违地满口谢恩，表示“甘愿受刑”，实际上却在暗地里利用杨秀清部下被召观审的机会，实行一次更大的屠杀。韦昌辉的行为激起了太平天国广大将士和江宁百姓的极大愤怒。

几天后，石达开从湖北武昌前线回到江宁。他进城后，耳闻目睹了江宁的惨状，怒不可遏，一见到韦昌辉，便责备韦昌辉不该妄杀无辜。已经杀红了眼的韦昌辉，根本听不进石达开的话，反而产生了杀石达开的念头。当夜，韦昌辉率兵包围了翼王府。幸亏石达开事先有所察觉，连夜逃出了江宁。韦昌辉没有抓到石达开，便拿石达开的家人下手，将石达开留在江宁的家人杀了个精光。

狡兔死走狗烹，洪秀全清除韦昌辉。

石达开得知此事，愤恨不已，起兵讨伐韦昌辉，他上疏天王洪秀全，要求洪秀全顺应民意，杀掉韦昌辉，并宣称韦昌辉如果不死，他便班师回江宁。洪秀全也觉得韦昌辉做得太过了，狠狠地责备了他一番。韦昌辉自认帮洪秀全除掉了杨秀清，功劳不小，便不可一世，受到责备后，心中不满，加上对最高统治权觊觎已久，便出兵围攻天王府，妄图加害洪秀全。洪秀全下令反攻，仅两天便打败了韦昌辉的军队，将韦昌辉斩首示众，并将韦昌辉的党羽二百多人悉数处决，以平息事端。

此后，洪秀全对翼王石达开诸多猜忌，石达开最终率十万精兵出走四川。至此，天王洪秀全的所有威胁都解除了。

所谓：“是故智者不用其所短，而用愚人之所长；不用其所拙，而用愚人之所工。”聪明的人，会利用愚蠢者的长处，而不用自己不擅长的地方。这场“天京事变”，从头到尾都是洪秀全设的一个局，当杨秀清觊觎他的权位时，他用韦昌辉除掉了这个“逆贼”；当石达开以班师回江宁威胁他时，他又用韦昌辉换来了与石达开之间的和平。韦昌辉杀戮过多，是自取灭亡，但他在不知不觉中成了洪秀全保障权力的一颗棋子，成了这次事变中的“炮灰”。

◎因性制人——诸葛亮七擒孟获◎

诸葛亮，字孔明，号卧龙。中国三国时期杰出的政治家、军事家、外交家。有人说，诸葛亮终其一生都是一个维护封建纲常和崇尚儒家忠义道德的正统思想家。但是诸葛亮并不墨守儒家教条，他尊王而不攘夷，进兵南方，和抚夷越，在三国中执行了最好的民族政策。

清代赵藩在武侯祠前撰联说：“能攻心则反侧自消，自古知兵非好战。”这说明了诸葛亮是个擅长“攻心”的高手，历史上著名的“七擒孟获”的故事就充分展示了诸葛亮依靠“攻心”术来维护民族关系的高超智慧。

在刘备病死白帝城的时候，南方地区一个很有威信的少数民族首领孟获，发动西南一些部族起来反抗蜀国。

为防止蜀国遭到内外夹攻，诸葛亮派人去向东吴孙权讲和。同时，他兴修水利，发展生产，积蓄粮草，训练兵马。经过两年时间的艰苦努力，蜀中形势走向稳定，诸葛亮决定率领大军，兵分三路，亲自率军征讨孟获。

出发时，参军马谡对诸葛亮说：“孟获叛将依仗那里地势险要，离成都距离遥远，很久以来就不服从朝廷的管束。你今天用武力打败他，你一回师，他明天又可能叛变。所以，对付他攻城为下，攻心为上。这次出征我认为不应该以消灭他的人员为目的，而应该从心理上征服他，这样才能收到好效果。”

马谡的话也正是诸葛亮心里所想的。诸葛亮赞许地点点头，说：“你的建议很好，我一定照这样去做。”

孟获得到诸葛亮率军出征的消息，连忙组织人马进行抵抗。

诸葛亮了解到孟获作战勇猛，力大无穷，性格耿直豪爽，说一不二，但缺少计谋。于是，一个降伏孟获的作战计划便在诸葛亮的头脑里逐步形成。

首先，他向全军发出命令：对敌人首领孟获，只能活捉，不要伤害。接着，他把大将王平叫到跟前，低声对王平讲了几句。王平会意，便带领一支人马，冲进孟获的营寨。孟获连忙迎战，交战没有多久，王平猛然掉转马头，向荒野奔去。

诸葛亮运筹帷幄，率军征讨孟获。

孟获见王平败逃，心头有说不出的高兴。他马上喝令手下的人，快速向前追赶。直追到山谷之中。这时喊声大起，蜀兵从两旁杀出。孟获中了埋伏，想退已是来不及了，就这样，孟获束手被擒。

孟获被押到军营来见诸葛亮。他心里想，这回一定没有活路了。没想到诸葛亮见了他，立刻命人给他松了绑，而且亲自带他参观了蜀军军营，然后才问孟获："蜀军实力如何？"

孟获傲慢地说："我看不过如此。我之所以战败，是因为中了你们的埋伏。真要是硬拼硬打，还不定谁胜呢！"

诸葛亮朗朗笑道："既然这样，你就回去好好准备一下，咱们再打一仗。"

诸葛亮用兵如神，对孟获七擒七纵。

接下来的几个月，诸葛亮一而再、再而三地智取孟获，但是每一次孟获都有借口：误中诡计或是运气不好等等。

第六次被擒后，孟获主动说："如果你第七次掳获我，我会倾心归服，永不反叛。"诸葛亮表示："如果我再擒住你，我就不会释放你了。"

孟获第七次又被擒住了，在这场杀戮之后，诸葛亮不忍再面对他的俘虏，他派遣使者告诉孟获："丞相特令我来释放你，如果你办得到，再去动员一支军队来决战，看你能否击败丞相。"

孟获跪倒在地，流着眼泪说："丞相对我孟获七擒七纵，真可称得上是自古以来都没有的仁至义尽的事啊！我从心里佩服丞相。从今以后，我绝不再反叛了。"

孟获被释放以后，立刻会见各部族的首领，万分感慨地对大家说："蜀国丞相真是谋略过人。他训练的兵马，一个个机智善战，我们再也不要与他为敌、兴兵作乱了！"

由于孟获在各部族首领中威信很高，大伙听了他的话，不再提反叛的事了。

为了节省军费开支，避免官府和少数民族再发生冲突，诸葛亮决定不在这里设一官一府，也不留一兵一卒，仍然请孟获及各部族首领各自管好自己的属地，友好相处。

《权篇第九》讲："故与智者言，依于博；与博者言，依于辨；与辨者言，依于要；与贵者言，依于势；与富者言，依于高；与贫者言，依于利；与贱者言，依于谦；与勇者言，依于敢；与愚者言，依于锐。此其术也。"游说有智谋的人要靠博识多见的言辞，以显示自身的博学，游说博闻多见的人要靠条理明辨的言辞，游说明辨事理的人要依靠言辞中要点明确，游说高贵的人要依靠言辞中有气势，要以高雅潇洒为原则，游说富人要靠我们谈话时的豪气，游说贫穷的人言辞中要以利引诱，游说低贱的人要靠我们谈话时态度谦恭，游说勇士要靠我们谈话时表情果敢，游说愚蠢的人要靠我们把利害讲得明明白白。这就是游说之术。智者会根据人的不同的性格而制定不同的应对方案。

所谓"攻心为上，攻城为下"。作为谋略过人的诸葛亮就是想通过"七擒孟获而放之"的举动，传达给孟获乃至其族人一个信息，就是我有足够的能力打败你，但是我并不想伤害你。这样也就做到了真正的信服，而非征服。孟获才能忠心地跟随诸葛亮左右。

孟获甘心归顺。

◎才不可恃——杨修的“不归路”◎

“开谈惊四座，捷对冠群英”，杨修的聪明世人皆知，但是杨修遇到曹操，可谓是冤家路窄。不过，曹操虽然善于猜忌，也不是心胸狭窄之人。杨修最后死于他手，的确是“身死因才误”。那么杨修到底是如何恃才傲物才最终让曹操起了杀心呢？这也许还要从杨修自身的性格谈起。

有一次，曹操建造了一座花园，造成后，他去观看，未置可否，只是在门上写了一个“活”字就离开了。众人都不解其意，杨修说：“‘门’内添‘活’字，乃‘阔’字也。丞相是嫌门太宽了。”监工立即命令工匠们重建，曹操再去看时，大喜，问：“谁知吾意？”左右告之：“杨修也。”曹操虽喜，心甚妒之。

还有一件事，平时曹操担心被人暗害，便对左右的人说：“吾梦中好杀人，凡吾睡着汝等切勿靠近。”一日，他午睡时被子落在地下，一近侍给他拾起重新盖上。曹操拔剑杀之，然后又倒头入睡。起床后，假意问道：“是谁杀了我的近侍？”众人以实相告，曹操痛哭，命人厚葬。众人都以为曹操是梦中误杀，今见曹操又是痛哭，又是厚葬，不但不怪曹操，还多有称赞之词。临葬时，杨修指着死者说：“丞相非在梦中，君乃在梦中耳。”曹操听后，愈加嫉恨，便想找机会惩治这位“能人”。

嫉贤妒能是人类的一种通病，这病在万人之上的曹操身上表现得更是厉害。可叹，这杨修聪明反被聪明误，他总是屡屡猜透曹操的心思，让曹操的嫉恨之心越发膨胀，尤其是“梦中杀人”一事，明明是曹操故弄玄虚、震慑属下的“鬼把戏”，但是却被杨修当众拆穿，这的确是触犯了曹操的隐私禁区，为自己留下了杀身之祸。可见，在杨修的身上表现出来的这种一味地显示聪明也是一种病，而且是一种自以为是的聪明病。

后来曹操的军队与刘备在汉水作战，两军对峙，久战不胜，曹操是进是退心中犹豫，适逢厨子送进鸡汤，见碗中有鸡肋，因而有感于怀。正沉吟间，夏侯惇入帐问夜间口令。曹操随口说道：“鸡肋！”行军主簿杨修一听夜间口令为“鸡肋”，便立即让士兵收拾行装，准备归程。夏侯惇忙问其故。杨修曰：“鸡肋者，食之无肉，弃之可惜。丞相的意思是如今进不能胜，退恐人笑，在此无益，不如早归。来日魏王必班师矣。”本来曹操在进退两难之际，真有班师北归之意，但见杨修又说破他的心思，非常气恼，便大声呵斥道：“汝怎敢造言，乱我军心。”喝令刀斧手推出斩之。可叹，一代才子就这样命丧黄泉。

“身死因才误，非关欲退兵。”杨修之死与其时时处处、无所顾忌地显示自己的才华有关，与“鸡肋”引起的“惑乱军心”并没有太大的关系，“鸡肋”充其量只是一个导火索而已。

杨修自作聪明破解曹操“阔”字之意。

究其根源，从曹操内心世界来说，杨修“乱我军心”是假，乱我之心是真。杨修是一代才子，曹操是一代枭雄，这两人的交锋将是心智的比拼。而事实上，才华的展示需要考虑面对的对象和场合。选择得好，将会让你脱颖而出、光芒四射；选择得不好，就会是恃才傲物、招人反感。杨修聪明一世，却屡犯曹操的讳忌，这的确让他厌烦透顶。大权在握的他，终于借“鸡肋”一事杀掉了杨修。

《权篇第九》中讲：“故口者，机关也，所以关闭情意也；耳目者，心之佐助也，所以窥瞷奸邪。”嘴是人心的一个机关，是用来倾吐和遮蔽内心情意的。耳朵和眼睛，是大脑思维的辅助器官，是用来窥探、发现奸邪事物的。因此说：应该把口、耳、目这三者调动起来，互相配合，相互应和，以引导说辩局势朝着利于自己的方面发展。其实，日常生活中，如果有人总是自以为聪明地点透你隐秘的心思，你也为觉得是一件很不愉快乃至于很可怕的事情，何况杨修面对曹操这样一位喜猜忌的权贵呢。因此对于现实中的聪明人来说，看透但不点透才是明哲保身之道。

杨修私下破解曹操口令最终惹来杀身之祸。

商战博弈

另辟蹊径——犹太人的赚钱“机器”

能够为你带来利润的都可以成为商品。有时候做生意，头脑要灵活，靠国籍都能致富。商人就应该有这样的眼光，在这方面犹太人做得最好，他们连靠国籍致富这样的点子都想到了。犹太商人罗恩斯坦是一个典型的靠国籍致富的人。

罗恩斯坦的国籍是列支敦士登，但他并非生来就是列支敦士登的国民，他的列支敦士登国籍是用钱买来的。

罗恩斯坦把总公司设在列支敦士登国，办公室却设在纽约。在美国赚钱，却不用交纳美国的各种税款，只要一年向列支敦士登国交纳10万元就可以了。他是个合法避税者，通过减少税金，获取更大利润。

罗恩斯坦经营的是“收据公司”，靠收据的买卖，可赚取10%的利润。在他们的办公室里，只有他和他的女打字员两人，打字员每天的工作是打好发给世界各地服饰用具厂商的申请书和收据。他的公司实质上是斯瓦罗斯基公司的代销公司，他本人也可以说是一个代销商。提及斯瓦罗斯基公司，不得不提罗恩斯坦致富的本钱——美国国籍，下面是罗恩斯坦的一段故事：

达尼尔·斯瓦罗斯基家是奥地利的名门，他们的公司世世代代都生产玻璃制假钻石的服饰用品。精明的罗恩斯坦最初便看准了这家公司，只是时机未到，他只好静静地耐心等候。

第二次世界大战后，斯瓦罗斯基的公司因在大战期间迫于德军的威力而不得不为其制造望远镜，故法军决定将其接收。当时是美国人的罗恩斯坦悉知情况后，立即与达尼尔·斯瓦罗斯基家进行交涉：“我可以和法军交涉，不接收你的公司，交涉成功后，请将贵公司的代销权让给我，直到我死为止，阁下意思如何？”

斯瓦罗斯基家对于犹太人如此精明十分反感，大发雷霆。但经冷静考虑后，为了自身的利益，只好委曲求全，为保住公司的巨大利益而全部接受了他的条件。

对法国军方，他充分利用美国是个强国的威力，震住了法军。在斯瓦罗斯基家接受他的条件后，他马上前往法军司令部，郑重提出申请：“我是美国人罗恩斯坦，从今天起斯瓦罗斯基的公司已变成我的财产，请法军不要予以接收。”

法军哑然，因为罗恩斯坦已经是斯瓦罗斯基公司的主人，即此公司的财产属于美国人。法军无可奈何，不得不接受罗恩斯坦的申请，放弃了接收的念头。美国人的公司法国是不敢接收的，因为他们惹不起美国。

以后，罗恩斯坦未花一分钱，便设立了斯瓦罗斯基公司的“代销公司”，大把地赚取钞票。罗恩斯坦真可谓是不沾手便能赚大钱的干将。

罗恩斯坦的致富，是国籍帮了他的大忙，以美国国籍作为发家的本钱，再靠列支敦士登国的国籍合理逃避大量税收，赚取大钱！

当然，犹太人巧用国籍的本领与他们2000多年饱受歧视、屡遭迫害的流浪漂泊生活不无关系。以色列建国前，他们没有自己的家园，没有属于自己的真正情感和文化意义上的国家。所谓的居住国国籍，也不过是他们借以获取一国公民正常拥有的权利的手段之一罢了。因此，国家不过是一个外在的手段和工具，那么，利用这个工具来为自己赚取更好的生活，来为自己赚取更多的钞票就自然而然了。

鬼谷子在《权篇第九》中讲：“是故智者不用其所短，而用愚人之所长；不用其所拙，而用愚人之所工。”聪明的人，不用自己的短处，而去利用愚蠢者的长处；不用自己不擅长的地方，而去利用愚蠢者的技巧之处。犹太人正是明白了这个道理，在商战中灵活变通，充分应用自己的聪明才智，取得最大化利益。由此可以看出，商人赚钱的关键是找到最好的赚钱“机器”，挖掘新思路，发现新的生意点。

◎机敏行事——柯南道尔的生意经◎

对一个企业来说，追求利润是最根本的目标。可是一定要头脑灵活，善于应变。企业的利润就像人的血液一样，假如企业造血功能不好，发展就会受到影响。而利润指标是定量的，要实现利润的最大化，增强自己的造血功能，企业不但要学会开源，还要学会节流，以降低各方面的成本。降低成本就等于提高利润，假如纯利润率是10%的话，你节省1元钱，就相当于多挣10元。压缩你的费用来增加你的利润额这还不是最最关键的，最最关键的是压缩你的费用直接增加你的利润额会促进资金的良性循环。

美国航空公司是美国最大也是最赚钱的航空公司之一。美航的成功，归因于它的执行长官罗伯·柯南道尔所采取的一系列策略，其中包括开发出产业中的最佳信息系统、有效的营销策略（例如经常搭机旅客里程优惠方案）、高品质的顾客服务，以及追求将成本降到最低的热情。

美航想尽办法节省成本，包括更换现代化、短程而且更省油的飞机；发展轴辐式的路线结构以减少间接成本；增加每班机的座位密度，通过劳动契约和双层工资结构减少劳工成本，以及削减燃油与其他非劳工的直接成本。

除了代表美航标志的红、白、蓝条纹外，美航飞机不加任何油漆，这项策略降低了油漆和燃油的成本。一架不上漆的DC10大约轻了4000磅，因此每年每架飞机的燃油大约可以省下1.2万美元。

20世纪80年代中期，美航把每架飞机的内部重量至少减轻了1500磅，而重量之所以能够减轻，是因为装上了较轻的座椅；把金属推车改换成强化塑钢；换用较小的枕头和毛毯；在头等舱中使用轻型器皿，以及重新设计服务空厨。这些改变使美航的每架飞机每年至少节省2.2万美元。

柯南道尔在追求成本最小化的过程中，注意到许多细节。有一次，柯南道尔在美航班机上，把未吃完的剩菜倒入了一个塑料袋，交给机上负责餐饮的主管，下令“缩减晚餐沙拉的分量”！他还不满意，又下令拿掉每位旅客的沙拉中的一粒黑橄榄。如此一来，又为美航每年省下了7万

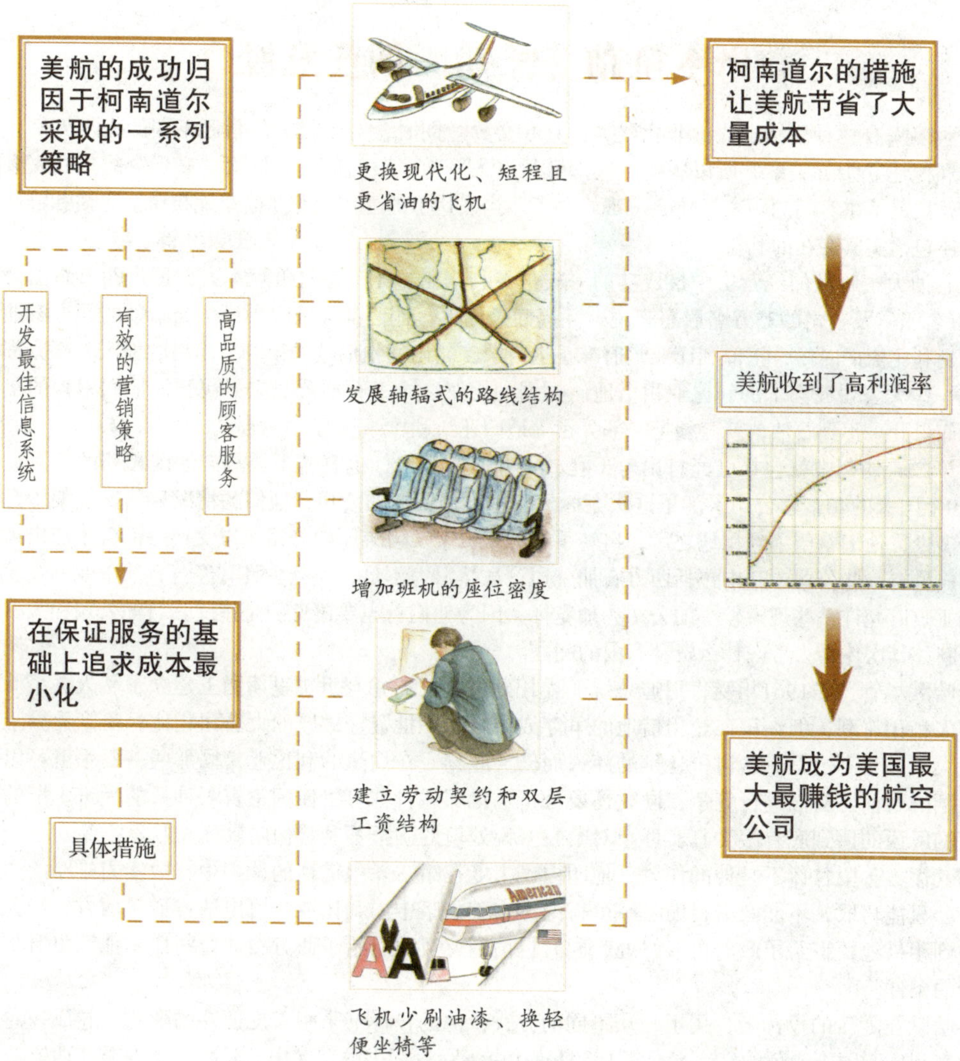

美元。

有一回，柯南道尔为了省钱，开除了一条看门狗。柯南道尔自己说明："没错，我们在加勒比海边有一栋货仓，开始我们雇用一个人整夜看守，后来决定要省掉这项支出。有人说：'我们需要一个人来防止盗窃。'我就说：'把他换成临时工，隔天守夜一次，也不会有人知道他在不在。'过了一年，我还想减少成本，便告诉他们：'何不换成一条狗来巡守仓库？'我们就这么做了，而且有效。又过了一年，我还想把成本再往下降，下属说：'我们已经降到只用一条狗了。'我就说：'你们干吗不把狗叫的声音录下来播放？'我们如此做了，也行得通，没人知道那里是否真的有条狗在看守。"

《鬼谷子》说："言其有利者，从其所长也；言其有害者，避其所短也。"发挥自己的长处，做对自己有利的事情，避开自己的短处，这样才能避害。柯南道尔正是看到了商业发展的软肋。他灵活的应对商业时代的发展和变革，不让自己的事业在时代的横流中有一丝亏损。

在经济全球化的今天，面对日益激烈的竞争、面对严重能源危机，可获取的利润空间越来越狭窄，我们已经进入了微利时代，做生意一定要机灵，学会随机应变。而不善于节约成本，没有强烈的成本意识的人，就不是做生意的料，有朝一日做亏本生意也就见怪不怪了。

◎入乡随俗——哈默的生意经◎

很多人有一种思维定式：非我族类，其心必异。同时，对于行为与自己不同的人，人们普遍很难和他建立亲近关系。所以聪明的人都懂得“入乡随俗”的道理。低下“高贵”的头，入乡随俗，就拉近了主客间的距离，什么事都好办了。当然这里的“俗”并非简单地指风俗习惯和群体心理，还包括实实在在的利益。

石油大王哈默的经营史中最成功的一次是在利比亚。无论是对哈默本人，还是西方石油公司的3万名职员及公司的35万名股东来说，一提起这件事，他们都会赞叹不已。当哈默的西方石油公司来到利比亚的时候，正值利比亚政府准备进行第二轮出让租借地的谈判。出租的地区大部分都是原先一些大公司放弃了的利比亚租借地。根据利比亚法律，石油公司应尽快开发他们租得的租借地，如果开采不到石油，就必须把一部分租借地归还给利比亚政府。

第二轮谈判中就包括已经打出若干孔“干井”的土地，也有若干块与产油区相邻的沙漠地。来自9个国家的40多家公司参加了这次竞标。有些参加竞标的公司，他们的情况显然比空架子也强不了多少，他们希望拿到租地之后，再转手给一家资金实力雄厚的公司，以交换一部分生产出来的石油；另有一些公司，其中包括西方石油公司，虽然财力不足，但至少具有经营石油工业的经验。利比亚政府允许一些规模较小的公司参加竞标，因为他们首先要避免的是遭受大石油公司和大财团的控制，其次才会去考虑什么资金有限的问题。

哈默尽管曾于1961年受肯尼迪总统的委托到过利比亚并与伊德里斯国王建立了私人关系。这比别人稍稍有利，但在第二轮租借地的争夺战中，同一批资金雄厚的大公司相比，哈默无异于小巫见大巫，只不过是一名讨价还价的商人而已。此刻，在灼热的利比亚，同那些一举手就可以把他推翻的石油巨头们进行竞争，同时还要分析估量那些自称可以使国王言听计从的大言不惭的中间商们所说的话到底有多少真实性，对哈默来说处境的确很不利。但哈默就是哈默，绝对不会因此而气馁，善罢甘休不是他的作风。他明白，为能在第二轮租借地的谈判中挫败实力雄厚的竞争对手，只能巧取，不能豪夺，而唯一可行的方案就是暗中向利比亚政府申请：如果西方石油公司能得到租借地，将给予政府更多好处，同时也请利比亚政府给予西方石油公司比其他竞争对手更优惠的条件。

哈默在随后的投标上，用了与众不同的方式：他的投标书采用羊皮证件的形式，卷成一卷后用代表利比亚国旗颜色的红、绿、黑3色缎带扎束。在投标书的正文中，哈默加上一条，西方石油公司愿从尚未扣除税款的毛利中取出5%供利比亚发展农业之用。此外，投标书还允诺在库夫拉图附近的沙漠绿洲中寻找水源，而库夫拉图恰巧就是国王和王后的诞生地，国王父亲的陵墓也坐落在那里。挂在招标委员会鼻子前面的还有一根“胡萝卜”，西方石油公司将进行一项可行性研究，一旦在利比亚采出石油，该公司将同利比亚政府联合兴建一座制氨厂。

1966年3月，哈默的计划果然成功，同时得到两块租借地，其中一块四周都是产油的油井，本来有17个企业投标竞争这块土地，且多是实力雄厚的知名公司，可结果个个名落孙山，唯有西方石油公司独占鳌头；另一块地也有7个企业投标，但最终还是归在了西方石油公司名下。

这第二轮谈判招标的结果使那些显赫一时的竞争者大为吃惊，不明其所以然，深深为哈默高超的谈判手段、技巧而叹服。

投标书的精心设计、5%的毛利投资利比亚农业、在国王诞生地找水、同利比亚政府联合建制氨厂，样样合其“俗”。西方石油公司作为一个小企业能中标，这些“随俗”的条件功不可没。

《鬼谷子》说：“故与智者言，依于博；与博者言，依于辨；与辨者言，依于要；与贵者言，依于势；与富者言，依于高；与贫者言，依于利；与贱者言，依于谦；与勇者言，依于敢；与愚者言，依于锐。此其术也。”一般说来，游说有智谋的人要靠博识多见的言辞，以显示自身的博学，游说博闻多见的人要靠条理明辨的言辞，游说明辨事理的人要依靠言辞中要点明确，游说高贵的人要依靠言辞中有气势，要以高雅潇洒为原则，游说富人要靠我们谈话时豪气冲天，游说贫穷的人要靠言辞中以利引诱，游说低贱的人要靠我们谈话时态度谦恭，游说勇士要靠我们谈话时表情果敢，游说愚蠢的人要靠我们把利害讲得明明白白。这就是游说之术。鬼谷子认为，与智者、愚者、富者、贱者这些不同类型的人交谈，要采用不同的方式。说话要像量裁衣服那样要量身打造，才能得体。这也是入乡随俗的道理。

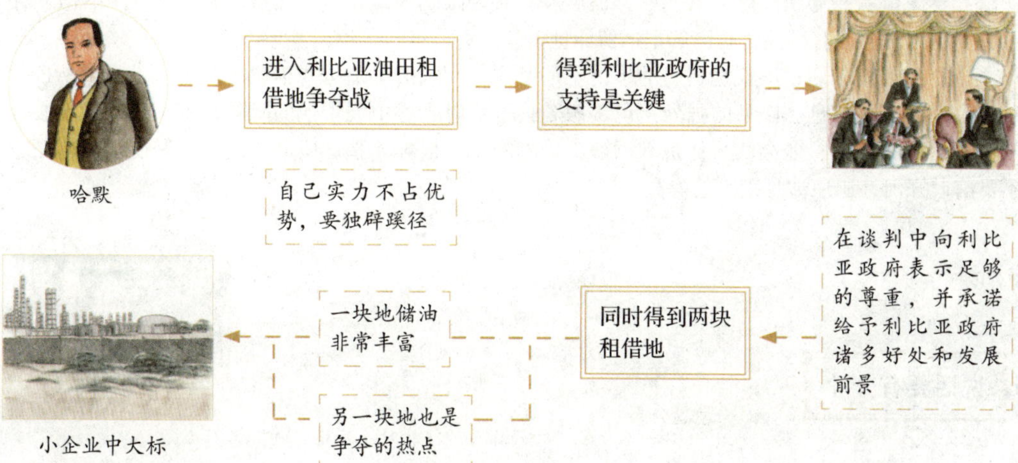

职场之道

◎通达世故——三分慎出口，七分留心中◎

翻开《增广贤文》，里面有：“逢人只说三分话，未可全抛一片心。”这句话作为中国人生存的金玉良言而被世代强调。逢人只说三分话，还有七分，不必对人说出，以免别人彻底掌握自己的“底细”。有的人认为，自己做人光明磊落，没有什么见不得人的事，说三分话岂不是太过阴险了？

没有什么见不得人，是指你所做的事，并不是必须尽情向别人宣布。世故之人，他们只说三分话，是不必说、不该说的关系，绝不是不诚实，也绝不是狡猾。说话本来有三种限制，一是人，二是时，三是地。非其人不必说；非其时，虽得其人，也不必说；得其人，得其时，而非其地，仍是不必说。非其人，你说三分话，已是太多；得其人，而非其时，你说三分话，正给他一个暗示，看看他的反应；得其时，而非其地，你说三分话，正可以引起他的注意，如有必要，不妨择地长谈，这叫作通达世故。

场面上的人说话要有分寸。分寸拿捏得好，很普通的一句话，也会平添几许分量。话少往往精练，让人觉得你是经过深思熟虑才说出来的。话太多往往容易失控，话的质量随数量的上升而下降，头脑发热，忘了什么能说什么不能说，公事私事搅在一起，彻底曝光。

有些心事带有危险性与机密性，例如你在工作上承担的压力与牢骚，你对某人的不满与批评，当你快乐地倾吐这些心事时，有可能他日被人拿来当成修理你的武器。到时你是怎么吃亏的，连自己都不知道。

那么，对好朋友应该可以说说心事吧！答案还是：不可随便说出来。你要说的心事还是要有所筛选。

逢人只说三分话在职场中显得尤其重要。

《鬼谷子》说："故口者，机关也，所以关闭情意也。"嘴是人心的一个机关，是用来倾吐和遮蔽内心情意的。莎士比亚说过："你的舌头就像一匹快马，它奔得太快，会把力气也绷满。"废话多了，就会有言语的失误，让人觉得说话的人轻率无聊，不愿意与他交谈。多嘴的人，不容易得到别人的信任。能够管得住自己舌头的人，是一个聪明的人。永远记住，不要和盘托出，要保留一些秘密。因为有些话，根本没有必要跟别人说，多说无益。不但如此，有时候无意中多说的话，还有可能将自己的把柄留给他人。

逢人只说三分话，不仅是自己的事情不能乱说，别人的事情也要少说。每个人都有隐私权，每个人也都有保护自己隐私的强烈意识，假若你说话时无意中说了他的隐私，基于"言者无心，听者有意"的道理，他会认为你是有意揭破他的隐私，恨你入骨。所以说话时最好能权衡再三，不要信口开河，避免涉足别人的隐私话题。

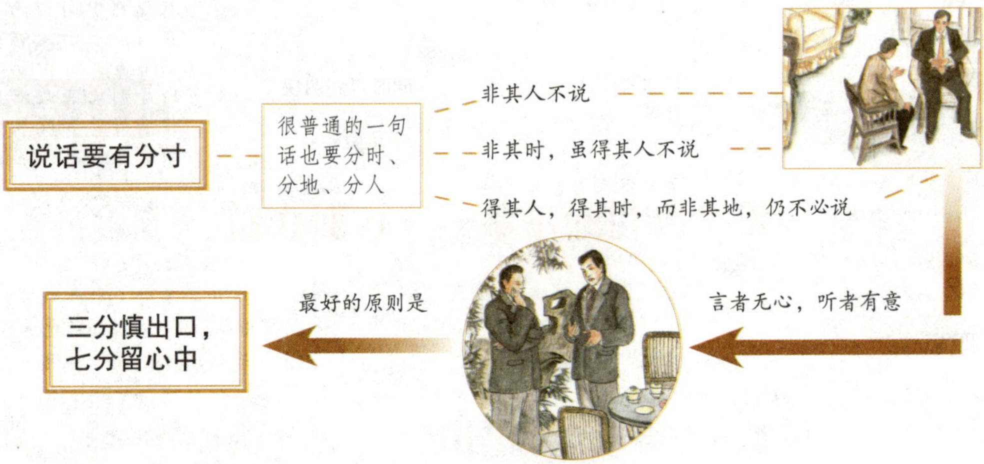

谋篇第十

经典再现

【提要】

“谋”，即谋略、谋划，指施展谋略计策。“谋”篇是游说谋略的扩展，是“权”篇的姊妹篇。“权”篇注重形势判断，更多地停留在分析阶段；“谋”篇则侧重于实事求是，是一种务实的态度。

《鬼谷子》认为：“凡谋有道，必得其所因，以求其情。”分析了“相益则亲，相损则疏”的各种情况，指出“制人者握权也，见制于人者制命也”的竞争本质，强调因人制宜，“因事而裁之”的游说方略，以及“天地造化，在高与深；圣人之制道，在隐与匿”的隐秘法则。

所以，在实施谋略时，游说策士们应该详尽地掌握事情的真相和规则，分清利害关系，因事制宜，进而提出具有针对性的应对策略和计谋。此外，在付诸实施的阶段，还得适时调整，以正惑敌，做好保密工作，悄无声息地制服对手，达到“制人”的目的。

【原文】

凡谋有道①，必得其所因②，以求其情。审得其情，乃立三仪③。三仪者：曰上，曰中，曰下，参以立焉④，以生奇⑤。奇不知其所壅⑥，始于古之所从⑦。故郑人之取玉也，载司南之车⑧，为其不惑也。夫度材量能，揣情者，亦事之司南也。故同情而相亲者⑨，其俱成者也⑩；同欲而相疏者，其偏害者也。同恶而相亲者⑪，其俱害者也⑫；同恶而相疏者，其偏害者也。故相益则亲⑬，相损则疏，其数行也⑭，此所以察异同之分⑮也。故墙坏于其隙⑯，木毁于有节⑰，斯盖其分也⑱。故变生事⑲，事生谋，谋生计，计生议⑳，议生说，说生进，进生退，退生制㉑。因以制于事。故百事一道而百度一数也㉒。

事情的成败，取决于之前的谋划。

【注释】

①道：原则，规律。②所因：所缘发、所产生的原因。③三仪：三种境界。仪，法度，标准。④参：参照，参验。⑤奇：奇计。⑥壅：壅塞，阻挡。⑦始于古之所从：遵从古人就开始使用的方法。⑧司南之车：古人用磁石指南原理制成的确定方位的仪器。⑨同情：感情、欲望相同。⑩俱成：共同成功。⑪恶：厌恶，设法避开。⑫俱害：同受害。⑬相益：共同得利。益，加。⑭数：规则，道理。⑮分：分别，区分。⑯隙：裂缝。⑰节：节疤。⑱分（fèn）：职分，名分，引申为自身规律，固有准则。⑲变：变化，运动。⑳议：议论，讨论。㉑制：控制，制世策略。㉒度：节度，规则。

【译文】

凡是给人家谋划事情，进行谋略的规划，都要查明事情的原委，遵循一定的规则，即首先要追

如何因事立计？如何能够保持长久而良好的合作关系？

忖度称量实施计谋之人的才干能力

掌握各种相关因素

抓第一手材料

因事立计的“指南车”

因事立计可根据实际情况立上、中、下三策

做事情成功后

关系依然亲密因为双方均得利

关系疏远，因为只有一方得利

做事情失败后

关系依然亲密，因为双方均遭损失

关系疏远，因为只有一方遭受损失

只有兼顾共同利益才能保持亲密关系

寻所面临的问题的起因，进而探求事物发展过程特别是现在的各种情况。掌握了这些情况，才可以制定三种策略。所谓三种策略，就是上策、中策、下策。将这三种策略互相参验，互补互取，就能产生出解决这一问题的良策奇谋来。真正的良策奇谋是无所阻挡、无往而不胜的。这种设计奇谋的方法并非我们的创造，是古人就曾实施过的。据说，郑国人到山里去采玉石，必定带着指方向的司南车，是为了不迷失方向。忖度称量实施计谋之人的才干能力，掌握各种相关因素，抓第一手材料，也是因事立计的“指南车”。立计中还要注意人的因素，情欲相同的人做事之后能够仍旧保持亲密关系，是因为他们都取得了成功，都获取了利益；情欲相同而事后却关系疏远了的人们，是因为他们中只有一方取得了成功，获取了利益。一同想避免某种结局而事后仍能保持亲密关系的人们，是因为他们同样受到伤害，同样遭受损失；一同想避免某种结局但事后关系疏远了的人们，是因为他们中只有一方受到了伤害，遭受了损失。所以，共同获取利益就能保持亲密关系，使一方遭受损失必然导致疏远，任何事情的道理都是这样。用这种道理去考察人们的相亲相疏，其原因必定也是如此。所以说，墙体崩坏都是从缝隙开始的，木材断折都是从有节的地方开始的，这大概就是所说的自然规律吧！所以在策划计谋时要考虑内部各方面的利益，调动各方面的积极性。要知道，新事物、新情况，都是由旧事物的发展变化才产生出来的。为解决新情况、新问题才产生了谋略。由谋略再产生出实施计划。实施计划一定要交给大家讨论、议论，听取各方意见，考虑各方利益。讨论、议论中必定产生新的说法、新的计划。综合新旧计划，制定进退有节、回旋有余的实施措施，去处理问题，去解决问题。任何事情的处理方式都是这样，任何计谋的产生程式都是如此。

【原文】

夫仁人轻货①，不可诱以利，可使出费②；勇士轻难③，不可惧以患④，可使据危⑤；智者达于数⑥，明于理，不可欺以不诚，可示以道理，可使立功，是三才也⑦。故愚者易蔽也，不肖者易惧也，贪者易诱也，是因事而裁之⑧。故为强者，积于弱也；为直者，积于曲也⑨；有余者，积于不足也。此其道术行也⑩。故外亲而内疏者，说内；内亲而外疏者，说外。故因其疑以变之，因其见以然之⑪，因其说以要之⑫，因其势以成之，因其恶以权之⑬，因其患以斥之⑭。摩而恐之⑮，高而动之，微而证之⑯，符而应之⑰，壅而塞之⑱，乱而惑之⑲，是谓计谋。

成大事者其用人之道会因人而异。

【注释】

①货：财物。②费：费用，策士游说经费。③难：患难，祸事。④患：祸患，忧患。⑤危：危难之地。⑥数：机数，权术。⑦三才：三种人才。指上述仁人、勇士、智者。⑧裁：制裁，处理。⑨为直……曲也：大直若曲，故积曲可以为直。⑩此其道术行也：这就是上边所说的计谋的运用。⑪然：承认，附和。⑫要：抽绎出要点。⑬恶（wù）：厌恶。权：权变，变通。⑭斥：除，除去，舍弃。⑮恐：恫吓。⑯微：微暗。⑰符：内符，

要因人而采取不同的对待方法

由外在表象推测出的内心想法。⑱壅：壅闭。⑲惑：迷惑。

【译文】

一般来说，仁德君子视财物如粪土，所以不可以用钱财去引诱他，但可以让他为我们提供财货。勇敢的斗士不畏惧祸难，所以不可以用灾患去吓唬他，倒可以让他担当危险的责任。智识之人通达机数，明于大道，不可以用欺骗的手段对待他，倒可以用大道理来晓谕他，让他为我们做事，从而建功立业。这三种人就是仁人、勇士、智者，我们称之为“三才”。相反，愚蠢者可以用欺骗手段蒙蔽他，不肖之徒可以用恐吓手段威胁他，贪婪者可以用金钱去利诱他，应该因人因事而使用不同手段。弱者善用权术、善借人力就可以变为强者，隐曲的手法用熟练了可以让人看作是直率手段，积累不足可以变为有余，这就是计谋权术的运用。由此而论及游说，游说对象外表上与我们亲善而内心却相当疏远，我们就应当运用计谋去打动他的内心，要解除对方对我们的疑虑。游说对象内心赞同我们而外表上装作冷淡，我们就应当运用权术去做表面工作。可以根据对方所疑惑的问题，来改变自己的游说内容。要使内外俱亲，就要依据对方的疑点，顺着对方的见解来加以肯定他，鼓励他；改变我们的计谋，依据对方所见所闻肯定某些东西，依据对方的言谈总结出实施要点，依据对方势力强弱去成就事业，依据对方的好恶改变我们的计谋，依据对方的忧惧舍弃决策中的某些部分。这样做取得宠信之后，就要设法控制对方。琢磨透他的心意去恐吓他，分析形势的高危使他震动，把他微暗中的活动摆在光天化日之下，由外表推测出他内心的想法而设计相应的对策对付他，隔绝他的视听，闭塞他的耳目，打乱他的思维，迷惑他的理智，进而完全控制他，这就是人们所说的进谋的策略了。

【原文】

计谋之用，公不如私①，私不如结②，结比而无隙者也③。正不如奇④，奇流而不止者也⑤。故说人主者，必与之言奇⑥；说人臣者，必与之言私⑦。其身内，其言外者疏⑧；其身外，其言深者危⑨。无以人之所不欲而强之于人⑩，无以人之所不知而教之于人⑪。人之有好也⑫，学而顺之；人之有恶也，避而讳之⑬。故阴道而阳取之⑭。故去之者从之⑮，从之者乘之⑯。貌者，不美又不恶，故至情托焉⑰。

【注释】

①私：私室，引申为私下里。②结：结盟，指二人计议。③结比……者也：结比，结盟。比，并。④奇：即适合解决这一问题的出人意料的计谋。⑤奇流而不止：奇计一用，像流水那般难以被对方阻止。⑥言奇：讨论治国奇计。⑦言私：讨论切身利益。⑧疏：被疏远。⑨危：遭受危难。⑩强：强加。⑪教：教导，告诉。⑫好：喜欲，嗜欲。⑬讳：讳忌，避讳。⑭故阴道而阳取之：这就叫作暗地里使手段而公开获取利益。⑮去之：使之去，让他离开。从之：放纵他。从，纵古今字。⑯从之者乘之：乘，驾驭，制伏。⑰貌者……托焉：我们的外貌要表现得中正平和，让别人交心于我们，依靠我们。

【译文】

说到策划、实施计谋，在大庭广众之下谋划不如在私室中谋划，在私室中谋划不如二人结盟谋划，结成巩固的联盟，别人就无机可乘了。说人说事中，运用常法不如运用出人意料的奇妙谋略。因为，出人意料的奇妙谋略是变化无穷的，实施起来就像流水一般，使对手无法阻挡。游说人主时，要注意与他谋划这样的奇计。但游说人臣时，首先申说的是他个人的切身

未成之事须暗中谋划，固结之盟宜，私下达成。

利益。你身在某一决策圈内，却把机密、计谋泄露到圈外去，必定被疏远。你身在某决策圈外，却过多地议论决策圈内的事，必定会有危险降临到你头上。你不要把别人不想做的事、不想解决的问题，强加在别人头上，去游说他做这事、解决这问题。你也不要把别人所不可理解的道理去告诉他，开导他。如果发现别人有什么嗜欲，你要想办法迎合他，投其所好，顺着去做。别人有讨厌的事，你就极力避开，极力避讳。要用不易为人察觉的手法来达到说服的目的。这就叫作暗地里使手段而公开获取利益。想要排斥某个人，先放纵他，让他看到自己的思维行动所产生的后果的谬误，然后利用这个机会，顺理成章地除掉他。你自己要经常装出中正平和、不善不恶的表情，这样别人就敢把真心交给你，把他自己托付给你了，这些都是使用计谋时应该注意的事项。

游说一定要切中对方要害，否则就会被疏远。

【原文】

可知者，可用也；不可知者，谋者所不用也。故曰事贵制人[①]，而不贵见制于人。制人者，握权也[②]；见制于人者，制命也[③]。故圣人之道阴[④]，愚人之道阳[⑤]。智者事易[⑥]，而不智者事难[⑦]。以此观之，亡不可以为存[⑧]，而危不可以为安。然而无为而贵智矣[⑨]。智用于众人之所不能知，而能用于众人之所不能见。既用，见可[⑩]，否择事而为之，所以自为也[⑪]；见不可，择事而为之，所以为人也[⑫]。故先王之道阴。言有之曰：天地之化[⑬]，在高与深，圣人之制道，在隐与匿[⑭]。非独忠信仁义也，中正而已矣[⑮]。道理达于此之义，则可与语。由能得此[⑯]，则可以谷远近之义[⑰]。

【注释】

①制人：控制别人。②握权：掌握了权变的主动权。③制命：此指被控制了命运。④阴：此指隐暗不露。⑤阳：公开做事。⑥事易：做事容易。⑦事难：做事难。⑧不可以为存：不能够设法让它存在。⑨无为：此指无为而处世。智者道阴，暗中用计，表面无为。⑩见可：看到可以（进行）。⑪自为：自己做。⑫为人：让人去做。⑬化：化生（万物）。⑭隐与匿：隐藏不露。⑮中正：中正平和，不过分加害于人。⑯由能得此：假如能够掌握这种道理的人。⑰谷：养育。

能够了解、掌握的人才可以使用。不能了解、掌握的人，善于谋划的人是不用的。

【译文】

能够了解、掌握的人，才可以使用他。不能了解、掌握的人，善于谋划的人是不用他们的。所以说，做事贵在控制别人，而千万不可被人控制。控制住别人，你就掌握了权变的主动权。被别人控制，你的命运就掌握在别人手中了。由此而论，圣智之人做事总是暗中用手脚，愚蠢的人才在明处咋咋呼呼。因而圣智之人做起事来就容易，愚蠢的人做起事来就难。由此可见，那些愚人做的注定要灭亡的事物是无法挽回失败而让它继续存在的；他们造成的危急局势也无法使之转危为安。圣智之人做事表面上好似没有什么道道，实际上暗中早已使足了智谋。用智，就要用在一般人不能知道的地方，就要用到一般人看不到的地方。运用计谋时，看到可以成功，就选取一些事自己去做；看到不能成功，就选取一些事让别人去做。所以说古代的君王都是隐秘而行事治世的。常言道：天地化生万物，在于其高大与深厚；圣智之人处世的诀窍，就在于他们善用隐藏不露的手段。圣智之人处世决不被忠信仁义等戒条束缚手脚，只不过做事不要太过分罢了，其主要是维护不偏不倚，适中的正道而已。能够明白这种道理的人，策士们才值得与他议事。能够掌握这种道理的人，策士们才可以和他设计各种计谋，远近的人都可以得到教化。

为人处世

◎以柔克刚——孝庄太后滴水穿石◎

中国人为人处世讲究方圆之道，讲究以柔克刚，而“柔”的做人智慧不仅仅是一种退让，还是一种审时度势，一种宽容的态度。只有恰当地运用和把握“柔”的尺度，“以柔为谋”，才能成为最后的胜利者。

清初的孝庄太后就是一位深知以柔克刚精髓的女人。

皇太极因病猝死——前一天还如平素一样忙碌一天，晚上却离世，“储嗣未定”。当时有希望继承皇位的主要有三个人：皇太极长子豪格、第九子福临和皇太极十四弟多尔衮。前后两者都手握重兵，实力不俗。只有中间的福临，虽然颇得皇太极的宠爱，但只有六岁，缺乏实力。八旗中，支持豪格和多尔衮的各占三旗，剩下的两旗则比较中立，只强调支持先帝的儿子，至于哪个儿子倒无所谓。

豪格与多尔衮两个集团在继承人会议上剑拔弩张，互不相让。最终有个折中方案出来：让福临即位。鹬蚌相争，渔翁得利，幼小的福临不费吹灰之力登上帝位。

而多尔衮毕竟势力强大，且对于皇位非常向往。由于他在诸王大会上首倡立福临，格局一成，便难以推翻了。虽然他是摄政王，掌握大清军政大权，一人之下，万人之上，但毕竟没有遂其所愿，还是一种缺憾。因此，他对于孝庄母子来说一直是个威胁，于是孝庄只得以柔克刚，隐忍、退让，委曲求全。她不断给多尔衮戴高帽、加封号，以不使多尔衮废帝自立。因此，从“叔父摄政王”到“皇叔父摄政王”，乃至“皇父摄政王”，最后，她不得不以太后的身份下嫁多尔衮，福临称多尔衮为“皇父”，诸臣上疏称“皇父摄政王”。遇到元旦或者其他庆贺大礼，多尔衮还要与皇帝一起接受百官的朝拜，这便最大限度地满足了多尔衮对皇位的野心，化解了孝庄母子的危机。否则，孝庄母子根本敌不过手握重兵的多尔衮，顺治的皇位就更是个问题了，这一切不得不说是孝庄的功劳。

孝庄太后为了保住儿子的皇位不惜屈身多尔衮。

可就在这场权力斗争刚告一段落时，孝庄又陷入家庭矛盾的旋涡中。

满蒙联姻，是清太祖努尔哈赤在位时定下的国策。因为，清帝国的建立，蒙古八旗也立下汗马之功，蒙

顺治钟情董鄂氏，孝庄力阻孽缘。

孝庄扶植八岁的玄烨登上皇位，是为康熙帝。

古王公在清廷政治生活中，一直是一股倚为股肱的力量。为了确保这种关系代代相传，也为了保持自己家族的特殊地位，福临即位不久，孝庄就册立自己的侄女博尔济吉特氏为皇后。待福临亲政，就大礼完婚，正中宫之位。自古帝王婚姻，总是带有明显的政治色彩，个人的喜好与感情则是次要的。而福临恰恰缺乏一种胸怀，他更多地以自己的好恶来对待这种关系。他的皇后博尔济吉特氏聪明、漂亮，但喜欢奢侈，而且爱嫉妒。本来，作为一个贵族出身的女子，这些并不是什么大毛病，但福临却不能容忍，坚决要求废后另立。这个未成年的皇帝性格十分执拗，尽管大臣们屡次谏阻，他仍然坚持己见，毫不退让。

顺治十年（1653年）八月，孝庄拗不过儿子，只好同意，皇后降为静妃，改居侧宫。为了消除这一举动可能带来的消极政治影响，孝庄又选择蒙古科尔沁多罗贝勒之女博尔济锦氏进宫为妃。但福临对这位蒙古包里出来的漂亮姑娘同样不感兴趣，反而如痴如醉地恋上了同父异母弟博穆博果尔的福晋董鄂氏。博穆博果尔经常从军出征，董鄂氏出入宫苑侍候后妃，与福临相识并坠入情网。孝庄察觉出这一危险的苗头，立即采取措施，宣布停止命妇入侍的旧例，同时赶紧给儿子完婚，博尔济锦氏成为第二任皇后。但这一切并不能阻止福临对董鄂氏的迷恋。为了获得更多接近董鄂氏的机会，顺治十二年（1655）二月，福临封博穆博果尔为和硕襄亲王。后来，博穆博果尔得悉其中内情，愤怒地训斥董鄂氏。这事被福临知道，他打了弟弟一耳光，博穆博果尔羞愤自杀。

宫中发生了这种事情，传扬出去自然是不光彩的，孝庄悄悄地处理了这件事：博穆博果尔按亲王体例发丧，二十七天丧服期满，董鄂氏被接入宫中，封为贤妃。一个月后，又按儿子的意愿，晋封她为皇贵妃。后来，董鄂妃病逝，顺治帝也追随而去。孝庄便扶植八岁的玄烨登上皇位，是为康熙帝。

孝庄在辅佐皇子的路上，以柔克刚，委曲求全，终于换来了大清的几百年基业。她运用自己的智慧，在钩心斗角的宫廷中，揣情度意，出谋划策。把鬼谷子说的“故变生事，事生谋，谋生计，计生议，议生说，说生进，进生退，退生制。因以制于事。”付诸实施。以不变应万变，沉着冷静，是成大事情的根本。万物相生相克，刚劲的东西不一定要用更刚劲的征服，有时最柔软的事物才恰恰是它的弱点。老子曾说：“天下莫柔弱于水”。天下再没有什么东西比水更柔弱了，而攻坚克强却没有什么东西可以胜过水。水最为柔弱，但柔弱的水可以穿透坚硬的岩石。孝庄太后虽然是一个女流之辈，以其特有的圆转柔滑，委曲求全，牺牲了太多，但是，她的坚忍，她的沉着镇定，她的弱中带刚，也彰显了自己的伟大。

◎瞒天过海——大将狄青骗得士气高涨◎

欺骗按正常人的道德标准是一种恶习，可是，在生活中，如果总是很诚实，有时候反而会吃大亏，因此，某些时候，我们应当放弃对“绝对诚实”的固执，用适当的“欺骗”去获取成功。博弈论中有一个词叫“策略欺骗”，也就是在某些时候要用瞒天过海去取胜。

狄青，字汉臣，汾州西河人，北宋大将。他出身贫寒，16岁时因其兄与乡人斗殴，狄青代兄受过，被“逮罪入京，窜名赤籍”，开始了他的军旅生涯。

狄青一生能征善战，为北宋立下了汗马功劳。他每战披头散发，戴铜面具，一马当先，所向披靡，在4年时间里，参加了大小25次战役，身中8箭，但从不畏怯。在一次攻打安远的战斗中，狄青身负重伤，但“闻寇至，即挺起驰赴”，冲锋陷阵，是一员猛将。

一次，朝廷遣狄青领兵南征。当时朝廷中主和、妥协派势力颇强，狄青部下有些将领怯战，有的甚至散播谣言，说什么“梦见神人指示，宋兵南征必败”，令不少有迷信思想的官兵尽皆惶然，笃信此次南征“凶多吉少，难操胜券”，一时军心涣散。狄青一再训导将士们：“我军乃正义之师，战必胜，攻必克。”无奈，官兵迷信思想极重，收效甚微。

对此，狄青和几员心腹大将苦无良策。大军途经桂林，恰逢大雨滂沱，一连数天，乌云蔽日，无法行军。此时军中谣言更甚，都说出师不利，天降凶雨，旨在回师……

这天黄昏，狄青带领几员偏将冒雨巡视，路经一座古庙，见冒雨进香占卜者不少，便进庙询问。庙中和尚说，都说这座庙神佛灵验，有求必应，所以终年拜佛占卜者络绎不绝。

狄青听罢，心中顿生妙计。次日清晨，他全身披挂，领将士入庙拜佛，虔诚地供香跪拜后，便对将士们说：“本帅当众占卜一卦，欲知南征凶吉。”说毕，他请庙祝捧出百枚铜钱，说明一面涂红，一面涂黑，然后当众合掌祈祷：“狄青此次出兵南征，如能大获全胜，百枚铜钱当红面向上！”只见他将铜钱一掷，落地有声，果然全都是红色。将士们惊异万分，兴高采烈，奔走相告，一时士气大振。狄青当即下令不准再动铜钱，以免冒犯神灵，同时令心腹将士取来百枚长钉，把铜钱钉牢在地，然后对全军说道：“此战必胜，这是上天助我！等到班师之日，再来感谢

狄青智设红钱局，宋军振奋破敌兵。

在战争中欺、瞒、诈、骗都是战术。

神灵取钱吧！"

第二天雨过天晴，宋军士气高昂，直压边境。两军对阵，宋军将士无不奋勇当先，所向披靡，直把敌人杀得丢盔弃甲，溃不成军，乖乖地立下降书，自称永不敢再犯大宋边境。

宋军班师回朝，狄青高兴地带领一班将校到古庙谢神还愿，拔钉取钱时，一位偏将忽然惊呼："奇怪，奇怪！这百枚铜钱怎么两面都是红色的？"

狄青哈哈大笑道："此举绝非神灵，其实是本将军借神佛之灵，鼓舞士气罢了！"此时大家才恍然大悟，原来狄将军私下和几位心腹将士暗将铜钱两面都涂成红色，故弄玄虚，利用将士们的迷信心理，化厌战情绪为勇战情绪，一鼓作气战胜侵略军。

"瞒天过海"，"瞒"是关键，不仅不要让对手知道自己的真实意图，同时也要求付出足够的努力使对方不怀疑自己有其他意图，以解除其戒备。这也是一种示假隐真的疑兵之计，以达到出其不意的效果。

也许会有人说，欺骗是一种不道德的行为，只有诚实的人才是道德的。在日常生活中如此，但是一旦进入争取胜利的博弈中，瞒天过海作为一种策略，本来就与道德无关。真正做到瞒天过海的人，也不失为一个智者。

◎借人做事——留学生容闳的故事◎

真正的智者绝不会"单刀闯天下"，每一个成功人士的背后总会有许多"后续力量"。不要永远认为自己最强大，不要永远孤军奋战。适时借力，一切都会轻松百倍。

"假舆马者，非利足也，而至千里；假舟楫者，非能水也，而绝江河。"若想在人生的海洋中遨游，并排除被大海吞没的危险，就要借助舟楫的力量。借船出海，对于那些初出茅庐并想大展身手的年轻人来说尤为重要。下面要讲的就是清末容闳的故事。

学成归来，报效国家。

容闳对许多人来说也许是一个陌生的名字，其实他是中国第一位留学生。他是安徽安庆人，迁居广东香山。少年时入澳门马礼逊学堂，道光二十七年（1847）赴美留学，后考入耶鲁大学。他系统地接受了西方最新的科学文化知识，精通英语，英文论说连获首奖，他的留学经历、交往广度、沟通中西能力堪称难得。但他尽管已经接受了西方的教化，却一直抱有强烈的爱国热情，希望通过自己的努力，使中国走上近代化道路，摆脱任人欺凌的局面。

带着这一愿望，毕业以后，容闳就下决心“以西方之学术，灌输中国，使中国日趋富强”。他力图通过西学东渐，在中国实行资本主义维新，使中国成为文明、富强的近代化国家。

咸丰五年（1855年），容闳回到祖国，他计划先找到那些比较有远见的实力派，把自己的新式教育计划付诸实施。为此他先后从事文秘、译员、经商等职业，希望通过认识商学界的上流人物，以便于打开局面。但是经过八年的辛勤探索，他却一直劳而无功。

当时正处于清末，太平天国势力正盛，因为太平天国的领导人信奉有浓厚基督教色彩的“拜上帝教”，容闳从情感上更希望得到他们的认同，于是他把注意力转移到了太平军的领导人身上。

咸丰十年（1860年），容闳亲自拜访太平军，希望他所主张的教育计划与改良政策得到太平军首领的支持与赞助。当时主持国政的是干王洪仁玕，他接见了容闳，容闳向他提出七项建议，主张在教育、政治、经济、军事诸方面推行近代化改革，并表示“倘采纳予言，愿为马前卒”。

众所周知，洪仁玕是太平天国中最有思想和近代意识的领导人，但是他也不能接受容闳的建议，面对这种结果，容闳非常失望。一方面他对太平天国表示同情，另一方面，他又失望地断言：“太平军的行为，殆无造新中国的能力。”他从此以后再也没有与太平天国来往。就在此时，有人向他介绍了正在领导镇压太平军的清朝重臣曾国藩。

同治元年（1862年）五月初三，容闳第一次来到曾国藩的府邸，曾国藩接见了他。容闳第一次见到曾国藩，就十分佩服他，他感到自己找到了真正的幕主。而曾国藩也为有这样一个人才投奔自己而感到意外的惊喜。为了留住这个不可多得的人才，曾国藩当时就对他委以重任，让容闳赴西洋采办机器，兴办工厂，制造船炮和枪械等，这就是中国历史上有名的洋务运动的序幕。

容闳接受了西方的先进文化知识，接受了最系统的教育，归国之后，想大展宏图，救国家于危难之间。怀着这样的宏图大志，他几经波折，依然坚定着自己的目标，最终得到了曾国藩的器重，并对他委以重任，使他在洋务运动中发挥了自己的所学所用。做什么事情都要有明确的目标。对于每一个人来说，成功等于目标。人生中总会有太多的遗憾，往往就是因为没有一个清晰的目标，把事情付诸行动。天之高远，地之广博。在这个世界上，个体是非常渺小的，单凭一个人的力量去创造世界，到达巅峰，如同痴人说梦。适时借力，一切都会轻松百倍。

◎聪敏通达——李卫当官◎

翠翠红红莺莺燕燕，风风雨雨暮暮朝朝。

这副对联是清代西湖十八景之一湖山春社竹素园中的叠字妙联，偎红依翠，暮暮朝朝，寥寥几字倒也说中了当年此景的缔造者的一大心愿。或许你以为此人舞文弄墨，是个风流名士，其实不然，此人是个彻彻底底的世俗官员，而且世俗得很。

曾经，不通文墨只知斗鸡走狗、行走市井的李卫借着殷实的家境捐了个小官，虽然文化程度不高，但李卫倒是个天生做官的材料。他手下的师爷起草完公文奏章读给他听后，他总能一针见血地把问题要害找出来，然后口述让师爷们修改；升堂审案时，他更是才思敏捷，属下人都不敢因他识字不多而有所欺瞒。

《清史稿·李卫传》载：李卫“入赀为员外郎，补兵部。康熙五十八年（1719年），迁户部郎中”。李卫在户部供职期间干了一件让当时还是亲王的胤禛刮目相看的事：他任户部郎中时，管理银库事务。有某位亲王的属下对于收缴的白银都要每千两额外加收十两作为库平银。李卫坚决反对，但亲王属下执意要收，李卫就将银柜抬到廊下，写上这是某某亲王的“盈余”，指明是非法收入。亲王闻此大惊，下令停收库平银。

窥一斑而知全豹，李卫的歪点子很多，但他的立意却是正的。雍正皇帝正是喜欢李卫的这一

李卫借寿诞清查钱粮款。

李卫暗渡陈仓查欠款，众官员依言弥补全声名。

特点，所以将其视为心腹。雍正对于李卫的情感不同于其他官员，以至于一些野史中将李卫写成雍正的家奴，李卫对于皇帝一口一个“四爷”的称呼倒是点明了两人之间的默契。

雍正上台不久，发现各省钱粮亏欠甚多，便下诏清查，各省官员闻讯十分恐慌。李卫当时做浙江总督，立刻召集了幕僚们来商议对策，手下那些人也想不出什么好办法，李卫便说：“不请钦差大臣来吧，皇上一定不相信我们。但要是钦差大臣来了，而我们这些做督抚的无权干涉清查的话，恐怕亏欠的事情就要败露。不如我主动上奏朝廷，说‘浙省钱粮废弛日久，正好趁着钦差大臣清查的机会好好整治一下。不过，钦差大臣初到地方，一时恐怕不得要领，臣身任地方官，理应协同办理，请皇上裁处’。”

随后，李卫诈称自己要过生日，让浙中七十二州县的有关官员都速来贺拜。生日筵席吃到一半的时候，李卫把这些人召到密室，说：“朝廷负责清查钱粮的钦差大臣马上就要来了，你们要是有亏欠的话千万别欺瞒我，我能救你们。你们要是不听话，等查出问题被抓被杀的话，到时别怪我没给你们机会。”众人害怕，都说：“愿听大人吩咐。”随后李卫让这些人回去后，不管有无亏欠，都老老实实地造册登记后上交给他，让他心里有数。

再说雍正接到李卫的奏折后，同意了他的提议，随后便派了户部尚书彭维新前去浙江清查，并批准李卫协助清查工作。彭维新当时已在江南其他各省清查，这个人做事认真细致，加上江南各督抚都不敢干扰他的工作，结果查下来是问题多多，很多人都被他抓了辫子，彭维新还准备上报朝廷以“流、斩、监、追”的罪名惩处这些人，弄得这些地方人心惶惶，怨声载道。

查完其他省后，彭维新意犹未尽，随后便奉命雄赳赳、气昂昂地来到浙江，不料李卫一见面便拿出雍正的批示给他看，说：“朝廷让我协助你的清查工作，请大人一起商量怎么办好。”彭维新见李卫手里有雍正的批示，气焰收回了不少。

随后李卫便为彭维新设宴接风，酒至中巡，李卫叹道：“凡是共事，从来就没有不争执的。我性子急，喜欢和人争辩，屡次被皇上批评。这次和大人共事，我倒是希望不要有争执，但不知道怎样才能没有争执呢？”

彭维新说：“这样吧，我们分县清查，如何？”李卫说：“好。”

李卫当下便让随从把浙江各州县的名字写在纸上，然后把纸捏成团，放在盘子里，李卫和彭维新各拿一半。彭维新没有料到的是，这些纸团其实都让李卫做了手脚，那些亏与不亏的，都暗中做了不同的标记，李卫把那些亏欠的州县，大部分都自己拿了，那些问题不大的，全分给了彭维新。

后来，彭维新虽然认真清查，但因为李卫早就做了手脚，最后是一无所获。李卫清查的时候，则让那些亏欠的州县尽快设法弥补，把事情尽快摆平。清查完后，李卫和彭维新碰头，问："怎么样，各地可有亏欠的吗？"彭维新说："没有。"李卫装作意外，但又开心地说："恭喜恭喜，我这里也没有呢。"

于是两人皆大欢喜，一起奏明朝廷说浙江没有亏欠。雍正接报后大喜，说："别人都说清查麻烦事多，唯独李卫那里什么事情也没有，看来这小子的确有一手。"随后，雍正便把李卫加封为太子太保，大加赏赐，浙江的其他各级官员也各升一级。由此，手下的那些人对李卫也彻底服了。

李卫之所以能够得到雍正的重用，能把浙江亏空的事补救得如此圆满，全在于他的机智和谋略。《谋篇第十》说："人之有好也，学而顺之；人之有恶也，避而讳之。故阴道而阳取之。"意思是说，如果别人有什么嗜好，就应该学习效仿，迎合去做。如果别人有讨厌的事，就要极力避开，为他隐讳。这就叫作暗地里使手段而公开获取利益。这就不难看出李卫为何能牵住钦差大臣的鼻子了。

一朝天子一朝臣，对于李卫，最大的幸运莫过于遇到了提携自己的贵人。康熙晚年选官，操守第一，才干其次，清廉虚名的影响下，遍地"清官"，却荒于办实事。雍正则认为，清官如同"木偶"，中看不中用，对社稷民生毫无裨益。因此，雍正用人，首先在才干。李卫一路官运亨通，虽然恃能放纵，却对上不对下，为百姓做了不少实事，花花肠子只要用在正道上便无可厚非，纵然市井味浓，却也不失可爱。

李卫死后的谥号是"敏达"，既反映了李卫的为官之道，也反映了雍正的选官标准。雍正死后没几年，李卫便也离世，这或许也是他的幸运。

管理谋略

◎假戏真做——蔡锷虎口脱险◎

假戏真做并不是一件让人觉得难堪的事，一旦到了生命的危急时刻，放下面子保住脑袋才是头等大事。

在人际交往当中，一些人善于假戏真做以取得他人信任，从而轻松地达到了自己的目的。蔡锷便是一位假戏真做的高手。

蔡锷早年留学日本，回国后参加编练新军。1911年初至云南，任新军第十九镇三十七协协统，与同盟会会员多有联络。武昌起义后，与李根源等发动新军起义，初任总指挥和云南军政府都督兼民政长，曾协助贵州和四川独立。民国初年参与组织统一共和党，并对省政有所兴革。

蔡锷假意拥帝制，袁世凯防范渐宽松。

袁世凯镇压了革命党人的"二次革命"之后，开始做起了皇帝梦，要在中国恢复帝制。他复辟帝制的倒行逆施激起了全国人民的无比愤慨，全国人民群起讨伐。其中最早举行大规模武装讨伐的就是云南蔡锷等领导的护国军起义。为了组织和发动这场倒袁的起义斗争，蔡锷与袁世凯斗智斗勇，充分体现了他在处世上的韬晦谋略。

二次革命期间，蔡锷对交战双方表示中立，还曾拟联合黔、桂两省作为中间人，主张两方停战，凭据法理解决。对蔡锷的这些举动，袁世凯深为嫉恨，就将蔡锷召入北京，实际上是牵虎入笼。

蔡锷明白袁世凯的意图，自从入京以后，他自敛锋芒。袁世凯依然不放心，想把蔡锷困在京城，便委蔡锷以“重任”，先任将军府将军，再任全国经界局督办，并选为政院参政。蔡锷不动声色，这样一来，倒弄得袁世凯莫名其妙。

一日，袁世凯召蔡锷到总统府，议论恢复帝制一事。蔡锷道：“我原先是赞成共和的，但是二次革命以后我才知道，这么大的中国，没有一个皇帝是统治不了的。现在总统有这个意向，那是太好了，我第一个表示赞成。”狡猾的袁世凯反问道：“你说的当真吗？为什么南京、江西变乱时，你却要做调解人，帮他们讲话呢？”

蔡锷立即回答道：“此一时、彼一时，那时我远驻云南，离北京太远，长江一带又多是国民党势力范围，恐投鼠忌器，不得不违心地做中间人，还请总统原谅。”蔡锷解释得合情合理，袁世凯听了，十分满意。从此以后，蔡锷为了保全自身便主动与那些为帝制摇旗呐喊的大小人物打成一片，宣扬帝制。

一天，蔡锷与一帮乌合之众又谈起帝制。蔡锷附和道：“共和两字，并非不良，但我国国情、人情，却不适合共和。”宣扬帝制的筹安会的大头目杨度立刻应道：“蔡锷兄，你今日方知‘共和’二字的利害吗？”蔡锷不敢怠慢，赶紧道：“俗话说得好：‘事非经过不知难。’杨大人还不肯谅解蔡某人吗？”杨度不甘罢休道：“你是梁启超的高足，他最近做了一篇文章驳斥帝制，你却来赞成帝制，岂不是背师判道吗？”

蔡锷笑道：“师生也是人各有志。以前杨大人与梁启超同是保皇派的，为什么他驳斥帝制，你偏又办起筹安会？今天你诘责我，我倒要问问老兄，谁是谁非？”杨度讨了个没趣。杨度不甘心，红着脸拿出一张纸，递给蔡锷道：“你既然赞成帝制，就应该参加请愿，何不签个大名？”

蔡锷十分爽快：“我在总统面前已请过愿了，我签个名儿，有何不可？”遂提起毛笔，信手一挥。大家见他这般爽直，疑心荡然无存，个个拍手叫好。而此时，蔡锷正寻找着虎口脱身的机会。为了能再让袁世凯消除对他的疑心，蔡锷脱掉他那身戎装，去妓院寻花问柳。想不到，蔡锷在妓院结识了有胆有识、闻名京城的小凤仙。

为了把戏演得更真，蔡锷特地让小凤仙备了一桌酒菜，邀请了袁世凯的爪牙喝酒。几杯酒过后，蔡锷扬言要与妻子离婚，娶小凤仙为妻。那些人对蔡锷深信不疑，纷纷报告袁世凯。再看蔡锷，整天在小凤仙那儿转来转去，一副神魂颠倒的模样。为了让袁世凯彻底放松警惕，蔡锷与夫人上演了一场假离婚风波。

青楼结识知音小凤仙。

一日清晨，蔡锷趁袁世凯还没有起身就赶到总统府，要求见袁世凯，待侍官说总统未起，他又故作懊恼，说道：“总统起来后，请立即打电话给我。”说完便回家去了。袁世凯起来之后，听到禀报：

蔡将军在家中与夫人殴打，摔坏了好多东西。袁世凯立即派人前去调解。只见蔡夫人披头散发、泪流满面地躺在地上，被摔坏的东西乱七八糟散了一地。蔡锷在一旁自顾自地骂着。袁的手下进行了一番劝解，蔡锷火上浇油，骂得更凶。哪知蔡夫人也是毫不示弱，当即回娘家去了。

袁世凯闻之，终于彻底放心，与儿子袁克定道："我看蔡锷有才有干，可办大事，谁知他尚不能治家呢！我可高枕无忧了。"蔡锷见袁世凯放松了对他的监视，于是暗中与梁启超策划反袁，寻机脱身。

蔡锷为寻脱身之机，扬言要娶小凤仙为妻。

1915年11月初，蔡锷以去天津看病为由，在小凤仙的巧妙配合之下，设法躲过了北洋警探的跟踪，绕道日本、中国台湾、中国香港、越南，于12月21日偕同戴勘等人秘密到达昆明。蔡锷终于虎口脱险，不久即和唐继尧组织护国军讨袁。

袁世凯生性狡猾，耳目甚多，为了消除袁的疑心，蔡锷先是与袁世凯的狐朋狗友打成一片，加入宣扬帝制的筹安会当中，让袁世凯及其爪牙认为其棱角已磨去。再到妓院"鬼混"，不问政务，直至"休"了结发之妻。这番假戏真做，天衣无缝一般。蒙住了袁世凯的眼睛，保护了自己，而且以此求得了反击的机会和时间，一旦时机成熟，蔡锷便进行了反击，完成了自己的护国运动。

《谋篇第十》说："高而动之，微而证之，符而应之，壅而塞之，乱而惑之，是谓计谋。"闭塞他的耳目，打断他的视听，迷惑他的心智，这样的计谋可谓之高明。假戏真做的关键就是要迎合对方，装傻充愣，解除戒心，投其所好，要学会表现出自己没有野心，即使有一点小野心也不可能对其构成威胁，这时你就能达到自己的目的了。

◎明修栈道——要离巧施"苦肉计"◎

"苦肉计"是中国历史潜规则中不可忽视的一条，他是指自己伤害自己，以蒙骗他人，从而达到预先设计好的目标。这种做法称为苦肉计。在面对狡猾的对手时，唯有付出鲜血的代价，才能将之制伏。

吴王阖闾是派人暗杀了吴王僚后才登上王位的，僚的三个儿子逃亡在外，吴王阖闾获悉此事后茶饭不思，日夜寻思除去心头大患。

一日，阖闾对大臣伍子胥说："僚的三个儿子，以庆忌最为刚烈勇猛，庆忌这个人甚是了得，有万夫莫当之勇，在吴国号称第一勇士。现在听说他在外网罗部属，发誓要为父报仇，打回吴国，此人不可不除啊。"

伍子胥说："庆忌狡猾多计，实在是强敌，他活在世上一天，大王就有不可预测的凶险。臣向大王推荐一人，此人肯定可为大王建功。"

伍子胥于是把要离举荐给吴王阖闾。阖闾见要离身材短小，形象丑陋，与他想象的志士相去甚远，不禁大为失望。伍子胥看出了阖闾的心思，劝他说："好马贵在能负重致远，而不在其形体的大小。要离相貌平常，但是智勇无敌，此人绝非等闲之辈啊。"

要离不卑不亢地对阖闾说："善于杀人者靠的是智慧而不是体力，善于谋叛者依仗的是骗取

伍子胥向吴王举荐要离，君臣共谋苦肉计。

要离被打入死牢后，伍子胥密令狱中看守放松对要离的看管，让要离乘机逃出。

要离逃出吴国，一路赶奔卫国投靠庆忌，向庆忌哭诉自己的遭遇。

信任而不是明斗，我若能亲近庆忌，让他引为心腹，杀他岂不是轻而易举的事吗？”

阖闾被要离的话打动，马上以礼相待。三人计议多时，终于形成了谋刺庆忌的方案。

次日，在朝堂上，伍子胥上奏吴王请求派兵伐楚，并且推荐要离担任伐楚将领。吴王阖闾故意不屑地说：“要离手无缚鸡之力，岂可为将？他这个人无德无能，寡人只是可怜他才将他留在朝中。何况吴国刚刚安定，如果出兵打仗，寡人还有安稳的日子可享吗？此议决不可用。”

群臣哑言，这时要离却仗义直出，他指着吴王阖闾的鼻子，愤愤说：“大王侮臣是小，却不该对伍子胥不仁不义。伍子胥帮你夺取王位，又助你治国安邦，吴国方有今日的兴盛局面。大王曾言替他伐楚报仇，无故失信背约，大王何以面对天下？这样做，大王连一个信守信诺的百姓都不如，如何让人信服呢？”

吴王阖闾大怒色变，当即命令力士砍断了要离的右臂，将其打入死牢。要离的妻小也被吴王拘拿。几日后，伍子胥密令狱中看守放松对要离的看管，让要离乘机逃出。阖闾把要离的妻小杀死，焚尸于吴国的闹市，使这件事人人皆知。

要离逃出吴国，他一路赶奔卫国投靠庆忌。庆忌见了要离，听他哭诉之后，庆忌还是不肯相信他，他对心腹说：“阖闾恨我不死，谁知这是不是他主使的苦肉计呢？”

庆忌的心腹说：“要离的右臂被砍掉，他历尽艰辛才逃出吴国，若说阖闾使计，可要离也不会自残自苦如此，大人不要疑心太重。”

不久，密探向他报告要离的妻小被杀之事，庆忌疑虑顿消，他对心腹高兴地说：“肢体自残，要离或许可做到。可若是舍弃妻小性命，只为骗我信任，这就于理不通了，谁会这样残忍呢？”

庆忌于是视要离为心腹，让他为自己谋划归国大事。要离见自己和阖闾、伍子胥谋定的计策成功，于是趁热打铁，力劝庆忌及早发兵，夺回王位。庆忌对他言听计从，出动全部兵卒，顺江而下，向吴进军。

苦肉计成功，庆忌被要离伺机刺死于船头。

庆忌在指挥船上，要离手持长矛侍立其旁。庆忌指指点点，得意非凡，忽然江面刮来一阵强风，庆忌的战船被风刮的摇晃不定，庆忌也随着船体的摇晃而坐立不稳。要离抓住这个千载难逢的机会，借着颠簸摇晃之势以短矛刺中庆忌，一矛刺透了庆忌的心窝。阖闾的心腹大患解除，吴国的局面最终安定下来。

要离为了实现吴国的安定，除掉吴王的后顾之忧，忍受抛妻弃子，自残身体的重负，实施“苦肉计”，骗取了庆忌的信任，最终完成了行刺计划。虽然充满了血淋淋的痕迹，却把自己的谋略发挥到了极致。

姑且不论要离实施“苦肉计”的残忍，光说他忍辱负重，毫无破绽的行刺计划，就值得我们思考。

◎隐而为秘——说话的“秘诀”◎

信陵君，名魏无忌，战国时代魏国人。信陵君以礼贤下士之为人、窃符救赵之义勇赢得了广泛盛誉，是赫赫有名的“战国四公子”之首。可就是这样一位仁义忠勇之君子，最后却是见疑于魏王，只能整日以美女醇酒为伴，郁郁而死。身为同父异母的哥哥，魏王为何会对信陵君起疑心呢，这其中必有玄机。

魏王的异母兄弟信陵君，在当时知名度极高，因仰慕信陵君之名而前往的门客达三千人之多。

有一天，信陵君正和魏王在宫中下棋消遣，忽然接到报告，说是北方国境升起了狼烟，可能是敌人来袭的信号。魏王一听到这个消息，立刻放下棋子，打算召集群臣共商应敌事宜。坐在一旁的信陵君则不慌不忙地阻止魏王，说道：“先别着急，或许是邻国君主行围猎，我们的边境哨兵一时看错，误以为敌人来袭，所以升起烟火，以示警诫。”

信陵君棋桌上多言失宠信。

过了一会儿，又有报告说，刚才升起狼烟报告敌人来袭是错误的，事实上是邻国君主在打猎。

魏王逐渐疏远了信陵君。

于是魏王很惊讶地问信陵君："你怎么知道这件事情？"信陵君很得意地回答："我在邻国布有眼线，所以早就知道邻国君王今天会去打猎。"

从此，魏王对信陵君渐渐地疏远了。后来，信陵君受到别人的诬陷，失去了魏王的信任，晚年沉湎于酒色，终致病死。

一言一失，也许信陵君心中并不明白为何魏王会突然疏远了自己，其实，他之一句"我在邻国有眼线，所以早知道邻国君王今天会去打猎。"让魏王感到了无比的警觉与恐惧，作为臣子能有这种过人的心机与机敏，实在是一件很可怕的事。邻国之事了如指掌，何况国内之事呢，作为君王怎么能不有这种担心，门客三千、声名显赫的信陵君如果一旦有谋反之心，君王之位还不是探囊取物般容易？如此这般的心态之下，魏王就开始疏远信陵君了。可见，人心是相当微妙的，也许在你是一句无关痛痒的话，在他人可能会有着相当不一样的含义，所以说与不说，说又如何说，都要仔细揣摩人之心理，做出一番斟酌之后再做决定。

类似的情形下，齐国隰斯弥的做法就比信陵君高明多了。

隰斯弥是齐国的一名官员，住宅正巧和齐国权贵田常的官邸相邻。田常为人深具野心，后来欺君叛国，挟持君王，自任宰相执掌大权。隰斯弥虽然怀疑田常居心叵测，不过依然保持常态，丝毫不露声色。

一天，隰斯弥前往田常府第进行礼节性的拜访，以表示敬意。田常依照常礼接待他之后，破例带他到邸中的高楼上观赏风光。隰斯弥站在高楼上向四面眺望，东、西、北三面的景致都能够一览无遗，唯独南面视线被隰斯弥院中的大树所阻碍，于是隰斯弥明白了田常带他上高楼的用意。

隰斯弥立即回家派人砍掉那棵阻碍视线的大树。然而正当家人砍树的时候，他却又阻止了大家，并道出了其中的奥妙："俗话说'察见渊鱼者不祥'，意思就是能看透别人的秘密并不是好事。现在田常正在图谋大事，就怕别人看穿他的意图，如果我按照田常的暗示砍掉那棵树，只会让田常感觉我机智过人，对我自身的安危有害而无益。不砍树的话，他顶多对我有些埋怨，嫌我不能善解人意，但还不致招来杀身大祸，所以，我还是装作不明不白，以求保全性命。"

共登高楼，隰斯弥洞悉田常心意。

事实上，隰斯弥要砍树最终又未砍，是一种明智保身之道。田常在高台上望见南边隰斯弥家的树遮蔽了视线，诚然有不快之意。然而，他的这种心思并未公开流露，只是一种隐情，隰斯弥如果伐掉树木，也许能讨得田常一时之好，但却显得自己过分聪明了。田常正阴谋篡国，心有重大隐秘，最忌恨那些能察人隐秘的聪明之人，隰斯弥不想成为田常最忌恨的人。那么，就只能假装不知田常的一切隐情，做一个糊涂之人。

《谋篇第十》讲：“其身内，其言外者疏；其身外，其言深者危。”你身在某一决策圈内，却把机密、计谋泄露到圈外去，必定被疏远。你身在某决策圈外，却过多地议论决策圈内的事，必定会有危险降临到你头上。你不要把别人不想做的事、不想解决的问题，强加在别人头上，去游说他做这事、解决这问题。你也不要把别人所不可理解的道理去告诉他，开导他。

“察见渊鱼者不祥”，本义是说能够感知深水之鱼，是一件不好之事。究其深义就是能察知别人内心深处隐秘活动的人，必然是处于危险的境地。事实上，人们都有自己的隐私，之所以是隐私就是隐而为秘、秘而不宣之事，之所以会“隐而为秘”必定是这一思想意念或者是事情本身与社会的道德伦理观念或外在的行为规范相抵触，如果有谁察知了他人不愿公开的思想活动，就等于认定了他人对社会要求的抗逆，把自己无意识地放置在了与他人对立的境地，就必然遭到他人的忌恨和报复。隰斯弥深知这一道理，砍树是小，洞悉他人之隐情却事大，所以他要通过掩饰聪明、示人愚钝来显示自己对别人隐秘活动的无所知觉，借以脱离危险的境地。这实在是深谙人性之举措。

◎同舟共济——求大同存小异◎

留心我们的周围，争辩几乎无处不在。一场电影、一部小说能引起争辩，一个特殊事件、一个社会问题能引起争辩，甚至，某人的发式与装饰也能引起争辩。而且往往争辩留给我们的印象是不好的，因为它的目标指向很明白：每一方都以对方为“敌”，试图把自己的观念强加给别人。

人与人之间相互交往，难免有意见相左的时候，如果一味要求别人依附你的观点，那就很难与人相处，这样就很难圆融待人，所以在这种情境下我们可以把握求大同存小异的原则。

不仅在一些思想观念上我们要求同存异，就是在具体的办事过程中我们也要遵循求同存异的原则，这样才能把事情办好，同时加深彼此之间的感情，以便日后进一步合作共事。

宋代的开国功臣赵普，在原则是非问题上，往往与皇上发生争执，但无论何时，他都始终坚持求同存异的做人做事原则。

赵普原是赵匡胤的幕僚，任掌书记，曾与赵光义等策划陈桥兵变，帮助赵匡胤登上皇帝宝座、以后又参与制定先南后北、先易后难的统一战略，帮助太祖、太宗二帝一统江山。

赵普辅佐皇帝，始终坚持求同存异的做人做事原则。

历代做宰相的人，多数都为私利着想，一切言行都要讨皇帝的欢心，不触怒皇帝。赵普却把治理好国家看成是自己的责任。在与皇帝发生分歧时，只要他认为自己的意见有利于国家，就犯颜直谏。

有一次，赵普举荐某人做官，宋太祖不肯任用。第二天，他还是举荐那人，宋太祖仍然不肯。第三天，他又向宋太祖推荐

在与皇帝发生分歧时，只要赵普认为自己的意见有利于国家，就犯颜直谏。

宋太宗时，赵普再次担任宰相，依然保持着自己的做人原则和行事风格。

那人，宋太祖发怒了，把奏章撕碎扔到地上，赵普脸不变色，也不辩白，跪下来拾起奏章碎片就回家了。过了几天，他又把被撕碎的奏章贴好，再次像以前那样上奏，宋太祖终于醒悟，就任用了那人。

又有一次，一个大臣应当升官，宋太祖素来不喜欢那人，不同意。赵普坚决提升了那人的官职。宋太祖发怒说："我就是不给他升官，看你怎么办？"赵普心平气和地说："刑罚是用来惩罚坏人的，赏赐是用来酬劳功绩的，这是古今一致的道理。况且刑赏是天下的刑赏，不是陛下一个人的刑赏，怎能因为您个人的喜怒而独断专行呢？"宋太祖气极了，起身离去，赵普就跟在后面。宋太祖进了皇宫，赵普就站在门口等候。等了很长时间，直等到宋太祖允诺了他才离去。

宋太宗时，赵普再次担任宰相。宋太宗因为听信了弭德超的谗言，怀疑曹彬不遵守法度，要处罚曹彬。赵普知道曹彬冤枉，就为曹彬辩解，并且予以担保，使事情真相大白。宋太宗知道真相后叹息说："我听断不明，几乎误了国家大事。"之后，他对待曹彬一如既往。

当然赵普不是普通人，他做事求同存异的出发点是社稷民生。作为普通人，虽然不能有这么崇高的意图，但凡事坚持原则，力避同流合污，还是应该能做到的；否则，一旦流于"同而不和"，将互相损耗。

《谋篇第十》中讲："故同情而相亲者，其俱成者也；同欲而相疏者，其偏害者也。"情欲相同的人做事之后能够仍旧保持亲密关系，是因为他们都取得了成功，都获取了利益；情欲相同而事后却关系疏远了的人们，是因为他们中只有一方取得了成功，获取了利益。同样想避免某种结局而事后仍能保持亲密关系的人们，是因为他们同样受到伤害，同样遭受损失；同样想避免某种结局但事后关系疏远了的人们，是因为他们中只有一方受到了伤害，遭受了损失。所以，共同获取利益就能保持亲密关系，使一方遭受损失必然导致疏远，任何事情的道理都是这样。

即使是朋友，每一个人都应该明白这一点，自己永远生活在社会之中、同事之中、朋友之中，只有学会"同舟共济"才能共同生存，也只有尊重和帮助别人，才能赢得别人的尊重和帮助。

商战博弈

◎循序渐进——海信的低成本扩张◎

这一天，曾经在北京各大场合与商界名流多次握手的周厚健，又一次把手伸了出来，与他握手的是北京雪花电器集团控股公司隆达公司的负责人。他们宣布两家公司合资重组，北京海信电器有限公司成立。周厚健也成为参与北京传统资本重组的第一人。

发布会上的周厚健笑得很开心，进军京城的第一战就控股了北京本土企业，而他拿出的筹码则是极少的资金，占到的股份则是新公司股份的55%。看到这个结果，很多人都有这样的疑问：北京雪花为什么要让周厚健的海信占大头？这个还要先从雪花说起。

几年之前，北京雪花集团与美国一个公司成立合资公司，美方占60%的股份，掌管产品研发和公司日常经营管理权，雪花集团则以实物的形式入股，占公司40%的股份。最开始，合资公司运营还能够维持，两年之后由于公司管理等方面的不稳定，业绩出现大幅滑坡。此时的国内电冰箱业格局也发生极大变化，美方就在此时调整了本方发展大方向，决定清除合资公司债务后抽身而出，并将60%的股份转让给了雪花集团。

此时的雪花集团虽拥有了合资公司的全额股份，但由于自身的局限，整个公司的发展受到阻力，急切的寻找下一个“婆家”。而此时的周厚健虽一直在与荣事达合作，却有一个心结一直困扰着他，由于在与荣事达合作的过程中，海信提供产品研发，荣事达把握生产关。虽不用在生产环节浪费精力，但海信一直没有自己的生产基地，老让别人为自己生产也不是长久之计。周厚健也曾非常郑重地说：“一个家电企业要想做大，企业发展的关键时刻必须有自己的生产基地，这样才没有后顾之忧。”但现在，海信就遇到这样的问题。

北京雪花集团急于下嫁的心态正合周厚健心意，两家一拍即合。海信以部分资金以及固定资产的形式入股，主要生产电冰箱等家用电器。雪花这边也和颜悦色，企业发展不再没有了方向。

合资公司完成签约后，周厚健非常高兴，一次成功的资本运营又在悄然间达成。

“海信在北京选择了合作伙伴，也是出于战略上的考虑。我们也想把自己在家电企业方面的优势，在北京这个经济、文化、人才的战略要地发展起来。这次的合作，无论从产业角度和海信的长远发展看，都是有价值的。这也是我们为什么选择雪花、选择北京的原因。”

收购、合资的对象有很多，为什么偏偏是周厚健?

其实，周厚健一直是个默默关注资本市场的高手，他一直在等待一个机会。有准备的人，总不会令人失望。

刚接手海信的时候，几乎连年亏损，销售收入只降不升。当时不足40岁的周厚健备感压力，他决定进行一番大刀阔斧的改革，经过一系列的摸索，他选择了资本运营的方式。

“资本运营是企业经营的一种方式，产生于企业最基本的经营活动——产品经营发展的内在需求冲动。海信的低成本扩张，只是在选择适当的资本进行运营的一种方式，海信绝不会盲目地兼并、收购，我们毕竟是一个企业。”

周厚健的这番话反映了这样一个道理：海信在进行资本运营，这种资本运营是低成本的。海信是清醒的，绝不盲目并购，只选择合适的方式。所以，从那时开始，海信就一直在寻觅目标。

“海信开始把眼光盯在社会上极为丰富的存量资产和潜力无穷的资本市场。实施资本重组，强化资本运营，实现企业的低成本扩张。”

明白这些，人们大概能了解周厚健为什么能在北京雪花集团急于寻找合作伙伴的第一时间出现在它的面前，手法为何又能如此纯熟老练。周厚健早有低成本扩张的想法，而且多次实践。

早在与北京雪花集团合作前，周厚健就盯上了经营不善的淄博电视厂。当时的淄博电视厂虽连年负债，但设配齐全，生产能力也不薄弱。周厚健觉察到这是个扩张自己实力的大好机会，就与电视厂领导商谈：海信以1500万资金和技术入股，占51%的股份，电视厂则以原有设备入股，占49%股份。双方商谈愉快，最终达成协议，而海信也仅花了正常投资的10%~20%，就搞定了这笔大买卖，自己的整体资产则大大提升。

从1993年到1996年，周厚健仅用短短三年的时间就将连年负债，资产不足亿元的海信打造成了资产14亿，拥有7个子公司和8个控股公司的大型家电集团，而他让海信在这一阶段突飞猛进的方式就是低成本资本扩张。

每个企业的发展壮大都是一条艰辛的成长路，真正的海信其实是从1992年周厚健担任海信前身——青岛电视厂开始。那时的企业有着众多问题，是不服输的周厚健一点点酝酿着自己的改革，而他也真的在实践中摸索出了一条让海信迅速崛起的方法：低成本扩张。

《鬼谷子》说："为强者，积于弱也；为直者，积于曲也；有余者，积于不足也。"弱者善用权术可以变为强者，每一个事业的成长都是一部血泪史。海信的低成本扩张，也正是应用了鬼谷子的循序渐进，积弱为强的智慧。对于有头脑和有魄力的商人来说，资本市场的险恶永远不在话下，他们可以通过缜密的思维和巧妙的运作让外物都为己用。不管是低成本还是高成本，或者其他的股权交换模式，都是万千资本模式的一种，重要的是，找到最适合自己的那种，运用到实际的商业操作中，才能不断提升自己的资本运营能力，带来更多价值。

周厚健的资本运营方式就是低成本扩张 → 遇到发展受到阻碍的雪花集团 → 海信以部分资金以及固定资产的形式入股雪花 →

完成海信与雪花的资产重组

→ 雪花成为海信的生产基地 → 主要生产电冰箱等家用电器 →

海信获得突飞猛进的发展

坚持低成本扩张战略

◎乱而惑之——以弱"骗"强◎

焚一炷香，弹一曲琴，一记空城，一把羽扇。诸葛亮的谋略名闻天下。许多计谋是对对手施加适当的心理暗示，故意向敌人暴露城内空虚，即"虚者虚之"，令敌方产生怀疑，犹豫不前，从而"疑中生疑"。

《谋篇第十》曰："符而应之，壅而塞之，乱而惑之，是谓计谋。"就是告诉我们：在处理外界环境的具体变化时，要善于观察，合理调整谋略，隐藏起自己的真实意图和力量，示假隐真，已达到"制人"而不"制于人"的目的。在激烈的商场竞争中，企业或者个人以假乱真，有过之而无不及。

1940年以后，卫得森公司生产的"利群"喷雾清洁剂风行美国，深受家庭主妇的喜爱。这时，市场上另一家同业公司——多克公司投入大量资金研制成功一种叫"香雪"的新型喷雾清洁剂。无论从质量到包装"香雪"喷雾清洁剂都优于"利群"，凭借其强大的实力，足以取而代之。卫得森得知"香雪"推出的第一个试验市场是洛杉矶市，于是悄悄开始行动。

他停止供应“利群”给整个洛杉矶市，此时“香雪”还未登场，用惯了“利群”的妇女在任何一家商店都买不到“利群”，不由心急万分。这时“香雪”登场了，主妇们为应急只得抢购，一拥而上。实验小组马上将“香雪”在试验市场上大获成功的消息告知总部，说可以全面投入生产。

“香雪”试验小组刚撤出洛杉矶市，卫得森马上下令将超大量装“利群”按半价推出，令整个经销网一起促销特价“利群”，并通过媒介大做广告。主妇们看见日常用惯的清洁剂重回市场，且如此便宜，纷纷争购。为了防备涨价，她们都购买了大量清洁剂，足够半年使用，而多克公司对这些还蒙在鼓里！

“香雪”大量生产后，随即展开了全面攻势，投入大量资金花在广告战上，但这时消费者已购买了足够的“利群”，再购热情已到强弩之末，几个月过去了，“香雪”只销出一点儿。多克公司的高级主管们看到这种情形，以为市场只接受“利群”，已无自己插足之地，于是泄了气，把目光转移到其他产品上去了。卫得森公司因此重新牢牢占住了市场。

卫得森公司巧用计谋，赢得了消费者，吓退了实力强大的对手，取得以弱胜强的胜利。这不禁让人想到现代社会的“职业粉丝团”，他们的任务就是制造明星受欢迎的假象，进而带动不明真相人群的盲目崇拜。“依靠假象”也能取得胜利，“空城计”的关键就是虚虚实实，虚而示虚。要虚得合情合理，让对方真假难辨，才能牢牢抓住消费者的从众心理，营造一种畅销趋势。

上海某展览会期间，某家家电公司产品质量虽然很好，但因广告宣传不多，企业知名度低，所以几乎无人光顾洽谈生意。该公司总经理十分着急，于是绞尽脑汁想出了一个主意。他们在订货办公室门前挂出一个大红牌子，上面写着“第一季度订货完毕”；第二天又挂出了“第二季度订货已满”；第三天，贴出的牌子上写着“现在开始订购2003年的货”。路过的客户看到这种情形，以为该公司家电特别畅销，都争先恐后地前来订货。

很快，该家电公司洽谈处的门前人满为患。结果不但2003年、2004年的产品全被预订，广东某客商原来每年从日本订购的50万支光管支架的大宗买卖，也转给了该公司。该光管支架因此成功打进广东市场，该家电公司凭借此举，从此名声大振。在激烈的商场竞争中，企业或者个人欲赢得机会，就必须因事制宜，巧用“空城计”，对对手或者消费者施加适当的心理暗示。正所谓“有以信诚之者，有以蔽匿之者”。商之大者一方面坚守了自己的诚信，另一方面又善于虚实结合，制造假象，把“真假”结合得天衣无缝，吸引了顾客也就赢得了市场。在商场上，各种各样的打折、大削价、优惠券是经营者招揽生意的有效手段。几乎所有“打折商品”“全市最低价的商品”“清仓处理的商品”的价格仍和往昔一样高，“打折”只不过是商家一个美丽的幌子，其目的在于吸引人潮，避免门前冷清的尴尬场面。而众多消费者，受到“低价”的暗示，总会探一探虚实，不论是否产生购买欲，商家的“空城计”，从消费者走进门的那一刻，就产生了巨大的作用。

◎守住目标——周少雄的成功之路◎

《鬼谷子》讲：“故郑人之取玉也，载司南之车，为其不惑也。夫度材量能，揣情者，亦事之司南也。”郑国人到山里采玉，一定要带上司南，是为了不迷失方向。忖度称量实施计谋之人的才干能力，掌握各种相关因素，抓第一手材料，也是因事立计的“指南车”。在现实生活里，仅仅拥有理想，不一定就能成功，但如果没有目标，成功就不会幸临。设定合理的目标，并且坚持下去，就一定能收获丰硕的果实。周少雄就是一个牢牢守住目标的成功者。

若问福建第一家上市的中小企业是谁？很多福建商人都会异口同声地说出三个字：七匹狼。2004年，七匹狼在深圳中小企业板块上市，对于这家做服装的企业来说，是十分不易的。然而就周少雄而言，自己的脚下的路还很长。他的目标不止于此。

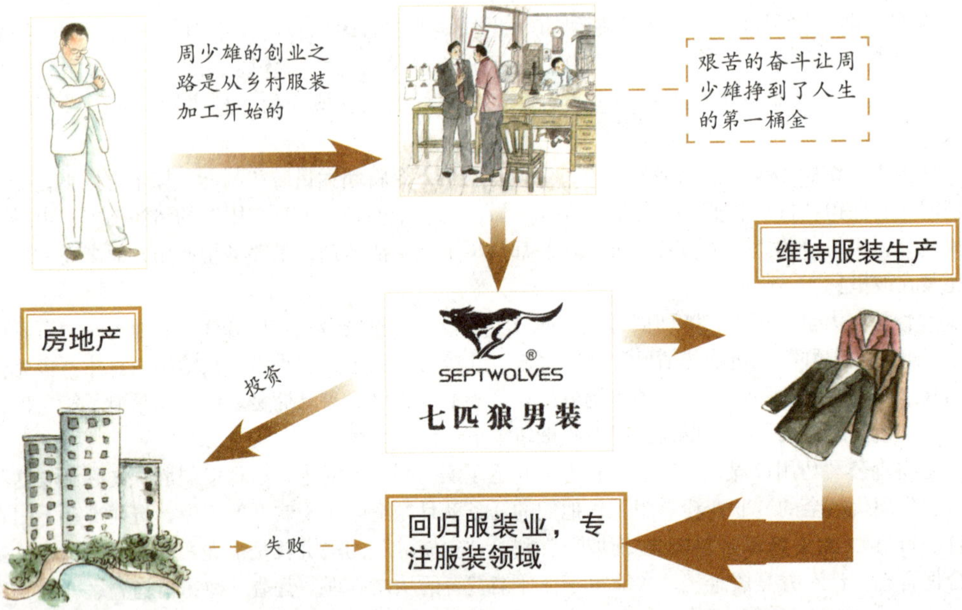

“我们所做的一切，都是为了‘七匹狼’这块牌子。上市也是这个目的。七匹狼创立之初就立足国内市场，而没有通过为其他知名品牌贴牌加工成为出口型企业，为的就是打响自己的品牌。”

初入服装业，周少雄先从面料做起。由于经验不足，加之年轻，故而跟他合作的人很少。一次，周少雄坐火车来到上海，转了很多纺织品批发站，但当周少雄的双脚落在批发商的面前时，对方就冲他摆摆手，说“没有了。”对方不相信这个年轻人有钱。接连几天都是如此。

那时候，周少雄住在每晚1.5元的地下室，一住就是半个月。他不相信自己永远买不到想要的布料。这天，周少雄特意穿了件高档的衣服，选了一家批发部，站在门口等批发部的人下班，然后请批发部的负责人到咖啡店去喝咖啡，给人家看汇票，证明他是有钱的。喝完咖啡后，周少雄还送给了对方一条自己从家乡带去的烟，就这样，他和这位负责人交上了朋友。他每天帮周少雄凑两三包布料。十几天后，周少雄才凑齐了所需布料，运回福建。

那段最初的艰难日子带给这个福建商人至今都难以磨灭的深刻记忆。让周少雄悟出了一个道理，人生有比金钱更宝贵的东西，坚强的意志，坚定的信念。随后，周少雄的身影不断出现在中国的各个城市，吃够了苦头，但也终于为企业今后的发展积累了第一桶金。

虽然周少雄从创业之初就立下目标，要做中国最好的服装品牌，但是20世纪90年代初，随着房地产业的兴起，周少雄也按捺不住外在的诱惑，开始大量地进行固定资产投入，追风参与房地产开发。但是国家很快对宏观经济进行了调控，紧缩银根，由于摊子铺得过大，七匹狼出现了严重的资金短缺危机。

在那几年，周少雄统率的七匹狼基本处于调整阶段，按这个福建人的说法就是在“苦苦地支撑着”。“那个时候，非常的艰难，整天面对的都是讨债的人。”周少雄感受到了前所未有的压力。

他意识到是自己做错了。他果断地收紧战线，将自己公司的主营业务回归到服装业。1994年的痛苦经历让他刻骨的认识到“目标要专注，看准后就做下去”。即便在企业上市，拥有了充足资金后，周少雄的七匹狼仍继续专注于服装领域。

目标牢固，勇做强者。这是周少雄最常提起的七匹狼的核心价值理念，实际上也是他自身的写照。在这个行业摸爬滚打了这么多年，周少雄的目标已经从做中国最好的服装企业变成了铸就世界级的服装品牌。他组建了国际化的设计团队，对自己设定的这一目标，周少雄有着极大的信心。他说，只要像狼一样牢牢守住目标，朝着目标一步步前进，相信自己、相信伙伴，很少有办不成的事情。

经过15年的努力，周少雄从最初挂靠集体企业，到后来做小买卖，买布料，再到后来组建七匹狼，直至上市，到现在的中国服装业十强，走出国门，扬名域外。在外人看来，一个企业能做到这个程度，已经是相当成功了，但对周少雄来说，这不过是万里长征第一步。

"爱拼才会赢"对于福建人来说，无疑是一种精神信念，很多优秀的闽人就是在这种精神的鼓舞下，从小地方走到大都市，再走遍全世界，写就了新一代闽商的光辉一页。但是周少雄对这句话有着自己的一番理解。在他看来，"爱拼"先要做到"会拼"，而"会拼"的意义就在于选择目标，执着向前，这样才能少走弯路，获得成功。

"企业家首先必须以发展的眼光审视、评估企业，必须了解企业团队和自身包括理财、公关、生产、销售，及经营等能力。"周少雄多次向周围人提起自己对所谓成功的不同认识。"尊重价值，守住目标，然后义无反顾地去做，这是我一贯遵循的原则，也是七匹狼企业精神的一部分。"

◎脚踏实地——黄鸣一步一个脚印◎

皇明太阳能的当家人成功的方法很简单，那就是不想成功。

但一个不想成功的人到底是怎么成功的呢?

在德州火车站的站台上，有一幅大大的皇明太阳能的广告，过往的行人都能看得见。德州是山东的一个中等城市，在这里，皇明太阳能却已是家喻户晓的名牌。它的当家人黄鸣没有因此沾沾自喜，他总觉得自己不够成功，当别人问他这十多年的创业经历时，他说道："我之前真的没想到自己会成功，至少在成功之前没有想过。"

"成功之前没有想过成功"，这似乎是黄鸣的习惯思维。

12岁之前，黄鸣都住在自己的外婆家，当12岁的他回到父母身边，父亲在一个下着瓢泼大雨的晚上骑车回家的时候摔在路上，从此瘫痪在床。

而为了让年少的黄鸣早日成人，帮妻子分担繁重的家事，黄鸣的父亲用自己的方法教育着儿子。挑水、做饭、搭鸡窝、拾柴火，这些技能的掌握让黄鸣早早地明白了一个道理：一件事的成功与否，不在于说多少，而在于做多少。即使是一件微不足道的小事，也要去做，而不是说。当然，像那时的每个孩子一样，黄鸣也是有梦想的，只是他的梦想一点也不另类，是个"大路货"：科学家。但由于自己的家庭背景，黄鸣对自己的这个梦想没什么信心，成功似乎是件遥远的事。

生活的压力与逆境的艰难都无法阻止成功者的脚步。

大学里，他本想学习石油报效祖国，但开学的第一堂课老师就跟他说；世界上的石油只能用50年，在中国时间就更短。黄鸣的心顿时就凉了一半。改变他命运的是一本叫《太阳能热力过程》的书。作者在里面详细地介绍了太阳能的应用以及设备的制作等相关内容。

"我顿时被震撼了，被压在心底的告诫一下子有了改变的可能性。与日渐枯竭的石油相比，太阳能取之不竭、用之不尽。"

之后，他开始照着书上的内容制作第一台太阳能热水器。这个情景很容易让人想起若干年前，他在父亲的严加管教下学挑水、学做饭的样子。那时的他不知道成功是什么，他只想一点一点做，踏踏实实地做。

产品不断地制作完成，经过改进，最新的总要优良很多。这些凝聚了黄鸣心血的太阳能热水器都被他送给了自己的朋友。他记得最深刻的一个是，有一次，他将一个刚刚做好的太阳能带到朋友的婚礼现场，霎时间这个不用电、不用气就能出水的东西成了全场焦点。人们纷纷问这是从哪儿买的。从人们惊讶和喜悦的表情中，黄鸣似乎看到某些期盼已久的东西。

黄鸣向人介绍他的太阳能热水器。

不久之后，黄鸣正式决定下海创业，经营他的太阳能事业。十几年后，当黄鸣的太阳能事业越做越大的时候，这个出生在小城镇的商人坦言："我从没想过我的事业能做那么大，即使我当时看准了太阳能的市场前景，但由于消费者的认知度以及大环境的不尽如人意，那时的太阳能顶多是水暖店里的摆设。"

没有想成功，只是朝着那个方向努力。

创业之初的黄鸣异常艰难，他们不知道该怎么做，也没有大的方向，只能自己摸索。

"我们得在荒漠里进行勘探、打基础、建房子。有些东西是买不到的，既不能从国外进口全套产业体系，也不能在国内找到参考样本，都需要自己设计、自己创造、摸索和改进。"

经过最初的迷茫，黄鸣的太阳能在外观、保温、防锈、抗风等方面有了大大改善，也形成了一套成熟的质量标准体系。但太阳能是一个新兴产业，当被开发出来的时候，追随者蜂拥而至，最多时候达到8000家。许多小商家的混入，使产品质量难以保证，消费者不满意的情况越来越多。黄鸣对自己企业的调整措施是进行标准化生产和产业链共赢。

"我们调查得知，消费者关于质量问题的投诉大多集中在配件上，太阳能现在的情况是，产品是厂家的，安装是经销商的，这个过程中，配件的配备就容易让假冒伪劣产品钻空子。"所以，黄鸣决定进行标准化生产，推行原配一体机制度。而这样的标准化，还是受到麦当劳的启发：

"麦当劳的加盟商只有投资的权利，经营管理和产品研发不能过问，这样，企业的标准才能不被歪曲。"所以，黄鸣就想让部分经销商转为投资商，不再让他们管太多。但他的这一做法受到了不小的阻力，一些经销商已经不再是以前穷得叮当响的小商贩，有的甚至成了百万富翁、千万富翁。他们就大着胆子不与黄鸣合作，不卖原配件。看到这种情况，黄鸣就大手一挥砍掉1/4的经销商，这才把新政策推行下去。

新政推行后，皇明太阳能的销售业绩稳步提升，消费者的投诉也越来越少，黄鸣这才能够腾出些时间理顺自己的思路。当他回望自己的企业和自己的过往，总觉得没什么。不像人们想象的那样光彩照人，而成功在他的心中，也有另一番解读："如果我算是成功，我成功的原因是因为我不怎么想着成功，至少不天天想着成功。我想的是：我怎么把每天该做的事情做好。"

每个人都有梦想，都想着好一点儿、强一点儿。我小时候梦想当科学家、教授、制造飞机的工程师，但是梦想仅仅是梦想，不会成为撕心裂肺、百爪挠心的压力。我要发财，我要出名，我要这个我要那个，欲望越高越倒霉，越经不起打击。梦想只是梦想，梦想实现了是好事，没实现也是生活的一个点缀。我追求当教授当科学家的梦想，到了40岁也没有当成科学家，这样我是不是得天天愁眉苦脸？从来没有过。我还是继续做我应该做的事情，把今天的事情做好，比昨天强一点儿，该出力的出力，一份付出一份回报。想清楚了这一点，突然有一天，发现实现了自己的梦想，本来已经放弃了的那个梦想，经过积累也实现了。"

《谋篇第十》中讲："故为强者，积于弱也；为直者，积于曲也。"一个人的成功是靠一个脚印一个脚印走出来的。就像黄鸣所说的"本来已经放弃了的那个梦想，经过积累也实现了"，有梦想，却不让梦想成为负担和累赘，要用行动去实践。每个为事业奋斗的人，有一个大目标去激励自己是可贵的，如果陷入目标呈现出来的幻影不能自拔，忘记奋斗的信念和行动，想得再好也没用。事业成功的人，大多是脚踏实地、一步一步地走来的。

◎把握先机——高德康"识时造英雄"◎

高德康还清晰地记得二十多年前，一个人拿着扁担，背着货包拼命地挤上上海公交车，然后又被骂着"乡巴佬"狠狠地推下车的情景，"那是我最难熬的事情之一"。想必，那个当时将高德康推下车的上海人不会想到，这个当时一身臭汗的外乡人，日后会成为享誉全国的羽绒服大王。

很多人曾经问高德康，到底是怎么从一个一穷二白的穷小伙子变成现在的亿万富翁的，高德康只是笑笑，"我没有什么秘诀，只是善抓机遇而已。""善抓机遇"并不简单，首先要做的，是成为一个有心人。进入让他飞黄腾达的羽绒服行业，就得益于他的有心。

最开始，还是小人物的高德康靠给别人贴牌制衣经营服装厂，在这个过程中，他渐渐发现了羽绒行业的巨大商机，而这还得益于他的逆向思维。

20世纪80年代，羽绒服市场并不被人看好，它臃肿肥大，样式老旧，当时最流行的是皮夹克，很少有人将注意力放在其貌不扬的羽绒服上。但高德康却觉得，老百姓现在的生活还不是特别富裕，不可能人人买得起一件时髦的皮夹克，而物美价廉的羽绒服却是能够买得起的。虽然是季节性服装，但需求量大，只要再稍微改动一下，市场前景还是非常广大的。

说干就干，他在一边继续做贴牌生意的同时，一边学习研究羽绒服的生产技术，几年间，就成为这个行业里的行家里手，并一举向还处于空白状态的市场推出了自己的产品，获得了极大利润。第一年的利润就是一百万，第二年飙升到七百万。

抓住了潜在利润点，高德康的企业发展越来越好，他就萌生了创建自己品牌的想法，而如今享誉全国的波司登就在此时诞生。

高德康以前给别人加工的服装品牌叫"秀士登"，据说是那家公司的老板根据美国"休斯顿"的谐音起的。高德康灵机一动，"我能不能也来一个谐音呢？"恰好，他想起美国有个城市叫"波士顿"，那是个极其寒冷的城市，"不然就叫'波司登'吧"。

一是因为谐音，一是表达了有朝一日自己的产品打入那个城市的梦想。品牌创立，高德康就加大马力生产，在当时那个供不应求的市场，波司登成了畅销名牌，品牌设立的当年，公司就赢利2500万。

此时，高德康身上渐渐显露出企业家的模样，最初的艰苦、寒酸已不见了踪影，他拥有的是满腔的热情和创业的信心，而如果没有他对机遇的发掘和把握，怎么会有他的千万身价？

"商场上的机会稍纵即逝，你不抓住它，他就会悄悄溜走。"

大概，这就是高德康创业初期取得成功的原因。

谁知好景不长，意识到羽绒服业巨大的利润后，厂家纷纷跟进，市场慢慢由之前的供不应求变为供大于求，整个行业里的企业大面积陷入亏损。高德康的日子也不好过，23万件产品只卖出10万件，还有2000万的存货积压在仓库里。此时，银行又不停地催还800万贷款，危机第一次降临到高德康的身上。

"怎么办，波司登就这么完了吗？厂里还有好几百号人吃饭呢，他们怎么办？"

当时，如果高德康不是一家企业的老总，肩负着那么多人的吃饭问题，他可能会选择跳楼一了百了。但一个品牌已经建立起来，他知道他不能撒手不管。他一直在做准备，即使在看似希望全无的情况下，也随时想着怎样将自己的产品卖出去。

成功的人，不仅是能在没有危机的状态下把握机遇的人，更是能在危机中随时准备脱颖而出，拯救自我的人。高德康就是这样的人。

市场寒冬突然来临的那一年，高德康有一次去美国考察，行进途中，他接到了王府井百货大楼负责人的电话。

“我们想进一批你的货，今年六月底甩卖。”

甩卖的意思就是低价进购，时至今日，高德康还记得看好的价格：短款的180元一件，中款的200元一件，长款的220元一件。但是，他顾不了那么多了。他只记得王府井百货大楼的负责人跟他说：“今天你不来，我就请别人了。”去，无论如何也要去。

多年之后，当高德康想起这件事的时候说：“这是个机遇，机遇总是光顾那些有准备的人，而我是个善于抢占机遇的人。”

回国之后，他马上给王府井百货大楼运去2.5万件，销售额突破500万，沈阳中信也为高德康代销了300余万元的产品。在一轮紧张的代销中，波司登还上了千万元贷款，却还有大笔赤字。虽然在外人看来这是一笔赔本的买卖，但高德康却认为推广了品牌。

为了在危机中彻底翻身，他仔细研究了现有羽绒服存在的弊病：样式单调、不时髦；颜色灰暗，不亮丽；衣服材料缺乏质感等几个方面的问题。为了改变这一现象，高德康投入大批资金进行改革和设备的更新，生产出了颜色亮丽，款式时髦大方，积极轻便的新产品。

他准备放手一搏，功败垂成在此一举了。

新产品投入市场的前夜高德康极度紧张，他甚至罕见的出现失眠。但市场的反应却出人意料的好。在这一年，新版波司登的销量突破60万件，销售额超过2亿元。从此，一仗翻身的波司登成为国内羽绒服行业的领头羊，而它的创办者高德康，也跨入亿万富翁的行列。

鬼谷子《谋篇第十》认为：“事贵制人，而不贵见制于人。制人者，握权也；见制于人者，制命也。”做事贵在有掌控力，把握先机，控制别人，也就掌握了事情的主动权；反过来，被别人控制，你的命运掌握在别人的手中，又怎么能够把握先机呢？

俗话说：“时势造英雄”。我们在高德康身上看到的是“识时造英雄”。只有认得时机，抓得住时机，才能成为行业里的领军者。错过一个机遇就是错过了一个潜在的改变命运的机会，成功者都是“视机如命”的人。

职场之道

◎谋定后动——进步就是比别人快一步◎

有一个故事，说的是一个农夫头一年挣了十两银子，买了一头牛，他计划第二年埋头苦干，挣一百两银子，再买十头牛，那样，他就可以搞一个小型养牛场了。第二年，他果然挣到一百两银子了，可是，牛也大幅度涨价了，一百两银子连半头牛都买不到了。

这个故事告诉我们，所谓的“现状”是不存在的，整个世界是在不断向前发展的。你停下来，别人仍在前进；你前进，别人比你前进得更快。要想在激烈的角逐中占据主动，就应当比别人跑得更快。

每天当太阳刚刚升起，隔夜的露珠还没有消失时，羚羊、狼群、狮子，还有大草原的其他动物们就已经开始了一天的奔跑。最先跑起来的是羚羊。它们成群结队地跑过平缓的山冈，找到水源，在短暂的休息之后又开始新的奔跑。就在它们不远的地方，也许就在附近的草丛里，狼群也

自然界中残酷的优生劣汰，全力奔跑能够生存，落后便意味着死亡。

在奔跑。它们的奔跑是为了羚羊。当狼群开始奔跑的时候，狮子也开始了奔跑。它必须赶在狼群之前找到一日的早餐，否则，今天可能又是一个忍饥挨饿的日子。

这是每天发生在大草原上的一幕，每天都在上演的奔跑比赛。没有任何外在的力量在导演这一切。它们奔跑完全是来自内心的驱使——要么生存，要么死亡。

"让自己跑起来"是自然界恒久不变的生存法则。看完上面一则简单的生物寓言，我们就会明白在职场上为了生存，人们也必须像大草原上的动物一样，要"让自己跑起来"。

职场是一个永不闭馆的竞技场，每天都在进行着淘汰赛。就像草原上每天都要上演的追逐赛一样，只有"让自己跑起来"才能生存，也只有跑起来的动物才能获得比同类更好的生存环境，不管是主动攻击的动物还是被攻击的动物。在当今职场上，被动是很容易被淘汰的，一个人要摆脱职场上的生存危机，使自己不被优胜劣汰的自然规律所打败，就要善于寻找自己能力上的突破点，快速地突破停滞，让自己尽快地优秀起来，不断进步，只有这样才能让自己保持持续的竞争力。

A公司是一家中型的广告公司，设计部是两男一女的格局。平日里，三个人总是能够在繁忙的工作中找到偷闲的机会。例如，聊聊电视剧，或者是商场里最新的打折信息等等，就这样，三个人也过得优哉游哉。

一天，上司领着一个稚气未褪的男孩走进了他们的办公室，向他们介绍他们设计部的新同事，应届大学毕业生林。林来到设计部上班，就像每个新人一样默默无闻、勤勤恳恳地工作着。早上，"元老"们还没到，林就开始打扫办公室。设计部有很多需要跑腿的活儿，以前设计部的人都不情不愿的，"三个和尚没水喝"，总是以猜拳的方式来选举谁是那个"倒霉蛋"。但是现在，不用言语，林早就揣起文件，送往有关部门。而当林跑前跑后的时候，"元老"们按照"惯例"，又将话题扯到美国占领伊拉克的热点新闻上去了。每当下班的时候，"元老"们都会迫不及待地奔出公司，而林则毫无怨言地收拾着遍地狼藉的办公室。"元老"们还打趣说，"新人都是活雷锋"。

没多久，老总开会说设计部是公司的重心，要适当扩容，还要选出一个设计部部长。涉及各自的前途，平时人浮于事的那几个老职员，渐渐地收敛了许多，都想在老总面前留个好印象，以赢得升迁的机会。然而，不久，人选已经张贴在办公室外的公布栏了，是林后来居上了。

林在上任致辞时说，你们都以为新人做什么都是应该的，新人仿佛就是活雷锋，你们错了。当今职场就是战场，升迁的机会是靠自己把握的。判断自己是在进步，还是"明进暗退"，不能老和自己的过去及不如自己的人相比，而是应当和最优秀的人和进步最快的人相比。假如每一个竞争对手都用9秒跑完100米，你虽然比过去加速了，但你花了10秒，你仍然是最落后的一个。这就要求我们要树立一定的危机意识，一定要比别人进步，得更快才能在未来的竞争社会中争取主动。

《鬼谷子》说："智者事易，而不智者事难。"聪明的人做事善于动脑筋，想办法，这样做事情才会容易成功。不聪明的人做事情，不善于动脑筋想办法，做起事情来就会难以成事。做事情争取主动就是一种"谋略"，是为了达到自己的目的而做的准备。林作为一个新人，知道自己的劣势，懂得权衡利害关系，更懂得因事生谋，谋定而后动，主动承担一些看似不起眼的事情，从而得到了领导的提拔。

可是，在我们的周围，到处可以看到这样的人：他们只有在形势所迫时才去工作，遇到事情总是敷衍塞责，宁愿待在原地也不肯花点心思向上攀登，就这样敷衍了事，浑水摸鱼，过一天算一天。他们永远不懂得要比别人进步得更快的道理，不谋求上进，只会为自己寻找各种理由和借口，无休止地纵容自己拖延和懒散的习惯，这样，他们渐渐就失去了自己的优势，逐渐处于被动局面。最后，只能眼睁睁地看着自己的“后辈”拿着硕士文凭、博士文凭意气风发地加入同自己竞争的行列中，使自己心跳加速，血压升高，陷入永远也不会消失的“本领恐慌”之中。

◎同情相亲——兄弟一心，其利断金◎

《谋篇第十》说：“故同情而相亲者，其俱成者也；同欲而相疏者，其偏害者也。”说的就是志趣相投的人联合谋事，事成后若双方都能得利，感情就会亲密，而仅仅一方得利，感情就会疏远。因此，要想与人合作，就必须考察彼此的异同，统一利害关系。

俗话说“兄弟一心，其利断金”。一个人的力量太小，有了别人的帮助，就能增强自己的实力，朋友多了路好走。多一个朋友，有时就是为自己的生存开辟了一条新路。

杭州曾有一家非常有名的药店叫重德堂，老板叫叶重德。有一次，胡雪岩的夫人病了，派人到重德堂抓药，谁知有两味药发了霉，根本不能入药，胡雪岩知道后，便派人去调换，派去的人也极力强调是胡雪岩的夫人用，不能马虎，谁知不提胡雪岩的名字还好，一提反而变本加厉。只见叶重德双手抱肩，歪着头讥讽地笑了笑说：“回去告诉你家胡老爷，我店中就只有这样的药，嫌我的药不好，就自己开一个药店。”

当时胡雪岩已经小有名气，哪里能忍得下这口恶气？他平静地对下人说：“大家都是场面上的人，要相互捧场才是。我送点药给军队，也只是出于生意的需要，并没有与他争过什么市场。既然叶上司如此小瞧于我，那我就开个药铺给他看看吧！”

说干就干，不久胡雪岩的“胡庆余堂”便在杭州最热闹的地方轰轰烈烈地开张了，而胡庆余堂的一个最起码的服务态度就是：只要顾客有对药不满意的地方，立即销毁，重换新的。由于胡庆余堂经营的药在质量上有保证，且真的把顾客当成了“上帝”来待，不几年，胡庆余堂就红遍了江南，在各地开了数百家分店，并形成“北有同仁，南有庆余”的格局。而重德堂呢？生意则是江河日下，门可罗雀，最后只好倒闭。

其实，胡雪岩派人到重德堂抓药，叶重德本可抓住这个机会与胡雪岩改善关系，“同情而相亲”，说不定还有可能由两人共同来开发军队用药这个广阔的市场呢，那时，岂不是两人都有利可图？可惜这个自称重德的叶重德，却是个小肚鸡肠之人，自己开着大药铺，却容不得胡雪岩送点药给别人，更要不得的是他还公开羞辱胡雪岩，结果一个本来可以成为自己朋友的人，却让他成了自己的劲敌，被劲敌打得是甘拜下风，输得很惨。难道他是胡雪岩打败的吗？

其实是叶重德自己太糊涂，明明两人可以联手作战，他却给自己埋了定时炸弹，最后被炸得身败名裂。如果能谦虚一点，结局或许会大为不同，不光自己的药店可以永载史册，就连钱财也会滚滚而来。

所以，要多交朋友，莫树强敌。而有了朋友，不是说在你原有的数字范围内得到延伸，而是让你的拥有得到扩展。多一个朋友，就意味着当你遇到难题时，能够在力所能及的范围内帮助你。

决篇第十一

经典再现

【提要】

本篇主要论述决断正错的利弊以及决断的各种方法。“决”，即决断、决策。做决断不仅是一种选择，更是一种考验。正所谓：“当断不断，反受其乱。”可见，决断是成败的关键，关乎游说策士们的前途命运。

《鬼谷子》认为：凡为他人决断事情，都牵扯到一定的利害关系。趋利避害则是人之常情，也是游说策士们遵循的主要原则。针对这一现实情况，鬼谷子提出了“度之往事，验之来事，参之平素”的决断方法。

因此，用“决术”解决问题时，应鉴古观今，确定疑难，三思而后决。不仅要勇于决断，更要当机立断。

【原文】

凡决物①，必托于疑者②，善其用福③，恶其有患④。善至于诱也⑤，终无惑偏⑥。有利焉，去其利则不受也⑦，奇之所托⑧。若有利于善者，隐托于恶⑨，则不受矣，致疏远。故其有使失利者，有使离害者⑩，此事之失。

【注释】

①决物：决断事物。②疑者：此指决疑者。③善其用福：以其用有福为善，喜欢你做出的决策给他带来好处。

为他人决断事物的原则和方法

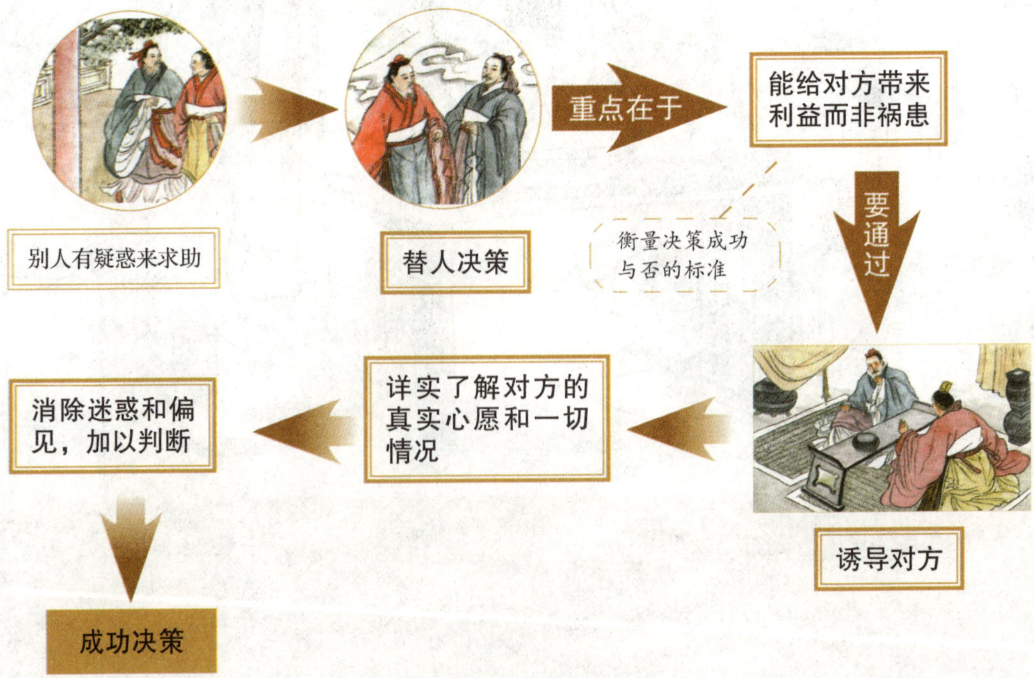

④恶：厌恶，讨厌。⑤诱：诱导对方透露出真情。⑥惑偏：迷惑和偏颇。⑦不受：指决疑的委托者不接受你的决策。⑧奇之所托：以所托为奇，奇怪当时为什么找你决疑。⑨于善者隐托于恶：把使他喜欢的决策寄托在使他厌恶的形式中，即所做决策实质上对他有利而表面上对他有害。⑩离：通罹，遭受。离、罹古通。

替人决策者，当消除自己偏见，公正明智地为对方争取最大利益。

【译文】

凡是为他人决断事物，一定是因为受托于有了疑惑的人。一般来说，人们喜欢做出的决断给他带来好处，不希望决断失误而招致祸患。因此，决疑的人要善于诱导对方，使他讲出自己的真实心愿和一切情况，以消除我们的迷惑和偏见，才能加以判断，做出令他满意的决策。决策必须给对方带来利益，否则，没有这种利益他就不会接受我们的决策，就会后悔当初委托我们来决策。另外，做出的决策确实能给他带来好处，但你若把这种利益隐藏在对他不利的表面形式中，他也不会接受你的决策，彼此的关系也会疏远。所以说，替人决策时，若这种决策不会给对方带来利益，甚至会使对方遭到损害，就是一种失误的决策。

【原文】

圣人所以能成其事者，有五：有以阳德之者①，有以阴贼之者②，有以信诚之者③，有以蔽匿之者④，有以平素之者⑤。阳励于一言⑥，阴励于二言⑦，平素、枢机以用⑧。四者，微而施之⑨。于是度之往事⑩，验之来事⑪，参之平素⑫，可则决之。王公大人之事也，危而美名者⑬，可则决之；不用费力而易成者，可则决之；用力犯勤苦⑭，然不得已而为之者，可则决之；去患者⑮，可则决之；从福者，可则决之。

【注释】

①以阳德之：用表面手段去感化，去怀柔。②以阴贼之：用阴暗手段去残害。③以信诚之：以信用与对方结成真诚联盟。④以蔽匿之：用假言蒙蔽对方。蔽，蒙蔽，此指虚假情况。匿，藏，引申为蒙蔽、迷惑。⑤以平素之：用平常手段按一般化的程式解决问题。⑥阳励于一言：阳德手段以始终如一为追求目标。励，尹曰："勉也。"引申为追求的目标。一言，一种言论，此指言行前后一致。⑦阴励于二言：阴贼手段以真真假假为特征。二言，两种言论，此指前后言行不一，真假难辨。⑧平素：平时，平常。枢机：关键，引申为特殊手段。⑨微：暗中。⑩度（duó）：推度，度量。往事：历史。⑪来事：将来，未来之事。此指事物的发展前景。⑫参：参验。平素：平常。此指目前情况、形势。⑬危而美名：虽然危险，但可以用来博取美好名声。⑭犯勤苦：做出艰苦努力。犯，触犯，劳用。⑮去：除去，除掉。

【译文】

圣智之人之所以成就事情的手段有五种因素：有的用表面手段感化、怀柔，有的暗使手段加害对方，有的作出诚信的姿态与对方结成真诚的联盟而借用对方力量，有的用蒙蔽手段迷惑对方，有的却用一般化的手段按平常程式解决问题。使用"阳德"手段时要前后如一，要讲信誉，言行必果。使用"阴贼"手段时却要真真假假，令人摸不透我们的真意千方百计的使人受骗。平常手段再加上关键时刻运用的"信诚""蔽匿"手段和阴、阳两手，这四种手段在暗地里交互运用，一般问题都可解决。于是，在决断事情之时，可以通过过去的经验来衡量，以未来事情的发展趋势、征兆来验证，用平素的现实状态来参考佐证。如果可以实行的话，就做出决断。给王公大臣谋划事情，如果

圣智之人成就事情的五种手段

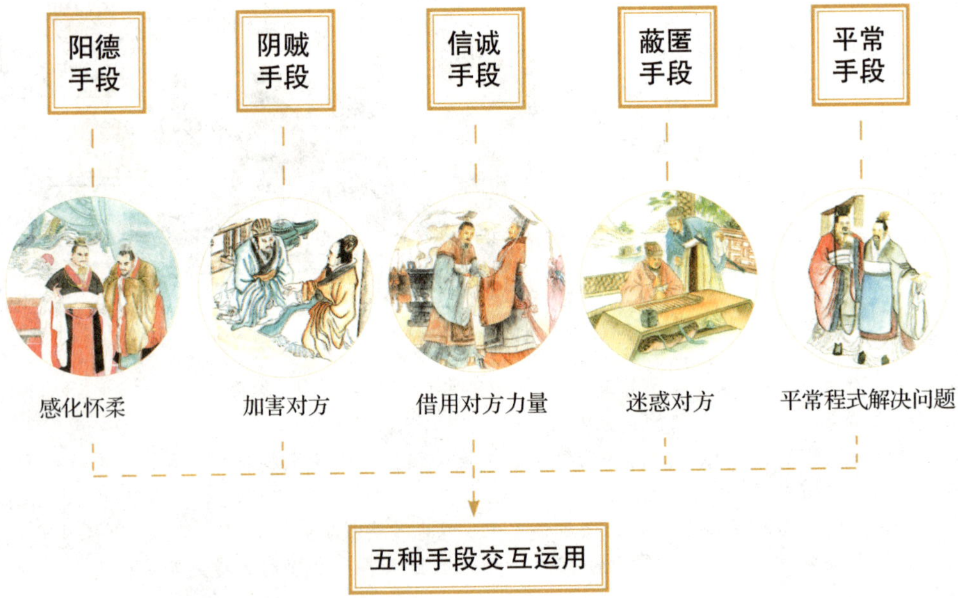

那事情高雅而能获得美好的声誉，虽然有危险因素，但我们可以用来博取美名，就做出决断。不用耗费大的气力精力就容易获得成功的，若可实施，就做出决断。用精力、气力太大，需要做出艰苦努力，但又非做不可的，若可实施，就做出决断。能除去祸患，若可实施，就做出决断。能得到好处，追求幸福的事情，只要能实施，就做出决断。

【原文】

故夫决情定疑，万事之基①，以正治乱，决成败，难为者。故先王乃用蓍龟者②，以自决也。

【注释】

①基：根基，基础。此指解决问题的起点。②蓍龟：蓍草和龟卜。蓍，多年生草本植物，古人用其茎占卜，称作蓍草之筮。

【译文】

所以，决断事件，解决疑难，是任何问题的解决起点。用它可以来整顿朝纲、治理百姓，可以来决定成败、断决疑难，这是非常难做到的事情。所以，即使是圣明的上古皇帝，用也要蓍草筮和龟甲卜来占卜，从而帮助他们自己做出正确的决断。

古代皇帝在委决不下之时，多以蓍草筮与龟甲来占卜。

为人处世

◎适时装傻——刘备和曹操“青梅煮酒”◎

“安身守命以待天时，不可与命争也”，这其中或多或少地含有一些宿命的色彩，但我们也能看到一种气定神闲的潇洒与从容。面对劲敌，我们不能强攻硬拼，唯有“安身守命以待天时”。这不是一种消极的等待，而是一种积极的守候。

刘备，字玄德，涿郡（今河北省涿州）人，汉景帝之子中山靖王刘胜的后代，为三国蜀汉开国君王，谥号昭烈帝，史称刘先主。东汉灵帝末年，与关羽、张飞一道讨黄巾贼有功，遂为县尉。密诛曹操不成，潜逃。三顾茅庐始得诸葛亮辅佐。后与孙权联合大败曹操于赤壁，取得益州与汉中，自立为汉中王。公元221年，于成都即位称帝，国号“汉”，年号“建章”，史称“蜀汉”。

建安三年（198年），刘备跟随曹操成功消灭吕布后，还都许昌。刘备被封为左将军，曹操对其礼遇有加，出则同车，坐则同席。曹操在许田围猎时，故意表露自己篡位的意图，以试探臣下的心态。当时所有人敢怒不敢言，只有关羽年轻气盛，“提刀拍马便出，要斩曹操”，刘备“摇手目送”，拦住关羽，还不无讨好地对曹操说：“丞相神射，真是世间罕见啊！”

卑怯的汉献帝对曹操很不满，却又奈何不得，最后偷偷割破手指头写了道密诏，然后藏在腰带中交给了岳父董承。董承一心想解救这个可怜的女婿，把刘备也拉入了他的谋变团伙中。刘备一边跟着董承策划谋杀，一边心惊胆战地开始在后园里种菜。曹操是何等精明又何等多疑之人啊，他想刘备这样的人怎么突然种起菜来了，可见刘备心中必有什么大计划。于是，趁着梅子青黄，曹操特意带着人马到刘备的菜园子里邀请刘备一起喝酒。刘备知道曹操来者不善，便小心应对。

刘备董承暗中谋划杀曹操之计。

酒至半酣，忽然间天色阴沉，乌云密布，一副大雨将至的样子。随从看到了远处的龙卷风，便指给曹操和刘备看。二人远远地望去，这时，曹操说：“玄德公知道龙的变化吗？”

刘备说：“备孤陋寡闻，不太清楚。”

曹操说：“龙能大能小，能升能隐。大的时候吞云吐雾，小的时候隐藏行踪；升的时候飞腾于宇宙之间，隐的时候潜伏于波涛之内。现在正是春天，龙便借着时节开始变化了，就像人得志的时候便纵横于四海一样，龙就好比是人世间的英雄。玄德你在四方游历闯荡

刘备借种菜之举隐藏心志。

了那么久，一定知道当今世上的英雄有哪些吧，请说说看吧！”

刘备一听这话，便知道曹操有心试探他，于是谨慎地说：“备肉眼凡胎，哪能看得出谁是英雄呢？”

曹操见他推辞，便接着说：“你也不用太谦虚了。”

刘备说：“备承蒙圣上庇佑，才能入仕为官，替皇上分忧。天下间的英雄，我实在是不知道。”

曹操也不松口，说：“即使没有真的见识过，至少也听说过一些吧！”

刘备见曹操逼得紧，无法推托，只好说：“淮南的袁术兵多将广，粮草充足，可以算得上是英雄吧。”

曹操笑着说：“他就像是坟墓中的枯骨一样，我早晚会擒获他的。”

刘备又接着说：“那河北的袁绍，如今又盘踞于冀州，部下能人异士众多，总可以算是个英雄了吧。”

曹操又笑道：“袁绍外表虽然强硬，内心却很懦弱；有谋略，但优柔寡断；干大事情的时候看重自己的生命，见到小利益的时候反而不顾虑自己的性命。他不是英雄。”

刘备又说：“刘景升名称八俊，威镇九州，他可是英雄？”

曹操说：“刘表徒有虚名，而无实力，不是英雄。”

刘备说：“孙伯符血气方刚，统领江东，他可是英雄？”

曹操说：“孙策依靠的只不过是他父亲的名声，也不是英雄。”

刘备说：“刘季玉、张绣、张鲁、韩遂这些人怎么样呢？”

曹操说：“刘璋虽然贵为宗室，也只是一条看门狗而已，其他的几个都是碌碌无为的小人，哪里算得上英雄！”

说了这么多，刘备唯独没有提参加了董承联盟的马腾和他自己，而且还假装为难地说：“除了这些人之外，我真的就不知道了。”

曹操说：“所谓的英雄，要胸怀大志，内有计谋，有包藏宇宙之机，吞吐天地之志。”

刘备说：“那谁可以称得上是英雄啊？”

曹操先指指刘备，又指指自己，直言道：“当今天下称得上英雄的，只有你与我！”

刘备听了大吃一惊，心中咯噔一下，手中的筷子不小心掉在了地上。刚好这时雷声大作，刘备慌张地弯腰捡起地上的筷子，说：“这个雷声太吓人了，才会一不小心掉了筷子。”

青梅煮酒论英雄，曹操试探刘备志向。

曹操笑道：“大丈夫还会畏惧雷声吗？”

刘备说：“品德高尚的人听见打雷、刮风都会被惊动，我怎么会不害怕呢！”

曹操心里暗想，像他这样连雷声都怕的人怎么可能是英雄呢，看来是我多心了。从此以后，便不再怀疑刘备了。

刘备作为蜀汉的开国君王，他在寄人篱下，还不具备与曹操对抗的实力的时候，巧妙地隐藏了

刘备闻雷失箸。

自己的意图和志向。他每日坚持不懈地种菜，让曹操不知道他"葫芦里卖的是什么药"；他提到众多当时闻名的人物，却将自己排除在外，让曹操以为他胸无大志；他凭借自己过人的演技，巧借雷声掩饰了自己被曹操说中后的破绽，还让曹操以为他是一个胆小怕事之人。他的这些行为，给曹操提供了一些错误的信息，最终使曹操放松了对他的戒备，也成就了后来的蜀汉。

懂得权衡利弊，我们称之为"谋"；能够最终做决定，则是"断"。刘备随谋即断，把自己放得低一点，再低一点，表现出一种大智若愚的样子。在曹操面前"装傻"，还让曹操相信自己是"真傻"，最终全身而退，为自己赢得了机会。

◎深谋远虑——苏代的大局观◎

在人生这局棋中，与人对弈时，要有全局观，用广阔的视角来分析事情，这样无论是身在局内还是局外，都会游刃有余，且能避免受制于人，实现自己的战略目标。

与人对弈要有全局观，用广阔的视角来分析事情，这样无论是身在局内还是局外，都会游刃有余，且能避免受制于人，实现自己的战略目标。

苏代是战国时苏秦的族弟，他也是一位纵横家，靠嘴吃饭，虽然其不能与其兄相比，但也是小有一番成就。

当时，楚国攻打韩国，韩国向东周求兵求粮。周王为此深感忧虑，与大臣苏代共商对策。苏代说："君王何必为这件事烦恼呢？臣不但可以使韩国不向我们求粮，而且可以为君王得到韩国的高都。"周王听后大为高兴，说："您如果能做到，那么以后寡人的国家都将听从贤卿您的调遣和管理。"

苏代于是前往韩国拜见相国公仲侈，对他说道："难道您不了解楚国的计策吗？楚将昭应当初曾对楚王说：'韩国长年疲于兵祸，因而粮库空虚，毫无力量守住城池。我要乘韩国饥荒，率兵打败韩国。不到一个月，我就可以攻下城池。'如今楚国包围雍氏已经5个月了，还不能攻克，这暴露了楚军处境的困窘，楚王已经准备放弃昭应的计策停止进攻了。现在您竟然向周求兵求粮，这分明是告诉楚国韩国已经精疲力竭。如果昭应知道以后，一定劝说楚王增兵包围雍氏，届时雍氏必然被攻陷。"

见公仲侈不说话，苏代接着说："您为什么不把高都之地送给周呢？"

公仲侈听后颇为愤怒，很生气地说："我停止向周征兵征粮，这已经很对得起它了，为什么还要送给周高都呢？"

苏代说："假如您能把高都送给周，那么周就会再次跟韩国修好。这件事如果让秦国知道以后，必然大为震怒，不仅会焚毁周的符节，还会断绝使臣的来往。周断了与其他国家的联盟，而单单和好韩国，这样一来，阁下就是在用一个破烂的高都，换取一个完整的周，阁下为什么不愿

苏代向周王献夺城之计。

意呢？”

公仲侈听了苏代的一番分析后，觉得有理，便答应下来。

后来公仲侈果断决定不向周征兵征粮，并把高都送给了周。楚军当然没能攻下雍氏，无奈之下怏怏离去。

回想一下苏代对韩国相国的游说，他的目的是阻止韩国向周借粮，却处处不明说，而是从大局出发，将楚国、韩国和周的关系分析透彻，最后陈述借粮之弊大于利，顺便还为周赚到了一座城池，确为了不起之人。

《鬼谷子》说：“圣人所以能成其事者，有五：有以阳德之者，有以阴贼之者，有以信诚之者，有以蔽匿之者，有以平素之者。阳励于一言，阴励于二言，平素、枢机以用。四者，微而施之。”在这里，鬼谷子列举的“阳德、阴贼、信诚、蔽匿、平素”，其实，就是五种战略。在制定决策的时候，要用战略的眼光看问题，才能做出正确的决策。俗话说：“站得高，看得远。”要想获得成功，必须更上一层楼，深谋远虑，以战略的眼光来看待人生，才能掌握大局。

人生如下棋，需要有全局观。落子于局部，着眼于全局。别以为“一叶障目，不见泰山”“盲人摸象”只是寓言，处于人生棋局中的你我，想做到统观全局实乃不易！

◎瞒天过海——高颎的麻醉术◎

研究表明，一些习惯性的行为会使人产生情绪疲劳，大部分人都清楚这个道理，却不会运用这种方法来为自己在一些情况中获得利益，其实它是一种最简单的“瞒天过海”行为。故作姿态，用习惯去麻痹对方是很好的斗志不斗力的行为，通常能取得很好的效果，提高收益的百分比。

公元583年，正直南北朝时期，陈叔宝当上了陈朝皇帝，整日吃喝玩乐，不理朝政，奸臣当道，民不聊生。

当时隋文帝统一了北方，国力强盛，斗志正旺。他分析局势，深知陈朝国力空虚，不堪一击，便派兵南下，打算一举消灭陈朝。可是，一条长江成天堑，如何才能安然渡过长江进攻呢？

臣子高颎遂向文帝献了一条计策。隋文帝听了大喜，立刻下令大军一齐进攻，首先切断了陈朝驻守长江上游和中下游的部队联系，使他们不能相互照应。与此同时，隋朝大将贺若弼率大队人马向陈朝国都建康进军。兵马来到长江北岸驻扎下来，帐篷林立，军旗飘扬，一副紧张备战的模样。

陈朝将领见这种阵势，以为隋军即将渡江攻城，顿时紧张起来，召集全部人马，准备与隋军决一死战。谁知剑拔弩张地等了几天，隋军不但没有渡江进攻，反而撤了回去，渡口只留了一些小船。陈朝将士以为隋军水上兵力不足，不敢轻易进攻，松了口气。哪知道隋军又集结江北，安营扎寨，陈军慌忙再度备战。如此反复折腾几次，陈军人困马乏，加之粮草又被隋军的探子烧毁，陈军更是人心惶惶、心灵疲惫，最后干脆对隋军的行为不理睬，只当隋军没事闲着瞎折腾，隋军不累他们也累呢。就在陈军最懈怠的一刻，隋军突然渡过浩浩长江，发动全面进攻，一时间金鼓齐鸣，陈军兵败如山倒。

高颎一招“瞒天过海”，小小计策，令敌方麻痹大意，最后不费吹灰之力赢得了战争的全面胜利，谁人能说他不高明？

打乱他人的思维，迷惑他人的心智，攻其不备之时。在古今中外战争史上，施展瞒天过海之计，出其不意取胜的战例不胜枚举。在商战中，巧用此计获胜者，也不乏其人。某洗洁精制造商，为了让自己的洗洁精消耗得更快，增加顾客的购买率，就将洗洁精盖子上的液体孔直径增大了1毫米，如此人们每次倒洗洁精的时候，就会多倒，可很多人不会注意这个细节，因为同一款牌子的洗洁精用得太久了。洗洁精用得快，自然购买率就上来了。

隋军扰敌以疲，瞒天过海克天堑。

通常，人们防备周全的时候，就很难麻痹大意。可一旦习以为常，警惕心就完全失去，让自己暴露在危机当中，此时使用“瞒天过海”是再好不过了。但是瞒天过海也不能太过分，像是洗洁精商人的做法，就是一种下等计策，比之高颎麻痹敌人的方法，就显得不高明了。

◎认清形势——曹操火烧乌巢◎

认清形势，是成功的基石。古代的政治家，在政治角逐中，无不在掌握天下形势上下功夫。量权揣势，统观全局，正确的分析局势，才能制定正确的策略与对手一决高下。审时度势，才会知道轻重缓急。然后在机会来临时，当机立断，胜利也不是遥不可及的事情。

东汉末年，农民起义风起云涌，虽然最终被镇压了下去，但也严重削弱了中央的力量，地方割据势力得到了迅速的发展，主要有河北的袁绍、河内的张扬、兖豫的曹操、徐州的吕布、扬州的袁术、江东的孙策、荆州的刘表、幽州的公孙瓒、南阳的张绣等。经过多年的兼并战争，袁绍和曹操两大集团逐步发展壮大了起来。

袁绍拥有冀、青、幽、并四州，自恃兵多粮足，图谋消灭占据兖、豫二州的曹操。东汉建安五年（200年），袁绍率精兵十万南下，进攻已经进驻官渡的曹操。两军在官渡一时难分胜负，相持了数月之久。双方相持的时间越长，对袁绍便越有利，他深知曹操军粮不足，一定坚持不了多长时间，到时，自己便可以不战而胜了。曹操也意识到了自身的问题，曾经想过要退回许昌（今河南许昌东）。

正在曹操无计可施的时候，一个关键人物帮助了他，这个人就是他少年时代的同学许攸。许攸本是袁绍军中的谋士，曾多次建议袁绍趁曹军主力在官渡时，派出一队兵马，绕过官渡，偷袭许昌，以便断了曹操的后路，可是袁绍对于他的建议并未予以采纳。许攸见袁绍刚愎自用，面对大好的时机也不肯好好把握，便知他大势已去。恰好这时，有人从邺城送给袁绍一封信，说许攸家里的人在那里犯了法，已经被当地官员逮了起来。袁绍看了信，把许攸狠狠地骂了一通。许攸见自己也有被株连的可能，便趁机离开袁绍，投奔曹操。

许攸来到曹营的时候，曹操已经躺下要睡了，听到卫兵报告说“许攸来访”，高兴得鞋子也顾不上穿，赤脚便去相迎。曹操之所以如此重视这个老同学，是因为他知道许攸是袁绍军营中的

许攸深夜投奔，曹操赤脚相迎。

谋士，对于袁军的情况了如指掌，此时到来，必定可以帮自己的大忙。两人叙了一番旧后，曹操情不自禁地问：“子卿（即许攸）远道而来，看来此战我军必可大胜。”

许攸听了曹操的话，便不再拐弯抹角，直接问曹操：“袁军人多势众、粮草充足，你打算怎么办？不知你目前军中还有多少粮草？”

曹操撒谎说：“军中的粮草，大概还可以支撑一年的时间。”说罢，见许攸不相信，便又说：“大概可以支撑半年。”

许攸仍然是一副不相信的表情，曹操不得不实话实说：“其实只够一个月的时间了。”

许攸见曹操说了真话，这才将袁军的情况大致跟曹操说了一下，而且告诉曹操袁军在乌巢存粮的情况，建议说：“此时的状况，是曹军以弱敌强，若在这个时候退后，必会被袁军乘胜追击。我们应该出奇制胜，可以命轻骑去偷袭乌巢，断了袁军的后路，来他个‘釜底抽薪’。”

此计正中曹操的下怀，他也一直有此想法，无奈对于袁军的粮草集结地始终无法得知，如今许攸前来，正是“天助我也”，曹操的大计可成。

于是，曹操立即命曹洪、荀攸留守官渡大营，自己则亲自带五千精锐轻骑，化装成袁军的样子，打着袁军旗号，每人手中拿着一把干柴，连夜起程，从小道直奔袁军的粮草集结地乌巢。曹军途中曾遇到袁军的巡哨，但因曹操的部下个个都是袁军的打扮，巡哨也没放在心上。经过了重重关卡后，曹操顺利地到达了目的地乌巢。

曹操下令将粮囤围住，放火焚烧，霎时间，烟雾腾空，火光四起。袁军以为是着火了，众人慌作一团，纷纷赶来救火。守粮官在救火的时候才发现，士兵中有些人虽是袁军打扮，但并不出手救火，这才意识到原来这伙人是曹操的部下。于是，守粮官即刻命人向袁绍报告，请求援助。

曹军易装袭袁营，烧毁粮草乱军心。

曹操的五千轻骑奋勇杀敌，在袁绍的援军赶到之前，便将乌巢的守军打了个落花流水，退回曹军的大营去了。袁绍收到消息，知道自己的粮草被烧了个精光，捶胸顿足，气愤不已。士兵们听到这个消息，人心惶惶，纷纷为自己想后路，军心涣散。曹操乘此时机，全线出击，歼灭了袁军七万多人。袁绍父子败北，率领剩下的八百余人向北逃窜。

《鬼谷子》说：“于是度之往事，验之来事，参之平素，可则决之。”解决问题，要参验过往，参验将来，参验现今，可以实施的情况下，就做出决断。曹操听取了许攸的建议，当机立断。官渡之战以曹军大获全胜告终，这是中国古代战争史上以少胜多的有名战例。曹操在这场战争中，如果与袁军正面交锋，成功的可能性微乎其微。他却以弱势的兵力，战胜了袁绍的大军，巧妙地摧毁了袁军的粮草，这也是他认清形势，当机立断的结果。如果他疑而不决，后果恐怕会不堪设想。

管理谋略

◎合理决策——知止的人生智慧◎

对有智慧的人说智慧，对愚蠢的人说愚蠢，用愚蠢来掩饰智慧，用智慧来停止智计，这是真正的智慧。

汉武帝晚年时，宫中发生了诬陷太子的冤案。当时，太子的孙子刚刚生下几个月，也遭株连被关在狱中。丙吉在参与审理此案时，心知太子蒙冤，他几次为此陈情，都被武帝呵斥。他于是在狱中挑选了一个女囚负责抚养皇曾孙，自己也对其多加照顾。

丙吉的朋友生怕他为此遭祸，多次劝他不要惹火烧身，并且说：“太子一案，是皇上钦定，我们避之尚且不及，你何苦对他的孙子优待有加？此事传扬出去，人们只怕会怀疑你是太子的同党了，这是聪明人干的事吗？”

丙吉脸现惨色，却坚定地说：“做人不能处处讲究心机，不念仁德。皇曾孙只是个娃娃，他有什么罪？我这是看到不忍心才有的平常之举，纵使惹上祸患，我也顾不得了。”

后来武帝生病卧床，听到传言说长安狱中有天子之气，于是下令将长安的罪囚一律处死。使臣连夜赶到皇曾孙所在的牢狱，丙吉却不放使臣进入，他气愤道：“无辜者尚不致死，何况皇上的曾孙呢？我不会让人们这样做的。”

使臣不料此节，后劝他道：“这是皇上旨意，你抗旨不遵，岂不是自寻死路？你太愚蠢了。”

丙吉誓死抗拒使臣，他决然说：“我非无智之人，这样做只为保全皇上的名声和皇曾孙的性命。事急如此，我若稍有私心，大错就无法挽回了。”使臣回报汉武帝，汉武帝长久无声，后长叹说：“这也许是天意吧。”

他没有追究丙吉的事，反而因此对处理太子事件有了不少悔意。他下诏大赦天下罪人，丙吉所管的犯人都得以幸存。

多年之后皇曾孙刘询当了皇帝，是为宣帝。丙吉绝口不提先前他对宣帝的恩德。知晓此情的他的家人曾对他说：“你对皇上有恩，若是当面告知皇上，你的官位必会升迁。这是别人做梦都想得到的好事，你怎么能闭口不说呢？”

丙吉微微一笑，叹息说：“身为臣子，本该如此，我有幸回报皇恩一二，若是以此买宠求荣，岂是君子所为？

后来宣帝从别人口中知晓丙吉的恩情，大为感动，夜不能寐，敬重之下，他封丙吉为博阳侯，食邑一千三百户。

神爵三年（公元前59年），丙吉出任丞相。在任上，他崇尚宽大，性喜辞让，有人获罪或失职，只要不是大的过失，他只是让人休假了事，从不严办，有人责怪他纵容失察，他却回答说：

丙吉冒死保皇嗣，宣帝念恩封侯拜相。

“查办属官，不该由我出面。若是三公只在此纠缠不休，亲力亲为，我认为是羞耻的事。何况容人乃大，一旦事事计较，动辄严办，也就有违大义了。”

丙吉性情温和，从不显智耀能，不知情者以为他软弱好欺，并无真才实学，他也从不放在心上，也不会因此改变心意。

一次，丙吉在巡视途中见有人群殴，许多人死伤在地，丙吉问也不问，只顾前行。看见有牛伸舌粗喘，他竟上前仔细察看，很是关心。他的属官大惑不解，以为他不识大体，丙吉解释说：“智慧不能乱用乱施，否则就无所谓智慧了。惩治狂徒，确保境内平安，那是地方长官之事，我又何必插手亲自管理？现在正是初春，牛口喘粗气，当为气候失调，如此百姓生计必定会受到伤害，这是关系天下安危的事，我怎能漠视不理？看似小事，其实是大事，身为宰相，只有抓住要领，才能不失其职。”

丙吉的属官恍然大悟，深为叹服。那些误解丙吉的人更是自愧不已，暗自责备自己的浅薄和无知。

鬼谷子在《决篇第十一》说：“有利焉，去其利则不受也，奇之所托。”合理决策会给人带来利益，没有利益他人就不会接受我们的决策。丙吉明白“止”的深刻内涵。

作为一种大智慧，“止”绝不是简单的停止无为。它是一招因时而变、出奇制胜的妙法，也是深合事理、退中求进的处世哲学。对于只知冒进、急功近利者，“止”的运用就尤显珍贵。纵观无数失败者的症结，他们所共缺的不是智慧，就能说明这一点。一个人只要到了能克制智慧，潜藏智慧，进而慎使智计的境界，他的智慧才是最无缺的，他才能在任何形势下应对自如，屹立不倒。

丙吉性情温和，从不显智耀能。

◎处变不惊——陈轸打消惠王虑◎

俗话说人心叵测，世事难料。生活的变数何其多，当被人陷害、冤枉或误解的时候，一个手忙脚乱的人，是不可能顺利摆脱种种困境的，而冷静、审慎、从容是突出重围的最好办法。要想立于不败之地，就需要从容潇洒、镇静自若，冷静地进行解释和辩解，尽快消除一切误会，这样才能保护自己的利益。

战国时候，张仪和陈轸都投靠到秦惠王门下，受到重用。不久，张仪便产生了嫉妒心，因为他发现陈轸很有才干，甚至比自己还要强，他担心日子一长，秦王会冷落自己。于是，他便找机会在秦王面前说陈轸的坏话，进谗言。

一天，张仪对秦惠王说："大王经常让陈轸往来于秦国和楚国之间，可现在楚国对秦国并不比以前友好，但对陈轸却特别好。可见陈轸的所作所为全是为了他自己，并不是诚心诚意为我们秦国做事。听说陈轸还常常把秦国的机密泄漏给楚国。作为您的臣子，怎么能这样做呢？我不愿再同这样的人在一起做事。最近我又听说他打算离开秦国到楚国去。要是这样，大王还不如杀掉他。"

听了张仪的这番话，秦王自然很生气，马上传令召见陈轸。一见面，惠王就对陈轸说："听说你想离开我这儿，准备上哪儿去呢？告诉我吧，我好为你准备车马呀！"陈轸一听，莫名其妙，两眼直盯着秦王，但他很快明白了，这里面话中有话，于是镇定地回答："我准备到楚国去。"

果然如此！秦王对张仪的话更加相信了。于是慢条斯理地说："那张仪的话是真的。"原来是张仪在捣鬼！陈轸心里完全清楚了。他没有马上回答秦王的话，而是定了定神，然后不慌不忙地解释说："这事不单是张仪知道，连过路的人都知道。我如果不忠于大王您，楚王又怎么会要我做他的臣子呢？我一片忠心，却被怀疑，我不去楚国又到哪里去呢？"

秦王听了，觉得很有道理，点头称是，但又想起张仪讲的泄密的事，便又问："既然这样，那你为什么将我秦国的机密泄漏给楚国呢？"

陈轸坦然一笑，对秦王说："大王，我这样做，正是为了顺从张仪的计谋，用来证明我是不是楚国的同党呀！"秦王一听，却糊涂了，望着陈轸发愣。陈轸还是不紧不慢地说："据说楚国有个人有两个妾。有人勾引那个年纪大一些的妾，却被那个妾大骂了一顿。他又去勾引那个年纪轻一点的妾，年轻的妾对他很友好。后来，楚国那个人死了。有人就问那个勾引两个妾的人：'如果你要娶她们做妻子，是娶那个年纪大的呢，还是娶那个年纪轻的呢？'他回答说：'娶那个年纪大些的。'这个人又问他：'年纪大的骂你，年纪轻的喜欢你，你为什么要娶那个年纪大的呢？'他说：'处在她那时的地位，我当然希望她答应我。她骂我，说明她对丈夫很忠诚。现在要做我的妻子了，我当然也希望她对我忠贞不贰，而对那些勾引她的人破口大骂。'大王您想想看，我身为楚国的臣子，如果我常把秦国的机密泄露给

张仪谗言污良臣，陈轸泰然证忠心。

陈轸临危不惧，以二妾故事做比，自辨清白。

楚国，楚国会信任我、重用我吗？楚国会收留我吗？我是不是楚国的同党，大王您该明白了吧？”

秦惠王听陈轸这么一说，不仅消除了疑虑，而且更加信任陈轸，给了他更优厚的待遇。陈轸巧妙的一席话，既击破了谗言，又保全了自己。

面对张仪的诡计，陈轸沉着冷静，处变不惊。用自己的智慧化解了一场突如其来的危机，实乃不幸中的万幸。在他身上，我们看到的是一种罕有的冷静，以静制动，积蓄气势，给对方造成震慑的力量，也为自己赢得了应急的机会。如果在危急关头，在如此紧张的形势下，陈轸惊慌失措，乱了阵脚，不仅会就增添别人的疑云，更是不明智的表现。

《鬼谷子》说：“决情定疑，万事之机。”说的就是决断事情，解决疑难是办好事情的关键。这就提醒我们在关键时刻要审时度势，小心下判断，小心驶得万年船，防止一着不慎满盘皆输的局面。所以，在平时我们应该着力培养笑对风云变幻的心态，以便在风雨突然来临时能处之泰然。

◎运筹帷幄——吕夷简决胜千里◎

古人云：“谋深，虑远，成之因也。”做人做事，只有深刻认识到谋与虑在成功中的重要地位和作用，谋得深，虑得远，才能拥有成功的人生。谋划在先，谋划得当，胜算才会提高。“多算胜，少算不胜，而况于无算乎。”在谋划之时，首先考虑的是敌我双方的条件，从道、天、地、将、法五事和敌我双方条件的优劣进行计算估量。

实施行动之前，需要仔细地谋划，从全局的观念进行考虑，才能达到“运筹帷幄之中，决胜千里之外”的效果。只有见识高超、深谋远虑的人，才能不被眼前的事物迷惑，才能站在更高的高度看问题，才能敏锐地察觉到生活中细微的契机，预先计划好对策，以免祸患降临己身。

吕相深谋远虑，向刘太后进免咎之策。

宋真宗时，后宫李妃生子，就是后来的宋仁宗。当时正得宠的刘皇后无子，宋真宗便命刘皇后认仁宗为子。仁宗长大后，以为自己是皇后亲生。宫中人畏于皇后威严，没人敢对他说明真情，仁宗对刘皇后也极为孝顺。宋真宗去世，仁宗即位，刘太后垂帘听政，更没人敢对仁宗讲明，李妃身处真宗的众多嫔妃中，对仁宗也不敢露出与众不同之处。

后来李妃病死，刘太后想把葬礼办得简单些，以免引起别人的疑心。宰相吕夷简却反对，在帘前争执说：“李妃应该厚葬。”当时仁宗正在太后身边，刘太后吓了一跳。她忙令人把仁宗领出去，然后厉声问吕夷简：“李妃不过是先帝的普通嫔妃，为何要厚葬？况且这是宫里的事务，你身为宰相，多什么嘴？”

仁宗得悉身世之谜。

吕夷简平淡地说：“臣身为宰相，所有的事都该管。如果太后为刘氏宗族着想，李妃就应厚葬；如果您不为刘氏着想，臣就无话可说了。”刘太后沉思许久，明白了吕夷简的用心，下旨厚葬李妃。吕夷简出宫后，找到总管罗崇勋，告诉他：“李妃一定要用太后的礼仪厚葬，丝毫不能有缺。棺木一定要用水银实棺，提醒他要牢记于心，依计行事。”罗崇勋见宰相少有的庄重与严厉，唯唯听命，对于葬礼用物丝毫不敢轻视。

刘太后死后，燕王为了讨好皇上，便告诉仁宗：“陛下不是太后所生，而是李妃所生，可怜李妃遭刘氏一族陷害，死于非命。”仁宗大惊，忙传讯老宫人。刘太后已死，无人再隐瞒此事，便如实禀告。仁宗知道后，痛不欲生。他在宫中痛哭多日，也不上朝，一想到亲生母亲朝夕在左右，自己却不知道。母亲在世之时，自己从未孝养过一日，最后竟然不得善终。他越思越痛，自己下诏宣布自己为子不孝的大罪，改封母亲为皇太后，并准备为母亲以太后之礼改葬，待改葬后再查实、清算刘太后一族的罪过。

然而宫闱秘事本来就是无法查实，也无法说明。刘氏宗族的人知道后惶惶不可终日，又无法申辩，只能坐待灭族大祸了。大臣们见皇上已激愤到极点，便没人敢为刘太后一族说上一句话。改葬李妃时，仁宗抚棺痛哭，却见李妃因有水银保护，面目如生，肌体完好，所用的葬器都严格遵照皇后的礼仪。仁宗大喜过望，哀痛也减少许多，他对左右侍臣说：“小人的话真是不能信啊。”改葬完后，仁宗非但不追究刘氏一族的罪过，反而待之更为优厚。

如果仁宗打开母亲的棺木，见到陪葬的器物十分俭薄，仁宗痛上加痛，刘氏家族是否能保命都很难说。吕夷简在处理仁宗生母葬礼的这件事情上，深谋远虑，显示出了常人难以企及的远见和智谋。

正所谓“决情定疑，万事之机”，说的就是根据情况和疑难进行判断并做出决策的重要性，也指出成败往往就在一瞬间。正因为吕夷简深谋远虑、未雨绸缪，在李妃下葬之前果敢决断，并精心安排，才避免了一场血雨腥风，保全了刘氏家族。他的“远见”不仅仅是因为他有高超的智慧，善于思考，懂得权衡利害，更得益于他在关键时刻作出的正确判断和应对之策。这也提醒我们，做人要眼光长远，懂得未雨绸缪，在关键时刻才能处变不惊，保全自我。

◎舍义取利——陶朱公赎子的“悲剧”◎

春秋末期著名的政治家、军事家和经济学家范蠡曾经辅佐越王勾践兴越灭吴，功成身退，遂乘舟泛海而去。后至齐，父子戮力耕作，致产数十万。齐人闻其贤，使为相。范蠡辞去相职，定居于陶（今山东定陶西北），经商获得巨万资产，称“陶朱公”。

范蠡既能治国用兵，又能齐家保身，是先秦时期罕见的智士。史学家司马迁称：“范蠡三迁皆有荣名”；史书中有语概括其平生：“与时逐而不责于人”；世人誉之：“忠以为国，智以保身，商以致富，成名天下”。

后来他的二儿子因杀人被囚禁在楚国。陶朱公想用重金赎回二儿子的性命，于是决定派小儿子带着许多钱财去楚国办理这件事。

长子听说后，坚决要求父亲派他去：“我是长子，现在二弟有难，父亲不派我去反而派弟弟去，这不是说明我不孝顺吗？”

陶朱公的夫人也说：“现在你派小儿子去，还不知道能不能救活老二，不如派长子去吧！”陶朱公不得已就派长子去办这件事，并写了一封信让他带给以前的好友庄生，交代说：“你到了之后就把钱给庄生，一切听从他的安排。”

长子到楚国后，按照父亲的嘱咐把钱和信交给了庄生。他发现庄生家徒四壁，院内杂草丛生。庄生看了信之后对他说：“你先回去，即使你弟弟出来了，也不要问其中的原委。”

庄生被陶朱公长子激怒，进宫向楚王进言，导致朱公次子被杀。

重财兄长轻道义，被囚之弟失性命。

但长子告别后并未回家，心想把这么多钱给他，如果二弟不能出来，那不吃大亏了？

庄生虽然穷困，但却非常廉直，楚国上下都很尊敬他。他并不想接受陶朱公的贿赂，只准备在事成之后再还给他。陶朱公长子不知原委，以为庄生无足轻重。

第二天上朝时，庄生向楚王进谏，说某某星宿相犯，这对楚国不利，只有广施恩德才能消灾。楚王听了庄生的建议，命人封存府库，实行大赦。

陶朱公长子听说马上要大赦，心想弟弟一定会出狱，那么给庄生的金银就浪费了，于是又去见庄生要回了钱财。

庄生被他这种行为激怒了，又进宫向楚王说：“我以前说过星宿相犯之事，大王准备修德回报。现在我听说陶朱公的儿子在楚杀人被囚，他家里拿了很多钱财贿赂大王左右的人，所以大王并不是为体恤社稷而大赦，而是由于陶朱公儿子的缘故才大赦啊！”楚王于是下令先杀掉陶朱公的次子，然后再大赦。结果陶朱公的长子只取了弟弟的尸骨回家。

长子回家后，陶朱公说：“我早就知道他一定会害了他弟弟的！他并非不爱弟弟，只是因为他年少时就与我一起谋生，备尝艰辛，所以会看重钱财。而小儿子一出生就生活在富有的环境中，所以轻视钱财，挥金如土。我坚持要派小儿子去办这件事，就是因为他舍得花钱啊！”

《决篇第十一》说：“圣人所以能成其事者，有五：有以阳德之者，有以阴贼之者，有以信诚之者，有以蔽匿之者，有以平素之者。阳励于一言，阴励于二言，平素、枢机以用，四者，微而施之。”圣智之人之所以成就事情的手段有五种因素：有的用表面手段感化、怀柔，有的暗使手段加害对方，有的作出诚信的姿态与对方结成真诚的联盟而借用对方力量，有的用蒙蔽手段迷惑对方，有的却用一般化的手段按平常程式解决问题。使用“阳德”手段时要前后如一，要讲信誉，言行必果。使用“阴贼”手段时却要真真假假，令人摸不透我们的真意千方百计的使人受骗。大到一个国家，小到个人，都会有一些战略性的规划，在定决策的时候，要用战略的眼光看问题，才能做出正确的决定。

金钱之于生命，孰轻孰重？似乎是一目了然之事。但是对于贪婪金钱之人来说，往往会因小失大，导致“鸟为食亡，人为财死”的情况。虽然千金对于陶朱公来说不是什么大数目，何况是用于救人。然而，陶朱公的长子由于过分看重金钱，结果害了自己弟弟的命，这就是因小失大的恶果。

商战博弈

◎当机立断——张忠谋该拍板时即拍板◎

有时，人的命运会因一件看似微不足道的事情发生改变，比如一封信。

大概是2009年2月份的时候，台积电董事长张忠谋的手里多了一封薄薄的信件，没有人会料到，这封信竟成了他与自己亲自选定的接班人蔡力行决裂的导火索。

写信的人可谓声泪俱下地恳求张忠谋放自己儿子一马，不久之前，他的儿子刚刚被台积电辞退。据张忠谋了解，这次的辞退，实质上是员工的自愿离职，既然是自愿离职，为什么会有这封信的出现？张忠谋亲自找到该名员工和其主管了解情况，谁知他得到的答案竟是：这个人是个非常优秀的员工，曾经因为业绩优异被总部奖赏，他忽然被打入百分之五裁员的冷宫，只是因为去年妻子怀孕，需要多多照顾，工作就稍微耽误一些，在人力资源部强烈要求拿出百分之五的裁员名额后，他就不幸地

台积电董事事惊闻申诉，优秀员工被裁员。

察觉公司隐患，年迈董事收回大权拨乱反正。

成为“替罪羊”。

看了这封信，张忠谋有些生气，他慢慢地将信折好，找了一根雪茄点上。

在他的记忆中，他曾经跟总执行长蔡力行说过：“如要裁员，一定要我同意。”但事实与他的想法背道而驰，信中说的那样的人不在少数。

有时，张忠谋会回想十年前蔡力行刚进公司或者四年前经自己提拔当上总执行长的情形，那时，他说过一句话，“我喜欢用有团队精神的人，不抢功，不当明星。”所以，蔡力行只在2009年接受了第一次采访。

但渐渐地，张忠谋觉得局面有些难以掌控，是之前放权太快？还是给蔡力行的紧箍咒太松？他说不准，但有一件事已经下定决心：他决定出山，代价就是撤掉蔡力行。

2009年6月11日下午，一封电子邮件发到了台积电每位员工那里，打开一看，全场一片哗然：“台积电董事会一致推举张忠谋博士续任董事长。”台积电的董事大部分在国外，要做出一致的决议必须有一个人牵线搭桥，这个人是谁？必是张忠谋。由此可见，撤换蔡力行肯定是谋划已久之事，虽然做出这个决定，只用了短短十分钟。

“一定有什么事不对劲。”

蔡力行遭到张忠谋的撤职后，公司议论纷纷，唯一统一的一点是：“他触动了老爷子的底线。”盲目裁员的事让他愤怒异常，他觉得他失去了对公司的控制，“再怎么说，我也是台积电的创始人。”

张忠谋的这句话没说完，他的后半句应该是：无论什么时候，我都是公司的老板。即使已经选出了接班人。

如果裁员事件尽早平息，张忠谋的怒火可能会小掉很多，但负面影响仍在继续。

直到2009年3月末，张忠谋还被蒙在鼓里，直到有人给他悄悄传话：“董事长并不知道公司对我们做了什么。”他才让人彻查此事。一查他就知道自己该出狠手了。

借假绩效考核制度，进行裁员。让这位台积电老总无法忍受，就在他强势介入公司的日常事务的同时，网上的批评接踵而来，“台积电不诚信”“台积电不忠义”。在成立台积电几十年的时间中，张忠谋似乎从未像今天这样颜面扫地，“说台积电不诚信，等于甩了老先生一巴掌。”

管理团队执行不力，犯了众怒，老爷子要来收拾残局了。

他先是呼吁被裁员工回到公司，因为个人原因不便回归的，他将会提供其他方面的安抚。再者，原本只是两周上一次班的张忠谋，露面的时间大大增加，几个月后，上班的次数已经提高到一周两到三次。人们已经明显感觉到，这个已经78岁的老板在阔别前线四年后，又一次回来了。

其实，张忠谋想做的很简单，他不是想颠覆什么，只是让公司重新归入正轨。这个正轨不是一定要大权在握，而是公司的发展不发生大的纰漏。即使是自己亲自挑选的接班人出了问题，他也该处理就处理，绝不姑息。

在重新披上战袍的那一刻，张忠谋说了这样一句话：“我是老骥伏枥，志在千里。”有的人担心他是不是心有余而力不足。他却回答说："肯定不会。大家看到我们走对了路会感到高兴。而过去几年的情况，我都了解，我到底是创办人。"听了这句话，有些人应该会感到战栗。张忠谋原来一直没有远离台积电，他就像一个洞察世事的老者，只是远远地看着，关键时刻才会现身。

至于蔡力行，张忠谋也没一棒子打死，他给他委派了一个新职务，"干好了，一样可以回来。"

在宣布重新出山的当天，董事曾经问了张忠谋两个问题：一个是现在没有了接班人的计划，撤掉蔡力行后，以后该怎么办。

张忠谋说：这次续任，不是短暂性的接班，会留给董事会足够的时间选人。

第二个问题是，张忠谋现在已经78岁，如果健康出现问题，该由谁来主掌公司大局？

张忠谋不假思索地说：可由副董事长曾繁城接任。

决断就关乎利害问题，决断就要趋利避害。鬼谷子在《决篇第十一》中提出了决断的方法，既："于是度之往事，验之来事，参之平素，可则决之。"决断的意义在于"夫决情定疑，万事之基，以正治乱，决成败，难为者"。

张忠谋的这次回任与其说是临危受命，不如说是主动出击，因为一切尽在掌控，所以他的每一步都那么的胸有成竹。其决断也雷厉风行。现代企业，无论你已经交权还是即将交权，当公司出现问题，复出便是义无反顾的抉择。拿掉之前的接班人不是颠覆，而是在公司整体利益上的权衡。利害得失往往就在一个决定的选择上，该拍板时即可拍板，即使否定的是从前最看好的人，也在所不惜。

◎高瞻远瞩——"苹果"的多元创新◎

在现实的竞争环境里，如果竞争对手的实力过于强大，或者打倒对手需要付出很大的代价，那么就不要硬碰硬，要学会以逸待劳，耐心等候时机的到来，待掌握好事情发展的方向，明白事物发展的动机，才能更确切地掌抓住成功的关键。

美国硅谷的大多数高科技公司都有一个共同的特征：专注于少数几项产品。但苹果公司不同，它生产的是将会在下一时段流行的所有产品。

苹果公司的掌门人自有他的盘算。IT（information technology，信息技术）业是一个无法预测和无法确定的行业，随着用户口味和偏好的变化，IT技术也在飞速发展。业务单一的公司如果出现一次错误就可能被市场无情地抛弃，而苹果公司总裁乔布斯喜欢在多个领域进行产品创新的习惯帮助了他，当机遇降临其中某些领域的时候，他就获得了成功，创造了辉煌。

1976年，史蒂夫·乔布斯和朋友沃兹尼克合作开办苹果公司。1977年4月，苹果推出了世界上第一台真正的个人电脑，从此个人电脑行业创立。由于配置简单，成本大大降低，普通老百姓花上几百美元就可以买到。苹果成为美国发展最快的电脑公司，到1984年，苹果的员工已经有4000名，资产超过了20亿。

后来，一帆风顺的乔布斯和CEO约翰·斯高利在未来发展的看法上产生了分歧，苹果的董事会站在了约翰·斯高利这边。那年，史蒂夫·乔布斯刚好30岁，在众人的眼皮下他被炒了。

性格倔强不服输的史蒂夫·乔布斯重新开始创业。1986年，他独特的商业眼光再一次帮助了他——他以1000万美元的价格，从"星战之父"——美国"电影电脑特技之父"卢卡斯手中买下了当时狭小的、很不景气的电脑动画制作工作室，并成立了皮克斯公司。

几经困难和波折后，1995年皮克斯公司制作的3D电脑动画片，也是世界上第一部用电脑制作的动画电影《玩具总动员》面世了。这部3D动画片的横空出世不仅在市场上大获成功，而且对传统的动画影片产生了巨大的影响。皮克斯公司当年迅速上市，并一举成为3D电脑动画的先锋和霸主。

史蒂夫·乔布斯从此成为影响娱乐界的大鳄，好莱坞开始有了他的一席之地。随后的《海底总动员》《超人总动员》等一系列动画电影的成功，不仅展示了皮克斯无可匹敌的技术力量，更体

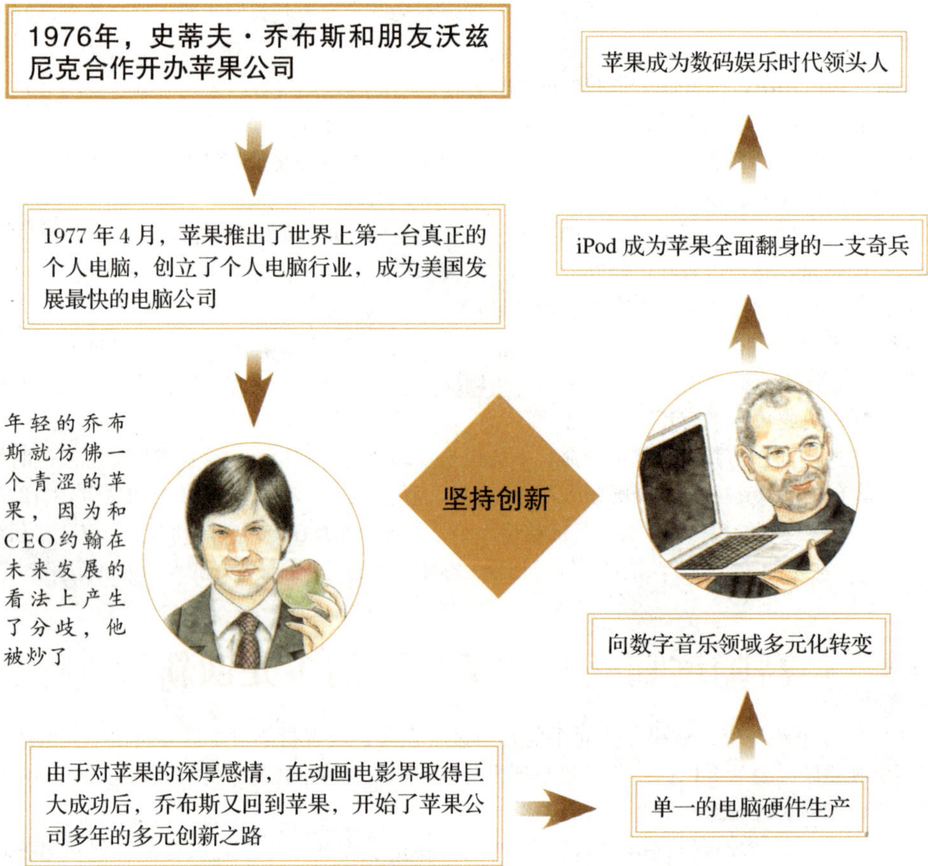

现出它的生机勃勃。它令梦工厂、华纳等行业老霸主望尘莫及，更使得成功垄断世界几十年的动画大佬迪士尼显得举步维艰。

就在皮克斯如日中天的时候，苹果却在新的竞争中江河日下，即便是连换了几任总裁也无法挽回颓势。由于对苹果的深厚感情，1996年，史蒂夫·乔布斯将Next公司卖给了亟待新技术支持的苹果，他因此担任了苹果公司的总裁顾问。后来，他采用了一些计策使得当时苹果公司总裁愤然离职，于是他当上了“临时总裁”。

重回苹果并夺回大权的史蒂夫·乔布斯对苹果进行了全面整顿。为了设计出独特的外形，他甚至向糖果公司的包装专家讨教。在他的强势领导下，苹果在短短的10个月时间开发出了一款极具个性化风格的、塑料外壳包装的电脑。此电脑的出现震惊了整个电脑界，并在市场上大受欢迎，沉寂已久的苹果终于重放光彩。但是由于新的消费时尚的变化，苹果开发的各类个性化电子产品迅速被淘汰。2000年，苹果出现季度亏损，股价随之下跌。

在这关乎苹果存亡的阶段，史蒂夫·乔布斯再度凭借他的天才创造力和独到的商业眼光拯救了苹果：他决定从单一的电脑硬件生产向数字音乐领域多元化转变，于是在2001年推出了个人数字影音播放器iPod。这款多元化的iPod成为苹果全面翻身的一支奇兵，2004年全球iPod销量突破45亿美元，到2005年下半年，苹果已经销售出2200万枚iPod数字音乐播放器，而通过它的iTunes音乐店销售的音乐数量则高达5亿首，几乎一统天下。美国《商业周刊》撰文指出：自从2001年以来，凭借iPod，苹果创造了148%的营收增长。显然，史蒂夫·乔布斯已经是数码娱乐时代的领头人。

《鬼谷子》说：“圣人所以能成其事者，有五：有以阳德之者，有以阴贼之者，有以信诚之者，有以蔽匿之者，有以平素之者。”聪明的人成就事情的手段有五种；有的用表面手段感化、怀柔，有的暗使手段加害对方，有的做出诚信的姿态与对方结成联盟以借助对方力量，有的用蒙蔽的手段迷惑对方，有的用一般化的手段解决问题。不管应用什么方法，在复杂的事态发展中，能运筹帷幄，就能掌握事物的发展方向，把握住事情发展的大局。这样就不会在竞争中被淘汰，史蒂夫·乔布斯是聪明的，他的多元化模式让他在电子产品的大环境下生存下来，并且还收到了良好的效果。一个能耐得住寂寞的人，一个能以逸待劳的人，一个运筹帷幄的人，一个灵活变通的人，也一定是一个成功的商人。

职场之道

◎着眼长远——职场回头觅香草◎

很多人常常被眼前的利益所迷惑，作出匆忙的决断，而忽视了其他利益。《决篇第十一》说：“若有利于善者，隐托于恶，则不受矣，致疏远。故其有使失利者，有使离害者，此事之失。”意指做决断的本意是有利于决断者，但是没有考虑到其中隐含的不利因素，决断就不会接受，这样的决断就不利于决断者，是错误的具有灾难的决断。

三十年河东，三十年河西，如果你决定要离开现在的公司，也要给自己留条后路。留条后路，就是给自己一个机会，机会能造就一个人也能埋没一个人。在跳槽时不能将自己的后路堵死，只有这样，我们以后的路才能更宽、更广。

王山毕业后不久，得到了一份在大型物流企业销售部门工作的机会。在工作了一个星期之后，他发现顶头上司是个坏脾气的人。王山也是个性格刚直的人，想到日后可能发生的顶撞、矛盾，他苦恼起来，这时另外一家公司也向王山抛出“橄榄枝”，借着这个机会，王山跳槽了。

几个月时间很快过去，在新的工作环境，王山一直没有完全适应，他经常不由自主地为当时的选择后悔。他想找的是一个更大的发展空间，为了一个毫无意义的小问题轻言放弃，真是得不偿失。

一天，他在网上浏览求职信息时看到了那家公司的招聘信息。原来那家公司一直没有招聘到适合的人才。王山考虑再三，鼓起勇气给人事经理打了个电话，说明了现在的情况和迫切希望能在该集团工作的心情。特别强调了经过这些时日，已经想明白了自己一直以来追求的都是事业的发展空间。经理当然记得那个“高傲”的大学生，他很诧异：“怎么又回来了？”王山不卑不亢地说：“从个人职业发展角度看，我觉得一个好的机会是不应该随便放弃的。”

半个小时后，王山接到了聘用电话。半年后，王山以独到的谈判技巧和正确决策，迅速推进了业务发展，一战成名。

王山前后两次决断，都是出于利害关系的缘故。如果王山跳槽后，死撑着不肯回头，他的职业可能一直毫无起色。可见，好的决断对人的一生有着无法估量的作用。面对眼前的利益，一定要考虑周全，跳槽与否一定要有个清醒的认识。而且，就算跳槽，也不必与原单位一刀两断，应该给自己留条后路。

有些年轻人做事情常常不给自己留后路，特别是在换工作的时候，容易和领导大吵一架，闹得不欢而散，最后摔门而去。一时的冲动就把过去的路堵死了。已经决定跳槽时，与其处理不当留下隐患，倒不如豁达一些，毕竟，你需要在这个社会上继续生存。那么怎样才能在跳槽后，不把过去的路堵死呢？

离职时因为种种原因而和老板闹得有点僵的例子比比皆是。离职后，心中有点怨气或者牢骚也是自然的。但从职业的角度出发，尽量不要再提起过去，将对日后与旧老板相处大有益处。实际

王山毕业后在一家大型物流企业做销售，顶头上司的脾气不好，当另一家公司向他抛来橄榄枝时，他没多想便跳槽了

新的工作环境，王山并不适应，他不禁为当时的选择后悔

王山在网上浏览求职信息时看到了原来公司的招聘信息

王山考虑再三，鼓起勇气给人事经理打了个电话，最终回到了原来的公司

半年后，王山以独到的谈判技巧和正确决策，迅速推进了业务发展，一战成名

上，日后仔细思量，恐怕也不难发现自己的不足和问题。因此，离职后切忌抓住过去的恩恩怨怨不放，在现任老板或朋友那里到处散布。

不论是轻松愉快还是恩怨相加的离职，离开后维护旧东家形象的事情一定要做，特别是以下几点要多加注意：

（1）永远不要在现任老板或新同事面前说前任老板的坏话。这样做会引起新老板的怀疑：你今天可以在我面前如此评价过去的老板，是否明天就会同样在别人面前这么评价我呢？所以，这样幼稚的举动还是不做为好。

（2）客观地评价旧公司的优缺点，维护公司形象。公正客观地评价老东家，不但有利于公司的正常发展和树立你自己的职业形象，更重要的是，可以维护老东家的商誉。这样，无论日后你个人的发展如何，老东家都会记得你的良好职业素养，当然有利于你和他们再次打交道时建立良好的关系。

（3）正确处理竞争对手间的关系，不透露公司的商业秘密。从行业的角度来说，在有竞争关系的公司之间转换工作也是很正常的事。而且，公司间的良性竞争是能够促进彼此发展的。但无论从职业化还是个人发展的角度，遵守良性竞争的原则，恪守商业准则，都是获得职业认可的基石。作为职业人，可以在不同的公司中发现各自的优缺点，促进企业的发展。

为了自己的职业发展、寻求更广阔的施展空间是大多数人跳槽的主要原因。在这种情况下，坚持自己的职业水准是非常重要的。在最后一天也要做好分内的最后一件事，交接工作时认真负责，留档备案，让你的老板自始至终认可你的职业修养，可为日后保持良好关系打下坚实的基础。留下你的联系方式和电话号码，与老板吃上一顿轻松的晚餐，也是不错的道别方式。

跳槽的时候，一定要谨慎决断，不能只顾眼前的利益，不要被眼前的利益迷惑。要有长远的规划，制定一个高远的目标，把近期利益与长远利益相结合，把理想和现实有机结合，三思而决，这样的跳槽才有价值，才有可能跳得成功。

◎三思而决——职场决断需谨慎◎

“决情定疑，万事之机”。做决定的重要性不言而喻，一个决定有加快工作的进程，提高工作效率，也有可能适得其反，得罪同事。身处职场中，你所做的每一个决定，说的每一句话，都应

该三思而后行。

一次，李主任怒气冲冲地走进办公室，啪的一声将一份报告摔在秘书小王的桌上，办公室里的几个人同时都愣住了。李主任以为这是惩一儆百的好机会，接着大吼道："你看看，干了这么多年，竟写出这样空洞无物的报告，送到总经理手中，一定会以为我们都难胜其任！以后，脑子里多装点工作，上班时间精神振作一点。"说完，他一甩手走了，把小王晾在那儿，尴尬异常。过后，李主任满以为办公室的工作效率会提高，可事与愿违，大家都躲着他，布置工作，不是说没时间，就是说手头有要紧事。李主任这才略品出一点滋味，恍惚意识到此举不明智。

当你的同事做了一件令你不满的事，你应该直斥其非，抓住一点不依不饶？还是采用其他的方法？故事中的事情在工作中时有发生，领导的训斥虽满足了一时的痛快，但事后属下都躲着他，让他的工作无法正常进行，结果也不是很好。

所以，做决定时，一定要斟酌可能产生的后果。不可意气用事，应采用商量的语气，把最重要或最急切的问题先提出来。切莫把不满列成清单，这只会令对方信心大减，做事就更缺乏动力。同时要清楚地指出要批评的事，例如："我希望跟你研究一下今早你处理那份合约的情况。"

只对事，不对人。做决定应该讲究方式和方法，既要提出观点，指明要害，又得注意表达技巧。告诉对方，为了促进工作的进展，他必须做出改善，这是工作上的要求，并非你个人的要求或吹毛求疵。即使对方已明白是自己的错，你也不能说"你为何会那样做？"而改变为"这计划的效果不太理想，下一次我们不妨这样做……"这样更容易令对方接受。

职场中所做的每一个决定，说的每一句话，都应该三思而后行

要斟酌可能产生的后果

应采用商量的语气，把最重要或最急切的问题先提出来

切莫把不满列成清单

在工作中，切不可"越位"，下属跟领导是有区别的

做决定应该讲究方式和方法，既要提出观点，指明要害，又得注意表达技巧

在工作中，做决定还需谨慎，切不可“越位”。下属跟领导是有区别的，你能做的决定领导可以做，但是领导做的决定，你却不一定能做。要是你自作主张，替领导做决定，就会让领导有大权旁落的感觉，领导就会视你为“危险角色”。

阿明年轻干练、活泼开朗，入行没几年，职位“噌噌”地往上升，很快成为单位里的主力干将。几天前，新上司走马上任，下车伊始，就把阿明叫了过去：“阿明，你经验丰富，能力又强，这里有个新项目，你就多费心盯一盯吧！”

受到新上司的重用，阿明欢欣鼓舞。恰好这天要去上海某周边城市谈判，阿明一合计，一行好几个人，坐公交车不方便，人也受累，会影响谈判效果；打车吧，一辆坐不下，两辆费用又太高，还是包一辆车好，经济又实惠。

主意定了，阿明却没有直接去办理。几年的职场生涯让他懂得，遇事向上司汇报一声是绝对必要的。于是，阿明来到上司跟前。“领导，您看，我们今天要出去，”阿明把几种方案的利弊分析了一番，接着说：“所以呢，我决定包一辆车去！”汇报完毕，阿明发现上司的脸不知道什么时候黑了下来。他生硬地说：“是吗？可是我认为这个方案不太好，你们还是买票坐长途车去吧！”阿明愣住了，他万万没想到，一个如此合情合理的建议竟然被打了“回票”。

“没道理呀！傻瓜都能看出来我的方案是最佳的。”阿明对此大惑不解。

其实，阿明凡事多向上司汇报的意识是可贵的，错就错在措辞不当。阿明说的是：“我决定包一辆车！”在上司面前，说“我决定如何如何”是最犯忌讳的。

所以，不管你是上司还是职员，你所做的每一项决定都应该有周全的考虑。切不可随心所欲，口无遮拦。懂得“决情定疑，万事之机”的道理，你就会多一分小心，多一分考虑。

符言第十二

经典再现

【提要】

“符”，即符合。本指先秦时朝廷用来传达命令、调遣兵将的信物，具有很高的权威性。“言”，即言辞。所谓“符言”，就是对身居高位的人提出的治理国家的行为准则，是君王常用的治国之道。“符言”追求的是言行合一，名实相符。它不仅是一个舌辩之士练就一身本事、言动天下的基础理论课，也是一个老练政治家畅通言路治国理政的经验总结。

《符言第十二》，分别从位、明、听、赏、问、因、周、参、名九个方面进行了论述。鬼谷子提出，君主应“安徐正静”，以保持君位；应虚怀若谷，明察秋毫；应广开言路，君臣共商；应赏罚分明，赏罚有据；应广问博闻，集思广益；应依法制臣，以利驭臣；应小心谨慎，周密行事；应见微知著，“洞天下奸”；应循名责实，名实相符。

《鬼谷子》寥寥数语皆为真知灼见，不仅思维缜密，更是包罗万象，蕴涵万千智慧。短短数百字，胜于万语千言，能抵百万之师。

【原文】

安徐正静①，其被节先定②，善与而不静③；虚心平意以待倾损④。右主位⑤。

【注释】

①徐：徐缓，沉住气。正：正色。②被：皮。节：节点，引申为原则。③与：给予，参与。④倾损：倒运失败。倾，倒毁。⑤右：以上。古人自右向左竖写，故综括以上内容时言“右”。主位：主位术，指某人居某某位置时应有的容态。

【译文】

君主能够做到安定从容，正色详静，稳重、温和、公正，可通融问题和原则。问题分得清，就显得醇厚，具有君主风度。如果他善于居位静观，不缠身于具体事务，不过多指手画脚，心平气静坐待桀骜之臣自己倒霉失败。以上讲的是如何保持君位。

【原文】

目贵明，耳贵聪，心贵智①。以天下之目视者②，则无不见；以天下之耳听者，则无不闻；以天下之心思虑者，则无不知。辐辏并进③，则明不可塞④。右主明。

【注释】

①智：智慧。此指产生智谋。②以天下之目视：用天下人的眼睛去看。此指善于调动大家的积极性去观察。③辐辏并进：此

目贵明，耳贵聪，心贵智。以天下之目视者，则无不见；以天下之耳听者，则无不闻；以天下之心思虑者，则无不知。

君主治理国家都有哪些方面的策略需要运用?

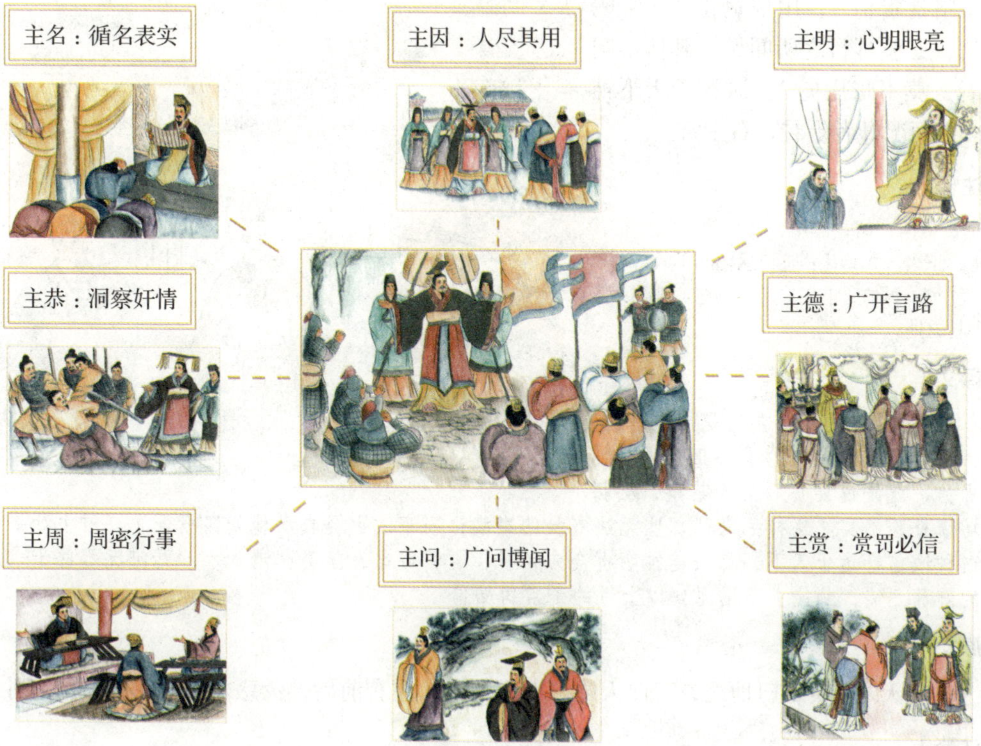

指集中众人之力。辐辏，指车辐集中于车轴。④明：此指圣明。

【译文】

眼睛最重要的是明亮，耳朵最重要的是灵敏，心灵最重要的是有智慧。人君若能利用天下人的眼睛去观察，就没有看不到的事物；如果能利用天下人的耳朵去探听，就没有听不到的事情；如果能利用天下人的心智去思考，就没有想不通的事情。如果能像车辐集中于车轴那样集中起众人的智慧和力量，发挥他们的聪明才智，君主的圣明就没有什么能够遮蔽了，以上讲的是如何保持明察。

【原文】

德之术曰：勿望而拒之①。许之则防守②；拒之则闭塞③。高山仰之可极④，深渊度之可测⑤，神明之德术正静⑥，其莫之极。右主德。

【注释】

①勿望而拒之：不要看到别人（进谏）就拒绝。意为广纳众议。②防守：此指增加我方守卫力量。③闭塞：此指妨害视听。④高山……可极：意谓博听众议可至高山之巅。⑤深渊……可测：意谓博采众议可达深渊之底。⑥正静：严正祥静。

【译文】

君主接受听的关键，是广采众论，不拒绝任何意见。允许别人提意见，就会增强对方的参与意识，众心成城，增强我方力量；反之，拒绝别人提意见，就闭塞了自己的视听。应让臣下觉得你像座可仰视而不可逾越的高山那样，像深不可测的深渊那样，难揣底细而乖乖吐出真言。神明之位，德术之正静，在前逢迎看不到，在后跟随也看不到，严正详静的容色对待众人进谏。这样，就没有人能比得上我们。以上讲的是采言纳谏。

【原文】

用赏贵信①，用刑贵正②。赏赐贵信，必验耳目之所闻见，其所不闻见者，莫不暗化矣③。诚畅于天下神明④，而况奸者干君。右主赏。

【注释】

①用赏贵信：信，信用。②用刑贵正：正，平正，正当。③暗化：暗自感化而不敢冒功邀赏。④诚：诚信，信用。畅：畅达。神明：此指幽暗之处。

一国之君，当气度从容，言行中正，明察秋毫，集思广益。

【译文】

实行奖赏时，最重要的是恪守信用。实行惩罚时，最重要的是公正合理。赏赐贵信，就是说要赏赐某人某事，必将其功绩查验确实。这样一来，那些无法查验的事端，当事人也会自动地如实报告了。君主如果能把这种诚信畅达于天下，那么连神明也会来佑护，赏罚得当，就会明清如水，更何况那些干求君主的奸邪之徒，哪能查不出呢！以上讲的是赏罚必信。

【原文】

一曰天之①，二曰地之，三曰人之。四方上下，左右前后，荧惑之处安在②。右主问。

【注释】

①一曰天之：意指调查天道天时。②荧惑：受人迷惑。

【译文】

君主的询问范围，包括天时，地利和人和三个方面。调查天时、天道，调查地时、地利，调查人世、社会。东西南北，上方下方，左右前后都问遍，哪里还会有受人迷惑的地方呢？以上讲的是君主应多方咨询。

【原文】

心为九窍之治①，君为五官之长②。为善者，君与之赏；为非者，君与之罚。君因其所以求③，因与之，则不劳④。圣人用之，故能赏之⑤。因之循理⑥，固能久长⑦。右主因⑧。

【注释】

①九窍：耳、目、鼻各两窍，口、前阴、肛门各一窍，共九窍。此泛指身体器官。治：统治，职掌。②五官：此泛指文武百官。③因：循顺，依据。④劳：劳顿，劳苦。此指缠身于事务中。⑤赏：疑为“掌”之形讹。掌，职掌，此指掌握（百官）。⑥循理：遵循一定规矩和一定法式。⑦固：故。⑧因：因循，因臣之所求而驱使之。

【译文】

心是身体各部器官的主宰，君主是文武百官的首领。对于那些做了好事的臣属，君主就赏赐他们；对于那些做了坏事的臣属，君主就惩罚他们。君主依据臣属的政绩来任用，斟酌真实情况给予赏赐，这样就不会劳神。要求而使用他们，让他们立功，而后满足他们的要求，赐以官爵禄位，所以自己就不会陷身于具体事务中。圣明的君主运用这种权术，所以能掌握百官。根据他们的要求封赏并于赏赐时依据一定的法度，所以能够维持长久统治。以上讲的是君主应该依法治国治民。

【原文】

人主不可不周[①]。人主不周，则群臣生乱。家于其无常也，内外不通[②]，安知所开[③]。开闭不善[④]，不见原也[⑤]。右主周。

【注释】

①周：周密。此指加强保密措施。②内外：宫内宫外。③开：开泄密之门。此指故意放风以制造假相。④善：得其法。⑤原：源头。原，源古今字。

【译文】

君主做事不可不注意周密。君主做事不能加强保密措施，群臣就会发生动乱。君主做事前应该寂然平静，让圈外人摸不到头绪，圈内圈外不能沟通消息，机密还能从哪里泄露？保密措施和故意放风不得要领，泄露了机密还不知从哪儿泄露的。以上讲的是君主应该通达人情事理。

【原文】

一曰长目[①]，二曰飞耳[②]，三曰树明[③]。明知千里之外，隐微之中[④]，是谓洞天下奸[⑤]。莫不暗变[⑥]。右主恭[⑦]。

【注释】

①长目：千里眼。此指在远处安插耳目。②飞耳：顺风耳。此指建立特殊通讯渠道，飞传边臣消息。③树明：建立使隐暗处的小动作敞明于光天化日之下的制度，指建立举报制度。树，建。④隐微：暗处，背地里。⑤洞：洞察，明察。⑥暗变：暗中收敛、顺从。⑦恭：检验，弹劾。

【译文】

君主用臣还要采取三种措施，一是设置千里眼，二是设置顺风耳，即在边远地区安插耳目，监视边官，并设置特殊的通讯渠道飞速传递消息；三是建立举报制度使近臣的小动作公开出来。这样，边官外臣的一举一动，内宫近臣的暗中动作，便在君主的掌握之中了，这就叫作洞察天下奸情。这样一来，内臣外臣都会小心翼翼，收起不轨想法。以上是讲正视听、开言路的重要性。

【原文】

循名而为[①]，实安而完。名实相生[②]，反相为情[③]。故曰：名当则生于实[④]，实生于理[⑤]，理生于名实之德[⑥]，德生于和[⑦]，和生于当。右主名[⑧]。

【注释】

①循：顺，依照。②相生：相互化生，相依相存。③反相：反复循环。④当：适当，恰当。⑤理：道理。此指对事物的正确认识。⑥德：通得。得，相得，相当。⑦和：吻合。⑧名：此指循名责实、按官查职的用臣术。

【译文】

依据客观事物的名称去考察事物实际，按客观事物的实际确定事物名称。名称是从实际中派生的，客观实际产生出事物名称。二者互相循环，互为表里，这本是事物常情。所以说，适当的名称产生于客观事物实际，对于客观事物实际的把握取决于人们对客观事物的正确认识，对于客观事物取得正确认识的标示，是对客观事物作出了符合实际的表述。这种对客观事物的实际的表述，取决于我们的认识与客观事物吻合。这种认识与实际的吻合，取决于我们运用了恰当的方法。以上是讲君主应该懂得名副其实的重要性。

为人处世

◎不拘一格——唐太宗用人不问出处◎

“上品无寒门，下品无士族”，讲究出身、门第，这在封建社会里可以说是一种正常现象。但这恰恰是选拔人才过程中的严重弊端，因此，英明的领导者用人应该不拘一格。

大唐帝国这一宏伟大业的实际开创者唐太宗，不但以他高瞻远瞩的高超谋略打下了唐室江山，留下了“浅水原大战”“虎牢关大战”等经典战例，而且他在治国用人方面也取得了巨大的成就，开创了流芳百世的“贞观之治”。这巨大成就的取得在很大程度上是和他卓越的用人策略分不开的。可以这么说，若没有唐太宗的善于用人就不会有大唐290年的帝业，就不会出现空前繁荣的“贞观之治”。那么，唐太宗的用人方略到底是什么样的呢?

魏晋南北朝时期，国家君王一向采取从士族地主里选择人才的方针，甚至一度形成士族垄断政权的局面，以致成为禁锢人才发掘的一项弊政。对此，唐太宗力求整顿前朝在用人上的过失，把眼光转向更广大的范围，采取了士庶并举的方针。例如，他在当政时不但非常信任士族地主高士廉、长孙无忌、杜如晦等人，还曾物色起用有才能的庶族人士马周。

贞观三年（629年），唐太宗鼓励百官上书直言政事得失。中郎将常何不善文墨，于是请家客马周代替自己写奏折二十多条。常何上奏后，这二十多条意见竟然每一条都十分符合唐太宗的心意。对此，唐太宗感到很惊讶，认为其中必有蹊跷，因为常何乃一介武夫，不通文墨，什么时候竟然修得如此远见卓识，于是追问常何原因。常何据实相告，唐太宗感到马周的确是一个贤能之才，随即宣旨召见他。当马周迟迟未到时，他又“四度遣使催促”，显示了他对这个素未谋面的布衣人才是何等的重视。在与马周见面交谈后，唐太宗十分高兴和满意，马上授予其门下省的官职，最后又将其调为中书令。

唐太宗心思缜密，察觉为武将代写奏折的人才。

皇帝从官中选官，并不是一件稀罕的事，但能够把网罗人才的视野从贵族转向平民的君王则为数不多，唐太宗可算其中的佼佼者。

一方面，唐太宗不以人的身份背景、地位尊卑为选择的条件；另一方面，唐太宗还十分懂得唯能者是用的用人原则，提倡谁有本事就用谁。

爱才敬贤，破格任用栋梁。

一次，唐太宗给功臣们封官赐爵。他让人先宣读自己事先写好的

论功行赏，不徇私情，不拘一格，任人唯贤。

名单，并说：“若谁有意见，请尽管向我提出来。”

唐太宗的叔叔李神通自认为为唐王朝打了许多重要的仗，立下了汗马功劳，而且自己又是皇帝的叔叔，在众大臣中，应该是自己的功劳最大。但他一听到名单上把自己排在后面，心里就极为不服气，对唐太宗说：“当初，是我首先起兵响应您，跟随您东征西杀，为您夺得皇位立下了大功。可您今天怎么好像把我的功劳全都忘记了似的，竟然将我排在房玄龄、杜如晦这些人的后面？与我们这些在战场上誓死为国家拼杀的人相比，他们有什么功劳可言？不过就是舞文弄墨、乱写乱画罢了！”

唐太宗笑了，说：“叔叔您虽然首先举兵起义帮助我，可是您忘了，您后来还打了两次大败仗呢！房玄龄、杜如晦他们出主意、定计策，帮我取得了天下，论功劳，理应排在您的前面啊。您虽然是我的至亲，可是我不能徇私情加重对您的封赏啊！那样的话，对其他大臣来说就太不公平了！”听皇帝这么说，李神通也就不好说什么了。

过了一会儿，房玄龄说：“秦王府里的旧人，都是皇上的老部下了，那些没有升官的，难免会有一些怨言。”

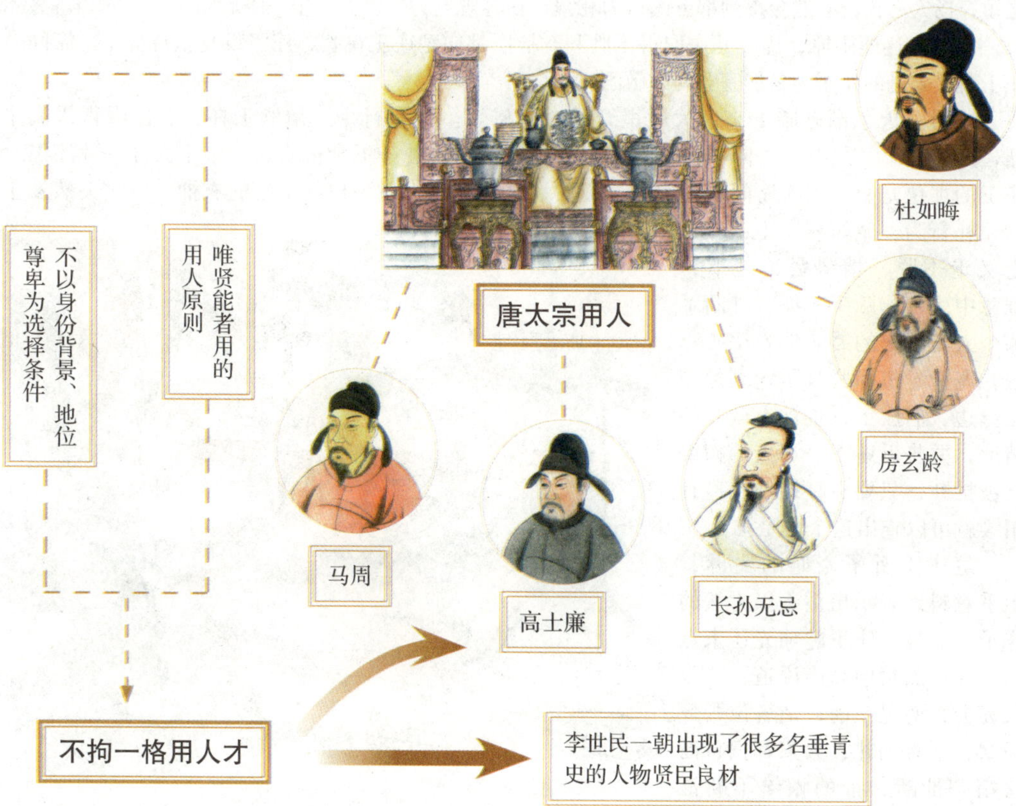

对此，唐太宗说："国家之所以设立官职，为的就是选拔有才能的人才，替老百姓办事。在这上面，绝不能以新旧分先后。新人有才能的，就要升官赐爵；旧人没有才能的，当然不能提拔。要不然，国家的事情怎么能够处理好呢？"

长孙无忌是唐太宗年轻时候的好朋友，又是长孙皇后的哥哥，有才能又曾立过大功，唐太宗就任他为当朝宰相。长孙皇后知道了，怕别人说闲话，就劝唐太宗不要给哥哥那么大的官职。

"你这样想不对。我任用你哥哥，是因为他有做宰相的才干，不是因为他是我的亲戚。"最后唐太宗还是坚持让长孙无忌做了宰相。

《符言第十二》篇讲："德之术曰：勿望而拒之。"广采众论，不拒绝任何意见。允许别人提意见，就会增加对方的参与意识，众心成城。李世民的用人之道向来为史家所称道，他用人不看出身，只看其是否有能力、有才华，从而唯才是用、用其所长，因此，李世民一朝出现了很多名垂青史的人物，如房玄龄、杜如晦、魏徵、长孙无忌等。

英雄就是英雄，不必问其出处，人才也是如此。用人就当为才所宜，谁有本事就用谁，凭借这一原则就能获得贤能之才的鼎力相助，有此源源不断的智慧源泉，何事不可成？

◎容人之过——楚庄王绝缨容部下◎

海纳百川，有容乃大。真正成大事者，当有大海般博大的胸怀，善容下属之过，从而拉拢天下人才死心塌地为自己打天下。

人们常说"水至清则无鱼，人至察则无徒"，这两句话含有很深的意义，尤其一个领导人更要注意这一点。一名统御者如果能宽宥属下的某些过失，以宽大为怀，容人之过，念人之功，谅人之短，扬人之长，必然会得到部下的奋力相报，在客观上为自己留下了一条后路。

楚庄王逐鹿中原，连续几次取得了胜利。群臣都向楚庄王祝贺，庄王设宴款待群臣。席间，庄王命最宠爱的妃子为参加宴会的人敬酒。

这时，天色渐渐暗下来，大厅里开始燃起蜡烛。猜拳行令，敬酒干杯，君臣喝得兴高采烈，好不热闹。忽然，一阵狂风刮过，客厅内所有的蜡烛一下全被吹灭，整个大厅一片漆黑。庄王的那位宠妃，正在席间轮番敬酒，突然，黑暗中有一只手拉住了她的衣袖。对这突然发生的无礼行为，宠妃喊又不敢喊，走又走不脱，情势紧迫之下，她急中生智，顺手一抓，扯断了那个人帽子上的缨。那人手头一松，宠妃趁机挣脱身子跑到楚庄王身边，向庄王诉说被人调戏的情形，并告诉庄王，那人的帽缨已被扯断，只要点亮蜡烛，检查帽缨就可以查出这个人是谁。

楚庄王宽宏大量绝缨放部下。

楚庄王听了宠妃的哭诉，出乎意料地表示出很不以为然的样子。而且，庄王趁烛光还未点明，便在黑暗中高声说道："今天宴会，盛况空前，请各位开怀畅饮，不必拘礼，大家都把自己的帽缨扯断，谁的帽缨不断谁

阵前将知恩图报奋勇护君王。

就是没有喝好酒！”群臣哪知庄王的用意，为了讨得庄王欢心，纷纷把自己的帽缨扯断。等蜡烛重新点燃，所有赴宴人的帽缨都断了，根本就找不出那位调戏宠妃的人。就这样，调戏庄王宠妃的人，不仅没有受到惩罚，就连尴尬的场面也没有发生。按说，在宴会之际竟敢调戏王妃，够得上杀头之罪了。楚庄王为什么蓄意开脱，不加追究呢？他对王妃解释说：“酒后失态是人之常情，如果追查处理，反会伤了众人的心，使众人不欢而散。”

时隔不久，楚庄王借口郑国与晋国在鄢陵会盟，于第二年春天，倾全国之兵围攻郑国。战斗十分激烈，历时三个多月，发动了数次冲锋。在这场战斗中有一名军官奋勇当先，与郑军交战斩杀敌人甚多，郑军闻之丧胆，只得投降。楚国取得胜利，在论功行赏之际，才得知奋勇杀敌的那名军官，名叫唐狡，就是在酒宴上被宠妃扯断帽缨的人，他此举正是感恩图报！

楚庄王在宴会中绝缨之事，表现了他作为一国之君宽容大度的襟怀。容人之过，方能得人之心。有过之人总是希望看到他人的宽容和友谊，希望得到悔过自新的机会。这种需要一旦得到满足，其对立情绪便会立即消失，从而感恩戴德，“得人滴水之恩，必当涌泉相报”的情感很快在心理上占据主导地位。在这个基础上，稍加引导，就会产生像“戴罪立功”那样的心理效果。

鬼谷子在《符言第十二》强调了以德服人。用崇高的道德来感化人，替他人排忧解难，则会扩大自己的影响力，提高自己的声望。尤其是领导者，一定要品行高洁，诚实无欺，要懂得“以德服人”。道理能征服人，主要是真理的力量，道德能征服人，主要是靠的人格的力量。海纳百川，有容乃大。真正成大事者，当有海般博大的胸怀，善容下属之过，从而拉拢天下人才死心塌地为自己打天下。

◎用人不疑——猜忌伤人又伤己◎

多疑与猜忌是为人之大忌。不管是夫妻之间、长幼之间、上下之间、朋友之间，多疑与猜忌都会让人们之间的关系变得疏远。带团队做大事的人尤其要注意，领导多疑则队伍涣散，而领导性格豪爽、光明磊落则会赢得更多人的信赖。

多疑是一个领袖最不应该有的气质，因为多疑势必导致对别人的猜忌，而猜忌往往会伤害别人。人与人之间，多疑与猜忌都会让人们之间的关系变得疏远。带团队做大事的人尤其要注意，领导多疑则队伍涣散，而领导性格豪爽、光明磊落则会赢得更多人的信赖。所以真正有智慧的人，作为领导常是光明磊落的，即使有所疑虑，也绝不过分神经。而作为下属则努力低调，积极避嫌，这并不是妥协，而是存身之道。

东汉时候的冯异是光武帝刘秀手下的一员战将，冯异不仅英勇善战，而且忠心耿耿、品德高尚。当刘秀转战河北时，屡遭困厄，在饥寒交迫中，是冯异送上仅有的豆粥麦饭，才使刘秀摆脱困境。不单如此，他治军有方、为人谦逊，每当诸位将领相聚，各自夸耀功劳时，他总是

为君之道，用人不疑，猜忌间隙，当巧妙化解。

一人独避大树之下。因此，人们称他为“大树将军”。

冯异长期转战于河北、关中，深得民心，成为刘秀政权的西北屏障。树大招风，这自然引起了同僚的妒忌。一个名叫宋嵩的使臣，四次上书，诋毁冯异，说他控制关中，擅杀官吏，威权至重，百姓归心，人们都称他为“咸阳王”。

当时的刘秀对此事也颇费了点心思，一来冯异功劳甚大，大有盖主之势。二来西北方又确实需要能人稳定局势。所以刘秀还真是觉得不好办。而冯异对自己久握兵权，远离朝廷，也不大自安，担心被刘秀猜忌，于是一再上书，请求回到洛阳。不过刘秀深知多疑猜忌乃为君大忌，如若听信谗言处理冯异，对局势不利，但是心里又的确不能完全放下，所以为了消除冯异的顾虑，刘秀便把宋嵩告发的密信送给冯异。这一招的确高明，既可解释为对冯异深信不疑，又暗示了朝廷早有戒备。恩威并施，使冯异连忙上书自陈忠心。刘秀这才回书道：“将军之于我，从公义讲是君臣，从私恩上讲如父子，我还会对你猜忌吗？你又何必担心呢？”

冯异能够自保，与他自己的行事方法有关。但是刘秀能做到这样，也实属不易。正因为他对冯异能给予一定程度的信任，而不是担惊受怕，所以冯异能够一而再、再而三地为他卖命是有道理的。刘秀虽然不太放心，但是他能控制得住自己的情绪，使得猜忌不会蔓延开来，从而影响这个朝廷的人心向背。

《符言第十二》篇是鬼谷子为君主设计的一套用臣权术。以诚待人、以德服人是为人君主应该恪守的准则。成大事者，必有虚怀若谷的胸怀。当然，历史上也有多疑而成霸业者，不过他们都给将士以足够的信任，如曹操，可谓多疑，但是他对自己的下属却不怀疑。人人都有自尊，被别人猜忌和怀疑则毫无疑问伤害了自己的尊严。在日常生活中，上司和下属之间很容易产生误解，形成隔阂。一个有谋略的领导，常常能以巧妙的方法，显示自己用人不疑的气度，使得疑人不自疑，而会更加忠心地效力。俗话说“疑人不用，用人不疑”讲的就是这个道理。

管理谋略

◎谦虚谨慎——萧道成喝御酒◎

萧道成，字绍伯，南朝兰陵人。性深沉，通经史。仕宋为将军，封齐王，后受禅为帝，国号齐，即为齐高帝。从宋到齐，从人臣到君王，他曾经历过怎样的心路历程呢？对此他曾在一首《群鹤咏》中暗示自己的心情：“八风儛遥翮，九野弄清音。一摧云间志，为君苑中禽。”

此诗，通篇写鹤。前两句意为一鹤迎着八面来风起舞，在九天之上翱翔鸣叫；后两句笔锋一转写到，鹤因羽翮摧折而不能高翔云天，只能成为帝王园囿中的观赏之物。显然此诗是托物言志、以鹤喻人，既写出了萧道成鹤飞高天的雄心壮志，也暗示出他内心的苦闷与不平。那么，他如何由一只供君王观赏之“苑中禽”涅槃为“清音九野”之仙鹤的呢？

南朝宋明帝生性多疑，好鬼神，信迷信，多忌讳，搞得民间乌烟瘴气。

如果有人触犯了他的禁忌，他向来不问青红皂白，总是先杀而快之。他最忌讳的是

君王身边乃是危惧之地，一语之失便有性命之忧。

“凶”“死”“灾”“祸”等这些不吉利的字眼。京都曾有一宣阴门，人们为了避讳，改称为“百门”。但是，宋明帝认为这也不是什么好兆头，有许多人不小心疏漏了嘴被残忍处死。可以说他的迷信和多疑都达到了登峰造极的地步。在日常生活中，就连移床、修墙，甚至搬动一块石头宋明帝都要人们查看皇历，祭祀祖先。

在这种情况下，宋明帝手下的文武大臣无不诚惶诚恐、小心谨慎，唯恐惹来皇帝无端猜忌，招致杀身之祸。宋明帝初年，诸王多叛，当时朝中有一员大将萧道成骁勇善战，成为平叛的一员主将，东征西讨，功勋卓著，名位日隆。到了公元469年，萧道成身兼数职，手握兵权，在民间的影响力越来越大，不知道是恶作剧，还是有人存心陷害，建康城一度出现了“萧道成当为天子”的流言。

对此，深知宋明帝生性多疑的萧道成更是时时留心、处处在意，唯恐不小心给皇帝留下把柄。其实，宋明帝早就觉得萧道成才貌出众，不是久居人下的人，又听到民间流言后更加怀疑手握重兵的萧道成有野心，会对自己构成威胁了。于是，宋明帝决定找寻机会试探和考验一下萧道成。

一次，宋明帝千里迢迢派遣使者吴喜给镇守淮阴的萧道成送去一壶酒。萧道成戎装出迎使者，看到那一壶酒随即明白了怎么回事。待他谢过天恩后，吴喜便递过了那壶酒，说道：“皇上感念你镇守有功，特赐你美酒，请即刻享用吧。”说罢，手握宝剑看着萧道成。这时萧道成的部下都担心那是一坛毒酒，私下里为萧道成捏了一把汗。

其实，萧道成此刻的内心何尝不是翻江倒海，五味俱全。他心中明知这是君王的试探，想到自己在当下国家的位置可以说是无可替代，君王是不会毒害自己的，否则刘家的天下就难以保全了。但是这是常理之分析，常言道，人心叵测，更何况君王之心呢。如果此酒真乃毒酒，如若喝下自己也就一命呜呼了；可如若不喝，当留下不忠之嫌疑，皇帝绝对不会放过自己，最终还是一个死。须臾之间，思虑千载。想来想去，与其留下不忠之名，还不若冒险一试，如若真乃毒酒，就当我命该如此吧。

君王多疑，遣御使赐酒考验臣子。

想到这里，萧道成不再犹豫，端起酒壶，仰起脖子，“咕咚咕咚”地很快就把酒喝光了。吴喜看到了这一切，笑嘻嘻地对萧道成说："萧将军果然爽快，这样我就可以回去复命了。"随后，吴喜便离开了。自此，宋明帝判断萧道成是忠心的，不会造反。

萧道成面不改色饮御酒，消除君王疑心。

但是这场虚惊之后，萧道成深知自己位高权重，难免招致皇上的猜忌，于是，行事越发的小心谨慎。赐酒事件不久，宫中皇族叛乱，宋明帝速召萧道成回京，许多人都说此行可能凶多吉少，还是从长计议的好。但是萧道成却说："我必然要回。此时宫中皇族自相残杀，皇上无心顾及其他，如果不回，反而会招致皇上的怀疑，只会使情况更糟糕。"

宋明帝见萧道成言听计从、招之即来，基本上消除了对他的疑心，而且对其还加官晋爵。萧道成屡次都表现出对皇上的一片忠诚之心，宋明帝因此放松了警惕。后来，时机成熟，萧道成一举夺取了刘宋江山。

《鬼谷子》有言："目贵明，耳贵聪，心贵智。以天下之目视者，则无不见；以天下之耳听者，则无不闻；以天下之心思虑者，则无不知。"说起来，这宋明帝也乃无道昏君。平素里是迷信鬼神，残害无辜。时常在宫外花天酒地，在宫内杀戮大臣。据传一日三伏天，萧道成在院中敞开衣襟纳凉，宋明帝突然闯入，径直以萧道成之肚皮为箭靶，拉弓要射。吓得萧道成大声求饶。宋明帝觉得如果一箭射死萧道成也没有意思，随后便摘掉箭头，将箭杆射向萧道成，没想到正中靶心——肚脐，萧道成痛得滚翻在地，宋明帝乐得"哈哈"大笑。这宋明帝之顽劣昏庸可见一斑。

所以，萧道成对这宋明帝早就有些腻烦了，只不过是坐等时机而已。但是，虽然才智足以当天子，身处人臣时更要小心，一着不慎就会满盘皆输。想当初萧道成敢于饮下所赐御酒，实在是胆识过人。当然，这胆识更在于对当时处境和形势的准确分析，所以才会屡遭险情，总能顺利过关。

◎慧眼识人——刘邦"得猛士兮守四方"◎

欲成大事者，善于用人是重点中的重点，关键中的关键。毕竟自古千军易得，一将难求，重人才者才得天下，失人才者定失天下。这就是历史的经验。

自古以来，德高望重、有才有识的人受尊重，"礼贤下士"更是中华民族历来的传统美德。古人云：得人才者得天下。汉高祖刘邦虽然出身底层社会，学识并不渊博，但他同样也明白这个道理，所以对有真才实学的人向来尊重有加、以礼相待，并委以重任，从而赢得天下。

看刘邦此人，虽然文不如萧何，武不如韩信，谋不如张良，但是，他却能将如此多的良才笼络到自己帐下，让他们死心塌地地为自己打天下，这就是他的高明之处。刘邦的驭人策略概括起来主要是：知人善任、不拘一格、招降纳叛、不计前嫌、坦诚相待、用人不疑、论功行赏、暗中控制，是典型而又经典的帝王之术，为后世帝王效仿。我们从刘邦对"汉初三杰"的态度上，就可窥见一斑。

汉朝初建时，某次，刘邦大宴群臣，酒过三巡，刘邦笑问："我何故可得天下？项羽何故失天下？"当时就有两人同起，朗声答道："陛下平日对待部下，未免轻侮傲慢，不及项羽的宽厚仁慈。但陛下攻城略地，每得一城，便作为封赏，可见您能与天下人共谋利益，所以人人为陛下效命，才得天下。项羽嫉贤妒能，生性多疑好猜，战胜不赏功，得地又不分利，人心涣散，所以错失

刘邦慧眼识人，知其才能善加运用。

天下。”高祖听了，笑着说道：“你们只知其一，不知其二。据我想来，得失原因，须从用人上说。运筹帷幄，决胜千里，我不如子房；镇国家，抚百姓，运饷至军，源源不绝，我不如萧何；统百万兵士，战必胜，攻必取，我不如韩信。这三人都是当今豪杰，我能委心任用，故得天下。项羽只有一范增，尚不能用，怪不得为我所灭了！”群臣闻言，各下座拜伏，称为至言。就是这“三不如”的说法，体现了刘邦的用人之明，这正是他打败项羽的关键所在。

不仅如此，刘邦用人也没有什么门户之见，既不重学历，又不要经验，只要有才，你就可以来。比如张良是贵族，陈平是游士，萧何是县吏，这些人都可以纳于旗下。樊哙是屠狗的，灌婴是贩布的，娄敬是赶车的，只要能为称霸一方出力，尽皆吸纳。彭越是强盗，周勃是吹鼓手，韩信是无业游民，刘邦也一概收拢。他对人才选拔的不拘一格，实在是开大气之先河，没有畏首畏尾，有的只是包容与痛快。刘邦的流氓气息自不用说，但是他能听得进谏言。他跟陆贾说“老子是马上得天下，看什么《诗》《书》”，陆贾一反问“居马上得之，宁可以马上治之乎”，刘邦马上面有惭色，于是接受了陆贾的意见。

刘邦还封给侮辱过自己的雍齿官做，更难能可贵的是他对人十分真诚，对于自己不知道的事情，从来不会不懂装懂。这一点比四百多年之后的曹操强多了，杨修之死，过在杨修，但是跟曹操不能容人也有关系。精明的刘邦，以真诚之名收买人心，使人为之卖命，却也时刻提防，暗中控制。他在平定英布叛乱时，常派人回朝问候萧何，实际上是在监视他。幸好，萧何聪明，故意把政事搞得一塌糊涂，才得以活命。还有韩信，封王的事情，不妨理解为是刘邦想除掉韩信故设的计谋。

《鬼谷子》说：“一曰长目，二曰飞耳，三曰树明。”目明则可以得贤臣，慧眼识人，并且能够使贤臣良将为我所用，这样也就可以成就大业。刘邦善将将，从而成就了自己的天下大业。观其一生，豪迈的大气象，精湛的驭人之术，为汉朝后代皇帝树立了杰出的榜样。正是：“大风起兮云飞扬，威加海内兮归故乡，安得猛士兮守四方？”汉朝气象自此而始！

虚心纳谏，笼络人心，安邦定国，成就大业。

由此可见，欲成大事者，善于用人是重点中的重点，关键中的关键。自古千军易得，一将难求，重人才者才得天下，失人才者定失天下。这就是历史的经验。

◎集思广益——曹操得天下众才归心◎

曹操求贤若渴，不拘一格，下令官员推荐人才，不可有所遗漏。

曹操能成大事的条件之一，就是他有着“任天下之智力，争众才之归心”接纳人才的博大胸怀。确实，天下智力皆为我所用，天下怎能不归心？

综观历史，几乎没有一个成就大业的人不是尽揽天下良才为己所用的人，又几乎没有一个“任天下之智力”的英雄豪杰不是胸襟博大、气度恢弘之人。成就一代霸业的曹操可以说就是这样一位英雄豪杰。

曹操最常说的一句话是“吾任天下之智力，以道御之，无所不可”，表达了他为成就大业要揽天下之人杰、争天下之归心的思想。历史上的曹操，正是从一兵一卒抓起，从一官一吏用起，用了将近二十年的时间，将长江以北的混乱局面扭转过来，实现了大半个中国的统一。

曹操为了实现一统天下的大志，曾连续下达三道求贤令，公开向天下招纳贤士。这三道求贤令明白告诉世人：无论你是否有过“迂辱之名”“见笑之耻”，或即使你有过如“贪将吴起”那种“杀妻取信”“母死不归”的大恶行径，只要你有才，仍将得到重用。曹操对负责举荐官员的部下所提的要求是：各举所知，勿有所遗。

另外，曹操一反东汉时征辟察举，注重所谓名节德行、家世声望的陈规陋习，只要有真才实学，什么人都可以用。曹操的兵将大都来自扬州的丹阳、兖州的泰山以及河北的并、冀两州，因有强大的战斗力而声名远播。他唯才是举，多次发布求贤诏令，强调要选拔那些有治国用兵之术的将才，即使他们有“侮辱之名、见笑之行”也不会介意。对于一些带领众人前来投奔的豪门望族，他也极力笼络，封其适当的官职。再者，他又不完全否定门第德行标准，而且很重视对名士的争取。对于一些不忠诚的部下，一经发觉，会毫不留情地将其清除。因此，最终他“天下忠正效实之士咸愿为用”，手下人才济济。

曹操不仅唯才是举，而且还能礼贤下士，对于真正的人才他会真诚相邀。荀彧就是一个例子。

一次，曹操前往泰山庙拜访高僧，请高僧向自己推荐几位贤能之才。高僧给了曹操一

曹操海纳百川，礼贤下士。

曹操为求贤才，屈尊降驾，亲自相迎。

个小锦囊，告知他若遇到一位胆敢辱骂他的人，即时打开锦囊便知。其后，曹操率大军攻入中原，所到之处，鸡犬不宁。进许昌后，曹操扎营于一个叫景福殿的庙内。曹操之弟曹仁带着士兵四下抢夺，弄得许昌百姓惶惶不安。这样几天后，四个城门上忽然都贴出一张帖子，上边写着："曹操到许昌，百姓遭了殃；若弃安抚事，汉朝难安邦。"落款是："许昌荀彧。"曹操看到帖子后，无比气愤，正想下令捉拿这个胆大包天之徒时，猛然想起高僧的锦囊来。曹操忙打开来看，只见上面写着这样一首诗："开口就晌午，日落扁月上。十天头长草，或字三撇旁。才过昔子牙，谋深似子房。"很明显，这是一首藏意诗。曹操忙请来身边诸位谋士，共同解读其中含意，折腾了半天才明白六句诗中隐含了这样四个字：许昌荀彧。曹操读后，幡然醒悟，急忙派人请荀彧至自己帐中。

原来，荀彧因不满当朝昏庸无道，一直隐居于许昌。后闻曹操有勇有谋，又爱惜人才，想投奔曹操，又不放心，于是写了这张帖子来试探一番，今见曹操特意派人来请，心里高兴，但为考察曹操是否真心，便故意拒门不出。是时正临寒冬腊月，天气冰寒，遭拒后，曹操没有生气，反而不顾严寒，亲自拜访荀彧，但两次都败兴而归。对于两访不遇，曹操并没有生气，仍耐心求访。

后来，曹操听说荀彧前往祖坟扫墓，于是备下厚礼，前往凭吊。曹操来到坟前，看见一个年轻少年，仪表堂堂，正专心致志阅读《孙子兵法》，头也不抬。忽然一阵风起，把书吹落在地。曹操急忙上前帮忙捡起并恭恭敬敬地递上。对此，荀彧却置之不理，只大声喝问来者何人。曹操说："我是曹孟德，今天特意来请荀公帮忙扶保汉室江山。"没想到，荀彧却十分冷漠地回绝了曹操。曹操赔笑说："久闻先生足智多谋，今日请不到先生，我便不走了。"荀彧又推说腿有毛病，行动不便。曹操便亲自牵来自己的马，扶荀彧骑上，迎入景福殿中。

曹操以真诚的态度渴慕人才，欢迎人才，接纳人才，关心人才，真正让人体会到了曹操的"我有嘉宾，鼓瑟吹笙"之真诚境界，也使得这些人才忠诚于曹操的事业，充分贡献自己的聪明才智，为曹操战胜对手、统一北方作出了巨大的贡献。

《鬼谷子》讲："目贵明，耳贵聪，心贵智。"耳聪目明，广开言路，集思广益，这样可以计出必胜，谋出必成。作为一个领导者，就应该有海纳百川的胸襟，有容人容事的度量。作决策时博采众言，广开言路，这样才能够腹有良谋。诸葛亮说，"曹操比于袁绍，则名微而众寡，然操遂能克绍，以弱胜强者，非唯天时，抑亦人谋也"。曹操能成大事的条件之一，就是他有着"任天下之智力，争众才之归心"的博大胸怀。

确实，何为天下？主要还是天下人，有了天下人，自然能成天下事。

◎虚心纳谏——陈余不肯纳谏的悲剧◎

“将略兵机命世雄”，刘禹锡在《韩信庙》的开篇就这样盛赞韩信的军事天才。而历史中的韩信到底是如何精于兵机、神于运兵的呢？也许赫赫有名的“背水一战”的故事最有说服力，“背水而战”意味着自断后路，向来乃兵书大忌。但是韩信却偏偏逆风而行，背水布阵，结果大获全胜。这其中有着怎样的奥妙和玄机呢？

刘邦、项羽两支起义队伍是秦末农民战争中两支主要的起义力量，在推翻秦王朝的战争中起了决定性的作用。在推翻秦王朝后，项羽依靠自己强大的军事力量，自立为西楚霸王，并封18个王，刘邦被封为汉王。

但是，刘邦一直想争夺天下，于是在公元前206年秋，亲自率领大军从陈仓（今陕西省宝鸡东）出兵，击败关中的章邯等3个诸侯王，占领了关中地区。不久，刘邦率军东进至彭城，被项羽打败。刘邦退守荥阳，从此楚汉两军形成对峙局面。由于汉军在彭城大败，魏、赵、齐等诸侯王纷纷背汉向楚，形势对刘邦非常不利。为了扭转局面，刘邦命韩信领兵进攻魏、赵、齐等地。

韩信平定魏地以后，又向刘邦建议，请求率领3万汉军继续北上，进攻赵国、讨伐燕国，并向东平定齐地，向南切断楚军粮道，与刘邦主力形成钳形攻势，先消灭楚的侧翼，孤立并包围项羽，然后在荥阳会师。这是一个很有远见的战略部署。刘邦欣然采纳了韩信的建议，并派常山王张耳跟韩信一起，率军出征。就是在攻打赵的时候、发生了著名的背水设阵的战役——井陉之战。

早在公元前208年正月，张耳和陈余便拥立贵族赵歇为赵王。到公元前206年2月，项羽分封诸侯时，又把赵歇的地盘分封给常山张耳，而把赵歇改封为代王。公元前205年10月，陈余因为没有被分封为王，便联合齐王田荣进攻常山王，张耳战败，投奔刘邦。陈余占领赵地，并把赵歇迎接回赵地，仍尊为赵王。赵王歇对陈余感激不尽，便让陈余做了代王。当刘邦彭城之败以后，赵歇和陈余便背汉降楚。

公元前205年九月，韩信开始向赵国进发。赵歇和陈余得到消息后，立即在井陉口（今河北井陉）屯集重兵，严阵以待。当时，赵军号称20万，韩信号称数万，实际上不过数千，因为那时的刘邦把他的精兵调到荥阳，抗拒项羽，所以兵微将寡。井陉口是太行山的险要关隘之一，乃兵家必争之地。

赵国的谋臣李左车认为，韩信、张耳是在打败了魏国、代国之后，乘胜追击，锐不可当，但是井陉口的路很难走，车不得并行，骑不能成列。韩信要通过这数百里狭窄山路，辎重必然远远落在后面。于是，他向陈余建议：“如果能给我3万精兵，让我从小道截断他们的给养，你则深沟高垒，不与汉军交战。这样汉军前不能进，后不能退，欲战不能，欲退无路，在荒凉的山野，粮草又得不到接济，不出十日，他们必败无疑。这样，韩信、张耳的头颅就会送到您面前。如果不这样做，我们反而会成为他们的阶下囚。”

固执己见，拒不纳谏。

可惜陈余是个纸上谈兵的书生，不

重视战略战术，他对李左车的分析很不以为然，反而认为："只要是仁义之师，就用不着诈谋奇计。"他对李左车说："我记得兵书上讲，如果十倍于敌人，就把他们包围起来；如果两倍于敌人，那就跟他们较量一番。现在韩信号称数万，其实不过数千，又千里迢迢来进攻我们赵国，现在他们早已经筋疲力尽了。像韩信这样微不足道的兵力，我们现在却躲避他，以后如果遇到更强大的敌人，我们又如何取胜呢？像你说的那样，诸侯知我们胆怯，以后便也会轻易来进攻我们！"他固执己见，拒不接受李左车的正确建议。

背水一战，自断后路，士气剧增，大获全胜。

这一情况，早被汉军的密探打听到了，并很快报告韩信。韩信得知后，非常高兴，于是率领大军继续进发，并在距井陉口三十里的地方安营扎寨；到了午夜，韩信精选轻骑2000人，每人带着一面红旗，从小道上山，隐蔽起来，监视赵军。韩信吩咐这些士兵说："如果赵军见我军退却，就一定会倾巢出动，追赶我军。到那时，你们就飞快地奔入赵军营垒，拔掉赵军的旗帜，换上汉军的旗帜。"然后韩信又命令他的副将们。给士兵们分发些干粮，让他们先垫垫肚子，并很有把握地说："今天要等攻破赵军，大获全胜后，再饱餐一顿。"将领们半信半疑，但只好遵命而行。

韩信认为，赵军已经抢先占据了有利地形，并修筑了营垒，目的是跟汉军主力决战；如果他们看不到汉军的军旗和仪仗，就不会向汉军的先行部队出击。因为他们担心，汉军一旦遇到阻击，主力部队就会中途退回。那样，他们就无法跟汉军主力决战了。根据这种分析，韩信决定再派一支人马先行，出井陉口，面向赵军阵地，背临绵曼水，摆开阵势。

果然，赵军见汉军背水为阵，不但没有出击，反而哈哈大笑。陈余自称深知兵法，认为背水为阵只能前进，不能后退，这是兵法的大忌。他哪里知道，韩信正是针对赵军的部署和心理，有意这样安排的！

等到天刚刚亮，韩信这才率领大队人马，举着大旗，擂着战鼓，杀出井陉口。气势十分雄壮。陈余早就想同汉军决战，见汉军主力杀来，便立即指挥赵军冲杀过去，一场恶战就这样开始了。

赵军汉军厮杀混战。

战斗进行了很久，打得也十分激烈。赵军由于以逸待劳，又求胜心切，所以英勇冲杀；汉军却佯装战败，丢弃旗鼓，向背水的阵地退却。陈余见了，以为消灭汉军、活捉韩信和张耳的时机终于来到了，便命令赵军全部出动，向汉军掩杀过去。赵军有的争抢汉军丢弃的旗

韩信派兵潜入敌营，遍插汉旗，赵军一见人心涣散，溃不成军。

鼓，有的追逐韩信和张耳。韩信和张耳退到背水阵地以后，两支部队会合在一起，又回过头来，向赵军反攻。

这时，韩信事先埋伏在山上的2000名汉军，见赵军倾巢出动、营垒空虚，便迅速进入赵军营地，拔掉赵军的旗帜，插上两千面汉军的红旗。正在同汉军混战的赵国军队，眼看难以取胜，就想撤回军营。他们回头一看，只见自己的营垒里已经插遍了汉旗，无数面汉旗迎风招展，以为自己的营地已经陷落，个个惊慌失色，一下子乱了阵脚，争相逃命。汉军两面夹击，越战越勇，赵军被打得落花流水，赵歇成了阶下囚，陈余也在混战中被杀。

正是陈余的固执，让一场注定可以获胜的战争最后惨败。当然，他的下场比李左车预言的还可悲，他连阶下囚都没做成，而是死在两军的混战中。刘邦顺理成章地占领了赵国。

《符言第十二》讲："德之术曰、勿望而拒之。"君主治理国家的关键，是广采众论，不拒绝任何意见。允许别人提意见，就会增强对方的参与意识，众心成城，增强我方力量；反之，拒绝别人提意见，就闭塞了自己的视听。固执就像一种病毒使得人的思维僵化，听不进任何的不同意见，无论正确与否，在这种偏执的心态下，难免会犯下致命的错误。做决策时，博采众言，多方听取意见。广开言路，细心倾听群众的呼声，通过听，了解真实的情况，大量掌握真实的信息，这样才能做到腹有良谋，在面对危机时，才能化险为夷。

◎冷嘲热讽——宋闵公命丧黄泉◎

"可惜赳赳力绝伦，但知母子昧君臣。到头骄戮难追悔，好谕将来造逆人。"这是冯梦龙感叹春秋时期宋国著名的将领南宫长万抒写的一首诗。"可惜赳赳力绝伦"是感慨南宫长万虽然有触山举鼎之神力，但是因为无视君臣之礼，犯下弑君之大逆不道的事情，最终导致了母子被杀戮的悲剧命运。

在这首诗中，冯氏秉承封建伦理道德对将南宫将军视为"造逆人"，"到头骄戮难追悔"，想当然地认为南宫将军应当为自己弑君而遭受杀戮的命运所悔恨。但是回归历史，我们也许会追问，南宫将军到底基于什么原因要杀死国君呢？很显然，南宫将军不是为了谋权篡位而弑君，难道南宫将军和国君之间有私仇？这样看来，南宫将军弑君这一命案还有许多值得人深思的地方。

周庄王十五年（公元前682年），周庄王病逝。太子姬胡齐即位，是为周釐王。

讣告送到宋国时，正当宋闵公与宫人在蒙泽游玩，大将南宫长万正在表演一种掷戟的绝技。原来南宫长万是宋国的一员猛将，素以力闻。他有一种绝技，就是将戟抛于数丈的高空，可以准确地用手接住，从来都是万无一失。宫里的人都想观赏他的这一绝活，因此宋闵公就召集南宫长万一同来游玩。于是，南宫长万就奉命施展了一回自己的绝技，宫里的人都夸奖不已。宋闵公稍微有些嫉妒，于是就命令侍卫取来博局（赌桌）与南宫长万赌博，用很大的金斗来盛酒作为惩罚。这博戏却是宋闵公所长。南宫长万一连输了五局，罚酒五斗，已醉到八九分地步了，但是他心中还是不服，于是就请求再赌一局。

这时候，宋闵公嘲笑他说："你不过是被鲁国放回的囚徒，是个失败者，还敢和寡人再赌输赢，真是自不量力！"南宫长万听到这句话心中感到很是惭愧和愤懑，于是不再说话。

宋闵公昏昧失态欺强臣。

这时候，忽然听到宫中侍卫报道："周王有使命到。"

宋闵公问明了使者来意，才知道是为周庄王报丧的，并且已立新王的事情。宋闵公说道："周天子已经更立新王，应当立即派遣使者前去吊唁。"

这时，南宫长万奏请说："臣从没有机会一睹王都之盛，希望可以奉命出使！"

没想到，宋闵公大笑说："难道我堂堂的大宋国就没有人了，为什么非得派遣一个囚徒呢？"周围的宫人一听也跟着呵呵大笑起来。

此时的南宫长万可谓是恼羞成怒，满脸涨得发红，嘴角急剧地颤抖，加上有些醉酒，一时性起，顾不得什么君臣之分，破口大骂道："无道昏君！你知道囚徒也是会杀人的吗？"

这时的宋闵公也大怒说："你这囚徒！还敢无礼！"说着便去抢南宫长万之戟，想要刺杀他。只见那南宫长万也不来夺戟，径直地抓起赌桌一下子就把宋闵公打倒在地，随即又挥拳数下，顷刻之间，宋闵公已经血肉模糊，一命归西了。

宋闵公堂堂的一国之君就这样死在了南宫长万的重拳之下。可叹，宋闵公即位共十年，只因对臣不肖，一句戏言，遂遭逆臣毒手。

但是南宫长万恼羞成怒、因怒弑君也是有根源的。想当年，有触山鼎力之神勇的南宫长万也是宋国一员赫赫有名的大将，响当当的汉子。所谓鲁囚的由来是这样的。周庄王十三年（公元前684年）的春天，齐国军队攻打鲁国，结果齐国大败而归。随即齐国就又联合宋国一起来攻击鲁国，希望可以共同击败鲁国。

南宫长万不甘受侮，弑君王。

当时，宋国派遣的就是由猛将南宫长万为主将的大军。齐国则派遣鲍叔牙为主将。两将帅各统大兵，集于郎城。齐军于东北，宋军于东南。

在这种危机的情形下，鲁庄公派出兵夜袭宋营。那时宋兵皆在酣睡，全然不觉。一时金鼓喧天，直前冲突。火光之下，遥见一队猛虎咆哮，宋营人马无不股栗，四下惊皇逃窜。南宫长万虽然勇猛过人，但见人马离

鲁庄公夜袭擒获南宫长万，敬其骁勇，放归宋国。

散，也只得驱车而退。这时鲁庄公后队已到，合兵一处，连夜追逐。

败到乘邱地方，南宫长万对属下说："今日必须死战，不然难以脱身。"

说完，南宫长万就挺着长戟，直撞入鲁国大军丛中，逢人便刺。鲁兵惧其骁勇，无人近前。

这时鲁庄公手下大将敞孙生迎上前去，与南宫长万厮打到了一块。但是敞孙生毕竟不是南宫长万的对手，很快就要招架不住。鲁庄公见状立马吩咐左右说："敞孙生力亏，我助一臂。取我金仆姑来！"金仆姑者，鲁军府之劲矢也。于是左右捧矢以进，鲁庄公搭上弓弦，瞄得确切，嗖的一箭，正中南宫长万右肩，深入于骨。

此刻，南宫长万用手拔箭，敞孙生乘其手慢，复尽力一戟，刺透南宫长万的左股。南宫长万倒撞于地，急欲挣扎，被敞孙生跳下车来，双手紧紧按定，众军一拥上前将其擒住。

鲁庄公大获全胜，鸣金收军。而鲍叔牙得知宋国军队失利后，遂率全军而返。南宫长万肩股被创，尚能挺立，毫无痛楚之态。鲁庄公爱其骁勇，厚礼待之。鲁庄公把南宫长万囚禁在后宫中，过了几个月后，才把他放回宋国。

这便是南宫长万被俘虏的经过，虽然南宫之兵败有他轻敌之疏忽，但是在两军交战的殊死搏斗中，南宫长万的确是一名有万夫不当之勇的猛将，而且身受重伤，被俘之后竟然面无痛色，不愧是铁骨铮铮的汉子。正是南宫长万这股骁勇的英雄气让鲁庄公心生敬意，所以才会将他送回宋国。

鬼谷子在《符言第十二》篇认为，君主一定要诚实无欺，懂得"以德服人"。南宫长万不慎成为鲁囚，心中很是郁闷不已，如果宋闵公能够宽宏大量地待他，他定当"戴罪立功"，为宋闵公肝脑涂地。可是，没想到有幸回到宋国，等待他的却是国君的冷嘲热讽，宋闵公的悲剧便产生了。

商战博弈

◎公正守信——陶朱事业当有管鲍之风◎

对于陈峰来说，他并不是个打领带的高手，但是这次，他决定试着打一次。

刚刚接手海南航空公司的时候，陈峰遇到了一件麻烦事：他只有1000万，"连一个飞机翅膀也买不起。"而他接管海航的任务就是：组建海南航空。

钱成了他每天翻来覆去想的最大问题。一个朋友偶然间的一句话让他找到了出路：美国可以找到投资。已经为钱急红了眼的陈峰刹那间来了精神。他在镜子前理了理有些凌乱的头发，套上一身西服，仔细地打着领带。

那段时间，他总共打了10次领带，去了10次华尔街。

第10次的时候，他又在用自学的英文为面前潜在的投资者讲述海航100万美元创业的故事，面前的听众听得津津有味，但没有一个真正出钱的。一位刚从洗手间里走出来的男人打断了陈峰的讲述，他饶有兴趣地问起了陈峰的公司在中国的具体位置。陈峰就拿出一张英文地图，他本想说我们在海南岛。但地图上海南岛的位置只有小岛没有名字，他就对那个人说："你知道越南吗？"那人说知道。

"我们就在越南边上。"

每当说起这个桥段，陈峰总是语重心长地对自己跟前的小字辈说："把话说明白是一种技巧，找投资的时候尤其如此。我当时就是给他们讲故事，讲得绘声绘色，非常容易明白。"有的人不明白，"讲好故事就能拉来投资？"

陈峰笑笑："可能还是因为我长得善良、诚实。"

陈峰说的没错，不是因为他长的善良、诚实，而是因为他确实诚信为本。

那个从洗手间出来的男人听完陈峰打趣的话后就走了，两周后，陈峰接到了美国航空想投资海航2500万美元的电话。直到那刻他才知道，那个陌生的男人是世界投资巨头索罗斯的助手，而打算投资他的美国航空公司就在他旗下。

当然，任何公司投资之前都是严谨的，尤其是美国公司。在正式合作之前，美国公司向陈峰提了200多个问题，他就用自己蹩脚的英文一一回答，虽不流利，解释得却清楚。2500万很快到账。但几天之后，那边的人又打来电话。

"陈先生，钱先别用行吗？等你把所有中外合资手续办完之后再用。"

一听这话，陈峰大惊起来。"我都已经用完了啊。"

"怎么这么快呢？"那边也惊讶不已。

陈峰就跟他解释，钱放在账上就有财务成本，公司急需发展，也没有办法。

"你们放心，不用着急，三个月我可以把所有手续办下来，我说话算话。"

之后，便是一系列紧锣密鼓的手续运作。陈峰一开始就建立了国际会计师准则，聘请一流会计做审计，这样美国人就容易看得懂。然后又聘请了美国最大的律师事务所做法律文件，好让美国人相信不是骗他们，最后陈峰又找到美国最权威的评估公司对相关程序进行评估，手续一个一个地办，程序一道一道地过。三个月后，所有手续竟然真的都办好了，连陈峰自己也直呼"奇迹"。

而美国人看到中国公司言必行，行必果，就放下心来。他们的投资也没有白费，短时间内就得到了丰厚的利润。

这次引资给海航注入了活力，"海南航空跟华尔街战略投资者的合作给我们开了一条路，接了个血管，给了我们一个入场证。使海南航空的管理和资本运作链条，跟国际资本链条融为一体，给我们产生连绵不断发展的支持和动力。"

但是，如果陈峰没有信守承诺，三个月将手续办齐，他也不会赢得一个好的名声，接下来的引资也不会取得成功。而回首当年，海航在负债高居不下之时，陈峰勇挑重担，十赴华尔街说服索罗斯投资海航，并不是一般人所能做到的，所以这件事也被业界称为传奇。

现在，以1000万元起家的海航已经成为中国第四大航空公司，这可能是许多人都想象不到的。每当人们问起他到底是怎么说服那些挑剔的投资者的，难道仅仅是因为会讲故事，把说明白，按时完成了合资手续？陈峰点点头：

"投资者都是非常挑剔的，他们会用各种严格的条条框框去要求你，去拷问你，他们就是想知道自己的钱能得到多少回报，投给你值不值？这个时候，你跟他说事情如果太复杂，人家就听不懂，这不仅仅是说话的问题，更是思维的问题，投资者尤其看重这点。但是更重要的，还是要诚实。如果你不诚实，说话不算数，人家就更不会跟你谈，所有的东西都可以成为谈判技巧，但这个却不行，只有实打实的对人家，人家才会相信你。"

“所有的都可以成为技巧，唯独诚信不行。”不是因为陈峰是晋商，才能说出这样的话。这是每个从商之人都应谨记的商道箴言。

《符言第十二》有“用赏贵信，用刑贵正……诚畅于天下神明，而况奸者干君。”之说。人，贵在恪守信用，贵在做事公正合理。赏罚得当，明清如水，也会得到大众的信任。诚信不欺是经商长久的关键因素，而商业信誉也应该置于所有的利益之上。商者虽以营利为目的，如果对良心道义置若罔闻，一切也都是白费。

陈峰公正守信，以诚为本

陈峰接到任务：组建海南航空公司，可他手里只有1000万元

海南航空创建初，资金短缺，陈锋10次飞往华尔街，去美国寻找投资者

陈峰细致翔实地为每一位可能的投资者讲述海航发展前景

陈峰的真诚努力终于为他带来了2500万美元的投资

2500万投资已经花出去，对方才想起要求办理一系列相关手续

不放心上，反正投资已拿到

建立了国际会计师准则

找美国最权威的评估公司进行程序评估

请美国最大的律师事务所做法律文件

奇迹般地在三个月之内办好了所有手续，赢得了投资者的信任

通过此次跟华尔街战略投资者的合作，海南航空的管理和资本运作链条，跟国际资本链条融为一体

中国第四大航空公司

有人说，经商虽是“陶朱事业”，但仍要以“管鲍之风”来要求自己。并不是所有人都能做到这点，只是我们不能将它忘记。诚者为大，商业领域也是如此。

◎嘘寒问暖——格兰仕“德叔”的宽厚仁心◎

1936年出生的梁庆德，并不知道若干年后，自己会获得一个德叔的称号。

他在26岁时就当起业务员，独自背着20斤饼干走南闯北。他喜欢笑，笑的时候总看着人。许多年后，当梁庆德成为格兰仕董事长的时候，身上更多的也是笑容和体谅，而非霸气和专横。正是这一点，让他聚拢起更多的人，德叔更多的是敬称，而不是畏惧。

1994年6月18日晚11时许，一个老鼠洞差点将已有十六年之久的格兰仕毁于一旦。百年不遇的洪水让这个转制不久的工厂成为一片汪洋。

如果这世上有些事的发生注定无法改变，承受就是唯一的选择。当时的格兰仕人面对的就是这样的局面。十五分钟内，机器和厂房全部被淹。所有的人都惊慌失措，而此时的梁庆德却大喊一声：“撤！一定要保住所有的人，一定要让所有的员工都安全！”

当洪灾过去许多天后，一位格兰仕销售主管这样评价自己的老板：“梁庆德是个低调谨慎、深谙用兵之道和非常讲感情的人。”

深谙用兵之道是句含义很深的评语。能说出此话，必是梁庆德身边亲近之人。

在梁庆德身上，人们看不到讳莫如深的诡计和克敌制胜的妙招。他的用兵是把计设在了人们心里。“很多高级管理员工都是冲着老板的知遇礼爱之情投奔而来的。”“知遇”“礼爱”是一个成事者难得的秉性，而梁庆德这个面容温和，素无杀气的商者正是凭着这点，攻克了无数人内心的堡垒，让他们为自己拼命。

在那一声断喝之后，大家闻令即行。洪水呼啸而来，“到拱桥上去！到拱桥上去！”此时的梁庆德，衣服已经湿透，却不知那是汗水还是洪水。

拱桥是当时格兰仕的最高处，钢筋混凝土构造，洪水冲不垮。大家纷纷踉跄而来。梁庆德又给驻守各关键岗位的人打电话：“赶快撤！文件账本都不要了，尽量往高处走，快点！”

很多人就是这样跑了出来，当时，梁庆德并没有告诉他们要躲到哪儿，但这些人却本能地向拱桥跑来。看到这一幕，许多人除了内心的恐惧，更多的还是感动和震撼。一座拱桥聚集了格兰仕的所有人，只要在一起，就没有渡不过的难关。

在这些人中，最显眼的还是梁庆德，他站在高高的拱桥上向下望去，2.8米深的洪水已将整个厂区淹没。他突然想怎么会这样，天灾无情，却为什么找到他梁庆德的头上？几个月前才刚刚和他一起买下格兰仕70%股份的创业者的心血就这样付之东流，他觉得愧对众人。

格兰仕董事长行事宽厚，追随者甚众。

大难临头，体恤员工，德行感召之下，众志成城渡难关。

但很快，他从这种思绪中抽身而出。

“查查有没有人员伤亡，清点一下人数。”

很多当时在厂的员工无法清晰地描述自己的感受，他们只觉得感动，非常感动。

“无人员伤亡，所有人员全部到齐。”

梁庆德长长地出了口气，但他知道，之后的恢复工作更加严峻。

在接下来的半个多月中，格兰仕1000多人不分昼夜地对工厂进行抢救。累了，就躺在镇上送来的席子上睡一会儿。

但梁庆德却睡不着，没有人知道他有多少个夜晚没合上眼睛。没有人知道他心中的苦楚：资金受损的股东、3800万的银行贷款、百废待兴的厂房，还有许多当初跟着自己打拼天下的兄弟姐妹，所有的一切，都要他一个人去抉择和面对。

“不能垮，不能垮，我还有很多债没有还！”

几天之后，梁庆德理了一个短发，他本想振作精神从头做起，没想到却看到了一头灰白的头发。

一夜愁白头，格兰仕员工竟在自己老板身上看见了。此时，有人开始哭泣，不久之后，就是大片大片的哭声。梁庆德没有哭，他只说了一句：“开会，中层以上干部全过来。”

会上，他先是交代了公司生产要抓紧恢复的事情，接着，就说了下面的话：“大家都是光人一个跑出来的，马上给每人发100块钱，让大家去买换洗的衣服。后勤再去买些脸盆牙刷生活用品，发给大家，伙食一定要安排好，出再大的事也要吃饭。”

听了老板的话，在座的每个人都被镇住了，他们没想到在这样的危难关头，老板想得最多的还是员工。

“还有，给外地员工发三个月工资，告诉大家想走的就走吧，厂里能理解，等恢复生产了再喊他们回来。”

人，很多时候就是活个情义。梁庆德说出这些话的时候，所有人的心已经被他牢牢抓住，有的外地来的小姑娘竟哭作一团。他们决心振作，决心团结，决心一个也不走。而格兰仕，就真的在众人的努力下挺过难关，迎来了新的生机。那个在这场与洪灾搏斗中发挥核心作用的梁庆德，却显得有些疲惫。

“我只想好好地睡一觉，真的有些累。”

许多年后，有人问他度过那场洪灾的关键和企业发展的关键是什么。

他思忖片刻，掷地有声地说：“是人的力量。一个企业在很小的时候，在相当困难的时候，如果能患难与共，风雨同舟，朝着一个目标努力去干，这个企业就会有大的发展。格兰仕的发展，得益于我们13000多名员工和管理层在过去十年吃的苦，没有他们，就没有格兰仕的今天。”

现在，格兰仕已经成为中国微波炉业的巨头，梁庆德将这一切归功于格兰仕始终如一的人本思想。在那年洪灾之后的第二年，格兰仕招收了一批大学生，入场教育时提到那次洪灾，几乎没人相信。巧合的是，第二年又发生洪灾，那批大学生就是那年抗灾的亲历者，如今已成为格兰仕的骨干。

鬼谷子在《符言第十二》说："勿望而拒之。许之则防守；拒之则闭塞。高山仰之可极，深渊度之可测，神明之德术正静，其莫之极。"这里强调了以德服人。用崇高的道德来感化人，替他人排忧解难。以德服人，也会让更多人信服。

天灾无情人有情。商道之中，此话同样适用。当一个企业领袖将员工的利益置于金钱之上，他就获得了最有价值的资源——人心。"人聚财聚，人散财散。"拥有人心，就有了渡过难关、创造辉煌的可能。一个富可敌国却冷酷无情的人注定是孤独的，他会因为自己的薄情寡义失去良机。而一个善良淳厚的人，却会得到众人的回报。在这个社会，最重要的不是钱生钱，而是心换心，最有价值的东西都换来了，还怕有什么得不到呢?

◎眼观耳听——信息的守卫战◎

《符言第十二》讲："目贵明，耳贵聪，心贵智。以天下之目视者，则无不见；以天下之耳听者，则无不闻。"眼睛明亮、耳朵灵敏、心灵聪颖。若能利用天下人的眼睛去观察，就没有看不到的事物。若能利用天下人的耳朵去探听，就没有听不到的事情。在商战中，若能把握好信息的流通，也就掌握了事情的主动权。

竞争中的战略意识至关重要，竞争学认为，商人在激烈的市场竞争中决策计划时要以情报信息为基石，如同战场上用兵打仗一样，也要了解敌人的情报信息。这样才能知己知彼，百战不殆。

信息，从来是一个不甘落后的词语。商人在激烈的市场竞争中决策计划时要以情报信息为基石，战场上用兵打仗，也要了解敌人的情报信息。

信息对于经商的成败具有决定性的作用，因此他们很早就开始运用自己掌握的信息赚钱了。有这样一句富有哲理的话：即使是风，只要用鼻子嗅嗅它的味道，你就可以知道它的来历。

长期以来，犹太人在信息的搜索、整理和运用中，逐步形成了如下理念：

1. 商品离开了信息，便不能产生价值。只有通过信息（语言）描述商品，表达商业活动的构想，说明商品的价值，商品才有流通的可能。

2. 信息、产品、经营三位一体，构成完整的经济活动。

3. 能够说明商品功能和表达服务内涵的信息（语言）是最大的商品，是创造商品价值的资源。

4. 经济活动能不能开展，与商业活动信息和产品信息息息相关。

这些有关信息的理念，至今还在很大程度上影响着现代的信息产业，令人不能不惊叹犹太人的聪明才智。

美国佛罗里达州有个小商人，注意到家务繁重的母亲们常常临时急急忙忙上街为婴儿购买纸尿片，由此激发了灵感，想到要开一个"打电话送尿片"公司。

送货上门本不是什么新鲜事，但送尿片这样微利的小商品则没有商店愿意做，怎么办?

这个小商人左思右想，他雇用全美国最廉价的劳动力——在校大学生，让他们使用的是最廉价的交通工具——自行车。后来，很快得到了大学生们的响应，生意迅速火起来。他又把送尿片服务扩展为兼送婴儿药物、玩具和各种婴儿用品、食品，随叫随送，只收15%的服务费。

随着服务项目的增多，他的生意越做越兴旺。

经营者获取市场信息后，要进行专门的收纳、整理、分析，并且需要超常的破译思维。精明的人一旦顺利地破译，就会以最快的速度开发它、利用它。

亚默尔肉类加工公司的老板菲普力·亚默尔每天都有看报纸的习惯，虽然生意繁忙，但他每天早上到了办公室，就会看秘书给他送来的当天的各种报刊。

1875年初春的一个上午，他和往常一样坐在办公室里看报纸，一条不显眼的不过百字的消息引起了他的注意：墨西哥疑有瘟疫。

亚默尔顿时眼睛一亮：如果瘟疫出现在墨西哥，就会很快传到加州、得州，而北美肉类的主要供应基地是加州和得州，一旦这里发生瘟疫，全国的肉类供应就会立即紧张起来，肉价肯定也会飞涨。

他马上派人去墨西哥进行实地调查。几天后，调查人员回电报，证实了这一消息的准确性。

亚默尔放下电报，马上着手筹措资金大量收购加州和得州的生猪和肉牛，运到离加州和得州较远的东部饲养。两三个星期后，西部的几个州就出现了瘟疫。联邦政府立即下令严禁从这几个州外运食品。北美市场一下子肉类奇缺、价格暴涨。

亚默尔认为时机已经成熟，马上将囤积在东部的生猪和肉牛高价出售。仅仅三个月时间，他就获得了900万美元的利润。

由于亚默尔长期看报纸，重视信息，所以他的成功是必然的。他手下有几位专门为他负责收集信息的人员，他们都有很高的文化水平，拥有丰富的管理经验。他们每天把全美、英国、日本等世界几十份主要报纸收集到一起，看完后，再将每份报纸的重要资料一一分类，并且对这些信息做出分析、评价，最后才由秘书送到亚默尔的办公室。如果他认为哪条信息有价值，就会把他们召集在一起，对这些信息进行研究。这样，他在生意经营中由于信息准确而屡屡成功。

靠信息发财，是办实业做买卖必不可少的法宝。没有信息，经营者就像双目失明的盲人，面对四通八达的交叉路口不知东南西北，脚下也不知如何起步。

俗话说：信息灵，百业兴。瞬息万变的市场要求经营者必须具备极强的应变能力，随时做出正确的决策，而决策的基础在于是否获取大量及时、准确的信息。商品市场上常常出现这样一些情况：一方面消费者持币观望，抱怨买不到满意的商品；另一方面是个体摊位、商店、生产厂的产品因卖不出去而大量积压。其根本原因就是产品供求信息不准确，造成产品生产与市场需求脱节。

很多经营者缺乏信息意识，不做市场调查，凭着主观愿望盲目生产，或者子承父业，生产传统商品，或者仿制仿造他人的商品，结果在激烈的竞争中一败涂地。有些经营者虽然重视信息，但往往由于对得来的信息反应迟缓而坐失良机，或者由于信息错误而导致错误的决策。

靠信息发财应该不再是犹太人的专利，任何民族的任何人都可以去效法，只要你多留心身边的信息，赚钱也就不再是难事了。

本经阴符七术

◎经典再现◎

【提要】

修身养性是一种境界，更是一种内在的实质。纵横家游说诸侯，内在品质至关重要。本经阴符七术就是一种精神修养之术，它注重的是人的内心修炼。它是一种由内而外的修炼秘方，不但能入，还能出。它在"精""气""神"各个方面都进行了独到而且全面的阐释，对充实意志、涵养精神方面具有良好的功效。

本经阴符七术一共涵盖了七种权术，它们皆各有所指，具有很强的独立性。但彼此之间又有内在的逻辑联系，形成了一种既独立又联合，不可分割的关系。

前三节侧重于内在的修炼，包括内在精神、意志和思虑的养成。后四节讨论的则是由内而外运用内在精神的方法。以内在精神的充实为本，以内在精神的外用为末，环环相扣，紧密相连。

内心的修炼，以"盛神""养志""实意"为主。修身养性，是鬼谷子养生学说的经典。"盛神法五龙"认为养神之法在于合自然之道，以求养神以通窍。"养志法灵龟"认为养志要效法灵龟，以求养志以蓄威。"实意法螣蛇"认为坚定意志要效法螣蛇，以求实意以储存信息。

内心的外用，以"分威""散势""转圆""损兑"为主。"分威法伏熊"认为分威要效法伏熊，以求分敌之威、增己之威。"散势法鸷鸟"认为散势要效法鸷鸟，以求散敌之势，扭转局势。"转圆法猛兽"认为转圆要效法猛兽，以求像转动圆体那样使计谋快速产生。"损兑法灵蓍"认为损兑要效法灵蓍，以求损兑言辞，随机变辞。

纵横策士们游说人主，应该以精神为宗，把养生寓于人的精神活动之中，安定心志，达到修身养性的目的。

【原文】

盛神法五龙[①]。盛神中有五气[②]，神为之长，心为亡舍，德为之大[③]。养神之所归诸道[④]。道者天地之始，一其纪也[⑤]，物之所造，天之所生，包宏无形[⑥]，化气，先天地而成，莫见其形，莫知其名，谓之神灵。故道者，神明之源。一其化端[⑦]，是以德养五气[⑧]，心能得[⑨]一，乃有其术[⑩]。术者，心气之道所由舍者[⑪]，神乃为之使[⑫]。九窍十二舍者[⑬]，气之门户[⑭]，心之总摄也[⑮]。生受于天，谓之真人，真人者[⑯]与天为一。内修练而知之[⑰]，谓之圣人，圣人者，以类知之[⑱]。

故人与一生[⑲]，出于物化[⑳]。知类在窍[㉑]，有所疑惑，通于心术[㉒]，心无其术，必有不通。其通也，五气得养，务在舍神，此谓之化[㉓]。化有五气者，志也、思也、神也、德也，神其一长也。静和者养气[㉔]，气得其和，四者不衰[㉕]，四边威势，无不为存而舍之[㉖]，是谓神化。归于身，谓之

盛神法五龙之一。

真人。真人者，同天而合道，执一而养产万类㉗，怀天心㉘，施德养㉙，无为以包志虑思意㉚，而行威势者也㉛。士者通达之，神盛乃能养志。

【注释】

①盛神法五龙：尹知章曰："五龙，五行之龙也。龙则变化无穷，神则阴阳不测，故盛神之道法五龙也。"②中：体中。五气："五脏之气也，谓精、神、魂、魄、志也。"③德为之大：品德是精神在人身上的表现。④归诸道：归之于道。即言合道乃可养神。⑤一其纪也：是一的纲纪。道家言"道生一"，故道为一之纲纪。一，指元气，混沌之气。⑥宏：廓大。⑦一其化端：意谓道是世上万物化生的统一本源。一，统一，一致。⑧德：德、得古通。得，能够。⑨一：指由道所生的元气。⑩术：外在技术。⑪道：通导。导，导出，生发。⑫使：使者，此指心气与术间的使者。⑬十二舍：即中医所谓十二脏。先秦医家以心、肺、肝、胆、膻中、脾、胃、大肠、小肠、肾、三焦、膀胱为十二官，称十二脏（见《素问·灵兰秘典论》）。⑭门户：通道。⑮总摄：统领，制约。⑯真人：与自然合一之人。《庄子·天下》称关尹、老聃为"古之博大真人"，《文子》曰"得天地之道"者为真人。⑰内修练而知之：通过后天修养训练而得知种种权术。⑱以类知之：用类例法遍知权术。⑲人与一生：人与元气并生。⑳出于物化：出世后随从万物一起变化。㉑窍：即上言之九窍。㉒通于心术：在思维器官和感觉器官间（即心与术间）传递（疑惑）。㉓化：转化。㉔静和：安静祥和。㉕四者：即志、思、神、德也。㉖四边威势：此指外界环境。㉗执一：抱守元气。㉘天心：生养万物之心。天主生。㉙德养：以德养化万物。地主养。㉚无为……思意：不专注于权术而权术自生。㉛行威势：控制外界事物，制约外部环境。

【译文】

要使人的精神旺盛，就要效法五龙。旺盛的精神中有五气，精神是五气的总帅，心灵是五气的住所，品德是精神在人身上的表现。凡属培养精神的地方都归于"道"。道，先于天地而存在，是混沌元气的本源。万物的化育，天地的化生，都是由道来完成的。它恢弘无形,化养五气,先天地而生。没人见过它的形容，没人知道它的姓名，所以把它视为神灵。其实，道是神灵的本源，是世上万事万物的母体，而"一"是变化的开端。所以，品德可养五气，心能总揽五气，于是产生了"术"。权术，是心气外在扩散的外部表现形式，神是心气与权术的传导者。人体的九个孔和十二舍是气进出人体的门户，口鼻目耳是心气外散的通道，它们的功能反过来又制约着心。生来就具备种种权术的人，叫作真人。真人能与天地万物融为一体。明白这些道术的人，是通过内心的修炼才明白的，这就叫作"圣人"。圣人能以此类推而明白一切道理，人与万物一起生成，都是事物变化的结果。就一般人言，他们是与元气并生的，出世后随万物变化而变化。他们懂得权术，是靠了感官的学习。有了疑惑，靠心志思考和感官外察来解决。心志离开了感官，疑惑便不能通解。若要疑惑通释，就必须养颐五脏之气，特别是让神气归于心舍，这就是由惑到知的转化。在转化过程中也产生五气，即志、思、神、德等，其中"神"是五气的总帅。如果宁静、祥和就能养气，养气得以调和，志、思、神、德就不会衰退，那么外界局势就会被我们控制、掌握，这就叫作神灵般的转化。当这种神化归于自身时，那就是真人了。真人能与天地合同为一，抱守元气而育化万物万类，上怀苍天生物之心，下怀大地养物之德，并非专注于志、虑、思、意诸权术而诸权术自生，四周局势自然被控制。士人如能心术通达，心神盛大，就能修养自己的心志。

盛神法五龙，乃五行之龙，变化无穷。

【原文】

养志法灵龟[①]。养志者，心气之思不达也。有所欲，志存而思之。志者，欲之使也[②]。欲多则心散，心散则志衰，志衰则思不达[③]。故心气一，则欲不徨[④]；欲不徨，则志意不衰；志意不衰，则思理达矣[⑤]。理达则和通，和通则乱气不烦于胸中[⑥]。故内以养志，外以知人。养志则心通矣，知人则职分明矣[⑦]。将欲用之于人，必先知其养气志，知人气盛衰[⑧]，而养其志气，察其所安[⑨]，以知其所能。志不养，则心气不固；心气不固，则思虑不达；思虑不达，则志意不实[⑩]；志意不实，则应对不猛[⑪]；应对不猛，则志失而心气虚；志失而心气虚，则丧其神矣。神丧则仿佛[⑫]，仿佛则参会不一[⑬]。养志之始，务在安己[⑭]。己安则志意实坚。志意实坚，威势不分[⑮]，神明常固守，乃能分之[⑯]。

【注释】

①养志法灵龟：灵龟不食不动，木然无欲。养志务在节欲，故曰养志法灵龟。②使：使者，此指外在表现。③欲多……达也：指纵欲者不能养志。④不徨：无从顾及。徨、遑古通，《楚辞·九思》：“遽倬遑兮驱林泽。”遑，闲暇。⑤故心气……达矣：欲求无从顾及，志意就不会衰退。志意不衰退，思路就会畅通无阻。⑥烦：纠缠，烦扰。⑦职分明：职责、责任分明。此指知人善任。⑧人气：人的元气、脏气。⑨安：此指目的所在。⑩志意不实：志不坚，意气不充实。⑪应对不猛：应变能力不强，不能对紧急情况做出迅速反应。⑫仿佛：心意彷徨，精神恍惚。⑬参会不一：指志、心、神三者不能协调配合。⑭安己：使自己心安神静。⑮威势：精神气势。⑯分之：即分人之威势。

【译文】

若能如灵龟般无欲无求，便能修身养性，思维顺畅，意志坚定。

修养心志的办法是效法灵龟。之所以要涵养志意，是因为心神思虑不畅达的缘故。如果一个人有什么欲望，就会在心中想着去满足欲望。所以说，志意是受欲求驱使的。欲望多了，心神就会涣散，意志就会消沉。意志消沉，思虑就无法通达。所以说，心神专一了，欲求就无从顾及。欲求无从顾及，志意就不会衰退。志意不衰退，思路就会畅通无阻。思虑畅通就会脏气和通。脏气和通了，乱气就不会在胸中烦扰了。因此，对内要以修养自己的五气为主。对外，要明察各种人物。修养自己可以使心情舒畅，了解他人可以知人善任。想要使用某人，必须先知道他能否养志，了解他元气、脏气的盛衰，观察他的心志如何，考察他的理想所在，了解他的才能大小。如果一个人的心志都得不到修养，那么五气就不会稳固；五气不稳固，思想就不会舒畅；思想不舒畅，意志就不会坚定；意志不坚定，应付外界的能力就不强；应付外界能力不强，就容易丧失意志，心里空虚；丧失意志，心里空虚，就丧失了神智；神气丧失必然精神恍惚。精神恍惚，心、神、志三者就不能协调行动。涵养志意，务必从安己去欲开始。自己安定了，志意就会坚实。志意坚实了，自己的声威气势就不会减弱，神气就固守于胸中，就可以分散别人的威势了。

【原文】

实意法螣蛇[①]。实意者，气之虑也[②]。心欲安静，虑欲深远。心安静则神策生[③]，虑深

如何效法灵龟修养心志？

心神专一 → 清心寡欲 → **意志强劲** → 思路畅通 → 脏气和通

远则计谋成。神策生则志不可乱，计谋成则功不可间[④]。意虑定则心遂安[⑤]，心遂安则所得不错[⑥]，神自得矣。得则凝[⑦]。识气寄[⑧]，奸邪而倚之[⑨]，诈谋而惑之，言无由心矣[⑩]。故信心术[⑪]，守真一而不化[⑫]，待人意虑之交会，听之候也[⑬]。计谋者，存亡之枢机[⑭]。虑不会，则听不审矣。候之不得。计谋失矣，则意无所信[⑮]，虚而无实。故计谋之虑[⑯]，务在实意，实意必从心术始。无为而求安静五脏[⑰]，和通六腑[⑱]，精神魂魄固守不动，乃能内视，反听[⑲]，定志。虑之太虚[⑳]，待神往来。以观天地开辟[㉑]，知万物所造化，见阴阳之终始，原人事之政理，不出户而知天下[㉒]，不窥牖而见天道[㉓]，不见而命[㉔]，不行而至。是谓道知[㉕]，以通神明，应于无方[㉖]，而神宿矣。

【注释】

①实意法螣蛇：螣蛇游雾，无处不在，故充实意念要效法螣蛇。②气之虑：心平气和，思虑深远。③神策：奇谋佳策。④间：离间，干犯，阻止。⑤遂：顺。⑥错：乱。⑦凝：凝结。此指（神气）专注。⑧识气：智识、心气。⑨倚：靠，依附。⑩言无由心：未经思虑脱口而出。⑪信：信守。⑫真一：人的天然本性。⑬候：时机，最佳境界。⑭枢机：关键。⑮意无所信：意念中没有让人信任的东西，指信息不真实，计谋不周全。⑯虑：此指谋划。⑰五脏：心、肝、脾、肺、肾。此指五脏之气。⑱六腑：指胃、胆、三焦、膀胱、大肠、小肠。此指六腑之气。⑲反听：运用意念听体内之声。⑳太虚：道家向往的最高神境。㉑观天地开辟：指意念合于混沌元气。㉒户：小门，寝门。㉓牖：窗子。㉔命：命名。此指辨别事物。㉕道知：用大道以体察万物。㉖无方：没有极限。此指任何事情。

【译文】

充实意念应效法无处不至的螣蛇。坚定意志就是要在五气和思想上下工夫。心情要安详宁静，思虑要周到深远。只有心情安详宁静，精神就会愉快；只有思虑深远，计谋才能成功。精神愉快，心志就不会紊乱；计谋成功，功业就不可抹杀。意志思虑既定，心境就会顺遂平安。心境顺遂平安，行为就不会错乱，神气就能自得。神气自得就会精神专注。反之，若智识和心气客寄体外而不能在心中扎根，奸邪之气就会乘虚而入纠缠于胸中，阴诈计谋也会攻入心中迷惑我们，那么就会言不由衷，说辩苍白无力。所以要坚信通达心灵的方法，信守纯真始终不变，静静地等待意志和思虑的交汇，听候期待这一时机的到来。计谋是国家存亡的关键，思虑不与意志交会，所听到的事就不详明。即使等候，时机也不会到来，计谋也就失去了作用，那么意志也就无所依赖，计谋也就成了虚而不实的东西。所以，嘉谋良策的筹划，在于务必充实意念。充实意念，必须从锤炼心术开始。要静泊无为以处世，使五脏之气安静，使六腑之气和顺，使精、神、魂、魄诸气各安其所，才能做到内视脏腑，反听体音，使志、意、思、虑安定，如入太虚神境，以等待神气往来于体内、心中。由此以观天地开辟之理，洞晓世间万物造化之功，明见阴阳二气的交化终始，明察人世社会的治理机要，这样自己不出门就可以知晓天下大事，

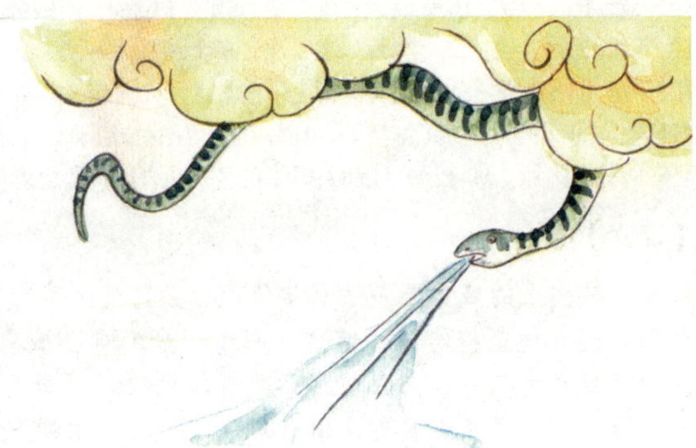

思虑与谋算当如腾空的蛇一般，无所不至，机敏万变。

如何效法螣蛇充实意念？

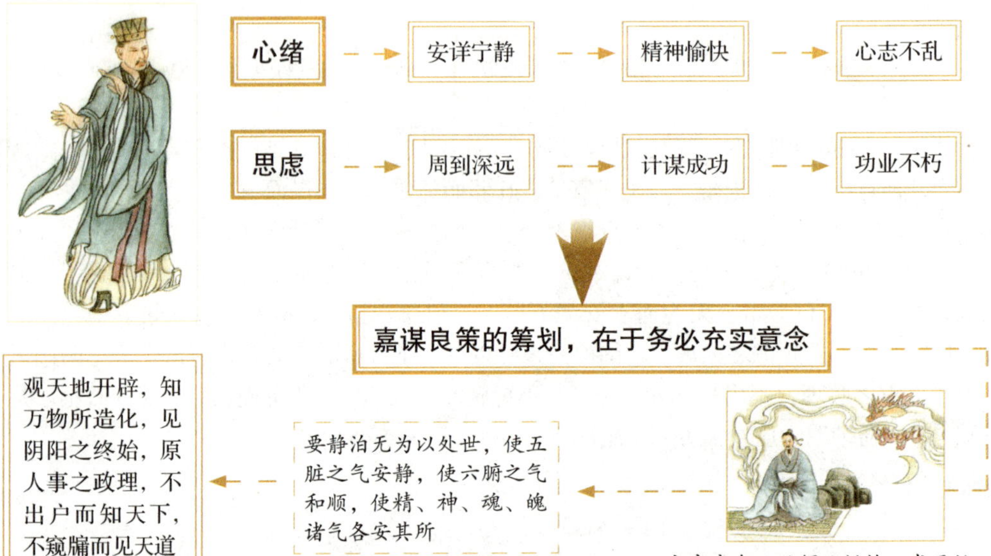

充实意念，必须从锤炼心术开始

不开窗就可以看见天道。不见事物而可为之命名，不用用脚行走而可达神奇之境，这就叫作明知天地阴阳大道，可与神明交通，可应付万变之机、任何情势，而神气也会永驻我们心中。

【原文】

分威法伏熊①。分威者，神之覆也②。故静意固志，神归其舍③，则威覆盛矣。威覆盛，则内实坚④；内实坚，则莫当⑤；莫当，则能以分人之威，而动其势，如其天⑥。以实取虚，以有取无，若以镒称铢⑦。故动者必随，唱者必和⑧，挠其一指，观其余次⑨。动变见形，无能间者⑩。审于唱和，以间见间⑪，动变明而威可分也。将欲动变，必先养志伏意以视间⑫。知其固实者⑬，自养也；让己者⑭，养人也。故神存兵亡，乃为之形势⑮。

【注释】

①分威法伏熊：杨慎曰：“伏者，藏也，静也。静藏者明，以乘彼暗，无物不可得而攫也。物皆有威，不可分散。我乘其暗，则其威势忽然分散。譬如瞉卵在彼盲手，我从攫之，无不得者。故善伏熊之法，万物虽有威势，莫不分散如彼盲者也。”②覆：覆盖，笼罩。按：此指充盈。③舍：居住之地。④内实坚：指志意充实，谋略既定。⑤当：抵挡。当，挡古今字。⑥如其天：如天覆万物般压倒别人的威势。⑦以镒称铢：用重物作秤锤去称量轻物，比喻以重驭轻，轻而易得。镒，二十两为一镒。铢，二十四铢为一两。⑧唱：通倡，倡导。唱、倡古通，《礼记·乐记》：“倡和有应。”《荀子·乐论》《史记·乐书》《说苑·修文》倡并作唱。⑨挠其……余次：比喻把握对方一点而依次考察其他。⑩间：寻缝隙，钻空子。⑪以间见间：用寻缝隙之心抓别人弱点。⑫视间：寻查对方漏洞。⑬知其固实：自己知道补洞弥隙。⑭让己：让别人抓住自己的漏洞。⑮为之形势：制造对自己有利的形势。

【译文】

分散别人的威势要效法那蛰伏而养、突然而动的伏熊。所谓分威，就是把威风一部分掩蔽起来。要平心静气地坚持志向，使精神归于心舍，那么威风就因为阻碍而更加强劲。威风因隐伏而强劲，内心就更坚定有底。内心坚定，就所向无敌。所向无敌，就可用分布隐伏威风来壮大气势。使其像天一样壮阔。用实来取虚，用有来取无，就像用镒来称珠一样轻而易举。因此，我们一倡导，对方必然应和。掌握了对方一点，就可以考察、控制对方的其余方面。对方的一举一动、一变一化都像明镜般摆在我们面前，他便无法钻我们的空子。但是，我们还要把对方应和我们的动机、目的等搞清楚，用查漏洞、钻空子的心去明察对方，以免被对方钻了空子。对方的举动确实明摆在我们面前，他的威势就可以被我们分散。我们要有什么举动，一定要先涵养志意，充实意念，抓住别人漏洞。知道堵塞自己漏洞的人，是能够自养威势的人。把漏洞留给对手的人，是帮助别人蓄养威势的人。因此要设法让精神的交往发展下去，让武力争斗得以化解。这就是所要实现的形势。

【原文】

散势法鸷鸟[1]。散势者，神之使也[2]。用之，必循间而动[3]。威肃内盛，推间而行之[4]，则势散。夫散势者，心虚志溢[5]，意衰威失，精神不专[6]，其言外而多变[7]。故观其志意为度数[8]，乃以揣说图事[9]，尽圆方[10]，齐短长[11]。无间则不散势者，待间而动，动而势分矣。故善思间者[12]，必内精五气，外视虚实，动而不失分散之实。动则随其志意，知其计谋。势者，利害之决[13]，权变之威；势败者，不以神肃察也[14]。

【注释】

①散势法鸷鸟：鸷鸟袭击禽兽，必善抓时机，散势亦须“待间而动”，故言散势法鸷鸟。②使：驱使，驱动。③间：间隙，漏洞。④推间：利用对方间隙，扩大对方漏洞。⑤溢：外流，外泄。⑥专：专一，专注。⑦言外：说些不着边际的话。多变：无中心，无主题。⑧度数：尺度，等级，程度。⑨图：谋划，处理。⑩圆方：天圆地方。此指有形物和无形物。详《捭阖》注。⑪齐短长：指灵活运用长计短谋。⑫思间：思索、寻查对方漏洞。⑬决：决定因素。⑭肃察：认真考察。

【译文】

分散对手的声势要效法寻机而动的鸷鸟。散开气势是由精神支配，实行时必须沿着空隙运行，才能威风壮大、内力强盛。运用散势权术时，一定要瞅准对手的漏洞再行动。我们的旺盛神气使我们的威势大增，再利用对手的漏洞去行动，就必定能散对手之势。威势被分散的人，心气虚弱，志意外泄，意念衰退，威风丧失，精神不能专注集中，言语不着边际且漫无中心。观察对方志意的盛衰，衡量对方声势的程度如何，于是去揣测游说，处理难题，查遍有形无形之物以掌握决策信息，衡量长计短谋以求得最佳决策。实施散势时应注意，对方若无间隙漏洞可以利用，就难以散其势，这时

如何效法伏熊分散别人的威势?

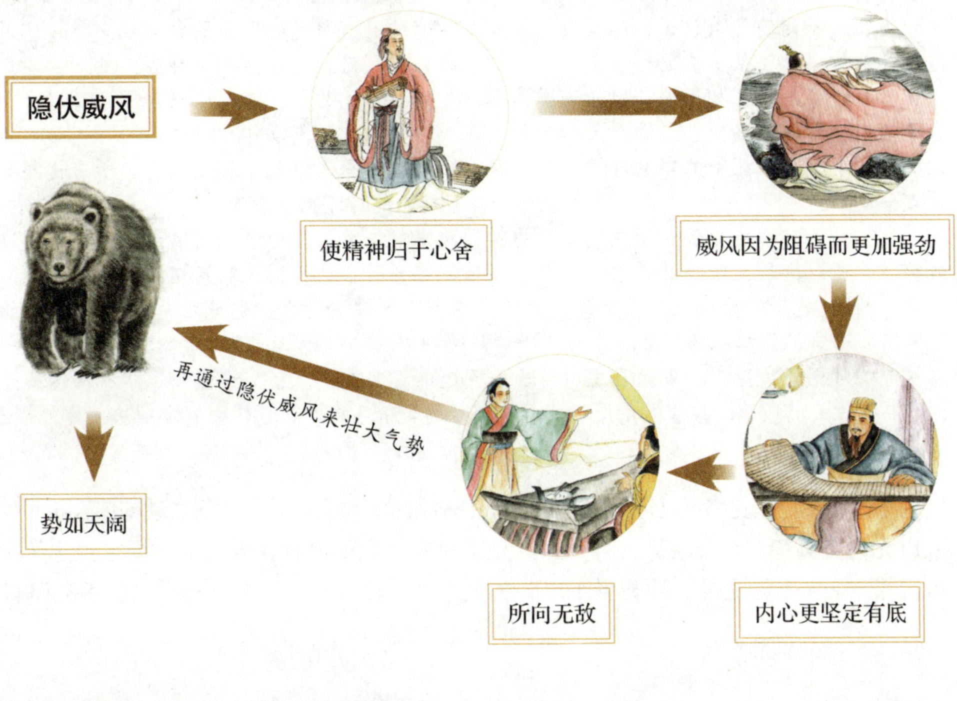

必须等待时机，等找到对方的漏洞再动手，一动就能散其声势。善于思索、寻求对方间隙的人，必须善于充盈内脏精气，善于观测对方志意的虚实，抓准时机，不动则已，一动必能散对手的声势。行动时，必须随时掌握对方志意的虚实，了解对方的计谋和对策。声势，是利害成败的决定因素，是随机应变的威慑力量。气势一旦衰败，就没有必要再费心去认真研究了。

【原文】

转圆法猛兽①。转圆者，无穷之计。无穷者，必有圣人之心，以原不测之智而通心术②。而神道混沌为一③，以变论万类④，说义无穷⑤。智略计谋，各有形容⑥：或圆或方⑦，或阴或阳，或吉或凶，事类不同。故圣人怀此用，转圆而求其合⑧。故与造化者为始⑨，动作无不包大道⑩，以观神明之域⑪。天地无极，人事无穷，各以成其类，见其计谋，必知其吉凶成败之所终⑬。转圆者，或转而吉，或转而凶，圣人以道先知存亡，乃知转圆而从方⑭。圆者，所以合语⑮；方者，所以错事⑯。转化者，所以观计谋；接物者⑰，所以观进退之意。皆见其会⑱，乃为要结⑲以接其说也。

【注释】

①转圆法猛兽：杨慎曰："猛兽之威无尽，犹转圆之势无止。圣人心语顺物，莫得而穷之，盖犹是也。"②原：追溯，探究。通心术：通于心与术之间。此指将不测之计储存在脑子里，并在实践中运用测试。③神道：不可测知的天地万物之道。④变：此云"'变论万类'，即'遍论万类'也。"⑤说义：申说物类之义。⑥形容：形势，特点。⑦或圆或方：此指灵活性的"圆计"和规定性的"方计"。⑧合：合于事机，合于时用。⑨始：端。此指一同（存在）。⑩包大道：包容大道。此指与天地之道相合。⑪神明之域：幽深隐蔽之处。⑫类：类别，类分。⑬终：终端，结果。⑭转圆而从方：从灵活的无穷之计转化到确定可行的具体措施。⑮合语：合君主之语，指迎合君主心意。⑯错事：处置事件，解决问题。⑰接物：与事物接触。此指接触实际问题。⑱会：汇聚处。此指各种问题的症结。⑲要结：关节，关键。

【译文】

要把智谋运用得像转动圆球一样，就要效法猛兽。所谓转圆，是一种变化无穷的计谋。要有无穷的计谋，必须有圣人的胸怀，以施展深不可测的智慧，再使用深不可测的智慧来沟通心术。哪怕在神明与天道混为一体之时，也可以推测出事物变化的道理，可以解释宇宙无穷无尽的奥秘。我们应该懂得，不同的智略计谋，各有自己的特征，有的具有灵活性，有的具有规定性；有的运用在暗处，有的公开实施；有的可致吉祥，有的可招凶灾，好似万事万类那样各不相同。所以圣智之士掌握了计谋的特征和用法，像转动圆体般地生发无穷无尽的计谋，以确定哪个可以合于事情，合于时机。所以圣人能够与造化天地万物的原气合而为一，其动作行为中无不与天地之道相合，以此而能明察幽暗深微的事物环境。天地是广大无边的，人事是无穷无尽的。所有这些又各以其特点分成不同的类别。计谋也是如此多样。观察别人的计谋特征，就可以测知它的结果成败。一般人转圆出计，有的能导致计谋成功，有的却导致事情失败。圣智之士明晓大道，凭此可以预知成败存亡，所以能从无穷的计谋中选取最合事情，最合时宜的计谋来制定切实可行的措施。这里所说的"圆"，是为了迎合君主需要而摆出的种种解决问题的计谋。这里所说的"方"，是指其中最可圆满解决这一具体问题的策略措施。所谓从圆到方的"转化"是为了考察哪种计谋最合用。所以要接触实际问题，是为了观测君主对待这一问题的真实态度。我们都探知了所有问题的症结所在，就要抓住关键环节，接着君主所讲的解决问题的真情实意的茬口，去制定解决问题的措施。

【原文】

损兑法灵蓍①。损兑者，机危之决也②。事有适然③，物有成败，机危之动④，不可不察。故圣人以无为待有德⑤，言察辞，合于事。兑者，知之也；损者，行之也。损之说之⑥，物有不可者⑦，圣人不为之辞。故智者不以言失人之言，故辞不烦而心不虚⑧，志不乱而意不

如何效法猛兽运用智谋？

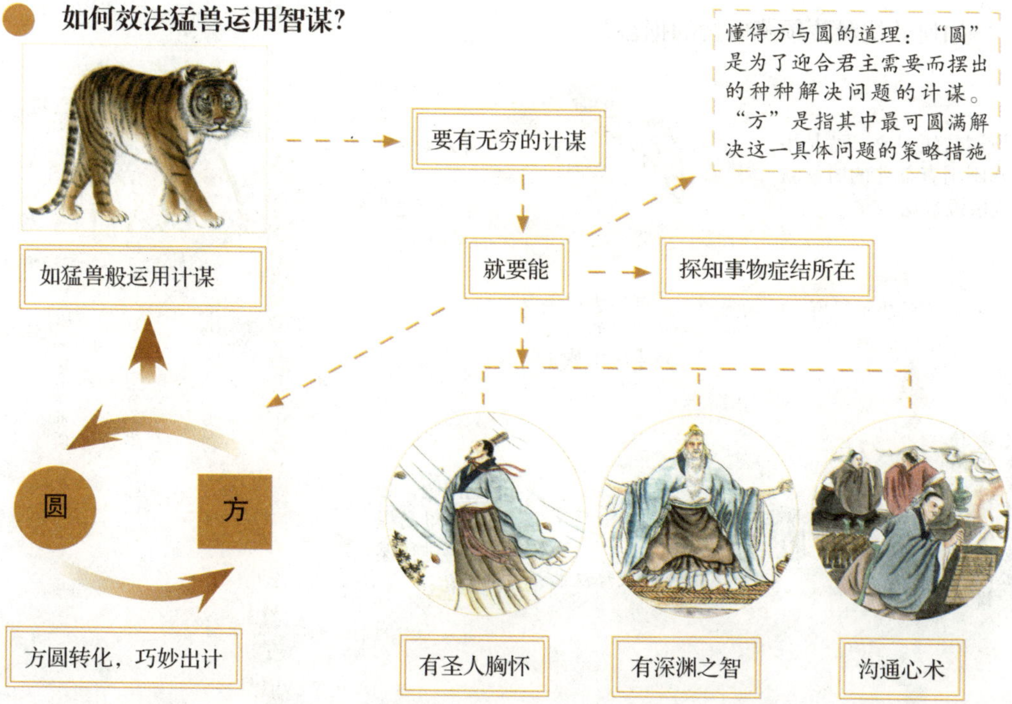

邪[9]。当其难易而后为之谋[10]，因自然之道以为实[11]。圆者不行，方者不止[12]，是谓大功[13]。益之损之，皆为之辞。用分威散势之权[14]，以见其兑威、其机危[15]、乃为之决。故善损兑者，譬若决水于千仞之堤[16]，转圆石于万仞之谿[17]。而能行此者，形势不得不然也。

【注释】

①损兑法灵蓍：灵蓍占兆于事物未然之前，损之益之，亦应在事物初兆之时，故损兑法灵蓍也。蓍，筮占之草。兑，俞樾云："益也"。②机危：事物的关键时机，紧要关头。③适然：发展方向。适，《广韵》："往也。"④动：萌发，发展。⑤有德：有德者生，此指事情发展动态。⑥损之说之：说，疑兑之讹。损之兑之，承上文而言。⑦不可：不合，不相适应。⑧烦：烦乱，复杂纷乱。⑨邪：邪僻。⑩当：判定。《汉书·杨恽传》"廷尉当恽大逆无道"，颜师古注："当，谓处断其罪。"⑪实：实际。此指实行措施。⑫圆者……不止：圆的计谋不善自运行，方的计谋不随便停止。⑬是谓大功：这就叫作"大功"。⑭权：权术。⑮威：威慑。危：通微，微小。⑯决水……之堤：扒开千仞高的大堤放水。以喻势不可挡。仞，八尺为仞。⑰转圆石……之谿：把圆石推下万仞深的谿谷。以喻势猛。

【译文】

要预测事物的损益就要效法灵蓍。所谓损益，取决于事物刚刚有征兆的时候。事情的发展有是否适时的问题，也有成败的问题，即使是很轻微的变化，也不可不细心观察。所以，圣智之士都用无为而为之的态度对待事物发展，考察对方言辞，审视事态发展。所谓增益，必须在充分了解事态之后；所谓损减，必须在计谋实行中进行。损减也好，增益也好，必须适合事物实际。否则，圣智之士是不会随便开口说话的。所以，圣人不以自己的言论来改变人家的言论，因而能够做到言辞不烦乱，心气不虚弱，志意不紊乱，意念不邪僻。遇到问题，必定审度难易程度，再进行谋划决策，运用自然之道去制定实施措施。并且能使对手的良策不能付诸实践，能使对方的错误决策继续施行，因而大功在握。这也是用增益损减的办法，设置言辞去迷惑对方。并且运用分威散势权术，去掌握对手的损益变化，在事物发展的关键时刻给对方施加影响，让他实际上按我们的决策行事。所以说，善于损兑的人，就好像在千仞的大堤上决口放水，又好像在万丈的高山上向下滚动圆石。

如何效法灵蓍预测事物的损益？

所谓效法灵蓍，就是事物刚刚有征兆的时候就能敏锐察觉

圣智之士以无为而为之的态度对待事物发展

考察对方言辞

审视事态发展

言辞不烦乱

心气不虚弱

志意不紊乱

意念不邪僻

遇到问题，必定审度难易程度，再进行谋划决策

言辞迷惑对方

分威散势权术

使对手的良策不能实践，使对方的错误决策继续施行

按我们的决策行事

为人处世

◎方圆合璧——纪晓岚智全“忠孝”之心◎

鬼谷子认为，方圆是一种手段，更是一种层次。大而言之，方是做人的底气，圆是成事的方法。将方与圆双剑合璧的人，才是能够纵横捭阖、任意挥洒的“武功”高手。

外圆内方的处世哲学是中国传统文化的重要组成部分，也是正确处理各种关系的有效方法。方是对原则的遵循，对道德标准的维护；圆是思路的变通，是手段的灵活。人们处在各种关系之中，方圆之道是其安身立命、杀出重围的重要途径。特别是在与地位较高的人相处时，更要掌握方圆之道。

其实清朝才子纪晓岚并没有我们想象中的风流倜傥，据史书上记载，纪晓岚“貌寝短视”。所谓“寝”，就是相貌丑陋；所谓“短视”，就是近视眼。另外，跟纪晓岚交游数十年的朱珪有诗描述纪晓岚：

河间宗伯姹，口吃善著书。

沉浸四库间，摘要万卷录。

看来，纪晓岚还有口吃的毛病。当然，纪晓岚既然能通过各层科举考试，其间有审音官通过对话、目测等检查其形体长相

编撰《四库全书》。

皇帝戏言全忠孝，臣子智语自解围。

以及说话能力，以免上朝时影响朝仪“形象”，应该不至于丑得没法见人。长得丑，近视眼，口吃，这些生理特点都成为纪晓岚一辈子与乾隆貌合神离、不得乾隆真正信任的重要原因。

为何如此说，其实这与乾隆用人的标准有关，他对身边近臣的标准是不但要求这些人机警敏捷，聪明干练，而且要相貌俊秀。例如和珅、王杰、于敏中、董诰、梁国治、福长安等人都是数一数二的美男子，故而得到重用，而纪晓岚如此丑陋，如何能让有此怪癖的皇帝的真正重用的呢？因此，有人说，纪晓岚只不过是乾隆豢养的文学词臣而已。但是这位“词臣”却以他自己的处世方式在乾隆、嘉庆时期走上高位，并名留青史，成为文化巨人。

究其原因，不仅是由于纪晓岚主持编著了的《四库全书》，多年主持科考，对乾隆朝贡献重大，更因为他懂得方圆处世之道，因此能在乾隆帝对宠臣的怪癖要求中自在地做事。有一个故事即可证明纪晓岚的这种处世方法。

有一次，乾隆皇帝想开个玩笑以考验纪晓岚的辩才，便问纪晓岚：“纪卿，‘忠孝’二字作何解释？”

纪晓岚答道：“君要臣死，臣不得不死，是为忠；父要子亡，子不得不亡，是为孝。”

乾隆立刻说：“那好，朕要你现在就去死。”

“臣领旨！”

“你打算怎么个死法？”

“跳河。”

“好吧！”

乾隆当然知道纪晓岚不可能去死，于是静观其变。不一会儿，纪晓岚回到乾隆皇帝跟前，乾隆笑道：“纪卿何以未死？”

“我碰到屈原了，他不让我死。”纪晓岚回答。

“此话怎讲？”

“我走到河边，正要往下跳时，屈原从水里向我走来，他说：‘晓岚，你此举大错矣！想当年楚王昏庸，我才不得不死；可如今皇上如此圣明，你为什么要死呢？你应该回去先问问皇上是不是昏君，如果皇上说他跟当年的楚王一样是个昏君，你再死也不迟啊！’”

乾隆听后，放声大笑，连连称赞道：“好一个如簧之舌，真不愧为当今的雄辩之才。”

这就是纪晓岚，这就是纪晓岚的处世智慧，他一生经雍正、乾隆、嘉庆三朝，60岁以后，五次出掌都察院，三次出任礼部尚书。他逝世以后，筑墓崔尔庄南五里之北村。朝廷特派官员到北村临穴致祭，嘉庆皇帝还亲自为他作了碑文，极尽一时之荣。

世界上有两种类型的思想，一种以“方”为代表，好比刺猬，以不变应万变；另一种以“圆”为代表，好比狐狸，遇事灵活，这两种思想可谓是优劣参半，其实将方圆合璧才是智者所为。

◎方圆有致——刘晏妙手安大唐◎

做事要方中有圆，在纷纭变化的现象中不忘本质，在表现个性的同时不忘共性，在静态中不忘动态，在坚持原则的同时不排除适当的灵活性，在遵守道德规范和礼仪、保持文化修养的同时又能不失自己的天真和本色。唐朝的理财大臣刘晏就是懂得在坚持原则的情况下，灵活变通的人。

转运使临危受命，遭逢两难之事。

惊天动地一声响，不仅仅击破了唐玄宗的美梦，还震碎了一个辉煌的盛世。安史之乱是唐朝由盛而衰的转折点，叛军铁蹄旋风般地踏遍了黄河两岸，大好河山为之破碎，天下百姓陷入苦难的深渊。战争给大唐经济带来毁灭性的打击，国库无毫厘之储，御厨无隔夜之粮。大厦将倾，谁有擎天之力？经济处于崩溃之边缘，谁能力挽狂澜？

刘晏横空出世，这位少年时被玄宗皇帝御封为“神童”的人，受命于危难之际，走上了唐朝中央财政经济工作的最高行政长官的岗位，肩负起了救国救民的双重使命。

他一上任，便开始了大刀阔斧的改革，恢复漕运、改革盐政等。

但是在刘晏管理全国财政事务的过程中，也曾面临很多的苦楚。特别是在唐德宗时，他一手掌管全国的赋税收入和各地的转运工作，权重财雄。许多权贵大臣看着眼热，便推荐自己的子弟到他那里工作，都想分一杯羹。

刘晏一时犯了难，他知道这些权贵自己一个也招惹不起，否则用不上三天，自己就会被流放到边远蛮荒地区，杀头抄家也不是不可能的事。然而如果答应了这些人的要求，收下他们的子弟，委任官职，这些膏粱子弟根本不懂财政工作，到头来只会搞得一塌糊涂，承担罪责的还是自己，真是左右为难。

多智臣思虑周全，设置空位虚职，搪塞纨绔子弟。

他苦思冥想多日，终于想出一个两全其美的方法。凡是推荐来的权贵子弟，他都照单全收，委任要职，却不分配给他们任何实际工作，所有的事务依然由自己精心挑选的官吏来做。

这些膏粱子弟既有官位，又有丰厚薪水，不必做繁冗细碎的财务工作，还可以积累自己升官的资历，个个乐不可支。权贵们也都认为刘晏很给面子，对刘晏的工作大力支持。

刘晏手下那些干实事的官吏都不是正途出身，本来也不可能升到高官，只要有丰厚的奖金，对官职根本不在乎。

刘晏用官满足权贵们，用钱满足手下干事的人，这样处世自然左右逢源。

因此，在刘晏的精心管理下，唐王朝的经济工作做得非常成功。当时的经济得到了恢复和发展，人民也得以安定。他初受命为转运使时，全国才两百万户，国家财政收入只有四百万缗。到了公元779年，户口增加到三百万户，财政收入达一千三百万缗（其中盐利过半），而国家并没有增加农民的税收，刘晏真正做到了“敛不及民而用度足”。他对安史之乱之后的唐王朝贡献是相当大的，无怪乎人们经常把刘晏与管仲、萧何相提并论。

刘晏既满足了各方面的需求，又不违反原则，其实不过是巧为变通而已。

鬼谷子在《本经阴符七术》讲：“圣人以道先知存亡，乃知转圆而从方。圆者，所以合语。”圣智之士明晓大道，凭此可以预知成败存亡，所以能从无穷计谋中选取最合事情、最合时宜的计谋来制定切实可行的措施。确实天下没有一招以不变应万变的处世绝学，大多数的情况下，需要人们以高度的灵活性把事情处理圆满。一个成功的人应该能以方圆的处世技巧来处理他所面临的事情。例如何时方，何时圆，怎样方，怎样圆，如何能够亦方亦圆，只有恰到好处地运用这些技巧，才能在不违背原则的情况下，将事情办得圆满。

◎舍生忘死——豫让刺赵襄子◎

豫让，春秋时期晋国人。《史记·刺客列传》中记载道：“豫让遁逃山中，曰：‘嗟乎！士为知己者死，女为悦己者容。今智伯知我，我必为报仇而死，以报智伯，则吾魂魄不愧矣。’”

到底，历史上的豫让是如何受到君侯——智伯礼遇的，如何才值得他以死相报，死而无憾？到底豫让有什么样的惊天之举，会让黄泉之下的智伯“主知深处自难”。

豫让最初是给范氏，然后又给中行氏做家臣，都是默默无闻。直到他做了智伯的家臣以后，才受到重用，而且主臣之间关系很密切，智伯对他很尊重。正在他境遇好转的时候，智伯向赵襄子进攻时，赵襄子和韩、魏合谋将智伯灭掉了，消灭智伯以后，三家分割了他的国土。赵襄子最恨智伯，就把他的头盖骨漆成饮具。

豫让逃到山里，思念智伯的好处，怨恨赵襄子把智伯的头颅做成漆器，盛了酒浆，发誓要为智伯报仇，行刺赵襄子。

于是，他更名改姓，伪装成受过刑的人，进入赵襄子宫中修整厕所。他怀揣匕首，伺机行刺赵襄子。赵襄子到厕所去，心一悸动，询问修整厕所的人，才知道是豫让，衣服里面还藏着利刀，被赵襄子逮捕。被审问时，他直言不讳地说：“欲为智伯报仇！”侍卫要杀掉他。襄子说：“他是义士，我谨慎小心地回避就是了。况且智伯死后没有继承人，而他的家臣想替他报仇，这是天下的贤士啊。”最后还是把他放走了。

豫让行刺，赵襄子感其义气，免死放归。

豫让自损身体，志在继续行刺。

过了不久，豫让为便于行事，顺利实现报仇的意图，不惜把漆涂在身上，使皮肤烂得像癞疮，吞下炭火使自己的声音变得嘶哑，他乔装打扮使自己的相貌不可辨认，沿街讨饭，就连他的妻子也不认识他。路上遇见他的朋友，辨认出来，说："你不是豫让吗？"回答说："是我。"朋友流着眼泪说："凭着您的才能，委身侍奉赵襄子，他一定会亲近宠爱您。亲近宠爱您，您再干您所想干的事，难道不是很容易吗！"豫让说："托身侍奉人家以后，又要杀掉他，这是怀着异心侍奉他的君主啊。我知道选择这样的做法是非常困难的，可是我之所以选择这样的做法，就是要使天下后世那些怀着异心侍奉国君的臣子感到惭愧。"他认为那样做有悖君臣大义。

豫让摸准了赵襄子要出来的时间和路线。在赵襄子要外出的一天，提前埋伏于一座桥下。赵襄子过桥的时候，马突然受惊，猜到有人行刺，很可能又是豫让。手下人去打探，果然不差。赵襄子责问豫让："您不是曾经侍奉过范氏、中行氏吗？智伯把他们都消灭了，而您不替他们报仇，反而托身为智伯的家臣。智伯已经死了，您为什么单单如此急切地为他报仇呢？"豫让说："臣事范、中行氏，范、中行氏众人遇我，我故众人报之。至于智伯，国士遇我，我故国士报之。"意思是说：我侍奉范氏、中行氏，他们都把我当作一般人看待，所以我像一般人那样报答他们。至于智伯，他把我当作国士看待，所以我就像国士那样报答他。赵襄子微叹一声，说："话虽这样，我容你一次，但可一而不可再。你为智伯做得也够多了，你好自为之吧。"豫让说："今日之事，我早有准备，但是事还没成。你上次赦我，天下人都称道你的宽宏大量。我现在有个请求，请你把衣服给我让我砍斫，也算我报仇成功吧。"赵襄子答应了他，让身边的人把衣服挑在戈上，豫让捡起长剑，连连跃起刺了三剑，仰天大呼曰："吾可以下报智伯矣！"遂伏剑自杀。

豫让刺衣报智伯，舍身取义。

豫让的事迹很快传开，赵国的志士仁人无不为其所感动，为其而悲泣。

对于豫让这样一个人，似乎很难用一句简单的"忠义勇敢"来形容，因为他的行为在我们现代人的眼里显得过于执着与偏激，要为智伯报仇，可以有许多的方式，但是豫让偏偏选择了一种最痛苦，最让人不可思议的方式来进行这场复仇的“表演”，隐姓埋名，混迹贱役，漆面吞炭，付出的代价超出常人的想象。

《本经阴符七术》有：“有所欲，志存而思之。志者，欲之使也。欲多则心散，心散则志衰，志衰则思不达。”当人有欲求时，就一心一意地思虑这种欲求。所以说，志意是受欲求驱使的。欲求过多，就会心神涣散。心神涣散，志意就会衰退。豫让报仇有自己的理由——人以国士待我，我以国士待人。这就是豫让报仇的逻辑，也就是说，他为智伯报仇，是因为智伯重视他，尊重他，给了他尊严，所以，他要舍命为智伯复仇，用生命捍卫智伯的尊严。

◎假痴不癫——温峤的“转圆术”◎

《论语》中有一段孔子赞人“愚不可及”的话，大意是说：“宁武子这人，当国家政治清明的时候便发挥他的聪明才智，当国家政治黑暗的时候便装出一副愚笨的样子。他的那种聪明是人们可以赶得上的，他的那种愚笨却是没有人能够赶得上的。”这句话告诉我们学“傻”比学“智”更难。

才能出众不一定是智慧，相反，有智慧的人并不显露自己超人的才华，因为过于显山露水导致树大招风。孙武曾提到了一种“愚兵”思想。军人的天职是服从命令，因此他们只须知道“做什么”便行了，对于“为什么”并不在他们应该知晓的范围之内，同时也就避免了他们因自以为是而造成错失的可能性。这样的思想是否真的适用于作战之中，不得而知，但可以肯定的是，在现实的生活中，混淆视听的“假痴不癫”也是一种不可缺少的处世智慧。

东晋温峤是西晋名臣温羡的侄子，因与陶侃联兵平定王敦之乱，重安晋室而名垂青史。东晋明帝司马绍即位后，他被拜为侍中。这时，东晋统治集团内部的权力斗争已发展到了白热化的地步，拥有重兵、占据长江上游的王敦十分跋扈，取代东晋的政治野心日益明显。晋明帝司马绍是无论如何不可能容忍王敦有染指皇权的妄念的，于是他决心铲除王氏在政治和军事上的势力。

司马绍在拜温峤为侍中后，很快又将他擢升为中书令，视其为司马王朝的栋梁之臣。温峤的炙手可热，自然引起了王敦的惊恐。于是他请求皇帝将温峤调到他的大将军府任左司马。温峤无奈，只得到武昌赴任。刚到武昌之初，温峤在多次劝阻王敦的劣行未果之后，遂决定改变自己行事的策略。

此后，温峤装出一副敬重王敦、愿意肝胆相照的模样，还不时地密呈策划以求得王敦的信赖。除此之外，温峤有意识地结交王敦的亲信钱凤，经常对钱凤说：“钱凤先生才华能力过人，经纶满腹，当世无双。”钱凤听了温峤的这番赞扬心里十分受用，和温峤的交情日渐加深，时常在王敦面前说温峤的好话。透过这一层关系，王敦渐渐视温峤为心腹。

不久，丹阳尹辞官出缺，温峤便对王敦进言：“丹阳之地，对京都犹如人之咽喉，必须有才识相当的人去担任才行。”王敦深以为然，温峤又诚恳地建议：“我认为没有人能比钱凤先生更合适的了。”温峤假意推

温峤施用“转圆术”，身处危惧之地全身而退。

荐钱凤，一为避嫌，二是以退为进，好诱使钱凤推荐他。钱凤果然中计，认为温峤可任。于是王敦上表朝廷，补温峤出任丹阳尹，并派他就近暗察朝廷中的动静，随时报告。

在王敦为他饯别的宴会上，温峤假装喝醉了酒，歪歪倒倒地向在座同僚敬酒，敬到钱凤时，钱凤未及起身，温峤便以笏（朝板）击钱凤束发的巾坠，不高兴地说："你钱凤算什么东西，我好意敬酒你却不饮。"王敦以为温峤真的喝醉了，还为此劝两人不要误会。温峤去时，突然跪地向王敦叩别，眼泪汪汪。出了王敦府门又回去三次，好像十分不舍离去的样子，弄得王敦十分感动。

果然，温峤辞别王敦向建康（今江苏省南京市）走去后，车行不远，钱凤就晋见王敦说："温峤为皇上所宠，与朝廷关系密切，何况又是帝舅庾亮的至交，此人绝不可信！"但王敦以为钱凤是因宴会上受了温峤的羞辱而恶意中伤，便生气斥责道："温峤那天是喝醉了，对你是有点过分，但你不能因这点小事就来报复嘛！"钱凤深自羞惭，怏怏退出。

温峤终于摆脱王敦的控制，回到了建康（今江苏省南京市）。他将王敦图谋叛逆的事报告了明帝，又和大臣庾亮共同计划征讨王敦。消息传到武昌王敦将军府，王敦勃然大怒："我居然被这小子骗了。"然而，鞭长莫及，一切都已无法挽回了。

做人固然需要刚强，但如若一味刚直不屈，就有可能碰钉子，甚至会遭不测。温峤能够逃脱王敦的魔掌，靠的就是他巧妙地运用"转圆术"。在劝阻王敦无望的情况下，温峤转为助纣为虐，曲意协助王敦造反，并暗地里拉拢王敦的亲信钱凤，为自己创造脱身的机会。在即将脱离魔爪的时候也不忘小心谨慎，再三揣度，做到万无一失。

温峤在危险的境地中，"假痴不癫"，表面上装作怯懦愚鲁，暗地里"操兵练武"，待时机成熟之时，果断出击，让对方措手不及，把转圆术运用到了极致。

◎方中有圆——张之洞处世显圆通◎

方中有圆，圆中有方，是为人的因果律，又是大自然的法则。自古有"天行健，君子以自强不息。"又有"地势坤，君子以厚德载物。"在这里，圆，象征着运转不息、周而复始的天体；方，象征着广大旷远、宽厚沉稳的地象。

晚清重臣张之洞就是一位善用方圆之道处世的名人。

张之洞少年时很聪慧，身形似猿，传说为将军山灵猿转世；榜中探花，历任湖北、四川学政，山西巡抚，两广、湖广、两江总督，官至体仁阁大学士、军机大臣。在晚清风雨飘摇的政局中，他提出"中学为体、西学为用"的方略，办实业、造枪炮、勤练兵，为清王朝的发展呕心沥血。

厚德载物君子之道，处世圆通智者所为。

张之洞可算是一位性格刚烈、铁骨铮铮的人，然而他办事却很圆融。在他就任山西巡抚时，当时泰裕票号的孔老板表示要送一万两银子给他。张之洞婉言谢绝了孔老板的好意。可是当他考察了当地的情况之后，发现山西受罂粟的荼毒很是严重，于是决心铲除山西的罂粟，让百姓重新种植庄稼。而改种庄稼需要一笔费用，但山西连年干旱、歉收，加上贪官污吏的中饱私囊，拿不出救济款发放给老百姓。这时，他第一个想到的就是孔老板。

张之洞行事圆中有方，以退为进募得五万银子，造福百姓。

他想，如果说服孔老板把银子捐出来，为山西的百姓做善事，以银子换美名，他或许会同意。经过商谈，孔老板表示愿意捐出五万两银子，但必须满足他的两个条件：一是让张之洞为他的票号题写一块“天下第一诚信票号”的匾，二是要捐个候补道台的官衔。

刚开始张之洞觉得孔老板的这两个条件都不能答应，因为自己对他的票号一无所知，又怎么能说它是天下第一诚信票号呢？第二，他认为捐官是一桩扰乱吏治的大坏事。可是不答应他，又到哪里去弄五万两银子呢？

经过反复思考，张之洞决定采用折中迂回的手段，答应为孔老板的票号题“天下第一诚信”的匾，这六个字意味着：天下第一等重要的美德就是诚信二字，并不一定是说他们泰裕票号的诚信就是天下第一。

至于他的第二个要求，张之洞最后给自己找了一个台阶：一来，捐官的风气由来已久，不足为怪；二来，即使孔老板做了道台也不过是得了个空名而已。再者按朝廷规定，捐四万两银子便可得候补道台。于是，张之洞以这种退让的方式为山西百姓募来了五万两银子，可谓造福一方。

其实，张之洞在官场上也深得“妥帖”之要义，他把王之春从广东调到湖北这件事就做得相当漂亮。张之洞到湖北以后，想大兴洋务，但缺少得力的助手。这时，恰好湖北藩司黄彭年去世了，空出了职位。于是，他就想推荐自己的心腹去那里任职。

张之洞觉得现任广东臬司的王之春比较合适。王之春是张之洞在广东时一手提拔起来的，他对张之洞自然是忠心耿耿，感恩有加。但张之洞考虑问题又多了一层：现在要把王之春调来，就应该为广东物色一个合适的藩司人选，这样，王之春调来湖北的把握性才更大一点。

幕僚提出不妨推荐湖北臬司成允去广东做藩司，这样有两个好处：一是成允是现在军机处领班礼亲王世铎的远亲，世铎一定愿意帮助成全他，他自己京师门路也很熟。二来又可腾出湖北臬司一职，又多了一个帮手。这样在湖北办洋务力量就更强了。

经过张之洞的运作，王之春很快调到湖北，而成允去广东做藩司。接着，张之洞又让赋闲在家的陈宝箴当上臬司。这样一来，方方面面都被张之洞摆布得妥妥帖帖、皆大欢喜。张之洞圆融办事，为天下国家做出了贡献，为天下百姓尽了大忠，可以说是圆中有方，立意深远。

《鬼谷子》说：“故观其志意为度数，乃以揣说图事，尽方圆，齐长短。”说的就是处世要圆融，要懂得权衡利弊，把事物的方方面面都考虑周全，再根据已掌握的信息，运用不同的方式方法加以解决，最终就能达到“天圆地方”的结果。

◎毅力不倒——王命岳一梦十二年◎

郑板桥在《道情》诗中描写了一位乡间老塾师悟破名利，超然尘世之外的洒脱之情。

但是，历代塾师们远非如此潇洒。他们实际的工作环境和生活待遇都是非常恶劣的，在社会上也没有什么地位可言。主人家虽然把他们当作孩子的老师，但骨子里看不起他们。因为塾师们有学识却没有跃过龙门，最终沦为一个教书匠。

也因为如此，主人家对他们所支付的薪水也很微薄。《清史列传·王命岳传》记载的塾师王命岳的故事中说，王命岳给人辅导学童。开始讲的报酬是：每月三斗米，三钱银子蔬菜钱。工钱微薄，但王命岳算了一下这样自身吃食之外，有余米三斗，可供全家五六天吃食，有这点进项总比没有强，于是就应允下来。但是还没有去上班，东家就变卦，表示愿意供给他伙食，而不再给钱米。王命岳觉得这个办法自己是吃饱了，却没有剩余的银米养家，于是同东家磋商，按最初讲好的办，但东家坚持后一主意，不容商量，王命岳为了糊口，也只得照人家说的行事。

王命岳19岁考中秀才，31岁成了举人，清朝顺治十二年（1655年）中进士。他做塾师是在他中进士以前，入仕后才有所改善。

王命岳全家10口人，他的母亲除了做家务外，还给人家做针线活，以多换两升米。有时候家中缺粮，为照顾老人小孩，王命岳母亲淘米下锅时，从定量中抓出一把米，存起来另做让老人小孩充饥，而她本人经常半饥半饱，面容憔悴。靠她的缝纫工钱，王家才勉强度日。

王命岳在东家家里吃饭自然不会坏到哪里，但是想到家人吃不饱的情景心里肯定不好受。有朋友同情他家穷，给他送好吃的，他就借故将朋友支开，把饭菜送回家里给老人吃，有时和东家一块吃，饭菜好，他也想方设法省下来往家里送。

王命岳的一点点收入全用于购买粮食，王命岳母子勤劳的目的就在于把全家人的肚子填饱，其他的想都不敢想，史书上记载王命岳在贫困的煎熬下，仍尽可能地学习，在教书同时，提高自身文化水平。他23岁时父亲去世，守丧不能参加考试，27岁成为廪生，次年母亲故世，接着祖父亡故，如此两次服丧，都不能进考场。丧服完毕，31岁的王命岳考上举人。家里穷困潦倒，又亡故多人，王命岳若没有坚强的毅力，根本不可能坚持学习。

王命岳为糊口甘为富家塾师。

贫困煎熬，逆境苦难，难损其意志，才是能获得成功的人。

所以，越是贫寒人家的子弟，要改变家庭的面貌，就得立下志愿，吃大苦耐大劳。这样，才有机会获得成功。

王命岳的毅力着实让人敬畏，而这毅力背后，表现的不仅仅是对脱贫的向往，更包含了对入仕的执着，包含了王命岳一心向上的欲望和志向。《本经阴符七术》曰：“有所欲，志存而思之。志者，欲之使也。”说的就是人的心思志向会跟随自己的欲望走。然而，要实现自己的欲望，还得“心气一则”，即心神专一。

大多数士人经历几次挫折就中途退出，只能在社会的底层徘徊，不能不说有的人是运气不好，也有诸多是因为自己意志不坚定。“志意不实，则应对不猛。”志意不坚实，应对能力就不强，想脱颖而出就困难了。

◎磨心励志——程婴救孤◎

“士相为护深宫死，将困孤城誓不降。”在提倡人权的现代社会，想要实现真正的人人平等的可能性是微乎其微的，更何况是在“君君臣臣，父父子子”的中国古代社会。在那些漠视人权的社会中，只有地位的区别，只有家庭的区别。虽然陈胜、吴广喊出了振聋发聩的“王侯将相宁有种乎”，但仍然无法改变现实的状况。在无数的历史事件和历史故事中，我们可以看到为了保护一个所谓的王室或者贵族，总是寻找相应的“替代品”来代为牺牲。这样的故事，从棋道的观点来看，便是所谓的“弃车保帅”之局，但总难免会让人产生一种心痛之感。

赵武，即赵孟，春秋时代晋国的执政大夫，历史上著名的“赵氏孤儿”。赵氏为晋国世族，其曾祖赵衰曾辅佐晋文公成就霸业。其祖父赵盾历任晋襄公、晋灵公、晋成公三朝的执政大夫。其父赵朔在晋景公时，继任大夫之职。

程婴、公孙杵臼均为春秋时期晋国卿赵朔的门客，主要活跃在晋景公时期。

晋灵公荒淫无道，以重税来满足自己奢侈的生活。大臣赵盾曾多次劝谏，晋灵公不仅不采纳，反而多次派人暗杀赵盾。公元前607年，晋灵公被赵盾所杀。几年后，晋景公即位。

晋景公执政时期，担任司寇的大夫屠岸贾，凶暴残忍，专权误国，甚至想要控制晋国的政权，但赵氏是其最大的敌人，他决定要铲除赵氏的势力。于是，他便向晋景公进谗言说：“赵氏家族之前曾刺杀灵公，现在他们又要密谋造反了。”晋景公信以为真，便将此事交由他处理。屠岸贾瞒着晋景公擅自出兵，一夜之间诛杀了赵朔、赵同、赵婴齐等人，灭了赵氏全族。

程婴义救赵氏孤儿。

唯一幸存的是赵朔的妻子，她是晋成公的姐姐，当时肚子里怀着孩子，事先躲进宫中藏了起来。

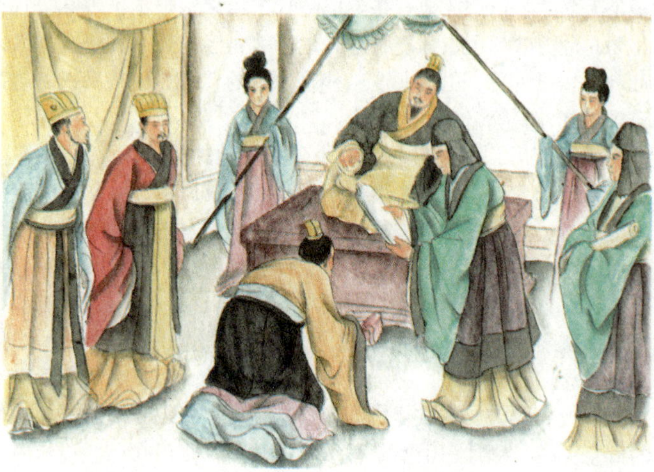

奸臣惑主，请命灭赵氏一族。

赵朔有两个门客公孙杵臼和程婴，在赵朔死后，聚到了一起。公孙杵臼质问程婴：“主公已经死了，你为什么还要偷生？”程婴说：“主公之妻现在身怀六甲，我想等她产下婴儿之后再做决定。若生下来是个男的，我就把他抚养成人，将来好报仇雪恨；若是个女的，我也就没什么希望了，定会以死报答主公的知遇之恩。”

不久，赵朔之妻就分娩了，

在宫中生下了一个男孩，这就是历史上有名的“赵氏孤儿”赵武。但不知是谁走漏了风声，屠岸贾知道了这件事情，便带人到宫中来搜查。赵朔之妻把孤儿藏进裤裆里，并暗自祷告说：“上天保佑，孩子你千万不要出声啊，不然赵家从此就再无希望了。”在屠岸贾搜查的过程中，赵武果然没有出声，这才逃过了一劫。

全族遭荼毒，遗腹之子处境堪虞，以己子易赵子，忠义程婴救养孤儿。

赵朔之妻以看病为名，将门客程婴召进宫中，程婴把赵武放进药箱之中，准备带出宫去。守宫将领见程婴一腔正义，十分钦佩，便放走了程婴和赵武，自己拔剑自刎。

屠岸贾在宫中没有找到赵武，便下令把晋国半岁以下、一月以上的婴儿一律杀死，隐藏赵氏孤儿者将处以极刑。公孙杵臼和程婴知道屠岸贾绝不会善罢甘休，便商量怎样才能保住赵武。公孙杵臼问程婴：“抚育遗孤与死，哪一样容易？”程婴回答说：“当然是死比较容易，抚育遗孤难。”公孙杵臼接着说：“主公生前对你最好，那就由你去做难的事情，让我去做容易的事情吧！”恰好，程婴也有一个与赵武一样，同在襁褓中的婴儿，于是他决定献出自己的儿子，替赵武受死。一个“李代桃僵”的计谋便开始了。

于是，程婴让公孙杵臼带着自己的儿子逃往永济境内的首阳山中，让自己的妻子带着赵武朝另一个方向逃去。屠岸贾听说了，很快便率军来追赶。程婴被屠岸贾的人抓到了，无奈地说：“程婴无能，无法保全赵氏的血脉。反正孩子必死无疑，如果屠岸将军可以给我千两黄金，我便将孩子的藏身之处告诉你。”屠岸贾听了欢喜万分，连忙答应了程婴的要求。程婴便在前面领路，来到首阳山，找到了隐匿其中的公孙杵臼和婴儿。

公孙杵臼当着众人的面大骂程婴卖主求荣，转头又哀求屠岸贾说：“将军，您杀了我吧，孩子是无辜的，请您放他一条生路吧！”屠岸贾根本不理会公孙杵臼，当着程婴的面，就将公孙杵臼和婴儿乱刀砍死了。程婴眼睁睁地看着自己的儿子和挚友被人杀死，却无能为力。不仅如此，他还背负着忘恩负义、出卖朋友、残害忠良的骂名。他将真正的赵武带到了山高谷深、僻静荒芜的盂山隐居起来，只等赵武长大成人。

十五年后，赵武长成了一个顶天立地的男子汉，在德高望重的晋大夫韩厥等人的努力下，晋景公为赵氏平反了冤情，发兵消灭了奸臣屠岸贾，并尽灭其族。晋景公立赵武为大夫，恢复了赵氏的土地封邑。此后，晋国在赵武“偃武修文”政策的指导下，维持了霸主的地位。而忠义大白于天下的程婴，在帮助赵武报仇雪恨、恢复地位之后，十几年来聚集的丧君、丧子、丧友之痛，一起涌上心头，自刎而死，赵武为他服孝三年。

《鬼谷子》说：“故寄谋之虑，务在实意；实意必从心术始。”佳谋良策的筹划，在于无比充实意念。充实意念，必须从锤炼心术开始。程婴为了赵武“弃车保帅”，忍住丧子、丧妻之痛，把赵武抚养成人，完成复仇大计。这是一个反败为胜的计谋，但总带了些悲壮的色彩。在为人处世的危急关头，牺牲一个不是很重要的“车”，使自己渡过暂时的难关，从而完成想要成就的大局，这应该算得上是一种明智之举。

◎困境求生——爱迪生的“困境习惯”◎

点燃成功的欲望，明确人生的目标，确立步向成功的计划，集中所有的注意力，把坚忍不拔当成一种习惯，不断地磨炼自己的意志，满怀自信地通往成功的彼岸。

不畏失败、勇往直前，面对险境，韧性十足。这些优秀精神正是我们所要学习的精神。生活中充满了苦涩，不如意的事情十有八九，每个人也都会经历很多苦难和折磨，如果就此消沉，不但成功的机会渺茫，甚至生活都成问题。只有忍耐与奋斗，才能不断向上仰望，生命才会因坚韧而超越所有的忧患与磨难，获得成功。

爱迪生发明的电灯，把光明带给了全世界，人们尊称他为“光明的使者”。在当时，电灯发亮必须依靠蓄电池，但是蓄电池的储电量非常小，坚持时间不长，所以爱迪生决定研制新型的蓄电池。一旦确定了目标，他便把全部的精力投入工作中。

一天，爱迪生在家里吃饭时，突然，举着刀叉的手停在空中，面部表情呆板。他的夫人看惯了这种情况，知道他正考虑蓄电池的问题，便关切地问：“蓄电池‘短命’的原因在哪里？”

“毛病出在内脏。要治好它的根，看来要给它开个刀，换器官。”

“不是大家都认为，只能用铅和硫酸吗？”夫人脱口而出。但她认为自己的丈夫在许多“不可能”之中创造了无数奇迹。于是，夫人连忙道：“世上没有不可能的事，对吗？”

爱迪生笑了：“是啊，世界上没有什么不可能的事，我一定要攻下这个难关。”

经过反反复复的试验、比较、分析，爱迪生确认病根出在硫酸上。因此，治好病根的方案与原来设想的一样：用一种碱性溶液代替酸性溶液——硫酸，然后找一种金属代替铅。当然这种金属应该会与选用的碱性溶液发生化学反应，并能产生电流。问题看起来很简单，做起来却是非常的困难。他和他的助手们夜以继日地做实验，经过了3年的苦战，爱迪生试用了几千种材料，做了4万多次的实验，可依然没有什么收获。这时，一些冷言冷语也向他袭来，可爱迪生并不理会，他对自己的研究充满信心。

有一次，一位不怀好意的记者向他问道：“请问尊敬的发明家，您花了3年时间，做了4万多次实验，有些什么收获？”

爱迪生笑了笑说：“收获嘛，比较大，我们已经知道有好几千种材料不能用来做蓄电池。”他的回答，博得在场的人一片喝彩声。那位记者也被爱迪生坚韧不拔的精神所感动，红着脸为他鼓掌。

1904年，爱迪生终于用氢氧化钠（烧碱）溶液代替硫酸，用镍、铁代替铅，制成世界上第一台镍铁碱电池。它的供电时间相当长。正当助手们欢呼试验成功的时候，爱迪生十分冷静，他觉得，试验还没有结束，还需要对新型蓄电池的性能做进一步的验证。为了试验新蓄电池的耐久性和机械强度，他用新电池装配6部电动车，并叫司机每天将车开到凸凹不平的路面上跑100英里；他将蓄电池从四楼高处往下摔来做机械强度实验。

经过严格的考验和不断的改进，1909年，爱迪生向世人宣布：他已成功地研制出性能良好的镍铁碱电池。

也许你不比别人聪明，也许你有某种缺陷，但你不一定不如别人成功，只要你多一份坚持，多一份忍耐，就能够成功渡过困境，成他人所不能成。山洞的开凿、桥梁的建筑、铁道的铺设，没有一个不是靠着人性的坚韧而建成的。

《鬼谷子》认为：“实意者，气之虑也。心欲安静，虑欲深远。心安静则神策生，虑深远则计谋成。”充实意念，就要心平气和、思虑深远。心境要平和宁静，思虑要深远周到。心境平和宁静，就会产生神奇谋略；思虑深远周到，自然就会一切顺畅。

通往成功之路通常都是艰巨的，绝不会唾手可得。生活中的苦涩，曾使人失望流泪；漫漫岁

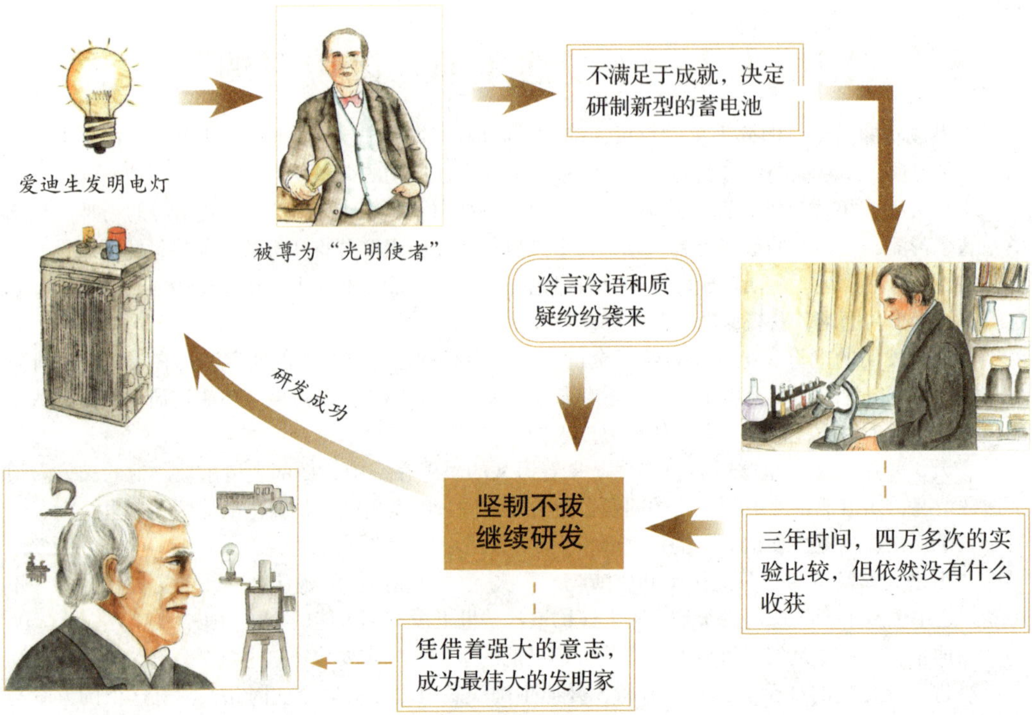

月的辛苦挣扎，曾催人衰老。经历了种种打击也好、磨炼也好、机遇也好，最终都将化为我们内心百折不挠的意志。不断去抵达，不断穿越各种阻碍，直到有一天，我们的心中长出一颗种子——坚韧的种子。那顽强坚韧的种子，并没有因为自己的瘦弱、渺小而退缩，它只是拼命地钻、拼命地挺，要在困境中求生。最后，就长成了一棵挺拔的参天大树。

管理谋略

◎睿智通达——曾国藩的功名道行◎

清朝时，一个小贼深夜行窃来到一户人家，发现一位年轻人正在埋头苦读，小贼便潜伏在屋檐下，希望等读书人睡觉之后行窃。无奈贼人听年轻人翻来覆去地读同一篇文章，却一直无法记诵。无法忍耐的贼人有些恼怒，跳出来说：“这种水平还读书干什么？”随后将那文章背诵一遍，扬长而去！这则故事中的读书人便是后来大名鼎鼎的曾国藩，而贼人虽然自诩聪明，却依旧是个无名小贼。

曾有句话在民间广为流传：从政要学曾国藩，经商要学胡雪岩。作为清朝官场的翘楚，曾国藩从湖南双峰一个偏僻的小山村以一介书生入京赴考，中进士留京师后十年七迁，连升十级，37岁任礼部侍郎，官至二品，在这期间，他历任工、刑、吏部的侍郎。和他的高速升迁相比，大清朝的国势则在日渐衰退。

考中进士是曾国藩从政生涯的起点，同时也是他新生活的开端。他甚至将自己的名号都改换门庭。曾国藩本名子城，到京城后，先改号涤生，取荡涤旧事、告别昨天之意，后又改名国藩，即国家的栋梁。正如这个带有预见性的名字一样，他一步步走向权力的巅峰，撑起晚清的大局。

后来，曾国藩因母丧返乡，恰逢太平天国巨澜横扫湖湘大地，他因势在家乡拉起了一支特别的民团湘军，历尽艰辛为清王朝平定了天下，被封为一等勇毅侯，成为清代以文人而封武侯的第一人，后历任两江总督、直隶总督，官居一品。

投机取巧只是小用，睿智通达方为大材。

想当初，训练地方军队之时，与曾国藩同时受命在地方组织乡勇团练的不止湖南一地，后来却只有湘军成功，就是因为曾国藩独到的识人用人之术。旁人只招募勇丁，曾国藩却是“用绅士为将，用农夫为勇”。

初募湘军之时，曾国藩每天亲自坐在招募处，看到“黑脚杆又不多话的乡野老实之人”，就出声“好，好”，此人就录取了；看到“白面皮的城市之人”或话多之人，就出声“唔、唔”，此人就不选入。湘军后来膨胀到数十万人，当然不可能由曾大帅一一面试，但是麾下所有营官（校级）、统领（将级）仍然全都由他委派、批准。

曾国藩后来留下了《冰鉴》一部相人之书，曾为后人识人、用人的参考范本。《冰鉴》中有几句相术口诀：邪正看眼鼻，真假看嘴唇；功名看气概，富贵看精神；主意看指爪，风波看脚筋；若要看条理，全在语言中。

当经过多年的忍辱负重，湘军终于攻克了金陵；当席卷江南的太平军已经灰飞烟灭，代之而起的是以湘军为核心的精强剽悍的武装部队；当在历史的风云突变下，洪秀全倒下，湘军和太平军调换了位置，成为最高统治者的心腹大患，他选择的只是将胡林翼的试探对联“神所依凭，将在德矣；鼎之轻重，似可问焉”更改一字。未可问鼎，一字窥见其虑。

曾国藩一生可谓杀人如麻、树敌无数，仇敌恨他“必啖之而后快”，但是曾国藩最厉害的一门功夫就是持盈保泰，在他的家书、日记当中，不断出现自我戒惕与警告弟子的言语，所以他能得善其身。

臣子最惧怕的就是惹恼皇帝，只要达到“功高震主、才大压主、权大欺主、富可敌主”四条中的任何一条，若不急流勇退，必然不得善终。曾国藩一方面看透了“狡兔死，走狗烹”的生存法则，另一方面又的确不想或不敢“黄袍加身”，毕竟“百足之虫，死而不僵”，改朝换代的风险实在太大，因此，他选择了“退”。

综观曾国藩的一生，似乎功成名就、善始善终，然而，又说不上幸福。但是，他精湛的“内功”又不得不令人佩服。《本经阴符七术》曰：“盛神法五龙。盛神中有五气，神为之长，心为之舍，德为之大。”五气就是指精、神、魂、魄、志。而曾国藩，不仅博才多学，更懂得养精蓄锐，相面识人，精气神皆通。不仅精神饱满，更是思维敏捷，反应神速。湘军的纵横驰骋便是最好的证明。

曾国藩是一个人，一个血肉丰满的世俗中人，是一个集名利于一身的人。在他身上，可以说集中了中国传统官僚的所有特点，也掺杂了一些文人的品格。所以章太炎评价曾国藩说：“誉之则为圣相，谳之则为元凶。”

◎纵欲无度——齐桓公之死◎

孟子说过，“生于忧患，死于安乐。”也就是说，忧患使人生存，安逸享乐却足以使人败亡。齐桓公，姜姓，名小白。最初心怀雄才伟略，选贤任能，加强武备，发展生产。并号召“尊王攘夷”，多次会盟诸侯，成为春秋五霸之首。

成就霸业后的齐桓公“近小人、远贤臣”，并且恣意放纵七情六欲，结果在声色犬马中一命

齐桓公安于享乐，纵情声色，为自己埋下隐患。

齐桓公骄奢淫欲，远君子而近小人，最终亡国殒命。

呜呼，只可叹一代霸主，最后竟落得死时无人为之收尸的下场。

齐桓公是把齐国霸业推向顶峰的主角人物。他曾毫不隐瞒地向管仲说："寡人不幸而好田，又好色，得毋害于霸乎？"作为一国之君，爱好打猎虽然可能会因此荒于政事，但还不是太要紧的事。而好色，却是成就伟业的大忌。但既然他自己承认好色的不幸，也难得一份坦诚了。

齐桓公夺得王位，将政事交付管仲后，便放心过自己的风花雪月、猎鹿逐马的逍遥生活了。他先后有九个正式夫人，其余偶尔获幸的婢妾就无以计数了，每次出征，总要随带姬嫔以供娱乐。好猎好色，也就罢了，毕竟不是所有的红颜都是祸水。其实，齐桓公不仅好色，他还好吃，人性的七情六欲在他身上表现得淋漓尽致。

他听说自己厨房里有一个名叫雍巫的人精于烹调，便开玩笑说："寡人尝鸟兽虫鱼之味几遍矣，所不知者，人肉味何如耳？"雍巫听后，没有说话就退下了。等到开饭的时候，雍巫献上了一盘蒸肉，嫩如乳羊，甘美无比，桓公吃完后很是诧异。询问后才知道雍巫杀了自己三岁的儿子，让桓公尝人肉之味。

晚年的齐桓公欲望不减当年，他自谓功高无比，广建宫室，务求壮丽，一切乘舆服饰攀比周王，以追求舒适快乐。他生活上这类骄奢淫逸的习气，一直对他的事业构成潜在危害，只是由于他用人方式的成功和管仲治政上的雄才，才侥幸避免了这一危害的显现。管仲临终前，不放心桓公，把辅佐这个任性国君的任务交给了宁戚、隰朋，并明确告诫桓公，日后不可亲近雍巫等人，认为这些人虽然能给人带来快乐，但潜伏着极大的祸害，"譬之于水，臣为之堤防焉，勿令泛滥。今堤防去矣，将有横流之患，君必远之。"

管仲死后，桓公遵照管仲的遗言，赶走了雍巫等人。但被专门迎合人心的小人们宠惯了的桓公此时却寂寞难耐，总觉得身边的侍者不够贴心，以至于吃饭睡觉都毫无精神，就不用说处理政事了。于是他拒绝听从宁戚、隰朋等人的意见，召回雍巫等人加以任用，而他的悲剧至此也就上演了。宁戚、隰朋相继去世后，情况就立即发生了变化，曾经献过人肉的雍巫、为桓公自残其身的竖刁等人欺负桓公老迈，把政专权，肆无忌惮。桓公几个同父异母的儿子更是各恃母宠，谋权夺位，在雍、竖一群奸佞之人的搅动下，终于导致了齐国的大内乱。

桓公生病后，雍巫不想给他医治，假传桓公之命，不许任何人入宫相见。桓公独卧病床，饮食俱无，后来知道是雍巫等作乱，悔恨而死。因几个儿子率兵争位，桓公的尸体在死后六十七天方才收殓入棺，其时皮肉皆腐，蛆虫已经钻到骨头里了。桓公死后，齐国四十年的巍巍霸业一去不复返。

齐桓公活得太恣意了，恣意得近乎放纵，不管是嬉戏游乐，还是儿女情长，甚至把自己的食欲都发挥得淋漓尽致。结果，管仲、鲍叔牙一死，奸佞小人抓住他的弱点，都一哄而上，这位昔日威风凛凛、声色犬马的霸君便招架不住了，以至于死后竟没人收尸，辛辛苦苦创立的霸业也随着他的一命呜呼而灰飞烟灭了。

《鬼谷子》中讲述如何养志以蓄威。主张养志在心专，心专在节欲。节欲养志，使精神专注，威势猛烈。人的欲望是无穷的，欲望滋长的时候，无所克制，到最后赔进的不只是事业，甚至可能是生命。齐桓公的大度和坦诚使他招徕了管仲、鲍叔牙等人才，最终成就了霸业。可惜的是，他的大度和坦诚也毫无顾忌地用在了自己的欲望中，以至于无所扼制，竟令自己也为此命丧黄泉，倘若人死有知，不知道桓公九泉之下该如何向管仲交代。

◎忍辱负重——勾践卧薪尝胆◎

勾践"卧薪尝胆"的故事几乎是家喻户晓。作为万人之上的一国之君，竟然以身为奴、亲为马夫，甚至亲尝粪便……这种种屈辱绝非一般人所能忍受，但是勾践能忍，的确是非常之人方能忍非常之事，方成非常之名！

春秋时期，吴王阖闾打败楚国，成了南方霸主。吴国跟附近的越国素来不和。公元前496年，越国国王勾践即位。吴王趁越国刚刚遭到丧事，就发兵打越国。吴越两国在槜李（今浙江嘉兴西南）地方，发生一场大战。

吴王阖闾满以为可以打赢，没想到打了个败仗，自己又中箭受了重伤，再加上上了年纪，回到吴国，就咽了气。

吴王阖闾死后，儿子夫差即位。阖闾临死时对夫差说："不要忘记报越国的仇。"夫差记住这个嘱咐，叫人经常提醒他。他经过宫门，手下的人就扯开了嗓子喊："夫差！你忘了越王杀你父亲的仇吗？"夫差流着眼泪说："不，不敢忘。"

此后夫差派大臣伍子胥和另一个大臣伯嚭操练兵马，准备攻打越国。过了两年，吴王夫差亲自率领大军去打越国。两国的军队在太湖一带打上了，越军大败。越王勾践带了五千个残兵败将逃到会稽，被吴军围困起来。勾践弄得一点办法都没有了。只好以金银财宝和美女等大肆贿赂吴国，以和吴王求和。最终吴王夫差同意了议和，但是要求越王勾践夫妇到吴国为奴仆，趁机羞辱勾践。

勾践"卧薪尝胆"忍辱负重，屈身为奴，伺机雪耻。

勾践将国事托给大夫文种，让范蠡随他到吴国。

吴王夫差终于完成了为父报仇的心愿，可谓一名响当当的英雄。但是他还要让战败的越王勾践为奴，最大限度地满足自己的虚荣心。这就表现出了吴王人性中狭隘的一面，"士可杀不可辱"，但是他偏偏就要羞辱勾践，出乎意料的是，越王勾践恰恰是个能屈能伸的主儿，愣是忍受住了他的羞辱不说，伺机反败为胜。

随后，夫差便令勾践为其牵马。即使有人对其进行

夫差居功自傲，狂妄狭隘辱勾践。

勾践忍辱含屈回国之后，誓与夫差刀剑相博。

辱骂，勾践也是一副奴才的样子，驯服无比。有一回夫差大病，勾践便暗中命范蠡探看，范蠡回来告诉他夫差的病不久即可痊愈。于是勾践便亲自去见夫差，当然是以“探问病情”为理由，并且当着众人的面亲口尝了夫差的粪便。之后，勾践便向夫差道贺，说大王的病不几日就能好转，并且向夫差磕了一个头。凑近他身旁告诉他：“我曾经跟名医学过医道，只要尝一尝病人的粪便，就能知病的轻重，刚才我尝了大王的粪便，味酸而稍微有些苦，这是得了医生所说的‘时气病’，此症一定能够好转，大王不用太担忧。”

没过几日，夫差的病果然好转过来。夫差为勾践的话语和行动所感动，恻隐之心一起，便把他放回越国去了。

勾践能够活着从吴国归来，不能不说是个奇迹。这主要是归功于勾践非凡的忍耐力，为了向吴王表示忠心，他居然可以做到亲尝其粪便。在吴王看来，勾践这样的人难道还能够对自己构成威胁吗？于是，吴王他毫不防备地放走了他，就像放了一条不需要的狗。但是他没有想到，自己放走的不仅不是一条温顺的狗，而是一只随时准备反扑的猛虎。

勾践回国后，不近女色，不观歌舞，安抚群臣，教养百姓。他靠自己耕种吃饭，靠妻子亲手织布穿衣，不吃山珍海味，不用绫罗绸缎。勾践甚至褥子都不肯用，床上尽是些干柴干草，并且用绳悬一个苦胆，日日尝之，以此提醒自己不要忘掉以前所受的凌辱与苦难。他还常常到外地巡视，探望孤寡老弱病残。诸大夫对他更加爱戴，他便对他们讲：“我预备同吴兵开战，望诸位肝胆相照、奋勇争先，我当与吴王颈臂相交，肉搏至死，这是我一生夙愿！”

终于，吴越两国进行了决战。越军勇猛无比，吴军溃败，夫差自杀。灭吴之后，越国势力大大增强，民心欢悦，越国于是称霸于诸侯。

对于智者来说，暂时的退，是为了更好的“养志实意”从而为下一次更猛烈的进奠定了坚实的基础。鬼谷子在《本经阴符七术》中认为，人们要成大事就要养精蓄锐，修身养心做到养志实意。勾践的卧薪尝胆，主要是用来勉励困境中的人们发愤图强的。人，皆有羞耻之心。如果能够在失败和挫折中，放下所谓的尊严，忍受失败的屈辱，你心中还有不灭的希望之光，就能够化悲愤为力量，化屈辱为动力。而且屈辱对于强者而言，还有一种超强的反作用力，内心郁积的屈辱越多越沉重，就越能激发起人内在的潜能，直到彻底胜利。此时，所有屈辱的血泪在胜利的欢歌中得以宣泄，人的内心才会宁静下来，否则，屈辱将会像虎豹一样永远啃食着人的内心，让人日夜难眠，灵魂永不得安宁。

◎以变应变——蒯通降伏人生"强敌"◎

变则通，变则活，变则灵——成功，也由此起步。《孙子兵法》云："兵无常势，水无常形。能因敌变化而取胜者，谓之神。"若我们以"变"为法则，用兵如神，则人生中形形色色的"强敌"皆可降伏。秦末谋士蒯通一生将变通这一武器用得得心应手，因此在乱世得以存身，且在官场中时时被重用。

蒯通是范阳人。陈胜、吴广揭竿而起，诛灭暴秦，蒯通也乘时而起。当时，武信君武臣受命取赵地，声势浩大，蒯通见事有可为，便白头巾红臂带打扮一番去见范阳县令，范阳县令几日来正胆战心惊，见蒯通如此打扮，觉得很奇怪。

"白巾者，为吊你县令大人；红带者，为贺你县令大人也。"蒯通说，"天下大势不可阻挡，不过，幸亏遇上了我蒯通，说不定还能逢凶化吉呢！"蒯通将反秦形势、范阳形势、县令该何去何从分析得头头是道。又许诺保证只要归降武臣，依然可做县令。然后，蒯通又出城找武信君去了。这时候的蒯通连武信君的面都没见过呢！

幸亏武信君早已闻知蒯通大名，很恭敬地向他请教平治之策。蒯通说，一味攻打，自然也可胜利，但时间尤慢，代价也大。莫若劝降纳降，不战而屈人之兵。武信君很是赞成。于是，派他招降范阳县令。

范阳县令开门归降，轰动燕赵各城，一时间，各县县令争先恐后献城开门。武臣兵不血刃，一举夺取燕赵之地三十余城。

蒯通初试锋芒，声名大振。但接下来几年，他却又回家隐居了，他想待势而起。而这一隐便是五年，五年后，他来到了韩信的帐下。

汉王三军，大将军韩信进军齐国，正待渡河之际，郦食其成功劝降齐王，韩信欲罢回军。蒯

蒯通出人意表头戴白巾，臂缠红带，自荐于范阳县令。

武信候听从蒯通策略，兵不血刃，夺取燕赵三十城。

通星夜去见韩信，劝他继续进军齐国，必将大胜，可惜韩信不听其计谋。

蒯通之所以力劝韩信攻齐，还是看上了天下即将出现的三分格局。当时，楚汉相争，你死我活而难分胜负，主动权实际已落入韩信之手。助汉则汉胜，助楚则楚胜。所以，韩信已成为双方拉拢争取的重点。蒯通则有自己的打算，他希望韩信能据齐自强，崛起于楚汉之间，鼎足而立，养精蓄锐，扩大力量。一旦天下有变，即可发兵出击楚汉，收拾残局。应该说，如此帝王之策而又有如此天赐良机，是个千载难逢的好机会。但是，蒯通怎么也想不到自己失算了。韩信拒绝了蒯通的建议，他认为汉王待自己不薄，自己也没有多大的野心，不必招致天下非议。无论蒯通怎样劝说，韩信就是不听。蒯通害怕了，只得佯疯避祸，做了巫师。

后来，韩信被吕后设计擒获，这时才后悔没听蒯通之言。蒯通也因此受累，被刘邦抓捕后下令烹之。

这时，蒯通又一次显示出自己远胜于郦食其的权变圆滑。当时，郦食其面对齐王的责难，他只要答应阻止汉军的进攻，还有可能取得信任，至少也不至于被煮了。可他就是不答应，“要杀要煮，绝不改口”。

蒯通不同，他连呼冤枉，为自己辩护，竟然又死里逃生，不仅免于被烹，后来还当了相国曹参的幕客。

《鬼谷子》说：“故圣人怀此用，转圆而求其合。故与造化者为始，动作无不包大道，以观神明之域。”聪明的人能够与造化天地万物的原气合而为一，能够明察幽暗深微的事物环境。然后灵活变通，则能在危机时以变制变。正是圆滑变通使蒯通逢凶化吉，摆脱生命危险。如果他不善于进行有效变通，而是用常理来处理问题，就很难全身而退。

人生如棋，变幻莫测。要想在人生这盘棋中战无不胜，我们就必须有执着于目标的勇气，同时还要懂得灵活变通。执着固然是优点，但是见机行事，灵活转换，也是成功不可或缺的。

◎以退为进——冯道契丹脱身◎

在鬼谷子的谋略中，“分威”是常用的制人手段。使用“分威”之术，有的以智谋增加自己的威势来压制别人，有的以借助别人的威势来增加自己的威势，有的以退为进以致瞒天过海，有的釜底抽薪除掉敌人的威势……计谋是多种多样的，只要掌握并灵活运用，就能收到良好的效果。趋利避害是人们的本能。古人常以退为进来保全自己，冯道就是其中的一名。

冯道，字可道，自号长乐老，瀛州（今河北省交河县东北）人。冯道生在五代十国之乱世，曾六朝为相，素有官场“不倒翁”之称。他曾在一首诗中谈道：“但教方寸无诸恶，狼虎丛中也立身。”到底有何妙计良方才能“狼虎丛中也立身”呢？这其中有不少处世的方圆之道值得人仔细推敲。

冯道出使契丹，得到国主器重，被强留为官。

冯道在后晋石敬瑭手下担任宰相，因为石敬瑭为求得契丹出兵援助自己打败后唐，夺取天下，不仅割幽云十六州为厚赂，而且还称臣、称儿。事定后，需要派一名重臣为礼仪使到契丹，为契丹国主耶律德光和萧太后上尊号。

石敬瑭心中的理想人选是冯道，但考虑到此行很可能有去无回，感到难以启齿，便叫几名宰相商议决定。

捧着诏书的文书小吏一到中书省便哭出声来，因为自己的皇帝对外藩称儿、称臣实在是太屈辱了。

冯道正和几名同僚商议政务，见状大惊。待明白来意后，几名宰相都吓得面无人色，唯恐这桩既危险又屈辱的差事砸到自己头上。

冯道看出了大家的意思，也不说话，很镇静地在一张纸上写下“道去”两字，其他人看后既感到解脱，又替他难过，有人甚至当场落泪。

趋利避害是人类的天性。那几名宰相心中很庆幸冯道的选择，逃过了一次凶多吉少的苦差，但是为了掩饰这种自私的心理，他们习惯于逢场作戏，借助面上的悲伤来表示对冯道的关怀和同情。当然，皇帝石敬瑭也不例外，他心中认定此行非冯道莫属，但是碍于面子，假惺惺地找些宰相一起商议此事，分明也是在逢场作戏。对此，冯道心知肚明，因此他毫不犹豫地担当了这次危

施巧智去除契丹国主疑虑。

冯道以恭顺迷惑契丹国主，得以全身而退，顺利归国。

险的使命，就看他如何巧妙地与契丹周旋，顺利脱身了。

冯道出任礼仪使到了契丹后，耶律德光对他很重视，本想亲自出去迎接，后因有人劝他“国君不应迎宰相”才作罢。

给契丹国主和太后上过尊号后，冯道便被耶律德光留下来为官，契丹族的风俗只赐给贵重大臣象牙笏，或在腊日赐牛头，有一样就是特殊宠幸，冯道却全得到了。他还为此作诗说：“牛头偏得赐，象笏更容持。”

耶律德光知道后大为高兴，暗示要长期留他在契丹为官，冯道说：“南朝为子，北朝为父，我在两朝做官，没有什么分别。”契丹主听了更是喜欢。

冯道把得到的赏赐都用来买木炭，对人说：“北方寒冷，我年纪老了，难以忍受，不得不多做些准备。”摆出一副扎根契丹的架势。

耶律德光开始唯恐留不住冯道，待见他如此，不仅不再怀疑他的忠诚，反而觉得自己的儿皇帝那里更需要这样忠诚有名望的大臣辅佐，便让冯道回石敬瑭那里。

冯道三次上表推辞，表称自己眷恋上国，不忍离去，耶律德光一再催促强迫，冯道才显得百般不情愿地上路了。

他先在驿馆中住了一个月，然后慢腾腾向回返。一路上到一个地方便停下来住宿，一点也不着急，耶律德光派人查探后，愈加放心。冯道一直走了两个月，才出了契丹国境。

这期间，身边之人曾经问冯道说：“我们能逃出虎口，返回家乡，恨不得长出双翅，您却走走停停，却是为何？”

冯道笑着说：“急有什么用？我们如果走快了，耶律德光用快马一天就可以把我们追回去。我们走得慢，他们难以觉察我们的心思，这样才能安全返回。”

左右的人听后，都恍然大悟，钦佩不已。

冯道心知耶律德光虽然同意让自己可以返回故国，但是心中并不是一点顾虑也没有。所以，冯道做出各种姿态表示自己的忠诚与恭顺，就是希望能够打消耶律德光之疑虑，从而可以顺利返回。言为心声，行乃心之动，所以在行为上更要注意，不能让对方从自己的行为上察觉自己真实的心迹，只要借助行为上的故意迟延和慢行，来迷惑对方，消除对方的戒备之心，自己方可全身而退。

鬼谷子在《本经阴符七术》说“故善思间者，必内精五气，外视虚实，动而不失分散之实。动则随其志意，知其计谋。”平常看起来，只是一些细微的行为，但是从中却能够透露出人内心真实的想法。在人生的竞技场上，遭遇了困难和磨难，不妨抱着忍耐的心态等待良机的出现。一味地硬碰，最后会让自己吃大亏。所以冯道才会如此小心谨慎。

◎深藏不露——刘裕的一飞冲天◎

俗话说，真人不露相，露相非真人。深藏不露是自我保护的重要手段，它会减少遭到别人暗算或报复的机会，也有助于隐藏自身实力，从而给对手以出其不意的打击。

南北朝时期刘宋王朝的开国之君刘裕就是一位善于隐藏自己的智者。

刘裕，字德舆，小名寄奴，东晋末年彭城人（今江苏徐州）。据史传，说他是汉高祖刘邦的弟弟刘交的后代，当然这只是一个说法。刘裕的出身应该十分寒微。此人长七尺六寸，“风骨奇特”，无疑有一副冲杀拼命的好身板。孙恩乱起，刘裕初显身手，后来为了避祸，归于桓玄帐下。

当时桓玄为楚王，是东晋名将大司马、南郡宣武公桓温之子，他一直有篡位的野心。他的堂兄卫将军桓谦曾经私下问建武将军、彭城内史刘裕说：“大家一致推崇楚王的功勋和德行，认为朝廷应该把帝位让给他，你认为呢？”

刘裕内心本是反对桓玄的，但口头上却回答说：“楚王是宣武（桓温）的儿子，若论勋德，可没有人能比得上他啦！晋朝早就衰微不堪了，谁眼里还有他们？楚王如果接受禅让，那真是上应天命，下顺人情，有什么不可以的呢？”桓谦听后，很高兴地说：“既然你都说可以，那别的大臣应该都会赞同。”

桓谦的问话，刘裕很清楚这是对他进行的试探。

元兴二年（403年）十二月，桓玄篡位称帝，把司马德宗遣送到了浔阳。刘裕跟随桓玄的堂兄桓修到建康朝见桓玄。桓玄的妻子刘氏对桓玄说：“刘裕龙行虎步，视瞻不凡，怕是不会甘心久居人下的，我看你还是早点把他除掉为好。”桓玄听后却没有同意，他说：“我正想怎样扫荡中原，除刘裕之外没有谁能担负得起这重大的任务。等到关、陇地区平定以后，再另做打算吧。”

正在桓玄盘算之际，刘裕也在暗中图谋桓玄了。桓修在建康待了一段时间以后，决定返回京口（今江苏镇江）。刘裕借口伤痛，不能走路，改由水路坐船，而没有与桓修同行。在船上，他与

刘裕深藏不露，隐匿真心得桓玄重用。

刘裕进退有度，静观全局，伺机而动，实现霸业。

何无忌、刘毅、孟昶、诸葛长民等共同密谋，策划好了反对桓玄的整套行动计划。

元兴三年（404年）二月的一天，刘裕以外出游猎为名，率领何无忌、檀道济等人，待城门打开后，即冲进了京口，出其不意地突然袭击，杀掉了桓修。与此同时，刘毅等人也杀掉了坐镇广陵（今江苏扬州）的征虏将军、青州刺史桓弘（桓修的弟弟）。桓玄这才意识到刘裕原来是心腹大患，可已经晚了，他的军队一触即溃，根本不是刘裕的军队的对手。桓玄坐船往南奔逃到浔阳，挟持司马德宗去了江陵，最后被人杀死。

次年三月，刘裕迎安帝复位。由于迎安帝，对晋室有“再造”之功，晋廷晋封刘裕为侍中、车骑将军、都督中外诸军事，使持节、徐青二州刺史如故。刘裕“固让”。晋廷又“加录尚书事”，刘裕“又不受”，屡请归藩。刘裕愈推让，群臣愈积极，簇拥着安帝亲幸刘裕宅第。

此时的刘裕，诚惶诚恐想必还不是假装。一是当时刘裕的政治资历较浅，虽新立大功，仍没有多少可以篡夺位的势力基础。二是桓玄之灭，也使他看清：冒险称帝是件多么危险的事情。但有一点，刘裕已经很有前辈权臣的风采：移镇京都之外，遥控朝廷。这样做，既保证了自己军权在手不会被架空，又远离了京城是非之地，可以更加进退自如，以观时变。

后来，刘裕终于实现了自己的霸业，建立了刘宋王朝。

《鬼谷子》篇有：“无间则不散势者，待间而动，动而势分矣。故善思间者，必内精五气，外视虚实，动而不失分散之实。”等待时机，等找到对方的漏洞再动手，一动就能散其声势，善于思索，善于寻求对方间隙的人，抓住时机，不动则已，一动就会散尽对方的声势。

刘裕就如同大泽里的龙蛇，仅是偶露峥嵘，却在深藏不露中积聚着霸气与杀机。最终蛟龙出水，无人能与争锋。一个心怀大志的人在时机尚未成熟时，当学刘裕，先保持低调，不要轻易透露自己的意图，为的就是一举成功。羽翼未丰时，在人屋檐下，要主动低下头，只要是雄鹰，总会有翅膀长硬的时候。

职场之道

◎英勇无畏——“职场英雄”艾柯卡◎

在阿根廷的潘帕斯大草原上，很多人都曾经奢望过驯服野狼，但却没有人成功过。草原当中狗是牧羊人必不可少的动物，牧羊犬可以帮牧羊人管理羊群，驱赶一些企图侵袭羊群的野兽。狼和狗的科类相同，但狗的嗅觉、视觉、听觉等都不如狼发达，奔跑速度也没有狼快，因此牧民们渴望能够驯服野狼，以帮助自己管理羊群。

可是狼天生存在的难以驯服的野性，造就了他不可能被人类驯服的必然。我们是应该鄙视狼的那种野性还是应该有所保留呢？很显然是后者。在这个世界上，没有任何动物包括人，能够像狼那样不屈不挠地按照自己的意志生活，甚至不惜以生命为代价，来抗击几乎不可抵抗的敌对力量。

回顾一下历史，再看眼前的现实社会，那些不轻易屈服的人，常常能实现自己的价值。这说明一个人只要能够消除畏惧，听从意志的声音，敢于向强手、向困难发起挑战，那么这个人就会有成功的可能。

李·艾柯卡是商业界的传奇人物，没有哪位企业家像他那样命运坎坷、大起大落。每当面对常人难以想象的困难，他斗志昂扬，必定向不可能发出“可能”的“呼喊”。从一个默默无闻的汽车推销员开始，经过多年的奋斗，他终于如愿以偿地登上福特汽车公司总裁的宝座，成了这家企业的二号人物。在任期间，他创下了空前的汽车销售纪录，为公司赢利数十亿美元，从而成为汽车界的风云人物。然而就在他最春风得意的时候，却莫名其妙地被老板解了职。

从事业的最高峰跌入万丈深渊，从声名显赫到一无所有，这给他带来了沉重的打击，几乎置他于死地。妻子气得心脏病发作，女儿埋怨他无能。他满腔的屈辱、愤怒，几近疯狂，但他最终没有垮掉，也没有向命运屈服。

就在他最困难的时候，克莱斯勒公司向他发来邀请。雄心不灭的他再次接受了挑战，出任克莱斯勒公司总裁，不到一年又登上了公司董事长的宝座。可是克莱斯勒公司在当时面临巨大的困境，已经到了濒临破产的境地。由于前任决策者的失误，公司变成了一盘散沙，管理松散，纪律松弛，35位副总裁各自为政，彼此隔膜；财务混乱，现金枯竭；产品质量问题严重，待处理事项堆积如山。

为了维持公司最低限度的生产活动，艾柯卡请求政府给予紧急经济援助，提供贷款担保。这一请求给他带来巨大的压力，社会舆论几乎众口一词：按照企业自由竞争原则，政府决不应该给予经济援助，克莱斯勒应该倒闭。国会为此而举行了听证会，他就像乞丐一样到政府各个小组委员会面前接受质询，那简直就是在接受审判，但他成功了。艾柯卡断然采取行动，针对公司的种种弊病，大刀阔斧地进行改革。他关闭了克莱斯勒公司20个工厂，进行大规模的裁员和减薪，集中公司的人力物力财力，把准市场的脉搏，尽快拿出适销对路的产品。在短短几年的时间里，他克服了难以想象的困难，终于带领公司奇迹般地从灰烬中站了起来，并保持着强劲的发展势头。

《鬼谷子》认为：修身养性是一种境界，更是一种内在的实质。如果一个人的心志都得不到修养，那么五气就不会稳固；五气不稳固，思想就不会舒畅；思想不舒畅，意志就不会坚定；意志不坚定，应付外界的能力就不强；应付外界能力不强，就容易丧失意志，心里空虚；丧失意志，心里空虚，就丧失了神智；艾柯卡成了美国人心目中的英雄人物，他用自己勇敢无畏的精神塑造了一个职场强者的光辉形象。任何时候都表现出桀骜不驯的人，是勇敢者，在一切恶劣的社会环境和自然环境当中，都有着按自己的意志行事的强大生命力，他们坚决的信念是不可被驯服的。他们可以无所顾忌地向着奋斗目标英勇前进；他们能够不怕危险和失败，具有勇于挑战自我的气魄；他们不断突破、改造自

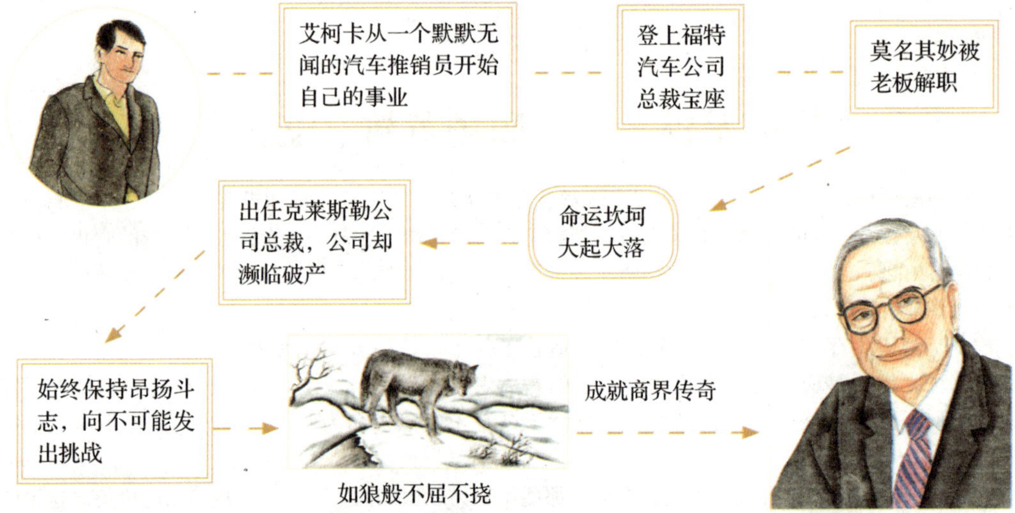

己，并力图寻找对手和敌人，以此来激发斗志，发挥潜能。只有这样勇敢地迎接一切挑战，才会迎来事业的辉煌。

◎不谋其政——揽责任要三思而行◎

不在其位，不谋其政，是古人为官的一条方圆之道。不是你的专业自然不该你管，你也就不应该管。你不在那个职位，管了也妨碍别人，费力不讨好。

我们常听到别人漫不经心地说："有事我负责！"像这种随便把"负责"二字挂在嘴上的人是没有"心机"的人，也是不负责任的人。出了事情，责任谁都能付，但谁也付不起。责任也是有限度的。不是从一开始就随随便便地表示负责到底才是有责任感，而是负自己该负的责任才对。

"责任感"是一种称赞的话，重点在于后面的"感"字。不是责任，而是感受责任，所以不是只要说愿意负责的话就可以了，而是要亲自感受自己应该负起的责任。一般人往往不去衡量自己的力量，光是一副正义凛然的样子拍胸脯来表示愿意负责，却没有顾虑到现实的后果。

责任并不似权利义务那么具有强制性，它的道德含义比较强，但实际上却没有什么约束力。

然而，在与同事交往时，彼此会不经意地在对方的身上加诸太多责任。在工作中，我们必须义无反顾地担负一些公事上的责任。有时候当工作没有成绩时，即使并不是自己的过失，仍然得负起连带责任。这个社会就是这样，随时随地都要负起责任。在这种情况之下，当我们受到别人的请托，为了达成任务所尽的力就是负责。

与同事交往的责任，就是只要彼此尽了力就可以了，可不必非得要求自己或对方奉献出所有的金钱及时间并从别人那里要求一些不合情理的事情。

作为现代人，于公要对公司负责，于私要对家庭负责，如果为了对朋友负责而伤害了其中之一，那就失去了交朋友的意义。

与同事交往时，不要随便地拍胸脯说些不负责的话，而是拿出行动来负责。有责任感的人向来行在前，言在后。

拿破仑说："我从不轻易承诺，因为承诺会变成不能自拔的错误。"承诺就是要揽责任，如果你做不到，尤其是超出你能力范围之外的事只会令你失信于人，形象大大受损。同事之间交往，帮助别人本身无可厚非，关键是量力而行。不看清自己的实力，什么事都说"我能行"与一个莽汉没有什么区别。你要为你所说出的话负责，就必须三思而后"言"。

◎养志实意——失败过的人更值钱◎

德鲁克说：越优秀的人越容易犯错误，因为他经常尝试新的事物。德鲁克认为，不犯错的人必然不是最优秀的人，犯错是优秀人才成长中的必然现象。管理者应该容忍失败。失败往往是创新的开始。企业的成功不是从天上掉下来，是从失败中来，从创新中来的。

时代华纳公司的已故总裁史蒂夫·罗斯曾说过："在这个公司，你不犯错误就会被解雇。"硅谷流传的名言是"失败是可以的"，"允许失败，但不允许不创新"，"要奖赏敢于冒风险的人，而不是惩罚那些因冒风险而失败的人。"这些鼓励创新、允许失败的言论已经成为一种理所当然的创新理念。

美国商业机器公司的一位高级职员，由于工作的严重失误，造成公司高达1000万美元的巨额损失。这位高级职员为此寝食不安，异常紧张。许多人建议董事长给他撤职开除的处分。

董事长将这位高级职员找到办公室来，通知他调任同等重要的新职。这位高级职员感到万分意外，问："为什么不将我开除，至少降职？"

董事长答："要是那样做，岂不是在你身上白花了1000万美元的学费？"

后来，这位高级职员在以后的工作中兢兢业业，以惊人的毅力和智慧，为公司作出了卓越的贡献。

有一次董事长提起这件事时说："一时的失败是企业家精神的一种'副产品'，如果给予信任，他的进取心和才智可以大大地被激发出来，完全可以超过未受过挫折的人。"

对于优秀的人才来说，挑战和创新才是工作的常态，没有人喜欢在一个不允许失误的环境中工作。而员工能力的发挥和潜力的挖掘需要一个宽容的工作环境。只要管理者能够鼓励员工冒险，并允许失败，员工一定会用出奇的创新来回报企业。而企业的成功就是在创新成果不断叠加的基础

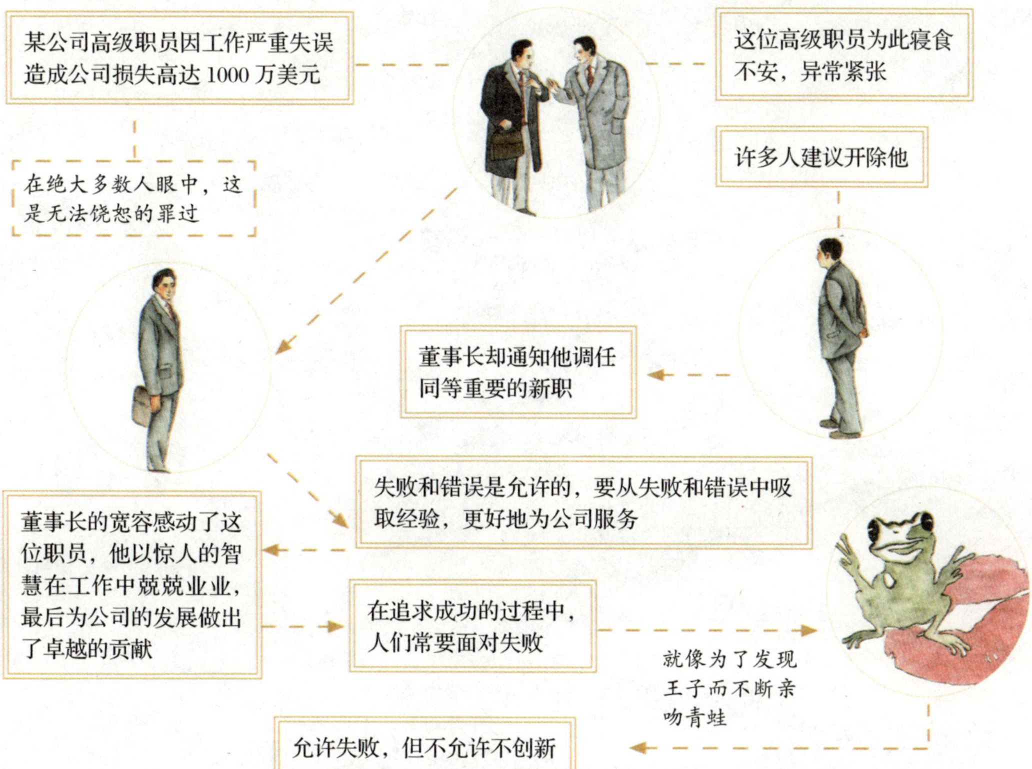

上获得的。

3M是一个经营着6.7万多种产品的百年老字号。每年开发的新产品多达200多种，几乎每隔一至两天就有一项新产品问世。其产品推陈出新的能力令人称奇，它总能以领先于他人的速度不断开拓新的技术领域。巨大的产品更新能力为3M保持优良的成长能力打下了坚实的基础。

3M公司的管理者知道在成千上万个构思中最后成功的只是凤毛麟角。公司对此有一个很形象的比喻“亲吻青蛙”——为了发现王子，你必须与无数只青蛙接吻。“亲吻青蛙”意味着经常会失败，但3M公司把失败和走进死胡同都作为创新工作的一部分。他们奉行的哲学是如果你不想犯错误，那么什么也别干。

“只有容忍错误，才能进行革新。过于苛求，只会扼杀人们的创造性。”这些是3M公司的座右铭。成功者受到奖励、重奖，失败者也不受罚。3M公司董事长威廉·麦克唐纳说：“企业主管是创新闯将的后台。”3M公司努力创造轻松自由的研究开发环境。如果你的创造性构思失败了，那也没关系，你不会因此而遭到冷嘲热讽，照常可以从事原来的工作，公司依然会支持你的新构思的试验。

《鬼谷子》说：“养志者，心气之思不达也。有所欲，志存而思之。志者，欲之使也。欲多则心散，心散则志衰，志衰则思不达。”之所以要涵养志意，是因为心神思虑不畅达的缘故。当人有欲求时，就一心一意地思虑这种欲求。所以说，志意是受欲求驱使的。欲求过多，就会心神涣散。心神涣散，志意就会衰退。志意衰退，思虑就不畅达。人在失败的时候，涵养志意，储存能力是人生的重要课程。失败是一本大书，研究透了为什么会失败，也就找到了成功的窍门。

持枢

经典再现

【提要】

“持枢”篇揭示的是一种回归自然，天人合一的思想。凝结了鬼谷子对天道的深刻透析。不足之处就在于章节太短，很像是遗留下的残卷。尹知章在《鬼谷子注》中曰：“此持枢之术，恨太简促，畅理不尽。或编篇既烂，本不能全也。”

《持枢》曰：“春生、夏长、秋收、冬藏，天之正也，不可干而逆之。”清晰地指出了逆天而行必将衰亡的客观事实，意在让君王以此为警戒。力图引导君王顺应天道，敬天爱民。这种思想不仅顺应了自然的发展规律，更是推动社会进步，治国安邦的处世哲学。

掌握事物的规律，要因势利导、顺势为之，不能逆道而行。因此，君王应该秉持“持枢”之要义，以天道行人道，做到顺时而行，顺事而为。这样就能让百姓休养生息，安居乐业，社会就能稳步发展。有了百姓的支持，兴国安邦也就是水到渠成的事。

【原文】

持枢，谓春生、夏长、秋收、冬藏，天之正也[①]。不可干而逆之[②]，逆之者，虽成必败[③]。故人君亦有天枢，生、养、成、藏，亦复不可干而逆之，逆之者，虽盛必衰[④]。此天道，人君之大纲也[⑤]。

【注释】

①持枢：讲述自然界的基本运转规律。正，规律，准则；持，掌管、执掌；枢，本指户枢。洞察事物生成发展的根本原则，以便采取能适应的行动。②干：干扰，干犯。③逆之……必败：元亮曰：“含气之类，顺之必悦，逆之必怒，况天为万物之尊而逆之乎？”元亮，东晋陶潜字，高蹈隐居避世者。④逆之……必衰：违背民意的人，

即使暂时强大，也终归要失败，要衰弱下去。⑤大纲：基本纲领。

【译文】

持枢，讲的是掌握自然之道。就是说，春天万物萌生，夏天万物成长，到了秋天万物收获，冬季寒冷万物储藏。这就是自然界运行的正常法则，决不可企图改变和违背这些规律。若违背了这种法则，即使有成功的可能，也终究会失败。所以说，作为君主治理国事也有一定法则，使百姓生息，使百姓安居乐业，把百姓教养成才，万万不可违背民意，倒行逆施。这是顺应自然之道而不可扰乱的。违背民意的人，即使一时强大，也终归要失败，要衰弱下去。这种基本法则，也是君主治世应效法的基本纲领。

为人处世

◎事随时变——趋利避害有“秘方”◎

顺应天时，是“持枢”之要义。春夏秋冬各有不同，人的一生也会波澜起伏，每时每刻都在发生着变化。但是，万变不离其宗。能相时而动，懂得顺势而为，就能招财进宝，事事畅通。

相时而动、顺势而为是为人处世的法宝。因为生活中充满了诱惑，更充满了凶险。许多人为了一己之利，你争我夺，往往会拼个你死我活，鱼死网破，稍有不慎就有可能身败名裂。

胡雪岩一直奉行“人随天变”。他相信凡事都讲究天时地利，天时不是人可以改变的。急功近利往往可能获得一时的利益，但是要做得长远，一定要顺应天时。就像诸葛亮“草船借箭”，他必须等到第三天江雾弥漫，计谋才能实施，才能“借”到箭。

胡雪岩是中国历史上第一个以商人的身份替政府引入外资的人。在他之前，清政府一直反对任何人以个人的身份跟洋人借贷，即使军机首辅恭亲王奕䜣，拟定向洋人借款一千万两白银用于买船，也没有获得批准。

胡雪岩一直信奉中国有一句古话，叫“与其待时，不如乘势”。许多看起来难办的大事，居然顺顺利利地办成了，就因为懂得乘势的缘故。”同样是跟洋人借款，时机不同，自然结果也会不同。以前跟洋人借款，总是受到洋人的百般刁难，即使恭亲王有心，但是在几次碰壁之后也不愿意再自讨欺辱，自然不会坚持借款。当时的清政府确实没有必须借款的需求。

首先，现在形势不一样了。当时清政府正在跟太平军周旋，洋人势必会看出清政府围剿太平天国运动的决心，也势必会为了保护他们在中国的发展而出钱出力，资助清政府维护国内的稳定。如此一来，不但不会刁难，还会主动给予很大的支持，清政府从中感受到了洋人的诚意，断然不会拒绝。

相时而动，顺势而为是胡雪岩的处世法宝。

其次，以前的清政府，没有重要的军务在身，即使是购买船只，也

神童诸葛恪智解君王酒后戏侮。

不过是备不时之需，并不急迫。可是现在，军务重于一切，而重中之重又是镇压太平天国，以军务之急跟朝廷申请借款，朝廷只会听从。

再次，此时跟朝廷申请借款的人是左宗棠，他手中握有重兵，在镇压太平天国之中屡立战功，深得朝廷的信任。他跟朝廷说话，自然有分量。

无论从哪方面来说，跟洋人借款，都是大势所趋，是手到擒来之事。胡雪岩没有放弃这么好的机会，在左宗棠的帮助下，大借洋债，不仅大大地扩展了自己的生意，更得到了朝廷的肯定和信任。

胡雪岩只不过是在顺势的基础之上，更加懂得推测事情的发展趋势，从中获利。胡雪岩的商道作为，其实也同样适应我们的生活。例如，我们在跟别人提意见的时候，如果他的心情很好，而且确实很有建设性，可行性也很强，那么必然会被接纳，可是如果对方心情不好，那么即使是好的建议，也有可能被否决，特别是对一些性情中人，更是要看准时机，才能行动。顺势而为，就能把握机遇，更能在关键时候化解灾难。

《三国志·诸葛恪传》记载：诸葛恪自幼勤奋好学，聪明过人，当时被誉为神童。其父诸葛瑾，字子瑜，是东吴孙权手下谋臣之一。诸葛瑾脸长得很长，有人戏称“驴脸”。一日，孙权大宴群臣，酒足饭饱之时，孙权突然心血来潮，叫人牵一头驴来，拿个纸条，上面写了“诸葛子瑜”四个字，然后将纸条贴在驴头上，意思是说，这就是驴脸的诸葛瑾。在场的人哄堂大笑，正当诸葛瑾非常难堪之时，随其一块赴宴的儿子诸葛恪马上想出了一个给父亲解围的办法。只见他走到孙权面前，跪下道：“小臣请笔，添两个字。”孙权觉得诸葛恪挺可爱的，便应允了。诸葛恪拿起笔，在纸条上“诸葛子瑜”四个字的下面又添了“之驴”两个字。然后，牵着驴就往家里走。孙权望着写有“诸葛子瑜之驴”几个字的纸条，一时无话可说。诸葛恪“顺手牵羊”之术，应变孙权对其父的戏弄，不仅为父亲挽回了面子，而且白白拣了一头驴。

面临君王的故意戏弄和刁难，诸葛恪选择了顺手牵羊的应变之术来化解尴尬，在保持既得利益的基础上，还赢得了意外的收益，同时还照顾到了君王的面子，真是一举三得的良策。

捕获机会，见机而动，这个道理并不难理解，但许多人却遗憾地失去了成功的机会。失机的原因恐怕体现在两个环节上，一个是识机，一个是择机。时机来到，有的人能及时发现，有的人却视而不见，有的人虽然有所发现，但认识不清，把握不准，对机会的认识决定了对机会的选择。

在面对人生的一些尴尬和困境时，如果直面困境、顶风而上，往往会使矛盾更加激化；如果顺势而为、灵活应对，则会缓和气氛，化解冲突，有时还可以顺手牵羊、趁机取利。不能识机，也就无所谓择机，识机不深不明，便会在选择上犹豫徘徊，左顾右盼，不能当机立断，最终错失良机。顺应天时，是“持枢”之要义。春夏秋冬各有不同，人的一生也会波澜起伏，每时每刻都在发生着变化。但是，万变不离其宗。能相时而动，懂得顺势而为，就能招财进宝，事事畅通。

◎因人而异——顺其自然办好事◎

“谓春生、夏长、秋收、冬藏，天之正也。不可干而逆之。逆之者，虽成必败。”持枢，讲的是掌握自然之道。就是说，春天万物萌生，夏天万物成长，到了秋天万物收获，冬季寒冷万物储藏。这就是自然界运行的正常法则，绝不可企图改变和违背这些规律。若违背了这种法则，即使有成功的可能，也终究会失败。

人们要认清自身有多大能力，了解自己各方面的条件，对于外界的形势，也要明了于心，在为人处世的过程中要顺应时势，随风转舵，这样才能取得一定的成就。如果乱搞一气，逆时势而行，不仅无法获得成功，反而可能离我们所追求的目标越来越远。

有一个小故事，说的就是这个道理。

有一只知了喝足了露水，心情十分好，就在枝头“吱呀……吱呀……”地叫了起来，声音很响，很远的地方都能听见。这时候，正好有一头驴路过。它也听见了这只知了的叫声。他想：“是谁的声音那么好听？我平时也大声叫上几嗓子，可是怎么叫也不好听，大家都嘲笑我，我一定要向他好好求教一番，让大家对我刮目相看。”

它费了半天时间，终于找到了停在树枝上的知了，于是满怀诚意地问道：“知了先生，您能告诉我怎样才能发出这样美妙的声音吗？”

知了说：“这很简单，我也没有怎么认真地练过，我想，大概就是因为我吃的东西跟你不一样，所以嗓子好，叫起来就好听了吧。”

驴忙不迭追问道：“那您每天都吃些什么东西呢？”

知了不慌不忙，答道：“每天就是喝一些露水而已。”

驴听了这话十分兴奋，它终于找到了摆脱自己难听的嗓音的秘方了。

接下来的几天里，它开始按照知了说的话去做了，每天都不再吃别的东西，只喝一点儿露水。但是驴体量颇大，而且每天都要干很多的活儿，没过多久，他就有些消瘦了。但是它却并没有改变这种做法，因为经过了这么一番折腾之后，它也觉得该有一些效果了，于是试着练了一下声，发现自己的声音果然有了一点变化——声音轻细，有点发不出。这是身体衰弱，力不从心的声音，但它却以为是知了告诉它的方法奏效了。其实，这时候，它的声音还是跟破喇叭一样，一点也不好听，但它觉得这是因为自己坚持的时间太短，效力不够。

于是，这头驴就这样坚持着。没过多久，它的声音真的发生了很多的变化，但不是变美了，而是变得越来越轻，最后变得没有了——它死了。

知了是知了，驴是驴，不管怎么努力，驴的嗓子怎么可能叫出像知了一样的声音呢？对自己各方面条件没有充分了解，却妄图达到好的效果，最后只能以失败告终。

同样的，对外界形势的了解，和沉着冷静的处事态度，也是达到事半功倍的效果的必要条件。

唐朝的裴度任中书侍郎时，曾遇到过一次印章被盗之事，他对事情的分析和应对，颇值得我们学习。

一天清晨，他将交给小吏一个文件，叫他速去盖上中书省省印上报，可是没一会儿，小吏就跑回来，报告说省印已经不在印盒里了。省印不在印盒里了，当然是被人偷走了。这可是很严重的失职，要是上面知道了，下来追究此事，别说他的中书侍郎之位难保，说不准还要搭上他的命。在座的同僚都为他捏了一把汗，大家都站立起来，道：“这还了得？快快查办！”

这时候，裴度却表现得非常镇定，只是摇了摇手，让大家先行坐下。接着他还轻轻一笑，说道：“各位不必惊慌，坐下继续谈我们的事。”

大家哪里还有心情议事？谁也不知道裴度葫芦里卖的什么药。

没过一会儿，奇迹出现了，小吏跑回来报告，说省印又回到印盒里去了。这时候大家悬在半空的心才放了下来，而裴度却仍然只是毫不在意地点了点头。众同僚这才明白，见裴度一直镇静自若，毫不慌张，原来是料定了省印不会丢。可是，对于他是怎么知道的，大家还是不得而知。

裴度又微微一笑，说道："你们可知后汉曹州济阳县县印丢失之案？县印由县令和县主簿昼夜轮流保管。当时县令有个妾，与妻争宠，县令爱妻而不爱妾，妾感到愤恨，便将县印藏了起来，印盖的封条仍然保持原样。主簿当晚接过印盒。第二天吏人要用印。打开只见空盒子。当时众人皆慌，而主簿却神态安详，向县令汇报之后，立即不露声色地进行查找，果然在县令房舍的灶头烟煤堆里找到了县印。主簿何以不作声张，主要怕盗印人一时情急，将印毁掉，那就坏了大事。今日我处省印丢失，我料定是吏人盗用省印去印署驿券了。这是内部人干的，干完定还归原处。倘若刚才急于追查，他怕承担罪名，弄不好就会把印投进水火里灭迹了。"

同僚们这才恍然大悟，连连称赞裴度的智慧。

在裴度的这个故事中，还有一点也是我们需要注意的。裴度之所以能以这样的做法将事情处理妥当，一个很重要的原因，是他知道自己面对的是什么样的情况。如果是另一种情况，偷印的是别的人，事情就未必有那么简单了。所以，并不是所有的事情都是可以这样应对的，这也是持枢告诉我们的因人而异、因事而异的道理。

管理谋略

◎随道而行——李泌的行藏人生◎

古人讲进退，是指做官还是退隐的问题，薛文清说："进将有为，退将自修。君子出处，唯此二事。"这是古人的进退观，正是"穷则独善其身，达则兼济天下"。最高明的智者会在出世和入世间进退自如，不受名利的束缚，既能全身，又能成就大业。李泌就是这一方面的典型代表。

曾有一首《咏方圆动静》的诗这样写道："方如行义，圆如用智。动如逞才，静如遂意。"这首并不太像诗的"小诗"，是唐代一位奇人所作，他当时只是一名年仅七岁的小小孩童。此人就是有"白衣宰相"之称的李泌。

李泌小时候就有"神童"之称，深得唐玄宗的喜爱。后来他与当时还是太子的肃宗相识。到安史之乱时，肃宗面对强大的叛军，很想找些心腹来帮忙，于是他请来了隐居的李泌。

李泌于安史之乱等危难之时出仕鼎力相助，以大智慧定策平贼。

说起来唐王朝没有在安史之乱的战火中灰飞烟灭，一方面多亏了郭子仪、李光弼等大将的浴血奋战、殊死报唐，另一方面也多亏了李泌那条"山人妙计"。

唐肃宗收复京师之后，李泌去见肃宗。唐肃宗留李泌宴饮，同榻而眠。当时，李泌常受小人猜忌和陷害，为了明哲保身，他决定退隐山林。在隐退之前，他决心尽自己的最后一次努力，保护自己曾经爱护的皇太子广平王李豫。

当天晚上，李泌对肃宗说："臣已略报圣恩，请准我做闲人。"

肃宗惊异，说：“我同先生忧患多年，应该与先生同乐，您为何要离去呢？”

李泌答道：“臣有五不可留，愿陛下让我离去，免于一死。”

唐肃宗问：“这五不可留指什么呢？”

李泌答道：“我遇陛下太早，陛下任我太重，宠信我太深，我的功劳太高，事迹太奇，有此五虑。陛下若不让我走，就是杀了臣。”

肃宗听信奸臣的诬告，建宁王李倓被赐死。

肃宗不解地说：“先生为什么怀疑我？朕不是疯子，为什么要杀先生呢？”

李泌道：“正是陛下不杀我，我才敢请求归山，否则我怎么敢说？并且我说被杀，不是指陛下，而是指那五点原因。我想，陛下对臣这么信任，有些话尚且不敢说，等天下安定了，我哪敢再说什么！”

肃宗说：“我知道了，先生要北伐，我不听从您的建议，先生您生气了。”

李泌回答：“不是，我说的是建宁王一事。”原来，不久前，肃宗听信奸臣的诬告，建宁王李倓被赐死。

肃宗说：“建宁王听信小人的话，谋害长史，想夺储位，我不得不赐他死，难道先生还不知道吗？”

李泌又说：“建宁王倘若有此心，广平王必定会怨恨他，可是广平王每次与我谈话，都说弟弟冤枉，泪如雨下。况且，以前陛下想用建宁王为天下兵马大元帅，我请改任广平王。建宁王要是想夺太子的地位，一定会恨臣，为什么他认为我是忠心，对我更加亲善呢？”

听到这里，肃宗也不禁流泪道：“我知道错了，先生说得很对，但是事情既然已经过去了，我也不想再提。”

李泌说：“我不是要追究以前的责任，是为了让陛下警戒将来。当年则天皇后有四个儿子，她错杀了太子弘，立次子李贤为太子。次子内心忧惧，作《黄台瓜》一词，想感动则天皇后，但则天皇后不予理睬。李贤被废之后，死在贬所黔中。《黄台瓜》一词是这样说的：‘种瓜黄台下，瓜熟子离离。一摘使瓜好，再摘使瓜稀，三摘尤可为，四摘抱蔓归。’陛下已经摘了一个大瓜了，千万不要再摘了。”

肃宗惊奇地说：“怎么会有这种事？我当把这词写在绅带上，时时警惕。”

李泌说：“只要陛下记在心中就行了。”之后，李泌就归隐泉林了。

直到唐代宗继位，他又被请出山，出任朝廷要职。后来遭排挤，便安然退隐。待到唐德宗朝，李泌再次出山。

李泌身历四朝，建立功勋，四隐四仕，进退有度，随道而行，全身而退。

李泌一生，身经四朝，于安史

之乱等危难之时，他鼎力相助，以大智慧定策平贼，居功甚伟。四朝皇帝都对他恩宠有加，奉为师友，亲密至极，是名副其实的“帝王之师”。李泌如果想要一般人梦里也想的高官厚禄，那简直是唾手可得。但他却身在朝堂，心在山川，天下稍有安定，就退步抽身，远走隐退。正所谓“大隐隐于朝”，李泌实在是深得道家精髓的绝世高人。

《持枢》中云：“谓春生、夏长、秋收、冬藏，天之正也……不可干而逆之。”万物生长顺应自然界的运转规律和正常的运行法则，人君治世也要有一定的法则。李泌四隐四仕，能够顺其自然，还做到了“用之则行，舍之则藏”，“行”则建功立业，“藏”则修身养性，无论“行”还是“藏”都过得十分充实。李泌对待个人进退荣辱的平静心态，对于今人的影响依然很大。

◎顺其自然——萧衍豁达一身轻◎

《持枢》曰：“人君亦有天枢，生、养、成、藏，亦复不可干而逆之，逆之者，虽盛必衰。”说的就是人君治世应该把握自然之道，是使百姓生息，使百姓安居乐业，把百姓教养成才，并爱护民力，不可使用过度。违背了这种自然为政之道，盛极一时必会灭亡。这段话为君主治国提出了一个基本纲领，而梁武帝萧衍的所作所为，与之切合者颇多，可称得上一个好皇帝。

萧衍自幼勤奋，博学多才，年轻时常与社会贤达交往，与文坛新秀沈约、谢朓、范云等7人共游，号称“竟陵八友”。沈约后来写了《宋书》《齐纪》等书，而谢朓则是这时期有名的诗人，不过，八友当中仍属萧衍最具胆识。

萧衍曾任雍州刺史镇守襄阳，后乘齐内乱，起兵夺取帝位，建立了梁朝。在南朝的四个开国君主里面，刘裕、萧道成、陈霸先都是武将出生，晚年取代旧主建立新朝，他们三人当皇帝的时间都很短，刘裕和陈霸先都只有3年，萧道成则只有4年。然而，萧衍38岁登基，86岁死，成为南朝君主中难得的长命者。49年间，他目睹了北魏的分裂，东魏的覆灭，也一手造成了梁朝的灭亡。

萧衍称帝后，初期的政绩十分显著。他平息了东昏侯即前朝皇帝萧宝卷残部的叛乱，放遣后宫、乐府、西解、暴室中的被幽闭者，分遣内侍，周省四方，招集流民，亲耕劝农，推行屯田。经过几年的休养生息，江南一带，沃野千里，一派繁荣景象。与此同时，他大力兴办学校，以文治国。

中国历史上一个有趣的现象是自己打下江山的皇帝往往都是劳模，一个人当几个人来用，不分昼夜，萧衍亦然。他吸取了齐灭亡的教训，勤于政务，不分春夏秋冬，总是五更天起床，批改公文奏章，在冬天把手都冻裂了。他为了广泛地纳谏，听取众人意见，最大限度地用好人才，下令在门前设立两个盒子（当时叫函），一个是谤木函，一个是肺石函。如果功臣和有才之人，没有因功受到赏赐和提拔，或者没有良才使用，都可以往肺石函里投书信。如果是一般的百姓，想要给国家提建议，可以往谤木函里投书。

萧衍称帝后，初期的政绩十分显著。

萧衍的节俭也是出了名的，史书上说他“一冠三年，一被二年”。他不讲究吃穿，衣服可以是洗过好几次的，吃饭也是蔬菜和豆类，而且每天只吃一顿饭，太忙的时候，就喝点粥充饥。

他还曾三次舍身同泰寺：大通元年（527年），他突然跑到同泰寺当奴隶，与众僧一起生活，后来被大臣“赎回”；两年后，又跑到佛庙里去了；太清元年（547年），84岁的他第三次舍身寺院，且坚持待了一个多月，三次“赎回”武帝耗费四亿钱之多。然而，就是在这位“菩萨皇帝”在位的朝代，刑法苛刻却也十分出名，南梁每年都会有大量的人被处斩，萧衍只是闭目默念“阿弥陀佛”。

侯景叛乱后见到萧衍，萧衍镇定自若，侯景汗颜不敢抬头。

就在山河破碎、生灵涂炭的时期，在南朝梁武帝萧衍末年，即548年，爆发了一场长达四年之久的叛乱，因这场叛乱的发动者是投降梁国的东魏将领侯景，史称“侯景之乱”。

据说，最后侯景带着五百甲士去皇宫里抓萧衍时，曾发生了这样一段很有趣的对话。萧衍见侯景来，镇定自若地问道：“你是哪里的人，竟敢作乱，你的妻子、儿女还在北方吗？”侯景这时害怕得汗流满面，竟不知道怎么回答。旁边的部下替他说：“臣景的妻子和儿女都被高氏杀了，现在只有一人归顺陛下。”萧衍问道：“你过江时有多少兵马？”侯景答道：“千人。”萧衍问：“攻城时多少？”“十万。”“现在呢？”“率土之内，莫非己有。”最后，萧衍安慰他说：“你忠心于朝廷，应该管束好部下，不要骚扰百姓。”侯景居然一一答应了。

见过萧衍后，侯景对身边的亲信王僧贵说：“我多年征战疆场，从没有胆怯过。这次见萧衍竟然有点害怕他，莫非真是天子威严不容侵犯吗？”其实，那时的萧衍已经体现出了高深的德行。

时来天地皆同力，运去英雄无奈何！在侯景的禁锢下，临危之时的萧衍便说出了那句“自我得之，自我失之”的遗言。有人笑他糊涂，有人说他明白。梁朝由他开始、由他结束，倒也是一个完满的圆圈。生活里的许多事情需要顺其自然，不必刻意强求，反倒能有一番收获。为求一份尽善尽美，人们绞尽脑汁，殚精竭虑。而每遇关系重大、情形复杂的状况，更是为之寝食难安。其实，就如我们遇上难越的坎儿，与其百般思量，不如顺其自然，反倒能够柳暗花明又一村。

商战博弈

◎因地制宜——市场变化的“测风仪”◎

市场是企业赖以生存和发展的空间，市场的变化是决定企业兴衰的首要条件，因此，企业要跟着市场变化，时刻调整组织结构，企业要走在市场的前面。在全球市场激烈的竞争中，只有在市场上领先对手的企业，才能立于不败之地。

20世纪80年代初，杰克·韦尔奇刚刚执掌帅印，公司就开始了大规模地从制造业向服务业的战略转型。杰克·韦尔奇预感到未来的市场将没有国家的界限了，那时的市场会逐渐从一个国家的市场变成世界性的市场。尽管在80年代初公司的制造业仍然表现良好，有很高的利润，但是硬件生产的成功并不等于企业的成功。当大多数企业的产品质量相差无几时，这时产生的竞争就会体现在服务上，服务的好坏在不同的企业会有差异，企业将越来越重视服务和服务质量。

公司领导人意识到服务导向比产品导向重要，于是公司的重点从卖产品转变为向用户提供解决方案，从提供产品并辅之以提供服务转变为继续提供高质量的产品，还要提供以客户为中心、以信息技术为基础、旨在提高客户生产率的各种高价值的解决方案，公司公开宣称："下个世纪的蓝图是，公司不仅将是一个销售高质量产品的公司，还是一个提供全球性服务的公司。"但是，当杰克·韦尔奇把整个公司从制造业向服务业转型时，遭到了非议和抵制，很多人反对这种变革，指责杰克·韦尔奇是发了疯，是要把公司推向死亡。

三四年以后，美国几乎所有企业都感到了世界市场变化的压力，被迫纷纷转向服务性企业，此时通用电气公司已经先于他人走了三四年，服务已成为公司取得持续性增长的重要措施，是公司高速发展的主发动机。走在市场前面的杰克·韦尔奇超前的眼光和通用电气公司所取得的成绩令人叹为观止。1980年，通用电气公司85%的利润来自于制造业，而现在有四分之三的利润来自于服务业。

大家对杰克·韦尔奇刮目相看。这才感到杰克·韦尔奇当时不是发疯，而是做到了根据市场变化，时刻调整组织机构。没有对市场变化的适应性调整，没有大规模的战略转型，就没有通用电气公司的今天。20多年来，通用电气公司从制造业到服务业，再到电子商务化，都是跟着市场一步步走的。市场和客户改变，企业也要跟着变，而且改变要在市场变化之前完成。实践证明，企业要时刻根据市场变化调整组织结构，才能获得长远发展。

《持枢》中讲："故人君亦有天枢，生、养、成、藏，亦复不可干而逆之。"鬼谷子认为顺应自然规律，因地制宜，是成功的重要法则。在市场经济条件下，企业之间的竞争愈发激烈，企业能否在竞争中立于不败之地，关键在于能否适应市场营销的变化，适时建立起一个优化市场营销的管理系统，并能抓住机会选择最适合企业营销的有利手段，使市场营销达到整体优势。

市场营销体系的确立是以现代市场营销观念的确立为基础的。市场营销活动必须有周密、详细、切实可行的策划，同时，更要结合市场，迅速反应，及时调整。因此，对生产企业的要求就是根据市场需求，生产出适合需求的新产品，才能在激烈的市场竞争中立足，从而取得企业利益最大化。

◎顺势转变——何永智的经营之道◎

《持枢》讲的是一种掌握自然之道，是一种顺势而为的处世学说。在当下商业竞争激烈的情境下，无论做生意还是办企业，都要学会用一种顺势思维办事，要学会站在宏观的角度把握全局。顺势思维不是静态的认识问题的方式，而是随着市场需求的改变，作出相应变化。顺势就能赢得一个又一个机会，把握先机，与成功同行。

27年前，重庆八一路"好吃街"上，一家叫"小天鹅"的火锅店悄然开张。这是个狭小、简陋的店铺，在重庆这个火锅盛行的城市，它的存在与消失不会引起太多人的注意。如果店主人的想法像大多数人一样，是想寻一个"安逸"。那个火锅店可能永远只有16平方米大小，只有三张桌子和三个伙计。但是，一个把自己结婚后的房子卖掉，用来做生意的人，抱负有那么小吗？

火锅店的主人叫何永智，当时没有人能够想到，她会成为日后的火锅皇后。

何永智把所有的精力都用在了火锅店经营上，但因为缺乏经验和特色，一个月下来，竟亏了几十块钱。为了扭亏为盈，她就决定在火锅的口味和服务上下大力气，这就是她日后赖以生存的

何永智的创业之路最初是从重庆“好吃街”上一家叫“小天鹅”的火锅店开始的

火锅店只有16平方米大小、三张桌子和三个伙计

火锅店生意最初是亏本的，为了走出困境，何永智困中求变

潜心分析市场需求，研发创新点

独创鸳鸯火锅

大获成功

转战其他行业

在不断突破、不断改变中寻求不断发展

“变”的经商智慧的开端。

重庆火锅以辣著名，通常是，重庆本地人越辣吃得越过瘾，外地人却望辣生畏。何永智火锅店的回头客中，大部分也是重庆本地人，外地人少之又少。何永智陷入困境，为了改变这种局面，她决定改变。

“当时，我想能否在一口锅中放一半清汤一半红汤，在中间放一个挡板隔开。但是当我真正去做的时候，却非常失望。当锅中的汤被煮沸后，两种汤就会漫过挡板，清汤变成红汤，红汤又没了辣味。”

当时的“失败”对何永智来说并不会造成太大影响，她的火锅已广受顾客的喜爱，桌子不够的时候，有的人甚至会将啤酒箱翻过来当凳子坐。但何永智的心里却有一个大大的梦想，她想做大做强，而不是仅仅蜗居在一个十几平方米的小店里。

就这样，她一直想着怎样才能将清汤和红汤分离。

一天晚上，她吃完饭后和丈夫到江边散步。远远望去，长江和嘉陵江在朝天门汇聚时，虽汹涌澎湃，难以抵挡，却始终不聚合，而江心有一太极似的水纹将两江隔开。何永智顿时大喜过望，这不正是一个大大的清汤和红汤吗？想到这些，她就马上回家试验，挡板变成了S型。汤在煮沸后果真不再满溢。为了让汤的味道更加鲜美，何永智用在清汤中加入枸杞和红枣等滋补品，在红汤中加入小葱进行点缀。一道本就味道鲜美的火锅更加色香味俱全，而何永智也给它起了个情韵十足的名字：“鸳鸯火锅”。

不久，“鸳鸯火锅”就在她诸多分店和连锁店中推广，生意更加火爆。她也因此获得了“火锅皇后”的美誉。之后，在自己更大面积的店铺中，为了迎合消费者的需求，何永智将店面打造成民族风情、欧式风情、南亚风情等不同的风格，歌舞演奏也引入店中，餐饮业成为一种娱乐消费。

很少有人将普通的餐饮行业打造得这么丰富多彩，与众不同。这个起家于一间16平方米的小火锅店也渐渐成为一个品牌，美国加州等地也建立了自己的分店。

但何永智注定是个不安分的人，她在火锅业耗尽了十多年的心血，终于成为其中的佼佼者，就在人们认为她可以享受享受的时候，她却调转了一下事业的船头：进军房地产。

2001年的一天，何永智亲自撰写了竞标重庆洪崖洞的竞标书。那是一本厚厚的书，封面是她小时住过的吊脚楼。

在竞标当天，没有人看好这个外行竞标者。十一个竞争者中，除了何永智的“小天鹅”集团，其余的都是地产界的大腕。公司内部的董事会上，7人中也有5人反对。他们不明白，一个外行为什么要插入不熟悉的行业？

但何永智知道自己这次“转身”的意义，这不仅可能是她事业的另一个制高点，更寄托了她儿时的梦想。

作为土生土长的重庆人，何永智从小喝长江水长大，很多亲人都住在吊脚楼里，这种造型别致的吊脚楼和优美的风景让何永智难以忘怀。而现在，重庆市政府在洪崖洞的招标正中她下怀。她想把对巴蜀文化的热爱和对故乡的依恋基于这块土地，所以，面对诸多反对和不利局面，她也要试一下。

亲自写竞标书，亲自选材，亲自过问每个细节，何永智想通过她的努力让自己的这次“转身”华丽一点，而事实也是如此。重庆市政府看了何永智的竞标书后非常满意，小天鹅集团出人意料的一举中标。为了使洪崖洞的改造达到尽量完美的程度，何永智遍览了中国古镇，最后在山西乔家大院找到了自己心仪的材料。

耗时5年，投入3.6亿，何永智用尽全力去打造洪崖洞文化景观。当一个新的古建筑景观出现在人们面前的时候，之前反对过何永智的人也目瞪口呆。十几层楼的建筑，有现代的别致，也有古代的淡雅，有茶楼也有剧院，远观，真的像一座富丽堂皇的宫殿，有摄人心魄的魅力。

何永智的每一次改变都源于她顺势而进行的转变和突破。突破才有成长，顺势才能成功。如果思维停滞，满足于已有成绩，就无法获得前进的不竭动力，更容易被竞争对手赶超。如果能够用顺势思维谋发展，就能不断突破、不断改变、不断发展。

◎借势而行——把握对外开放的良机◎

“顺天而行”是《持枢》里讲述的重点和基本要义。“顺天而行”不仅是一种趋势，更引领着时代发展的方向。随着中国经济的发展，中国台湾经济越来越离不开大陆。特别是当中国成长为世界经济舞台上的重要力量后，到大陆谋发展更是大势所趋。这不仅合乎大陆的发展，更顺应了时代潮流。中国台湾商人更是把进军大陆作为一项战略决策。那些乘势而行的商人，则是最大的受益者。

王其鑫来自中国台湾，也是中达电通有限公司总经理。1992年，王其鑫被总公司派到上海来创

王其鑫被总公司派到上海来创立新的公司

一个偶然的机会得知大陆要大幅提高有线电话普及率

看到商机义不容辞跻身大陆市场

创业时不到10个人的小公司后来发展为资产丰厚的业内领头企业

顺应潮流
顺应大势
勇敢开拓

陈进财考察到莆田木雕是木雕爱好者梦寐以求的精品

他发现莆田木雕两个显著特点，工艺古老和艺术上讲究“精微透雕”

陈进财来到福建莆田，兴办木雕企业

陈进财利用市场经验，结合莆田的木雕艺术，打开了一片新天地

立新的公司。创业初期，王其鑫整天“天马行空”地想点子。一个偶然的机会，王其鑫看到了当时的邮电部部长的一个讲话，讲话中透露了这样一个讯息：大陆当时的固定电话普及率是每百人3.4线，邮电部的目标是要在公元2000年的时候，让大陆的电话普及率达到10%。

王其鑫看到了商机，他义不容辞地跻身大陆市场。由于顺应了时代潮流，他的公司很快有了起色。后来的发展也印证了他当初的判断。创业时不到10个人的小公司，如今已经拥有34个分支机构和服务网点、1500名员工，中达电通已成为资产丰厚的业内领头企业。

截至2008年2月底，在内地设立的台资企业已超过7.5万家，实际利用台资461亿美元。台商投资大陆经济效益非常明显，很多台资企业在首期投资的基础上增资扩产，这类企业占大陆台资企业总数的约1/6。台商投资大陆20年以来，两岸经贸交流的规模从小到大，快速增长，形成了以台商投资为主线、投资带动贸易、贸易促进投资的两岸经贸交流发展格局。众多台资企业已经成为联系两岸经济往来的重要纽带，它们也在投资大陆的过程中发展壮大了自己。

这种趋势不仅带来了一时的利益，也带来了是持久的发展。2000年，在台湾还是默默无闻的陈进财慕名来到福建莆田，兴办木雕企业。在这里，他发现莆田木雕两个显著特点，那就是一古二精，工艺古老以及艺术上讲究“精微透雕”。这正是广大木雕爱好者梦寐以求的精品。于是陈进财利用自己的市场经验，结合莆田的木雕艺术，打开了一片新天地。

经过多年努力，陈进财不仅在大陆有了一定名气，在台湾也是行内的佼佼者，他创办的鸿艺雕刻有限公司，如今成为台湾最大的檀香木雕刻厂家。陈进财说：“过去这是不敢想象的，是大陆，给我这个机会，才把企业做大做强的。”

陈进财的成功，也让那些原本犹豫不前的台湾同行看在眼里，急在心上。陈进财则主动当起了领路人，在他推动介绍下，一大批台湾雕刻业者纷纷登陆大陆市场，来到莆田投资兴办企业，如台商吴再阳，来到莆田，创办了万宗工艺品有限公司。

作为强大的经济体，大陆经济正在迅速提升，这对台湾商人来说，是提升发展水平，把企业做大做强的成功通道。台湾与大陆本来就是一家人，血浓于水。台湾商人投资大陆，不但发展了自己，还带动了当地的经济发展，这可以说是一种双赢的战略。

这些台商的成功都离不开大陆对外开放的好政策。大陆施行对外开放，是大势所趋，民心所向，顺应了时代的要求。王其鑫等人则是顺势而动，借势而行的获利者。可见，顺天而行不仅合乎历史潮流，更能创造机会，强国丰民。

◎随时而动——张跃进的“商品文化”◎

20年前，在北京还很难看到国际一线品牌的身影，为数不多的几家针对的顾客也只是外国人。现在，在北京，当人们想要一尝奢侈品的新鲜时，必然会想起燕莎友谊商城，在人们的印象中，这座商场是中国奢侈品的代名词。领导这家中国奢侈品卖场第一品牌的是张跃进，一个喜欢穿唐装，喜欢传统文化的新型晋商。

“奢侈品的品牌能给目标顾客带来更大的价值，这种价值不仅仅是产品功能性的，而是在其中浓缩了品牌的文化成分，因此必须在功能性的基础上增加文化的价值。只有超出附加价值的时候，消费者愿意获得更多精神的利益，愿意为它付出更多，同时体现消费者的品位，给消费者带来更多的快乐，这一品牌才会成长起来。”

每当有人问起如何将奢侈品的精神价值最大化，让更多的人关注并接受时，出生于山西古城平遥，年轻又精明的燕莎友谊商城总经理张跃进总是喜欢将奢侈品的精神内涵与文化结合起来，在他看来，这是创建出中国真正的顶级品牌的必经之路。

2002年以来，国内奢侈品市场的发展势头越来越好，国外一些大企业对中国奢侈品市场的开发力度也越来越大，这对于国内高档品牌的打造也提出了新的挑战。在张跃进看来，国内有的所谓高级品牌，很多只有牌子，没有品味和品质，这正是文化因素缺乏的表现。

“缺少中国元素，体现不出中国文化价值，是很多品牌的通病，只有找到中国自己的独特的理念和信仰，再把这种价值观呈现给世界的消费者，才能使消费者接受。”

正是有着这样的经营理念，这个名字在外人看来有点“土”的山西人，已经将燕莎友谊商城开到了世界著名的时尚之地，如纽约的第五大道，以及巴黎、伦敦和罗马最繁华的街道。在这些店铺的装修以及内部的陈列上，张跃进都采取了“文化为王”的策略，以“上海滩”为文化背景，建立了中国奢侈品消费品牌在国外的历史和文化形象。

这一招很见效果，当专卖店在繁华的商业街树立起来的时候，很多人被鲜明的中国元素吸引，在张跃进看来，这已经成功了一大步。“因为外国消费者认识到了你的存在，而且也得到了国际奢侈品业的认同。”

同时，为了实现燕莎世界顶尖奢侈品零售品牌的定位，张跃进对于进驻到场内的品牌采取了“有意识选择”的策略。

在2006年的巴黎国际时装周上，一个叫“吉芬”的高级女装品牌受到了国际买家的追捧。这个源自意大利的品牌无论是在它设计的细节上还是整体凸显出来的文化味道，都毫不保留地向人们展示了亚平宁半岛的无限风韵，所有的人都惊为天人。

张跃进在看到“吉芬”后，第一时间便敲定要引进这个品牌。“吉芬”入驻燕莎后，立即受到了国内外高档消费人群的青睐。这是张跃进打造品牌文化的重要一步，保持准确、清晰的文化品位，是品牌核心价值所在。

张跃进“文化为王”的战略在打造“燕莎”这一品牌的过程中，让人们看到了一个集聚高端服务、中国风采和商品系列化的经营策略，这一经营策略已被消费者认知和接受。以至于在大众消费者中流行这样一种说法：“想了解世界富豪的生活，就去燕莎商城看看。”

这句话在2005年以前称得上是北京高端品牌消费者的口头禅，而在2005年以后，张跃进相信，这句话会成为更多地方，更多消费者的口头禅。他的自信来自2005年8月28日燕莎太原店的开业。

“为什么要把太原选为燕莎首家在外埠开店的地点？山西人有消费奢侈品的经济实力吗？”

自从张跃进准备在太原开分店消息传开后，很多了发出了这样的疑问，直至太原店开业，这些疑问还在不停地纠缠着张跃进的大脑。张跃进的回答是——“文化。我们一直在提倡以文经商，以文兴商。这里的“文”就是文化。”

《持枢》揭示的是一种回归自然，天人合一的思想。凝结了鬼谷子对天道的深刻透析。以天道行人道，做到顺时而行，顺事而为。张跃进把特色的商品文化、营销文化、管理文化、道德文化为主要内容的企业文化作为燕莎的不二法门，将燕莎的文化内涵和三晋大地悠久的历史积淀结合在一起，把国际化的时尚文化和服饰概念带到古老的三晋大地，让各行业的精英足不出省就可以享受到燕莎所带来的精致生活的设计，这不仅顺应了国际的发展潮流，也足以让燕莎的文化价值更好地得以提升。

职场之道

◎适地生存——“照猫画虎”拓市场◎

占领市场，最重要的就是抓住市场的运作规律，顺应市场某种层次的要求，适地生存，才能把握住生存的规律。市场战略是全局性的，是具有指导意义的，是根据形势需求指定的长期性规划，是稳定的、坚定的；但面对多变的市场形势，应用战术可以灵活的、多变的，是围绕战略思想，将现实的利益、现实的合理性与未来的发展、长期的发展有效结合起来。

职场上，你要会站在上司的立场考虑问题，了解上司的全盘战略思想，了解他为什么要这样做，这样做能带来什么样的效益，这种战略和现实有什么矛盾？当上司安排你做一些事情的时候，你要做到心中有数，既不要不问情况，不看实际地一味蛮干，也不要故作聪明地暗自跟老板较劲，消极怠工。

某公司出产了一种新品牌瓜子，在当地久负盛名，公司老板想把它尽快推向全国。因此，该公司负责销售的经理设定方案进行推销，即向国营店或个体户大力发展批发业务。李杰是负责这种瓜子上海业务的，当他按照总部的指挥采用这种战术时，不仅没有取得丝毫的效果，还处处碰壁。

原来，上海是“傻子”瓜子的天下。别的品牌根本无法轻易插足。李杰作为上海直销的负责人，当然知道“兵败滑铁卢”的原因，虽然他几次向总部提过建议和方案，但是得到的回应却始终如一——按原计划行事，尽快打开上海的销路，否则一切责任自己承担。李杰在碰了一鼻子灰后，认真思考自己目前的形势：如果按照上司的要求行事，一定完不成任务，到头来也是“死”；如果不按照上司的要求行事，自作主张，若出了什么问题，还是“死”，左右是“死”路一条，与其“死在别人的手中”，不如让自己动手，或许还有峰回路转，柳暗花明的一天。

为了打开瓜子在上海地区的销路，李杰采用了新的推销方法。他们把装瓜子用的纸袋免费送给零售单位，广做宣传；对经营单位免费送货；在价格上实行薄利多销，还可推迟结算货款，方便经销者。由于采用了这种适宜于当地的推销方法，瓜子很快就占领了上海市场。

李杰没有一味地跟上司辩解，让上司接受自己的观点，也没有傻兮兮地按照总部的规定“照猫画虎”，而是按照上海当地实际情况灵活地改变了战术，使“阿凡提”瓜子得到了大卖。后来，李杰成功地打开上海这个大市场，为公司创造了很大的利益，公司自然会对一个有突出贡献的人给予奖励。李杰成功地完成了上级交代的任务，体现出了自己独特的价值，还为自己争取了利益。

掌握事物的规律，要因势利导、顺势为之，不能逆道而行。拓开市场，想要在商场里打开一片天地，也要顺势而为。当然，很多时候世界上往往没有这么完美的事情，想要适地生存，就要不变应万变，在原则的坚定性和策略的灵活性相结合的情况下，了解上司制定这个计划最终想要的和想要达到的目的，然后根据现实情况和自身力量，站在自己的立场思考该怎么做，如何做，做后会产生怎样的结果。要努力寻求自我发展，积极整合外部资源，团结可以团结的力量来争取最好的结果。

◎随机应变——用机智与幽默取胜◎

在职场丛林中，敏捷的应变能力是获得生存的重要条件。当然，这说的并不一定是同事之间的钩心斗角，更重要的是处理组织事务时，能够用自己的智慧将遇到的各种问题一一化解。有时候我们会遭遇一些不知所以的诘难，或是暗藏玄机的话语，这时候直来直去未必会得到好的结果，有时还会使自己陷入尴尬境地，无法解脱。这就像四季变化，我们不能随自己的意愿改变它，而应该用自己的方法适应它，使它为我们的生活带来便利。这就是《持枢》所说的“不可干而逆之”。

晚清名臣李鸿章曾担任过直隶总督和北洋大臣，曾镇压太平天国农民起义，签订割地赔款、丧权辱国的《马关条约》，也曾倡导洋务运动，创办一些实业。作为朝中大臣，他在官场上颇具手腕，纵横捭阖，处理朝政得心应手；作为外交家，他在西洋各国政界以及新闻界也一样游刃有余，举止机智幽默，令人佩服。1896年，李鸿章先后访问了俄国、德国、比利时、荷兰、法国、英国等国，接着乘坐“圣路易斯”号邮轮，于当地时间8月28日来到美国纽约，开始了对美国的访问。

李鸿章访美，轰动了美国上下。当时美国各大报纸的记者争相报道。9月2日上午9时许，李鸿章在纽约华尔道夫饭店接受了记者的采访。美国记者提出的问题涉及很多方面，而且常常暗含机巧，一般人往往会被引入他们预设的圈套，遭到戏弄与嘲笑，此时的李鸿章已经73岁高龄，却仍然思维敏捷，能言善辩，应对自如，令美国记者想取笑他也无从入手。

美国记者问道："阁下，这个国家的所见所闻中，什么最使你最感兴趣呢？"李鸿章先抑后扬，他先说道："我对我在美国见到的一切都很喜欢，所有事情都让我高兴。最使我感到惊讶的是二十层或更高一些的摩天大楼，我在中国和欧洲从没见过这种高楼。"说完了对美国大楼的高大的惊讶之后，又接着说："这些楼看起来建得很牢固，能抗任何狂风吧？"这句话提出了对高楼安全性的疑问，合情合理，且又为他后面的话做了铺垫。在这之后，李鸿章幽默了一把："但中国不能建这么高的楼房，因台风会很快把它吹倒，而且高层建筑若没有你们这样好的电梯配套也很不方便。"大家听完这句话之后，都忍俊不禁。

美国记者又问："阁下，您赞成贵国的普通百姓都接受教育吗？"这句话本来只是涉及一些简单的阶级问题，而且也并不是太明显，回答起来也并不费力，但是，在李鸿章回答"我们的习惯是送所有男孩上学"之后，不该插话的翻译突然说了一句"在清国，男孩，才是真正的孩子"。这让李鸿章感到了些许不悦，但他没有将自己的情绪过分表达出来。这时候，所有的记者和观众，都在看这位大清高官怎么解释这句话呢。李鸿章随即说道："我们有很好的学校，但只有付得起学费的富家子弟才能上学，穷人家的孩子没有机会上学。我们现在还没有你们这么多的学校和学堂，我们计划将来在国内建立更多的学校。"这样，李鸿章又通过避重就轻，将记者想要说大清奉行愚民政体，让他当众出丑的计谋给化解了。

但是美国记者并不放手，而是追问道："阁下，你赞成妇女接受教育吗？"

李鸿章想了一会儿说："在我们清国，女孩在家中请女教师提供教育，所有有经济能力的家庭都会雇请女家庭教师。我们现在还没有女子就读的公立学校，也没有更高一级的教育机构。这是由于我们的风俗习惯与你们（包括欧洲和美国）不同，也许我们应该学习你们的教育制度，并将最适合我们国情的那种引入国内，这确是我们所需要的。"这段话说得有理有据，而且不卑不亢，既让对方不得不承认清朝女子有接受教育的机会，又谦虚地表示要向对方学习，恰到好处又不失尊严，在大庭广众的外交场合，把记者的话挡了回去，而且也并不过激，可见李鸿章的机智。

从李鸿章对美国记者的应对中，我们可以看到，随机应变，不仅需要高超的应对技巧，更需要对对方行为的意图和实际情况了解清楚，对个人气度、胆识的要求也是不能忽视的。在这些方面做好了，才能在行事过程中真正把握主动权。

中经

◎经典再现◎

【提要】

“中经”是鬼谷子鉴人、识才和制人的秘诀。中经主要论述的就是内动心计、外以制人的诸多方法。主张通过人的相貌来了解其本性，通过人的言语来了解其原义。这是一种内在精神的运用，是“本经阴符”的外用。其目的就要控制人心，达到制人而不制于人的目的。

“中经”论述了七种行事原则。

“见形为容，象体为貌”，实际上是一种观人术，就是通过察言观色以摸清对方的实际情况。“闻声和音”，实际就是一种美言结人术，就是从言谈中找到对方的各种情况和关系，并通过交谈来求得对方的信任，消除防备。“解仇斗隙”，实际就是一种驾驭术，就是坐山观虎斗，从细微的环节入手，使他们有竞争，进而挟制他们，坐收渔翁之利。“缀去”，就是把握背离自己的人的心态，留下余地，使之有后用。“却语”，就是批驳对方言谈中的漏洞，抓住对方的把柄，从而达到使其为我所用的目的。“摄心”，实际是一种收揽人心的方法，就是把握自己在对方心中的地位，采用不同的方法收买对方。“守义”，就是用各种仁义道德来约束他人的行为，达到摸清对方心态的目的。这七种技巧和策略被游说策士们视为至宝，不仅钻研学习，更是变化百出，融会贯通，成了他们的奇门遁甲。

【原文】

中经，谓振穷趋急①，施之能言厚德之人②。救拘执③，穷者不忘恩也。能言者，俦善博惠④。施德者，依道⑤。而救拘执者，养使小人⑥。盖士遭世异时危⑦，或当因免阗坑⑧，或当伐害能言⑨，或当破德为雄⑩，或当抑拘成罪⑪，或当戚戚自善⑫，或当败败自立⑬。故道贵制人，不贵制于人也。制人者握权，制于人者失命。

【注释】

①中经：中，内心；经，经营、治理。中经，指以内心去经营外物。振穷趋急：振，起也。趋，向也。物有穷急，当振趋而向护之。穷，窘迫。②施之：实施“振穷趋急”。能言：能言善辩。此言以言语助人、救人。③拘执：被拘囚缚绑之人。④俦善博惠：按：俦，并也，引申为多。俦善，多善，多做善事。巧于雄辩的人最能解决纠纷，所以就成为善人的好友而广施恩惠。俦，同类、伴侣。⑤依道：道，道德、道义。依道，遵循道法。⑥养使小人：豢养、驱使自己所救的被拘执之人。⑦世异时危：坏世道，危难之时。⑧阗：充满。⑨伐害能言：故能言之士多被残害。⑩破德为雄：被迫放弃德行铤而走险。⑪抑拘成罪：遭到拘捕成为囚犯。⑫戚戚：忧心貌。⑬败败自立：尹曰：“谓天未悔过，危败相仍，君子穷而必通，终能自立，若管敬仲者也。”

帮助穷困，救济危难的，一定是那些能言善辩、道德深厚的人。

【译文】

所谓“中经”，说的是帮助穷困，救

济危难，能做到这个的，一定是那些能言善辩、道德深厚的人。如果解救了牢狱中的人，那么这个穷途末路的人一定不会忘记对方的恩惠。能言善辩的人，必定能够多做善事，广施恩惠；那些对人施行德义的人，都依道行事。救人出囹圄的人，必定能够豢养、驱使那些被援救的人。士大夫常常生不逢时，遭遇危难之时，有的人能在战乱中九死一生，免于死亡；有的人能言善辩，反遭谗害；有的人被迫放弃德行铤而走险；有的人遭到拘捕成为囚犯；有的人想戚戚独善其身；有的人危败相仍，却能自强自立。由此而论，为人处世之道，最重要的是挟制别人，而不能被人挟制。挟制别人的人，便能够牢牢地把握住权柄；受人挟制者，命运就掌握在别人手中。

道贵制人，不贵制于人也。制人者握权，制于人者失命。

【原文】

是以见形为容①，象体为貌②，闻声知音③，解仇斗郄④；缀去⑤；却语⑥，摄心⑦，守义⑧。《本经》记事者，纪道数，其变要在《持枢》《中经》⑨。

【注释】

①见形为容：观人形貌而知内情。②象体为貌：观人体态而知内心。③音：弦外之音，本意。④郄（xì）：隙。⑤缀：连，系。⑥却：退。⑦摄：取。⑧守义：恪守正义。⑨《本经》……《中经》：《本经》讲述的是一般的处世道理和技巧，至于其权要变化，则都在《持枢》《中经》中讲述。

【译文】

所以，看见外形要能判断面容，估量身材要能推知相貌，听到声音要能随声附和，要善于解除仇恨和与敌斗争，要善于挽留想要离去的人和对付前来游说的人，要善于摄取真情和恪守正义。《本经》讲述的是一般的处世道理和技巧，至于其权要变化，则都在《持枢》《中经》中讲述。

【原文】

见形为容、象体为貌者，谓爻为之生也①。可以影响形容，象貌而得之也②。有守之人③，目不视非，耳不听邪，言必《诗》《书》④，行不淫僻⑤，以道为形，以德为容，貌庄色温，不可象貌而得之。如是，隐情塞郄而去之⑥。

【注释】

①爻（yáo）为之生：此指见卦爻便可测出吉凶。爻，组成卦的符号，分为阴爻、阳爻。②影响：此指言语行事。③守：操守。④《诗》：《诗经》。《书》：《尚书》。⑤淫僻：过度和邪僻。⑥郄：漏洞。郄，同隙。

【译文】

所谓见形为容、象体为貌之术，讲的是像在占卦时看到卦爻就可推测吉凶一样，可以从一个人的言语行事、外在形貌体态等方面探知他的内心世界。但是，用此术对付那些有操守的人却不行。有操守的人眼睛不看非礼之物，耳朵不听邪恶之言，言必《诗》《书》礼义，行为既不过度也不邪僻，动合大道，行为端庄，道貌岸然，是一些用理性压抑了真情的人，这样的人就难以从外貌形态去判断他们的内心世界。遇到这种对手，就赶快隐藏起自己的真情，避免自己的言语中出现漏洞，早早离他们而去。

【原文】

闻声知音者，谓声气不同，恩爱不接。故商、角不二合①，徵、羽不相配②，能为四声

鉴人、识才和制人的七种秘诀

见形为容、象体为貌术

所谓见形为容、象体为貌之术，就是可以从一个人的言语行事、外在形貌体态等方面探知他的内心世界

- 看见外形要能判断面容
- 估量身材要能推知相貌
- 听到声音要能随声附和
- 要善于解除仇恨和与敌斗争
- 要善于挽留想要离去的人和对付前来游说的人
- 要善于摄取真情和恪守正义

闻声和音术

所谓闻声知音之术，说的是人与人如果言语不合，意气不投，就不会相互恩爱友善

- 看见外形要能判断面容
- 意气不投之人，言语必逆于耳

解仇斗隙术

所谓解仇斗郄之术，一方面是解仇，是说要调解两个弱者之间的敌对关系；一方面是斗郄，说的是令有嫌隙的强者相斗。两强相斗必有一伤，这样我们能既控制住弱者，又控制住强者

- 对胜了的一方要夸大他的功业，张大他的声势
- 对失败的一方要表示哀怜，督促他雪耻报仇

→ 导致新一轮两强相斗，己方从中渔利

缀去术

所谓缀去术，说的是向即将离去的人倾吐挽留他、赞美他的肺腑之言，使他人走了还十分留恋我们

对将要离去的诚信君子，要称赞他的品行，激励他的意志，赞美他品行可嘉，告诉他还会见面，并与他约下见面日期，让他心中高兴。表达出我们对他的至诚心意。这样，他人虽离去了，但心还留在这里

却语术

却语术，就是要侦察对手的弱点

因为对手的话说多了，必然会有失言的地方。我们就把对方的短处默默记在心里。必要时，把他何时所讲犯了什么忌讳，触动了哪条当朝禁令的事讲给他听，他必然十分恐惧害怕。然后再争取和安抚对手的恐慌之心，告知他要替他隐瞒，以此来挟制他。由此而论，我们自己就千万不可让别人抓住我们的把柄

摄心术

摄心术，说的是使人惊讶于我们知识的广博和看法的高明，从而心悦诚服地归附我们

碰到那些喜欢学习技艺道术的人，就要为他们扩大宣传，并设法从多方面来证实他们的技术，使之受宠若惊，然后用我们的知识去检验他学到的技艺道术，评价时恰当充分，使之心悦诚服。遇到那种沉湎于酒色不能自拔的人，先用音乐、道术使他猛醒过来，使他意识到死亡的威胁。再用美好景象来刺激他们的情绪，使他们看到人生的道路的丰富多彩，对未来充满信心

守义术

守义术，说的是用仁义道德律条去探测对方的内心世界，看其是否真正符合仁义标准

探寻人们内心的想法，以求得判断是否与事实相符合，我们就可以用相应的权术从外部控制对方的内心。小人效仿我们的做法，就会用左道旁门之术，致使人们家破国亡。所以说，除非大智圣贤之士，不能用仁义守家，不能用大道守国

主者，其唯宫乎[③]。故音不和则悲，是以声散、伤、丑、害者，言必逆于耳也[④]。虽有美行、盛誉，不可比目、合翼相须也[⑤]。此乃气不合，音不调者也。

【注释】

①商、角：皆古代五音之一。清人陈澧《声律通考》（卷一）曰："五声：宫、商、角、徵、羽，始见于《周礼》，下至赵宋，未之有改。近世俗乐以工尺字谱代之。"商属金，角属木，徵属火，羽属水。由于金木水火土五行相克而不相合，所以才有乐声不调和的现象。②徵……相配：此乃以五行附会五音。③为四……宫乎：宫：五音之一，被视为土，能和其他四音。④散、伤、丑、害：尹知章曰："不和之音。音气不和，必与彼乖，故其言必逆于耳。"⑤比目：比目鱼。只有一只眼睛的鱼，总是两条并游。合翼：比翼鸟。只有一眼一翅的鸟，总是两只并羽齐飞。须：求。

【译文】

所谓闻声知音之术，说的是人与人如果言语不合，意气不投，就不会相互恩爱友善。这就像五音中商音角音不能相合，徵音羽音不能相配，而能协调以上四音的，只有宫音一样。所以五音不协

调就不悲壮，那些散、伤、丑、害等不和之音，更不成声调，用这些音来游说必然难于入耳，意气不投之人，言语必逆于耳。即使他们有美好的操行、备受赞誉，也依旧不能像比目鱼、比翼鸟那样恩爱无间，同气相求。这就是因为意气不投，音调不和谐的缘故！

控制有争斗的双方，借机强大自己，削弱别人。

【原文】

解仇斗郄，谓解羸微之仇①；斗郄者，斗强也②。强郄既斗，称胜者高其功，盛其势也③；弱者哀其负，伤其卑，污其名④，耻其宗⑤。故胜者闻其功势，苟进而不知退⑥；弱者闻哀其负，见其伤，则强大力倍⑦，死者是也。郄无强大⑧，御无强大⑨，则皆可胁而并⑩。

【注释】

①羸微：此指弱小者。羸，瘦，此指势弱。微，小，此指地位低。②谓解……强也：此术讲如何解斗买友。弱者相斗，自己可控制他们，故解之令皆归己；强者相斗，自己难以控制任何一方，故令其斗，待双方皆弱后各个击破，胁迫他们归己。③强郄……其势也：强郄，有隔阂的强者。④污：玷污。⑤耻其宗：耻于祖宗受辱。⑥苟：苟且。此为只懂得。⑦倍：背向，抛到脑后。⑧无：不论。⑨御：指对手。⑩胁：胁迫。

【译文】

所谓解仇斗郄之术，解仇，是说要调解两个弱者之间的敌对关系；斗郄，说的是令有嫌隙的强者相斗，两个强者既然斗起来，就必然有一胜一负，这样我们既控制住弱者，又控制住强者。让有嫌隙的强者发生争斗，对胜了的一方，则夸大他的功业，张大他的声势；对失败的一方，则对他的失败表示哀怜，对他的位势表示伤心，蛊惑他：这一次一定丢了声名，还对不起祖先。这样，胜方听到我们称道他的功业和威势，便只知道进攻不知道适可而止；而败者听到我们哀叹其失败，见到自己被损伤，就必然不忘战争创伤，努力使自己强大，加强力量，为此而拼命。这样，无论多么强大的敌手和对手，都会因此而削落，都会在削落后为我们胁迫、并吞。

【原文】

缀去者，谓缀已之系言①，使有余思也②。故接贞信者，称其行，厉其志③，言为可复，会之期喜④。以他人之庶，引验以结往，明款款而去之⑤。

【注释】

①系言：系留人心之言。②余思：此指怀念，留恋。③厉：勉励。厉，励古今字。④期喜：约定高兴的晤面日期。期，约期。⑤以他……去之：款款，诚心貌。

【译文】

所谓缀去术，说的是向即将离去的人倾吐挽留他、赞美他的肺腑之言，使他人走了还十分留恋我们。所以，对将要离去的诚信君子，要称赞他的品行，激励他的意志，赞美他品行可嘉，告诉他还会见面，并与他约下见面日期，让他心中高兴。并利用别人的教训来验证自己以往的行动，某人离去了还与这里保持良好关系，来证明我们对他的至诚心意。这样，他人虽离去了，但心还留在这里。

【原文】

却语者，察伺短也[①]。故言多必有数短之处，识其短，验之[②]。动以忌讳[③]，示以时禁。其人恐畏，然后结信，以安其心，收语盖藏而却之[④]。无见己之所不能于多方之人[⑤]。

【注释】

①察伺短：考察窥伺短处。②识：记住。③动：以……动其心。④盖藏：遮盖。却：退。⑤见：显露。

【译文】

却语术，就是要侦察对手的弱点。因为对手的话说多了，必然会有失言的地方。我们就把对方的短处默默记在心里，并把它与事实相验证。必要时，把他何时所讲犯了什么忌讳，触动了哪条当朝禁令的事讲给他听，他必然十分恐惧害怕。然后再争取和安抚对手的恐慌之心，说自己不会讲出去。而自己却把这些把柄藏在心里，退到背后去挟制他。由此而论，我们自己就千万不可让别人抓住我们的把柄。

【原文】

摄心者，谓逢好学伎术者[①]，则为之称远[②]。方验之道[③]，惊以奇怪，人系其心于己。效之于人，验去，乱其前[④]，吾归诚于己。遭淫酒色者[⑤]，为之术；音乐动之，以为必死，生日少之忧[⑥]。喜以自所不见之事，终可以观漫澜之命[⑦]，使有后会[⑧]。

【注释】

①伎术：技艺道术。伎、技古通，详《捭阖》注。②称远：称扬到远方。③方验之道：以己以往之经验检验之。④乱：理也。⑤遭：碰到。淫：过度，沉湎。⑥日少之忧：忧虑死期将近。⑦漫澜之命：广阔前途，光明前景。漫澜：无限遥远的样子。⑧后会：日后与我们期会。

只要能攻入人的内心，便可控制其言行，此为摄心术。

【译文】

摄心术，说的是碰到那些喜欢学习技艺道术的人，就要为他们扩大宣传，并设法从多方面来证实他们的技术。使之受宠若惊，感到无可非议。然后用我们的知识去检验他学到的技艺道术，评价时恰当充分，使他惊讶于我们知识的广博和看法的高明，在内心佩服我们。然后我们把他的道术技艺推广到实践中，帮他检验以往之不足，整理当前之经验，使他心悦诚服地归附我们。若遇到那种沉湎于酒色不能自拔的人，则采用另一种手段。先用音乐、道术使他猛醒过来，使他认识到这样下去必步入死亡之渊。再用那些他们所不曾见过的美好景象来刺激他们的情绪，使他们看到人生的道路是丰富多彩的，对未来充满信心。

【原文】

守义者，谓以人，探其在[①]内以合也。探心，深得其主也。从外制内[②]，事有系曲而随之[③]。故小人比人[④]，则左道而用之[⑤]，至能败家夺国。非贤智，不能守家以义，不能守国以道。圣人所贵道微妙者[⑥]，诚以其可以转危为安，救亡使存也。

【注释】

①在：内在，本心。②外：外部手段。③曲：委曲，曲心。④比：比拟。此指效法。⑤左道：旁门邪道。⑥贵：看重。

【译文】

守义术，说的是用仁义道德律条去探测对方的内心世界，看其是否真正符合仁义标准。探寻人们内心的想法，以求得判断与事实相符合，我们就可以用相应的权术从外部控制他的内心。这样，若有事委托他办，他必然会曲心下意地迎合我们。由此可见，若小人效仿我们的做法，就会用左道旁门之术，致使人们家破国亡。所以说，除非大智圣贤之士，不能用仁义守家，不能用大道守国。圣贤之人所以看重那些微妙无比的道术，是因为运用它们的确可以转危为安，拯救亡难。

为人处世

◎渔翁之利——曹操隔岸观火灭袁氏◎

"隔岸观火"意思是说，如果敌方内部分裂，矛盾激化，相互倾轧，势不两立，这时切切不可操之过急，免得反而促成他们暂时联手对付你。正确的方法是静止不动，让他们互相残杀，力量削弱，甚至自行瓦解，从而达到兵不血刃、不战而屈人之兵的目的。曹操乃一世之奸雄，隔岸观火的伎俩玩得是炉火纯青。

公元202年，袁绍一病不起，继而去世。三个儿子开始了争权夺利的斗争：长子遭摒弃在外，权力由次子接管。幼子支持这一决定。长子当然不买账，为此，袁家兄弟开始互斗。

当时，狡诈的曹操把他们兄弟的内讧看成是一次机会，于是发动攻击。然而，他的威胁使袁家兄弟把争斗置于一旁，团结御敌。曹操撤回部队，留给袁家兄弟更多的时间去酝酿内战。袁家兄弟又各持己见，战争逐步升级。

此后3年，曹操充分利用了袁家兄弟的不团结，占领了他们的部分领土。

公元205年，曹军袭击并杀死了袁家长子。此时，曹操已经占领了袁氏家族的大部分领地。袁家两兄弟被迫逃离自己的疆土。跑到北方乌桓寻求庇护。

曹操借袁家兄弟内讧之机，出兵占领袁氏家族的疆土。

两年后，即公元207年，曹操对庇护袁家兄弟的乌桓族发动袭击。一番长途行军后，曹军摧毁了乌桓族，并杀死了族首领，袁家两兄弟乘机逃跑。他们又投奔到公孙康的麾下。

平定河北之后，夏侯惇等人劝曹操说："辽东太守公孙康一直没有臣服我们。现在袁熙、袁尚又去投奔他，必定成为我们的后患。不如趁他们还没有防备之际就去讨伐，这样就能取得辽东了。"曹操却笑着说："不烦你们再次出兵了。几天之后，公孙康会把二袁的首级亲自送来。"诸将都不相信。没过几天，公孙康果然派人将袁熙和袁尚的

郭嘉料事如神，曹操借刀杀人。

首级送来了。众将大惊，都佩服曹操料事如神。曹操大笑说："果然不出奉孝所料！"说着，拿出郭嘉临死前留给他的一封信。郭嘉在信中写道："如果听说袁熙、袁尚去投靠辽东，主公千万不要加兵。公孙康一直担心袁氏被吞并之后，二袁去投奔他。倘若率兵去攻打他，他们肯定并力迎敌，欲速则不达；倘若慢慢地谋取，公孙康、袁氏兄弟必然会互相图谋对方。"

原来，袁绍在世之日就一直有吞并辽东之心，公孙康对袁氏家族恨之入骨。这次袁氏二兄弟去投奔，公孙康就存心想除掉他们，但又担心曹操引军攻打辽东，想利用二人助己一臂之力。所以，袁熙、袁尚二人来到辽东，公孙康并没有马上相见，而是派人迅速前去探听曹军的动静。当探子回报曹操并无攻打辽东之意时，公孙康立即将袁熙、袁尚斩首，使曹操兵不血刃便达到了目的。

鬼谷子《中经》有言曰："解仇斗郄，谓解羸微之仇；斗郄者，斗强也。"解仇，说的是调解弱小者的仇斗；斗郄，说的是令有嫌隙的强者相斗，以便我们既控制住弱者，又控制住强者。人性就是微妙，有时候不是败给对手，而是败给自己。袁氏兄弟面对强敌，能够齐心协力、一致对外，使得曹操不敢轻举妄动；但是外界的威胁一旦解除，又开始相互争斗，从而给了虎视眈眈的曹操可乘之机，让他得以各个击破，并逐步蚕食袁氏地盘。这已经展现了曹操的高明之处。但是，更高明的还在后面，慌不择路的袁氏兄弟竟然逃至公孙康处避难，对此，素有"鬼才"之称的谋士郭嘉是深知公孙康与袁氏家族间有"隙"，故曾献策于曹操，正好可以利用公孙康之手借刀杀人，免除后患。

可叹，这袁氏兄弟本想找寻避难所，没想到竟然是羊入虎口。所以，表面看来袁氏兄弟是死于曹操与公孙康之手，但从某种意义上来说也是死于人性的自私贪婪和愚昧上。

◎螳螂捕蝉——小心背后的"黄雀"◎

"螳螂捕蝉，黄雀在后"的寓言几乎是无人不晓了，但这个寓言带给我们的真正启迪，又有多少铭记于心呢？人常常在取得某个阶段的胜利之后便会得意忘形，不思进取，殊不知，这种安逸意识的背后，隐藏着类似黄雀那样危险的因素。

春秋时吴越之战，越国战败，越王勾践被俘沦为阶下囚。但吴王夫差是个胸无玄机、智力平庸的人。他拒绝听从谋臣伍子胥的忠告，而被谄媚、贿赂所惑，把自己的宿敌越王勾践释放回国。

越王回国后，马上把越国最漂亮的女子西施进献给夫差。夫差得到西施后，整天沉溺于酒色当中，日甚一日。每逢西施心痛病发作、手抚胸前的时候，那种病态美让夫差销魂落魄，一切军国大事都抛在九霄云外。对外，夫差贪图武功，北伐齐国，忠言劝谏的伍子胥被他责令自杀。夫差的种种行为使太子友深感忧虑。为了让父王回心转意，他决心设计使夫差觉悟。

一天，太子友手拿弹弓，浑身透湿，一副狼狈不堪的样子，跑来见夫差。吴王见状惊诧非常，急忙询问原因。太子友说："清晨我到后花园，听秋蝉在树枝上得意地鸣叫，正当蝉鸣高兴的时候，一只螳螂却聚精会神地拉开架式，准备捕捉秋蝉。而此时，螳螂压根也没想到，一只机灵的黄雀正平心静气，两只闪亮的眼睛一刻也没有离开螳螂。黄雀专心致志地想吃到螳螂，正好我在一旁，马上拉开弹弓，集中精力瞄准。因为只顾黄雀，没提防脚下，结果一下子跌到大水坑里，弄成现在这副样子。”

夫差听完太子友的叙述，似有所悟，他说：“看来这是因为你贪图近利，不考虑后患，瞻前而不顾后是天下最愚蠢的行为。”太子友连忙接住吴王的话说：“天下最愚蠢的事，恐怕没有比这更厉害的吧？当初齐国无缘无故地去攻打鲁国，集中军队倾巢而出，自以为可以占有鲁国，没想到我们吴国正动员所有兵力，长途远征齐国，齐军惨败。眼看吴国可以吞并齐国了，岂料越国正在整顿军队，挑选那些愿战死沙场的勇士，由三江杀入五湖，挥师北上，一心要捣毁我们吴国，报当年越王受辱之仇。”听到此处，吴王全明白了，太子友所讲“螳螂捕蝉，黄雀在后”的故事，是规谏他打消北上伐齐的念头。吴王哪里再能听进半句，大怒道：“这全都是伍子胥的那一套，妄想阻挠我的计划，伍子胥已经自杀，你再多嘴，我就废掉你！”太子友悻悻然地退了出去。

果然，几年之后，吴王夫差为了扬盟主之威，率领大军北上远征。可是，由于大队人马连续二十天的急行军已经疲惫不堪，成强弩之末之势，根本不能再战了。而此时，那位忍耐力极强的越王勾践，不再忍耐，抓住这一最佳时机，向吴国发动突袭。夫差本土危急，赶忙回军救援，结果，反遭越军包围，吴军不堪一击，一战即败。最终，吴国都城沦陷，吴王无路可逃，只好自杀。

也许，吴王死前才后悔，不该不听伍子胥的规谏，而让他自杀；也才真正理解了太子友所讲的故事。所以临死之际，他用布把自己的脸蒙了起来，表示他在九泉之下无脸再见伍子胥了。可惜，悔之晚矣！很显然，越国灭掉吴国，正是螳螂捕蝉，不知黄雀在后，其结果是黄雀吃了螳螂。

越王回国后，马上把越国最漂亮的女子西施进献给夫差。

吴王夫差为了扬盟主之威，率领大军北上远征，军队疲惫不堪。

现实世界里，为了生存和发展，许多人互相敌对、联合、渗透，形成一种复杂的关系网。处在这个关系上的个体和组织互相牵制。如“蝉”之背后有“螳螂”，“螳螂”之后又有“黄雀”的格局。这就是鬼谷子所说的“解仇斗郄”驾驭术。面对两者相争，我们应静观其变，坐山观虎斗，享受渔人之利。

我们不能像吴王起初那样，总是盯住眼前的敌人。在追求利益的时候，一定要辨明各种利害关系，识别其中潜伏的危机，注意首尾兼顾。因为，最危险的敌人往往站在你的身后。不要做秋蝉，也不要做螳螂，哪怕你是黄雀，还要看看身边有没有藏躲着的弹弓手呢！

《中经》认为：“斗郄

者，斗强也。强郄既斗，称胜者高其功，盛其势也；弱者哀其负，伤其卑，污其名，耻其宗。故胜者闻其功势，苟进而不知退；弱者闻哀其负。”让有嫌隙的强者发生争斗，对胜了的一方，则夸大他的功业，张大他的声势；对失败的一方，则对他的失败表示哀怜，对他的位势表示伤心，蛊惑他，我们就可以坐收渔翁之利。所以，进行任何竞争都要懂得分析实际争战的复杂性，“眼观六路，耳听八方”。当你为眼前的对手绞尽脑汁的时候，更要好好留心一下自己的背后，千万不要一触即发，应学会以静制动，只有这样才能立于不败之地。

吴王夫差兵败自杀。

商战博弈

◎广施厚德——玻璃大王做企业就是做人◎

“曹德旺简直是个傻帽！”

“是炒作吧，哪有那样做商人的！”

“大概是为了转移资金，暗度陈仓，才那么做的吧。”

……

类似这样质疑的声音在“玻璃大王”曹德旺宣布将自己及其家族名下60%股票捐赠给基金会后就不绝于耳。很多人对此都不理解，亲人们也多有反对的声音。

“这个股票放在那个地方，我也不能卖的，我也不想卖，留在那个地方分红拿出去，也没有地方投资，那么很多人还没有房子，我拿出来做善事，积德。”

这个在商界以坦诚直率的性格而著称的企业家用简单、直接的话语回应了纷纷攘攘、似乎没有休止的吵闹。但这个回答似乎并没有消除人们的疑惑——一个做企业的，一个曾经穷得叮当响的人，在发达了以后，理应将钱财看得很重，为什么曹德旺是个例外？一辈子求财若渴，却在63岁这年决定将千金散尽，这又是为什么？

在中国汽车玻璃制造业，“曹德旺”这三个字可以说是一种高度。这个看上去并不英俊的男子掌管着中国最大、世界第六的汽车玻璃制造企业福耀集团。据说全中国的汽车中，每两辆就有一辆汽车用的是福耀集团生产的玻璃。

曹德旺是一个说话和作风都十分具有“个人化”的企业家，每次跟别人谈话，曹德旺总是会说自己初中没毕业，这并不是谦虚，而是事实。因为家贫，他直到9岁才上了小学，到了初一就辍学回家了。辍学后，曹德旺在家里放了一年的牛。

多年以后，在曹德旺成为商界显贵之后，人们称其为离经叛道的狂人，其实这一叛道的行为在放牛的那一年就已经开始了。或许是福建人喜欢做生意的天性使然，15岁的曹德旺偷偷做起了烟丝生意。

对其商业人生真正起到作用的是1973年做的树苗生意，他和别人合伙，别人的钱比他多，就多出一点，他少拿一点，3年下来，竟赚了好几万元。也就是在这一年，曹德旺摆脱了贫困的生活，到1976年，30岁的曹德旺已经有了5万元的身家。这在当时无疑是个天文数字。当然，那个时候曹德旺一定没有想到，30年多后，自己口袋里的钱已是用亿元来计。

幼年的贫困在他的生命中留下了难以抹去的痕迹。想到笃信佛教、心地善良的母亲时，他会哭；谈到小时候穷得没饭吃，一个满口牙掉得只剩两颗的老人给他一只红薯，想了想又掰回半个的陈年旧事，他也会哭。

有人问起曹德旺，当年赚的那几万块钱已经够他吃一辈子的了，为什么还要去做别的生意，曹德旺说得很淡然："因为那时候我身边还有很多穷兄弟、穷朋友，我不能一个人吃饱了，就不管他们，那几万块钱，硬是让我给大家吃掉的。"

这种时时不忘他人的善心很大程度上来自于家庭的影响，曹家四代都是虔诚的佛教徒，曹德旺也时常去寺庙进香拜佛，但是他进寺庙是出于对佛祖的敬重，而不是去乞求什么，他知道"求也白求，一切都在自己心中。烧香烧不出平常心。"

当然，这样的悟性是在曹德旺功成名就很久以后才慢慢悟出的。实际上，曹德旺也曾干过后来被自己称为"真是太土"的事情。在看到别的富豪在家乡大兴土木，建豪宅以后，这个自嘲"长得不好看的"男人花了7千万在福州盖了占地6000平方米的豪宅。曹德旺亲自参与设计，各个房间布满了金色的饰品，极尽奢华，外人进去很容易就迷失方向。曹德旺刚搬进去时兴奋得一个礼拜没有出门。

然而没多久，曹德旺便感到了一种异样，住在这座宫殿式的豪宅里让他很不舒服。

"不应该去证明自己，很多事情不去承认，不去证明，就显得更有智慧。"曹德旺往深里想，甚至产生了负罪感，"都是中国人，我的同胞有很多还没有饭吃，我不应该住这么好的房子。"

曹德旺在豪宅中专门开辟出一块菜地，自己吃的菜都是他种的，这让他重新找回了一些快乐和舒适感。在别人的眼里，这多少有点作秀的嫌疑，但是曹德旺自己很开心。这种思想不仅对他的生活产生了影响，也影响到了他在企业管理和品牌创造上的理念。

"做企业，做品牌，就是做人，仁、智、勇、义，这些都很重要，但是最重要的还是一个仁，你有仁心善意，别人才可能跟你合作，帮你一起发展。别人才能信任你。"

"既然仁义善意，喜欢做慈善，为什么到现在还要拼命赚钱呢？还要牢牢把住福耀集团的控制权？"

这样的疑问不止一次地回荡在曹德旺的耳边，他没有过多的去解释什么，而是一如既往地左手赚钱，右手散钱。为了使自己的捐款能有专门的机构进来打理，也是出于在中国建立一家专门帮助企业家做慈善事业的基金会的目的，曹德旺建立了河仁基金会。在他看来，拼命赚钱的背后就是要认真做人，认真做人就是要乐善好施。否则"出来做事干什么，放牛或是做小生意也能活命。做大事就有大责任。这也是促进社会公平。我希望我捐股份做慈善，能带个头。我常说，事必躬亲的老板不是好老板，有几个钱就觉得很了不起的人做不成大事，那种人做出来的东西你能放心，你愿意和他合作？"

对于曹德旺而言，人的道德感和商业的道德感是一码事。福耀有员工生重病，不管费用多少他全部承担；他已记不清总共资助了多少穷人家孩子从中学读到大学毕业；汶川地震，他先后捐了两千多万。所以当传出曹德旺"裸捐"的消息后，熟悉他的人并没有感到惊讶，有人这样说："曹德旺的成功一方面得益于他的商业头脑，另一方面也得益于他千金散尽的宏大气魄，这种气魄在福建商人乃至中国商人身上都是不多见的。所以他才让人感到敬佩。"

曹德旺自己也曾说："我从无到有，从贫到富，每时每刻都在拼，这也是我们福建人的传统，不拼怎么行？但是拼了以后，成功了以后又该怎么做？1987年到1991年是汽车玻璃的暴利时代，我赚了很多钱，福耀玻璃也是在那时候抢占了市场。我们赚到了就要回报社会，就要想着那些没有赚到的人，这样，我们的企业不是一年两年的短命鬼，我们的国家也会好起来。”

在很多人的眼里，这个一激动起来就容易喘气，而做上自己的“大奔”却能从70公里狂加到130公里的企业家，是一个矛盾的综合体。他果敢强硬，有时又心软柔和；他喜欢先声夺人，有时却喜欢慢条斯理。但有一点人们是看得很清楚的，曹德旺“会做事，会做企业，更会做人”。在生意上，至今还没有听到过同行对他又什么不满的言辞，就连竞争对手也是如此。

《中经》说：“施德厚者，依道。”能够做善事，广施厚德的人，必定能依凭大道。一如曹德旺所言，做企业就是做人，人好一切都好。商海中之所以有很多的不确定，有太多的尔虞我诈，太多的“阴谋”，很大程度上是人心不端，所求太多。归根到底是人性丧失的一种表现。曹德旺从放牛娃到玻璃大王的经历，是其牢牢记得身为人，身为企业家的社会责任感，这不是为了作秀而进行的表演，更不是为了讨好谁而苦心经营的表面文章。正因如此，很多时候，当你用心地去做一件好事的时候，对方回馈过来的或许是你未曾想到过的“报答”。

因为家贫，曹德旺直到9岁才上小学，到了初一就辍学回家了

多年以后曹德旺回忆起自己幼年挨饿，一位老人给了他红薯的事情，依旧十分感伤

通过做树苗生意摆脱贫困，发家致富，但致富后的曹德旺并没有放弃奋斗，为了让更多的人生活有起色，他继续拼命赚钱

曹德旺致富后也曾为自己盖了奢华的豪宅，但奢华并没有给他带来幸福感

曹德旺建立了河仁基金会，在他看来做企业做品牌就是做人

曹德旺认为做人就是要有仁心善意，要乐善好施

有仁心善意，才会得到合作与帮助，才能得到信任

◎公正守义——铁娘子的和谐与公平◎

董明珠是个女人，也是个妈妈，但她最响亮的名头还是“铁娘子”。这是她在商海里真刀真枪拼出来的身份和地位。

年轻的时候她也单纯过，但在商海里游过一次泳后，她才明白，有些东西只有争，别人才可能给。

儿子东东12岁那年，有一次想去广州，他对身边的董明珠说：“妈妈，我想去广州，你坐飞机送我可以吗？”

董明珠摇摇头：“妈妈很忙，没有时间。”

“那可以让你的同事送我吗？”

“他们也很忙啊，不行。”

几天之后，儿子东东就一个人坐着飞机去了广州。

据替董明珠接机的同事说，那天，东东几乎是从机场跑出来的。听了这句话，董明珠心里咯噔揪了一下。

广州飞机场乱得很，对于这一点，董明珠心知肚明。但在商场上纵横交错，追求和谐与公平的铁娘子，面对自己的儿子，却不能一碗水端平。那个时候，董明珠已经在商场上闯出了名堂，她已经从一个名不见经传的小业务员成长为公司高层，也有了自己的一个名头：董姐。“董姐走过的路不长草”，就是从那时候流传开来的。

其实，最开始的时候，董明珠并不像现在这般强势。一个生于南京水乡的女子能强势到哪去？那时，对她最形象的写照就是一张留了两个大辫子的照片，照片上的董明珠婉约恬静，一看就是温柔的南方女子。但生活和商场中却是两个截然不同的世界，一入商场，她就知道，自己非改不可。

1990年，刚进入格力不久的董明珠被派往安徽开拓那里的市场。她没想到，这次被她看成是一次拓荒之旅的行程，竟给自己带来了如此大的困难，而董明珠也在这一过程中得到了锻炼，逐渐打响自己的名声。

在安徽，她遇到的第一个问题是追债，一个无赖销售商让她知道了什么叫市场的残酷与险恶。

欠债方是一家规模不小的电子公司，仅临街的商铺就有200多平方米，装修虽然不是富丽堂皇，但也足够气派，办公室员工各司其职，十分繁忙的样子。董明珠第一感觉就是这家企业经营状况不错，只要自己讲明道理，追债应该不难。

公司的经理姓牛，是个微微发福的中年人。董明珠恭敬地将名片递给该老总，然后礼貌地进行自我介绍。谁知道话未说完，就被牛总粗暴地打断：“我们是跟格力有业务来往，可我不认识你啊！”

董明珠未动怒，继续解释说，原来的业务员已经调走了，自己是刚来接任的。讨债者虽然有理有据，但也不能着急，更不能动怒，这个道理董明珠当然明白。于是她就和牛总聊起格力空调在当地的销售情况，希望对方能回馈一些格力产品的印象。眼见对方心平气和了，董明珠就步入正题：“由于我初来乍到，不熟悉前任业务员的业务情况，为了我们能有一个重新开始，先把我们双方在前一段时间里合作的情况，拼一下盘，对一下账，把前面的账结清，你看怎么样？”

牛总一听董明珠要账，马上脸色一变，话锋一转，故作吃惊地说道：“对什么账？我代销人家的几百万、上千万的产品，压在库房里，也没谁敢说要对账，看你也是个新手，以前做过生意吗？我告诉你，做生意就是这么一回事，你给我一批货，卖完了我付给你钱，就这么简单，有什么账好对的？”

至此，董明珠心里才明白，企业是家好企业，老板却是个彻底的无赖。而董明珠也铁了心跟她耗下去。就这样，她和对方耗了40多天，对方将一个无赖的特性发挥得淋漓尽致。他或不在办公室，或答应第二天退货，但到第二天去找他的时候就又消失了。那人东躲西藏只有一个目的——不还钱，也不退货。他想慢慢磨掉董明珠的耐心，让她知难而退。可是，碰到董明珠，他的如意算盘注定要落空。

终于有一天，欠债经销商被董明珠逮个正着。一见那人，董明珠就说他不守信用，不按时退货。此时，经销商还想百般抵赖。董明珠实在忍无可忍了，她用几乎失控的声音喊道：“你是不是总经理？你当面讲的给我退货，怎么又说话不算数了？从现在起，你走到哪里我跟到哪里！我不像你，绝对说话算话，不信咱走着瞧。”

看着董明珠怒目圆睁的样子，那人也有些害怕。

“行了行了，算你凶，明天退货给你。”

第二天一早，董明珠赶紧雇了一辆载重五吨的东风车，直接开到这家电子公司门口，终于将价值42万元的货物拉走。

货物装好，车子发动，董明珠一颗悬着的心才终于放了下来。车开动以后，董明珠从车窗探出头，冲着无赖老总高声喊道："从今往后，再不和你做生意了！"话音未落，她已泪流满面。这些天一直被欺骗，受委屈，与对方的斗智斗勇，终于在此刻结束。

现如今，人们已经很少会看到董明珠的眼泪，一个"铁娘子"的名号就足以让所有人感受到她的强悍。不流泪并不是没有眼泪，而是意识到眼泪不能解决问题。商场之中，没有人会因为眼泪而多给你一丝怜悯，要想争取更大的价值和尽量公平的地位，只有通过竞争才能获得。同时，在不公平的游戏规则面前，也要学会违背和反抗，自己的利益才能得到最大的保全。

在收回那42万欠款后，董明珠在自己的管理条例中加上了"先款后货"的制度，绝不赊账。刚得知这个条例的时候，几乎所有的经销商都不予合作。董明珠也是处处碰钉子。直到她碰到一个好心的中年女商人：

"先进20万的货，卖得好再要，不好就不要了。"

第一单"先款后货"生意做成，其他的经销商也开始慢慢接受，一条新的商规就被董明珠这样确立了，这一切，都是她的坚持和斗争得来的。

《鬼谷子》认为："非贤智，不能守家以义，不能守国以道。"除非大智圣贤之士，不能用仁义守家，不能用大道守国。然而，董明珠就是一个从和谐与公正里斗争出来的"铁娘子"。公平和公正一直是董明珠追求的商业环境和地位，她深知在弱肉强食的商业社会，弱小者总是最可能被强大者欺侮，而为了避免这种情况发生，只有使自己强大起来，通过强硬的竞争，争取自己的利益。市场经济已经不养懒汉，更不养弱者。要想活下去，只有在合理的对抗中争取更多的话语权。只有你主动去要，你才有可能获得想要的东西。

◎恪守诚信——俞敏洪"千里打飞的"◎

中国是个有五千年悠久历史的文明古国，诚信一向是中国人引以为傲的美德，"人无信而不立"。诚信是一切道德赖以维系的前提，这也是鬼谷子《中经》的应有之意。所谓"诚以其可以转危为安、救亡使存也"。诚信的重要性也就不言而喻了。

诚信是一个人的立身之本。在生活中，就应坚守"君子一言驷马难追"的道义，一旦与别人约定，就要努力去兑现，实现自己的承诺。俞敏洪正是恪守承诺的杰出代表。

在俞敏洪的自传《永不言败》一书中，记载了这样一个感人的故事：

2005年6月17日，俞敏洪和他的家人在加拿大温哥华，准备乘当天中国国际航空公司的飞机回北京。起飞前两个小时，航空公司突然打电话通知俞敏洪：因为天气的原因，当天航班取消。

老俞一听就急了，因为第二天他在北京安排了两个会议和一场学生讲座。如果改变归期，将使上千学生因为他的缺席而改变他们的安排，这是老俞最不希望发生的事情，所以他的第一反应就是一定要想办法当天回北京。

于是，他立刻打电话到加拿大的航空公司查询，虽然国航取消了，别的航空公司说不定会有航班，可是查询的结果是：加拿大航空公司的座位已全部订满，并且很快就要起飞。失望之余，他又迅速查询了加航飞往上海和香港的飞机，也都是满员。眼看明天到达的希望落空了，老俞十分失望。朋友们纷纷劝他说：别再折腾了，好好休息一下，明天再走吧。老俞想也只能这样了，便沮丧地坐上汽车，离开了机场。

车行半道，老俞忽然想起看到过的一篇报道，说中国东方航空公司将于近期开通从上海到温哥华的航班，但他忘了是哪一天开通。不管怎样，这是最后一线希望，于是他让朋友立刻掉转车头回到机场。查询后发现这一天恰好是飞机首航的日子，而且离起飞还有两个多小时。事不宜迟，俞敏洪马上跑到国航的值班柜台，要求他们给他签票到东方航空的飞机上。工作人员一脸为难，因为两个航空公司之间没有联营关系。老俞苦苦哀求，反复陈述他必须回去的理由，终于打动了工作人员。

经过了十几个小时的飞行，俞敏洪一家终于回到了上海。他们拖着行李从上海浦东机场坐车赶往虹桥机场，坐最晚的一班飞机回北京，到家已是后半夜了。虽然累得筋疲力尽，俞敏洪却感到心里的一块石头落地，因为第二天，他可以准时面对等待着他的同事和学生了。

恪守诚信是俞敏洪安身立命的根本原则，在他心里，承诺的分量重于泰山。为了准时赶往现场，而不惜“千里打飞的”的事不止发生过一次。

2006年6月29日，合肥新东方学校将举行盛大的开业庆典，俞敏洪应邀讲演。在晚上的6点30分，俞敏洪还要准时出席在福建农林大学举办的一场公益讲座，俞敏洪的计划是参加完合肥的开业庆典后，马上飞往福建。

可是，老俞在28日的下午，听到了一个不好的消息：从合肥飞往福建的航班被取消了。这时的俞敏洪心里只有一个念头，一定要想尽一切办法及时赶到福建！

于是，俞敏洪马上指示新东方的工作人员都参与到查询航班的队伍中来。老俞在合肥做演讲的时候，合肥新东方学校、福州新东方学校两边的工作人员都在网络上搜寻着可能的航线。

在没有直达航班的情况下，只能采取转机的形式，当时有这样几条线路是开通的：合肥、杭州、福州等，工作人员精确地计算着：合肥飞杭州，杭州飞福州？不行，起飞的时间赶不上！合肥飞上海，上海飞福州？不行，讲座赶不上……最后，唯一可行的线路确定了：让老俞先从合肥飞深圳，再从深圳飞厦门，接着从厦门飞福州——这样的行程不亚于国际航班，再加上当时38.7摄氏度的高温天气，老俞要经受的辛苦可想而知。

所有新东方的工作人员都在密切关注着航班的动向和俞敏洪的行程，福州新东方学校的人员派出专车在机场等候，老俞一下飞机就把他火速送到福建农林大学。

晚上6时，俞敏洪准时出现在福建农林大学的讲台上，所有人心中的大石才落下。老俞还来不及擦去脸上的汗、喝上一口水，一路奔波的他稍稍有些疲惫，但一看到那么多双渴望的眼睛，他的状态马上又恢复了。

其实俞敏洪完全可以打个电话过去说明一下自己的情况，没必要“千里打飞的”，但是他不想因为自己的缺席而影响到他人。在他的行为准则里，有一个“信”字支持着他，给予他力量。

是的，一个人做人做事的成功根本，只有依靠“诚信”二字。你先对别人有诚信，别人才会对你有诚信。人一旦不讲诚信，在社会上就无立足之地，什么事情都做不成，因为没有人会相信他。同时，“诚信”不仅是立人之本，更是一个企业的立业之本。一个企业，好声誉就是其最响亮的招牌，只有做到诚实不欺、恪守信用，才能获得更多客户的信赖，获得社会的认可，企业才能走得更远、更稳。

◎意气相投——“老虎”与“狮子”结亲◎

我们每个人的能力都是有限的，尤其在这个充满竞争的时代，独立生存往往会很艰难。因此，最能有效地运用合作法则的人生存得最久，这也是猎鹿博弈所要告诉我们的道理。

西方有句古谚说：“狮子和老虎结了亲，满山的猴子都精神。”意思是说：与强者建立互利的伙伴关系会产生焕然一新的景象。这句话在商战博弈中同样成立，但在博弈论中，强强联合更多的是出于策略的思考，即通过大家的共同推动，实现“共赢”的结局。

金龙鱼是嘉里粮油旗下的著名食用油品牌，最先将小包装食用油引入中国市场。多年来，金龙鱼研发了二代调和油和色拉油。

苏泊尔是一家以炊具制造为主、多元发展的企业集团。多年来，苏泊尔在不断加大科技投入的同时，加大了资本运作的力度，先后在玉环、杭州、武汉和东莞等地建有四个生产基地。

苏泊尔是中国炊具第一品牌，金龙鱼是中国食用油第一品牌，两者都倡导新的健康烹调观念。如果两者结合在一起，岂不是能将“健康”做得更大？

就这样，两家企业策划了苏泊尔和金龙鱼两个行业领导品牌“好油好锅，引领健康食尚”的联合推广，在全国800家卖场掀起了一场红色风暴……

“好油好锅，引领健康食尚”活动在全国36个城市同步举行。活动期间（2003年12月25日～2004年1月25日），顾客凡是购买一瓶金龙鱼二代调和油或色拉油，即可领取红运双联刮卡一张，刮开即有机会赢得新年大奖，包括丰富多样的苏泊尔高档套锅（价值600元）、小巧动人的苏泊尔14厘米奶锅、一见倾心的苏泊尔“一口煎”。同时，凭红运双联刮卡购买108元以下苏泊尔炊具，可折抵现金5元；购买108元以上苏泊尔炊具，还可获赠900毫升金龙鱼第二代调和油一瓶。同时，苏泊尔和金龙鱼还联合开发了“新健康食谱”，编纂成册送给大家，并举办健康烹调讲座，告诉大家怎样选择健康的油和锅。

活动正值春节前后，人们买油、买锅的欲望高涨。此次活动，不仅给消费者更多让利，使他们购物更开心。所以，这一活动一经推出，立刻获得了广大消费者的欢迎，不仅苏泊尔锅、金龙鱼油的销量大幅上涨，而且其健康品牌的形象也深入人心。

可以看出，这次合作苏泊尔、金龙鱼在成本降低的同时，品牌和市场都得到了进一步的提升：金龙鱼扩大了自己的市场份额，品牌美誉度得到进一步加强；苏泊尔进一步强化了中国厨具第一品牌的市场地位。这正是强强联合带来的双赢局面。

不仅在经营领域，在生活的各个方面，与“狮子”结亲式的强强联合，要远远胜于在猴子里独领风骚。如果你想在生活事业上取得成功，实现于人于己都有利的“共赢”结局，就必须学会与“狮子”结亲。

当然，与“狮子”结亲并不是一件容易的事，需要你找准与他们的利益交会点，若无利可图，谁也不会和你合作。合作的本质就是在公平的基础上达到互惠互利。

《中经》讲：“闻声知音者，谓声气不同，恩爱不接。故商、角不二合。”所谓闻声知音之术，说的是人与人如果言语不合，意气不投，就不会相互恩爱友善。这就像五音中商音角音不能相合，徵音羽音不能相配，而能协调以上四音的，只有宫音一样。意气相投，双方有交汇点才是合作的基石。很多时候，“老虎”出于需要与“狮子”结亲，“狮子”也是出于需要才会与“老虎”打交道。

金龙鱼是著名食用油品牌

苏泊尔是以炊具制造为主、多元发展的企业集团

两者都倡导新的健康烹调观念

两家企业策划了“好油好锅，引领健康食尚”的联合推广

活动一经推出，立刻获得了广大消费者的欢迎，不仅苏泊尔锅、金龙鱼油的销量大幅上涨，而且其健康品牌的形象也深入人心

“老虎与狮子结亲”，是现代企业经常使用的战略

与强者建立互利的伙伴关系，通过大家的共同推动，实现“共赢”